KB038591

중등 교원임용

변민재 교육학 인사이드 하

변민재 편저

박영story × KG 에듀원 교원임용 희소/쌤플러스

PREFACE
머리말

저에게 학부 시절의 교육학은 추상적이며 몽환적인 느낌이었습니다. 당시에는 은퇴를 앞두신 교수님들이 많이 계셔서 교육에 대해 더욱 아름다운 얘기들만 많이 들었는지도 모르겠습니다. 지금에 와서 돌이켜 보면 저의 앎이 얕았기에 아는 만큼 보였던 것입니다. 어떤 분들은 저와 유사한 경험을 했으리라 생각합니다. 비록 대학에서 혹은 대학원에서 교육학을 공부했지만, 깊이 있는 이해가 전제되지 않은 학습이었을 수도 있습니다. 그래서 과거의 저처럼 교육학이 구름 위에 떠 있는 상태일 듯합니다.

대학원에서 교육학을 보다 심층적으로 연구하며 그제야 교육학을 깊이 있게 이해할 수 있었고, 그 중요성을 인식할 수 있었습니다. 교단에 설 여러분이 왜 교육학을 배워야 하는지, 좋은 교사가 될 여러분에게 교육학이 얼마나 훌륭한 도구가 될지를 본 교재와 강의를 통해 말씀드리고자 합니다.

합격을 위해 교육학은 반드시 넘어야 할 산입니다. 전공 공부에 많은 시간을 할애하느라 교육학에 많은 에너지를 쏟는 것은 부담이 되리라 생각됩니다. 그럼에도 불구하고 우리는 교육학을 정복해야 합니다. 여러분의 교육학 정복을 위해 반드시 두 가지를 유념하셔야 합니다. 그 두 가지는 '깊이 있는 이해'와 '지속적인 학습'입니다.

깊이 있는 이해

교육학은 다양한 학문으로 구성되어 있습니다. 교육과정, 교육행정, 교육평가, 교육방법 등 이외에도 여러 학문을 학습하여야 합니다. 그렇다고 지엽적인 개념을 모두 암기할 필요는 없습니다. 우리 시험은 논술형으로 출제합니다. 지엽적인 개념을 암기하기보다는 '깊이 있는 이해'를 바탕으로 주어진 주제를 서술해야 합니다. 이는 교육학이 추구하는 방향이기도 합니다.

지속적인 학습

교육학을 학습하면서 다양한 학자와 이론, 개념을 만나게 됩니다. 교육학을 처음 접할 때는 교육학의 범위와 깊이 때문에 지레 겁을 먹기도 합니다. 물론 처음부터 모든 개념을 완벽히 이해하고 기억할 수는 없습니다. 따라서 교육학을 늘 곁에 두고 반복적으로 학습하여야 합니다. 처음에는 큰 틀을 이해하고 구조화한 뒤 세부적인 개념들을 채워 나가야 합니다. 교육학 정복은 다독을 필요로 합니다.

결국 교육학과 가까워지는 것이 우리의 최종목표입니다. 다양한 교육학 이론을 현실에 적용하는 습관을 들여야 합니다. 교육학은 목적이 아니라 수단이 되어야 하며, 훗날 교육현장에서 교육학을 활용하여야 합니다. 교육학은 좋은 교사가 될 여러분에서 훌륭한 도구가 될 것이라 믿어 의심치 않습니다.

교육학이 짐이 아니라 힘이 되도록 변쌤이 늘 곁에서 응원하겠습니다.

여러분의 건승을 기원합니다.

변민재 쌤
2024년 1월

CONTENTS
차례

PART 08 교육공학

PART 09 교육평가

PART 10 교육행정

PART 13 평생교육

중등 교원임용
변민재 교육학
인사이드 하

PART

07

교수 · 학습이론

PART 07

개념설계도

- **교수설계**
  - 일반적 원리
  - 이론의 특성
  - 요소

- **교수 · 학습이론**
  - 브루너의 발견학습
  - 오수벨의 유의미 학습을 위한 설명식 교수이론
  - 가네의 수업설계이론
  - 켈러의 학습동기 설계이론
  - 메릴의 내용요소 제시이론
  - 롸이겔루스의 정교화이론
  - 완전학습모형

- **수업체제설계모형**
  - 교수설계와 체제적 접근
  - ADDIE 모형
  - 딕과 캐리의 수업체제설계모형

- **구성주의**
  - 객관주의 vs 구성주의
  - 수업설계 원리
  - 학습환경 설계모형
  - 학습이론

- **교수방법**
  - 강의법
  - 토의법
  - 협동학습
  - 프로젝트중심학습
  - 플립러닝
  - 자기주도학습

CHAPTER
01 교수설계

제1절 교수설계의 일반적 원리

1 수업목표 제시영역의 설계원리

(1) 학습자가 학습목표를 명확히 인지하면 학습은 촉진된다.

(2) 학습자가 학습목표를 습득하는 절차를 이해하면 학습은 촉진된다.

(3) 학습이 완료되었을 때 기대되는 결과나 모범작품을 관찰하면 촉진된다.

2 학습동기 유발영역의 설계원리

(1) 학습과제에 주의집중하면 학습이 촉진된다.

(2) 수업목표의 가치를 인식하면 학습이 촉진된다.

(3) 수업목표 달성에 자신감을 가지면 학습이 촉진된다.

(4) 학습과정에서 성공적 경험을 계속하면 학습이 촉진된다.

3 학습결손의 발견과 처치영역의 설계원리

(1) 학습자가 해당 과제의 선수학습 요소를 충분히 학습하였을 때 목표달성이 용이하다.

(2) 선수능력에 대한 자신의 결손을 분명히 알 수 있을 때 보충학습 효과를 촉진한다.

(3) 선수능력 결손 부분에 적절한 보완학습자료나 보충학습자료를 제공하면 효과적이다.

4 학습내용 제시영역의 설계원리

(1) 학습능력 수준에 맞게 학습활동을 개별화하면 학습에 효과적이다.

(2) 학습활동에 능동적으로 참여하도록 하면 학습은 촉진된다.

(3) 수업목표의 유형에 따라 적절한 수업사태를 제공해 주어야 효과적이다.

(4) 학습자의 다양한 학습양식에 맞는 수업매체를 선택해 주어야 효과적이다.

(5) 수업목표의 하위 구성요소를 계열화 순서에 맞게 제시하도록 해 주어야 효과적이다.

(6) 학생들의 수업이해력에 맞는 설명방식을 선택하여야 학습이 효과적이다.

(7) 새로운 개념이나 원리학습은 선행조직자를 활용해야 효과적이다.

5 연습영역의 설계원리

(1) 학생들에게 연습의 기회를 제공할 때 안내를 어느 정도의 수준으로 할 것인가를 고려해야 한다.

(2) 새롭고 다양한 상황에 적용해 볼 수 있도록 해야 효과적이다.

(3) 학습자의 개인차를 고려하여 연습량을 조절해야 효과적이다.

6 형성평가와 피드백영역의 설계원리

(1) 학습결과에 대하여 즉각적으로 정보를 제공해야 효과적이다.

(2) 학습오류에 대해서는 즉각적·구체적으로 교정해 주어야 효과적이다.

(3) 학습자 자신이 학습결과를 평가할 수 있는 기회를 주어야 효과적이다.

7 전이 및 일반화영역의 설계원리

(1) 학습한 것을 자신이 익숙한 생활경험에 적용해 보면 효과적이다.

(2) 학습 직후 학습내용을 정리하면 파지 및 전이의 일반화 수준이 높아진다.

제2절 교수설계이론의 특성

교수설계이론은 인간의 학습과 발달을 촉진하는 보다 나은 방법을 처방해 주는 이론이다. 이와 같은 교수설계이론의 특징에 대해 롸이겔루스(Reigeluth)는 다음과 같이 정리하였다.

1 교수설계이론은 기술(記述) 지향적이기보다는 설계(設計) 지향적이다.

(1) 주어진 사태의 인과관계에 초점을 두기보다는 주어진 목표달성을 위한 수단을 처방하는 데 초점을 둔 이론이다.

(2) 자연현상이나 사회현상을 설명하는 이론은 대부분 특정 현상이나 사태에 대하여 그 원인과 결과 간의 관계를 파악하여 객관적으로 기술하는 데 초점이 있다. 그러나 교수설계이론은 주어진 목표의 달성을 위한 다양한 접근방법 중 현실적 여건을 고려하여 최선의 접근방법을 처방해 주는 이론이다.

(3) 의사가 환자를 진료한 다음 환자의 병을 치료하는 방법 중에서 환자의 현재 연령, 건강상태, 치료비 부담의 문제 등 여러 가지 여건을 고려하여 최선의 처방을 내리는 것에 비유할 수 있다.

2 교수설계이론은 학습을 촉진할 수 있는 교수방법과 그 방법이 활용되거나 활용되어서는 안 될 상황을 구체화해 준다.

(1) 학생의 학습을 촉진할 수 있는 방법은 여러 가지가 있을 수 있다. 그러나 이러한 방법을 효과적으로 사용하기 위해서는 이 방법의 사용에 적합한 다양한 요소를 고려하여야 한다.

(2) 설계이론은 이처럼 특정 과제의 학습을 촉진할 수 있는 교수방법과 그 교수방법이 어떠한 상황에서 사용되어야 하는가에 대한 정보를 제공한다.

3 모든 수업설계이론에서 교수방법은 보다 상세한 하위방법요소로 나눌 수 있고, 이 하위방법요소가 교육 실제에 도움을 준다는 것이다.

(1) 대개의 교수방법은 그 방법이 지니는 다양한 요소로 구성된다. 이 다양한 교수방법의 요소는 해당 방법이 사용될 수 있는 상황에 따라 효과적으로 사용될 수도 있고 그렇지 않을 수도 있다.

(2) 교육 실제에 도움이 되는 것은 바로 이 상황의 특성과 관련된 하위방법 요소라는 의미다.

4 수업설계이론에서 권장하는 교수방법은 결정적이기보다는 개연적이다.

(1) 수업설계에서 권장하는 방법들이 기대되는 학습결과를 보장하지 못하고, 단지 기대되는 결과가 나타날 개연성을 높인다는 의미다.

(2) 교수활동의 방법에 영향을 미치는 요소가 많기 때문에 특정 교수방법을 활용한다고 해서 특정의 목표달성을 보장할 수는 없다는 것이다.

제3절 교수설계의 요소

라이겔루스(Reigeluth)는 교수설계이론이 포함해야 할 두 가지 요소는 학습을 촉진할 가능성이 있는 교수방법과 그 교수방법이 사용될 수 있는 상황이라 하였다.

1 교수상황

교수상황은 다시 요구되는 **학습성과 유형**과 그러한 **학습성과를 달성하기 위한 교수조건**의 두 가지 요소로 나뉜다.

(1) 교수조건

교수조건은 다루어진 학습내용 특성과 학습자 특성, 학습환경 특성, 제한조건으로 구성된다.

학습내용 특성	• 학습내용 특성으로는 정보의 기억능력, 관계의 이해, 적용능력, 일반적 적용능력이 있으며, 이들 학습하게 될 내용의 특성에 따라 적합한 교수방법이 서로 다르게 처방되어야 한다. • 정보의 기억을 가르치는 방법과 관계의 이해를 가르치는 방법은 서로 다르게 처방되어야 한다는 의미다.
학습자 특성	대표적인 학습자 특성으로 선행지식, 학습전략, 학습동기 등이 있으며, 이들 학습자 특성에 따라 적합한 교수방법이 서로 다르게 처방되어야 한다.
학습환경 특성	학습환경의 특성은 학습집단의 크기, 사용 가능한 학습매체, 학습자료의 구비 정도 등을 말한다.
제한조건	수업설계 및 설계에 따른 수업개발에 소요되는 인력, 시간, 비용 등을 포함한다.

(2) 학습성과

학습성과는 학습목표와는 다르다. 학습성과는 기대되는 구체적인 학습을 포함하는 것이 아니라 수업에서 원하거나 요구하는 효과성, 효율성, 매력성의 수준을 포함한다.

효과성	• 교수활동이 얼마나 잘 진행되었으며, 학습목표가 얼마나 잘 달성되었는가에 관한 것이다. • 기대된 교수성과는 학습목표가 무엇인가에 관련되는 것이 아니라, 그것들이 얼마나 잘 성취가 되었는가와 관련이 있다.
효율성	• 교수시간 및 교수비용으로 나뉜 교수효과의 수준을 말한다. • 효과성의 수준에 도달하는 데 학생들이 얼마나 많은 시간과 비용을 필요로 하는가의 개념이다.
매력성	• 학습자가 그 수업을 자신에게 얼마나 유의미한 것으로 인식하는가 하는 정도를 말한다. • 어떤 주제에 대해서 자신이 어디서 어떻게 추가적으로 더 배울 수 있는지 물어보는 학생들이 한 예다.

2 교수방법

교수방법은 조직전략, 전달전략, 관리전략을 포함한다.

조직전략	수업내용을 어떤 순서로, 어떻게 상호 연결하여 제시할 것인가에 관한 전략으로서 미시적 조직전략과 거시적 조직전략으로 구분된다.	
	미시적 조직전략	• 단일한 개념이나 원리 등을 가르치고자 할 때 정의 제시, 사례 제시, 연습문제 제시, 대안 제시 등과 같은 차시 개념의 수업을 조직할 경우의 전략이다. • 미시적 조직전략의 대표적 이론으로는 메릴(Merril)의 내용요소 제시이론이 있다. • 미시적 조직에서 조직의 요소는 일반성(generality)과 사례(example), 피드백(feedback)이 있다.
	거시적 조직전략	• 단원 수준 이상의 여러 개의 개념, 원리, 아이디어들을 서로 연결하여 가르치고자 할 때 아이디어를 선정하고 계열화하며, 요약하고 종합화하는 전략을 말한다. • 브루너(Bruner)의 나선형 교육과정, 롸이겔루스의 정교화이론 등이 있다.
전달전략	• 조직된 학습내용을 학생들에게 제시하고, 학생들의 학습수행을 이끌어 가는 방법을 말한다. • 여기서는 사용하여야 할 교수매체, 학습자료, 상호작용과정 등을 포함한다.	

CHAPTER 02
교수 · 학습이론

제1절 브루너(Bruner)의 발견학습

1 특징

사고에 관한 브루너의 초기 연구에서는 개념학습과 사고의 발달을 촉진하는 교육적 접근에 대해 관심을 보였다. 브루너는 학습주제의 구조에 대한 정확한 이해, 능동적 학습, 학습에서의 귀납적 추리의 가치를 강조하였다.

(1) 정확한 이해

① **학습주제의 구조(subject structure)**는 한 분야의 기본적인 개념, 이들 간의 관계 또는 전체 패턴과 같은 정보를 말한다.

② 브루너는 학생 자신이 **학습하고 있는 주제의 구조를 이해하는 데 초점을 둔다면, 학습이 더 의미 있고 유용하며 잘 기억**될 것이라고 보았다.

(2) 발견학습(discovery learning)

① 정의: 정보의 구조를 잘 파악하기 위해서는 **학습자 스스로 능동적**이어야 한다. 즉, 교사의 설명을 단순히 받아들이기보다 학습자 스스로 학습내용의 주요 원리를 파악하는 것이다.

② 발견학습에서는 **교사가 예시(example)를 제시하고, 학습자는 이들 예시 간의 관계, 즉 학습주제의 구조를 발견**할 때까지 공부한다.

(3) 귀납적 추리

① 발견학습은 **구체적인 사례를 이용하여 일반적인 원리를 추출해 내는 귀납적 추리(inductive learning)**를 통해 이루어진다.

예 학생에게 삼각형을 보여 주면서 삼각형이 아닌 도형의 실례를 충분히 제시해 주어 학생은 결국 삼각형이 갖추어야 할 기본 특징이 무엇인지 발견하게 된다.

② 이러한 귀납적 접근법을 통하여 학습자는 **직관적 사고(intuitive thinking)를 촉진**시킨다.

③ 교사는 학습자에게 **불완전한 증거에 근거하여 추측하도록 한 다음, 이 추측을 체계적으로 증명하거나 반증**하게 함으로써 직관적 사고를 키울 수 있다.

예 조수의 흐름과 선적사업에 대하여 학습한 후, 교사는 학생에게 3개의 항구가 있는 지도를 보여 준다. 그리고 학생에게 다음 중 어느 항구가 주요 항구가 될지를 추측하게 한다. 학생은 체계적인 연구를 통해 자신의 추측을 확인하는 절차를 거치게 된다.

개념 +

발견학습을 활용한 수업전략

◎ 교사는 가르치고자 하는 개념의 예시(example)와 그렇지 않은 예시(non-example)를 제시한다.

예 • 포유동물에 대하여 가르치고자 할 때 그 예(사람, 캥거루, 고래, 고양이, 돌고래, 낙타)를 든 다음, 그렇지 않은 예(닭, 물고기, 악어, 개구리, 펭귄)를 제시한다.
• 학생에게 추가로 포유동물의 예와 그렇지 않은 예를 질문한다.

◎ 교사는 학생의 직관적인 추측을 촉진한다.

예 • 교사는 단어의 정의를 말해 주는 대신, 학생이 그 단어와 관련된 단어를 생각해 보고 그것이 무엇을 의미하는지 추측해 보는 활동을 하게 한다.
• 교사는 성급하게 답을 말해 주지 말고 몇 가지 답이 나올 때까지 기다린다.
• 교사는 발견학습에서 학생이 주제에서 너무 벗어나지 않도록 안내해 주는 질문을 사용한다.

◎ 교사는 학생이 개념 간 관계를 이해하도록 도와준다.

예 • 다음과 같이 질문한다.
• "우리는 이 사과를 무엇이라고 할까?" ("과일") "우리는 과일로 무엇을 할까?" ("먹어요.") "우리는 먹는 것을 무엇이라고 할까?" ("음식")
• 도형 그리기, 목차 쓰기 또는 요약하기를 이용하여 개념 간의 연결을 강조한다.

◎ 교사는 질문을 하고는 잠시 후에 학생에게 답을 찾아보도록 한다.

2 발견학습의 주요 개념

브루너는 발견학습이 **학습경향성, 지식의 구조, 학습의 계열, 강화에 대한 지침**들을 모두 포함해야 한다고 보았다.

(1) 학습경향성

① **학습경향성(predisposition toward learning)은 학습준비도, 출발점 행동과 유사한 개념으로서 학습하고자 하는 의욕, 동기, 경향을 의미한다.**

② 발견학습에서는 학습자가 탐구심과 호기심을 가지고 다양한 대안들을 탐색해야 하므로 학습경향성이 중요하다.

③ 교사를 비롯한 타인과의 정서적 유대, 학습자의 사회경제적 상황 등이 학습자의 동기에 영향을 주고 학업성취의 차이를 유발한다.

④ 학습경향성을 높이기 위해서는 학습자의 탐색행동을 지속시킬 수 있는 적절한 난이도의 과제가 필요하다. 너무 쉽거나 어려운 수업은 학습자의 학습동기를 저하시키기 때문이다.

⑤ 학습자가 일정한 방향으로 탐색을 지속하도록 과제목표를 명확히 제시하는 것도 중요하다.

(2) 지식의 구조

① **지식의 구조(structure of knowledge)는 학문의 기저를 이루고 있는 일반적 아이디어 및 원리, 기본개념을 의미한다.**

② 브루너는 모든 지식이 구조를 지니므로 학교에서는 그 지식의 구조를 **사실적 지식을 전달하는 것이 아닌 발견식**으로 가르쳐야 한다고 하였다.

③ 지식의 구조화에 대해서 브루너는 '어떤 학습과제든지 아동의 발달단계에 맞게 구조화하여 제시하면 어떤 아동이라도 효과적으로 학습할 수 있다'는 가정하에 **나선형 교육과정(spiral curriculum)**을 제안하였다.

④ **나선형 교육과정은 동일한 내용을 처음에는 쉽게 제시하고, 학년이 올라감에 따라 점차 심화·확대해 감으로 인해 결국 어려운 내용을 완전히 이해하게 되는 교육과정**을 의미한다.

예 고등학교에서 다루는 수학 교과의 확률과 통계 개념을 초등학교 저학년에서 다룬다면, 먼저 초등학생의 지적 수준에 적합하도록 그 내용을 쉽게 조직하여 평균, 띠그래프, 원그래프 등을 배우도록 지도하고, 이후 중학교에서는 편차, 분산, 도수분포표, 산포도 등의 수준을 배우도록 한다. 그리고 고등학교에서는 순열과 조합, 확률, 정규분포 등을 배우도록 하여 학년이 올라갈수록 더 어려운 내용으로 심화·확대해 가면서 교육과정을 배열하는 것이다.

(3) 학습의 계열

① 학습의 효과는 **학습의 계열(sequence of learning)을 어떻게 조직**하느냐와 관련되어 있다.

② 수업은 학습자가 이해, 변형, 전이하는 데 도움이 되도록 학습자료가 순서대로 조직되어 제시되어야 한다.

③ 중요한 개념이 반복경험될 수 있도록 하지만, **단순한 반복이 아니라 심화되고 확대된 반복학습**이 이루어지도록 학습내용이 조직되어야 한다.

④ 모든 학습자에게 최적의 단일계열은 있을 수 없으며 선행학습, 발달단계, 학습과제의 특성, 학습자의 개인차 등 여러 요인에 따라 학습의 계열은 달라질 수 있다.

(4) 강화

① 수업장면에서 **강화(reinforcement)는 학습자가 성취에 대한 만족감을 얻도록 하거나 실패와 오류를 교정하도록 도움을 주어 반복적인 실패를 예방**하는 역할을 한다.

② 강화는 학습자의 특성에 맞게 개별화되어 제공되어야 하며, **외적 보상보다 내적 보상이 중요**하다.

③ 학습의 즐거움에 연결되는 발견의 기쁨, 성취의 만족감 등은 내적 보상에 해당하며, 외적 보상보다 강하다.

3 학교현장에서의 시사점

(1) 교과의 구조

① 브루너는 학습자가 지식을 가장 쉽게 학습할 수 있도록 **구조화하는 구체적인 방식을 제시**할 수 있어야 한다고 제안한다.

② **교과의 구조를 이해하면 그 교과를 이해하기 쉽고, 언제라도 필요할 때 재구성이 가능하며, 전이효과**를 기대할 수 있다.

③ 이를 위해서는 단지 지식을 전달하고 암기하는 교수방법이 아니라 **학습자 스스로 지식을 발견하고 탐구**해야 한다.

④ 교과의 내용은 학습결과로서 지식을 획득하는 것뿐만 아니라 **탐구하는 방법적 측면인 문제해결과정의 학습**까지 포함해야 한다.

⑤ 발견학습은 **학문의 결과보다 사고과정을 중요시**하여 학습자에게 교과를 최종 형태로 제공하는 것이 아니라, 그 **최종 형태를 학습자 스스로 조직**하도록 요구한다.

⑥ 교사는 학습자의 인지구조를 파악하고 개념에 맞는 자료를 제시해 주며, 학생의 질문에 답을 할 때는 **개념의 정의보다 탐구의 과정을 일깨워 주는 안내자 역할**을 해야 한다.

(2) 시사점

① 지식의 발견과정에서 **학습자의 능동적 참여**는 학습내용을 더 깊이 이해할 수 있게 해 주고, 지적·정의적 노력을 하게 함으로써 학생 스스로 배운다는 것에 대한 가치를 부여하도록 도움을 준다. 따라서 학교 학습·탐구활동에 대해 긍정적인 태도를 형성해 준다.

② **외적인 보상보다는 내적인 만족**을 얻게 되므로 앞으로 과제를 학습하고자 하는 의욕과 노력을 증가시켜 준다. 그러나 스키너는 발견학습이 학습자에게 더 유익하다는 연구결과를 반박하면서 학습에 필요한 행동을 형성하기 위해서는 내적 동기에만 전적으로 의존해서는 안 되고, 지속적인 교사의 지시와 피드백이 필요하다는 점을 강조하였다.

제2절 오수벨(Ausubel)의 유의미학습을 위한 설명식 교수이론

개념 +

오수벨(David Ausubel, 1918~2008)

오수벨은 브루너의 발견학습에 대한 대안으로 설명식 수업(expository teaching)을 제시하였다. 오수벨은 교사가 많은 양의 학습정보를 의미 있고 효과적으로 전달하는 방법에 관심을 두었다. 교사는 학습자의 흥미, 선행학습 수준을 고려하여 학습자에게 일반적인 아이디어에서 구체적인 아이디어로 학습내용을 제시하는 교사중심적인 수업을 하며, 학습자는 발견이 아닌 수용을 통해서 지식을 습득한다고 보았다. 그런데 이렇게 제시된 자료를 그냥 수용하는 것은 학습자를 수동적으로 만들고 무조건적 암기가 될 수 있어서 발견학습처럼 의미 있는 학습이 되기 어렵다. 오수벨은 이러한 결점을 보완하기 위해 **교수자가 학습자의 인지구조에 알맞은 과제를 만들고 학습자의 사고를 활성화하여 학습자의 인지구조를 변화시키는 유의미학습(meaningful learning)을 주장**하였다.

1 주요 개념

(1) 정착지식

① 학습자가 특정 지식을 학습하면 지적 위계(intellectual hierarchy)를 가진 인지구조가 형성된다.

② 또한 이러한 인지구조 안에는 새로운 지식이 기존의 인지구조와 관계를 맺는 데 근거가 되는 정착지식(anchoring idea)이 존재한다.

③ 위계적인 인지구조는 추상적이고 일반적이며 포괄적인 개념이 상위에, 구체적이고 사실적인 개념이 하위에 존재하는 구조이다.

④ 사람들은 이미 이전의 경험과 학습을 통해 많은 정착지식을 구성하고 있다.

⑤ 새로운 과제의 학습은 활성화된 정착지식이 새로운 학습과제에 의해 의미를 구성하면서 인지구조가 성숙하고 발전하는 것이다.

(2) 유의미학습

① 유의미학습 또는 유의미 언어학습(meaningful verbal learning)이란 학습자가 새로운 학습과제를 자신의 인지구조, 즉 기존에 가지고 있는 지식과 의미 있게 관련지어 학습하는 것을 말한다.

② 이때 관련짓는다는 것은 언어적 정보나 개념 간에 관련성을 찾아 결합하는 것이다.

2 선행조직자 수업모형

유의미학습에서 교수자는 새로운 학습과제가 학습자의 인지구조에 적합하도록 선정하고 구성하여 제시하는 것이 중요한데, 이를 위해 선행조직자를 활용한다.

(1) 정의

① 선행조직자(advance organizer)란 학습자가 이미 알고 있는 것과 배울 것의 사이를 연결하는 교육적 장치이다.

② 선행조직자는 새로운 학습을 촉진하기 위해 새로운 과제를 본격적으로 공부하기 전에 제시되는 지도나 도표, 개념도, 학습할 내용의 중요 상위개념 등의 자료이다.

③ 선행조직자는 본시 수업의 개념적 틀을 형성하는 것으로서 추상성, 일반성, 포괄성에서 새로운 과제보다 더 높은 수준의 개념이나 원리를 의미한다.

(2) 역할

선행조직자는 새로운 지식을 의미 있게 학습하는 데 필요한 관련 정착지식을 자극하고 활성화하는 역할을 한다.

(3) 비교조직자와 설명조직자

선행조직자는 비교조직자와 설명조직자로 구분된다.

① 비교조직자

㉠ 학습할 과제와 인지구조 내에 있는 지식 간에 **상당한 유사성이 있는 경우**, 이들 간의 유사성과 차이점을 분명히 하여 상호 간의 변별력을 증진시킬 것을 목적으로 제시하는 자료이다.

㉡ 비교조직자는 인지구조를 활성화시킴으로써 이미 존재하고 알고는 있지만 서로 간의 적절한 관련성을 찾지 못했던 것들을 이해시키는 데 도움을 준다.

예 정삼각형을 배우기 전에 정삼각형, 직각삼각형, 이등변삼각형의 그림을 제시하는 것

② 설명조직자

㉠ 학습과제가 학습자가 알고 있는 기존의 지식과는 **전혀 관계가 없는 새로운 것**이어서 이를 학습자의 인지구조에 끌어들이기 위한 발판으로 사용되는 조직자를 뜻한다.

㉡ 설명조직자는 일반적 개념을 의미하는 것으로, 은유와 직유의 개념을 가르치기 전에 비유적인 표현의 의미를 설명하는 것이다.

예 돌고래에 대한 과제를 다루기 전에 포유동물에 대해 설명하는 자료를 활용하는 것

개념 +

조이스(Joyce), 웨일(Weil)과 캘훈(Calhoun)(2004)은 유의미학습이론을 바탕으로 한 선행조직자를 활용한 수업을 선행조직자의 제시, 학습내용의 제시, 인지구조의 강화 등 3단계 수업절차로 설명하였다.

- 선행조직자의 제시
  - 수업목표를 명확히 하고 선행조직자를 제시하며 학습자들이 관련 경험과 지식을 생각하도록 한다. 학습목표를 명확히 하는 것은 교수자의 수업방향 설정과 학생의 동기유발에 도움이 되어 유의미학습을 촉진한다.
  - 선행조직자는 학습자의 기존 지식이나 경험과 관련 있는 내용들이 포함되도록 해야 하지만, 단순히 이전에 학습한 내용의 복습이나 요약과는 다르다. 학습자에게 개인적인 경험을 회상하게 하거나 지난 시간에 배운 것을 회상하도록 하는 등은 복습이고, 자료의 특정 부분을 단순화한 요약은 인지구조의 수준이 새로운 과제와 동일한 것으로 선행조직자와 구분되어야 한다.
  - 선행조직자는 학습내용의 본질적인 특성, 원리를 반영해야 하며 학습자가 충분히 이해할 수 있도록 반복설명한다.
- 학습내용의 제시
  - 효과적인 유의미학습이 이루어지도록 하기 위해서 교사는 학습과제를 학습자가 이해하기 쉽게 정리하고 구조화하여 제시해야 한다.
  - 선행조직자와 학습내용이 상호 관련성 속에서 제시되어야 하고, 먼저 제시하는 내용이 나중에 제시하는 내용을 포괄할 수 있도록 상위개념에서 하위개념으로 위계적으로 수업내용이 구성되도록 한다.
  - 학습내용은 학습자의 인지구조와 관련을 맺을 수 있도록 조직된 유의미한 학습과제이어야 한다.
- 인지구조의 강화
  - 학습자는 자신의 인지구조에 새로운 학습내용이 통합되고 정착되도록 해야 한다.
  - 학습자가 능동적으로 학습내용을 수용하도록 교사는 학습자에게 학습내용의 본질을 설명하도록 요구한다.
  - 학습자는 선행조직자와 학습내용, 기존의 인지구조를 통합하여 위계적으로 개념화하고 학습을 점검한다.

3 학교현장에서의 시사점

(1) 시사점

① 오수벨의 교수·학습이론은 지금까지 없었던 새로운 이론을 창안한 것은 아니지만, 효과적인 수업이 무엇인지에 대한 정보를 주었다는 점에서 의미가 있다.

② 유의미학습에서 강조하는 선행조직자를 활용하는 수업은 교사의 지도하에 수업내용이 체계적이고 조직적으로 학습자에게 전달된다.

③ 이 수업은 핵심내용에서부터 단계적으로 개념이 이해되고 구조화되는 내용일 때 효과적이다.

(2) 비판

① 선행조직자가 무엇을 말하는지 명확하지 않고, 기존의 인지구조를 바탕으로 새로운 의미를 구성하는 학습의 과정만을 강조하고 있다는 점에서 비판을 받는다.

② 학습자가 사전지식이 없는 경우에는 포괄적이고 추상적인 선행조직자의 제시가 학습을 돕기 어렵다.

③ 선행조직자를 강조함으로써 교사 위주의 수업이 될 수 있으며, 교사의 능력이나 자질에 따라 수업의 질이 좌우될 수 있다는 문제점도 있다.

제3절 가네(Gagné)의 수업설계이론

1 주요 개념

(1) 교수자 중심

가네(Gagné)는 **행동주의와 인지주의 원리를 절충하여 가장 효과적인 교수자 중심의 수업을 위한 원리를 제시**하였다.

(2) 목적

① 수업의 목적은 **학습자의 학습을 도와주기 위한 것이므로, 수업활동을 통해 외부에서 주어지는 일련의 사태들은 학습자의 내부에서 진행되는 인지과정과 밀접한 관계를 가져야 한다**고 주장하였다.

② 학습자의 학습을 촉진하기 위해서는 **학습자 내부에서 발생는 학습과정(learning process)을 이해하고, 이를 촉진하기 위한 바람직한 수업사태(instructional events)들을 제공**해야 한다는 것이다.

(3) 통합

① 가네의 이론은 **㉠ 학습자가 유의미한 자료를 학습하는 동안 겪는 내적인 인지과정, ㉡ 학습을 성공적으로 수행하는 데 요구되는 외적인 교수사태, ㉢ 다양한 학습의 결과**에 초점을 둔다.

② 교수자는 **각 사태에서 요구되는 수업의 사태와 조건을 통합함으로써 다양한 학습결과를 촉진**할 수 있다는 것이다.

(4) 인지이론

① 가네는 **인지이론에 기초한 학습의 과정**을 수용한다.

② 인지이론에 의하면, 학습은 **자극의 수용에서부터 행동이라는 결과가 나타나기까지 일련의 인지과정**을 거쳐 발생하게 된다.

PART 07

2 학습결과

가네에 의하면, 학습결과(outcomes of learning)란 **학습자가 지속적으로 특정 행위를 할 수 있는 능력(capabilities), 교수·학습을 통해 성취되어야 할 목표**를 의미한다. 학습능력, 즉 학습의 결과는 **언어정보, 지적기능, 인지전략, 태도, 운동기능**의 다섯 가지 유형으로 분류되는데, 여기서의 분류는 블룸 등의 경우처럼 어떠한 복잡성이나 중요성에 비추어 위계적인 순서가 설정되어 있는 것이 아니다.

(1) 언어정보(verbal information)

① 언어정보란 조직화된 정보 또는 지식으로서 학습자가 자신의 용어를 사용하여 정보를 진술하는 능력을 의미한다.

② 정보처리이론에서 명제적 지식(propositional knowledge), 선언적 지식(declarative knowl-edge), 혹은 ~에 관한 지식(knowing that)을 의미하며, 블룸의 교육목표 분류에서 인지적 영역의 지식과 비슷한 맥락이다.

(2) 지적기능(intellectual skills)

① 지적기능은 **읽기, 쓰기, 숫자 등의 상징을 이용하여 환경과 상호작용하는 능력**을 의미한다.

② 언어정보가 내용(what)이라고 본다면 **지적기능은 방법적 지식(knowing how) 또는 절차적 지식(procedural knowledge)**에 속한다.

③ 블룸의 교육목표 분류에서 **인지적 영역의 이해, 적용, 분석, 종합, 평가능력**과 비슷한 맥락이다.

④ 이는 단순히 어떤 개념과 속성에 대한 사실적 지식과 구별되며, **사실적 지식을 사용하고 구별하고 분류하는 등의 능력을 의미**한다.

(3) 인지전략(cognitive strategies)

① 인지전략은 학습자가 **자신의 학습, 기억, 사고, 행동을 관리하는 기능**을 의미한다.

② 학습자가 사고기법, 문제분석법, 문제해결법 등을 학습하여 자신의 내적 인지과정을 조절하거나 통제하는 초인지적(metacognitive) 사고기능으로서 학습자 자신의 내면적인 행동과 연관된다.

③ 인지전략은 학습자가 학습하고, 기억하고, 문제를 해결해야 하는 상황을 반복적으로 경험하면서 향상되며, 이러한 전략은 비슷한 상황의 문제해결에서 전이되어 활용된다.

(4) 태도(attitudes)

① 태도는 **특정한 방식으로 행동하는 것을 선택하는 것으로서 개인의 선호경향성**이며, 블룸의 교육목표 분류에서 정의적 영역의 수업목표와 관련된다.

② 타인에 대한 배려, 관용, 학습에 대한 긍정적 태도 등을 형성하는 것은 교수학습에서 중요한 수업목표이다.

(5) 운동기능(motor skills)

운동기능은 **단순한 행동에서 복잡한 수준까지의 행동을 수행하는 능력**이며, 블룸의 교육목표 분류에도 동일한 영역이 있다.

핵심정리

학습영역	학습된 능력	성취행동	예
언어정보	저장된 정보의 재생 (사실, 명칭, 강연)	어떤 식으로 정보를 진술하거나 전달하기	애국심의 정의를 의역하는 것
지적기능	개인이 환경을 개념화하는 데 반응하도록 하는 정신적 조작	상징을 사용하여 환경과 상호작용하기	빨간색과 파란색을 구별하는 것, 삼각형의 면적을 계산하는 것
인지전략	학습자의 사고와 학습을 지배하는 통제과정	기억, 사고, 학습을 효율적으로 관리하는 것	기말과제를 작성하기 위해 목록 카드를 개발하는 것
운동기능	일련의 신체적 움직임을 수행하기 위한 능력 및 실행 계획	신체적 계열이나 행위시범 보이기	구두끈을 묶거나 배영을 시범 보이는 것
태도	어떤 사람, 대상, 사건에 관해 긍정적이거나 부정적인 행위를 하려는 경향	어떤 대상, 사건, 사람에 대하여 가까이 하거나 멀리하려는 개인적 행위 선택하기	록 콘서트에 가지 않고, 미술관을 방문할 것을 선택

3 학습의 조건

학습결과는 내적 학습조건과 외적 학습조건의 상호작용 결과로 얻어진다.

(1) 내적 학습조건(internal conditions of learning)

내적 학습조건이란 **새로운 정보를 획득하기 위해 필요한 내적 상태와 정보를 처리하는 인지과정**을 의미하며 **선행학습, 학습동기, 자아개념, 주의력** 등을 예로 들 수 있다.

(2) 외적 학습조건(external conditions of learning)

① 외적 학습조건이란 **학습자의 내적 인지과정을 돕는 환경적 자극으로, 교수사태(instructional events)**라고 한다.

② 의도적으로 계획된 학습은 다양한 과제와 학습과정 그리고 각기 다른 학습과정을 통해 학습된 결과, 학습이 이루어지는 조건(conditions) 등을 포함하여 설명될 수 있으며, 이러한 학습원리는 다양한 상황에서 활용될 수 있다.

교수·학습의 기본요인

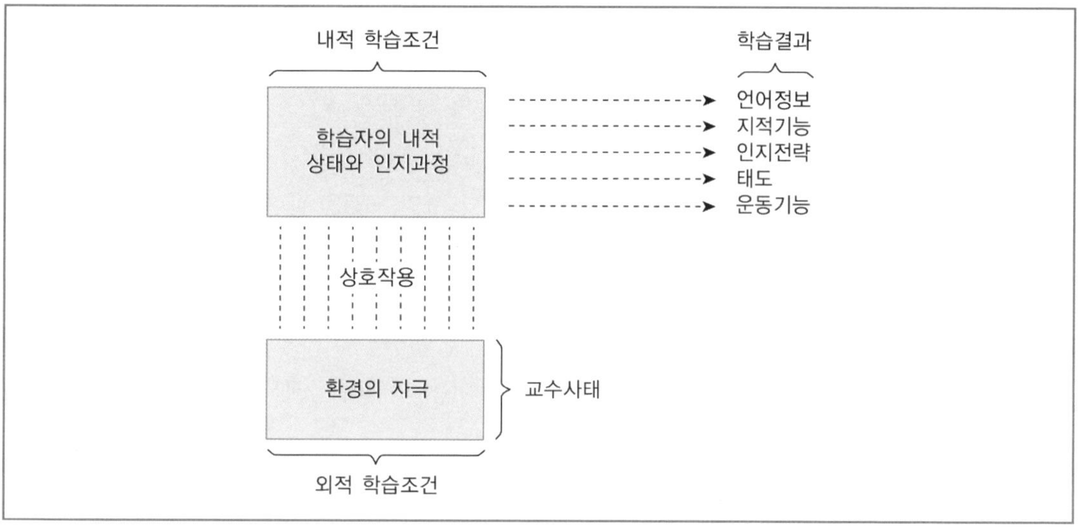

4 학습자의 내적 인지과정 9단계

가네(Gagné)와 브릭스(Briggs)(1979)는 학습자의 내적 인지과정은 9단계로 이루어져 있으며, 이러한 인지과정에 따라 교수사태를 설명하였다.

학습자의 인지과정과 교수사태

구분	인지과정	교수사태
학습을 위한 준비	주의집중	주의집중 유발
	기대	수업목표 제시
	작업기억으로 재생	선행지식 자극
획득과 수행	선택적 지각	자극자료 제시
	의미론적 부호화	학습안내 제공
	재생과 반응	성취행동 유발
	강화	피드백 제공
학습의 전이	재생을 위한 암시	성취행동 평가
	일반화	파지와 전이 높이기

(1) 학습을 위한 준비

① 주의집중 유발

㉠ 학습자의 주의집중이 없다면 학습은 구성되지 않으므로, 수업 시작뿐만 아니라 수업 진행 전 과정을 통해 학습자의 주의를 이끌어 내는 것은 중요하다.

㉡ 교사는 학습자의 흥미나 호기심을 자극하고 주의를 집중할 수 있는 다양한 기술을 지녀야 한다.

㉢ 학습자의 시선을 교사에게 집중시키고 학습내용에 대한 관심을 끄는 방법으로 언어적·비언어적 자극이나 시청각적 자극 등을 사용한다.

㉣ 학습자에게 흥미로운 질문을 하거나, 그림이나 사진, 도표, 관련 동영상 등을 먼저 제시하면서 수업을 전개한다.

② 수업목표 제시

㉠ 학습자에게 수업목표를 명시하고 알려 주는 단계이다.

㉡ 목표란 학습자에게 기대하는 학습성과이며, 이는 수업이 종료되었을 때 학습자에게서 나타나기를 기대하는 성취행동을 의미한다.

㉢ 교사는 수업의 첫 단계에서 학생들이 자신이 달성해야 할 목표를 인지하고 기대를 갖도록 하는 등 그들의 학습동기를 유발한다.

㉣ 교사가 학습과제를 다루기에 앞서 학습목표를 학습자에게 제시해 주면 학습자는 기대를 가지고 학습내용에 더욱 주의를 집중하게 될 것이다.

㉤ 학습목표는 학습자의 도달점 행동을 알 수 있고, 그들이 적절한 도전감을 갖도록 설정해야 한다.

③ 선행지식 자극

㉠ 새로운 학습은 관련된 선행지식에 의존하여 이루어진다. 따라서 학습자로 하여금 이전에 배운 관련 내용을 단기기억에서 회상하도록 자극함으로써 새로운 정보를 이해하고 기억하는 데 활용하도록 한다.

㉡ 예를 들어, 지적기능을 학습할 경우에 새롭게 학습할 개념, 법칙 등의 구성요소가 되는 하위개념이나 원리 등을 재생해 주는 것이 이에 해당된다.

㉢ 선행지식을 자극하는 방법에는 수업 초입에 이전 시간에 배운 내용을 복습함으로써 회상에 도움을 주거나, 복습만으로 충분하지 않을 경우에 필수적인 선행지식이나 기능에 대해 연습시키면서 그 내용을 다시 설명해 주는 것 등이 포함된다.

㉣ 학습자의 선행지식을 끌어내는 과정에서 그들로 하여금 잘못된 개념을 갖게 할 수 있으므로, 교사의 확실한 지도가 필요하다.

(2) 획득과 수행

① 자극자료 제시

㉠ 학습자료 또는 교재 등의 자극이 구체적인 상황과 함께 학습자에게 제시되는 단계이다.

㉡ 이때 자극을 주는 자료는 언어적이든 시범적이든 또는 매체를 활용하든 적절히 제시하여 교수사태가 수업의 주제에서 벗어나지 않도록 해야 한다.

② 학습안내 제공

㉠ 수업에서 사고와 탐구를 자극하기 위해 질문, 단서, 암시, 제시 등의 학습안내를 제공하는 단계로, 새로운 능력을 나중에 회상할 수 있도록 부호화하는 데 도움을 준다.

㉡ 교사가 정답을 알려 주는 것보다 학습자 스스로 사고하고 탐구할 수 있도록 단서나 힌트를 제공해 주는 것이 더 바람직하며, 학습자의 개인차에 따라 단서나 힌트를 다르게 제시하는 것도 효과적이다.

③ 성취행동 유발

㉠ 학습자의 효과적인 부호화를 위해서는 그들로 하여금 이미 배운 것과 아는 것을 통합된 지식으로 확인하고 증명하는 기회를 갖도록 하는 것이 필요하다.

㉡ 연습문제를 풀어 보거나 수업내용에 대한 질문에 대답하고 실습해 보는 등 새로운 기능을 재생하는 성취행동을 유발한다.

④ 피드백 제공

㉠ 학습자의 성취행동이 목표대로 달성되었는지 피드백을 제공하는 단계이다.

㉡ 학습을 마친 후 수행결과에 대한 피드백은 중요하다.

㉢ 교사는 학생의 성취행동에 대하여 고개 끄덕임, 미소 또는 언어적인 칭찬 등 여러 가지 방식으로 피드백을 제공할 수 있다.

㉣ 피드백을 통하여 학습목표를 달성한 학습자는 강화를 받고, 만족하지 못한 학습자는 더욱 노력하여 잘못된 부분을 수정하게 된다.

(3) 학습의 전이

① 성취행동 평가

㉠ 성취행동이 적절하게 유발되면 예상해 온 학습이 잘 이루어졌다는 표시이며, 이것이 학습성과의 평가이다.

㉡ 교사는 미리 계획을 세워 학습성과에 대한 평가를 체계적으로 해야 한다.

㉢ 평가방법은 학습결과의 유형에 따라 달라질 수 있다. 예를 들어, 언어정보는 학습한 정보를 시험을 통하여 평가할 수 있고, 지적기능은 학습된 개념 및 법칙을 새로운 상황에 적용해 보도록 함으로써 수행결과를 평가할 수 있다.

② 파지와 전이 높이기

㉠ 파지(把持)란 학습한 내용을 기억하고 있는 것을 의미하고, 전이(轉移)란 새롭게 학습된 정보를 다른 상황으로 일반화하거나 적용할 수 있는 것을 말한다.

㉡ 교사는 학습자로 하여금 학습내용에 대한 그들의 기억이 오랫동안 지속될 수 있도록, 나아가 즉각적으로 재생될 수 있도록 도움을 주어야 한다.

㉢ 전이는 학습의 가장 중요한 목표 중 하나이다. 만약 수업한 내용 자체만이 학습되고 그에 대한 전이가 이루어지지 않는다면 학습자는 평생 동안 학습을 해야만 할 것이다.

㉣ 일반적이고 보편적인 내용을 학습하고 특수한 상황마다 일반적인 내용을 전이하여 이해하는 과정은 학습의 최종목표이다.

㉤ 파지와 전이를 높이는 방법은 학습결과의 유형에 따라 다르다. 예를 들어, 언어정보는 학습자에게 배운 정보를 다른 말로 진술해 보게 하거나 더 발전시켜 보는 연습의 기회를 제공하고, 지적기능은 일정한 간격을 두고 복습의 기회를 적절히 제공함으로써 증진할 수 있다.

㉥ 인지전략은 여러 가지 다양한 문제상황을 제시하여 해결책을 찾도록 기회를 부여할 수 있고, 운동기능은 계속적인 연습이 파지와 전이를 강화하는 데 도움이 될 것이다.

5 학습의 위계

(1) 학습과제 분석

① 학습의 결과로 성취될 능력을 목표로 설정하고 적절한 교수사태를 선택하는 것은 교수설계에서 중요하다.

② 복잡한 기능을 학습하기 위해서는 학습과제 분석(learning task analysis)을 통해 핵심적 선행학습 요소를 확인하는 것이 필요하다.

(2) 위계

① 가네는 학습내용이 **단순한 것에서 복잡한 것으로, 낮은 수준에서 높은 수준으로 위계**를 이루고 있다고 보았다.

② 학습은 **위계에 따라서 이루어져야 하며 위계적으로 낮은 수준의 핵심지식이 선행학습되지 않는다면 후속학습이 이루어질 수 없다.**

③ 학습의 결과는 **학습의 위계에 따라 과제분석되어야 하고, 이를 근거로 수업계획**이 이루어진다.

(3) 지적기능

다섯 가지 학습능력 중에서 위계가 가장 분명한 영역은 지적기능이다. 지적기능의 학습은 신호학습, 자극－반응학습, 연쇄학습, 언어연합학습, 변별학습, 개념학습, 규칙학습, 고차적 규칙학습의 8가지 유형으로 나뉘며, 제시된 순서대로 학습의 위계를 이루고 있다.

① 신호학습(signal learning)

㉠ 학습의 위계상 가장 단순한 형태로서 고전적 조건형성 과정을 통해 수동적으로 행동이 획득되는 것을 의미한다.

㉡ 신호로서 제시되는 자극에 무조건적으로 반응하도록 학습된다.

㉢ 특정 동물에 대한 공포반응과 같이 인간의 감정적 반응은 이 유형의 학습으로 이루어진다.

② 자극-반응학습(stimulus-response learning)

㉠ 조작적 조건형성과정을 통해 학습자가 의지를 가지고 자극에 반응하는 학습이다.

㉡ 이때의 반응은 능동적이라는 점에서 신호학습과 구별된다.

㉢ 학습자는 강화가 주어질 때 더 잘 반응한다. 학습자가 교수자의 질문에 대답을 잘했을 때 즉시 칭찬해 주는 것과 같은 경우가 이에 해당된다.

③ 연쇄학습(chaining learning)

㉠ 단순한 자극-반응 결합능력을 소유한 학습자가 학습된 자극-반응을 특정한 순서에 따라 동시에 연결하여 사용할 수 있는 능력을 학습하는 것을 의미한다.

㉡ 현미경으로 관찰하기, 농구공 드리블하기 등을 예로 들 수 있다.

④ 언어연합학습(verbal association learning)

㉠ 언어를 연결하여 사용할 수 있는 능력을 학습하는 것을 말한다.

㉡ 화학기호 암기, 영어 단어 외우기 등을 들 수 있다.

⑤ 변별학습(discrimination learning)

㉠ 유사한 여러 대상을 구별할 수 있는 능력의 학습으로, 다른 대상의 차이점을 구별하고 각각 다르게 반응하는 것을 의미한다.

㉡ 예를 들어, 어린아이가 옷감 질의 차이를 부드럽다거나 거칠다는 식의 말로 표현은 하지 못하더라도 그 차이를 느끼고 반응할 수 있는 것을 말한다.

㉢ 변별학습은 생활 속에서 경험이 쌓여 가면서 세밀하고 정교해진다.

⑥ 개념학습(concept learning)

㉠ 개념학습은 사물의 공통적 속성을 개념화하는 것으로, 이전에 학습한 언어적 연결이 개념학습을 돕는다.

㉡ 책이나 컴퓨터 등과 같이 구체적 개념에 대해서 여러 대상의 공통속성을 이해하거나 평화, 자유 등과 같은 추상적 개념들에 대한 학습이 이에 해당된다.

⑦ 규칙학습(rule learning)

㉠ 규칙은 세 개 이상의 개념이 연결되어 구성된다.

㉡ 수학의 계산규칙, 과학적 원리 등의 학습을 의미하며, 학습자가 규칙을 문제해결에 적절하게 적용함으로써 규칙의 활용을 보여 줄 수 있어야 한다.

⑧ 고차적 규칙학습(higher-order rule learning)

㉠ 여러 개의 규칙을 조합하여 새로운 사태의 문제를 해결할 수 있는 능력에 대한 학습으로, 문제해결학습이라고도 한다.

㉡ 이전에 배운 규칙들이 기억에서 인출되어 더욱 복잡한 문제해결에 적용된다.

㉢ 예를 들어, 아동이 사다리꼴의 넓이를 계산할 경우에 이미 알고 있는 사각형과 삼각형의 넓이를 계산하는 규칙을 조합해서 적용하는 것이다.

6 학교현장에서의 시사점

(1) 시사점

① 가네 이전에는 학습현상과 교수과정을 접목하여 교수·학습에 대한 이론적인 측면과 현실적인 측면을 포괄적으로 정리한 연구가 거의 없었다.

② 가네는 구체적인 교수모형을 제시하지는 않았지만, 학습의 주요 변인에 대한 분석과 이러한 변인을 고려하여 수업을 어떻게 조직해야 할 것인지에 대해 설명함으로써 수업을 위한 유용한 활동지침을 제공하였다는 점에서 의미가 있다.

③ 나아가 수업의 처음부터 끝까지 어떻게 해야 하는지와 관련된 체계적이고 명확한 교수설계모형의 개발에 영향을 주었다는 점에서 시사하는 바가 크다.

(2) 인지과정

① 가네는 학습자의 인지과정에 적합한 수업을 제공해야 한다고 하였다.

② 학습이 이루어지기 위해서는 새로운 학습을 위한 선행지식이 학습되어야 하며, 학습하려는 동기가 형성되고 지속적으로 유지되어야 한다.

③ 준비되지 않은 학습자에게 외적 조건인 수업의 수행은 더 이상 학습이 아니다.

(3) 정보처리이론

① 정보처리이론은 학습과 기억이 여러 단계의 활동을 통해 이루어지고 있음을 보여 주므로, 수업은 여러 정보처리과정에 영향을 미치는 다양한 활동으로 구성되어야 한다.

② 기대하는 학습의 결과를 과제분석하여 각 수업의 목표로 계획해야 하며, 교수사태도 그러한 학습의 결과를 성취하도록 설계해야 한다.

제4절 켈러(Keller)의 학습동기 설계이론

ARCS 모형은 **주의(Attention), 관련성(Relevance), 자신감(Confidence), 만족감(Satisfaction)**의 첫 글자를 따서 만든 것으로, 동기유발을 위해서는 수업에 이 네 가지 요소가 포함되어야 함을 의미한다.

1 주의(Attention)

학습동기가 유발되기 위해서는 주어진 학습자극에 학습자의 주의가 집중되어야 하고, 일단 집중된 주의는 유지되어야 한다. 주의는 호기심, 주의환기, 감각추구 등의 개념들과 관련된다. 학습자의 호기심을 유발하는 것은 크게 두 가지로 나뉜다. 신기한 사건이나 사실을 제시해서 학습자의 호기심이나 주의를 유발시키는 **'지각적 주의환기(perceptual arousal)'**, 학습자들이 스스로 새로운 정보를 추구하고 문제해결을 하도록 계속적으로 주의나 호기심을 유지시키는 **'인식적 주의환기(epistemic arousal)'**가 있다.

(1) 지각적 주의환기

지각적 주의환기는 **새롭고, 놀라우면서, 기존의 것과 모순되거나 불확실한 사건 또는 정보를 수업에 사용함으로써 학습자의 주의를 유발하고 유지하는 전략**이다. 이를 위해서는 세 가지 방법이 사용될 수 있다.

① 먼저 시청각매체를 활용하는 것이다. 시청각매체는 단순한 그림이나 그래프, 도표를 사용하는 것에서부터 각종 애니메이션이나 소리, 반짝임, 다양한 글자체를 사용하는 것이 포함된다.

② 두 번째 방법은 수업과정에 일상적이지 않은 내용이나 사건들을 활용하는 것으로, 역설이나 학습자의 경험과는 전혀 다른 사실, 괴상한 사실, 믿기 어려운 통계 등을 제시하는 것이다.

③ 마지막으로 위의 두 가지 방법을 사용하되 너무 많은 자극은 주의를 분산시킬 수 있으므로, 이들 방법을 남용하는 것은 피하는 방법이다.

(2) 인식적 주의환기

인식적 주의환기는 **학습자의 호기심과 탐구심을 자극하여 학습에 대한 기대감을 갖게 하는 것**이다. 이 전략에 속하는 구체적 방법으로 세 가지를 생각해 볼 수 있다.

① 학습자에게 드문 비유를 해 보게 하거나, 스스로 학습내용과 관련된 상상을 하게 할 수 있다. 또는 질의응답을 통해 적극적인 사고를 유도할 수도 있다.

② 문제해결활동을 만들어 보게 하는 것이다. 이는 학습자에게 스스로 문제를 내어서 풀어 보게 한 후, 적절한 피드백이나 결과를 제시하여 줌으로써 학습자가 자신의 지적 호기심을 계속 유지하도록 도와주는 방법이다.

③ 학습자에게 신비감을 주는 방법으로, 문제상황을 제시하면서 필요한 지식은 부분적으로만 제공해 주는 것이다.

(3) 다양성

다양성은 **수업의 요소를 변화시킴으로써 학습자의 흥미를 지속시키는 것**이다. 이 전략에는 네 가지 방법이 포함된다.

① 수업의 단위를 간결하고 짧게 구성하되 학습자의 주의집중 시간에 따라 정보제시, 연습, 평가 등의 다양한 형태를 적절히 사용하는 방법이다.

② 강의 형태로 이루어지는 일방적인 정보제시와 토론식 수업과 같은 상호작용적 수업의 기회를 혼합하는 것이다.

③ 수업자료의 형태와 관련된 것으로, 수업자료의 각 페이지 혹은 각 화면마다 공백, 그림, 표, 다른 글자 형태 등을 사용하여 적절히 변화를 주는 것이다.

④ 어떤 다양성의 방식을 사용하든지 그 방식은 교수목표 및 수업의 내용과 기능적으로 통합되어야 한다는 것이다.

2 관련성(Relevance)

'관련성'의 원리란 **'이 과제가 나의 개인적 흥미나 목적과 어떻게 관련되는가에 대한 긍정적인 해답을 찾아보고자 하는 노력'**을 말한다. '관련성'을 높이기 위한 구체적인 전략으로 세 가지를 들 수 있다.

(1) 친밀성

① 이 전략은 학습자의 경험이나 가치와 관계가 있는 구체적 용어, 보기, 개념 등을 사용하는 것이다.

② 인지주의적 관점에서 보면, 사람들은 새로운 과제가 이미 알고 있거나 이미 가지고 있는 지식, 정보, 기술, 가치 및 경험에 바탕을 두고 제시될 때 기존의 인지구조와 새 것과의 관계를 더 잘 이해할 수 있으며 구체적인 이미지를 구성할 수 있다.

③ 친밀성의 전략을 구체화시키는 방법

㉠ 개인적으로 친밀한 이름이나 인물, 그림 등을 사용하여 학습의 친밀도를 높일 수 있다. 수업에서 학습자의 이름을 불러 주거나, 수업자료에 친밀한 사람이 포함되는 그림을 제시하는 방법 등이 도움이 된다.

㉡ 추상적이고 새로운 개념을 가르치기 위하여 구체적인 그림을 사용한다. 학습자에게 친숙한 그림을 사용하여 새로운 정보를 구체화시킴으로써 학습과제의 친밀도를 높일 수 있다.

㉢ 학습자들에게 친밀한 예문이나 배경지식을 사용하는 것이다.

(2) 목표지향성

이 전략은 성취를 위한 목표를 제시하거나 학습자들이 그 목표를 정의하게 함으로써 이루어질 수 있다. 이 전략을 위한 방법은 다음과 같다.

① 학습과제의 중요성이나 실용성에 중점을 둔 목표를 제시한다. 사람들은 그들이 지금 어디로 가고 있고, 왜 그곳에 가야 하는지를 분명히 알 때 그곳에 가려고 노력을 하게 될 것이다. 특히 학습목표가 미래의 실용성 및 중요성과 관련이 있다고 인식되면 '목표지향성' 전략은 쉽게 성취될 수 있다.

② 목적이나 실용성 등을 분명히 제시하기 어려운 과제일 경우에는 학습활동 자체의 목적을 제시해 줄 수 있는 게임, 시뮬레이션 등의 학습형태를 이용하는 것이 좋다. 그 이유는 게임, 시뮬레이션 등은 그 자체로 목적을 지향하는 학습형태이기 때문이다.

③ 다양하게 제시된 목적 중에서 학습자가 자신에게 적합한 목적을 선택하게 한다. 어떤 목적을 달성하기 위한 학습방법 및 순서 등을 학습자 스스로 선택하도록 도움을 주는 방법도 유용하다.

(3) 필요나 동기와의 부합성

이 전략은 학습자들의 **필요나 동기와 결합되는 수업전략을 사용**하는 것이다. 켈러는 학습자의 필요 중 성취욕구와 소속감의 욕구를 강조하면서 이들을 충족시킬 수 있는 구체적인 방법을 네 가지로 제시하고 있다.

① 학습의 목적을 다양한 수준으로 제시하여 학습자가 본인의 능력이나 특성에 따라 적절한 수준을 선택하도록 하는 것이다. 이는 학습자의 성취욕구를 자극하기 위한 방법으로, 학습자에게 책임감 및 학습에의 권리 등을 스스로 이행하도록 하는 것을 말한다.

② 첫 번째 것과 연관된 것으로, 학습자가 자신에게 적절한 수준의 학습과제를 수행해 나가는 과정에서 필요한 피드백을 제공해 주는 것이다. 학습자의 학업성취 여부를 계속적으로 기록하고 그에 따라 적절한 피드백을 제공함으로써 학습자의 성취욕구 충족 여부를 확인시키면서 동시에 새로운 과제에 대한 성취욕구를 자극시키는 것이다.

③ 높은 수준의 과제를 성취할 때 위험부담이 적고 치열한 경쟁도 없는 학습상황을 선택할 수 있는 기회를 주는 것이다. 학습자에 따라서는 학업성취의 수준을 높게 정하되, 경쟁적 학습환경을 피하고 싶어 하는 경우도 있다. 이러한 학습자는 높은 소속감의 욕구를 갖고 비경쟁적·협력적 관계 속에서 학습하기를 좋아한다.

④ 비경쟁적 학습상황과 관련하여 학습자가 전혀 위험성을 느끼지 않고 학습과정에 몰두하게 하는 협동적 상호학습상황을 제시한다면, 소속감의 욕구가 충족될 수 있을 것이다.

3 자신감(Confidence)

동기유발 및 유지를 위해서 학습자는 **학습에 재미와 필요를 느껴야 하고, 이와 더불어 성공의 기회**가 있다는 것을 인식할 수 있어야 한다. 자신감과 관련된 측면은 **'지각된 능력', '지각된 조절감', '성공에의 기대'**의 세 가지로 구분될 수 있다.

지각된 능력	자신에게 어떤 일을 성공시킬 수 있는 능력이 있음을 느끼는 것
지각된 조절감	자신이 결정한 선택이나 자신의 노력이 행동의 결과에 직접적으로 영향을 미친다고 믿는 것
성공에의 기대감	어떤 일을 할 때, 그 일에 대한 성공에의 확신이 있을 때 더욱 그 일을 위해 노력하고, 그럼으로써 실제 성공률도 높아진다는 것

자신감의 세 가지 측면을 높이지 위해 다음의 전략을 사용할 수 있다.

(1) 학습의 필요조건 제시

이 전략은 학습자에게 수행에 필요한 조건과 평가기준을 제시해 줌으로써 학습자가 성공의 가능성을 짐작하도록 도와주는 것이다.

① 학습목표와 수업의 전체적인 구조를 분명하게 제시한다. 학습자가 자신에게 요구되는 것이 무엇인지를 알고 학습과정에서 무엇을 해야 할지를 알 때 학습에 대한 자신감이 높아지며, 성공에의 기회도 증대된다.

② 평가기준을 분명히 제시하면서 수업목표를 달성할 수 있도록 연습의 기회를 제공하는 것도 도움이 된다. 이때 학습자의 반응에 따라 적절한 피드백을 제공하는 것이 바람직하다.

③ 학습자의 성공을 돕기 위해 미리 선수지식이나 기술, 태도 등을 진술해 주어야 한다. 학습자는 진술된 선수능력을 미리 알고 자신의 것을 검토·보완함으로써 주어진 과제에 대한 성공가능성을 높일 수 있다.

④ 학습자에게 시험의 조건들을 알려 주어야 한다. 이는 시험문제 수나 그 성격, 시간제한 등을 학습자에게 미리 말해 줌으로써 학습자가 학업수행의 필수요건이 무엇인지를 인식하도록 도와주는 것을 말한다.

(2) 성공의 기회 제시

성공의 기회는 학습과정과 수행 조건에서 성공을 경험할 수 있도록 적절한 수준의 도전감을 제공하는 것을 말한다.

① 쉬운 내용에서부터 어려운 내용으로 수업을 조직하고 강화를 준다. 수업의 첫 단계에서는 성공의 기회를 최대한으로 주기 위해 수업내용이나 연습을 쉬운 것부터 시작한다.

② 사전지식과 기능을 고려하여 너무 지나친 도전이나 나태를 방지한다. 즉, 학습자의 수준에 맞는 적절한 난이도를 유지해야 한다.

③ 사전에 학습자의 수준을 평가하기 위한 시험을 치르고, 학습자의 수준에 맞는 내용을 선택적으로 제시한다.

④ 어느 정도 학습이 이루어진 후에 연습이나 적용의 과정에서 다양한 사례들을 제시하여 도전감을 준다.

⑤ 다양한 수준의 난이도를 제공하여 시간, 학습속도, 상황의 복잡성 등을 학습자가 조절하게 한다. 이 방법은 학습자 스스로 의미 있는 도전의 수준을 정하고, 자신감을 높일 수 있는 기회를 제공한다.

PART 07

(3) 개인적 조절감 증대

성공에 대한 개인의 능력요인을 지원해 줄 수 있는 피드백과 통제의 기회를 제공한다. 성공이 외부의 운이나 과제의 난이도 등에 기인한다고 생각하는 학습자에게는 성공 자체가 자신감을 높여 주지 못한다. 따라서 이러한 학습자들에게는 평가나 피드백을 사용하여 성공의 내적 요인(능력이나 노력)을 부각시킴으로써 학습자가 개인적 조절감을 갖도록 도와주어야 한다.

① 학습자들이 언제든지 학습상황에서 빠져나갈 수 있고, 다시 돌아올 수 있으며, 복습을 위해 학습의 전 상황으로 돌아갈 수 있게 해야 한다. 이는 컴퓨터나 기타 시청각매체를 사용한 학습에서는 더욱 필요하다.

② 학습자가 스스로 자신의 학습속도를 조절하도록 하는 것으로, 이는 가장 기본적인 '개인적 조절감'의 방식이다.

③ 학습자가 학습하고자 하는 부분으로 쉽게 이동할 수 있게 하는 것이다. 필요 없는 부분을 반복하도록 하면 동기가 저하될 수 있다.

④ 다양한 학습과제와 난이도를 학습자 스스로 선택하게 하는 방법이다. 교수자나 프로그램에 의해 고정된 학습과제와 난이도 수준은 학습자에게 '개인적 조절감'을 박탈하여 학습에 대한 자신감을 저하시킬 수 있다.

⑤ 학습자의 성공을 그의 노력이나 능력으로 돌리도록 유도하는 피드백을 제공한다. 이는 학습자가 자신이 성공한 이유가 무엇일까를 생각하게 해 주면서 그 이유를 자신의 노력이나 능력에서 찾도록 도와주는 역할을 한다.

⑥ 학습자가 현재 자신의 노력이나 능력으로는 해결할 수 없는 문제에 부딪혔을 때 적절한 피드백을 제공하여 당면한 과제를 해결하거나 다른 과제를 선택할 수 있는 능력을 기르도록 유도한다.

4 만족감(Satisfaction)

만족감에 영향을 미치는 요소는 크게 학습의 **내적 결과와 외적 결과**로 구분할 수 있다. **내적 결과에는 학습자의 학업수행과 결과에 대한 '인지적 평가'와 기타 내적 보상이 포함되며, 외적 결과에는 강화와 피드백이 포함**된다. 강화를 적절히 사용하면 주어진 과제에 대한 학습자의 학습동기를 유지시킴으로써 바람직한 행동을 계속하도록 도와준다. 내적인 만족감과 관련되어 있는 '인지적 평가'는 '기대의 측면에서 결과를 평가하는 학습자의 내적 과정'을 말한다. '인지적 평가'는 정의적 측면과 지적인 측면을 모두 포함한다.

(1) 자연적 결과

① 이 전략은 학습자의 내적 동기를 유지시키는 것으로, 새롭게 습득한 지식이나 기능을 실제 또는 모의상황에 적용해 볼 수 있는 기회를 제공하는 것을 말한다.

② 이러한 적용의 기회는 학습이 끝난 직후 되도록 빨리 제공해 주어야 한다.

③ 실제상황에서 습득한 지식이나 기능을 사용해 보기 어려울 때에는 모의상황을 사용할 수도 있는데, 이때는 여러 가지 조건이 실제상황을 반영하고 있어야 한다. '자연적 결과'의 전략을 구체화하는 방법은 다음과 같다.

㉠ 새로 습득한 지식 및 기능을 적용해 볼 수 있는 연습문제를 제시한다.

㉡ 새로 습득한 지식이나 기능이 다음 후속 학습상황에서 적용될 수 있도록 수업을 설계한다.

㉢ 수업의 끝에 학습한 기능이나 지식을 적용해 볼 수 있는 모의상황이나 게임 등을 첨가하여 적용의 기회를 증가시킨다.

④ 이러한 '자연적 결과' 적용전략은 '관련성' 전략과 유사하나 수업 끝에 활용한다는 점에서 관련성 전략과 다르다. 예를 들면, 습득한 지식을 적용해 볼 수 있는 모의상황을 수업 끝에 제시하는 것은 동기의 '만족성'을 높이기 위한 전략이고, 수업을 시작하는 시점에서 학습자에게 그러한 모의상황이 수업 끝에 제시된다고 알리는 것은 '관련성' 전략에 해당된다.

(2) 외적 보상

① 이 전략은 바람직한 행동을 계속 유지시킬 수 있는 강화와 피드백을 제공하는 것을 의미한다.

② 예를 들면 좋은 수업태도를 보이고, 성취검사에서도 만족할 만한 결과를 보인 학습자에게는 컴퓨터 게임을 할 수 있는 기회를 주는 것이다. 외적 보상을 사용하기 위한 구체적인 전략은 다음과 같다.

㉠ 새로운 지식이나 기능을 배우는 단계에서는 학습자의 반응 뒤 매번 긍정적인 피드백이나 보상을 해 주고, 학습자가 배운 지식이나 기능을 적용해 보는 연습단계에서는 간헐적인 강화를 사용한다.

㉡ 학습자의 수준에 알맞고 의미 있는 강화를 제공하는 것이다. 너무 쉬운 문제나 과제에 대하여 긍정적 보상을 자주 하는 것은 동기를 저하시킬 우려가 있다.

㉢ 옳은 반응에만 긍정적인 외적 보상을 하고, 틀린 반응에는 어떤 보상도 주지 않아야 한다. 외적 보상에는 스티커, 재미있는 그림, 게임 등이 포함될 수 있다.

㉣ 외적 보상이 실제 수업상황보다 더 흥미를 끄는 것이어서는 안 된다. 특히 어려운 과제를 공부하는 도중에 주어지는 외적 보상은 학습자의 관심이 보상에만 쏠리게 하기 쉽기 때문에 외적 보상은 조심스럽게 사용해야 한다.

㉤ 학습자에게 보상의 종류를 선택하게 한다. 이는 학습자에 따라 잦은 외적 보상이 주어지는 경우, 교수자에 의해 조절당하고 있다고 느끼거나 학습자가 지닌 내적 동기가 저하되는 부정적인 영향을 줄이는 방법이 될 수 있다.

(3) 공정성

① 공정성 전략이란 학습자의 학업성취에 대한 기준과 결과를 일관성 있게 유지시키는 것을 말한다.

② 공정성의 원리는 몇 가지 방법으로 구체화될 수 있다.

㉠ 수업의 내용과 구조를 제시된 수업목표와 일관성 있게 제시해야 한다. 목표와 내용이 일관성 있게 제시될 때 학습자는 자신이 목표를 보고 세웠던 기대가 학습내용에 의해 충족됨을 느낄 수 있게 된다.

㉡ 학습 중에 연습한 내용과 시험의 내용을 일치시켜야 한다. 학습자는 수업 시작단계에서 무엇을 성취하도록 기대하는가를 알고, 그 기대를 충족시킬 수 있는 기회가 일관성 있게 제시될 때 만족감을 유지할 수 있다.

핵심정리

동기요소	동기유발전략		
주의	• 지각적 주의환기	• 탐구적 주의환기	• 다양성
관련성	• 친밀성	• 목표지향성	• 필요나 동기와의 부합성
자신감	• 학습의 필요조건 제시	• 성공의 기회 제시	• 개인적 통제감
만족감	• 자연적 결과 강조	• 외적 보상	• 공정성 강조

제5절 메릴(Merrill)의 내용요소 제시이론

1 기본개념

(1) 가네의 모형은 학습자의 수행을 유도하기 위하여 교수자가 제공하는 교수사태에 중점을 두었는데, 이는 복합적인 학습과제를 분류하기에는 제한적이다.

(2) 메릴의 내용요소 제시이론(Component Display Theory: CDT)은 이에 대한 보완으로, **수행과 내용**의 두 차원으로 **학습과제를 분류하여 가르치도록 한 처방적 교수이론**이다.

(3) 내용요소 제시이론은 **사실, 개념, 절차, 원리와 같은 인지적 영역**의 내용요소를 하나씩 교수하고자 할 때에 적용할 수 있는 **미시적 교수설계** 이론 중 하나다.

2 내용×수행 행렬표

(1) 메릴은 학습결과의 범주를 **내용×수행**의 이차원적 행렬표로 세분화하였다.

(2) 이러한 분류는 가네(Gagné)의 '서로 다른 학습의 결과는 서로 다른 학습의 조건을 요구한다'는 가정에 근거하여 학습의 결과를 세분화하였다.

3 수행과 내용의 범위

(1) 수행차원

① 기억하기(remember): 기존의 저장된 정보를 재생하기 위하여 학습자가 기억된 정보를 탐색하는 수행

② 활용하기(use): 추상적인 학습내용(개념, 절차, 원리)을 구체적인 실제상황에 적용해 보는 수행으로, 기억하기보다 고차적인 수행

③ 발견하기(find): 새로운 내용을 도출하거나 창안하는 수준의 수행

(2) 내용차원

① 사실(fact): 이름, 사건, 명제, 날짜, 장소 등을 지칭하기 위하여 사용한 기호들과 같이 이름을 붙인 정보

② 개념(concept): 공통적인 속성을 지니고 있고 동일한 명칭으로 불리는 사물, 사건, 기호들의 집합을 말하며, 사실보다 고차적인 내용

③ 절차((procedure): 특정한 목적을 달성하거나, 특정한 문제를 해결하거나, 산출물을 만드는 데 필요한 단계들을 순서화화한 것으로, '개념'보다 고차적인 내용

④ 원리(principle): 현상이나 사건을 설명하기 위한 인과관계나 상호관련성을 해석하고 장차 발생하게 될 사태에 대하여 예측하는 것으로 '절차'보다 고차적인 내용

수행×내용 행렬표에 의한 학습과제 보기

수행수준					
	발견	–	곤충이 주는 생활의 이점과 피해를 찾을 수 있다.	다양한 물질을 현미경으로 관찰하는 방법을 찾을 수 있다.	일식이 일어나는 현상을 설명할 수 있다.
	활용	–	곤충의 특성에 적합한 종류를 분류할 수 있다.	현미경을 조작하여 솔잎의 세포구조를 관찰할 수 있다.	일식이 일어나는 원리에서 월식이 일어나는 원리를 이해한다.
	기억	지도에서 교회를 나타내는 기호는 무엇인가?	곤충의 개념을 말할 수 있다.	현미경을 조작하는 절차를 말한다.	일식이 일어나는 원리를 말한다.
	사고과정	사실	개념	절차	원리
	내용의 형태(가르치는 원리)				

4 제시형

제시형이란 교사에 의한 전달이나 인쇄매체, 전자매체 등을 통해 **학습자들에게 제시되는 교수의 형태**로서 교수처방을 말한다. 이것은 1차 제시형과 2차 제시형을 통해서 구체적으로 제시된다.

1차 제시형	• 목표로 설정한 학습이 일어날 수 있기 위해 필요한 최소한의 기본적인 자료를 제시하는 가장 기본적이며 보편적인 방식 • 1차적 자료 제시형태는 수업의 주요 수단으로 볼 수 있음 • 자료 제시형태를 일반성과 사례를 한 차원으로, 설명적 제시형과 질문적 제시형을 또 다른 차원으로 이원화한 네 개의 범주를 제안
2차 제시형	1차 제시형에 추가하여 학습을 보다 더 용이하게 할 수 있도록 지원해 줄 수 있는 부가적인 자료를 제시하는 방식

Merrill의 1차적 자료제시형

구분	설명식(말로 알려주기: E)	탐구식(질문하기: I)
일반화(G)	설명식 일반화(E–G: 원리)	탐구식 일반화(I–G: 회상)
사례(eg)	설명식 사례(E–eg: 예)	탐구식 사례(I–eg: 연습)

(1) 1차적 자료 제시형태

① 교과내용(개념, 절차, 원리)을 일반적인 수준인 **일반화(generality)**와 구체적인 수준인 **사례(instances)**의 형태로 제시하는 방법의 차원과 말로 알려 주는 **설명식(expository)**과 질문을 통한 **탐구식(inquisitory)** 방법의 차원 등 두 차원이 있어서 모두 네 가지 자료 제시형태가 있다(**설명식 일반화, 설명식 사례, 탐구식 일반화, 탐구식 사례**).

② 설명식 방법에는 설명하기, 예시하기, 보여주기 등이 있고, 탐구식 방법은 동일한 내용을 질문의 형태로 제시하는 것으로, 학생이 진술문을 완성하기, 일반화를 특수한 사례에 적용하는 문제를 제시하기 등이 있다.

(2) 2차적 자료 제시형태

① 2차적 제시형이란 1차적 제시형에 추가하여 학습을 보다 더 용이하게 할 수 있도록 지원해 줄 수 있는 부가적인 자료를 제시하는 방식을 의미하며, 1차적 제시형을 정교화시켜 주는 제시방법이다.

② 2차적 제시형은 주요 교수전략에 추가하여 학생들의 정보처리과정을 촉진시켜 주거나, 혹은 맥락, 배경과 같이 흥미 있는 요소를 제공해 주는 정교화의 기능을 지닌 자료형태를 말한다.

③ 2차적 제시형의 목적은 동기유발을 시키거나 인지과정을 활성화하여 학습이 용이하게 이루어지도록 하는 데 있다.

④ 메릴(Merrill)은 맥락(c: context), 선수학습(p: prerequisite), 기억술(mn: mnemonic), 학습촉진 도움말(h: help), 표상(r: representation) 및 피드백(FB: feedback: 정답, 도움, 활용)의 6가지의 정교화를 2차적 제시형을 위한 전략으로 이용하고 있다. 여기서 설명식 일반화나 설명식 사례에서는 피드백이 적용되지 않는다.

Merrill의 2차적 자료 제시형태

정교화 유형	1차적 자료 제시형태			
	설명식 일반화(EG)	설명식 사례(Eeg)	탐구식 사례(Ieg)	탐구식 일반화(IG)
맥락(c)	EG+c	Eeg+c	Ieg+c	IG+c
선수학습(p)	EG+p	Eeg+p	없음	없음
기억술(mn)	EG+mn	Eeg+mn	없음	없음
학습촉진도움(h)	EG+h	Eeg+h	Ieg+h	IG+h
표상(r)	EG+r	Eeg+r	Ieg+r	IG+r
피드백FB/ (정답: ca 도움: h 활용: u)	없음	없음	Ieg+FB/ca Ieg+FB/h Ieg+FB/u	IG+FB/ca IG+FB/h IG+FB/u

제6절 롸이겔루스(Reigeluth)의 정교화이론

1 기본입장

(1) 정교화이론(elaboration theory)은 메릴(Merrill)의 내용요소 제시이론을 거시적 수준으로 확장시키기 위해 롸이겔루스가 개발한 것이다.

(2) 일반적으로 **넓은 범위와 많은 교수내용**에 대한 조직원리는 롸이겔루스의 정교화이론(elaboration theory)에 따른다.

(3) 정교화이론은 교수내용을 조직할 때 **가장 단순하면서도 전체 과제에 대한 대표성이 높은 과제**를 먼저 가르치고, 그 이후에 세분화되고 구제적인 내용을 가르쳐 학습자들에게 의미적 정교화가 일어날 수 있도록 가르치라고 한다.

2 정수

(1) 가장 단순하면서도 내용 전체의 윤곽이 될 수 있는 과제를 **정수(精髓, epitome)**라고 한다.

(2) 경제학 개론에서 수요공급의 법칙은 단순하면서도 경제학 이론의 가장 기본이 되는 것으로, 경제학 과제의 정수라고 볼 수 있다.

3 줌렌즈의 비유

(1) 롸이겔루스는 자신의 정교화이론에 근거한 조직전략을 **카메라의 줌렌즈에 비유**하여 설명하였다.

(2) **정수를 시작**으로 점차적으로 과제를 상세하고 정교하게 다루는 계열화 전략이 마치 카메라의 렌즈가 줌아웃과 줌인으로 촬영할 대상을 포착하는 과정하고 유사하다고 생각하였기 때문이다.

개념 +

학습의 과정

- 먼저 광각렌즈를 가지고 학습할 대상을 관찰한다. 이때 대상의 주요 부분(parts)과 각 부분의 균형이나 조합과 같은 관계(relationships)를 파악할 수 있지만 상세한 부분은 포착되지 않는다.
- 학습대상 전체의 윤곽(정수)을 파악했으면 주요 하위부분(subparts)들을 파악할 수 있도록 한 수준 줌인 하여 하위부분과 하위부분들의 관계(interrelationships)를 학습한다.
- 다시 대상의 전체를 볼 수 있도록 줌아웃 하여 전체의 맥락 속에서 상세하게 관찰한 부분을 다시 이해한다.
- 다시 한 수준 줌인 하여 다른 하위부분에 대해 상세하게 학습한다. 한 수준 줌인 한 상태에서 모든 내용을 다 파악할 때까지 줌인과 줌아웃을 반복한다.
- 한 수준 정교화한 상태에서 대상에 대해 모두 학습하였다면, 두 수준 줌인 한 상태에서 하위부분에 대해 줌인과 줌아웃을 반복하여 상세하게 학습한다.
- 앞과 같은 패턴을 반복하여 학습자가 원하는 수준의 상세함에 이를 때까지 학습하도록 조직한다.

4 정교화

(1) 정교화란 <u>**정수에서 좀 더 구체적이고 자세하고 복잡한 수준**</u>으로 나아가는 것을 말한다.

(2) 정교화 수준은 <u>**학습자의 능력에 따라서 결정**</u>되며, 학습량이 너무 많거나 적으면 수업의 효과·효율을 저해하게 된다.

(3) 정교화할 때는 <u>**학습자의 능력, 주제의 복잡성 정도, 학습자의 주제에 대한 친숙도**</u> 정도를 고려해야 한다.

(4) 정교화의 방법에는 개념적 정교화, 절차적 정교화, 이론적 정교화가 있다.

개념적 정교화	가르쳐야 할 개념을 인지구조에 유의미하게 동화시키는 방법 또는 과정으로, 다음과 같다. • 개념들을 상위, 동위, 하위개념으로 분류하고 일련의 개념조직도를 작성한다. • 이 개념조직도의 가장 중요하고 포괄적이고 근본적인 것을 선정한다. • 가장 일반적이고 포괄적인 것에서 구체적인 것으로 교수내용을 계열화한다. • 개념이나 내용 및 선수학습 요소를 작성된 교수계열상에서 관련된 곳에 적절히 포함시킨다.
절차적 정교화	• 최적의 학습과정과 절차를 명세화하고 계열화하는 것을 말한다. • 가장 중요하고 포괄적이고 근본적인 것을 처음에 도입하고, 점진적으로 복잡한 것을 포함시키도록 한다.
이론적 정교화	• 교수내용이 어떤 일에 대한 원인과 결과를 나타내는 경우에 적용되는 교수전략이다. • 먼저 가장 기초적이고 구체적이며 단순한 원리로부터 차츰 세부적이고 복잡하며 포괄성이 적은 원리의 순으로 계열화한다.

5 정교화 전략

정교화된 계열화 (elaborative sequence)	학습내용을 조직할 때 단순 → 복잡, 일반성 → 구체성으로 계열화하는 전략
선수학습능력의 계열화 (learning prerequisite sequence)	새로운 학습내용을 학습하기 전에 어떤 내용을 먼저 학습해야 할지를 밝혀 주는 전략
요약자(summarizer)	학습자가 이미 학습한 내용을 다시 검토하고 복습하게 하는 전략요소
종합자(synthesizer)	학습자들이 학습한 내용요소들을 유의미하게 사전지식에 동화시킬 수 있도록 하는 전략요소
비유(analogy)	새롭게 학습하는 내용요소들을 학습자에게 이미 친숙한 내용요소와 관련짓게 하는 전략요소
인지전략 활성자 (cognitive strategies activator)	다양한 단서, 다이어그램, 암기법 등은 학습자들이 학습자료를 적절하게 처리하기 위해 필요한 인지전략들을 사용하게 하며, 이러한 전략을 인지전략 활성자라고 함
학습자 통제 (learner control)	학습자가 자신의 학습내용과 학습전략을 모두 스스로 통제할 수 있도록 하는 전략

제7절 완전학습모형

1 캐롤(Caroll)의 학교학습모형

(1) 특성

① 학습자는 자신이 과제를 수행하는 데 필요한 시간을 소비한 정도에 따라 학습의 성공 여부가 결정된다.

② 캐롤은 교육심리학이 학생의 학습을 도와줄 수 있어야 한다는 의미에서 '교수'보다 학습에 초점을 맞추었다. 그에게 학교교육의 중심적인 목표는 학습이었다.

③ 학습의 정도: 도달되어야 할 목표기준에 비추어 실제로 성취한 정도

④ 필요한 시간량: 학습과제를 완전학습하는 데 소요되는 총시간량

⑤ 사용한 시간량: 학습자가 능동적으로 학습과제에 주의를 집중시키며 학습에 열중하는 시간량

$$\text{학습의 정도} = f\frac{\text{학습에 사용한 시간량}}{\text{학습에 필요한 시간량}}$$

(2) 수업변인과 학습자변인

캐롤은 이 모형에서 5가지 변인을 제시하는데, 이 변인들은 수업변인과 학습자변인으로 구분된다.

수업변인	• 수업의 질: 과제제시의 적절성 • 학습기회: 과제의 학습을 위해 주어진 시간
학습자변인	• 수업이해력: 일반지능과 언어능력이 복합된 것 • 적성: 주어진 과제를 성취하는 데 필요한 시간 • 학습지속력: 학습자가 학습에 사용한 시간

$$\text{학습의 정도} = f\frac{\text{학습지속력} \times \text{학습기회}}{\text{적성} \times \text{수업이해력} \times \text{수업의 질}}$$

(3) 학교학습모형의 변인

적성	• 특정의 학습과제를 학습하는 데 필요한 시간을 말한다. • 동일한 과제를 학습하는 데 시간이 덜 소요되는 학생일수록 그 과제에 대한 적성이 높은 것이며, 시간이 많이 소요되는 학생일수록 적성이 낮은 것이다.
수업이해력	• 수업내용이나 수업에서 사용되는 여타 자료나 학습절차를 이해하는 학습자의 능력을 말한다. • 적성과 수업이해력의 중요한 차이는 적성이 과제의 종류와 성질에 따라 변화하는 특수한 능력임에 반해, 수업이해력은 여러 과제에 거의 공통적으로 적용되는 일반적인 능력이다. • 캐롤에 의하면, 수업이해력은 일반지능과 언어능력 두 요인으로 구성되어 있다. 일반적으로 지능지수(IQ)와 학교의 성적 간에는 높은 상관관계가 있는 것으로 보고되고 있고, 학교학습은 거의 대부분이 언어라는 매개체에 의해서 진행되고 있기 때문에 이러한 두 가지 능력이 높은 학생은 그렇지 않은 학생에 비해 수업이해력이 높다고 볼 수 있다.

수업의 질	• 교수변인으로 학습과제의 제시, 설명 및 구성이 학습자에게 최적의 상태로 접근된 정도를 의미한다. • 교사가 정성을 다하여 설계하고 안내하는 수업은 학생의 학습에 필요한 시간량을 줄여 주게 된다. • 좋은 수업은 학습자의 특성에 비추어 학습과제의 제시방식이나 설명 등이 설계·안내되는 수업이다.
학습지속력	• 학습자가 인내심을 발휘하여 학습에 더욱 많은 시간을 보내려고 하며, 학습과정에서의 불편과 고통을 이겨내고 실제로 학습하는 데 사용한 시간을 말한다. • 학습지속력은 학습동기나 흥미, 태도와 밀접하게 관련되어 있다.
학습기회	• 학습기회는 수업변인의 하나로 어떤 과제의 학습을 위해 학생에게 실제로 주어지는 시간량을 말한다. • 이 시간량은 학습자의 개인차나 수업의 질에 따라 달라져야 하는 속성을 갖고 있다. • 학습자의 개인차에 따라 적절한 학습시간이 주어질 때 학습의 정도는 높아지게 된다.

(4) 시사점

① 캐롤의 학교학습모형이 시사하는 바는 **학습에 필요한 시간은 최대한 줄여 주고**, **학습에 사용한 시간은 최대한 늘려 주는 것**이다.

② 학습에 필요한 시간을 줄여 주기 위해서는 **학생의 적성에 적절한 학습과제의 제시와 더불어 수업의 질을 높이는 데 노력**해야 한다.

③ 학습에 사용한 시간을 늘려 주기 위해서는 **학습자가 충분하게 학습할 수 있는 시간을 제공**해 주어야 한다.

2 블룸(Bloom)의 완전학습모형

(1) 블룸의 완전학습모형은 캐롤의 학교학습모형을 개선·발전시킨 것이다.

(2) 블룸은 학습에 필요한 시간과 학습에 사용한 시간을 결정하는 변인을 조정함으로써 완전학습을 이를 수 있다고 보았다.

(3) 완전학습

지적·능력적인 면에 결함이 있는 5% 정도의 학생을 제외한 약 **95%의 학생이 교수내용의 90% 이상을 학습**할 수 있다.

CHAPTER 03

수업체제설계모형

제1절 교수설계와 체제적 접근

1 체제적 접근

(1) 교수설계에서는 수업의 과정을 **체제적 과정(systems approach)**으로 간주한다.

(2) 체제(system)라는 말은 기술적으로 **상호 관련된 구성요소의 집합**이며, 이 구성요소가 어떤 목표를 향하여 **유기적으로 상호작용**하는 과정을 말한다.

(3) 체제 내의 구성요소는 **상호 투입과 산출의 관계**에 있게 되며, 목표에 도달하였는지를 판단하기 위하여 **전체 체제에 피드백**을 하게 된다. 그러므로 체제적 접근은 **모든 구성요소 하나하나가 중요한 역할**을 한다고 본다.

2 체계적 vs 체제적

(1) 체계적 접근은 **단계적·순차적·직선적 접근**을 특징으로 한다.

(2) 체제적 접근은 **비선형적·비순차적·역동적·상호작용적 접근**을 특징으로 한다.

체계적 접근모형: 직선적 접근

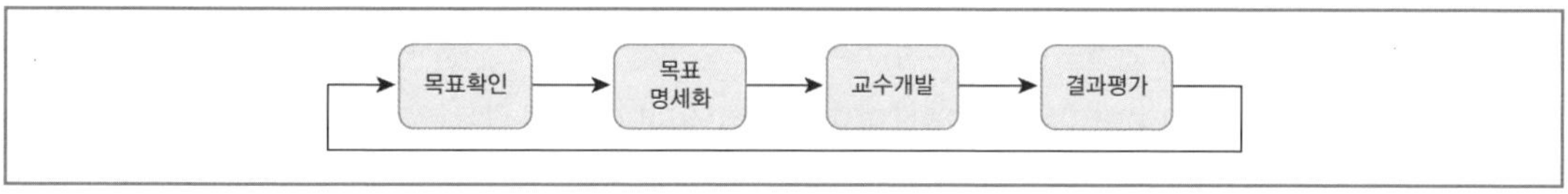

체계적 접근모형: 상호작용적 접근

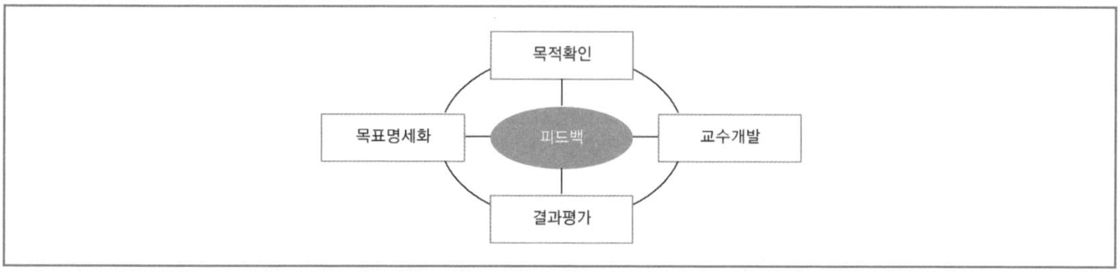

3 체제적 접근을 사용하는 이유

(1) 체제적 접근은 구성요소가 추구하는 공동의 목표에 초점을 두는데, 교수설계 역시 **교육목표의 달성에 초점**을 두기 때문이다.

(2) 체제적 접근은 **체제 구성요소 간의 상호관계**를 다루며, 교수설계도 교수목표 달성을 위한 교육프로그램 운영과 관련된 다양한 구성요소 하나하나가 중요한 역할을한다. 교수목표를 효율적으로 달성하기 위해서는 이들 **구성요소가 전반적으로 고려**되어야 한다고 보기 때문이다.

(3) 교수프로그램은 일회적으로 끝나는 것이라기보다는 프로그램상 문제시되는 요소를 **계속적으로 발견하고 수정·보완**하여 기대되는 교육적 성과를 달성할 수 있는 교육프로그램으로 개발함으로써 많은 학생에게 지속적으로 사용되도록 하는 데 교수설계의 목적이 있기 때문이다.

체계적 접근과 체제적 접근의 비교

구분	체계적 접근	체제적 접근
의미	순서, 절차, 간격	조직화된 전체
설계절차	단계적·순차적	역동적·비순차적·순환적
설계방법	사전에 명세화된 절차에 의함	상황적 맥락변인을 동시에 고려함
설계목적	목표의 효과적·효율적 달성을 위해 수업활동	상황적 특성을 고려하여 융통성 있게 설계

제2절 ADDIE 모형

ADDIE 모형은 수업체제설계의 기본모형으로서 수업체제설계의 기본과정인 분석(Analysis), 설계(Design), 개발(Development), 실행(Implementation), 평가(Evaluation)의 앞 글자를 따서 ADDIE 모형으로 불리게 되었다. ADDIE 모형에 포함된 5과정과 절차는 대부분의 수업체제설계모형에서 발견되는 핵심 내용이며, 다양한 수업체제설계모형의 기초가 된다고 할 수 있다.

1 분석(Analysis)단계

(1) 분석단계에서는 수업설계의 초기에 **설계를 위한 조직적인 계획을 결정**하는 활동을 수행한다.

(2) 일반적으로 **요구 분석, 학습자 특성 분석, 환경 및 맥락 분석, 학습과제 분석 및 출발점 수준 진단 등**이 실시된다.

(3) 설계의 목적, 비전, 범위, 가능성은 이 단계에서 결정되어야 한다.

2 설계(Design)단계

(1) 설계단계에서는 이전 단계인 분석과정에서 나온 산출물을 토대로 효과적이고 효율적인 수업프로그램을 개발하기 위하여 **합리적이면서도 창의적으로 수업프로그램의 세부요소들을 기획**하는 활동을 수행한다.

(2) **학습목표의 명세화, 수업평가전략 및 평가도구의 설계, 수업내용의 계열화, 수업전략 및 매체의 선정 등을 기획**함으로써 전반적인 수업의 청사진 또는 수업설계안을 만들어 낸다.

3 개발(Development)단계

(1) 개발단계에서는 이전 단계인 분석과정 및 설계과정에서 만들어진 수업의 청사진에 따라, **수업에서 사용할 다양한 유형의 자료들을 실제로 개발하고 제작**하는 활동을 수행한다.

(2) 개발과정을 거치면서 이전 설계단계의 결과물, 즉 수업설계안이 수정·보완되기도 한다.

4 실행(Implementation)단계

(1) 실행단계에서는 이전 단계에서 **개발된 수업프로그램을 실제 수업현장에 사용하거나 교육과정에 반영하면서 계속 유지하거나 필요한 경우에 수정·보완**하는 등의 활동을 수행한다.

(2) 새로 개발된 수업프로그램이 혁신적인 것이라서 쉽게 수용되기 어려운 상황이라면 혁신적인 변화를 관리하는 활동을 수행하기도 한다.

5 평가(Evaluation)단계

(1) 평가단계에서는 수업 개발의 전반적인 과정 및 결과물의 **효과성과 효율성, 가치 등을 평가하는 활동**을 수행하며, **형성평가와 총괄평가**로 구분된다.

(2) **형성평가는 수업프로그램을 개발하는 과정에서 발생하는 오류를 수정·보완하면서 완성도를 높이기 위해 실시**하며, **총괄평가는 완성된 수업프로그램의 효과성과 효율성, 가치 등을 최종적으로 평가**하기 위해 실시한다.

핵심정리

수업설계의 과정	역할(기능)	세부단계(활동)	산출결과
분석	학습내용(what)을 정의하는 과정	요구, 학습자, 환경, 과제분석	요구, 교육목적, 제한점, 학습과제
설계	수업방법(how)을 구체화하는 과정	성취행동목표 진술, 평가도구 개발, 수업전략 및 매체선정	성취행동목표, 수업전략 등을 포함한 설계명세서
개발	수업자료를 제작하는 과정	수업자료의 제작, 형성평가의 실시 및 수업자료의 수정	완성된 수업자료
실행	수업자료를 실제상황에 적용하는 과정	수업자료의 사용 및 관리	실행된 수업자료
평가	수업자료의 효과성·효율성을 결정하는 과정	총괄평가	프로그램의 가치와 평가보고서

제3절 딕과 캐리(Dick & Carey)의 수업체제설계모형

1 정의

(1) 딕과 캐리의 수업체제설계모형은 **체제적 접근에 입각하여 수업설계, 수업개발, 수업실행, 수업평가의 과정을 제시**하는 대표적인 모형이다.

(2) **절차적 모형이며, 효과적인 수업프로그램을 개발하는 데 필요한 일련의 단계들과 그 단계들 간의 역동적인 관련성에 초점**을 맞추고 있다.

Dick & Carey의 체계적 수업설계 모형

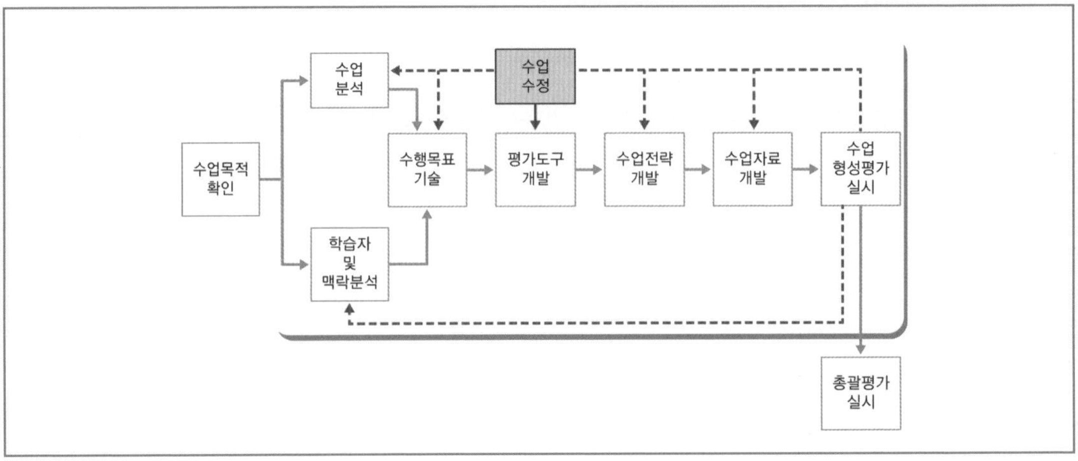

2 수업목적 확인

(1) 이 단계는 **'학습을 마친 후에 학습자가 무엇을 할 수 있게 되기를 원하는가'**를 결정하는 것이다.

(2) 수업목적은 교과의 학습목표 혹은 요구분석 결과 등으로부터 추출되며, **수행목표보다는 더 포괄적인 용어**로 진술된다.

(3) 일반적으로 학교 수업에서 이 수업목적은 이미 정해진 상태이므로, 교사는 해당 수업의 목적이 무엇인지를 확인함으로써 수업설계를 시작하게 된다.

PART 07

3 수업분석

(1) 수업목적이 설정되면 학습자가 그 목적에 도달하기 위해 단계별로 무엇을 어떻게 수행할 것인가를 결정해야 한다.

(2) 수업분석(instructional analysis)이란 **수업내용 및 절차를 분석**하는 것이다.

(3) 수업목적을 성공적으로 달성하기 위해서 학습자가 학습해야 하는 하위기능들을 분석하고, 그 기능들이 어떤 절차로 학습되어야 하는가를 규명하는 것이다.

(4) 수업을 시작하기 전에 학생들에게 어떤 출발점 행동(지식, 기능, 태도)이 요구되는지도 결정한다. 그리고 이들 간의 관계를 일목요연하게 정리해서 제시한다.

4 학습자 및 맥락 분석

(1) 이 단계에서는 **학습자 특성과 학습상황, 학습자가 학습한 것을 활용하게 될 맥락을 분석**한다.

(2) 이 단계에서 수집된 학습자의 현재 수준, 기능, 선호하는 취향, 태도 등을 포함한 정보들은 이후에 수업전략을 수립하는 데 영향을 준다.

5 수행목표 기술

(1) 수행목표(performance objectives) 기술이란 **수업분석 및 출발점 행동 진술에 입각하여, '학습이 종결되었을 때 학습자가 무엇을 할 수 있을지를 구체적으로 진술하는 것'**이다.

(2) 이 수행목표는 학습될 '성취행동(기능)', 그 성취행동이 실행될 '조건', 그 수행의 성공 여부를 판단하는 '준거'의 세 요소로 구성된다.

6 평가도구 개발

(1) 목표에서 가르치고자 했던 기능을 학습자가 성취했는가를 확인할 수 있는 검사문항을 개발하는 것이다.

(2) 이때 **문항에서 측정하고 있는 것과 목표의 성취행동은 반드시 일치**해야 한다.

7 수업전략 개발

(1) 수업전략 개발이란 **수업프로그램의 최종목표를 성취하기 위해서 활용하고자 하는 전략을 설정**하는 것이다.

(2) 수업의 사전활동, 정보제시, 연습 및 피드백, 시험, 후속활동 등에 관한 수업전략이 나와야 한다.

(3) 이런 전략들은 현대 학습이론, 학습에 관한 연구결과, 수업매체의 특성, 가르칠 내용의 특성, 학습자의 특성에 바탕을 두어야 한다. 이 특성들은 자료 개발 혹은 선정, 상호작용적 교실수업을 위한 전략개발에 활용된다.

8 수업자료 개발 및 선정

(1) 수업자료 개발 및 선정이란 이전 단계에서 수립한 **수업전략에 따라서 수업에 관련되는 모든 형태의 자료를 만드는 단계**이다.

(2) 수업자료는 학습자용 지침서, 수업자료, 검사, 교사용 지침서, 비디오테이프, 컴퓨터 기반 멀티미디어, 원격학습용 콘텐츠 등 다양한 형태로 개발할 수 있다.

(3) 수업자료를 새로 개발하는 대신에 기존 자료를 선택해서 수정하여 사용할 수도 있다.

9 수업 형성평가 실행

(1) 수업프로그램의 초안이 완성된 후 **프로그램의 질을 개선하는 데 필요한 자료를 수집하는 평가**를 의미한다.

(2) 여기에는 **일대일 평가, 소집단 평가, 현장평가**가 있다.

10 수업프로그램 수정

(1) 수업프로그램 수정이란 **형성평가의 결과를 바탕으로 하여 수업프로그램의 결점을 수정·보완**하는 것이다.

(2) 주로 수업분석의 타당성, 학습자의 출발점 행동 및 특성 분석의 정확성, 성취목표 진술의 적절성, 검사문항의 타당성, 절약의 효과 등을 검토하여 수정·보완하는 활동을 한다.

11 총괄평가 실행

(1) 총괄평가 실행이란 **수업프로그램의 절대적 혹은 상대적 가치를 평가**하기 위해 실시하는 것이다.

(2) 총괄평가는 형성평가가 완료되고 충분한 수정이 이루어진 후에 실시된다. 보통 **외부의 평가자에게 의뢰**한다.

형성평가와 총괄평가의 비교

구분	형성평가	총괄평가
목적	수업개선을 목적으로 단점 확인	수업의 유지 혹은 채택 여부를 결정하기 위하여 장점과 단점 확인
단계	일대일 평가, 소집단 평가, 현장평가	전문가 판단, 현장 적용
개발시기	조직의 요구에 따라 내부에서 체계적으로 설계	내부 혹은 외부에서 융통성 있게 개발
평가자	설계 및 개발팀 구성원(내부자)	외부 평가자
산출물	수업개선을 위한 처방	설계, 절차, 결과, 제언, 근거에 관한 보고

12 딕과 캐리의 모형의 평가

(1) 딕과 캐리의 모형에 나타난 수업설계 단계들은 **투입과 산출의 관계로 서로 밀접히 관련되어 있으며, 효과적이고 효율적인 수업프로그램을 만들기 위해서 역동적으로 상호작용**한다.

(2) 즉, **계획, 실행, 평가, 수정의 과정이 하나의 통합된 체제 속에서 파악**된다.

(3) 이 모형은 수업목적을 정할 수 있는 단계가 준비된 이후에 사용하는 것이 더 바람직하다.

CHAPTER 04

구성주의

제1절 객관주의 vs 구성주의

1 객관주의

(1) 기본입장

① 객관주의는 전통적인 교수·학습방법이 기초하고 있는 인식론으로서 사실주의와 행동주의에 그 뿌리를 두고 있다.

② 객관주의는 인간의 외부에 실세계가 존재하며, 그 실세계는 인간의 경험과는 독립적으로 존재한다고 가정한다.

③ 인간이 추구하는 지식은 실세계에 대한 실재와 속성, 원리를 아는 것이며, 지식은 개인의 정신과 독립적으로 존재하고, 외부에서 내부로 전달된다. 이는 모든 사람은 똑같은 이해에 도달하게 된다는 결론을 도출하게 된다.

④ 비록 개인의 사전지식이나 경험에 따라 지식에 대한 이해의 정도는 차이가 있지만, 그 지식의 본질적인 속성은 같으므로 완벽한 이해를 추구하는 것이 궁극적인 목표가 된다.

(2) 교수·학습

① 가르침이란 이미 존재하는 지식이 그 지식을 알고 있는 교수자에 의해 학습자에게 전달되는 과정이며, 학습이란 전달되는 지식을 수동적으로 받아들이는 과정이 된다.

② 가르침의 목적은 학습자들이 지식의 구조를 있는 그대로 반영할 수 있도록 돕는 것이며, 학습자의 역할은 스스로 세계에 대한 의미를 해석하기보다는 교수자로부터 배운 것을 그대로 받아들이는 것이다.

(3) 수업의 중심

수업활동의 중심은 교수자가 된다.

(4) 수업설계

수업설계는 학습자의 객관적인 이해를 이끌어 내기 위한 수업활동에 초점을 두며, 가르칠 지식을 선정하고 분석하는 것이 주된 활동이 된다.

(5) 평가

① 객관주의는 지식이 수업과 독립적으로 존재한다고 가정하기 때문에 수업과 분리된 평가를 강조한다.

② 학습자가 무엇을 학습했는가를 측정하기 위한 평가는 지식이 획득되었는가를 증명하기 위해서 가르치는 활동과 분리될 수 있다.

③ 모든 사람이 똑같은 기본적인 정보를 획득했다면 그것은 객관적으로 측정 가능하다고 전제한다.

④ 전통적으로 학교에서 보편적으로 실시하고 있는 표준화검사 유형들이 바로 이러한 객관주의적 인식에서 비롯된 것이다.

2 구성주의

(1) 기본입장

① 외부적인 지식의 실재를 강조하는 객관주의에 비해 구성주의는 **지식은 개인의 경험에 의한 해석**이고, 지식을 가진 사람의 **마음에 존재하는 것**이라고 가정한다.

② 세계에 대한 **의미는 인간에 의해 부과**되는 것이지, 인간과 독립적으로 존재하는 것이 아니라는 것이다.

③ 객관주의는 우리가 알고 있는 객체를 강조하는 반면에 구성주의는 **우리가 지식을 구성하는 방법**에 관심을 둔다.

④ 지식은 사전경험과 정신구조, 사물과 사건을 해석할 때 사용하는 **개인의 신념에 의해 구성**된다.

(2) 교수·학습

① 학습은 학습자가 지식의 내적인 표상을 구축하는 과정으로서 **경험에 의해 개발되는 개인적인 해석**이다. 그러므로 세계에 대한 **객관적이고 절대적인 지식은 존재하지 않고, 개인에 따라 다양한 의미나 관점이 존재**하게 된다.

② 가르침의 목적은 학습자가 사실이나 개념, 원리 등 어떤 지식의 요소를 알도록 하는 것이 아니라, 학습자에게 **세상을 해석하는 방법을 보여 주는 것**이다.

③ 그 방법은 교수자가 미리 정해 놓을 수 없으며, **학습자와 함께 개발**해 나가는 것이다.

④ 의미는 경험에 기초하므로 학습을 위해 **경험을 설계**하는 것은 매우 중요하다. 개인이 한 아이디어를 이해하고, 그것을 사용할 수 있기 위해서는 필수적으로 그 아이디어가 포함되어 있는 **경험이 제공**되어야 한다.

⑤ 구성의 과정이 학교나 교실 밖으로 전이되기 위해서는 반드시 **실세계의 맥락을 반영하는 풍부한 맥락** 안에서 학습이 이루어져야 한다.

⑥ 정보를 **실제 생활의 맥락과 분리시키는 것은 불가능**하다.

(3) 학습의 중심

① 구성주의에 의하면, 학습은 개인의 경험에 의한 의미를 구성하는 과정이므로 **학습의 중심은 교수자가 아니라 학습자**가 된다.

② 교수자는 학습자가 의미를 구성할 수 있도록 보조하는 **보조자나 촉진자, 코치**의 역할을 하며, 의미를 구성하는 방법을 보여 주는 모델이 된다.

(4) 수업설계

① 모든 학습환경은 학습자들이 **문제를 해결하고, 의미를 구성할 수 있는 풍부한 환경을 제공**해야 하며, 수업설계는 교수활동보다는 학습자들의 **문제해결활동과, 문제해결을 도와줄 수 있는 환경을 설계**하는 데 관심을 두게 된다.

② 이 환경에서 학습자들은 자신들이 구성한 의미를 적용하고 사용함으로써 **지식을 실제 문제에 전이**할 수 있는 능력을 기르게 되는 것이다.

객관주의 vs 구성주의

구분	객관주의		구성주의	
분류	행동주의	인지주의	인지적 구성주의	사회적 구성주의
대표적 학자	skinner	Bruner, Ausubel	Piaget	Vygotsky
철학	세계는 우리의 경험과는 별도로 외부에 객관적으로 존재		• 세계는 인간의 해석 • 우리가 경험하는 세계는 존재하나, 그 의미는 인간에 의해 부여되고 구성되는 것	
교수	교수자에 의해 기존의 진리가 전달되는 것		• 학습자가 세상에 대한 의미를 구성하도록 보조·지원하는 것 • 세계에 대한 의미 구성방법을 보여주는 것	
학습	외부의 절대적인 진리가 학습자의 내부세계로 전이되는 것		개인적인 경험에 근거해서 의미를 개발하는 능동적인 과정	
수업설계	결정된 내용을 효과적으로 전달하는 것		학습이 일어날 수 있는 환경 설계	
학습의 조건	절대적 진리 자체는 상황과 분리되어 가르칠 수 있음		어떤 사실과 기술도 그것이 사용되는 문제상황과 독립적으로 해석될 수 없으므로, 풍부하고 실세계를 반영하는 상황이 제공되어야 함	
학습의 결과	모든 사람이 같은 이해에 도달		구성된 실제의 모습이나 의미는 개인에 따라 다름	
수업의 중심	교수자		학습자	
교수자의 역할	진리전달자		학습보조자, 학습촉진자, 코치	
주된 수업방법	강의식		문제중심, 토의식, 발견학습	

제2절 구성주의적 수업설계 원리

1 학습자 중심의 학습환경

(1) 구성주의에서는 학습이란 객관적으로 존재하는 지식이 전달되는 것이 아니라 개인의 경험에 의해 구성되는 과정이므로, **학습의 주체는 학습자임**을 강조한다.

(2) 구성주의에 의하면, 유의미한 학습은 학습자들이 **능동적으로 학습과정에 참여하여 의미를 구성**할 때 가능하다. 전통적인 수업에서는 교수자의 활동이 강조되는 반면에 구성주의에서는 학습자의 활동이 주된 관심의 대상이 된다.

(3) 구성주의적 입장에서 수업설계는 수업의 과정을 구조화하는 것이 아니라 **학습을 촉진하는 환경을 설계**하는 것이다. 환경은 지식전달이 중심이 아니고, 실제와 같은 역동적인 상황과 문제가 제시되며, **다양한 관점을 개발**할 수 있는 기회와 학습에 대한 안내가 주어지는 환경을 말한다.

2 실제적 과제와 맥락 강조

(1) 구성주의는 맥락에서 분리된 사실적 정보 대신에 지식이 사용되는 **실제적인 과제와 맥락을 강조**한다. 즉 지식은 실제로 사용되는 맥락과 분리되어서는 안 되고, 유의미한 학습이 이루어지기 위해서는 **지식이 실제로 사용되는 맥락과 함께 제공**되어야 한다는 것이다.

(2) 지식이 제공되는 맥락은 **복잡하고, 비구조화된 실제상황과 유사한 것**이어야 하며, 그 속에서 학습자들이 다루는 과제도 **실제적(authentic)**이어야 한다. 학습자들은 일상생활에서 발견할 수 있는 **실제적인 과제를 다룸으로써 과제를 쉽게 이해하고, 의미를 구성**하며, 지식의 기능을 이해하게 됨으로써 실제 문제상황이 생겼을 때 그 지식을 적용할 수 있게 된다.

(3) 맥락 안에서 학습이 이루어졌을 때 **지식의 전이의 문제가 해결**될 수 있다. 학습자들이 학교에서 배운 지식을 실제 문제상황에 적용하지 못하는 이유는 바로 **지식과 맥락을 분리하여 학습**했기 때문이며, 또한 지식이 적용되어야 하는 상황과 지식이 실제로 적용되는 방법을 학습하지 못했기 때문이다.

(4) 실제로 **지식이 사용되는 맥락에서 실제적인 과제를 통해 학습**할 때 지식을 실제상황에 적용할 수 있게 되는 것이다.

3 문제해결 중심의 학습

(1) 구성주의적 학습환경에서는 지식이 적용될 수 있는 문제를 중심으로 학습을 제공함으로써 문제상황에 대한 이해와 관련 **정보를 회상하는 능력, 문제해결과정에 대한 초인지적 능력, 전문가들이 실세계의 문제해결에서 경험하는 사고력을 촉진**하고자 한다.

(2) 실생활에서 접할 수 있는 실제적인 지식은 대부분 문제해결을 통해서 이루어진다. 문제상황은 **학습자의 학습동기를 유발하고, 관련 지식들을 점검하고, 습득하게 하며, 지식의 적용**을 유도한다.

(3) 구성주의에서 문제해결을 통한 학습에 대해 큰 관심을 보이는 이유는 문제가 **학습자의 흥미를 유발하고, 유지하는 기능**을 하기 때문이다.

(4) 문제상황에서는 **학습자가 학습의 중심**이 되고, 문제를 해결하기 위한 **다양한 전략들을 도출**하게 된다.

4 교수자 역할 – 코치·촉진자

(1) 교수자는 학습자가 의미를 구성하는 과정을 도와주는 **보조자나 촉진자**가 되어야 한다.

(2) 교수자는 단순히 지식을 전달하기보다는 **학습자의 흥미를 유발하고, 질문을 유도하며, 지속적인 피드백과 도움을 제공**함으로써 학습자 스스로 문제를 해결해 나갈 수 있도록 도와야 한다.

(3) 보조자와 촉진자의 역할은 직접적인 강의에 비해 **많은 시간과 노력을 요구하므로, 교수자들에 대한 여러 가지 보조자료와 지원이 제공**되어야 한다.

5 협동학습의 강조

(1) 사회적 구성주의에 의하면, 개인은 사회와 독립적으로 존재하는 것이 아니라 끊임없이 사회와 문화의 영향을 받기 때문에 학습에서 **사회적 상호작용의 역할이 중요**해진다. 따라서 구성주의적 학습환경에서는 **협동학습이 강조**된다.

(2) 협동학습을 통한 공동체와의 상호작용은 **개인의 지적 발달을 촉진**시켜 준다. 공동체 내에서 서로 아이디어를 공유할 때 개인은 다양한 관점을 접하게 되고, 때로는 모순과 불일치를 경험하게 된다.

(3) 이러한 다양성과 불일치를 통해 개인은 **인지적 도전**을 받게 되며, **자신의 관점을 재해석하거나 변형**하게 된다.

(4) 타인의 입장에서 좀 더 **반성적인 사고**를 하며, **공유된 의미**를 갖고자 노력하게 된다. 이러한 관점에서 공동체 내에서의 상호작용은 반성적 사고를 유발하고, 학습을 촉진하게 된다.

6 평가의 의미

(1) 구성주의적 아이디어는 평가의 전통에 대해 근본적인 변화를 요구한다. 구성주의적 학습환경은 개인의 인지과정과 지식의 전이에 초점을 두므로 평가도 학습자들의 역동적인 학습과정과 지식의 전이를 반영해야 한다.

(2) 전통적인 평가는 주로 **학습의 결과에 초점**을 두었지만, 구성주의에서의 평가는 **학습의 결과뿐만 아니라 학습의 과정도 중시**하게 된다.

(3) 학습은 **현실세계와 같은 복잡한 문제상황**에서 이루어지므로, 학습목표 달성을 위해서 **문제해결과정 속에서 자연스럽게 평가**가 이루어지게 된다.

(4) 평가가 학습과 분리된 전통적인 수업과는 달리 **평가가 문제해결 자체에 자연스럽게 포함되며 학습결과뿐만 아니라 학습과정까지 반영**하게 된다.

제3절 구성주의 학습환경 설계모형

구성주의 아이디어를 수업설계에 적용할 수 있는 대표적인 모형으로 **조나센(Jonassen)의 구성주의 학습환경(Constructivist LearningEnvironment: CLE) 설계모형**이 있다. 구성주의적 접근에 의하면, 학습은 외부에서 전달된 지식을 습득하는 것이 아니라, 학습자 개인이 경험을 통해 세계를 이해하고 해석하는 것이다. 따라서 수업설계는 이러한 학습을 촉진하기 위한 학습자 중심의 학습환경을 개발하는 것이며, 조나센(1999)의 모형은 이러한 환경을 어떻게 설계해야 하는지를 보여 주고 있다.

구성주의 학습환경 설계모형

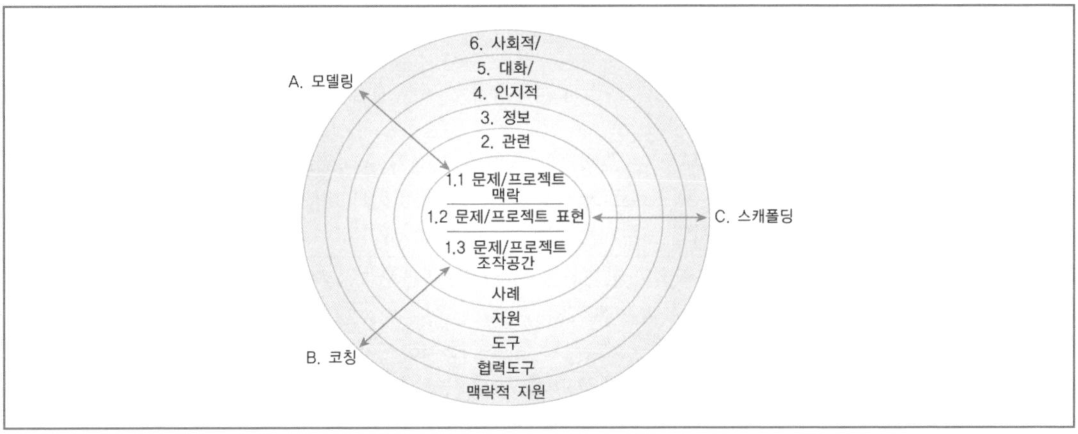

1 질문·문제·프로젝트

(1) 특징

① 모든 구성주의 학습환경은 **학습자가 해결해야 하는 질문이나 문제, 프로젝트**가 중심이 된다.

② 문제가 예로 사용되는 객관주의적 수업과는 달리 **구성주의 학습환경에서는 문제가 학습을 주도**한다.

③ 구성주의 학습환경은 **질문 기반, 주제 기반, 사례 기반, 프로젝트 기반, 또는 문제 기반 학습**을 지원하도록 구성될 수 있다.

문제 기반 학습	불분명하거나 논쟁의 여지가 있는 문제의 해답을 찾게 하는 것으로 시작하는 것
사례 기반 학습	학생들이 사례를 요약하고, 분석하면서 필수적인 지식과 기술을 습득하게 하는 방법
프로젝트 기반 학습	상대적으로 장기적이고, 통합된 수업단위에 사용되며, 학습자들은 여러 사례로 구성된 복잡한 프로젝트에 참여

④ 문제 기반, 사례 기반, 프로젝트 기반 학습은 복잡성의 정도는 다르지만, 모두 **활동적·구성적·실제적** 학습이라는 공통점을 가지고 있다.

⑤ 여기에서 사용되는 문제들은 **비구조적(ill-structured)이고 정답이 한정되지 않은(ill-defined) 문제**이어야 한다.

(2) 필수요소

구성주의 학습환경에서 사용되는 문제에는 다음의 세 가지 요소들이 포함되어야 한다.

<table>
<tr><td rowspan="3">문제 맥락
(problem context)</td><td colspan="2">• 문제를 표현할 때 문제의 맥락에 대한 설명이 제시되어야 함
• 문제 맥락은 크게 수행환경에 대한 맥락과 수행자와 관련된 맥락으로 나눌 수 있음</td></tr>
<tr><td>수행환경에 대한 맥락</td><td>문제를 둘러싼 물리적, 사회문화적, 조직적 환경에 대해 서술하는 것
예 문제가 발생한 상황, 일시, 장소 등이 해당한다.</td></tr>
<tr><td>수행자와 관련된 맥락</td><td>관련된 사람들의 가치, 믿음, 사회문화적 기대, 관행 등에 대한 정보
예 문제상황에 있는 주인공의 직업, 배경, 과제 등에 대한 정보</td></tr>
<tr><td>문제 표현
(problem representation)</td><td colspan="2">• 학습자의 관심을 끌면서 학습자가 문제를 매력적으로 느끼고, 몰입할 수 있게 문제를 제시하는 것
• 문제를 제시하는 효과적인 방법은 이야기 형식으로 제시하는 것
• 이야기는 텍스트로 제시될 수 있고, 음성이나 비디오로 제시될 수도 있음
• 이때 제시되는 문제는 실제적(authentic)이어야 함</td></tr>
<tr><td>문제 조작공간
(problem manipulation space)</td><td colspan="2">• 유의미한 학습이 발생하기 위해서는 학습자들이 사물을 조작하고 환경과 상호작용할 수 있는 활동에 참여해야 함
• 문제 조작공간은 학습자가 환경을 조작하는 데 필요한 대상, 신호, 도구를 제공함으로써 정확히 그런 활동의 기회를 제공하는 것
• 문제 조작공간은 학습자들이 물체를 변화시킴으로써(혹은 시뮬레이션) 자신이 한 조작의 효과를 검증할 수 있게 하거나, 문제에 대한 자신의 해결안을 지지하기 위한 논리적인 증거를 제시하도록 하는 것</td></tr>
</table>

2 관련 사례

(1) 어떤 문제를 이해하기 위해서는 문제를 경험하고 문제에 대한 인지모형(mental model)을 구성해야 한다.

(2) **인지모형**

어떤 사물이나 현상이 현실세계에서 어떻게 작동하는지를 설명하는 사고과정

예 수요와 공급은 경제가 어떻게 작동하는지를 이해하는 데 도움을 주는 인지모형

(3) 인지모형은 학습자의 인지와 추론, 결정에 영향을 주며, 학습자들은 사례를 통하여 문제에 내재되어 있는 논점을 이해하게 된다.

(4) 관련 사례는 학습자가 이러한 인지모형을 형성하는 데 도움을 주고, 다른 관점과 해석을 제공해 줌으로써 학습자의 인지적 유연성을 길러 준다.

3 정보자원

(1) 정보는 학습자가 문제를 확인하고 가설을 설정하는 데 필요하다.

(2) 구성주의 학습환경을 설계할 때는 학습자들이 문제를 이해하기 위해서 어떤 정보가 필요한지를 결정하고, 필요한 정보를 시기적절하게 제공해야 한다. 이러한 정보는 텍스트, 그래픽, 음성, 비디오, 애니메이션 등 다양한 형태로 제시될 수 있다.

4 인지도구

(1) **정의**

학습자들의 생각을 시각화하거나 조직하는 것을 도와주기 위해 개발된 컴퓨터 소프트웨어

(2) 구성주의 학습환경에서는 새롭고 복잡한 과제들이 제공되고, 학습자 스스로 문제를 해결해야 하기 때문에 학습에 어려움을 겪을 수 있다.

(3) 이때 학습자들의 수행을 도와주기 위해 인지도구를 활용할 수 있다.

(4) 인지도구는 시각화 도구, 모델링 도구, 수행지원 도구, 검색 도구 등 다양한 형태가 포함된다.

5 대화와 협력도구

(1) 구성주의 학습환경에서 문제해결은 팀 기반으로 이루어지는 경우가 많다. 이상적인 팀 기반 학습을 위해서는 학습자들이 협력해서 사회적으로 공유된 지식을 구성할 수 있는 도구를 지원해야 한다.

(2) **다른 사람들과 정보를 공유하고 지식을 구축**할 수 있도록 돕는 도구로는 **온라인 게시판, 이메일, 채팅, 소셜미디어** 등이 있다.

(3) 학습자들의 협력적 지식구성을 위해 지식공동체 또는 학습공동체의 형성을 육성하고 지원할 수 있다.

6 사회·맥락적 지원

(1) 사회·맥락적 지원은 구성주의 학습환경을 성공적으로 실행할 때 고려해야 하는 **환경적 요소**를 의미한다.

(2) 혁신이 실패하는 대부분의 원인은 혁신이 적용되는 환경적·맥락적 요인들을 수용하지 않기 때문이다.

(3) 혁신이 성공하기 위해서는 혁신이 실행되는 **환경의 물리적·조직적·문화적인 측면**을 고려해야 한다.

(4) 구성주의 학습환경이 성공하기 위해서는 그것이 실행될 수 있는 물리적 환경을 지원하고, 교수자와 학습자가 우호적인 태도를 가지고 학습을 할 수 있도록 훈련하는 것이 필요하다.

7 학습지원을 위한 교수활동

구성주의적 학습환경모형에서 학습자들의 수행을 지원하기 위해 교수자가 제공해야 할 교수활동은 다음과 같다.

(1) 모델링(modeling)

① 모델링은 구성주의환경에서 학습자들이 가설을 설정하고 학습대상을 탐색하는 학습활동 초기에 유용한 전략이 될 수 있다.

② 모델링은 외현적 행동에 대한 행동모델링과 내재적 인지과정에 대한 인지모델링의 두 가지로 분류할 수 있다.

행동모델링	• 바람직한 수행의 사례를 보여 주는 것 • 수행에 포함되는 세부활동과 의사결정과정에 대한 정보를 제공해 주는 것
인지모델링	• 전문가가 과제수행 시 사용하는 추론과 의사결정을 위한 인지과정을 보여주는 것 • 교수자가 시연을 보이면서 생각을 소리 내어 말하거나 중요한 행동이나 과정에 대한 단서를 설명하는 것을 통해 모델링을 제공할 수 있음

(2) 코칭(coaching)

① 모델링이 전문수행자의 수행에 초점을 둔다면, 코칭은 학습자의 수행에 초점을 둔다.

② 코칭은 개인이 학습을 하거나 과제를 수행하는 동안 그들을 관찰하고 돕는 것을 말한다.

③ 코칭은 학습자에게 동기를 부여하고, 학습자의 수행을 분석하며, 피드백을 제공하고, 학습내용에 대한 반성적 사고와 명료화를 유도한다.

(3) 스캐폴딩(scaffolding)

① 모델링과 코칭에 비해 스캐폴딩은 과제, 환경, 교수자에 초점을 맞추며, 학습자를 지원하는 보다 체제적인 접근이다.

② 스캐폴딩은 학습자가 자신의 능력 이상의 과제를 수행할 수 있도록 지원하기 위한 방법이다.

③ 코칭이 학습자의 과제수행에 초점을 두는 반면, 스캐폴딩은 수행되는 **과제의 특성에 초점**을 둔다.

④ 방법

㉠ 학습자에 맞는 과제 난이도 조절하기

㉡ 부족한 사전지식을 보완할 수 있도록 과제 재구성하기

㉢ 기존과는 다른 평가의 기회 제공하기와 같은 형태로 제공

⑤ 이러한 도움은 학습자가 스스로 과제를 수행할 수 있는 단계가 되면서 점차 소멸되어야 한다.

PART 07

제4절 구성주의 학습이론

1 문제중심학습(Problem Based Learning: PBL)

(1) 정의

① 문제중심학습은 종전의 강의법을 지양하고, **문제를 중심으로 학습을 시작하는 교수설계모형**이다.

② 1950년대 중반에 캐나다의 한 의과대학에서 개발되었다.

개념 +

의과대학 학생들이 오랜 시간 동안 매우 힘든 교육을 받으면서도, 인턴이 되어서는 실제 환자들을 진단하는 데 어려움을 겪는 것을 보고, 전통적인 의대교육에 문제점이 있다고 판단하였다. 의대생들이 대학을 졸업한 후 환자와 직면하였을 때 수행해야 하는 상황은 단순히 정보를 기억하는 것뿐만 아니라 훨씬 고차원의 다양한 문제해결이 요구된다. 의사가 환자의 문제를 효과적으로, 효율적으로 다루기 위해서는 환자가 제시하는 문제상황을 정확히 분석하고 적절한 처방을 제공해야 한다. 전통적인 교육방식은 지식 기반의 획득만을 위한 교육이 실시되고 있다는 문제점이 있다.

배로우스(Barrows)

③ 문제중심학습에서는 현실 속에서 학습자와 서로 복잡하게 얽혀 존재하는 **비구조화된(ill-structured) 문제, 즉 우리 인간이 경험하는 실제 문제를 다룬다.**

④ 이러한 문제를 **학습자 스스로 해결하도록 할 때 학습자 스스로가 학습을 의미 있게 느끼며 학습의 효과를 기대**할 수 있다.

(2) 특징

① 비구조적 문제

㉠ 학교에서 다루는 문제는 **비구조적 문제**이다.

㉡ 비구조적 문제는 구조적 문제해결과 달리 문제를 찾아내고 **필요한 정보를 검증하며 실행계획을 세우는 과정을 필요**로 한다.

㉢ 문제가 명확하게 구분되지 않는 경우, 학습자는 우선 문제를 찾아내고 문제상황을 분석하며 바람직한 상태로 문제가 해결되도록 전략을 규명해야 한다. 이러한 상황에 필요한 사고를 **전략적 사고**라고 한다.

구조적 문제	비구조적 문제
• 문제가 무엇인지를 쉽게 정의할 수 있다. • 문제해결에 필요한 모든 정보가 제공된다. • 문제해결에 초점을 둔다. • 정답의 수가 한정되어 있다. • 문제해결에 대한 동기가 낮다.	• 문제가 개별 학습자에 의해 새롭게 정의될 수 있다. • 문제해결에 필요한 추가적인 정보가 필요하다. • 문제의 본질에 초점을 둔다. • 문제에 대한 해결방안이 다양하다. • 문제해결에 대한 동기가 높다.

② 실제성

㉠ 문제중심학습 환경에서는 **실제 생활과 관련된 문제**가 제시된다.

㉡ 학생에게 세부적이고 구체적인 맥락의 문제가 주어지면 주제에 대한 정의를 내리고, 가설을 설정하고, 자료를 찾고, 경험하고, 해결안을 개발하고, 문제해결과정의 효과성에 대하여 평가한다.

㉢ 학생들이 문제를 해결해 나가는 과정에서 얻은 결과는 실제 상황의 문제를 해결할 때 반영된다.

③ 자기주도적 학습

㉠ 학생은 집단 내의 상호작용은 물론 자기주도적인 학습을 한다.

㉡ 소집단 또는 학습 전체 집단으로 학습하기 위해 학생은 정보를 찾고 학습하기 위한 책임 분담을 하며, 문제해결과정과 전략을 통해 자신에게 맞는 방법을 선택해야 한다.

㉢ 자기주도적 학습의 결과, 문제에 적합한 문제해결전략을 선택하고 적용하는 방법을 배움으로써 문제해결능력에 대한 자기확신을 얻을 수 있다.

㉣ 자기주도적 학습은 동기를 부여할 뿐만 아니라 적극적으로 학습에 활용할 자원을 찾게 한다.

④ 협동학습

㉠ 협동학습은 여러 가지 면에서 문제중심학습이 효과적이다.

㉡ 성공적인 문제해결을 위해서는 계속적으로 다양한 역할, 즉 해결안을 제안하는 실행가나 의문을 제기하고 비판하는 회의론자, 교수자 등의 역할이 필요하다.

㉢ 이처럼 서로 다른 학생에게 역할을 분담시킴으로써 문제를 해결하는 데 사고유형이 달라지게 된다.

㉣ 학생은 하나의 역할을 맡아 수행한 후 다른 사람의 수행과정을 지켜보면서 과제를 수행해 나가며, 다른 동료의 수행과정을 보면서 문제해결에 포함된 자신의 사고를 확대시켜 나간다.

㉤ 집단 문제해결과정은 개인의 문제해결과정에 반영된다.

(3) 과정

① 이러한 문제중심학습의 전 과정은 **문제를 개발하는 과정**, 개발된 문제를 중심으로 **교수·학습 활동과 평가 등을 계획하는 과정** 그리고 실제 교실에서 수업을 실행하고 평가하는 **실천의 과정**으로 나뉜다.

② 이와 같은 과정은 이전의 과정으로 다시 돌아갈 수 있는 **순환적 성격**을 갖는다.

단계	구체적인 활동
1단계: 수업도입	• 수업에 대한 소개 • 수업분위기 조성(교수자의 역할, 튜터 소개)
2단계: 문제개발	• 문제에 대한 관심과 주도권 부여 • 문제 탐색 및 발견 • 소집단을 구성한 후 각자의 역할분담
3단계: 문제분석 및 협동학습	• 문제에 대해 이미 알고 있는 지식 종합 • 문제를 해결하기 위해 학습해야 할 지식 도출 • 문제해결을 위한 구체적 실천계획 마련 • 각 요소에 대한 역할분담 및 학습자료 선정, 추후 학습일정계획 수립
4단계: 자기주도적 학습 및 협동적인 문제의 재검토	• 개인적으로 할당된 과제를 수행 • 관심영역에 대한 조사나 지식을 보충하기 위해 해당 영역의 전문가를 활용하거나 관련 문헌 등을 고찰 • 개별적으로 학습한 정보들을 집단구성원과 공유하고, 기존 해결안에 대해 재검토 실시 • 가설수립, 사실확인, 학습과제 도출, 실천계획 수립 등의 학습활동을 반복함으로써 문제를 구조화하고 해결방안을 도출함
5단계: 결과물 제시 및 발표	자기주도적 학습 및 협동학습 결과 발표
6단계: 성찰	• 학습한 지식의 일반화 및 정리 작업 • 자기평가 실시

(4) 교육적 효과

① 창의적 문제해결력

㉠ 문제중심학습을 통해서 기대할 수 있는 성과 중 가장 중요한 것은 **창의적 문제해결력** 신장이다.

㉡ 학습자는 실생활의 맥락 속에서 비구조화된 문제를 발견하고 해결하는 과정을 통해 창의적 문제해결력을 기를 수 있다.

② 지식습득과 전이의 활용

㉠ 학습자는 창의적 문제해결력을 발휘하기 위해 **창의적·비판적 사고력뿐만 아니라 전문지식**도 습득해야 한다.

㉡ 문제중심학습은 학습자의 **지식습득 동기를 유발**하는 데 효과적이다.

㉢ 이러한 동기가 잘 유발될수록 지식의 습득뿐만 아니라 **장기간의 파지 및 적용효과**를 기대할 수 있다.

③ 학습자의 흥미

㉠ 실제적이고 맥락적인 문제를 접하게 하기 때문에 **학습자의 흥미를 유발하는 데 적합**하다.

㉡ 학습자가 문제를 해결하기 위해 필요한 방법과 자료를 발견하는 순간 또는 문제를 해결하는 순간에 느끼는 희열은 학습에 대한 흥미를 유발하는 데 중요한 역할을 한다.

④ 자기주도적 학습력: 학습자가 주인의식을 가지고 끝까지 문제를 해결해 나가도록 함으로써 **자기주도적 학습력**을 신장할 수 있다.

⑤ 협동심: 학습자는 문제중심학습의 과정을 통해서 소집단별로 탐구할 문제를 선정하고, 자료를 찾아 서로 설명해 주며, 문제해결책을 생각하고, 발표하는 등의 활동을 하게 됨으로써 **협동심을 키울 수 있다.**

(5) 문제점

① 문제가 구체적이지 못하고 포괄적으로 설계되었을 경우, 학습자는 문제를 분석하고 해결방안을 도출하는 과정에서 혼란을 겪고, 교수자는 소기의 수업목표 달성에 실패할 수 있다.

② 한 학기에 다루어야 하는 문제 수가 많거나 수강인원 수가 많을 경우, 학기 내내 발표와 토론 시간이 부족하여 어려움을 겪게 된다.

③ 교수자의 코칭기술에 좌우되기 쉽다. 교수자가 코칭기술이 숙달되지 못한 경우에는 학습자가 토론의 주제에서 벗어나지 않게 유도하거나, 소극적인 학습자에게 적극적인 토론을 하도록 촉진하는 데 어려움이 있다.

④ 학습자가 학습결과물에만 치중하는 경향을 보이면서 학습과정의 중요성에 대한 인식이 결여될 수 있다.

2 인지적 도제이론(cognitive apprenticeship)

(1) 정의

① 인지적 도제이론은 **교사(전문가)와 학생(견습생)이라는 두 축을 중심**으로 어느 특정 **사회집단에 참여하여 지속적으로 실제적 과제들을 해결해 나가는 과정을 통해서 문제해결**을 하는 학습을 말한다.

② 교사의 역할은 시범을 통해 내적인 사고과정을 외현화하여 학생들이 이를 내면화할 수 있도록 지원하는 것이다.

(2) 특징

① 구성주의 학습이론 중 가장 널리 활용되는 인지적 도제모형은 콜린스(Collins), 브라운(Brown), 뉴만(Newman) 등에 의해 구체화되었다.

② 지식은 항상 상황성을 전제로 한 것이며, 특정 사회집단에서 점진적인 참여를 통해 발전되고 구성되는 것으로 본다.

③ 학습은 그 특정 사회집단으로의 문화적 동화를 의미하는 것이며, 문화적 동화가 이루어지기 위한 세 가지 요소로서 과제, 과제를 풀 수 있는 도구, 그리고 이들의 배경이 되는 문화를 든다.

④ 전문가의 인지과정은 각 특정 분야에서 문제해결에 필요한 인지적 과정과 활동의 틀이 잘 짜이고 정리되어 있기 때문에 그것에 비추어 새로운 문제에 대해 능동적이고 기능적인 해결을 모색한다고 본다.

(3) 인지적 도제

① 인지적 도제모형은 '도제'라는 용어에서 알 수 있듯이 예술, 의학, 법률 분야에서 예로부터 사용되어 오던 고전적 의미의 도제 형태의 기본원칙을 활용한다.

② 특정 사회집단에서 필요한 실제 과제의 문제해결과정을 전문가가 시범해 보이는 '시연 단계(modeling)', 문제해결을 위한 인지적 틀을 제시하는 '교수적 도움 단계(scaffolding)', 학습자 스스로가 문제해결을 할 수 있는 '교수적 도움의 중지 단계(fading)'의 과정을 도입한다.

③ 인지적 도제모형에서 인지적이라는 용어는 고전적 의미의 도제 형태와 다르다는 것을 시사한다.

④ 고전적 의미에서의 도제모형은 어떤 물리적 기술과 지식의 습득을 목표로 하는 반면, 인지적 도제모형은 인지적, 메타 인지적 기술과 지식의 습득을 의미한다.

(4) 지속적 성찰

기술을 습득하고 배양하기 위한 방법으로, 학습자의 내부 인지작용과 활동을 자극하는 '지속적인 성찰'을 강조한다. 지속적인 성찰이란 다음을 뜻한다.

① 내부 인지작용을 필요로 하는 실제 과제에 참여함에 있어서 자신의 행동을 관찰하고 조정하며

② 자신의 행동을 전문가의 행동과 비교해 보고

③ 교사와 학생의 각각의 역할은 서로 다른 종류의 인지적 작용을 극대화하는 것이기 때문에 교사와 학생의 역할을 실제로 바꾸어 실행해 봄으로써 자신들의 제한적 시각을 넓이는 것을 의미한다.

개념 +

인지적 도제의 교수방법

- 모델링(modeling): 교수자가 직접적으로 혹은 컴퓨터와 같은 매체를 활용하여 실제 수행상황과 유사한 상황에서 시범과 설명을 통해 과제를 수행하는 과정을 보여 주고 학습자는 그 과정을 관찰하는 것이다. 교수자의 시범과 학습자의 관찰로 학습자가 학습과제에 대한 인지적 틀을 구성한다. 학습자가 과제를 수행하는 데 필요한 과정을 관찰하거나 개념적 모델을 세울 수 있도록 교수자가 조력한다. 학습내용과 관련된 문제를 살피고 개념적 모형을 제공받아 그에 대한 교수자의 시연과 그 활동을 보고 학습한다. 예를 들면, 교사가 학생들에게 간단한 사물을 데생하는 시범을 보이고 학생들은 그 모습을 관찰한다. 이때 교사는 데생을 하면서 추가적으로 설명을 해 준다.
- 코칭(coaching): 교수자의 지도를 포함한 구체적인 힌트와 피드백을 제공하는 것이다. 학습자가 과제를 수행하는 동안 교수자가 직접적으로 혹은 컴퓨터와 같은 매체가 이를 관찰하고 필요에 따라 힌트와 피드백 등 외부적으로 도움을 준다. 교수자가 학습자에게 특정한 모형을 발달시키고 이에 대해 전문적인 지원과 안내를 해 준다. 또 학습자가 과제를 수행하는 것을 관찰하고 힌트를 주며 피드백이나 조언 등 새로운 과제를 제시하고, 학습자가 이전에 알지 못했던 측면에 대해 주의를 주거나 회상하도록 해 준다.
  학습자가 학습과정을 수행하면서 그에 대한 문제를 탐색하고 연구할 때 교수자는 조력자로서 피드백을 주며, 인지모델(mental model)을 구조화하는 데 도움을 준다. 예를 들면, 교사는 학생에게 질문을 하는 형식으로 학생이 잘못 관찰한 것에 대해 다시 설명을 해 준다. 사물의 음영표현과 그림자의 위치를 보여 주면서 학생이 데생작업에 대해 확실하게 이해하고 인지할 수 있도록 도움을 준다.
- 비계설정(scaffolding): 힌트, 유도질문, 제안 등의 간접적인 방법으로 학습자를 돕는 것이다. 교수자가 공급하는 지원체제에 관한 것으로, 제안이나 도움의 형태라고 할 수 있다. 학습자가 인지모델을 보다 본격적으로 구조화할 수 있도록 교수자가 인지적 측면에서 적절한 발판이 되어 주며, 학습자가 아이디어를 형성하는 데 특정한 전략을 제시한다. 예를 들면, 집단 내 모든 학습자가 동일한 대상을 데생하는 장면에서 교사가 각각의 학습자에게 잘못된 음영의 표현이나 그림자의 위치를 바로잡아 줌으로써 모든 학습자에게 개별적인 피드백을 제공한다.
- 페이딩(fading): 학습자가 교수자의 도움 없이 스스로 과제를 수행해 나갈 수 있는 수준에 도달할 수 있도록 교수자의 도움을 점차 줄이는 것을 뜻한다. 학습자가 과제수행에 익숙해짐에 따라 스스로 문제해결전략을 구성할 수 있도록 이러한 전략에 대한 힌트를 점진적으로 제거해 간다. 그 결과 학습자는 통합적인 인지적 기술을 습득하게 된다.
- 명료화(articulation): 학습자가 학습한 지식, 문제해결과정, 전략 등을 분명하게 정리하여 정교한 언어로 표현하도록 격려하는 것이다. 학습자로 하여금 학습자료에 대해 자신이 구성한 지식과 이해, 그리고 수행에 대해 시범을 보이거나 명료하게 설명하도록 요구한다. 학습자가 스스로 전문가의 활동을 구성해 보면서 사고해 보고 표현한다. 학습자는 습득한 내용을 자신만의 언어로 이야기하는데, 이러한 과정을 통해 명료화한 생각에 대한 인지모델을 구조화한다. 예를 들면, 공통적으로 정해진 간단한 사물의 데생이 끝나면, 이제는 각기 다른 몇 가지 사물을 제시하여 데생을 하도록 지시한다. 각 학습자가 스스로 그 사물이 빛을 어떻게 받고 그 음영을 어떻게 표현해야 하는지를 인식하도록 한다.
- 반성적 사고(reflection): 학습한 내용을 다른 분야나 상황에 적용하거나 일반화하는 단계로, 이를 통해 학습자는 점차 독립적인 전문가가 된다. 학습자는 자신의 과제수행과정을 되돌아보고 자신의 수행을 분석한다. 또 자신의 문제해결과정과 전문가 및 다른 학습자의 내적 인지모델을 비교한다. 자신이 정립한 문제해결전략 모델을 여러 가지 비교와 평가를 통해서 재검토하고, 미처 생각하지 못한 점을 보완하고 수정하며 다양한 수행방법을 고안해 본다. 예를 들면, 학생에게 정해진 몇 가지 사물의 올바른 데생 완성본을 보여 주면서 학생 스스로 자신의 데생에서 어떤 부분이 잘못되었는지를 인지하도록 한다.

- 탐구(exploration): 학습한 지식과 기능을 새로운 방식으로 활용하는 방법이나 가설 등을 탐색하는 것이다. 새로운 문제를 풀어 보면서 그것을 조직하고 탐구해 보는 단계이다. 이전 단계를 통해 인지적 유연성을 갖추게 된 학습자는 이제 단순한 이론적 상황에서 벗어나 다양한 실생활에 자신의 도식을 적용해 봄으로써 각종 원리를 응용해 나간다. 예를 들면, 이제는 사물의 위치를 바꾸어 빛을 받는 각도를 변화시켜서 새로운 방식의 데생을 한다. 혹은 좀 더 복잡한 사물의 데생을 하도록 하여 확실하게 문제해결을 한다. 인지적 도제에서 학습자는 처음에는 문제해결의 주변적 참여로 시작하지만 결국에는 완전한 참여와 주도로 학습이 이루어진다.

3 앵커드 수업모형(Anchored instruction model, 상황적 교수-학습이론)

미국의 벤터빌트 인지공학 연구팀(Cognition and Technology Group at Vanderbilt: CTGV)에서는 **상황학습의 원리, 협동학습**의 개념을 기초로 앵커드 수업(anchored instruction)을 제시하였다. 앵커드 수업(anchored instruction)은 **맥락정착적 수업, 정착수업, 상황적 수업** 등으로 불린다.

(1) 앵커

① 학습자의 **인지구조 내에 존재하는 구체적인 지식, 개념, 아이디어로 새로운 정보와 관련지어질 수 있는 것**을 말한다.

② 앵커는 사전적으로 "닻 혹은 낯을 내리고 정박하다"는 의미이며, 교육심리학적 의미는 오수벨(Ausubel)의 유의미학습에서 찾아볼 수 있다.

개념 +

앵커와 선행조직자

유의미학습이 일어나기 위해서 학습자는 인지구조와 이 구조 안에 구체적인 맥락 아이디어, 즉 '관련정착 아이디어'를 가지고 있어야 한다. 무엇을 배운다는 것은 인지구조 내에 있는 구체적이면서도 관련지을 수 있는 맥락적 아이디어와 새로운 지식을 연결 짓는 것이다. 인지구조 속에 '관련정착 아이디어'가 없을 때 이를 제공하는 것이 선행조직자(advanced organizer)이다. 앵커란 오수벨이 말하는 '관련정착 아이디어나 개념'을 의미한다.

예를 들어, 초등학교 저학년 학생들에게 '비타민 A'라는 영양소 개념을 설명하기 위해서 학생들이 먹는 '홍당무'를 보여 주거나 상기시키면서 새로운 비타민의 개념과 이미 알고 있는 '홍당무'라는 개념을 연결시킨다. 여기서 '홍당무' 그 자체가 앵커가 아니라 홍당무라는 사물을 통해 연결되는 인지구조 속의 '홍당무'라는 개념이 결국 인지적 앵커가 되는 것이다. 이처럼 앵커드 수업은 학습자가 앵커를 활용하여 지식을 습득할 뿐만 아니라 습득된 지식이 단편적이고 비활성적인 지식으로 머물지 않고, 새로운 문제해결상황에서 앵커로 활용되어 다양한 지식을 받아들이고 문제해결과 같은 고차적인 지적 활동이 가능하도록 하기 위한 수업환경을 제공하는 것을 말한다.

(2) 목적

다양한 교수매체를 활용하여 **실제와 유사한 학습환경을 제공**하고, 이를 통하여 학습자에게 단순한 사실적 지식을 제공하기보다는 **현실상황에서 활용 가능한 지식을 제공**해 주어 **문제해결력이 증진되도록** 도움을 주는 데 목적이 있다.

(3) 특징

① 거시적 맥락을 제공한다.

㉠ 거시적 맥락은 다양한 문제들로 보다 **복잡하게 구성된 것**을 말한다.

㉡ 거시적 맥락은 문제를 **다양한 각도에서 접근이 가능**하도록 하며, **맥락을 보다 장기간 탐색**할 수 있다는 특성이 있다.

㉢ 이러한 특성은 학습자들 간의 **협동학습**을 가능하게 한다.

② 앵커드 수업에서 과제의 실제성은 학습자의 주도적 학습과 학습에서 상위인지(meta cognition)의 활용의 중요성을 반영하고 있다.

세부적이고 실제적인 정보가 제시되지만 이것을 해결해야 하는 과제는 학습자 스스로 문제를 찾고, 문제해결의 세부단계를 규명하며, 해결안을 제시하고, 타당성을 평가하는 과정을 거치도록 구성되었다.

③ 통합교과적 접근을 한다.

앵커드 수업에서는 수학, 과학, 역사 등과 같은 내용이 하나의 과제 속에서 모두 통합되어 학습할 수 있도록 되어 있다.

④ 앵커드 수업의 과제는 한 가지 정답을 요구하는 것이 아니라 다양한 유형의 결과를 허용할 수 있는 문제이며, 학습자는 자신의 구체적인 상황에 적절한 해결책을 도출하는 활동이 촉진된다.

⑤ 앵커드 수업은 수업의 효과를 극대화하기 위해 공학의 기능을 활용하고 있다.

㉠ 대표적인 앵커드 수업의 예가 되는 제스퍼 시리즈(Jasper series)는 앵커드 수업과제를 상호작용적 비디오디스크를 통해 제시하고 있다.

㉡ 상호작용적 비디오디스크는 문자중심 정보보다 역동적이고, 시각적이며, 공간적인 정보를 제시해 줄 수 있어서 문제에 대한 풍부한 정신적 모형을 구축할 수 있는 데 도움이 되기 때문이다.

(4) 교사

① 앵커드 수업에서 교사의 역할은 학생들이 **탐색적 접근을 하도록 안내하고 지원**하는 것이다.

예 초보 수리공이 체인이 느슨해진 문제를 어떻게 해결해야 할지 모르는 상황에서 직접 수리할 부분을 지적하기보다, 무엇이 문제라고 생각하는지 먼저 물어본다.

② 학습자가 **지각한 앵커(anchor)가 무엇인지와 그 이유에 대하여 학습자 관점에서 진단**하고, 학습자가 놓친 것이 무엇인지 **스스로 생각해 보도록 질문을 통해 유도**한다. 이것이 바로 안내중심의 탐색적 접근이다.

③ 앵커드 수업환경에서 교사는 기존의 지식전달자가 아니라 **코치나 촉진자**로서의 역할을 하게 된다.

(5) 수업모형단계

학생들이 주도하는 학습환경이라는 이론적 기본 틀에 근거하여 CTGV에서는 문제해결 학습환경에서 수학을 배워 가는 프로그램인 제스퍼 시리즈(Jasper Series)와 국어, 사회 과목을 어린이 명탐정(Young Sherlock) 프로젝트라는 이름으로 비디오디스크를 사용하여 제작하였으며, 대상은 5~6학년 학생들이다. 이 프로그램에 적용된 제작원리는 다음과 같다.

① **비디오 매체 활용:** 동기부여를 촉진하고 풍부한 배경정보를 제시하며 문제상황에 관한 인지적 이해를 돕는다.

② **이야기 형식 전개:** 수학적 개념이 사용되는 실제적 과제를 친근한 이야기식 전개형태로 제시하여 문제해결을 위한 의미 있는 상황을 창조한다.

③ **학생주도적 생성학습 형태:** 문제를 해결하는 데 있어서 학생들의 적극적 참여를 권장한다.

④ **여러 사실적 자료가 함축되어 제시:** 문제해결을 위한 자료가 이야기 속에 모두 함축되어 있다.

⑤ **복잡한 문제 활용:** 복잡하긴 해도 학생들에 의해 충분히 해결될 수 있는 문제를 제시하여 풀어볼 수 있는 기회를 제공한다.

⑥ **비슷한 주제의 다양한 응용:** 가르치고자 하는 수학적 개념이 어떻게 활용될 수 있는지를 다양한 상황에서 풀어 보도록 하여 궁극적으로 지식의 전이도를 높인다.

⑦ **교육과정과 연계성:** 다른 여러 과목과 연결된 복잡한 문제를 제시한다.

4 인지적 유연성(Cognitive flexibility)이론

(1) 정의

'지식은 일차원적인 개념으로 표현될 수 없으며 다차원적이고 매우 복잡한 개념으로 형성되어 있다'라는 기본전제를 가지고 지식의 복잡성, 불규칙성을 고려하여 **다양한 관점을 이해하고 종합적으로 지식을 구성하도록 지원하는 방식**을 말한다.

(2) 특징

① 인지적 유연성이란 여러 지식의 범주를 넘나들며 다양한 방법으로 연결하는, 급격하게 변화해 가는 **상황적 요구에 대해 적응력 있는 대처능력**이다.

② 인지적 유연성이론은 **지식의 재현과 그 재현과정**을 중시한다. 따라서 이 이론의 기본전제는 **지식의 특성과 지식의 구성과정**에 있다.

③ 전통적 교수-학습 원칙에 의거한 단순한 지식의 습득을 지양한다. 대신에 **비정형화된 성격의 지식**을 습득하여 **복잡성과 비규칙성의 특성**을 지닌 고급지식 단계에서도 순조로운 학습이 이루어지도록, 특정 학문 분야의 가장 초보적인 단계부터 지식의 복잡성과 비규칙성을 포함한 과제와 학습환경을 제공해야 한다고 본다.

(3) 학습원리

① 다양한 지식의 표상

㉠ 단순화되고 위계적으로 구조화된 지식은 다른 맥락에서 그 지식을 활용하는 데 한계가 있으며, 지식에 대한 왜곡된 시각 및 편견을 갖게 한다.

㉡ 비구조적 지식의 영역에서 사례마다 나타나는 불규칙성은 전통적인 교수설계모형으로는 해결할 수 없기 때문에 다양한 관점에 의한 표상이 필요하다.

㉢ 다양한 지식표상은 실제 생활에서 발생하는 불규칙적 문제상황에 대한 적응력과 활용능력을 높이기 때문이다.

② 재학습

㉠ 동일한 학습과제를 여러 번 반복하여 탐색·수행하는 것을 의미한다.

㉡ 반복할 때마다 이전과는 다른 관점으로 시도하고 해석하는 과정에서 새로운 해석의 틀과 통찰력을 갖게 된다.

㉢ 학습자에게 제공되는 과제나 사례들이 다양한 관점을 요구하는 것이어야 한다.

③ 임의접근 교수법(random access instruction)

㉠ 어떤 특정 과제를 다양한 맥락과 관점에서, 서로 다른 방향에서 바라보거나 해석하는 것을 말한다.

㉡ 구체적으로 주어진 특정 과제와 연결하여 가능한 많은 사례들을 다루어 볼 때 그 사례 속에 등장하거나 숨어 있는 다양한 논의점 및 이슈들 그리고 그와 관련된 이유들을 검토하는 것이다.

④ 상호관련성

㉠ 개념과 사례는 서로 분리되어 있지 않고, 동일한 내용의 범주 안에서 조직되어야 한다.

㉡ 자료들은 무수히 많은 서로 다른 내용들과 함께 조직되며, 서로 다른 사례에 적합하게 적용될 수 있도록 조직되어야 한다.

⑤ 사례와 소사례

㉠ 지식이 실제 맥락에서 적용되는 방식을 알기 위해서는 추상적이고 일반적인 원리를 학습하는 것보다 많은 사례를 경험하는 것이 필요하다.

㉡ 사례와 소사례의 관계는 산맥과 산의 관계처럼 전체와 부분의 관계다. 복잡한 전체 사례에 대한 정확한 이해를 위해서는 여러 부분적인 소사례를 이해해야 한다.

⑥ 보조적 탐색도구

㉠ 상위지식이 복잡한 구조를 갖고 있으므로 보조적 탐색도구는 필수적이다.

㉡ 보조적 탐색도구는 특히 컴퓨터 기반의 하이퍼텍스트 환경에서 학습자들에게 간혹 발생하는 인지적 부담감과 방향감 상실문제를 해결하기 위한 필요에서 대두되었다.

㉢ 보조적 탐색도구의 예로서는 핵심적 개념에 주석을 달거나, 학습자의 하이퍼텍스트 환경 내의 탐색경로를 표시해 주는 방법, 학습하고자 하는 주제에 대한 전체 목록, 사이트 맵과 같은 탐색지도 등이 있다.

⑦ 학습자의 적극적 참여

㉠ 학습자의 적극적 참여는 모든 구성주의모형에 필요한 설계원리이다.

㉡ 인지적 융통성이론이 상위지식에 초점을 두고 있으므로, 전문적 지식을 학습하면서 인지구조는 더욱 복잡해지고 정교화되어 간다.

㉢ 동시에 지식을 구성하면서 그 과정을 통제하고 조절해야 하며 이에 대한 책임도 커지게 된다. 이는 학습자 스스로가 이 과정에 자발적으로 참여해야 학습이 효과적임을 의미한다.

5 자원기반 학습

(1) 정의

자원기반 학습은 특별히 설계된 **학습자원과 상호작용적인 매체와 공학기술을 통합**함으로써 대량 교육상황에서 **학습자 중심의 학습을 증진하기 위한 일련의 통합된 전략**이다.

(2) 특징

① 교육과정을 구현하는 **가장 유용하고 성공적인 접근방법**으로, 서로 다른 교수－학습양식에 쉽게 적용할 수 있다.

② 학습을 위하여 **교사, 학습자원, 학습자 등의 모든 자원요소를 활용**한다.

③ 학습자와 교사 및 매체전문가가 인쇄물이나 비인쇄물 그리고 인간자원을 의미 있게 사용하면서 능동적으로 참여하는 교수모형이다.

④ 교과학습에서 학습자에게 광범위하고 다양한 학습자원을 사용하도록 하는 **학습자 중심의 학습 방법**이다.

⑤ 학습자는 자유롭게 **자신의 속도에 맞추어 자신이 직접 선택한 학습**을 하게 되며, 교사는 **학습자가 필요로 하는 자원을 제공**해 주어야 한다.

(3) 목표

자원기반 학습의 목표는 모든 학습자가 **평생학습자가 되는 데 필요한 기본적인 지식을 획득**하도록 하는 것과 더불어, 독립적으로 **학습할 수 있는 기능**을 기를 수 있도록 기회를 제공하는 데 있다.

① **위치 확인기능**: 자원을 찾아내고 자원에 포함된 정보를 발견해 내는 기능이다.

② **분석기능**: 학습해야 할 주제를 분석하고 연구계획을 수립하며, 적합한 자원을 분석해 내고, 다루고자 하는 주제와 목적에 관련된 정보의 가치를 분석해 내는 기능이다.

③ 이해기능: 정보를 이해하고 그 정보를 주제와 관련해서 생각하며, 관련된 정보를 이끌어 내고 조직하여 관련성을 알아내고, 추론과 결론을 이끌어 내는 기능이다.

④ 보고 및 제시기능: 다른 사람과 정보를 공부하는 것과 관련된 기능이다.

(4) Big 6 모형

① 아이젠버그와 버코위츠(Eisenberg & Berkowitz)는 **문제해결의 과정에서 요구되는 정보활용 기술을 인간의 인지단계에 따라 6단계로 제시**하고 이를 Big 6 모형이라고 하였다.

② Big 6 모형은 학습자들이 필요한 자원을 파악하고 이를 활용하는 능력을 개발하기 위한 교육과정 및 평가의 준거가 되고 있다.

③ 자원기반 학습은 교수와 학습의 관계에서 변화를 포함하며, **교수보다는 오히려 학습에 초점**을 맞추고 있다. 이는 학습자가 독립적인 학습자가 되도록 돕는 것을 중요한 목표로 하기 때문이다.

④ 학습자원을 공급하는 것을 통해서는 단지 부분적인 성과만을 얻을 수 있을 뿐이며, 학습자가 **상호작용적으로 참여해야 성공적인 학습**이 된다. 결국 교사도 정보제공자의 역할에서 벗어나 **학습의 조언자, 촉진자**의 역할을 해야 한다.

Big 6 모형

인지	단계	능력
인식	1. 과제정의	1.1 해결할 과제의 요점 파악 1.2 과제해결에 필요한 정보의 유형 파악
이해	2. 정보탐색 전략	2.1 사용 가능한 정보원 파악 2.2 최적의 정보원 선택
적용	3. 소재파악과 접근	3.1 정보원의 소재 파악 3.2 정보원에서 정보 찾기
분석	4. 정보활용	4.1 찾아낸 정보를 읽고, 보고, 듣기 4.2 적합한 정보 가려내기
통합	5. 통합정리	5.1 가려낸 정보들의 체계적 정리 5.2 최종 결과물 만들기
평가	6. 평가	6.1 결과의 유효성 평가 6.2 과정의 효율성 평가

(5) 패러다임 전환

자원기반 학습은 하나의 독립된 학습모형이라기보다는 정보화 사회에서 학습자의 평생학습의 필요성에 기반을 두고 정보능력의 함양을 위해 제안되고 있는 새로운 패러다임이라고 할 수 있다.

◎ 패러다임 전환모델(레이크스)

구분	재래식 학습모델	자원기반 학습모델
교사의 역할	내용전문가	과정촉진자 및 안내자
주요 학습자원	교과서	다양한 자원(매체)
주안점	사실적 내용	현장성 있는 문제상황
정보의 형태	포장된 정보	탐구(발견) 대상으로서의 정보
학습의 초점	결과	과정
평가	양적 평가	질적·양적 평가

PART 07

(6) 설계의 원리

자원기반 학습을 위해 학습자가 경험하게 될 교수-학습활동을 계획하고 조직할 때는 **자원, 학습경험, 대상, 과제결과 발표**의 네 가지 변인을 중심으로 다차원적인 설계가 이루어져야 한다.

① **자원**: 전통적 자원과 전자적 형태의 자원을 모두 고려하여 설계한다.

㉠ 전통적 자원은 사전, 백과사전, 각종 참고문헌, 도서, 잡지, 학술지, 신문, 인터뷰, 오디오테이프, 비디오테이프, 영화, TV 등을 포함한다.

㉡ 전자적 자원은 CD-ROM, 온라인 DB, 하이퍼미디어, 인터넷, 레이저디스크, 멀티미디어 자료, 각종 소프트웨어 등 정보의 도구적 개념까지를 포함한다.

② **학습경험**: 사고의 차원, 학습환경과의 상호작용방법, 내용과 여러 교과내용의 통합방법 등이 주로 고려된다.

㉠ 사고의 차원에는 적극적이고 주도적인 학습을 위한 비판적 사고와 문제해결, 초인지 및 반성적 사고 등을 적용할 수 있다.

㉡ 학습환경과의 상호작용방법은 자기주도적 학습, 협력학습, 학습양식 선호도를 중심으로 구성할 수 있다.

㉢ 내용과 교과통합의 방법은 간학문적 통합, 다학문적 통합, 사회문화적 통합과 같은 방식으로 재구성할 수 있다.

③ **대상**: 자원기반 학습에서는 학습자가 수행한 과제가 교사만을 위해 이루어지는 것이 결코 아니라는 점을 강조한다.

㉠ 교사가 유일한 대상이 아니고, 과제 또는 문제와 관련된 모든 사람을 발표의 대상으로 고려하기 때문에 자원기반 학습을 설계할 때 이 점을 고려할 필요가 있다.

㉡ 학습자가 과제나 문제를 해결하기 위해 다양한 정보를 활용하고 이를 적용한 결과를 관련 대상에게 발표하는 것은 자원기반 학습에서 고려하는 또 하나의 중요한 요소이다.

㉢ 발표를 하는 결과물의 유형도 구두발표, 보고서 작성, 다양한 시청각적 표현형태 등 학습자가 다양한 유형을 선택할 수 있도록 설계해야 한다.

6 상황인지이론(situated cognition theory)

(1) 기본입장

인간의 활동은 **개인과 환경과의 상호작용적인 관계**인데, 이는 주위환경에서 **인간들이 매일 실제로 행하는 활동**을 의미한다.

(2) 주위환경

주위환경 개념이 중요한 이유는 인간활동은 주위환경 내에서 발생하고, 그 주위환경은 **사회적이며 제도적으로 존재**하는 것이기 때문이다.

(3) 행위

① 상황 속에서 일어나는 행위들은 **개인들 사이에서 혹은 개인과 환경 사이에서 벌어지는 매 순간의 상호작용 특성을 반영**한다.

② 무엇이 학습되는가를 이해하기 위해서는 **어떻게 학습되는가**를 이해해야 할 뿐만 아니라, **학습이 발생하는 사회적 혹은 제도적 구조들을 탐구**할 필요가 있다.

(4) 도구

① 도구는 **실천공동체의 문화와 역사를 구체화**시킨다.

② 가장 기본적인 도구는 **언어**이다. 때때로 도구는 그 **공동체의 정체성**과 직접 관련이 있다.

예 컴퓨터 프로그래머의 공동체에서 컴퓨터는 없어서는 안 될 도구이다.

(5) 학습

① 실천공동체의 **주변적 참여자로부터 핵심적 구성원이 되는 과정** 혹은 **공동체의 구성원으로서 자신의 정체성을 개발하는 과정**으로 정의한다.

② 학습의 원리는 원하는 **공동체에 학습자가 스스로 참여하여 활동**하는 것이다.

예 보이스카우트(boy scout)에 가입한 학생이 보이스카우트 활동에 자발적으로 참여하면서 그 공동체의 목적 및 성격을 자신의 것으로 내면화하고 새로운 신규대원을 가르치는 입장, 즉 고참이 되는 과정이 바로 학습과정인 것이다.

7 목표기반 시나리오(Goal-Based Scenarios: GBS)

(1) 정의

① 학습자에게 **실제적 과제**를 제시하여 학습자의 **목표의식을 자극**하고, 과제를 수행하는 과정에서 **다양한 도구와 정보**를 활용하여 **지식, 기술, 태도 등을 학습**할 수 있도록 하는 실천학습 시뮬레이션이다(Schank, Beman, & Macpherson).

② 학습자들에게 정해진 목표를 통해 역할을 부여하고 실제적 과제를 수행하는 임무를 제시하여 임무수행과정에서 요구되는 지식과 기술을 스스로 학습할 수 있도록 학습자원, 활동, 피드백 등을 구조화하여 제시하는 경험학습 기반 시뮬레이션 모형이다.

③ 구성된 시나리오 속에서 맡은 역할을 수행하면서 학습자는 시나리오 속의 역사적 인물이 되어 볼 수도 있으며, 앞으로 갖게 될 직업을 경험할 수 있게 되면서 자연스럽게 학습내용을 배우게 되는 것이다.

(2) 특징

① 학습은 실제 생활 맥락 속에서 실천을 통해 이루어진다.

② 학습이 제대로 이루어지려면 학습자들과 관련되며, 유의미하고, 흥미 있는 목표를 제시해야 하며, 학습자들이 참여하게 될 과제를 실제 맥락에 맞게 구성해야 한다.

③ 학습자가 실제 생활 속에서는 여러 가지 이유로 경험하지 못하게 되는 상황을 제시하여 다양한 활동을 경험하고 조작할 수 있도록 해야 한다.

④ 학습자는 실제 경험을 통해 지식과 기술을 습득하며, 향후 경험하게 되는 문제 또는 유사한 맥락에 직면했을 때 다양한 상황과 제한요인 등을 고려하여 학습한 내용을 효과적으로 활용할 수 있다.

(3) 목표기반 시나리오의 기저이론으로서 사례기반추론

① 목표기반 시나리오의 이론적 토대는 사례기반추론(Case Based Reasoning: CBR)이다. 사례기반추론은 이치나 논리에 따라 사고하고 결론을 이끌어 내는 추론과정에 과거의 경험 또는 사례를 이용하는 것이다.

② 개인이 새로운 문제상황에 직면했을 때 문제를 해결하기 위해 자신의 과거 경험 속에서 그 문제상황과 동일하거나 유사한 상황을 어떻게 해결하였는지에 대한 경험 또는 사례를 이용하여 문제를 해결하는 방법이다.

③ 자신이 알고 있는 다른 사람이 경험한 사례를 새로운 문제상황에 적용하여 문제를 해결하는 데 활용할 수도 있다.

④ 사례기반추론은 과거의 사례를 단순히 기억하는 것이 아니라 과거의 경험으로부터 새로운 문제를 해결하기 위해 추론하는 것이다.

⑤ 사례기반추론은 인출, 적용, 저장의 과정을 거친다.

인출	새로운 문제상황에 직면하게 되었을 때 기억 속에서 문제상황과 유사한 사례를 찾는 과정
적용	발견된 사례 속에 저장된 정보를 새로운 상황에 응용하여 현재상황과 과거상황 간의 유사점 또는 차이점을 설명하는 과정
저장	새로 적용된 사례를 기존의 지식기반에 축적하는 과정

(4) 사례기반추론을 활용하여 학습자의 학습을 촉진시키기 위한 요소

① 학습자가 사례를 충분히 학습할 수 있도록 실제 세계에서 경험할 수 있는 다양하고 광범위한 실제 사례기반을 제공한다.

② 학습자가 사례를 회상하고 재사용할 수 있도록 사례를 색인화하여 학습자의 명확한 역할과 과제를 제시한다.

③ 반복적 주기로 학습자에게 기대와 어긋나는 실패를 경험할 수 있는 과제를 제시하고, 그 실패를 설명하고 다시 시도해 보도록 한다.

④ 추론을 위해 효과적으로 사례를 활용하는 것을 학습하도록 한다.

(5) 사례기반추론을 통해 효과적인 학습환경을 설계할 때 고려사항

① 사례기반추론은 학습과정에서 실패의 역할을 강조함으로써 학습자가 부족한 지식을 확인하고 보충학습을 하기 위해 필요한 목표설정에 대해 피드백을 제공해 준다.

② 사례기반추론은 학습자가 예측하는 것과 설명하는 것 모두를 독려하고 도와준다.

③ 사례기반추론은 학습자가 경험을 통해 학습할 내용을 제시하고 학습결과를 상황에 적절하게 적용할 수 있도록 경험에 대해 성찰하고 평가하도록 한다.

④ 사례기반추론은 학습자가 자신의 아이디어를 다양한 상황에 적용해 보고 적용한 후 피드백을 해석하며, 다시금 학습내용 관련 개념을 설명하고 자신의 이해를 점검하는 과정을 반복적으로 수행하도록 한다.

⑤ 사례기반추론은 학습자가 해결했던 기존의 문제해결경험을 활용하도록 할 뿐만 아니라, 다른 사람들의 사례와 경험에 쉽게 접근할 수 있도록 도와준다.

(6) 목표기반 시나리오 구성요소

① 목표

㉠ 학습자들이 **시나리오를 통해 도달하게 되는 것**이 목표이다.

㉡ 목표기반 시나리오의 구성요소들은 **학습자들이 목표를 획득**할 수 있도록 구성되어 있다.

㉢ 목표는 목표성취에 필요한 기술을 연습하는 것과 관련된 **과정지식**과 목표성취를 위해 발견해야 하는 **내용지식**으로 구성된다.

② 임무

㉠ 학습자들이 설정된 **목표를 성취하기 위해 수행해야 하는 과제**가 임무(mission)이다.

㉡ 임무는 학습자들이 목표달성을 위해 지속적으로 수행할 수 있도록 **유의미한 과제제시**를 통해 **동기를 유발하고 목표의식을 자극**할 수 있어야 한다.

㉢ 학습자의 **실제상황과 맞는 유의미하고 실제적인 과제**를 임무로 제시해야 한다.

㉣ 임무가 정해지면 학습자가 **수행할 활동유형**을 정하고 과제를 조직하기 위해 **임무의 초점**을 분명히 해야 한다.

ⓜ 학습자가 초점을 두어야 할 과제는 **설계, 진단, 발견, 통제**가 있으며, 각 단계를 거치면서 학습자는 **문제해결기능을 향상**시킬 수 있는 기회를 가지고, **임무에 대한 책임감**을 느끼게 된다.

③ 표지이야기

㉠ 표지이야기(cover story)는 **임무의 당위성과 실체성을 나타내기 위한 이야기**이다.

㉡ 표지이야기를 통해 학습자에게 **학습의 필요성을 제시**하며, 학습자가 수행해야 할 **활동을 상황으로 제시**함으로써 임무를 보다 정교화하게 된다.

㉢ 표지이야기는 학습자에게 **임무를 충분히 이해**하게 하고, 임무수행에 필요한 **정보를 제공**하며, 사실적이고 흥미로운 이야기에 대한 **기대감을 높이는 역할**을 한다.

④ 역할

㉠ 학습자가 표지이야기에서 **맡게 되는 인물에 대한 정의**가 역할(role)이다.

㉡ 인물은 **학습목표 달성에 가장 적합**하게 설계되고 제시되어야 한다.

㉢ 학습자는 이야기 속에서 자신의 역할에 따라 임무를 수행하며 임무수행과정에서 **목표달성에 중요한 역할인지를 파악**하게 된다.

㉣ 학습자가 수행하게 되는 역할은 **흥미**로워야 하며 임무에 맞게 **실제적**이어야 한다.

⑤ 시나리오 운영

㉠ 시나리오 운영(scenario operation)은 학습자가 임무달성을 위해 학습활동을 예측하고, 이를 시나리오의 이야기를 구성하는 데 배치하는 것이다.

㉡ 시나리오는 학습자들이 목표달성을 위해 수행해야 할 임무와 관련된 모든 활동으로 구성된다.

㉢ 여기에는 **전문가 자문, 이전 사용자의 보고서 읽기, 신문기사 자료, 학습자 의견 제시** 등 학습자의 다양한 참여활동이 포함된다.

⑥ 자원

㉠ 자원(resourcs)은 **목표달성에 필요한 정보와 도구**로서 학습자의 임무수행에 필요한 자료나 내용을 의미한다.

㉡ 자원은 학습자의 임무수행에 적절하게 활용될 수 있도록 조직되어야 하며, 접근할 수 있어야 한다.

㉢ 다양한 형태의 자원이 가능하지만 대체로 이야기 형식이 많다.

㉣ **과정지식 및 내용지식**을 습득하는 데 필요한 정보가 적절하게 제공되어야 한다.

⑦ 피드백

㉠ 학습자가 임무수행과정에서 발생하는 활동에 대해 **교수적 도움**을 제공하는 것이 피드백(feedback)이다.

㉡ 피드백은 학습자의 **임무수행 맥락에서 제공**되며, 학습자가 피드백을 받고 새롭게 수행에 활용할 수 있도록 적절하게 제공되어야 한다.

ⓒ 피드백은 학습자의 임무수행 결과에 대한 지적, 학습자를 돕기 위한 조언이나 권고, 전문가들의 실천적 경험에 바탕을 둔 이야기 등의 형태로 제시될 수 있다.

(7) 목표기반 시나리오 설계 시 고려사항

① 목표를 설정할 때 **내용지식과 과정지식의 목표를 각각 구분**하여 제시한다.

② 내용지식과 과정지식을 모두 포함한 **실제 사례**를 바탕으로 가상의 시나리오를 작성한다.

③ 학습자들 **자신의 지식과 기술을 활용**하여 과제를 수행할 수 있는 임무를 만들기 위해 실제 사례 현장에서 발생했던 주요 쟁점을 분석한다.

④ 학습자들이 수행해야 할 **활동과 절차를 설계**한다.

⑤ 학습자들이 수행과정에서 경험하게 될 활동에 대한 **피드백을 절차에 맞게 구성하고 설계**한다.

⑥ 학습자들이 수행하는 주요 활동을 각 **절차 및 단계에서 기록하고 사례로 색인**하여 향후 임무 수행에 적용할 수 있도록 지원한다.

⑦ 학습자들이 **개별적이고 질적인 평가**를 받을 수 있도록 한다.

(8) 목표기반 시나리오 교수설계요소

① 1단계: 목표기능 설정

ⓐ 학습자가 학습을 통해 달성해야 할 학습목표를 제시하는 것이다.

ⓑ 학습목표를 제시함으로써 학습자가 수행하게 되는 학습활동에 의미를 두게 하고, 향후 교수설계자가 임무설정 등 다음 단계의 수행을 설계할 때 중요한 근거를 제공한다.

ⓒ 목표기능을 설정하기 위해서는 해당 분야 전문가에게 요구되는 핵심역량을 전문가 면담 또는 수행분석을 통해 도출해야 한다.

② 2단계: 임무설정

학습자가 목표기능을 달성하는 데 필요한 지식과 기술을 갖출 수 있도록 임무를 분석하고 제시해야 한다.

③ 3단계: 초점선택

초점은 학습과제를 의미하며, 이 단계에서 수행될 행동유형을 결정하고 과제에 대한 조직적 틀을 제공한다.

④ 4단계: 표지이야기 개발

ⓐ 표지이야기는 목표기능을 달성하기 위한 임무를 수행하기 위해 만들어진 과제수행 맥락이다.

ⓑ 학습자가 과제수행에 필요한 기능을 회상할 수 있는 맥락을 제공해 줌으로써 해결하고자 하는 과제와 유사한 사례를 통해 문제를 해결할 수 있는 학습자의 유사추론(analogical reasoning) 기능을 향상시켜 줄 수 있다.

⑤ 5단계: 학습자 활동 설계

㉠ 학습자 활동에는 목표기능 및 임무달성에 요구되는 모든 활동이 포함된다.

㉡ 이 단계에서는 학습자들이 목표기반 시나리오와 어떤 상호작용을 수행할 것인지를 설계하게 된다.

⑥ 6단계: 학습자원 개발

㉠ 학습자에게 목표기능 및 임무달성에 필요한 정보를 어떤 형태로 어느 정도 수준까지 제공할 것인지를 결정하게 된다.

㉡ 학습자원으로는 신문기사, 비디오 동영상 파일, 음성 파일, 이미지 파일 등 다양하게 제시될 수 있다.

CHAPTER 05 교수법

제1절 강의법

1 특징

(1) 강의식 수업은 가장 오랜 역사를 가진 보편화된 교수방법이다.

(2) 강의법은 **교사가 언어적인 방법으로 지식을 전달하기 때문에 의사소통이 일방적으로 이루어지며, 학생은 강의내용을 듣고 필기(note)하며 수동적으로 이해한다.**

(3) 강의법은 새로운 교수방법이 등장하면서 교사중심의 전통적인 방법이라는 비판을 받아 왔지만, 학교현장에서는 강의법이 여전히 주된 교수방법이 되고 있다.

(4) 강의법은 그 본질을 이해하고 교수·학습과정 요소의 특성에 맞추어 적절히 활용한다면 얼마든지 효과적인 교수방법이 될 수 있다.

2 장단점

장점	단점
• 단시간에 다양한 지식을 많은 학습자에게 동시에 가르칠 수 있음 • 교사의 언어능력에 따라 학습자를 쉽게 동기화할 수 있고 학습자의 이해력을 높임 • 학습량, 수업시간 등을 교사가 자유롭게 조절할 수 있음 • 교과서 내용을 교사의 능력범위 내에서 보충·첨가·삭제하는 것이 편리함 • 정보의 유포가 손쉬움 • 특별한 자료가 없어도 수업이 가능함 • 수업자의 의지대로 학습환경 변경이 가능함 • 기본적 기술교수에 적합함 • 심리적으로 안정을 추구하는 학습자에게 적합함	• 학습자의 개성과 능력이 무시될 가능성이 있음 • 학습자의 활동기회를 제약하여 수업태도가 수동적으로 되기 쉽고, 동기지속이 어려움 • 교사의 능력 여하와 충분한 수업준비·계획 여하에 따라 수업의 효율성이 좌우됨 • 고등정신 기능을 기르는 데는 다소 불충분함

제2절 토의법

1 특징

(1) 토의를 활용하는 교수방법은 교수자와 학습자 간 그리고 학습자들 간의 상호작용을 전제로 한다.

(2) 토의란 대화와는 달리 비교적 다수가 서로 의견을 교환해 가면서 문제를 원만하고 바람직하게 해결해 가는 교수방법이다.

(3) 토의식 수업을 통해 학생들은 자유롭게 의견을 발표하고 타인의 의견을 수용하면서 가치 있는 결론을 도출하여 문제를 해결하는 데 필요한 태도와 습관을 기를 수 있다.

2 장단점

장점	단점
• 학습자의 적극적인 참여를 유도함 • 의사소통능력, 사고능력, 비판적 분석능력을 신장함 • 민주적인 태도와 가치관을 함양함	• 수업준비나 과정에 시간이 많이 소요됨 • 학습자가 다른 사람의 반응에 민감하거나 방관자적인 태도를 취할 수 있음 • 불확실하거나 이해하기 어려운 개념, 사실에 대한 효과적인 결론이 어려움

3 종류

토의식 수업 유형은 집단의 규모와 활동방식에 따라 원탁토의, 버즈토의, 배심토의, 공개토의, 심포지엄, 세미나로 나뉠 수 있다.

(1) **원탁토의**(round table discussion)

① 토의의 가장 기본적인 형태로, 참가인원은 5~10명 정도의 소규모 집단구성을 이룬다.

② 참가자 전원이 상호 대등한 관계 속에서 정해진 주제에 대해 자유롭게 서로의 의견을 교환하는 좌담형식이다.

③ 원탁토의는 충분한 경험을 지닌 사회자와 기록자 그리고 전문지식을 가진 청중 또는 관찰자(관찰자는 있어도 되고 없어도 됨)와 함께 대화하는 비형식적인 집단의 성격을 띤다.

④ 원탁토의에서 가장 주의해야 할 것은 참가자 모두가 발언할 수 있도록 적절히 기회를 제공해야 한다는 점이다.

⑤ 원활한 토의를 위해서는 집단구성원 간에 충분한 협조와 개방적 자세 그리고 공동체 의식이 형성되어야 하는데, 만약 그렇지 못할 경우에는 토의를 위한 토의 내지는 심각한 언쟁이나 반목의 상태로 악화될 우려가 있다.

(2) 버즈토의(buzz discussion)

① 3~6명으로 편성된 집단이 주어진 주제에 대해 6분 정도 토의하는 6×6의 형태이다.

② 토의과정이 벌집을 쑤셔 놓은 것처럼 윙윙거린다는 뜻에서 버즈(buzz)라고 한다.

③ 처음에는 3명씩 짝지어 토의한 다음, 어느 정도 토의가 진행되면 다른 3명의 집단을 만나 6명씩 토의하고, 또 얼마 지난 다음에는 다른 6명의 집단과 모여 12명의 집단구성원으로 토의한다.

④ 이때 각 집단의 사회자나 기록자는 토론한 내용을 의장에게 보고하며, 전체 사회자는 그 보고를 순차적으로 정리하여 일반토의로 유도한다. 즉, 소집단으로 분과토의를 한 후 최종적으로 전체 집단이 다 함께 모여 토의결과를 집결시켜 결론을 맺게 함으로써 대집단의 종합토의의 효과를 얻게 된다.

⑤ 버즈토의는 소수인원으로 집단을 구성함으로써 참가자가 서로 친근감을 갖게 하고 각자가 자유롭게 발언하는 기회를 가진다는 점에서 적극적인 토의를 유도하게 된다.

(3) 배심토의(panel discussion)

① 토의에 참가하는 소수의 선정된 배심원과 다수의 일반청중으로 구성되어 특정 주제에 대해 상반되는 견해를 대표하는 패널주자들이 사회자의 진행에 따라 토의하는 형태이다.

② 청중은 주로 듣기만 하는데, 경우에 따라서는 질문이나 발언권을 주기도 한다.

③ 배심원은 토의될 주제에 대해 관심을 갖고 관련된 내용을 조사해야 하며, 필요한 경우에는 전문적인 연구도 해야 한다.

(4) 공개토의(forum discussion)

① 1~3인 정도의 전문가나 자원인사가 10~20분간 공개적인 연설을 한 후 이를 중심으로 하여 청중과 질의응답하는 방식으로 토의를 진행한다.

② 공개토의는 청중이 직접 토의에 참가하여 공식적으로 발표한 연설자에게 질의를 하거나 받을 수 있다는 점이 특징이다.

③ 사회자는 연설 및 질의시간이나 발언횟수를 조절해야 하며, 활발한 토의진행을 위해 청중에게 질의를 유발시켜야 한다.

(5) 단상토의 · 심포지엄(symposium)

① 단상토의 혹은 심포지엄(symposium)은 토의주제에 대해 권위 있는 전문가 2~5명이 각기 다른 의견을 공식발표한 후 사회자에 의해 청중과 발표자 간에 질의 및 토론을 전개하는 방식이다.

② 단상토의에 참가한 전문가와 사회자 그리고 청중 모두는 특정 주제에 관한 전문적인 지식이나 정보, 경험 등을 지니고 있어야 한다는 점이 특징이다.

③ 한 주제를 다양한 측면에서 깊이 있게 다룰 수 있다.

(6) 세미나(seminar)

① 참가자 모두가 토의주제 분야에 권위 있는 전문가나 연구가로 구성된 소수집단 형태다.

② 세미나를 주도해 나갈 주제발표자의 공식적인 발표에 대해 참가자가 사전에 준비된 의견을 개진하거나 질의하는 방식으로 토의가 이루어진다.

③ 세미나는 참가자에게 특정 주제에 대한 전문적인 연수나 훈련의 기회를 제공해 주는 데 목적이 있다.

④ 참가자 전원은 보고서 형식의 간단한 자료를 상호 교환할 수 있어야 한다.

⑤ 참가자 전원이 해당 주제에 관련된 지식이나 정보를 체계적이고도 깊이 있게 토의할 수 있게 하는데, 이는 사전에 철저한 연구와 준비를 전제하는 것이다.

PART 07

제3절 협동학습

1 특징

(1) 협동학습은 대표적인 **학습자 중심 학습방법이다.**

(2) **학습능력이 각기 다른 학습자가 동일한 학습목표**를 달성하기 위하여 **소집단** 내에서 함께 활동하는 교수방법이다.

2 장단점

장점	단점
• 집단구성원 전체가 협력하여 지식을 습득함으로써 혼자 학습할 때보다 교과에 대한 지식이 증대함 • 구성원 서로가 학습하는 것을 배움 • 관계 맺는 능력 및 사회관계기술 습득이 가능함 • 협력, 협동의 가치를 습득함 • 토론과 논쟁을 통하여 높은 수준의 사고력이 발달함	• 많은 시간과 노력이 소모됨 • 학습자끼리 잘못 이해한 것을 정답으로 오해할 우려가 있음 • 소수의 우수한 학습자의 주도로 나머지 학습자가 소외되고 심리적으로 위축되기 쉬움 • 무임승차 효과: 학습능력이 낮은 학습자가 적극적으로 학습에 참여하지 않아도 학습능력이 높은 학습자의 성과를 공유함 • 봉 효과: 학습능력이 높은 학습자는 자신의 노력의 성과가 다른 학습자에게 돌아가기 때문에 학습에 적극적으로 참여하지 않음 • 링겔만 효과: 책임을 다하지 못하는 학생이 집단 속에 가려져 눈에 띄지 않는 경우가 발생함

3 종류

(1) 성취과제 분담학습(Student Team Achievement Division: STAD)

① 성취과제 분담학습은 슬라빈(Slavin)에 의해 고안된 학습모형으로, 지식의 완전학습을 하는 데 효과적이고 절차가 간편하여 널리 쓰이는 협동학습 방법이다.

② 주로 수학과 외국어 학습에 효과가 있으며, 초등학생부터 고등학생까지 두루 사용될 수 있다. 이 방법의 절차는 다음과 같다.

개념 +

수업의 절차

- 교사의 수업안내 및 설명: 수업이 시작되면 교사는 우선 단원 전체의 개요를 직접 설명한다. 전통적 수업과 마찬가지로 도입, 전개, 연습의 순으로 수업을 전개한다. 교사의 설명 후 학생의 이해를 질문을 통해 확인한다. 학생의 이해가 확인되면 모든 학생으로 하여금 과제수행을 연습하게 한다.
- 모둠학습: 모둠구성원 수는 보통 4~6명 정도이다. 이때 모둠구성원은 성별, 성적, 성격 등을 고려하여 최대한 이질적으로 구성한다. 모둠이 구성되면 역할을 분담한다. 모둠의 리더와 기록자, 자료담당자 등으로 필요에 따라 역할을 분담한다. 교사는 각 모둠에 2장의 학습지와 2장의 정답지를 나누어 주고 학습하게 한다. 서로 도와가며 학습을 한 후 정답을 확인한다.
- 평가: 단원수업이 끝나고 적절한 준비시간을 준 뒤에 개인별로 퀴즈를 치르게 한다. 퀴즈를 치른 후 짝과 답안지를 교환하여 서로 채점을 한 다음 교사가 회수한다.
- 모둠점수의 게시와 보상: 한 단원의 수업이 끝났을 때 최대한 빨리 점수를 환산하여 학급신문이나 게시판에 게시한다. 주어진 기준 이상의 성적을 거둔 모둠은 칭찬을 하고 모둠보상을 받게 된다. 모둠점수는 각 구성원의 향상점수의 평균을 말한다.

(2) 토너먼트식 게임 모형(Teams-Games-Tournaments: TGT)

① 토너먼트식 게임 모형은 성취과제 분담학습과 마찬가지로 전통적 수업방식에 비해 지식이해력과 적응력 등 학업성취 면에서 효과적이다.

② 거의 모든 절차가 성취과제 분담학습과 비슷하나, 평가방식이 다르다.

③ 이 모형은 개인별로 시험을 보는 것이 아니라, 각 집단에서 능력이 비슷한 구성원들끼리 한 테이블에 모여 토너먼트 게임을 실시한다.

④ 각 테이블에서 능력이 비슷한 학생들끼리 학습한 내용에 대해 게임을 하고, 여기서 얻은 개인의 점수가 집단점수로 합산된다.

⑤ 토너먼트가 끝나면 교사는 집단점수를 기준으로 집단보상을 준다. 이 방법 역시 초등학생부터 고등학생까지 두루 사용될 수 있으며, 주로 수학 과목에 적용되어 왔고 과학, 사회, 외국어 학습에도 적절하다.

개념 +

수업의 절차

- 교사의 수업안내 및 설명: 이 단계는 STAD와 같이 교사가 학습목표를 제시하고, 학습내용을 전체적으로 안내하고 설명한다.
- 모둠학습: 각 모둠별 구성은 학업성취 수준이 상위, 중상위, 중하위, 하위 순으로 4명의 이질집단으로 구성한다. 토너먼트 게임을 준비하기 위하여 서로 협동하여 모둠학습을 한다.
- 토너먼트 게임: 교사는 배운 단원의 범위 내에서 학습목표에 관련된 퀴즈문제를 준비한다. 보통 한 책상에서 4명이 게임하게 되므로 4의 배수가 되는 12문제 혹은 16문제의 카드를 만든다. 앞면에는 번호를 붙이고 뒷면은 문제를 적어 둔다. 정답지는 따로 만든다. 각 책상마다 게임결과를 기록할 기록표와 게임성적에 따른 점수기준표도 만들어 둔다. 각 모둠별 구성원은 성적순위에 따라 자신의 학습능력과 같은 능력을 가진 학생이 모이는 책상으로 가서 게임을 한다. 4명 중 한 명이 리더가 되어 문제를 읽고 답을 말한 후, 나머지 학생이 차례로 답을 말하게 된다. 리더는 틀려도 감점이 없으나 다른 사람은 감점이 있다. 이렇게 4명이 돌아가면 리더가 되어 1회 4문제에 걸쳐 게임을 한다. 그 다음 2회 게임에서는 각 책상에서 1위를 한 학생은 한 단계 위의 상위책상으로 가고, 4위를 한 학생은 한 단계 아래의 책상으로 가서 2회 게임을 1회와 동일하게 한다.
- 모둠점수의 게시와 보상: 교사는 게임을 한 결과 각 구성원이 받은 점수를 모둠점수에 더하여 총점 및 평균을 산출한다. 모둠별 누적순위에 따라 게시판에 게시하고 칭찬 및 보상을 해 준다.

(3) 팀 보조 개별학습 모형(Team Assisted Individualization: TAI)

① 이 모형은 존스 홉킨스 대학의 연구팀에 의해 개발된 것으로, **개별화학습과 협동학습의 장점이 결합**된 형태이다.

② 원래는 초·중등학교 수학을 위해 개발되었지만, 다른 과목이나 다른 학년 수준에도 폭넓게 이용할 수 있다.

③ 수학에서 특히 문제가 되는 개인차를 극복하기 위하여 **개인의 능력에 따른 학습과제를 수준별로 수행**해 나가는 개별학습 프로그램에 **협동적 동기를 결합시켜 학습효과를 높이려는 의도**에서 개발되었다.

④ 이 모형의 특징은 **자기수준에 맞는 수학능력을 계속 증진**시킬 수 있고, **협동학습에서 나타나는 긍정적 상호의존성 효과**를 얻을 수 있을 뿐만 아니라, 수학의 개인차를 고려한 개별화수업의 부작용을 해소할 수 있다.

⑤ TAI는 **이질적 팀을 구성**하여 팀 동료와의 상호교수에 기초한 상호작용을 활발하게 하고, 교사는 **같은 수준의 학생을 개별지도**하는 효과를 얻는 모형이다.

⑥ **개별화수업에서 혼자 학습**하고 동료와 상호작용이 없는 한계를 극복하고, **팀 경쟁을 통하여 학습동기**를 높이며, **협동학습에 의한 동료교수** 효과도 기대할 수 있다.

⑦ 교사의 **많은 시간과 노동력**이 필요하다.

개념 +

수업의 절차

- 배치검사와 모둠구성: 학습능력이 이질적인 학생들 4~6명으로 모둠을 구성한다. 수업을 진행하기 전에 사전검사를 통해 각 학생들의 수준에 적당한 수학 개별화 프로그램이 개인에게 주어진다.
- 학습자료 배포: 학습내용들은 다음과 같이 문제해결방식으로 구성되어 있다.
  - 안내지: 교사가 모둠별 지도를 할 때 사용하는 자료로, 내용개관과 문제해결절차가 소개되어 있다.
  - 기능훈련지: 각 16개 문제로 구성되어 있는데, 기능훈련은 전체 기능이 최종적인 획득을 위한 안내역할을 한다.
  - 형성평가지: 각각 10개 문항으로 구성된 두 개의 형성평가 문제이다.
  - 단원평가지: 15개 문항으로 구성된 단원평가 문제로 교사가 별도로 관리한다.
  - 정답지: 기능훈련 문제, 형성평가 문제, 단원평가 문제에 대한 정답이다.
- 모둠학습: 각 모둠의 학생들은 2~3명씩 짝을 지어 학습한다. 학습자료 안내면을 학습하고 필요하면 동료나 교사에게 도움을 청한다. 그 후 16문항의 기능학습지를 해결한다. 이것은 4문항씩 4개 묶음으로 되어 있다. 학생은 자신의 힘으로 첫 묶음(4문항)을 해결하고 동료에게 답안을 통해 점검받는다. 다 맞으면 형성평가 단계로 넘어간다. 그러나 틀렸으면 또 다른 묶음을 해결한다. 이 과정에서 어려움이 있으면 동료나 교사에게 도움을 요청한다. 기능훈련지를 해결한 학생은 형성평가 A형(10문항)을 해결한다. 만약 8개 이상 맞혔다면 그 모둠이 증명하는 합격증을 받는다. 8개 미만이면 교사가 부족한 부분을 가르쳐 주고 B형을 하게 한다. 합격증을 가진 학생은 단원평가지를 받아 해결한다. 단원평가는 수업시간마다 보는 것이 아니며 단원이 끝나는 수업시간에 본다.
- 모둠교수: 교사는 학생이 활동하는 동안 5~15분간 각 모둠에서 같은 수준에 있는 학생을 불러 직접 가르치는 시간을 갖는다. 즉, 개별화수업의 변형된 형태이다. 모둠교수 동안에 다른 학생들은 자기모둠에서 학습을 계속한다.
- 모둠점수와 모둠보상: 매주 말 교사는 모둠점수를 계산한다. 모둠점수는 단원평가 점수에 기초해서 계산한다. 이에 따른 모둠보상을 한다.

(4) **직소**(Jigsaw)**모형**

① 직소모형은 전통적인 교수법과 달리 **모든 학생이 교사와 학생의 역할을 동시에 수행하는 과제분담 협동학습 모형이다.**

② 아론슨(Aronson)이 개발한 원래의 직소 Ⅰ과, 슬라빈(Slavin)이 수정·보완한 직소 Ⅱ와, 직소 Ⅱ를 보다 정교화한 직소 Ⅲ이 있다.

③ 이 교수법들의 공통적인 절차는 다음과 같다.

㉠ 우선, 집단을 이질적인 학생들 3~4명 또는 4~6명으로 구성한다.

㉡ 집단 내에서 학습자들은 학습할 내용을 분할하여 한 부분씩 맡는다.

㉢ 같은 부분을 맡은 각 집단의 학생들끼리 모여 전문가 집단으로서 심도 있게 공부하고 내용을 토의한다.

㉣ 그 후 다시 자신이 속한 집단으로 돌아가 학습한 내용과 결과를 그 집단의 학생들에게 가르친다.

④ 직소 Ⅰ 모형은 여기까지이지만, **직소 Ⅱ모형은 이후 개인별 시험을 통해 과거의 성취보다 향상된 정도가 집단점수로 계산되어 집단보상**으로 주어진다.

⑤ **직소 Ⅲ 모형은 직소 Ⅱ와 거의 같은 절차로 이루어지나, 시험을 보기 전에 일정 시간 집단별 학습기회**를 준다는 점에서 다르다.

⑥ 직소모형들의 효과성을 검증한 결과, 직소 Ⅰ의 효과는 크지 않으나, **직소 Ⅱ와 직소 Ⅲ의 효과는 큰 것**으로 밝혀졌다. 이는 개인의 책무성과 보상체제 때문으로 보인다.

⑦ 이 모형은 국어, 사회, 과학 교과에 효과적이며, 적용대상은 초등학교 고학년부터 고등학생까지 적합하다.

개념 +

수업의 절차

- 과제선정: 교사는 교과에서 한 단원 혹은 한 주제를 선택하여 이를 4개 정도의 소주제로 나눈다.
- 원모둠 조직 및 역할분담: 4~6명으로 구성된 모둠을 주어진 기준에 의해 이질집단으로 구성하고 모둠명을 정하게 한 다음, 각 모둠에 전체 주제와 4가지 정도의 소주제가 적힌 전문가 학습지를 배포한다. 모둠구성원은 전체 주제와 소주제를 파악한 다음 소주제 한 가지씩을 선택한다.
- 전문가 모둠활동: 원모둠에서 선택한 소주제별로 전문가 모둠으로 모여서 자신들의 주제를 확인하고 함께 소주제를 탐구하고 해결한다. 원모둠에 가서 보고할 내용을 전문가 학습지에 기록해 둔다.
- 원모둠 재소집 및 상호학습: 전문가 모둠활동이 끝나면 원래 자신의 원모둠에 가서 자신이 학습한 내용을 다른 모둠원에게 전달하고 가르쳐 준다. 이 과정에서 전체 주제에 대해 함께 학습하게 된다. 모둠별 학습 후 전체 앞에서 발표 기회를 가질 수 있다. 그리고 교사는 수업한 내용을 정리하고 요약해 준다. 이는 각 모둠별 학습을 보완하고 교정해 주는 기회가 된다.
- 평가: 원모둠 학습이 끝나면 주제 전체에 대해 개인적인 시험을 치른다. 직소 I, II에서는 원모둠 학습이 끝나면 즉시 평가가 실시되나, 직소 III에서는 평가에 대비하여 상호협동학습을 할 수 있는 시간이 주어진 후 평가가 실시된다.
- 보상: 직소 I에서는 개별평가 결과에 따라 개별보상이 주어진다. 그러나 직소 II와 III에서는 개별평가 점수를 산출한 후 향상점수체제로 모둠점수를 산출하여 집단보상을 한다. 향상점수란 각 학습자의 전시학습 후의 평가점수와 본시 학습 후의 평가점수를 비교한 차이점수를 말한다. 모둠점수는 각 학생의 향상점수를 합산평균한 점수가 된다. 각 모둠점수를 학급신문이나 게시판에 알린다.

(5) 집단탐구 모형(Group Investigation: GI)

① 집단탐구 모형(모둠탐구 모형)은 **민주적 교수-학습방법**을 실천에 옮기려는 많은 학자들의 노력의 결과로 탄생하였다.

② **지식은 사회적 산물**이고 그것을 얻는 과정도 **사회적**이며 그 바탕은 **민주적 수업환경**에 기초하여야 한다.

③ GI모형 중에 가장 널리 알려진 것은 텔렌(Thelen, 1960)의 모형이다. GI모형은 **학생이 주제를 선택**하고, 정보를 찾고 토론하고 분석하고, 그것을 이미 배운 지식에 관련시키는 기회를 가질 수 있다.

개념 +

수업의 절차

- 소주제와 모둠 조직: 교사가 탐구주제를 제시하면, 학생은 그 주제와 관련된 보다 구체적인 질문을 제기하고, 이러한 질문들을 범주화한다. 그 범주가 소주제가 되며, 학생들은 그들의 선택에 의해 소주제를 중심으로 탐구모둠을 구성한다.
- 탐구계획 수립 및 역할분담: 각 모둠은 자기들이 선택한 소주제에 대해 보다 구체적으로 무엇을, 어떻게 연구하고 누가 어떤 역할을 맡을지 결정한다.
- 모둠별 탐구실행: 학생들은 정보를 모으고, 조직하고, 그 정보들을 이해하고, 통합시키기 위해 의논한다.
- 모둠별 발표준비 및 발표: 각 모둠은 전체 학급에 발표할 준비를 하고 모둠별로 전체 학급에 보고한다.
- 활동평가: 교사와 학생은 각 집단의 전체 학습에 대한 기여도를 평가하여 개별적인 평가와 집단평가를 실시한다. 이때 학습자들이 주어진 주제에 대해 얼마나 열심히 그리고 구체적으로 준비하였는지 평가한다.

(6) 코프코프 모형(Co-Op Co-Op)

① 카간(Kagan)이 고안한 이 모형은 전체 학급이 협동으로 학습의 과제를 해결하기 위해 모둠이 협동학습을 한다고 하여 '협동을 위한 협동(cooperation for cooperation)'이라는 이름의 Co-op Co-op 모형이라고 한다.

② 코프코프(Co-Op Co-Op)는 **과제를 나누어 맡는 협동학습**으로, **학급 모두가 전체 주제에 관해 개략적인 학습내용을 토론한 뒤 여러 소주제로 나누고, 각 개인은 원하는 소주제를 다루는 소집단에 속한다.**

③ 소집단에서는 토의를 통해 그 **소주제를 또 다시 더 작은 소주제로 나누어 각자 맡은 부분을 심도 있게 조사**해 온다.

④ 그 다음 집단으로 돌아와 집단구성원과 함께 전체 학급에 보고할 것을 협동적으로 준비한다. 그리고 다른 집단으로부터 평가를 받는다.

⑤ 교사는 본 작업물과 함께 학습자 개인의 성취 정도를 평가한다.

⑥ 이 모형은 선택된 주제나 학습의 범위, 난이도, 자료의 특성에 따라 한 시간의 수업 분량에서 길게는 한 학기 또는 1년 내내 적용할 수 있다.

⑦ GI모형을 보완한 모형이다.

개념 +

수업의 절차

- 학습주제 소개: 교사가 학습주제를 소개한다. 학생들의 관심을 자극할 수 있는 자료를 많이 사용할수록 좋다.
- 학생중심 학습토의: 학생들은 주제에 대해 알게 된 것, 더 알고 싶은 것에 대해 브레인스토밍을 하고, 이 과정에서 소주제들이 만들어진다.
- 소주제별 모둠구성: 소주제를 선택한 학생들 중심으로 모둠이 구성되고 팀워크를 다진다.

- 미니주제의 선택과 분업: 소주제별로 모인 모둠은 모둠 내에서 토의를 통해 미니주제를 나누고, 각자 자기가 원하는 미니주제를 선택하고 분담한다.
- 개별학습 및 준비: 학생들은 자신이 맡은 미니주제를 개별학습하고 모둠 내에서 발표할 준비를 한다.
- 모둠 내 미니주제 발표: 모둠 내에서 자신이 맡은 미니주제를 발표한다.
- 모둠별 소주제 발표준비: 모둠별로 전체 학급에 발표할 소주제를 준비한다.
- 모둠별 학급발표: 모둠별로 전체 학급에 발표하고 학급 전체가 토의한다.
- 평가와 반성: 학업성취 평가는 개별로 실시할 수도 있고, 모둠별로 학급 전체에 대한 발표보고를 평가할 수도 있다. 모둠별 평가는 학생들의 자체평가 40%, 교사평가 60%로 할 수도 있다.

PART 07

4 협동학습의 원리

존슨(Johnson)과 존슨(Johnson)(1994)은 협동학습을 성공적으로 달성하기 위하여 갖추어야 할 다섯 가지 기본 요소를 제시하였다.

(1) 긍정적인 상호의존성(positive interdependence)

① 집단구성원은 상호의존성을 가지고 과제를 수행한다.

② **학습자는 자신의 수행이 다른 구성원에게 도움이 되며, 다른 구성원의 수행이 자신의 수행에도 도움이 된다는 믿음**을 가져야 한다.

③ 집단구성원 모두가 **서로 협력하여 같은 목표를 향해 나아간다는 긍정적인 상호의존성**이 형성될 때 협동학습은 성공할 수 있다.

(2) 면대면을 통한 상호작용

① 집단구성원이 **서로 얼굴을 마주 대하며 관심을 가지고, 허용적인 태도를 보여 주어 심리적으로도 일체감**을 가지는 것이 필요하다.

② 이와 같은 상호작용을 통해 학습자는 서로 **효율적으로 도움**을 나눌 수 있으며, **학습과제를 신속하고 정확하게 완성**할 수 있다.

③ 서로 믿고 격려하는 가운데 **학습동기도 높아지고 불안감도 해소**된다.

(3) 개별적인 책무성(individual accountability)

① 집단구성원 **각자의 수행이 집단 전체의 결과에 영향을 주며, 또한 집단 전체의 수행은 각자의 수행에 다시 영향을 준다는 서로 간의 책무성이 필요**하다.

② 이는 **개인점수와 집단점수를 병행**하는 방법을 통해 책무성을 확인할 수 있다.

(4) 사회적 기술(social skills)

① 협동학습은 집단구성원 간에 원만한 인간관계를 가짐으로써 **지적인 면에서뿐만 아니라 정의적인 면**에서도 긍정적이다.

② 집단 내의 상호작용은 문제를 해결하는 과정에서 **서로를 신뢰하고 의지하며 또한 이러한 과정 속에서 의사소통의 기술도 발달**시킨다.

③ 이와 같이 **협동학습을 통한 원만한 인간관계기술의 습득은 강의식 수업에서는 얻을 수 없는 장점**이기도 하다.

(5) **집단의 과정화**(group processing)

① 집단구성원 **모두가 적극적으로 학습활동에 참여**하는 과정을 통해 협동학습에서 요구되는 원칙과 기술을 익혀야 한다.

② 모든 구성원에게 진행되고 있는 활동에 대한 **피드백을 제공**해야 하며, 학습자의 수행이 성공적으로 진행된다고 판단되는 경우에는 **성공을 격려해 줄 만한 보상체계**를 사용해야 한다.

5 이질적 편성

(1) 협동학습에서 가장 중요한 것 중의 하나가 조를 구성하는 일이다.

(2) 지금까지의 연구결과에 따르면, 구성원 간에 도움을 주고받을 수 있는 **이질적인 편성이 효과적**인 것으로 나타났다. 개개인의 다양한 기준을 고려하여 **서로 도움이 될 수 있도록 상보적으로 편성하면 결국 집단구성의 이질성은 커지기** 마련이다.

(3) 대체로 4~6명이 하나의 팀을 이루는 협동학습에서 **집단을 이질적으로 편성할 때 사용되는 기준에는 능력 수준, 친숙도, 동기 수준, 사회경제적 지위, 성별, 민족성** 등 다양하다.

(4) 한편, 집단 간에는 전체 능력에 있어서 동질적이어야 하는데, 이는 집단 간의 경쟁유도에 필수적이다.

(5) 협동학습의 집단을 구성할 때 **집단 내 구성원은 이질적으로, 집단끼리는 동질적**으로 구성하는 것이 좋다.

6 평가

(1) 협동학습에서 평가방법은 채점기준을 정해 개별점수, 집단점수, 발전점수 등을 주어 집단 내의 응집력과 집단 간의 경쟁력을 유도한다.

(2) 평가를 집단보상으로만 하는 경우, **무임승차 효과와 봉 효과**로 인하여 학습활동이 효과적으로 이루어지기 어렵다.

(3) **발전점수**(improvement score)

각 학생마다 자신의 기준점수(base score)를 정하고 이에 비해 얼마나 점수가 향상되었는지를 측정하는 것이다.

① 기준점수는 지난 학기의 성적이나 첫 교시의 사전 성취도를 검사하여 측정할 수 있다.
② 이 기준점수를 바탕으로 매번 퀴즈 등의 점수가 그 전보다 얼마나 올라갔는가를 계산하여 발전점수를 결정한다.
③ 소집단에서 점수의 측정은 소집단 구성원 각자의 발전점수에 의해서 계산된다.

제4절 프로젝트중심학습

프로젝트중심학습(Project-based Learning)은 **문제중심학습과 함께 대표적인 학습자 중심**의 교수법이다.

1 특징

(1) 20세기 진보주의자들의 프로젝트 수업에서 발전된 프로젝트중심학습은 **프로젝트를 중심으로 학습자가 학습을 계획하고 설계하며 결과물을 만들어 내는 과정에서 새로운 지식과 기술을 습득**하는 교수법이다.

(2) 이 교수법은 **실제적 문제를 협동적으로 해결하면서 문제해결능력, 의사소통기술, 협동력, 평가와 종합과 같은 고차원적 사고, 자기주도학습능력 등을 향상**시킬 수 있다는 이점이 있다.

2 프로젝트중심학습과 문제중심학습

(1) 공통점

① 학습자가 **주체적**인 역할을 수행함으로써 **지식을 구성**하고, 교수자는 질문을 통해 문제해결을 촉진시키는 **코치**의 역할을 주로 수행한다.
② 학생들 간의 **협동과 활발한 상호작용**을 중요시한다.
③ 프로젝트나 문제를 중심으로 **학습내용과 교수·학습과정이 재구성**된다.

(2) 차이점

① **프로젝트중심학습은 과제해결이 중심이어서 최종 결과물에 초점**을 맞추는 반면, **문제중심학습은** 학습자를 둘러싼 현실세계에서 발생할 수 있는 문제에 직면하도록 하여 스스로 해결하고자 하는 내적 동기를 부여하고, 문제와 관련된 지식을 스스로 탐구하며 해결해 가는 **학습과정에 초점**을 둔다.
② **프로젝트중심학습에서는 일반적으로 무엇을 해야 할지에 대한 지침이 구체적으로 주어지는 활동중심의 과제형**인 반면, **문제중심학습은 학습자가 무엇을 해야 할지를 제시된 문제 안에서 학습자가 스스로 발견**해야 한다.

3 구성

프로젝트중심학습은 일반적으로 4단계로 구성된다.

(1) 프로젝트 도입 단계

① 프로젝트를 함께 수행할 소집단을 구성하고, 각 집단의 합의를 통해 프로젝트 주제를 선정한다.

② 프로젝트 주제는 학습자들이 직접 느끼는 문제의식을 바탕으로 실제 적용이 가능한 주제를 고른다.

(2) 프로젝트 계획 단계

프로젝트 수행을 위한 일정 계획을 수립하고 조사영역을 결정한다.

(3) 프로젝트 전개 단계

책, 전문가, 인터넷 자료 등 다양한 자원을 탐색하고 분석 및 종합하며, 토론과 협동학습을 한다.

(4) 프로젝트 정리 단계

결과물을 작성하여 발표하고 학습과정에 대해 성찰하며 서로 피드백을 주고받는다.

단계	주요 과제	구체적인 활동
1단계: 프로젝트 도입	소집단 구성	• 프로젝트를 함께 수행할 집단구성 • 각 집단구성원별 역할 규정
	프로젝트 주제 선정	• 각 집단의 합의를 통해 프로젝트 주제 선정 • 프로젝트 주제는 가급적 실제 적용이 가능하고 학습자들이 직접 느끼는 문제의식을 바탕으로 구성
2단계: 프로젝트 계획	프로젝트 수행을 위한 계획수립	• 프로젝트 관련 조사 및 분석영역 설정 • 프로젝트 수행을 위한 일정 계획수립
3단계: 프로젝트 전개	관련 자원 탐색 및 공유	• 책, 웹 자료, 전문가 등 다양한 출처를 고려하여 자원탐색 • 수집한 자료의 분석, 종합 및 공유 • 커뮤니티를 활발히 활용
	협동학습과 문제해결	자원탐색 및 분석과정에서 토론 및 협동학습 실시
4단계: 프로젝트 정리	결과물 작성	산출된 결과물을 정리하고 체계화된 보고서 형태의 결과물을 협동적으로 작성
	결과물 발표	가능하다면 현장전문가를 포함한 발표의 장 마련
	성찰	학습과정에 대한 개인별 성찰 실시
	평가	집단 간 결과물 상호 평가 및 피드백

4 교수자

(1) 프로젝트가 수행되는 동안 **교수자는 안내자 또는 촉진자**의 역할을 한다.

(2) 결과물을 도출해 내는 데 **필요한 지식과 기술을 제공**한다.

5 학습자

(1) 학습자의 **자발적이고 능동적인 태도**는 프로젝트중심학습의 성공요인에 해당한다.

(2) 소집단 내에서의 **협동**과 **원활한 상호작용**이 필수적이다.

제5절 플립러닝(거꾸로 학습)

1 특징

(1) 플립러닝(Flipped learning) 또는 거꾸로 학습은 **학교에서의 강의식 수업과 집에서의 숙제로 구성된 전형적인 학습과정을 거꾸로 하는 교육모형**을 말한다.

(2) 가정에서 동영상강의를 수강하며 예습하고, 학교 수업시간에는 예습을 통해 습득한 개념을 적용해 보는 역발상적 학습법이다.

(3) 여기서 핵심은 사전 동영상강의 수강보다는 교실 수업공간의 재발견에 있다. 학교 교실은 함께 모여 토론하고 문제를 해결하는 공간이고, 사전 동영상강의 수강은 학습자를 더 깊고 넓은 배움으로 이끄는 출발점으로 활용해야 한다.

(4) **직접적인 강의와 구성주의 학습이 통합**된 교수방법이다.

2 장단점

장점	• 수업내용에 대한 **개별화 학습**이 가능하여 학생들의 학습결손을 줄일 수 있음 • 교사와 학생 간 그리고 학생들 간의 **상호작용**을 높임 • 학생들이 **자신의 학습에 대해 책임**을 가지도록 함 • **동료교수**를 강화하고 배운 지식의 활성화를 도움
단점	• 개인 및 환경 차이로 인해 **예습에 대한 개인차**가 심할 수 있음 • 교수자가 사전 동영상강의 제작 등 수업준비를 많이 해야 한다는 **부담감이 큼**

3 절차

(1) 교수자는 사전에 학습자가 배울 주요 개념과 지식을 영상자료로 제작하거나 웹사이트의 관련 자료를 선별하여 학습자에게 제공한다.

(2) 학습자는 집에서 자신의 속도에 맞춰 제공된 자료를 수업 전에 학습한다.

(3) 이러한 예습은 거꾸로 학습의 성공을 좌우하는 가장 중요한 요소이다. 예습이 제대로 이루어지지 않으면 수업시간의 활동은 제한될 수밖에 없다.

(4) 학교 수업의 도입 부분에서 학습자는 예습한 내용 중 의문사항을 질문하고, 교수자는 학습자의 질문에 답을 하며 학습자들의 학습상황을 파악한다. 이와 더불어 교수자는 수업시간에 해야 할 활동을 소개한다.

(5) 본격적인 수업전개에서 학습자는 사전에 습득한 지식을 토대로 교수자가 제시한 활동, 예를 들어 토론, 토의, 프로젝트학습, 문제중심학습 등을 수행한다.

(6) 학습자가 활동을 수행하는 중간 중간 교수자는 다각적인 모니터링과 피드백을 즉각적으로 제공하며, 개별 또는 팀별 처치를 한다.

(7) 특히 교수자는 학습부진 또는 느린 학습자를 위한 개별화 학습을 진행한다.

(8) 마지막으로, 학습자는 자기 및 동료 평가를 시행하고 학습성과에 대한 피드백을 받는다.

(9) 교수자는 다음 학습을 예고하고 과제를 안내하며, 학습자의 고차원적 사고력 개발을 위한 다양한 추가자료들을 제공한다.

구분		전통 강의식 수업	플립러닝
학습자		• 수동적 강의청취 • 수렴적 학습	• 능동적 문제탐구 • 자기주도적 학습
교수자		가르치는 자, 내용전달자	조력자, 촉진자, 안내자, 상담자, 코치
수업	성격	• 교수자 중심 • 수렴적 학습	• 학습자 중심 • 수렴 및 확산적 학습
	목표	기본지식과 개념학습	• 기본지식과 개념학습 • 자기주도학습, 의사소통, 협동역량 등 개발
	학습 방법	• 교수자 중심의 활동 • 지식 확인, 획득, 반복연습 • 정형화된 지식습득	• 학습자 중심의 활동 • 동료교수, 토의, 토론, 협업, 의사소통, 문제해결 • 창의력 및 문제해결력 배양
교육과정		• 경직된 학습 • 직선적 접근 • 선형적·순차적 접근 • 다수 공급형 학습	• 융통적 학습 • 상호작용적 접근 • 다차원적 경험 • 1:1 맞춤형 학습

4 교수자

(1) 플립러닝을 활용한 수업에서는 전문성을 갖춘 교수자가 학습의 전 과정에 절대적으로 필요하다.

(2) 플립러닝에서 교수자는 수업의 안내자, 조력자, 코치의 역할을 수행해야 하는데, 수업 전 학생들이 어떤 내용을 학습하고 와야 하는지, 교실 수업의 효과를 최대화하기 위해 학습내용이 어떤 활동으로 적용되는 것이 좋은지, 수업진행상 발생할 수 있는 문제점들은 무엇인지에 대해 충분히 고민하고 철저히 준비해야 한다.

(3) 교수자가 동영상강의 제작, 수업활동 개발, 학습자 특성에 따른 개별화된 학습자료 제작, 학습자들의 유연한 팀 활동을 위한 다양한 협동기술 마련 등 수업준비에 만전을 기해야 성공적인 거꾸로 학습 수업이 될 수 있다.

제6절 자기주도학습(자기조절학습)

1 자기주도학습의 개념과 연구배경

(1) 개념

① 자기주도학습(Self Directed Learning: SDI)이란 **"학습자가 스스로 자신의 학습요구를 진단하고, 학습목표를 설정하며, 학습에 필요한 인적·물적 자원을 파악하고, 적절한 학습전략을 선택·실행하며, 학습결과를 평가하는 과정"**을 말한다(Knowles, 1975).

② 짐머만(Zimmerman, 1986)은 '자기조절학습자란 자신의 학습과정에 **상위인지적(meta cognitive)·동기적·행동적으로 적극 참여하는 자**'라고 정의함으로써 자기조절학습의 요인으로 **인지적·행동적·동기적 요인을 모두 포함**하였다. 즉 자기조절학습이란 '학습자가 **능동적으로 상위인지적·행동적·동기적 전략을 사용**하여 **학습과정을 조절**해 가는 학습'이라고 정의할 수 있다.

(2) 연구배경

① 자기주도학습에 대한 관심은 1960년대 초에 시카고대학의 흘(Houle) 교수가 "마음탐구(The Inquiing Mind)"라는 성인교육을 위한 책을 출간하면서부터 시작되었으며, 그의 제자인 토그(Tough)에 의해 이론이 형성되고, 노울스(Knowles, 1975)에 의해 본격적인 기반이 다져지게 되었다.

② 전통적이고 형식적인 교수방법은 대부분 성인의 생활환경에 맞지 않으며, 그들의 요구를 충족시키지도 못하기 때문에 성인들이 그들의 학습과제를 할 때 스스로 계획을 세우고, 자기계획에 의해 학습을 수행하도록 하였다.

③ 성인교육에 적용되었던 자기주도학습은 1980년대에 와서 성인교육뿐만 아니라 모든 영역에서 관심을 모으기 시작하였다. 특히 1980년대에 동기에 대한 사회인지이론의 급부상으로 자아효능감, 귀인, 기대에 대한 연구가 시작되면서 짐머만(Zimmerman, 1986)을 중심으로 자기조절학습(Self－RegulatedLearming: SRI)에 대한 연구가 활발하게 이루어졌다.

(3) 기본가정

① 학생들은 **상위인지적(meta cognitive)·행동적·동기적 전략의 선택적 사용**을 통해 그들의 **학습능력을 스스로 개선**할 수 있다.

② 학생들은 **유리한 학습환경을 선택·구성·창조**할 수 있다.

③ 학생들이 필요로 하는 **수업의 양과 유형을 주도적으로 선택**할 수 있다.

2 자기주도적 학습자의 구성요인

(1) 구글리엘미노(Guglielmino, 1977)는 자기주도학습자의 인성적 특성에 주목하고 이를 측정하기 위한 자기주도학습 준비도 척도를 개발하였는데, 8개 요인으로 구성하였다.

(2) 8개 요인으로는 **학습기회에 대한 개방성, 효율적인 학습자로서의 자아개념, 학습에 대한 주도성 및 독립심, 자신의 학습에 대한 책임감, 학습에 대한 애정과 열정, 미래지향성, 창의성 그리고 기본학습기능과 문제해결기능을 사용하는 능력** 등이다.

3 자기주도적 학습전략의 구성요인

(1) 짐머만과 마티네즈 폰즈(Zimmerman & Mattinez－Pons, 1986)는 자기조절학습전략(Self－Regulated Learning Interview Schedule: SRIS) 측정도구를 개발하였다.

(2) 구성요인은 인지적, 상위인지적, 행동적 측면의 14가지 전략을 포함하였다.

① 인지적, 상위인지적 전략: 자기평가, 조직과 변환, 목표설정과 계획, 기록유지와 점검, 시연과 기억, 시험지 복습, 공책 복습 및 교재 복습 등이다.

② 행동적 전략: 교사, 성인, 동료들로부터 사회적 도움 구하기, 물리적 환경 구조화하기, 정보 탐색하기, 자기강화 등이다.

4 자기주도적 학습력의 구성요인

(1) 인지적 영역

① 인지전략: 인지전략이란 **학습자가 자료를 기억하고 이해하는 데 사용하는 사고전략**으로서 시연, 정교화, 조직화 전략을 포함한다(Pintrich & De Groot, 1990).

㉠ 시연(rehearsal): 단기기억 속에 정보가 사라지지 않게 하기 위해 외우거나 소리 내어 읽는 전략이다.

㉡ 정교화(elaboration): 새 정보를 이전 정보와 관련시켜 특정한 관계를 지니도록 하는 인지 활동이다.

㉢ 조직화(organization): 학습내용의 요소 간의 관계를 논리적으로 구성해 보는 것이다.

② 상위인지전략: **메타인지 혹은 초인지**라고도 하는데, **자신의 인지에 대한 지식을 통제하고 조절**하는 데 관련된 전략이다(Schraw & Dennison, 1994). 여기에는 계획·점검·조절전략이 있다.

㉠ 계획(planning): 자기주도적으로 학습목표를 설정하고, 목표성취를 위한 절차와 단계들을 선정하고 배열하는 것이다.

㉡ 점검(monitoring): 학습과정 및 절차에 대한 검토와 이해 정도를 확인하는 자기평가와 검증을 말한다.

㉢ 조절(regulation): 자신의 인지활동을 점검하다가 문제가 생기면 현재의 인지전략이나 인지과정을 수정하는 것이다.

③ 창의성: 자기주도학습에서 창의성은 **새롭고 유용한 해결책을 찾아내는 사고능력**으로, 발산적 사고와 수렴적 사고를 포함한다.

㉠ 발산적 사고: 민감성, 유창성, 융통성, 독창성, 정교성이 있다.

㉡ 수렴적 사고: 신뢰성, 적절성이 포함된다.

(2) 행동적 영역

① 행동통제: 목표성취과정에서 여러 **어려움에 부딪칠 때 포기하지 않고 학습을 계속해 나가며, 장애되는 행동을 삼가고, 유리한 환경을 선택**하는 행동을 말한다.

② 도움 구하기: 문제해결에 필요한 정보나 도움을 동료, 교사, 학부모에게 구하거나, 자료를 탐색하는 활동이다.

③ 학업시간 관리: 목표성취를 위해 학업시간을 잘 관리하는 행동이다.

(3) 동기적 영역

① 개방성: **학습에 대한 높은 관심, 항상 학습하려는 태도, 탐구심, 자기학습에 대한 수용성** 등이 포함된다.

② 자기효능감: 자기효능감이란 특정 장면에서 의도하는 결과를 산출하는 데 필요한 행위를 조직하고 실행하는 **자기능력에 대한 개인적 판단 혹은 신념**이다(Bandura). 그러므로 자기효능감은 **행동의 선택과 노력, 지속성 그리고 성취에 영향**을 준다.

③ 숙달목적 지향성: 숙달목적은 학습에 대한 **내재적 가치와 노력을 강조**한다. 과제 그 자체에 대한 흥미를 느끼는 내적 동기를 가지고 있으므로 외적 강화를 위한 상벌을 필요로 하지 않는다.

④ **성취가치:** 주어진 학습을 가치 있게 여기는 것이다. 학습이 가치 있다고 여길 때 자신의 시간과 에너지를 기꺼이 투자할 수 있다.

⑤ **시험불안:** 시험불안은 걱정과 긴장 등의 인지적·정서적 요소를 포함한다. 자기주도학습을 위해서는 시험불안을 적절히 극복할 수 있어야 한다.

4 자기주도학습의 특징

(1) 자기주도학습은 학생들을 학습과정에 적극적으로 참여시키는 교수학습전략으로, 보다 **높은 수준의 인지적 복잡성을 담은 결과**를 얻게 하는 것을 목적으로 한다.

(2) 학습자는 자신의 학습에 대한 **주도권, 자율성, 책임성**을 가지고 자신의 학습을 **스스로 계획, 수행, 평가**할 수 있는 학습환경을 만들어야 한다.

(3) 자기주도학습의 특성은 **동료학습자와의 상호작용**을 전제로 한다. 자기주도학습은 기본적으로 학습자 **개인의 성찰과 사고**가 무척 중요하다. 그러나 이것이 활성화되기 위해서는 학습자 사이의 상호작용을 포함하여 **토론과 같은 협력학습이 자기주도학습 환경에서도 존재**해야 한다.

(4) 복잡한 사고유형에 보다 많이 몰입하도록 하는 활동들(연습, 대화, 토의 등)을 통하여 학습에 대한 **책임을 교사로부터 점진적으로 학생들에게로 전환**시킨다.

(5) 자기주도학습은 학습목표, 학습수준, 학습내용, 학습방법, 학습평가 기준 등이 처음부터 **학습자에 의해 결정**되고, 그 결정의 기초는 학습자 개인의 가치, 욕구, 선호 등에 둔다.

(6) 학습자의 **개인차를 중시**한다. 학습자는 자신의 **능력에 따라 학습속도를 조절**할 수 있다.

(7) 학습결과에 대한 **책임이 학습자**에게 있다. 따라서 학습자의 **자기평가가 중시**된다.

(8) 자기주도학습이 성공적으로 학습목표를 달성하기 위해서는 **교사의 역할에 대한 이해**가 전제되어야 한다. 자기주도학습은 교사의 도움이 없이 이루어지는 **'자율학습'과는 개념적으로 구별**된다.

5 자기주도학습의 절차

자기주도학습은 학습자가 **학습과제 선정, 학습계획, 실행, 평가 등의 모든 과정을 스스로 담당**하여야 한다. 자기주도학습에서 **교사의 적극적 협조와 함께 자원인사, 동료학습자의 협력 그리고 풍부한 학습자원**이 절대적으로 필요하다. 교사는 탐구의 과정을 도와주는 **학습촉진자** 역할을 한다.

Knowles의 자기주도학습 모형

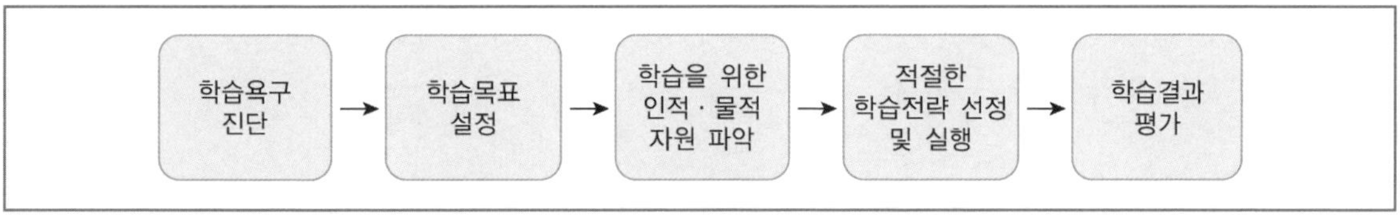

(1) 학습욕구 진단

① 학습자는 다양한 이유를 가지고 학습활동에 참여한다.

② 교사는 우선 학습자의 욕구에 따라 학습자가 원하는 학습과제를 찾고 접근해 가는 과정을 관찰하는 것이 필요하다.

③ 교사는 출발점 행동, 자기주도학습에 대한 일반적 능력 수준, 학습자의 사전경험, 기대 등을 파악하기 위하여 대상 학습자를 관찰하고 직접 만나서 그들과 면담해 보는 것이 중요하다.

(2) 학습목표 설정

① 학습자의 요구분석을 통해 학습과제에 따른 학습목표를 설정해야 한다.

② 학습목표는 학습의 실행 결과 학습자가 보여 줄 수 있는 행동을 구체적으로 기술한 것이다.

(3) 학습을 위한 인적·물적 자원 파악

① 학습과제를 계획하고 수행하는 데 도움이 되는 유용한 자원을 찾아내는 일은 스스로 학습하는 데 매우 중요하다.

② 자기주도학습을 수행하는 데 도움을 줄 수 있는 학습자원으로는 교사, 동료, 자원인사 등의 인적 자원과 더불어 교재, 참고서적, 멀티미디어 자료, 인터넷 등 다양한 물적 자원이 있다.

(4) 적절한 학습전략 선정 및 실행

① 스스로 결정한 학습과제는 다양한 학습전략에 의해 성취될 수 있다.

② 학습자는 스스로 구체적인 학습전략을 세우며, 그에 따라 자신의 학습을 실행한다.

③ 이러한 과정에서 교사는 학습자가 세운 학습전략을 스스로 기술하도록 하며, 계획된 전략을 연습할 수 있는 비슷한 과제를 준비해 주고, 학습내용을 조직화하기 위한 효과적인 절차를 알려주어 도움을 준다.

(5) 학습결과 평가

① 자기주도학습에서는 학습자 자신이 스스로 학습 전체의 계획, 실행, 평가 등의 일차적인 책임을 지는 것이 특징이다.

② 학습결과에 대한 학습자의 자기평가가 중시된다.

③ 학습결과의 평가에서 양적 방법뿐만 아니라 질적인 평가도 동시에 이루어져야 하며, 자기주도 학습의 성공, 질, 효율성에 대한 자기보고적 평가뿐만 아니라 객관적인 평가가 있어야 더욱 타당성 있는 평가가 될 수 있다.

MEMO

중등 교원임용
변민재 교육학
인사이드 ㉻

PART

08

교육공학

PART

08 개념설계도

- **교육공학의 정의와 관점**
  - 공학의 정의
  - 교육공학의 정의
  - 교육공학의 관점

- **교수매체**
  - 교수매체의 개념과 기능
  - 교수매체의 체계적 활용 – ASSURE 모형
  - 수업자료 설계원리

- **수업과 테크놀로지 활용**
  - 테크놀로지 활용 수업
  - 학습자의 디지털 리터러시
  - 교수자의 테크놀로지 활용 수업역량

- **테크놀로지 활용 수업의 실재**
  - 테크놀로지 활용 교실수업
  - 플립러닝
  - 온라인 학습
  - e–러닝

- **수업실행**
  - 마이크로티칭
  - 성찰과 수업컨설팅

CHAPTER 01

교육공학의 정의와 관점

제1절 공학의 정의

1 어원

(1) 공학의 영어단어인 'technology'의 어원은 라틴어의 기예 또는 기술을 뜻하는 'techne'와 학문에 대한 탐구를 뜻하는 'logos'가 합성된 말이다.

(2) 고대 그리스에서 인간의 제작활동 일반에 따른 지식이나 능력을 의미하는 테크네(techne)라는 말이 공학의 어원이다.

(3) 아리스토텔레스는 '니코마스 윤리학'에서 '테크네는 참된 로고스를 수반하는 제작능력'이라 정의하였다. 즉, 테크네란 단순한 지적 능력이 아니라, 학문적 인식과 경험적 판단 사이에 있어 보편과 개별적인 것에 관련되는 진리인식능력이다.

(4) 이렇게 보면 공학의 개념이 기계류만을 지칭하는 것이 아님을 알 수 있다.

2 정의

(1) 공학(technology)은 정보·통신기술 분야에서는 '기술'로 번역되며, 사전적으로는 '과학이론을 실제에 적용하여 자연의 사물을 인간생활에 유용하도록 가공하는 수단, 또는 사물을 잘 다룰 수 있는 방법이나 능력'으로 규정된다.

(2) **핀**(Finn, 1961)

'공학은 기계적 생산품 또는 발명품 이상의 체계적 사고의 과정이며 방식'이라고 정의하였다.

(3) **변영계**

공학이란 과학적 지식을 인간생활을 향상시키기 위해 창의적이고 실천적으로 사용하는 과정이라 할 수 있다.

제2절 교육공학의 정의

1 갤브레이스(Galbraith, 1967)의 정의

공학(technology)은 '실제적 문제를 해결하기 위하여 과학적 지식 또는 조직화된 지식을 체계적으로 적용하는 것'이다. 이 정의는 크게 세 가지의 구분되는 특성을 포함하며, 각각의 특성이 동시에 존재할 때 공학의 의미가 제대로 드러난다.

(1) 공학은 **문제해결**에 초점을 맞춘다.

(2) 공학은 **과학적 지식 및 조직화된 지식**에 바탕을 두고 있다.

(3) 공학이 가지고 있는 중요한 개념적 특성 중 하나는 **'체제적'**이라는 것이다.

개념+

체제란, 특정의 목적을 달성하는 데 기여하는 상호 관련된 요소들의 집합체(a set of interdependent components)이다. 일종의 체제로서 유기체는 외부환경과의 상호작용을 통하여 자신의 존재를 유지한다. 이러한 체제의 아이디어는 생물학적 현상을 설명하는 데서 그치지 않고 인간의 사회적 현상, 인지적 현상에 대한 설명은 물론이고 더 나아가서 실제적 문제해결의 기본적 원칙으로까지 확대되게 되었다.

2 미국 교육공학회에서 공식적으로 제안한 교육공학의 정의(2008)

(1) 교육공학

적절한 **공학적 과정과 자원을 창출하고, 활용하며, 관리하여 학습을 촉진하고 수행을 향상**시키기 위한 연구와 윤리적 실천이다.

(2) 특징

① 교육공학은 일종의 연구영역으로서 전통적인 **양적 연구방법론**과 대안적인 **질적 연구방법론**을 활용하여 이론적 지식의 창출과 관련되어 있다.

② 교육공학은 연구나 학문 분야일 뿐만이 아니라 **하나의 실천영역**이라는 점이 강조되어 왔다.

③ 교육공학은 **학습촉진**을 목표로 한다. 교육공학은 학습에 대한 이론적 접근의 큰 변화를 반영하면서 이런 학습을 가능하게 하는 방법에 관심을 갖는다.

④ 학습과 함께 또 하나의 중요한 결과로 **수행(performance)**을 강조해 왔다. 수행은 학습된 것을 실제 상황에서 활용할 수 있는 능력을 의미한다.

⑤ 교육공학은 교육을 위하여 필요한 자원과 과정을 **창출하고, 활용하며, 관리**하는 세 가지 측면과 연관된 방법을 다룬다.

◎ 미국 교육공학회 교육공학 정의의 구성요소 관계

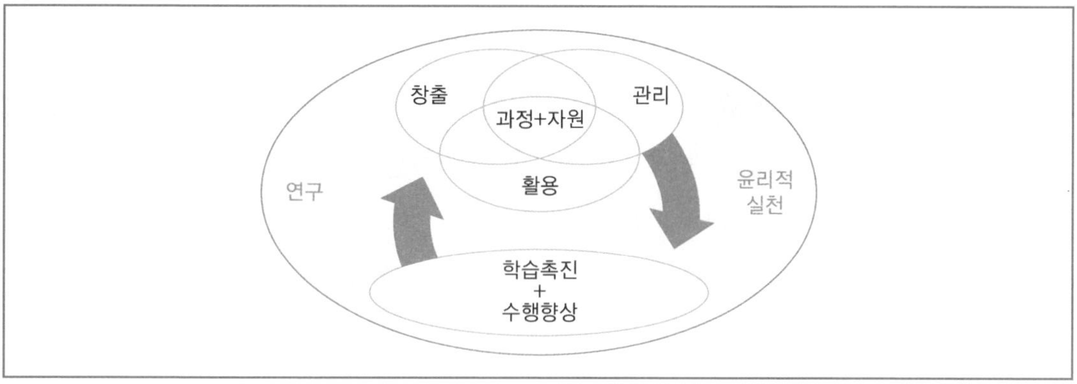

제3절 교육공학의 관점

라이저(Reiser, 1987)는 교육공학에 대한 다양한 정의들이 크게 **교수매체와 교수설계**의 두 부류로 구분될 수 있는 것으로 보았다. 그리고 교육공학 영역에서 **개별화 교수에 대한 관심이 지속적으로 집중**되어 왔다는 점을 고려하여 다음과 같이 교육공학의 역사를 세 가지 관점에서 기술하였다.

1 교육에서의 공학

(1) 교육목적의 보다 효율적인 달성을 위해 공학을 수단으로 활용하는 **'교육에서의 공학(technology in education)'으로서 행동주의적 관점**이다.

(2) '교육에서의 공학'은 **협의의 공학**으로, 교육상황에서 정보나 지식을 전달하는 데 사용되는 **수단으로서의 공학, 즉 시청각매체를 교육목적의 효율적 달성을 위한 수단으로 활용하는 접근법**을 말한다.

(3) **하드웨어적인 교육공학**이라고도 한다.

2 교육의 공학

(1) 교육의 개선을 위해 공학을 과정으로 사용하는 **'교육의 공학(technology of education)'으로, 인지주의적 관점**이다.

(2) '교육의 공학'은 교육목표 달성을 위해 교육과 그와 관련된 과정 및 요소를 통합적인 체제로 이해하면서 여기서 발생할 수 있는 **문제의 해결이나 목표의 성취를 위해 체제적인 접근법을 사용하는 교수설계적 관점**이다.

3 인간의 공학

(1) '교육에서의 공학'과 '교육의 공학'의 의미를 포괄한다.

(2) 새로운 이론적 배경 및 학습자 중심에 근거해서 정의되는 대안적 교육공학이다.

(3) '인간의 공학(technology of human)'으로, 학습자 중심의 관점이다.

(4) 이는 개별화 수업으로서의 교육공학이다.

(5) 학습자 개개인의 특성과 요구를 고려하여 학습자에게 최적의 수업을 제공하는 것을 의미한다.

CHAPTER 02

교수매체

제1절 교수매체의 개념과 기능

1 교수매체의 개념

(1) 매체

① 매체는 영어 단어로 medium의 복수형태인 media이다. 이 단어의 어원은 라틴어의 medius에서 유래되었는데, 그 뜻은 영어의 between, 우리말로 '무엇과 무엇 사이에'라는 의미를 갖는다.

② 따라서 매체란 **무엇과 무엇 사이를 연결하는 매개체라는 의미**를 담고 있다.

③ 매체활용의 기본적인 목적은 **필요한 정보를 보다 효과적이고 효율적으로 전달할 수 있도록 의사소통을 촉진시키는 것**이다.

(2) 교수매체

① 일반적인 매체들이 **수업내용을 전달하는 데 사용될 때 수업매체**라고 말한다.

② 교수매체란 **교육목표가 효과적이고 효율적인 방법으로 달성**되도록 하기 위해 **교수자와 학습자, 학습자와 학습자 사이에 필요한 의사소통을 도와주는 다양한 형태**의 매개수단이다.

(3) 역할

① 교수매체는 교수활동에 필요한 다양한 요소를 학습자에게 조직적으로 제공하기 위해 사용된다.

② 교수매체는 교수학습과정에서 교사로부터 학습자에게 학습내용을 전달하는 수단, 즉 학습과정에 자극을 부여할 수 있는 사물이나 구성요소다.

(4) 필요성

① 매체는 구체적인 경험을 제공하는 데 중요한 역할을 한다. 호반(Hoban)에 따르면, 사실과 가까운 매체일수록 더 정확한 메시지를 전달하고, 추상성이 높아질수록 이해도가 낮아진다.

② 교수매체를 활용하면 학습자의 주의를 끌거나 동기유발이 용이하다.

③ 교수매체는 효율적인 교육적 의사소통을 위한 매개의 역할을 수행한다.

2 교수매체의 종류

(1) 호반의 분류

① 호반(Hoban)은 최초로 교수매체의 분류기준을 제시한 학자이다.

② 시청각자료는 추상적인 것을 얼마나 구체적으로 전달할 수 있는가에 따라 가치가 결정된다고 생각하고, 사실성의 정도에 따라 시청각자료를 구별했다.

③ 견학이나 실물, 모형은 구체적인 매체에 속하고 지도, 도표, 언어는 추상적인 매체에 속한다.

④ 호반은 **사실과 가까운 매체일수록 더 정확한 메시지를 전달**하며, **추상성이 높아질수록 이해도가 낮아진다**고 주장했다.

호반(1937)의 매체분류도

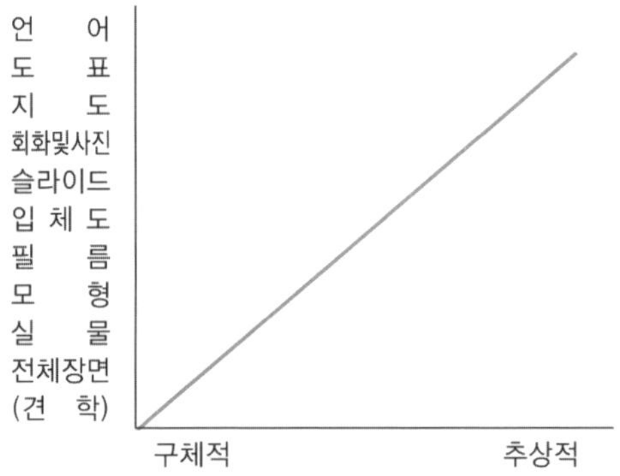

(2) 데일의 분류

① 데일(Dale)은 호반의 모형을 더욱 확장하여 '경험의 원추'라는 모형을 제시하였다.

② 경험의 원추는 학습자의 경험이 실제적인 행동에의 참여에서부터 시작해서 실제적인 사건이나 매체에 의해 매개된 사건의 관찰, 최종적으로 상징을 통한 학습의 순서로 이루어져 있다.

③ 학습의 유형을 행동적 경험에 의한 학습(행동적 경험), 관찰을 통한 학습(영상적 경험), 추상을 통한 학습(상징적 문제)의 세 가지로 구분한 브루너(Bruner)의 분류와도 일치한다.

◈ 데일(1969)의 '경험의 원추'와 학습의 세 가지 유형

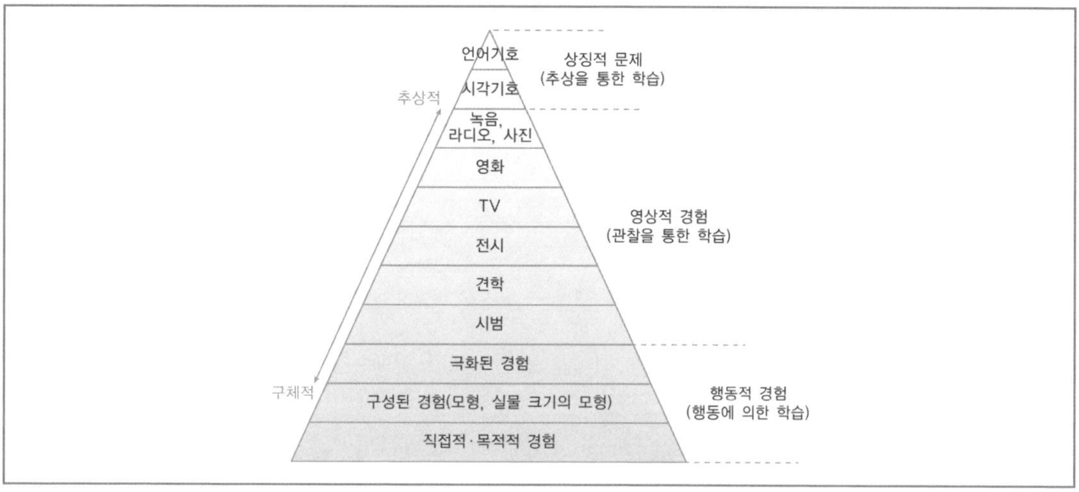

제2절 교수매체의 체계적 활용 - ASSURE 모형

1 ASSURE 모형

(1) 개념

① ASSURE 모형은 **교수매체를 체계적으로 활용하는 모형**으로 널리 알려져 있다.

② ASSURE 모형은 하이니히 등(Heinich et al,, 1996)이 교수-학습과정에서 **교수매체와 자료를 효과적이고 체계적으로 활용하기 위해 제안한 모형**이다.

(2) 특징

① 각 단계를 나타내는 용어의 첫글자를 결합하여 ASSURE 모형이라고 명명했다.

② ASSURE 모형은 **실제 교실에서의 수업을 위해 매체와 자료의 활용을 위한 계획의 수립에 초점을 맞추고 있기 때문에 일반적인 수업설계모형과는 그 성격이 다르다.**

③ **일반적인 교수설계모형이 각종 분석에서부터 평가에 이르는 교수의 전 과정**을 다룬다면, **ASSURE 모형은 일상적인 수업에서 매체와 관련된 교사의 교수활동**을 자세히 기술하고 있다.

ASSURE 모형

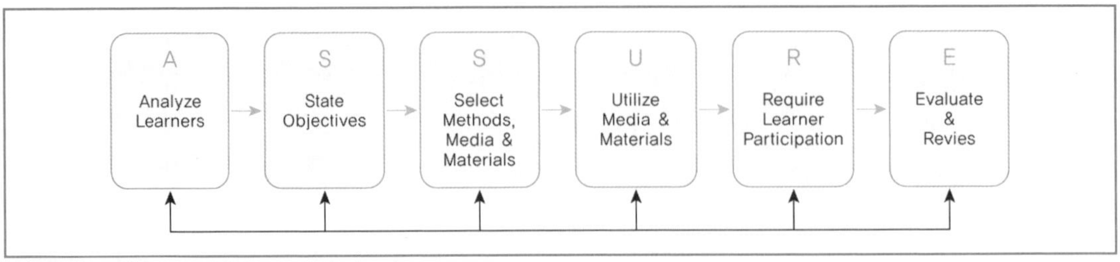

일반적인 수업설계모형	분석에서부터 평가에 이르는 교수의 전 과정을 다룸
ASSURE 모형	일상적인 수업에서 매체와 관련된 교사의 교수활동을 자세히 기술

2 ASSURE 모형의 단계별 활동

(1) 학습자 분석(Analyze Learners)

교수-학습과정에서 **매체를 효과적으로 활용하기 위해**서는 우선 학습자 특성을 확인하고 분석하는 일부터 시작해야 한다. 학습자 특성에는 다음과 같은 요소들이 포함된다.

① 일반적 특성

㉠ 성, 인종, 연령, 학년, 태도, 흥미, 사회경제적 요인 등을 확인한다.

㉡ 학습활동 중에 집중하는 능력이나 행동패턴을 이해하기 위해 생활기록부를 검토한다.

㉢ 혼성집단은 초등학교 저학년의 학습에서는 좋으나 중학생의 학습에는 피하는 것이 좋다.

㉣ 교사가 학생의 배경을 이해하면 각 학생의 요구를 반영하는 수업을 설계할 수 있다.

② 구체적 출발점 능력

㉠ 학습자가 이미 지니고 있는 선수지식 및 기능, 출발점 행동을 확인한다.

㉡ 출발점 검사(entry tests)는 학생들의 선행필수능력(prerequisites)을 측정하기 위한 평가이다.

㉢ 가르치려고 계획한 것을 학생들이 이미 숙달했는지 확인하기 위하여 사전검사(pretest)를 실시한다.

③ 학습양식(learning style)

㉠ 학습양식이란 한 개인이 학습환경을 지각하고 상호작용하며 정서적으로 반응하는 방식을 결정하는 심리적 특성이다.

㉡ 다중지능, 지각적 선호와 강점, 정보처리습관, 심리사회적 요인 등이 여기에 포함된다.

(2) 목표진술(State Objectives)

① 두 번째 단계는 명세적 수준의 목표를 진술하는 것이다.

② 목표는 **인지적, 정의적, 운동기능적 영역**으로 나누어 진술할 수 있다.

③ 학습목표는 교사가 수업에서 행할 계획에 대한 진술이 아니라, **학습자가 수업에서 성취해야 할 것**에 대한 진술이다.

④ 목표는 **전략·공학·매체의 선정과 성취평가의 기초**가 되고, 학생들의 **학습에 대한 기대를 파악**하는 기초가 되기 때문에 중요하다.

⑤ 잘 진술된 목표는 **ABCD 규칙에 근거하여 학습자를 대상(Audience)으로 하고, 측정 가능하고 관찰 가능한 행동동사(Behavior)를 사용하며, 행동이 관찰되어야 할 조건(Condition)이 명시되어야 하고, 수행수준을 판단할 기준(Degree)을 명세화**할 것을 요구한다.

예 "3학년 학생들에게(A) 세 자리 수 더하기 세 자리 수 10문제가 주어졌을 때 계산기를 사용하지 않고(C) 적어도 8문제 이상을 정확히(D) 계산할 수 있다(B)"라고 진술한다.

PART 08

(3) 전략·공학·매체·자료의 선정(Select Strategies, Technology, Media and Materials)

① 학습자를 분석하고 목표를 진술하고 나면, 수업의 **시작점(학생의 현재 지식, 기능, 태도)과 종결점(학습목표)을 확립**한 셈이다.

② 이제 남은 과제는 **목표성취를 위해 적절한 수업전략, 공학, 매체와 자료를 선택함으로써 이 두 지점 사이의 다리를 연결**하는 것이다.

㉠ 수업전략 선정
- 수업전략을 선정할 때 교사주도전략인지 학생주도전략인지 우선 고려해야 한다.
- 그 전략이 목표에 따른 학생성취를 가져올 것인지 고려하고, 학습자의 학습양식, 동기 등을 고려해야 한다.

㉡ 공학과 매체 선정
- 적절한 공학과 매체를 선정하기 위해서는 다음과 같은 선정평가표의 선택준거를 고려하는 것이 좋다.
- 학습목표와의 연계, 정보의 정확성과 최신성, 연령에 적합한 언어사용, 흥미수준과 참여도, 기술수준, 사용의 용이성, 객관성, 사용설명과 안내 등

㉢ 자료의 선정·수정·설계
- 수업에 필요한 전략과 공학, 매체유형을 선정했다면, 교사는 수업실행을 지원하기 위한 자료를 선정할 준비가 된 것이다.
- 이 단계는 세 가지 선정방법을 포함한다. 즉, 이용 가능한 자료를 선정하거나 기존의 자료를 수정하여 사용할 수 있다. 그러나 이러한 수업자료가 없을 때에는 교사가 수업자료를 직접 설계할 필요가 있다.

(4) 공학·매체·자료의 활용(Utilize Technology, Media and Materials)

앞 단계에서 선정된 공학, 매체와 자료를 어떻게 활용할 것인지를 계획하고 실행하는 단계이다. 이 단계는 크게 5개의 하위단계로 구성되는데, 영문 첫 글자를 따서 SP라고 한다.

① **공학·매체·자료에 대한 사전검토**(Preview the Materials): 사용하기에 앞서 기술적 문제와 내용상의 부적절성을 사전에 점검하는 단계이다.

② **공학·매체·자료 준비**(Prepare the Materials)

㉠ 수업에 활용할 공학, 매체와 자료를 준비한다.

㉡ 필요한 기재와 자료를 수집하고, 그 자료를 사용할 순서와 교사가 그것을 가지고 무엇을 할 것인지 결정한다.

㉢ 각 수업에 필요한 자료와 기재목록을 만들고, 그 활동의 제시순서의 개요를 만들고 나서 수업실행 전에 자원의 사용을 연습해 본다.

③ **환경준비**(Prepare the Environment)

㉠ 계획한 매체와 자료를 활용하기에 적합한 환경인지 점검한다.

㉡ 전원공급과 적절한 조명 및 암막시설, 안락한 의자, 적절한 환기, 온도 및 밝기 등을 확인하고, 모든 학생이 잘 듣고 볼 수 있도록 시설과 좌석을 배치한다.

④ **학습자 사전준비**(Prepare the Learners)

㉠ 수업 전에 학생들에게 매체와 자료활용에 대한 기대와 동기를 유발한다.

㉡ 수업내용에 대한 전반적인 개요를 제시하고, 수업에 특별한 측면에 주의를 기울이도록 지시하는 단서를 제공한다.

㉢ 수업목표를 공지시키고, 사용할 매체와 자료의 특수한 사항을 미리 설명해 준다.

⑤ **학습경험 제공하기**(Provide the Learning Experience)

㉠ 교수자료를 제시하는 단계로서 자료의 성격에 따라 교사 주도형일 경우와 학습자 주도형일 경우를 구분하여 그에 적합한 방식으로 매체와 자료를 활용한다.

㉡ 교사 주도형일 경우, 학습경험 제공은 프레젠테이션, 시연, 반복연습 혹은 개인교수 등을 포함한다.

㉢ 프레젠테이션 하는 교수기법을 충분히 연습하여 활용할 필요가 있다.

(5) 학습자의 참여유도(Require Learner Participation)

① **효과적인 수업이 되기 위해서는 학습자들의 능동적인 사고활동을 요구**해야 한다.

② 공식적인 평가가 이루어지기 전에 학습자들에게 그들이 배운 지식이나 기능을 연습해 보고, 그 노력의 적절성에 대한 피드백을 받아 보는 활동을 제공한다.

③ 연습에는 학습자 자기검증, 컴퓨터 보조수업, 인터넷 활동, 집단연습이 포함될 것이다.

④ 피드백은 교사, 컴퓨터, 동료학생 혹은 자기평가를 통해 받을 수 있다.

(6) 평가와 수정(Evaluation and Revise)

① 수업실행 후에 **학습자의 학습목표 성취도를 평가할 뿐만 아니라 전체 수업전략과 공학과 매체사용의 효과성을 평가**한다.

② 학습자 성취평가는 **수행평가(authentic assessment), 포트폴리오(portfolio) 평가** 등을 활용할 필요가 있다.

③ 수행평가는 **최선의 수행 혹은 산출물에 적용**될 수 있다.

④ 수행평가에서 가장 많이 사용되는 평정척도는 수행점검표, 태도척도, 산출물 평정점검표, 평가표(rubric) 등을 포함한다.

⑤ 포트폴리오는 시간경과에 따른 수행의 대표적인 본보기를 학생들이 선정하고, 그것이 왜 그들의 최선의 노력의 결과인지 성찰한 것이 포함된다.

⑥ 포트폴리오를 사용하기 위해 전통적 포트폴리오와 전자 포트폴리오를 선택할 수 있다. 전자 포트폴리오는 디지털 파일로 모든 학생들의 작품을 저장할 수 있다.

⑦ 평가는 전략과 공학, 매체의 평가를 포함한다. 이것은 "수업전략이 효과적인가? 공학과 매체가 학생이 학습목표를 달성하는 데 도움이 되었는가? 그것이 학생의 흥미를 유발하는 데 효과적이었는가? 그것이 학생들의 의미 있는 참여를 지원했는가?" 등을 평가한다.

⑧ 수업평가와 수정을 위한 **핵심요소는 학생반응**이다. 수업을 녹화한 비디오나 학생들의 토의나 면담, 설문지 등을 통하여 다른 학생반응을 피드백 받을 수 있다. 혹은 수업에 대하여 동료교사, 행정가의 평가나 자기평가도 필요하다.

⑨ 수업순환과정의 마지막 단계는 평가결과를 살펴보고, **학습목표와 학생성취 간에 불일치가 발견되면 관련 영역에 대한 수업계획을 수정**한다. 이 과정의 결과는 순환반복적인 교육의 성격에 비추어 보면, 다음 교수-학습과정을 개선시키는 데 중요한 정보를 제공한다.

PART 08

제3절 수업자료 설계원리

1 시각자료 설계원리

(1) 내용

① 교육적 용도를 위한 시각자료는 반드시 전달하고자 하는 정보와 관련성이 있어야 한다.

② 전달하고자 하는 내용과 관련이 없는 그림이나 사진은 오히려 학습자의 주의를 분산시킴으로써 학습효과를 감소시킬 수 있다.

(2) 사실성

① 모든 시각자료는 어느 정도의 사실성을 지니고 있지만 그 정도는 다르다. 만화와 그림, 사진은 사실성의 연속선을 보여 준다.

② 사실성이 더 높을수록 더욱 실제와 가까워진다. 그러나 사실성의 정도가 너무 낮거나 너무 높은 시각자료는 학습과정과 의사소통을 방해할 수 있다.

③ 사실성의 정도가 과하면 학습자들이 본질적인 학습의 단서를 구별하는 데 어려움을 겪게 된다. 따라서 사진보다는 사실성이 낮은 단순한 그림이나 삽화가 의사소통에 더욱 유용할 수 있다.

사실성의 정도

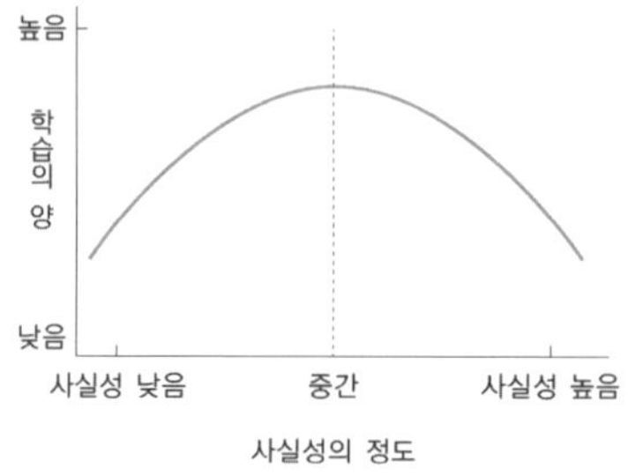

(3) 복잡성

① 하나의 시각자료는 전달하고자 하는 메시지를 의사소통하는 데 적절한 수준의 복잡성을 포함해야 한다.

② 너무 자세하거나 너무 복잡한 자료는 혼란을 주거나 내용에 대한 흥미를 떨어뜨릴 수 있다.

③ 그림을 제시할 때 필수적인 요소만 남겨 놓고 불필요한 요소는 제거해야 한다.

④ 적절한 복잡성의 수준은 학습내용과 대상 학습자, 목표, 시각자료의 형태에 따라 달라진다.

⑤ 상세한 정보가 필요하다면 너무 많은 정보를 담은 하나의 시각자료를 사용하기보다는 여러 장의 그림을 사용하는 것이 좋다. 예를 들면, 슬라이드를 사용하는 경우, 한 장에 모든 상세정보를 담기보다는 한 장의 슬라이드에는 하나의 메시지만 담고 여러 장의 슬라이드로 나누어 제시하는 것이 바람직하다.

(4) 색상

① 색상은 학습효과에는 큰 영향을 주지 않지만 학습자들은 흑백보다는 **색상이 있는 자료를 선호**한다. 따라서 적절한 색상의 선택은 학습자의 흥미를 유발하고 주의를 집중시킬 수 있다.

② 일반적으로 색상은 **중요한 요소나 정보를 강조할 때 사용**하는 것이 좋다. 강조하고자 하는 사물이나 정보는 배경색상과 대비가 잘 되는 색상을 사용하는 것이 좋다.

③ **너무 많은 색상의 사용은 오히려 주의를 분산**시키고 혼란을 줄 수 있으므로 피해야 한다.

④ 색상의 선택은 **학습자의 특성에 맞게** 사용해야 한다. 어린아이들은 차분하고 어두운 색상보다 밝고 선명한 색상을 선호하는 경향이 있다.

⑤ 사용된 색상은 **일관성**이 있는 것이 좋다. 색상이 연속적으로 사용되었을 때는 같은 주제나 사물에 대해 일관성 있는 색상을 사용하는 것이 좋다. 일관성이 없는 색상은 오히려 혼란을 줄 수 있다.

2 멀티미디어 자료 설계원리

(1) 개념

① 멀티미디어 자료는 학습을 위해 **언어와 그림이 동시에 제공**되는 자료를 말한다(Mayer & Moreno).

② 멀티미디어 자료에서 언어는 화면 위의 텍스트로 제공될 수도 있고 내레이션과 같은 음성으로 제공될 수도 있다. 그림은 그래픽이나 사진과 같이 정적인 것일 수도 있고 애니메이션, 비디오와 같이 동적인 것일 수도 있다.

③ 대표적인 멀티미디어 자료는 사물의 작동원리를 보여주기 위해 설명과 함께 제공되는 컴퓨터 애니메이션이다. 최근 이러닝에서 널리 사용되고 있는 교수자의 음성과 함께 프레젠테이션 자료가 제공되는 동영상도 멀티미디어 자료의 사례가 될 수 있다.

(2) 인지부하이론

① 멀티미디어 자료는 정보를 다양한 형태로 제공한다는 측면에서 효과적이지만, 한편으로는 학습자가 동시에 여러 가지 정보를 처리해야 한다는 점에서 **인지적 부담(인지과부하)**이 될 수 있다.

② 효과적인 멀티미디어 자료는 학습자의 인지적 부담을 줄이도록 설계되어야 하는데, 그 원리를 제시하는 것이 인지부하이론이다(Mayer and Moreno).

③ 인지부하(Cognitive Load)란 **작업기억에서 정보를 저장하거나 처리할 때 요구되는 정신적 노력의 총량**을 말한다. 인지부하이론은 인지부하를 내재적·외재적·본유적 인지부하의 3가지 유형으로 분류한다(Sweller, 1988; 1994).

내재적 인지부하 (intrinsic cognitive load)	학습자료나 과제 자체가 가지고 있는 난이도와 복잡성
외재적 인지부하 (extraneous cognitive load)	학습과제 자체의 난이도가 아닌 잘못된 설계나 수업방법 등에서 발생하는 인지부하
본유적 인지부하 (germane cognitive load)	지식구성에 필요한 인지적 노력으로, 학습과 직접 관련이 있는 정신적인 노력

④ 인지부하이론의 기본 아이디어는 우리의 작업기억(working memory)은 용량이 제한되어 있으므로 너무 많은 용량을 요구하는 학습과제는 학습을 방해한다는 것이다.

⑤ 작업기억을 최적화된 상태에서 사용하고 인지적 과부하를 피하도록 과제나 자료를 설계해야 한다. 이를 위해서는 과제 자체가 가지고 있는 **내재적 인지부하와 본유의 인지부하를 최적화**하고, **학습 이외의 요소로 인한 외재적 인지부하를 최소화**해야 한다.

멀티미디어 자료 설계원리(Mayer)

구분	원리	실천전략
외재적 인지부하를 감소시키기 위한 원리	일관성의 원리 (coherence principle)	불필요한 단어나 그림, 소리를 제거하고 학습내용과 관련된 내용으로만 구성하라.
	신호주기 원리 (signaling principle)	중요한 정보를 강조하기 위해 신호를 주어라.
	중복회피 원리 (redundancy principle)	동일한 내용을 다른 형태(그림, 내레이션, 텍스트)로 중복해서 제시하지 말라.
	근접성의 원리 (contiguity principle)	그림과 관련된 설명을 가깝게 제시하라.
내재적 인지부하를 감소시키기 위한 원리	분절의 원리 (segmenting principle)	정보를 연속적으로 제시하기보다 작은 단위로 나누어 제시하라.
	사전훈련의 원리 (pre-training principle)	주요 개념의 명칭과 특징을 미리 학습하게 하라.
	다중양식의 원리 (modality principle)	시각과 청각채널을 같이 사용함으로써 인지부담을 줄여주라.
본유의 인지부하를 감소시키기 위한 원리	멀티미디어 원리 (multimedia principle)	텍스트만 사용하기보다 소리나 그림을 함께 제시하라.
	개인화의 원리 (personalization principle)	설명을 제공할 때 공식적인 어투보다 대화체를 사용하라.
	목소리 원리 (voice principle)	기계음보다는 사람의 목소리로 내레이션을 제공하라.

3 동영상자료 설계원리

(1) 주제선정

① 동영상자료를 제작·선정할 때는 동영상에 가장 적절한 주제를 선정하는 것이 바람직하다.

② 동영상자료는 직접적인 관찰이 필요하거나, 움직임이 중요한 주제, 감동을 주는 윤리적 주제 등을 보여 주기에 적절하다. 그러나 정적인 정보나 텍스트가 많은 정보 등은 동영상 자료로 적절하지 않다.

(2) 촬영 및 편집 기법

① 동영상을 제작하다 보면 화려한 촬영 및 편집 기법에 현혹되기 쉽다. 이러한 기법들은 동영상에 세련미를 더해 줄 수는 있지만 지나치게 다양한 기법은 오히려 내용에 대한 주의집중을 방해하여 산만해지는 결과를 가져올 수 있다.

② 기법보다는 내용을 어떻게 조직적으로 설계하는지가 중요하다. 이를 위해서는 충분한 기획이 우선되어야 하고, 실제 촬영 전에 체계적인 스토리보딩을 제작해야 한다.

(3) 화질

① 동영상의 화질은 정확한 정보전달과 몰입에 중요한 요소이다. 따라서 선명한 화질의 동영상을 사용하는 것이 바람직하다.

② 고화질일수록 파일용량이 커지므로 적절한 화질과 용량의 균형(balance)을 맞출 필요가 있다. 특히 인터넷상에서 활용할 경우, 지나친 고화질의 동영상은 파일 전송속도를 느리게 하므로 적절한 수준의 화질을 선택할 필요가 있다.

(4) 소리

① 동영상의 중요한 특징 중 하나는 시각정보와 청각정보를 같이 전달할 수 있다는 것이다. 따라서 비디오의 화면만이 아니라 소리의 크기와 질을 확인하는 것도 중요하다.

② 일부 학습동영상의 경우, 교수자의 목소리가 너무 작거나 잡음이 섞여 학습에 어려움을 겪는 사례가 있으므로 소리를 점검하는 것은 중요하다.

③ 영상의 종류에 따라 배경음악을 적절히 사용하면 효과적인 정보전달뿐만 아니라 화면의 분위기를 살릴 수 있고, 감정적인 요소도 적절히 전달할 수 있다.

④ 배경음악을 선택할 때에는 내용에 비해 배경음악이 너무 두드러지거나 강조되지 않도록 설계해야 한다.

(5) 길이

① 동영상은 학습자의 수동적인 관찰을 요구하므로 너무 긴 동영상은 쉽게 지루해질 수 있다. 따라서 교수·학습에 사용되는 동영상자료는 너무 길지 않게 제작해야 한다.

② 브레임(Brame)에 의하면, 학습자의 참여도를 높이기 위해서는 동영상의 길이는 6분 이하로 제작되는 것이 바람직하다.

③ 긴 내용을 다뤄야 하는 경우는 10분 이상의 동영상을 제작하기보다는 동영상을 여러 개로 나누어 제작하는 것을 권한다.

CHAPTER 03

수업과 테크놀로지

제1절 테크놀로지 활용 수업

1 수업을 위한 테크놀로지

(1) 역할

① 전통적으로 테크놀로지는 지식을 전달하는 매체(media)로서의 역할을 담당하였다.

② 매체의 관점에서 볼 때 교수자는 테크놀로지를 통해 학습자에게 지식을 전달하고 학습자와 의사소통을 한다.

(2) 수업매체의 기능

① 수업매체는 **학습자의 주의를 집중시키고 흥미를 유발**하는 보조적 기능을 가진다.

② 시간과 장소의 제한 없이 **대량의 학습내용을 정확하고 신속하게 전달**한다.

③ 학습자는 수업매체를 통해 **자신의 생각을 표현하고 지식을 구성**할 수 있다.

④ 수업매체는 교수자를 대신해서 정보를 전달해 줌으로써 **학습자의 지각, 인지, 표현을 돕는다.**

(3) 학습자 중심의 테크놀로지

① 학습자 중심 교육에서 테크놀로지는 **인지도구(cognitive tool)로서 학습을 지원**하는 역할을 한다(Jonassen & Reeves).

② 수업매체의 관점에서 테크놀로지는 트럭이 식료품을 배달하는 것처럼 학습자에게 **정보와 지식을 전달하고, 학습자는 테크놀로지로부터 배운다(learning from technology)**고 가정한다.

③ 인지도구의 관점에서 테크놀로지는 학습자가 스스로 생각하고 다른 사람과 상호작용하는 것을 지원하기 때문에 **테크놀로지와 함께 배운다(learning with technology)**고 가정한다.

개념 +

인지도구로서의 테크놀로지

분산인지이론에 따르면, 인간의 지적인 활동은 한 개인의 머릿속에서만 일어나는 것이 아니라 **활동에 참여하는 여러 사람과 도구의 협업**으로 이루어진다(Salomon). 갈릴레오 갈릴레이가 지구의 자전을 검증하는 데 있어서 천체의 움직임을 관찰하는 망원경이 중요한 역할을 했던 것처럼 복잡한 수학 문제를 해결할 때 종이, 연필, 계산기 등이 없으면 문제해결과정을 기억하고 고차적인 사고를 하는 것이 어렵다. 이처럼 **테크놀로지는 학습자의 생각을 돕는 인지도구로서 중요한 역할**을 한다.

학습자들은 **테크놀로지를 인지도구로 활용하여 탐구, 디자인, 협력, 성찰 등의 학습활동에 능동적으로 참여**할 수 있다(Howland, Jonassen, & Marra). 컴퓨터 시뮬레이션을 이용하여 과학현상의 원인과 결과를 탐구할 수 있고, 스크래치와 같은 코딩 프로그램을 이용해서 창의적으로 애니메이션, 게임, 동영상 등을 디자인할 수 있다. 그리고 클라우드 컴퓨팅 기술을 이용하여 그룹 프로젝트를 효과적으로 수행하고, SNS를 통해 학교 밖의 전문가나 다른 지역의 학습자와 광범위하게 지식을 공유할 수 있다. 가상현실을 이용하여 현실에서 경험하기 어려운 실제적인 체험을 할 수 있으며, 블로그를 이용하여 학교 안팎의 경험을 성찰하고 그 내용을 포트폴리오로 간직할 수 있다. 이러한 예들은 학습자중심교육에서 학습자들이 테크놀로지로부터 배우는 것이 아니라 **테크놀로지와 함께 배운다**는 것을 잘 보여준다. 전통적인 수업에서 테크놀로지는 지식전달을 위해 매체로 활용되었지만, 학습자중심수업에서는 **테크놀로지를 인지도구로 활용**하는 것이 필요하다.

PART 08

2 테크놀로지 활용 수업이 어려운 이유

(1) 새로운 테크놀로지를 도입하려고 할 때 관련 ICT 인프라가 학교 안에 잘 갖추어져 있지 않을 수 있다. 예컨대, 스마트 기기를 수업에 활용하려고 하는데 스마트 기기가 부족하거나 무선 인터넷이 불안정할 수 있다.

(2) 테크놀로지가 기존의 수업방식과 상충할 수 있다.

① 학습자들이 각자 스마트 기기를 이용해서 학습을 할 때 교수자는 모든 학습자의 활동을 관찰하거나 통제할 수 없다.

② 새로운 테크놀로지로 인해서 학습자의 자율성이 높아지는 것은 전통적인 수업방식에서 볼 때 딴 짓을 하는 학습자가 증가할 수 있다는 우려를 낳는다.

(3) 학습자의 디지털 리터러시나 교수자의 테크놀로지 활용 수업역량이 부족한 경우, 테크놀로지의 활용빈도가 감소하고 오작동에 대한 불안이 커질 수 있다.

(4) 새로운 테크놀로지가 기존의 학교문화와 서로 상충할 수 있다.

① 전통적으로 교육은 학교라는 물리적 공간 안에서 이루어졌기 때문에 컴퓨터, 인터넷, 스마트 기기 등을 이용해서 온라인 학습을 실시하는 것에 대해 부정적으로 인식할 수 있다.

② 입시 위주의 교육문화 속에서 교수자나 학습자는 테크놀로지가 성적 향상에 도움이 되지 않고 방해가 된다고 인식할 수도 있다.

(5) 테크놀로지 활용 수업은 기존의 학교규칙과 서로 상충할 수 있다.

① 많은 학교에서 일과시간 중에 스마트폰 사용을 금지하고 있기 때문에 BYOD(bring your own device)를 통한 테크놀로지 활용 수업을 실행하기 어렵다.

② 새로운 테크놀로지를 학교예산으로 구매하려고 할 때 복잡한 행정절차와 법규를 지켜야 하기 때문에 테크놀로지 활용 수업이 제한될 수 있다.

(6) 테크놀로지 활용 수업과 전통적 수업에서 교수자와 학습자의 역할이 서로 다를 수 있다.

① 온라인 학습을 위해서 교수자는 동영상 콘텐츠를 개발하고 온라인에서 학습자와 소통하는 법을 새로 배워야 한다.

② 기존의 학교 수업과 비교해서 온라인 학습은 학습자에게 더 많은 자율성을 부여하기 때문에 학습자의 자기주도학습 역량이 더 많이 요구된다.

제2절 학습자의 디지털 리터러시

1 디지털 리터러시

(1) 의미

① 디지털 리터러시는 학습자들이 디지털 사회에서 자기주도적으로 살아가기 위해서 필요한 핵심 역량이다.

② 전통적으로 리터러시는 읽고 쓰고 말하고 듣고 비판적으로 생각하는 능력을 의미하였으며, 잘 교육받은 사람의 특성으로 여겨졌다.

③ 길스터(Gilster): 컴퓨터를 이용해서 다양한 자원으로부터 찾은 여러 형태의 **정보를 이해하고 사용할 수 있는 능력**을 의미한다.

④ 김수환 외(2017): 디지털사회 구성원으로서의 자주적인 삶을 살아가기 위해 필요한 기본소양으로, **윤리적 태도를 가지고 디지털 기술을 이해·활용**하여 **정보의 탐색 및 관리, 창작을 통해 문제를 해결**하는 실천적 역량을 의미한다.

(2) 디지털 리터러시와 유사한 개념

ICT 리터러시	정보통신기술의 장점과 제한점을 이해하고 컴퓨터와 소프트웨어를 사용할 수 있는 지식과 기술
인터넷 리터러시	인터넷과 같은 네트워크 환경에서 필요한 정보와 자료를 효과적으로 찾고 안전하게 활용하기 위해 필요한 능력
정보 리터러시	• 언제 정보가 필요한지를 알고 자신의 목적에 맞게 정보를 확인, 검색, 평가, 관리, 활용하는 능력 • ICT 및 인터넷 리터러시와 달리 정보 리터러시는 디지털 환경 밖에서도 필요한 일반적인 능력
미디어 리터러시	• 문자, 음성, 이미지, 동영상 등 다양한 형태의 미디어를 이해하며 비판적으로 평가하고 창작하는 능력 • 정보 리터러시와 많은 유사점을 가지고 있지만, 정보 리터러시에 비해 미디어를 해석하고 사용하며 창작하는 것에 더 초점

2 디지털 리터러시 향상을 위한 수업방법

(1) 수업목표와 학습자의 특성을 고려해서 과제나 문제를 정의해야 한다.

① 학습흥미를 높이기 위해서 실제적인 과제를 제공하고 학습자들이 스스로 주제를 정할 수 있도록 자율성을 지원할 필요가 있다.

② 학습자들이 관심을 가지고 있는 주제로 프로젝트 기반 학습을 한다면 많은 학습자의 적극적인 참여를 기대할 수 있다.

③ 만약 교수자가 과제를 선정하여 제공한다면 학습자들이 해당 과제를 사전지식과 경험에 기반하여 해석하고 정의할 수 있는 기회를 주어야 한다. 그리고 학습자들이 자기주도적으로 과제를 분석하고 디지털 환경에서 어떤 정보와 자료를 찾을 것인지 계획을 세우도록 할 필요가 있다.

(2) 학습자들이 과제를 효과적으로 수행하기 위해 인터넷 검색을 활용하여 필요한 정보와 자료를 발견할 수 있도록 도와야 한다.

① 학습자들이 필요로 하는 디지털 정보와 자료를 효과적으로 검색할 수 있도록 지원할 필요가 있다.

② 인터넷에는 매우 많은 정보가 있기 때문에 학습자들이 사전에 어떤 정보를 검색하려고 하는지 목적을 분명하게 하는 것이 필요하고, 관련 정보를 찾으면 해당 정보가 타당하고 신뢰할 수 있는지 확인해야 한다.

③ 정보의 출처와 저자가 누구인지, 언제 작성된 내용인지를 확인하고 다수의 웹사이트에서 동일한 정보를 제공하고 있는지 점검할 필요가 있다.

(3) 다른 사람의 주장이나 자신의 주장이 타당한 근거를 가지고 있는지와 사회적·문화적 편견을 가지고 있는 것은 아닌지 비판적으로 분석하고 평가하도록 안내해야 한다.

① 처음에 볼 때는 객관적이고 중립적이라고 여겨지는 정보라고 하더라도, 다양한 정보와 비교를 하고 비판적으로 분석을 하면 특정 집단의 문화나 정치적 입장을 대변하는 경우가 있다.

② 최근에 유튜브, 페이스북, 틱톡과 같은 SNS는 사용자 정보와 인터넷 활동에 대한 빅데이터(big data)를 저장, 수집, 분석하여 사용자가 선호하는 디지털 콘텐츠를 추천해 준다.

③ 사용자에게 최적화된 정보를 맞춤형으로 제공한다는 점에서는 긍정적이나, 편향된 정보를 지속적으로 제공함으로써 다양한 관점을 서로 비교하고 주체적으로 판단할 수 있는 기회를 제한한다.

④ 디지털 정보와 자료에 대해서 비판적으로 사고할 수 있도록 학습자들을 지원할 필요가 있다.

⑤ 많은 학습자가 논변을 할 때 자신의 주장을 뒷받침하는 근거만 제시하고 상반되는 견해나 근거를 고려하지 않는데, 이 점에 대한 성찰을 통해 비판적 사고를 촉진하고 다양한 의견을 존중하는 태도를 가지도록 도울 수 있다.

(4) 테크놀로지를 활용하여 창작물을 만들도록 함으로써 창의적 사고와 컴퓨팅 사고를 촉진할 수 있다.

① 웹 2.0과 코딩 프로그램의 발달로 학습자들이 손쉽게 온라인 콘텐츠를 개발하고 서로 공유할 수 있게 되었다.

② 메이커 운동(maker movement)과 STEAM 교육의 영향으로 학교와 지역사회에 컴퓨터, 3D 프린터, 레이저커터 등과 함께 각종 공구를 갖춘 메이커 스페이스가 증가하고 있다.

③ 교수자는 학습자의 ICT 활용능력을 고려하여 도구를 선택하고 학습목표에 맞게 창작활동을 설계할 필요가 있다.

④ 창의적 사고를 촉진하기 위해 아이디어를 생성하고, 프로토타입을 만들고, 테스트를 통해 반복적으로 수정해 나가는 디자인 씽킹(design thinking) 과정을 안내하고 지원할 수 있다.

(5) 디지털 환경에서 다른 학습자와 아이디어나 창작물을 공유하고 서로 의견을 주고받을 수 있는 기회를 제공해야 한다.

① 그룹으로 문제를 해결하거나 과제를 수행할 때 컵(Quip), 구글 문서(Google Docs), 슬랙(Slack) 등의 도구를 유용하게 활용할 수 있다.

② 이러한 활동을 지원하기 위해 디지털 환경에서 협력 및 의사소통을 할 때 지켜야 하는 규칙을 학습자와 함께 정하고, 무임승차자를 방지하기 위해 균등하게 역할을 분담하며, 학습자들이 그룹활동을 공동으로 계획하고 점검하고 조절해 나갈 수 있도록 안내할 수 있다.

(6) 온라인에서 학습자들이 상호작용할 때 발생할 수 있는 문제상황을 사전에 예방하는 것이 필요하다.

① 온라인에서 상호작용할 기회가 증가하면 스스로를 방어하기 힘든 학습자를 반복적으로 괴롭히는 사이버 폭력이 발생할 수 있다.

② 교수자는 사이버 폭력을 예방하기 위해 학습자들이 온라인에서 서로 존중하고 책임감 있게 행동할 수 있도록 규칙을 만들고, 온라인 그룹활동을 주의 깊게 관찰할 필요가 있다.

③ 사이버 폭력사례에 대한 토론과 역할놀이를 통해 피해학습자의 입장에서 생각하고 상대방의 감정에 깊이 공감할 수 있는 역량을 길러 주어야 한다.

3 수업설계

영국의 Becta(British Educational Communications and Technology Agency)에서는 **정의하기, 발견하기, 평가하기, 창작하기, 의사소통하기** 활동을 중심으로 디지털 리터러시 수업을 설계하도록 권장하였다.

정의하기	학습자는 디지털 테크놀로지를 활용하여 과제나 문제를 정의함
발견하기	문제해결에 필요한 정보를 찾음
평가하기	발견한 정보를 서로 비교하고 평가함
창작하기	다양한 정보를 종합하여 새로운 해결안을 만듦
의사소통하기	다른 학습자와 결과를 공유하고 질문과 피드백을 서로 주고받음

(1) 이러한 활동은 다양한 학년과 교과에 유용하게 적용될 수 있으며, 교수자는 수업목표에 따라서 적절한 활동을 선택하고 순서를 변경하여 디지털 리터러시 수업을 설계할 수 있다.

(2) 각 교과의 특성에 따라서 활동의 내용과 형식은 달라질 수 있지만, 학습자가 테크놀로지 활용 수업에 능동적으로 참여함으로써 디지털 리터러시를 함양한다는 원리는 동일하다.

(3) 교수자의 설명을 수동적으로 듣거나 교수자가 제시하는 예제를 그대로 따라 하는 것만으로는 고차적 수준의 디지털 리터러시를 개발하기 어렵다.

개념 +

서로 다른 사회경제적 배경을 가지고 있는 학습자들을 위한 교육

- 학습자들의 디지털 리터러시 수준이 다양하기 때문에 학습자의 요구를 반영하여 **서로 다른 과제와 학습자료를 적응적으로 제공**하는 것이 필요하다. 예컨대, 컴퓨팅 사고력 수준이 낮은 학습자보다 높은 학습자에게 더 복잡한 과제를 제공하고 학습자의 자율성을 더 많이 지원할 수 있다.
- **체크리스트를 이용해서 자신의 디지털 리터러시를 점검**하고 어떤 영역에서 부족한지 성찰하도록 함으로써 각 학습자에게 필요한 학습지원을 **개별적으로 제공하고, 자기주도적**인 디지털 리터러시 학습을 촉진할 수 있다.

제3절 교수자의 테크놀로지 활용 수업역량

1 TPACK의 개념

(1) 슐먼(Shulman)은 교수자가 교과내용에 대한 지식을 많이 알고 있다고 해서 학습자를 잘 가르치는 것은 아니라는 점을 지적하면서 교수지식(pedagogical knowledge)과 내용지식(content knowledge)을 통합한 **교수내용지식(pedagogical content knowledge: PCK)**을 제안하였다.

(2) 미시라와 콜러(Mishra & Koehler)는 **PCK의 아이디어를 발전시켜서 테크놀로지 활용 수업**을 위해 TPACK 모형을 제안하였다.

(3) 이 모형은 교수자가 **내용 및 교수법에 대한 지식과 함께 테크놀로지에 대한 지식**을 통합적으로 가지고 있어야 한다는 것을 보여 준다.

④ TPACK은 **테크놀로지지식(technological knowledge; TK), 내용지식(content knowledge: CK), 교수지식(pedagogical knowledge; PK)**에 대한 통합적 지식을 의미하며, 구체적인 맥락과 관련성을 가진다.

예 줌(Zoom)이라는 화상강의 시스템을 이용해서 초등학생에게 과학 교과를 가르친다고 했을 때 교수자는 줌의 다양한 기능과 작동법을 알아야 하며, 동시에 과학 교과에서 가르치는 내용을 깊이 이해하고, 강의식 수업, 탐구학습, 토론학습 등의 교수법 중에서 어떤 방법이 학습목표를 성취하는 데 효과적인지 알아야 한다. 그리고 이러한 지식은 초등학생을 대상으로 하는 온라인 학습이라는 구체적 맥락을 반영하고 있어야 한다.

TPACK 모형

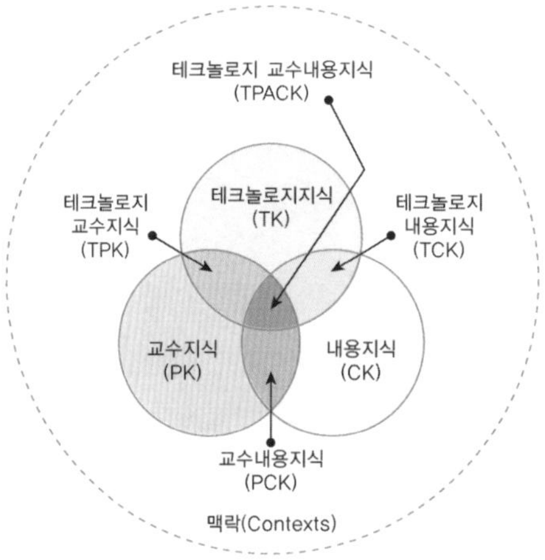

2 TPACK의 교육적 시사점

(1) TPACK 모형은 교수자가 테크놀로지에 대한 지식을 많이 가지고 있다고 테크놀로지 활용 수업을 잘 설계하고 실행하는 것은 아니라는 것을 보여 준다.

(2) 구체적인 수업맥락에서 테크놀로지에 대한 지식이 내용 및 교수법에 대한 지식과 잘 통합될 때 테크놀로지 활용 수업이 효과적으로 이루어질 수 있다.

(3) 테크놀로지에 대한 지식을 내용 및 교수법에 대한 지식과 분리하기보다는 세 가지 종류의 지식을 실제적인 맥락 안에서 통합해서 학습하는 것이 더 효과적이다.

CHAPTER 04

테크놀로지 활용 수업의 실재

PART 08

제1절 테크놀로지 활용 교실수업

1 모바일 러닝

(1) 정의

① m-러닝은 **모바일 러닝(mobile learning)**을 의미한다.

② **e-러닝에 포함되는 학습방법**으로, **'모바일 테크놀로지를 사용하여 학습자의 이동성을 원활하게 하거나 촉진하는 방식으로 이루어지는 학습'**을 말한다.

③ 모바일(mobile)은 **무선통신의 이동성을 의미**하는 것으로, **모바일 통신기기에는 노트북, 태블릿 PC, 스마트폰 등의 휴대용 장비 등**이 있으며, 이러한 장비를 이용하여 **언제 어디서나 쉽고 저렴하게 무선으로 인터넷에 접속하여 다양한 형태의 정보를 획득하고 활용하여 학습을 하는 것**을 모바일 러닝이라고 한다.

(2) 특징

① 이동성: 학습자가 언제 어디서나 휴대하고 있는 자신의 모바일 기기를 통해 각종 서비스를 받을 수 있다.

② 접근성: 언제 어디서나 인터넷 등의 네트워크에 연결이 가능한 것으로, 유선 네트워크보다 정보에 대한 접근영역을 좀 더 확장할 수 있는 특징이 있다.

③ 확장성: 모바일 기기가 다양한 기기와의 통신을 통해 보다 많은 기능이 확장될 수 있는 것을 말한다. 즉, 이동 가능한 네트워크 기능과 더불어 모바일 기기 간에 상호통신이 가능하므로 기기 간의 연결을 통한 확장된 교육서비스를 받을 수 있다.

④ 신속성: 모바일 기기를 사용하여 단시간에 원하는 정보를 획득할 수 있으므로 실시간에 가깝게 활용할 수 있다는 점이다.

⑤ 자기주도성: 학습자 주도 학습은 시간적·지리적 자유를 의미하는 것뿐만 아니라 자신의 학습능력에 따라 학습속도나 내용을 스스로 조절할 수 있다.

⑥ 공유성: 개별학습의 결과를 학습자 간의 사회적 상호작용을 통해 공유하도록 하는 고유성의 특징을 가진다. 페이스북, X(트위터), 네이버 밴드 등의 SNS를 이용하여 모바일 러닝 활동과 결과물을 교수자 및 다른 학습자와 쉽게 공유할 수 있다.

⑦ 개별화: 자신의 고유단말기를 통하여 이루어지는 학습이기 때문에 문자, 음성, 동영상 등 다양한 학습형태를 자신의 흥미에 따라 선택할 수 있고, 학습내용도 자신이 선택할 수 있다.

2 스마트 교육과 디지털 교과서

(1) 스마트 교육

모바일 러닝은 국내의 경우, **'스마트 교육' 혹은 '스마트 러닝'**이라는 용어로 대체되어 사용되고 있다(교육과학기술부, 2011). 태블릿 PC 혹은 스마트폰을 활용하는 교육상황을 고려하여 스마트 교육이라는 용어를 도출하였는데, 여기서 스마트 교육은 교육방법적으로 다음의 5가지 방향(SMART)을 지향한다.

① **자기주도(Self-directed) 학습**: 스마트 교육을 통하여 학습자는 지식수용자에서 지식생산자로 바뀌고, 교수자는 지식전달자가 아니라 학습의 조력자 역할을 한다. 교실 내에서도 학습을 주도적으로 한다.

② **동기화된(Motivated) 학습**: 스마트 교육에서 학습자는 학습의 동기와 흥미를 가지고 참여한다. 전통적인 강의식 수업의 수동성에서 벗어나 협력학습, 교실 밖 체험학습 등 동기유발을 하는 교육방법이 스마트 기기를 활용하여 이루어진다.

③ **적응적(Adaptive) 학습**: 학습자의 적성과 수준에 맞는 개별화 수업이 스마트 교육을 통하여 구현된다. 일반적인 학습자 선호도와 요구사항을 반영하는 맞춤형 학습과 함께 학습자의 학습 과정과 결과에 따라서 적응적으로 학습내용과 수준이 조정된다.

④ **풍부한 자료기반(Resource enriched) 학습**: 공공기관, 민간 및 개인이 개발한 풍부한 콘텐츠를 자유롭게 교육 방면에서 활용한다. 소셜네트워킹을 활용하여 학습자원의 공동활용과 협력학습을 확대한다.

⑤ **기술이 내재된(Technology embedded) 학습**: 클라우드 컴퓨팅(cloud computing) 기반의 학교 인프라와 함께 무선 인터넷 기술 등을 최적으로 설정하여 언제 어디서나 학습을 할 수 있는 환경이 구축된다.

(2) 디지털 교과서

① 스마트 교육에서 제안한 5가지 방향성은 모바일 러닝뿐만 아니라 다양한 테크놀로지 활용 교실수업에 적용될 수 있다.

② 우리나라에서는 스마트 교육을 지원하기 위해 사회, 과학, 영어 교과를 중심으로 디지털 교과서를 개발하여 초등학교와 중학교에 보급하였다.

③ 디지털 교과서는 교실수업에 필요한 동영상, 애니메이션, 가상현실 등의 디지털 자료를 제공한다. 그리고 능동적인 학습을 지원하기 위해 필기, 하이라이트, 메모, 북마크, 녹음, 노트 기능 등을 제공하고, 학습자가 궁금한 점이 있을 때 교과서, 에듀넷, 지식백과에 있는 내용을 검색할 수 있도록 지원한다.

④ 디지털 교과서는 위두랑이라는 온라인 학습 커뮤니티와 서로 연결되어 있기 때문에 디지털 교과서에서 작성한 노트와 메모를 교수자 및 다른 학습자와 쉽게 공유할 수 있다.

⑤ 학습자는 디지털 교과서를 자신의 태블릿 PC에 다운로드해서 수업활동에 활용할 수 있다.
⑥ 디지털 교과서는 급속히 변하는 사회 속에서 최신의 정보와 지식을 멀티미디어, 가상현실, 증강현실 등의 다양한 형태로 제공하고, 많은 양의 교과내용을 스마트 기기에 담아서 언제 어디서나 활용할 수 있다는 장점을 가지고 있다.

제2절 플립러닝

PART 08

1 플립러닝의 정의

(1) 플립러닝(flipped learning)은 **거꾸로 학습, 역전학습, 역진행학습, 반전학습**으로 불리기도 한다.

(2) 플립러닝은 직접 교수(direct instruction)를 집단 학습공간(교실)에서 개인 학습공간으로 이동시킴으로써 집단 학습공간을 역동적이고 상호작용적인 학습환경으로 전환시키는 교수적 접근을 의미한다.

(3) 플립러닝은 블렌디드 러닝의 한 유형이다.

2 플립러닝의 성격

(1) 전통적인 교실수업에서 학습자는 교실에서 교수자의 설명을 듣고 연습문제를 해결하는 데 많은 시간을 보낸다.

(2) 반면에 플립러닝에서는 교수자가 제공한 동영상강의와 학습자료를 자신의 속도에 맞게 개별적으로 학습하고, 교실에서는 탐구학습, 문제중심학습, 프로젝트 기반 학습 등의 다양한 학습자 중심 활동에 참여한다.

(3) 플립러닝은 개별화 학습을 강조하는 하나의 교수적 접근이기 때문에 특정한 절차가 정해져 있지 않고, 교육맥락에 따라 다양한 방식으로 운영될 수 있다.

(4) 플립러닝은 모든 학습자를 위한 **개별화 학습, 유의미 학습과 능동적인 참여를 촉진하는 학습자 중심 교육, 교수자와 학습자 간의 활발한 상호작용, 테크놀로지를 활용한 유연한 학습환경, 적응적인 안내자로서의 교수자의 역할**을 강조한다.

3 플립러닝의 특징

플립러닝의 주요한 특징에는 유연한 환경(flexible environment), 학습문화(learning culture), 의도된 내용(intentional content), 전문적 교육자(professional educator)가 있다.

(1) 유연한 환경을 조성하기 위해 학습자가 자신의 학습을 성찰할 수 있는 시간과 공간을 제공하고, 적응적 지원을 위해 학습자를 지속적으로 관찰하고 점검하며, 다양한 학습 및 평가방법을 제공한다.

(2) 학습문화 측면에서 교수자가 수업을 주도하지 않고 모든 학습자가 유의미한 활동에 참여할 수 있도록 맞춤형 지원과 피드백을 제공한다.

(3) 의도된 내용 측면에서 학습자가 개별적으로 학습할 수 있도록 강의에 사용되는 개념의 우선순위를 정하고, 동영상과 같은 학습 콘텐츠를 개발하며, 모든 학습자에게 적합하도록 차별화된 내용을 제공한다.

(4) 교수자는 전문적인 교육자로서 모든 학습자에게 적시에 필요한 피드백을 제공하고, 관찰과 데이터 수집을 통해 수업개선을 위한 형성평가를 지속적으로 실시하며, 수업에 대한 책임감을 가지고 다른 교수자와 협력하고 성찰한다.

4 플립 클래스룸

플립러닝과 유사한 개념에는 플립 클래스룸(flipped classroom)이 있다.

(1) 플립 클래스룸은 거꾸로 교실로 불리기도 하는데, 동영상강의를 가정에서 학습하고 활동지를 작성하거나 연습문제를 해결하는 것과 같은 숙제를 교실에서 한다는 특징을 가진다.

(2) 플립 클래스룸은 학습자의 사정에 의하여 교실수업을 제대로 따라오지 못하거나, 설령 수업시간에 강의를 듣는다 하더라도 교과내용을 충분히 이해하지 못하는 학습자를 위해 고안되었다.

(3) 기본적인 학습내용에 대한 강의를 동영상 형태로 볼 수 있도록 미리 만들어서 학습자에게 제공하고, 교실 내에서는 고차적 사고를 촉진하는 학습자 중심의 다양한 활동을 실행한다.

(4) 플립 클래스룸에서 학습자는 보다 많은 자율성과 책임감을 가지며, 교수자는 개별화 학습을 지원하는 안내자와 촉진자 역할을 한다.

(5) 플립 클래스룸을 실시함으로써 학습자의 수업참여도와 학업성취도를 높일 수 있다.

5 블렌디드 러닝과 플립러닝

(1) 초고속 인터넷, 온라인 학습 플랫폼, 클라우드 컴퓨팅 기술 등의 발달로 인해서 대용량의 동영상강의 콘텐츠도 쉽게 저장, 공유, 관리할 수 있게 되었다.

(2) 온라인 커뮤니티와 유튜브를 중심으로 자신이 제작한 교육자료를 무료로 공유하는 사례가 증가하면서 교수자가 직접 디지털 콘텐츠를 개발하지 않더라도 다른 교수자가 만든 양질의 콘텐츠를 활용할 수 있게 되었다.

(3) 이러한 환경의 변화가 과거에는 기술적 제약으로 구현이 어려웠던 블렌디드 러닝(blended learning)을 플립러닝 형태로 나타나게 하였다.

(4) 블렌디드 러닝은 전통적인 교실수업과 온라인 학습의 장점을 서로 결합한 형식교육으로서 학습 시간, 장소, 순서, 속도 등에 있어서 전통적인 교실수업보다 더 자유롭다.

(5) 플립러닝은 온라인에서 이루어지는 개별학습과 교실에서 이루어지는 상호작용적인 면대면 수업을 통합적으로 연계하여 학습자에게 유의미한 학습경험을 제공한다.

(6) 학습자는 자신의 수준에 따라서 교수자의 온라인 강의자료를 반복적으로 들으면서 기본적인 학습 내용을 습득한 후, 수업시간에는 문제해결과 협력활동을 하면서 교수자의 피드백을 받을 수 있다.

제3절 온라인 학습

1 온라인 학습의 특성

(1) 온라인 학습의 유형

① 온라인 학습은 원격교육의 한 유형으로서 온라인 수업, 온라인 강좌, 온라인 교육 등의 용어로 사용되기도 한다.

② 원격교육은 학습자들이 서로 분리되어 있고 상호작용적인 텔레커뮤니케이션 시스템을 통해 학습자를 지원 및 교수자와 연결하는 제도적 기반을 둔 형식교육으로 정의된다.

(2) 특징

① 원격교육을 위해 라디오, 텔레비전, 컴퓨터 등 다양한 테크놀로지가 활용될 수 있는데, 온라인 학습은 인터넷을 매개로 학습이 이루어진다는 특징을 가지고 있다.

② 인터넷을 통해 학습이 이루어진다는 점에서 온라인 학습은 이러닝과 유사한 특징을 가진다. 그렇지만 교수자와 학습자가 분리된 공간에서 학습이 이루어진다는 점에서 이러닝과 차이점을 가진다. 이러닝은 교수자와 학습자의 분리를 가정하지 않고 학교 안과 밖에서 모두 이루어질 수 있기 때문이다.

(3) 분류

① 온라인 학습은 실시간 혹은 비실시간으로 이루어질 수 있다.

② 우리나라 교육부에서는 ㉠ 콘텐츠활용 중심수업, ㉡ 과제수행 중심수업, ㉢ 실시간 쌍방향 중심수업이라는 세 가지 유형의 온라인 학습을 제시하였다(교육부, 2020).

<table>
<tr><th colspan="2">구분</th><th>장점</th><th>단점</th></tr>
<tr><td rowspan="2">비실시간</td><td>콘텐츠활용
중심수업</td><td rowspan="2">학습자가 자유롭게 자신이 원하는 시간과 장소에서 동영상강의를 보거나 과제를 수행할 수 있기 때문에 자율성이 높다.</td><td rowspan="2">자기주도학습 능력이 부족한 학습자에게는 교수자와의 상호작용 부족으로 학습효과가 제한될 수 있다.</td></tr>
<tr><td>과제수행
중심수업</td></tr>
<tr><td>실시간</td><td>실시간 쌍방향
중심수업</td><td>교실수업에서와 마찬가지로 즉각적인 상호작용이 가능하다.</td><td>동일한 시간에 수업이 이루어진다는 점에서 시간의 제약이 있다.</td></tr>
</table>

2 온라인 상호작용

(1) 상호작용

온라인 학습에서는 **교수자와 학습자, 학습자와 학습자, 학습자와 내용 간의 상호작용**이 중요한 역할을 한다. 온라인 상호작용의 양과 질에 따라서 학업성취도와 만족도가 달라지기 때문이다. 온라인 학습을 효과적으로 설계하기 위해서는 각 상호작용의 특성을 이해할 필요가 있다.

① 교수자와 학습자

㉠ 교수자와 학습자 간의 활발한 상호작용은 온라인 학습에서 발생하는 심리적 거리인 **교류간격(transactional distance)을 줄이는 데 효과적**이다. 온라인 학습에서 교수자와 학습자 간의 물리적 거리는 멀리 떨어져 있더라도 효과적인 의사소통을 위해 교류간격을 줄이는 것이 필요하다.

㉡ 동영상강의 중심의 비실시간 온라인 학습은 교수자와 학습자 간의 쌍방향 상호작용이 이루어지는 실시간 온라인 학습보다 교류간격이 큰 편이다. 그렇기 때문에 비실시간 온라인 학습에서는 교류간격을 줄이기 위해 일방향적으로 지식을 전달하기보다는 **이메일, SMS(short message service), 온라인 게시판 등을 이용해서 학습자와 활발하게 상호작용**하는 것이 필요하다.

㉢ 교실수업에 익숙한 교수자는 온라인 학습환경에서 학습자와 상호작용하는 데 어려움을 겪을 수 있다. 교실과 달리 온라인 학습환경에서는 제스처, 표정, 몸짓, 목소리 크기, 억양 등을 통한 **비언어적 상호작용이 제한적**으로 이루어지기 때문이다.

㉣ 비실시간 온라인 학습에서는 학습자의 질문에 교수자가 응답을 하는 데 많은 시간이 소요되고 즉각적인 상호작용이 어렵다. 상호작용에 시간이 많이 소요되기 때문에 상대방의 의도를 정확히 이해하지 못하거나 교수자의 답변을 기다리는 사이에 학습동기가 감소할 수 있다.

㉤ 교수자는 온라인 상호작용의 특성을 이해하고 학습자와 규칙적으로 상호작용하기 위한 계획을 세워야 한다.

② 학습자와 학습자

㉠ 학습자와 학습자 간의 상호작용은 **친밀감과 소속감을 높이고 협력적으로 지식을 구성**하는 데 도움이 된다.

㉡ 온라인 학습환경에서 학습자들은 **정보와 지식을 서로 공유하고, 특정 주제에 대해 토론을 하며, 질문과 피드백을 서로 주고받고, 협력적으로 문제를 해결**할 수 있다.

예 실시간 상호작용이 가능한 온라인 화이트보드를 이용해서 협력적으로 마인드맵을 만들도록 할 수 있다.

㉢ 학습자와 학습자 간의 상호작용이 증가할수록 **학습자의 능동적인 참여가 증가하고, 다양한 관점을 서로 비교**할 수 있으며, 혼자서 해결하기 어려운 문제를 공동으로 해결할 수 있다. 이러한 활동은 생각의 깊이와 폭을 넓혀 주고 의사소통 및 협력역량을 함양하는 데 도움이 된다.

③ 학습자와 내용

㉠ 학습자와 내용 간의 상호작용은 **고차적 사고를 촉진하고 학습내용을 이해하는 데 도움**이 된다.

㉡ 온라인 학습환경에서 학습자는 **동영상강의, 퀴즈, 학습자료 등과 인지적으로 상호작용**을 한다.

예 하이퍼링크를 클릭하면 학습자가 원하는 콘텐츠로 이동할 수 있고, 온라인 학습에서 모르는 내용이 있으면 인터넷 검색을 할 수 있고, 동영상강의 중간에 제시되는 퀴즈에 응답을 하면 자동으로 피드백을 받을 수 있다.

㉢ 스마트 기기로 온라인 학습자료를 공부할 때 필기, 하이라이트, 메모, 북마크 등의 기능을 사용하면 학습내용을 효과적으로 기억하고 조직하고 정교화할 수 있다.

4 온라인 학습을 위한 수업방법

(1) 탐구공동체 모형

탐구공동체(community of inquiry) 모형에 따르면, 온라인 학습을 설계할 때 **인지적 실재감(cognitive presence), 사회적 실재감(social presence), 교수 실재감(teaching presence)**이라는 세 가지 요소를 통합적으로 고려해야 한다. 세 종류의 실재감은 앞에서 살펴본 세 가지 유형의 상호작용과 밀접한 연관성을 가진다.

인지적 실재감	• 학습자가 성찰과 대화를 통해 학습내용을 깊이 이해하는 것을 의미한다. • 온라인 학습에서 학습자가 스스로 문제를 정의하고, 지식과 정보를 탐색하며, 아이디어를 통합하고, 학습내용을 문제해결에 적용한다면 인지적 실재감이 높아질 것이다. • 인지적 실재감과 관련된 학습활동은 학업성취도에 주요한 영향을 미친다.
사회적 실재감	• 학습자가 온라인 학습에서 친밀감과 소속감을 느끼고, 신뢰할 수 있는 환경 속에서 열린 마음으로 다른 사람과 대화하고 관계를 형성하는 것을 의미한다. • 온라인 학습환경에서 학습자들이 자유롭게 생각을 공유하고 협력적으로 지식을 생성하기 위해서는 사회적 실재감이 필요하다. • 사회적 실재감이 높다고 반드시 학업성취도가 높은 것은 아니지만, 사회적 실재감은 인지적 실재감의 기반이 된다.

교수 실재감	• 인지적 실재감과 사회적 실재감을 지원하는 데 중요한 역할을 한다. • 교수 실재감은 유의미하고 교육적으로 가치 있는 학습결과를 위해 인지적 실재감과 사회적 실재감을 설계하고 촉진하며 안내하는 활동을 의미한다. • 교수자는 수업내용, 학습활동, 일정 등을 정하고, 학습자의 요구를 분석하여 필요한 자료를 제공하며, 학습과정에서 성찰과 상호작용이 활발하게 이루어지도록 지원할 필요가 있다. • 온라인 학습에서 교수자는 수업을 설계할 뿐만 아니라 학습자의 동기와 자기주도학습을 촉진하고, 학습자 간의 친밀감과 소속감을 높이며, 수업운영과 기술적 지원을 제공하는 것과 같은 다양한 역할을 수행한다.

(2) 온라인 학습 설계와 운영

효과적인 온라인 학습을 촉진하기 위해 탐구공동체 모형에서 제시한 인지적 실재감, 사회적 실재감, 교수 실재감을 높이는 것이 필요하다. 이를 위해 교수자는 학습자와 교육맥락을 고려하여 다음의 6가지 전략을 온라인 학습 설계와 운영에 적용할 수 있다.

① 온라인 학습환경의 고유한 특성을 고려해서 온라인 학습을 체계적으로 설계할 필요가 있다.

㉠ 수업체제설계 모형에 따라서 온라인 학습에 대한 요구, 내용, 학습자, 기술적 학습환경 등을 분석하고 구체적인 학습목표를 세워야 한다.

㉡ 학습목표에 따라서 학습자에게 최적화된 학습활동을 설계하고, 각 활동에 필요한 정보, 상호작용, 학습동기 등에 대한 계획을 세워야 한다.

㉢ 동영상강의를 비롯한 다양한 학습자료를 선정하거나 개발하고, 온라인 학습을 실시한 다음에는 학습자의 학업성취도와 교육과정의 효과성에 대한 평가를 실시해야 한다.

㉣ 평가의 결과에 따라서 분석·설계·개발·운영단계의 내용을 수정 및 보완할 수 있다.

㉤ 수업체제설계 모형에 따라서 온라인 학습을 설계하더라도 교실수업을 그대로 모방하는 것은 바람직하지 않다.

㉥ 온라인 학습은 교실수업에 비해서 학습시간과 장소를 유연하게 조정할 수 있고, 다양한 내용과 형식의 학습자료를 제공할 수 있다.

㉦ 온라인 학습활동을 로그파일로 기록하고 분석할 수 있기 때문에 학습자의 요구와 관심을 반영한 개별화 학습을 제공할 수 있다.

㉧ 온라인 학습에서는 비언어적 의사소통이 제한되고, 실습 중심의 수업을 실행하기 어려우며, 자기주도학습 능력이 부족한 학습자의 학습결손이 발생할 우려가 있다.

② 학습자의 능동적인 참여를 촉진할 수 있도록 학습과제를 선정해야 한다.

㉠ 단순히 학습자에게 동영상강의만 제공한다면 학습자의 능동적 참여가 일어나기 어렵다.

㉡ 학습자의 참여를 촉진하기 위해서 실제적인 문제와 과제를 제공할 필요가 있다.

㉢ 실제적인 문제는 학습자의 흥미를 유발할 뿐만 아니라 지식을 실제적인 맥락 속에서 유의미하게 학습하도록 돕는다.

예 초등학교 수학 시간에 도형의 유형과 특성에 대해서 가르친 다음에 학습자가 스마트폰을 이용하여 일상생활에서 쉽게 관찰할 수 있는 물건 중에 특정 도형을 나타내는 물건을 사진으로 찍도록 할 수 있다. 여러 학습자가 자신의 사진을 온라인 지도에 공유하고 언제 어디에서 어떤 도형을 발견했는지 노트에 설명한다면 수학개념을 실제적 맥락에서 능동적으로 학습할 수 있다.

③ 학습자 간 상호작용을 촉진하기 위해서 온라인 협력학습을 효과적으로 설계해야 한다.

㉠ 협력학습을 설계할 때는 공동의 목표를 위해 학습자들이 활발하게 상호작용하고, 그 과정에서 무임승차자가 발생하지 않도록 주의를 기울여야 한다.

㉡ 클라우드 컴퓨팅 기술을 이용하면 컴퓨터, 스마트폰, 태블릿 PC 등의 다양한 테크놀로지를 이용하여 여러 명의 학습자가 실시간으로 혹은 비실시간으로 인터넷에서 협력과제를 수행할 수 있다.

㉢ 온라인 협력학습을 할 경우, 학습자에게 온라인에서 서로 상호작용을 할 때 지켜야 하는 규칙에 대해서 사전에 안내를 하고, 협력학습이 언제 효과적인지 혹은 효과적이지 못한지에 대해서 설명할 필요가 있다.

㉣ 학습자들이 공동으로 계획을 세우고 그룹의 협력과정에 대해서 성찰할 수 있도록 학습지원을 제공할 필요가 있다.

④ 온라인 학습에서 자기주도학습을 촉진하기 위한 전략을 수립해야 한다.

㉠ 자기주도학습은 학습자가 스스로 자신의 요구를 진단하고, 학습목표를 설정하며, 인적·물적 학습자원을 확인하고, 학습결과를 평가하는 과정이다.

㉡ 온라인 학습에서는 학습자의 자율성이 높기 때문에 학습자가 스스로 자신의 학습을 계획, 실행, 평가하는 것이 필요하다. 그렇지만 연령이 낮거나 자기주도학습 능력이 부족한 학습자의 경우, 온라인 학습에 자발적으로 참여하기 어렵기 때문에 교수자의 적극적인 지원이 필요하다.

예 학습자가 스스로 학습목표와 계획을 세울 수 있도록 안내를 하고, 온라인 학습내용을 잘 이해하였는지 점검할 수 있도록 질문을 제공하며, 학습과정을 되돌아볼 수 있도록 주기적으로 성찰의 기회를 제공할 수 있다. 그리고 학습관리시스템(learning management system; LMS)에서 학습활동과 성취도에 대한 정보를 제공함으로써 학습자가 스스로 학습과정을 점검하고 조절할 수 있도록 도울 수 있다.

⑤ 온라인 학습의 전 과정에서 학습자의 인지적·사회적 실재감을 촉진하기 위한 교수자의 활동이 필요하다.

㉠ 온라인 학습 초기에는 학습자들이 온라인 학습환경에 친숙해질 수 있도록 안내하고, 온라인 학습에서 기대할 수 있는 것과 학습자가 지켜야 할 규칙을 설명해야 한다.

예 실시간 온라인 학습에서 비언어적 상호작용을 촉진하기 위해 비디오를 켜도록 안내하고, 토론을 할 때 다른 학습자의 의견을 경청하도록 하며, 온라인 게시판에 질문을 올릴 때 그 이유를 구체적으로 설명하도록 할 수 있다. 그리고 앞으로 온라인 학습이 어떻게 진행될 것인지와 교수자와 학습자가 어떻게 의사소통을 할 것인지를 안내할 필요가 있다.

㉡ 온라인 학습에 대한 느낌과 생각을 서로 이야기하고, 학습자의 개인적인 경험을 공유하도록 함으로써 학습자 간의 친밀감과 소속감을 높일 수 있다.

㉢ 실시간 온라인 학습이라면 학습자의 눈을 바라보며 이름을 불러 주고 자유롭게 의견을 이야기할 수 있는 분위기를 조성해 줄 필요가 있다.

㉣ 온라인 학습이 본격적으로 진행되면, 학습자가 다양한 학습활동에 능동적으로 참여할 수 있도록 안내를 하고 질문과 피드백을 제공해야 한다.

㉤ 교수자는 학습자의 초기 참여를 촉진하고, 토론과정에 적절히 개입하며, 정해진 시간 안에 학습자의 질문에 답하고, 학습활동과 과제물에 대해 피드백을 제공할 필요가 있다.

㉥ 온라인 학습에서 기술적인 어려움을 겪거나 협력학습에서 소외되거나 학습 참여도가 현저히 낮은 학습자가 없는지 지속적으로 점검하고 학습자에게 필요한 도움을 적시에 제공하는 것이 필요하다.

㉦ 학습자의 어려움을 쉽게 확인할 수 없을 때에는 수업 이외의 시간에 학습자가 자유롭게 면담을 신청할 수 있도록 오피스 아워(office hour)를 규칙적으로 운영하는 것이 효과적이다.

⑥ 온라인 학습의 과정과 결과를 공정하고 타당하게 평가해야 한다.

㉠ 학습자가 과제를 수행하기 전에 평가기준을 자세히 설명하고, 루브릭(rubric)을 이용해서 과제물을 평가할 필요가 있다. 루브릭은 과제를 평가하는 기준항목을 나열하고 각 항목별로 어떤 수준에 이르렀을 때 어떤 점수를 부여하는지를 나타낸다.

㉡ 온라인 협력학습의 경우에는 협력의 결과물을 평가하는 동시에 협력과정에 대한 평가기준(예 참여빈도, 과제기여도 등)도 루브릭에 포함시킬 필요가 있다.

㉢ 평가 루브릭을 이용해서 학습자가 스스로 자신의 과제물을 평가하도록 하거나 다른 학습자와 피드백을 주고받도록 할 수 있다.

㉣ 자기평가와 동료평가는 학습내용을 보다 깊이 이해할 수 있는 기회를 제공한다.

㉤ e포트폴리오를 이용하면 장기간 수행한 과제물을 체계적으로 저장하고 관리할 수 있기 때문에 학습자의 역량변화를 효과적으로 평가할 수 있다.

예 학년 초에 쓴 논술문을 학년 말에 쓴 논술문과 비교함으로써 글쓰기 능력이 얼마나 향상되었는지를 평가할 수 있다.

㉥ 온라인 학습결과를 시험을 통해 평가한다면 시험이 공정하게 이루어질 수 있도록 주의를 기울여야 한다. 온라인 시험 도중에 다른 학습자와 채팅으로 정답을 공유하거나 인터넷에서 관련 자료를 검색하는 것과 같은 시험 부정행위가 발생할 수 있기 때문이다.

㉦ 공정한 시험을 위해 LMS를 활용하여 시험문제를 학습자에게 무작위로 제공하거나 문제당 시간제한을 두고 실시간으로 시험을 진행할 수 있다. 원격화상강의 시스템을 이용하면 비디오를 통해 여러 명의 학습자가 시험 치는 모습을 실시간으로 관찰할 수 있다.

㉧ LMS의 표절검사도구를 활용하여 학습자가 제출한 과제물이 다른 과제물과 얼마나 유사한지 점검할 필요가 있다.

제4절 e-러닝

1 e-러닝의 개념과 특성

(1) 개념

① e-러닝(e-learning)은 인터넷과 웹이 사회의 여러 분야에서 전자적 서비스혁명을 주도하면서 교육에서도 전통적인 교실수업을 대신하는 대안적인 교육방법으로 등장하였다.

② 인터넷을 활용하여 가상공간에서 이루어지는 온라인 교육을 지칭하는 용어로 사용되기 시작했다.

(2) 의미

e-러닝의 개념은 크게 좁은 의미와 넓은 의미의 관점에서 정의할 수 있다.

① 좁은 의미

㉠ 좁은 의미의 e-러닝은 기술적 관점에서 매체활용에 초점을 두고 개념을 정의한 것이다.

㉡ 산업자원부: e-러닝을 '전자적 수단, 정보통신 및 전파, 방송기술을 활용하여 이루어지는 학습으로, 그 구성요소로서는 전자적 방식으로 처리된 부호, 문자, 도형, 색채, 음성, 이미지, 영상 등이 있다'라고 정의하였다.

㉢ 이러한 좁은 의미의 e-러닝의 개념은 'e'의 의미를 'electronic'에 초점을 둔 것이며, 'learning'보다 'e'에 초점을 둔 것이라 하겠다.

② 넓은 의미

㉠ 넓은 의미의 e-러닝은 '정보망을 기반으로 교육이 제공되고, 상호작용이 일어나며, 촉진되는 모든 형태의 교육'을 지칭하는 용어라고 할 수 있다.

㉡ 이는 'e'의 의미를 'electronic'의 개념에서 벗어나 다양한 의미의 'e'의 의미에 초점을 둔 것이며, 'e'보다는 'learning'에 강조점이 있는 것이다.

e-러닝에서 다양한 의미의 'e'

다양한 의미의 'e'		설명
Experience	경험	학습시간, 장소에 대한 다양한 경험, 시뮬레이션, 지역공동체를 통한 다양한 학습경험 제공
Extended	확대	기업이나 조직 및 가정에서의 학습선택권 확대
Expanded	확장	교실의 공간적 제약을 넘어 학습의 범위 확장
Exploration	탐색	인터넷의 방대한 학습정보에 대한 접근과 이용
Empowerment	권한이양	교수자 중심에서 학습자 중심으로 학습권한 이양
Engagement	참여	학습자가 능동적으로 학습활동에 참여
Expression	표현	학습결과를 스스로 표현
Easy of use	사용편리성	사용하기가 편리하고 쉬움

㉢ 이러한 넓은 의미의 e-러닝이란 '**인터넷의 통신망 기술을 바탕으로 다양한 디지털매체를 활용하고, 시간(anytime)과 장소(anywhere)를 초월하여 학습이 필요한 대상(anyone)에게 수준별 맞춤형 학습과 다양한 상호작용이 가능하도록 지원하는 온라인 교육체제**'라고 할 수 있다.

(2) e-러닝의 특성

e-러닝의 가장 중요한 특징은 '**가상공간에서 필요한 학습자료에 손쉽게 접근이 가능하면서 시·공간을 초월하여 쌍방향으로 상호작용이 가능한 교육적 의사소통체제**'라는 점이다. 일반적으로 e-러닝은 다음과 같은 특징을 가지고 있다.

① 적극적 상호작용성: 학습자는 친구, 교사, 전문가에게 이메일이나 화상회의를 통해 연락을 취할 수 있고, 인터넷상의 여러 검색방법을 동원해 정보를 얻을 수 있다.

② 자기주도적 학습방식: 언제 어디서나 학습자 스스로 학습목표와 방법을 정하여 학습을 주도하며 그 결과를 점검할 수 있다.

③ 무제한성: 학습자는 자신이 원하는 시간과 장소에서 원하는 정보를 선택할 수 있고 원하는 사람과 상호작용할 수 있다.

④ 학습공동체 형성: 컴퓨터 네크워크는 공동의 관심사를 가진 사람을 가상공간에서 학습공동체를 형성하게 하고, 공동으로 관심분야 주제의 학습을 가능하게 한다.

⑤ 탐구: 많은 e-러닝 활동은 어떤 형태의 모험과 발견학습, 문제해결학습 형태를 통해 탐구활동을 할 수 있다.

⑥ 공유된 지식: 인터넷상에 올려 놓은 정보에 접속하는 사람은 누구나 공유할 수 있다. 인터넷은 지식공유를 위한 도서관 역할을 담당하고 있으며, 모든 사람이 출판활동에 참여할 수 있다.

⑦ 다감각경험: 멀티미디어 기술은 전통적 수업방법보다 훨씬 다양하고 다감각적 경험을 제공할 수 있다. e-러닝은 개별학습자의 인지양식에 맞는 다양한 멀티미디어 기술을 제공할 수 있다.

⑧ 실제성: 가상의 세계는 현실과 유사한 상황을 재현할 수 있기 때문에 전통 교실수업보다 훨씬 실제성이 있다.

2 e-러닝의 유형

(1) 보조학습형

면대면 형태의 수업이 정규적으로 진행되는 상황에서 전자메일, 관련 사이트 지원 등 사이버 공간의 교육적 기능을 보충하고, 심화학습용으로 제공하는 e-러닝 유형이다.

(2) 사이버형

주로 사이버교육기관에서 찾아볼 수 있는 e-러닝 유형이며, 교수자와 학습자 사이의 의사소통 전 과정이 인터넷을 기반으로 하는 사이버공간에서 이루어지는 것을 전제로 한다.

(3) 블렌디드형

① 블렌디드(blended)형은 **면대면 기반의 오프라인 교육과 인터넷 기반의 온라인 교육의 장점을 결합한 형태의 총체적인 교수-학습활동**이라고 할 수 있다.

② 현재 국내의 초·중등학교의 사이버 가정학습체제는 대부분이 블렌디드형이라고 할 수 있다.

③ 대학에서도 블렌디드형을 많이 활용하고 있다.

PART 08

CHAPTER 05 수업실행

제1절 마이크로티칭

1 특징

(1) 마이크로티칭은 1960년대 초기에 미국 스탠퍼드 대학교에서 교사 연수방법으로 처음 소개된 이후 현재까지 **교사의 수업역량을 향상시키는 방법**으로 사용되고 있다.

(2) 마이크로티칭에서 '마이크로(micro)'는 일반적인 교실수업보다는 훨씬 작은 수업목표와 짧은 수업시간 그리고 압축된 수업사태를 실습한다는 점을 강조하고 있다.

(3) 교육대학이나 사범대학에서 교육실습생의 직전 교육 및 현직교사의 연수과정 그리고 최근에는 대학교수의 강의법 지원전략으로 활용되고 있다.

2 학생을 대상으로 한 마이크로티칭

(1) 장점

① 실제 학생들과 생생한 상호작용을 하게 됨으로써 어떤 교수방법이나 전략들이 어떤 학생들에게 효과적인가 여부를 경험적으로 확인하게 된다.

② 현직의 교사들에 의하여 이루어질 경우, 학습의 정규 수업시간에 맞추어서 정해진 교육내용을 그대로 진행할 수 있어서 편리하다.

(2) 단점

① 실제 교육현장에서 이루어지기 때문에 마이크로티칭 수업상황을 쉽사리 통제하거나 조정할 수가 없다.

② 대상 학교가 예정된 수업일정에 지장이 있을까 염려하여 예비교사들인 교육실습생들에게는 수업시간 배당을 꺼릴 수 있다.

3 동료를 대상으로 한 마이크로티칭

(1) 학교의 협조를 요구할 필요가 없이 간단히 마이크로티칭을 할 수 있는 것 이외에도 교육실습생들이 학생과 교사의 역할을 번갈아 하면서 수업상황에 대한 폭넓은 이해와 체험을 할 수 있는 장점이 있다.

(2) 교육실습생들이 동료들이 가르치는 장면을 관찰할 수 있는 기회를 주며, 수업상황의 여러 변인들을 보다 쉽게 조정하고 통제할 수 있다.

제2절 성찰과 수업컨설팅

1 성찰과정

(1) 마이크로티칭 과정을 통해서 평가자들은 수업실행자, 즉 교수자에게 세부 평가영역과 종합적인 평가결과를 제공하게 된다.

(2) 교수자는 이 평가자료를 토대로 전체적인 성찰과정을 거치게 된다.

(3) 성찰과정은 전문가로서 교사가 성장하는 과정에서 매우 중요한 활동이다. 자신의 전문성을 향상하는 과정에서 겪게 되는 문제들의 해결경험으로부터 자신이 무엇을 할 수 있고, 무엇을 해야 하는가를 생각하는 기회를 주기 때문이다.

(4) 교사들은 쉽게 해결하기 힘든 교육적 상황에서 수업행위를 하게 되는데, 이 과정에서 현재 자신의 교육방법이 적절한가 또는 새로운 교육방법을 적용할 필요가 있는가를 성찰 차원에서 물어보게 된다.

2 수업컨설팅

(1) 성찰은 개인적인 수준에서 일어날 수 있지만, 최근에는 수업컨설팅 차원에서 공식적으로 일어나기도 한다.

(2) 교사는 자신의 수업 실제와 관련하여 학교 내외의 전문가 그룹을 통하여 문제해결을 의뢰하고 도움을 받는 컨설팅 과정에 참여하게 된다.

(3) 수업컨설팅은 수업장학과는 구분되는 개념으로서 **학습자의 학습개선**에 초점을 두고, **수업문제를 해결**하기 위해서 수업을 체제적 관점에서 보고 체계적으로 접근하는 컨설턴트와 컨설팅, 즉 **수업 전문가와 교수자 간의 협력적 문제해결과정**으로 파악된다.

마이크로티칭	전체 수업개선활동 중 실제 수업장면에 초점을 두고, 교수자의 다양한 수업설계 및 실행역량을 평가하고 그에 따른 개선방향을 성찰하는 것이다.
수업컨설팅	• 포괄적이고 체계적인 관점에서 교육과 수업실천을 분석하고 해결책을 찾는 과정으로 볼 수 있다. 이 과정에서 교사는 수업전문가에게 자신의 의견, 상황, 자료 등을 제공하면서 협력적으로 문제해결안을 찾게 된다. • 교사는 보다 종합적으로 수업설계와 관련된 요인들을 파악하게 되어 최적화된 해결안을 도출하는 전문가로 성장할 수 있다.

3 문제기반 학습

(1) 성찰과 수업컨설팅은 학습자 중심의 문제기반 학습과정에서도 일어날 수 있다.

(2) 문제기반 학습에서 교수자는 자기 스스로 수업을 평가하는 활동을 하게 된다.

(3) 문제기반 학습에서 튜터로서의 제 역할을 다하였는가를 자가진단 할 수 있다.

(4) 자가진단 자료를 포함하여 문제기반 학습에서 교수자는 성찰을 실행한 후 PBL 수업포트폴리오를 만들기도 한다. 이 포트폴리오는 PBL 수업에서 이루어진 가르침과 배움에 대한 교수자의 경험과 성찰을 자료화한 것이다.

(5) 왜 교수자가 PBL에 관심을 갖고 이를 수업에 활용하게 되었는지에 초점을 두고 개발하게 된다. PBL 수업포트폴리오에는 대체로 교과목에 대한 소개, 자신의 수업설계의 이론적 근거, 교과목 운영에 대한 교수자의 성찰, 수업 실제에 대한 성찰, PBL 맥락과 내용, 학습자 활동, 교과목 전체에 대한 활동이 포함된다.

MEMO

중등 교원임용
변민재 교육학
인사이드 ㊦

PART

09

교육평가

PART 09

개념설계도

- **교육평가의 개념**
  - 정의
  - 기본가정
  - 목적·기능
  - 방법
  - 대상영역
  - 절차

- **교육평가의 주요 관점**
  - 교육에 대한 기본관점
  - 측정관
  - 평가관
  - 총평관

- **교육평가의 모형**
  - 타일러(Tyler)의 목표중심적 접근
  - 스터플빔(Stufflebeam)의 경영적 접근(의사결정적 접근)
  - 울프(Wolf)의 배심원적 접근
  - 스크리븐(Scriven)의 탈목표평가: 판단적 접근
  - 스테이크(Stake)의 종합실상평가: 판단적 접근
  - 아이즈너(Eisner)의 비평적 평가: 판단적 접근
  - 구바(Guba)와 링콘(Lincoln)의 자연주의적 평가: 다원적·직관적 접근

- **평가기능에 따른 유형**
  - 진단평가
  - 형성평가
  - 총괄평가

- **결과해석에 따른 유형**
  - 규준참조평가
  - 준거참조평가
  - 능력참조평가
  - 성장참조평가

- **평가도구의 양호도**
  - 신뢰도
  - 타당도
  - 객관도
  - 실용도

- **평가도구**
  - 검사의 분류
  - 인지적 특성을 측정하는 검사
  - 정의적 특성을 측정하는 검사
  - 표준화검사
  - 컴퓨터화검사

CHAPTER

01 교육평가의 개념

제1절 교육평가의 정의

1 교육평가

(1) 정의

① 어원

㉠ 평가를 뜻하는 영어단어 evaluation은 밖으로의 뜻을 지닌 'e'와 가치를 나타내는 'value'의 합성어로, 이를 해석하면 '가치를 밖으로 드러냄' 또는 '가치를 매김'으로 이해할 수 있다.

㉡ 따라서 교육평가(educational evaluation)는 '교육활동에 대한 가치를 판단하는 것'이라고 직관적으로 이해할 수 있다.

② 『교육학 용어사전』(1995): 교육평가란 "교육목적의 달성도에 관한 증거 및 교육목적 달성에 영향을 미치는 변인에 관한 증거를 수집하고, 그에 대해 교육적 의사결정을 내리는 과정"으로 정의하고 있다.

③ 이러한 정의에 비추어 볼 때 **교육평가는 교육의 목적을 달성하기 위한 관련 활동이나 제반 사항들에 대해 평가하는 과정**이라고 할 수 있다.

④ 타일러(Tyler)

㉠ 교육평가(educational evaluation)라는 용어는 1930년대부터 사용되기 시작해서 지금까지 여러 학자들에 의해서 계속적으로 재정의되고 있으며, 기존의 학자들은 교육평가를 다음과 같이 정의하고 있다.

㉡ 타일러는 교육평가를 **"본질적으로 교육과정 및 수업프로그램에 의하여 교육목표가 실제로 어느 정도 실현되었는지 밝히는 과정"**으로 정의하고 있다. 교육평가에 대한 타일러의 정의는 오랫동안 널리 사용되어 오고 있으며, 교육평가가 교육목표의 달성 여부를 판단하는 것임을 분명히 말하고 있다.

㉢ 특히 주목할 점은 **평가의 전제로서 교육과정 및 수업프로그램을 제시**하고 있다는 점이다. 즉, **평가를 통한 가치판단의 표적이나 귀착점은 학생이 아닌 교육과정과 수업프로그램**이 되어야 한다는 입장을 명확히 밝히고 있다.

㉣ 그러나 타일러의 정의는 평가를 교육이 끝난 후에 이루어지는 것으로 규정한 나머지 교육평가의 기능을 축소시키는 측면이 있으며, 평가는 단순히 교육목표의 달성도만을 확인하는 과정에서 그친다는 점에서 비판을 받고 있다.

⑤ 스터플빔(Stufflebeam, 1971): 교육평가란 "프로그램의 상황, 투입, 과정, 산출에서의 의사결정을 위한 정보를 제공하는 일"로 정의하면서 평가자의 역할은 의사결정자에게 충분한 정보와 자료를 제공해 주는 것으로 보았다.

⑥ 네보(Nevo, 1983): 교육평가를 "교육대상에 대한 체계적 서술 혹은 교육대상의 가치와 장점에 대한 평가"로 정의하며, 평가자의 일방적 판단이 아닌 평가자와 평가대상 간의 대화의 중요성을 강조하였다.

⑦ 아이즈너(Eisner): 교육평가를 **"교육프로그램에 대한 전문적 감식과 비평"**으로 정의하고, 교육평가의 한 측면으로서 **교육비평(educational criticism)**이라는 분야를 제안하여 평가의 영역을 확대하는 데 기여했다는 평을 받고 있다.

⑧ 성태제: 교육평가란 "교육과 관련된 모든 것의 양, 정도, 질, 가치, 장점 등을 체계적으로 측정하여 판단하는 주관적 행위로서 교육목적에 대한 가치를 판단하는 행위"로 정의한 바 있다.

(2) 교육평가의 대상

① 좁은 의미: 교육평가는 학생들의 학업성취 혹은 상태에 관해 질적인 판단을 내리는 과정을 의미한다.

② 넓은 의미: 교육평가는 평가대상(프로그램, 조직, 수업, 프로젝트, 교육과정 등)의 가치, 질, 효과, 유용성을 판단하는 과정을 뜻한다.

③ 교육평가의 대상은 학생은 물론 교사, 수업, 교육과정, 교육방법, 교육정책, 교육환경 등 교육활동과 관련된 다양한 것들이 포함될 수 있으며, 최근에는 이러한 포괄적인 관점을 반영하여 교육평가를 넓은 의미에서 이해하려는 추세에 있다.

제2절 교육평가의 기본가정

1 인간은 무한한 잠재능력을 지닌 존재이며, 그 누구라도 미래에 보다 성장할 수 있는 가능성이 있다.

(1) 만약 현재의 상태와 능력에만 초점을 두어 개인의 발전가능성을 부인한다면, 평가의 역할은 단지 평가대상을 분류하고 객관적인 순위에 따라 줄 세우는 정도에만 머물게 될 수 있다.

(2) 하지만 개인의 무한한 잠재가능성에 대한 확고한 믿음을 바탕으로 교육평가의 역할을 강조하는 측면에서 보면, 교육평가의 기능을 극대화함으로써 교육이 지향하는 개인의 성장을 이루어 본래의 교육목적을 달성할 수 있을 것이다.

2 교육활동과 직·간접적으로 관련된 모든 행위, 대상, 자료는 교육평가의 대상이 될 수 있다.

(1) 보통 교육평가라고 하면 학생의 학업성취 결과나 수행평가 과제물, 교사의 수업 등 교수학습활동과 직접적으로 관련 있는 것들만 생각하기 쉽다.

(2) 하지만 이외에도 학생의 평소 행동태도, 일기장, 학생들 간의 대화내용과 같은 사소한 것들도 간접적으로 교육평가의 자료로 활용될 수 있으며, 이를 위해 교사는 관찰이나 면접과 같은 다양한 방법을 동원하여 평가를 위한 자료를 수집할 수 있다.

3 교육평가는 일시적인 것이 아니며 지속적이고 연속적인 과정으로 보아야 한다.

(1) 일반적으로 평가의 장면을 떠올릴 때 학기말 시험이나 수행평가 시간을 생각하기가 쉽다.

(2) 하지만 이처럼 평가를 교육활동이 이루어지고난 후의 마지막 순간에만 행하는 일시적인 관점에서 그친다면 평가대상의 장기적인 변화와 성장을 도모하기 어려울 수 있다.

(3) 교육평가는 교육활동의 모든 장면과 상황에서 끊임없이 이루어져야 하며 수업 이전, 도중 그리고 이후에도 지속적으로 평가하는 과정을 통해 계속적으로 교육활동을 점검해야만 이를 통해 교육의 효과를 온전히 파악하는 것이 가능할 수 있다.

4 교육평가는 다양한 측면에서 종합적으로 이루어져야 한다.

(1) 기존에는 평가에 대한 인식이 학습자의 인지능력이나 특정한 행동특성에만 초점이 맞추어져 있어서 지필검사와 같은 평가방법에만 국한되어 있었다.

(2) 하지만 학습자의 인지능력뿐만 아니라 정서적 영역 및 학업태도, 생활태도, 신체발달 등의 전체적인 행동특성을 종합적으로 다룰 수 있어야 한다.

(3) 따라서 관찰, 면접, 개인상담 및 수행평가와 같은 다양한 평가방법을 동원해 전체적인 관점에서 평가를 실시하여야 한다.

5 교육평가는 교육활동에 긍정적인 영향을 미칠 수 있어야 한다.

(1) 교육평가는 더 나은 교육활동의 효과를 이끌어 내고 학습자의 성장을 돕기 위한 수단이라고 할 수 있다.

(2) 하지만 평가 그 자체가 목적이 되어 버리는 경우, 평가대상의 성장과 발전을 돕기보다는 평가를 위한 평가에 매몰되어 형식적이고 정형화된 역할에 그칠 수밖에 없다.

(3) 따라서 교육평가는 근본적으로 교육활동에 긍정적인 영향을 미치고, 이를 바탕으로 교육의 이해당사자들이 합리적인 의사결정을 내리는 데 도움을 줄 수 있어야 한다.

제3절 교육평가의 목적·기능

1 성취도 평가 및 학습자 진단

(1) 학교교육에서 교육평가의 역할을 구체화하면 우선, **학습자의 학업성취도를 평가**하는 일이다.

(2) 교육이 목표지향적 활동이라고 할 때 교육에 의해 목표가 어느 정도 달성되었는지는 학습자의 학업성취도를 확인함으로써 가능해진다.

(3) **목표의 성취란 결국 교육과정에서 명시한 목표가 학생의 행동으로 실현되는 상황**을 의미한다. 따라서 **교육목표 달성도에 관한 증거를 수집하고 이를 통해 학습자의 상태를 진단하는 것이 교육평가의 중요한 기능**이라고 할 수 있다.

(4) 개개의 학습자뿐만 아니라 학급 전체가 직면하고 있는 문제를 진단하는 것도 중요하다.

(5) 교육평가를 통해 학습자들이 잘 이해하지 못하거나 어렵게 느끼는 수업내용이 무엇인지 구체적으로 확인하고, 이러한 학습곤란의 원인을 파악하여 수업을 개선하는 데 도움이 될 수 있도록 해야 할 것이다.

2 학습촉진 및 동기유발

(1) 시험이나 평가는 학습자에게 스트레스나 부담으로 작용하기도 하지만, 한편으로는 **학습을 촉진하고 동기를 유발하는 기능**을 할 수도 있다.

(2) 보통 학생들은 시험기간이 다가오면 평소보다 더 열심히 공부를 하며, 시험에 대비하여 교육내용과 목표를 재확인하고 이를 중점적으로 학습하는 경향이 있다.

(3) 이처럼 교육평가는 학습자에게 교육목표를 분명하게 전달해 주고, 학습동기를 높이며, 주의를 집중시키는 기능을 한다.

(4) 평가의 결과를 통해서 학습자 본인이 정확하게 알고 있는 것이 무엇이며, 앞으로 어떤 점을 보완해야 하는지에 대한 정보를 제공하고 피드백을 줌으로써 학습을 촉진한다.

(5) 학습자 스스로 자신의 장점과 단점을 파악하고 학습실패의 원인을 진단하여 이를 통해 새로운 학습동기가 유발될 수 있다.

3 교육의 효과성 확인

(1) 교육평가의 결과는 학습자 본인뿐만 아니라 교사의 수업방법 및 교육활동의 효과를 평가할 수 있는 자료가 된다.

(2) 학생의 성취가 낮다면 그 이유가 무엇인지 다양한 정보를 활용하여 문제점에 대한 구체적인 원인을 파악해 교수학습방법을 개선하는 데 도움을 준다.

(3) 교육과정, 학급 및 학교조직을 포함하는 전반적인 교육프로그램의 효과성을 확인하기 위한 정보를 제공할 수 있다.

(4) 교육평가의 기능은 교육의 효과성을 확인하여 교육의 질을 관리하는 역할을 수행한다.

PART 09

4 선발 및 자격부여

(1) 교육평가는 선발 및 자격부여를 위해 필요한 정보를 제공한다.

(2) 선발이란 학교나 회사에서 지원자의 합격 여부를 결정하는 것을 말하며, 교육평가는 입학시험이나 입사시험에서 합격자를 선발하는 데 있어 도움이 될 만한 정보를 제공하고, 평가결과는 선발의 기준이 된다.

(3) 선발 이후에는 학생이나 지원자를 특정 학급이나 부서, 프로그램에 분류·배치하는 결정을 하는 데 있어 도움을 준다.

예 선행지식을 기준으로 학생들을 수준별 반 배치에 따라 분류하거나 회사에서 신입사원을 적합한 해당 부서에 배치하기 위해 평가결과를 활용할 수 있다.

(4) 교육평가는 인증 및 자격부여에 필요한 정보를 제공하는데, 학생의 졸업 여부를 결정하거나, 또는 특정한 자격증이나 면허를 부여할 때 평가결과가 판단의 기준이 될 수 있다.

5 진로 및 생활지도에 관한 정보제공

(1) 교육평가의 결과를 통해 학생들은 자신의 현재 상태를 객관적으로 파악할 수 있으며 지능검사, 적성검사, 성격검사 및 학업성취도검사 등을 통하여 본인의 능력이나 흥미에 대한 정보를 얻을 수 있다.

(2) 학생 스스로 본인의 특성을 이해하고 적성에 부합하는 진로와 직업을 선택하는 데 있어서 도움을 줄 수 있다.

(3) 학교현장에서는 학생의 진로지도 이외에도 학생을 둘러싸고 있는 가정, 학급 등에서의 평가를 바탕으로 학급담임교사나 상담교사가 학생을 보다 잘 이해하고 생활지도를 하는 데 있어서 유용하게 이를 활용할 수 있다.

6 교육정책 수립에 기여

(1) 교육평가는 학교, 지역 및 국가 수준에서 이루어지는 교육정책이나 의사결정을 위한 근거를 제공한다.

예 전국 학업성취도 평가나 국가 간 학력 비교에서 특정 학교, 특정 지역, 특정 국가의 평가결과가 상대적으로 낮게 나타나거나 이전 연도에 비해서 갑자기 변화의 폭이 심하다면, 이러한 결과를 근거로 교육정책의 방향을 재설정하고 새로운 계획을 수립할 수도 있다.

(2) 교육의 제반 문제를 이해하고 올바른 정책을 수립하는 데 있어서 교육평가는 중요한 기능을 수행하고 있다.

제4절 교육평가의 방법

교육평가는 수집하는 자료에 따라서 양적 평가와 질적 평가로 구분할 수 있다.

1 양적 평가

(1) 양적 평가의 관점은 실증주의적 입장에서 객관적 실재를 형성하는 인간의 특성과 본질이 존재한다고 가정한다.

(2) 가치중립적이고 객관적인 정보를 중요시하며 과학적이고 신뢰할 수 있는 측정과 검사를 통해 자료를 수집하고자 한다.

(3) 양적 평가는 과학적이고 체계적이며 신뢰성이 보장되는 장점이 있는 반면, 개별 평가대상을 심층적으로 이해하기는 어려울 수 있다는 단점이 있다.

2 질적 평가

(1) 질적 평가의 관점은 후기 실증주의적 입장에서 객관적 실재라고 일반화할 수 있는 인간의 속성은 없다고 가정한다.

(2) 객관적인 정보가 아닌 평가자의 주관적 판단을 중요시하며 관찰이나 참여를 통한 문화인류학적, 민족지 접근방법을 주로 사용하여 자료를 수집한다.

(3) 질적 평가는 평가대상에 대한 전반적인 판단을 용이하게 내릴 수 있으나, 평가자의 주관이 개입될 수가 있어 논란의 소지가 있다.

(4) 평가결과를 일반화하기 어렵다는 제한점이 있다.

☞ 교양적 평가와 질적 평가를 상호 보완하는 방향으로 평가의 목적에 맞게 균형 있게 활용하여 평가의 효과를 극대화할 수 있도록 해야 한다.

제5절 교육평가의 대상영역

일반적으로 교육평가의 대상이라 하면 학생과 학생평가를 생각하기 쉽지만, 교육평가 개념의 광범위한 정의와 기본가정에 비추어 볼 때 교육평가의 대상은 학생을 비롯하여 교직원, 교육프로그램, 교육과정 및 학교까지 포함해서 포괄적으로 생각할 수 있다.

PART 09

1 학생 평가

(1) 학생 평가는 전통적으로 교육평가의 가장 중요한 영역으로 여겨져 왔으며, 일반적으로 교육평가라고 하면 시험을 출제해서 채점하고 성적을 매겨 학생을 평가하는 것으로 인식하는 경향이 있다.

(2) 학생 평가는 평가하려는 특성에 따라 인지적·정의적·심동적 평가로 구분할 수 있다.

인지적 평가 (cognitive evaluation)	• 지식, 사고과정 및 인지능력을 대상으로 하는 평가 예 학교에서 실시되고 있는 시험을 비롯하여 지능검사, 적성검사 등 • 학교에서는 인지적 영역의 평가(학업성취도 평가)가 절대 우위를 차지 • 교육평가와 성취도평가가 동일시되는 경향이 있다.
정의적 평가 (affective evaluation)	흥미, 태도, 동기와 같은 정의적 특성에 관한 평가
심동적 평가 (psychomotor evaluation)	운동기능이나 신체조작능력에 관한 평가를 의미한다. 예 악기 연주능력, 외국어 능력과 같은 기능에 대한 평가

2 교원 평가

(1) "교육의 질은 교사의 질을 능가할 수 없다"는 말이 있듯이 교사는 교육에서 매우 중추적인 역할을 수행한다.

(2) 교사는 교육을 담당하는 주체로서 학생을 직접적으로 지도하는 입장에 있기 때문에 교사의 자질과 전문성은 학생들에게 큰 영향을 미친다.

(3) 교사의 자질과 전문성에 대한 평가는 매우 중요하며 이를 위해 현재 교원근무평가, 교원능력개발평가를 시행하고 있다.

3 교육과정 평가

(1) 교육과정 평가(curriculum evaluation)는 교육과정의 일부 혹은 전체의 가치, 질, 장점을 체계적으로 판단하는 과정으로, 교육과정이 계획대로 운영되고 있는지를 점검하여 교육과정을 개선하기 위한 정보를 수집하려는 데 목적이 있다.

(2) 교육과정 평가는 교육과정 산출평가와 교육과정 프로그램평가로 구분된다.

(3) 교육과정 산출평가는 교수요목, 강의요목, 교과서와 같은 산출물을 대상으로 하는 평가인 반면, 교육과정 프로그램평가는 운영 중인 프로그램에 관한 평가를 뜻한다.

(4) 교육과정 평가는 여러 수준에서 이루어질 수 있다. 국가수준의 교육과정 평가는 교육과정의 질을 전반적으로 높이기 위한 교육정책을 수립하는 데 도움을 주고, 국가수준에서 운영되는 교육과정의 존속 혹은 폐지 여부를 결정하기 위한 근거를 제공한다.

(5) 학교수준의 교육과정 평가는 교육목표, 교육과정 내용, 교수방법, 교육시설, 교직원 선발 및 교육 등 교육과정의 개선을 위한 정보를 제공하는 측면이 있다.

4 학교 평가

(1) 학교 평가(school evaluation)는 학교교육이 실제로 이루어지는 장(場)인 학교를 대상으로 하는 평가로, 교육의 질을 개선하기 위해 학교가 본연의 역할을 제대로 하고 있는지 판단하여 학교의 적합성을 평가한다.

(2) 현재 우리나라에서는 초·중등학교와 대학을 대상으로 학교 평가를 실시하고 있다. 초·중등학교를 대상으로 하는 평가는 1997년에 개정된 「초·중등교육법」에 근거하여 실시하고 있으며, 최근에는 학교구성원의 참여와 협력을 토대로 학교 스스로 교육역량을 높여 나갈 수 있도록 책무성을 강화하는 방향으로 추진되고 있다.

(3) 대학 평가는 1970년대 정부의 주도로 실시되었으며, 현재 교육부는 각 대학의 교육여건 및 대학운영의 건전성, 수업 및 교육과정 운영, 학생지원, 교육성과 및 대학의 개선노력 등을 토대로 하는 '대학기본역량진단'을 실시하고 있다.

제6절 교육평가의 절차

교육평가의 절차나 과정이 획일적으로 정해진 것은 아니지만, 일반적으로 다음과 같은 절차에 따라서 평가의 과정을 구분해 볼 수 있다.

1 교육목표 확인

(1) 교육평가 절차의 첫 단계는 교육목표가 무엇인지 확인하고 이를 토대로 평가하고자 하는 바를 구체화하는 것이다.

(2) 교육목표를 확인함으로써 교육활동의 방향과 내용 및 적절한 학습방법을 선정할 수 있으며, 교육목표 달성 여부를 파악하여 교육활동의 결과를 평가하는 데 하나의 기준으로 활용할 수 있다.

예 21세기 창의적 융복합 인재양성이 교육목표라고 한다면 전통적인 강의전달식 수업이 아닌 학생 중심의 자기주도적 수업방식을 적용하고, 단순한 지필고사나 객관식 시험을 넘어 관찰이나 포트폴리오 등 다양한 평가방식을 활용할 수 있어야 한다.

2 평가장면의 선정

(1) 구체적으로 어떤 상황에서 어떤 방법을 통해 어떻게 평가할 것인지 결정해야 한다.

(2) 여기서 중요한 것은 기대된 행동의 학습 정도가 가장 잘 나타날 수 있는 상황을 설정하고 시행할 때 타당한 평가가 가능하다는 점이다.

(3) 이전에는 토익 등의 공인영어시험에서 문법, 듣기, 독해 영역만 평가하였지만 몇 년 전부터 말하기가 추가되어 이를 평가하는 영역이 새로 포함되었다. 이처럼 다양한 평가장면에서 타당한 결과를 얻기 위해서 지필검사, 질문지법, 관찰법, 면접법, 수행평가 등 여러 평가방법을 활용할 수 있다.

3 평가도구의 제작 및 선정

(1) 평가장면을 선정한 후에 실제로 평가에서 사용되는 도구를 선정하고 제작하는 단계이다.

(2) 평가목적에 따라 평가장면에서 자료를 수집하기 위한 방법(지필검사, 질문지법, 관찰법, 면접법, 수행평가 등)을 정하고, 이를 바탕으로 구체적인 평가도구를 결정해야만 한다.

(3) 기존의 평가도구가 적합하면 그대로 사용할 수도 있으며, 만약 평가도구가 마땅치 않으면 평가도구를 새로 제작할 수 있다.

(4) 중요한 것은 평가도구의 타당도, 신뢰도, 적합성, 실용성을 종합적으로 고려하여 가장 적절한 것으로 결정해야 한다는 점이다.

4 평가실시 및 결과처리

(1) 평가의 실시단계에서 생각해 볼 점은 부정행위를 방지한다거나 공정성을 지나치게 강조하여 경직된 분위기를 조장할 수 있다는 점이다.

(2) 물론 진지한 분위기에서 공정하게 시간을 엄수하면서 평가를 실시해야 하며, 성실한 태도로 최선을 다하도록 동기를 유발하고 평가에 임하도록 주의를 환기해야 한다.

(3) 학생들이 편안한 분위기에서 능력을 충분히 발휘하면서 본연의 행동을 발현할 수 있도록 상황을 조성하는 것 역시 평가의 실시에서 중요한 부분이라고 할 수 있다.

(4) 평가가 이루어진 후에는 결과를 채점하고, 점수를 기록해 평가의 기초자료를 만들어야 한다.

(5) 수행평가나 서술형 평가와 같이 채점에 평가자가 개입하는 경우에는 편견이나 오류가 개입되지 않도록 유의해야 한다.

예 서술형 답지의 경우, 여러 명이 중복채점하여 평가의 일치성을 확인해 측정의 오차를 줄이고, 검사의 객관성과 신뢰성을 높이기 위한 노력을 해야만 한다.

5 평가결과의 활용

(1) 평가결과를 처리하는 과정 이후에는 최종적으로 교육적 의사결정에 필요한 정보를 제공하기 위해 교육평가의 결과가 활용되어야 한다.

(2) 평가결과의 활용은 무엇보다 평가를 실시하는 목적에 따라 결정된다.

예 수업 중에 실시하여 교수·학습을 극대화하는 형성평가 목적으로 쪽지시험을 실시하였다면, 결과는 성적에 포함되는 것이 아니라 학생들의 학습동기를 촉진하거나 학생의 이해도를 점검하는 데 활용할 수 있다.

CHAPTER

02 교육평가의 주요 관점

제1절 교육에 대한 기본관점

1 선발적 교육관

(1) 기본입장

① **교육부정설**은 인간의 **능력과 인성은 이미 선천적인 요인에 의해 결정**되어 있기 때문에 교육을 아무리 열심히 해도 그것을 변화시킬 수 있는 부분은 미미하다고 주장한다.

② 비관주의 철학자들은 인간의 능력을 **유전적 요인에 의해 결정**된다고 보아 **교육의 효과를 과소평가**했으며, 유전학적 결정론자들은 **인간의 성장을 위한 교육을 의미 없는 것**으로 보았다.

(2) 교육관

① 수업을 제대로 따라올 수 있는 학습자는 소수이며, 일부 학습자는 아무리 열심히 가르치고 공부를 해도 제대로 따라올 수 없다는 가정하에서 교육의 성패에 대한 일차적인 책임이 **학습자**에게 있다고 본다.

② 선발적 교육관은 교육을 통하여 달성하고자 하는 교육목적이나 일정한 교육수준에 도달할 수 있는 사람은 일부이거나 소수라고 보는 입장이며, 따라서 **우수한 학생들만 상급학교에 진학할 수 있도록 하는 피라미드식 교육제도를 강조**한다.

③ **엘리트 중심의 교육**이 선호되며, 지금까지 우리나라의 교육에서는 이러한 선발적 교육관이 매우 중요하게 여겨져 왔다.

(3) 측정관 및 규준참조평가

① 이와 같은 선발적 관점에서는 주로 일정한 교육수준이나 교육목표에 도달할 가능성이 높은 **우수한 학생을 선발하는 평가에 초점**을 맞춘다.

② **효율적이고 객관적으로 학습자를 평가하고 선발하기 위한 검사**를 중시하며, 이는 **'측정관'이나 '규준참조평가(상대평가)'**의 관점과 밀접한 관계를 맺고 있다.

2 발달적 교육관

(1) 기본입장

① **교육가능설**은 교육의 효과를 매우 **낙관적**으로 보는 입장이며, 인간의 성장과 발달은 선천적인 유전적 요인보다는 **환경 또는 교육의 힘**에 의해 결정된다고 본다.

PART 09

② 로크(Locke, 1632~1704)는 갓 태어난 아기의 최초의 의식은 **백지**와 같고, 그 이후 얻어지는 모든 의식의 내용, 즉 지식, 사고, 표상은 경험으로부터 유래한다는 **경험론 철학**을 주장하였다.

③ 좋은 환경 속에서 좋은 교육을 받고 자란 사람은 반드시 도덕적이고 선한 인간이 되기 마련이다.

(2) 교육관

① 모든 학습자에게 각각 **적절한 교수·학습방법만 제시될 수 있다면 누구나 의도하는 교육목표를 달성**할 수 있을 것이라고 보고, 교육의 성패에 대한 일차적인 책임은 **교사 또는 학습환경**에 있다고 본다.

② 발달적 교육관은 **교육을 통한 인간행동 변화의 가능성에 대해 긍정적**으로 바라보고 있으며, 교육활동은 모든 사람에게 적절한 학습의 기회를 제공함으로써 가능한 모든 학습자가 의도하는 교육목표를 달성하도록 하는 것이 중요하다고 본다.

(3) 평가관 및 준거참조평가

① 소수의 능력 있는 우수한 학생을 선발하는 엘리트적 관점보다는 **교육의 기회균등과 개인의 발전 가능성을 중요시**하며, 근본적으로 대학입학도 적격자 선발이 아닌 **대학문호 개방에 강조점**을 두어야 한다고 주장한다.

② 이러한 입장에서는 효율적인 선발이 아닌 교육목표의 달성 및 교육방법의 적절성을 중요시하며, 이는 **'평가관'이나 '준거참조평가(절대평가)'**의 관점과 밀접한 관련이 있다.

3 인본주의적 교육관

(1) 기본입장

학습자의 **인격적 성장, 통합, 자율성**을 추구하고 **건전한 태도**를 형성해 가는 과정으로서의 교육을 중요시하며, 자아를 확장하고 스스로 배우는 **자아실현의 가능성**을 개발하는 것에 목표를 두고 있다.

(2) 교육관

① 모든 교육이 **학습자가 스스로 희망**하고 원해야 하며, **자율적이고 적극적인 참여**를 전제하고, 타율적이고 수동적인 교육은 비인간적인 것으로 간주한다.

② 현재 검사 및 평가의 역할이 주로 학습자들을 서열화하여 선발하거나 또는 성공군과 실패군으로 구분하는 데 초점을 두고 있기 때문에 이러한 검사에 대해서 부정적인 입장을 취하고 있다.

③ 학습자의 성장을 이끌어 내고 자아실현의 가능성을 제공해야 할 검사가 오히려 학습자에게 불안을 제공하고 개인의 한계를 규정해 버리는 부정적인 효과를 주고 있기 때문이다.

(3) 전인적 및 총평관

검사에 대한 관점 역시 **'전인적'**에 초점을 두어 인간행동 특성을 부분적으로 이해하기보다는 전체적으로 이해하려는 **'총평관'**의 관점과 관계를 맺고 있다.

제2절 측정관

1 기본입장

(1) 측정관(measurement)은 초기의 실험심리학자, 심리측정이론가로부터 출발하였으며, 역사적으로 가장 오래된 평가관이라고 할 수 있다.

(2) 측정은 **어떤 대상이나 사건에 대하여 규칙에 따라 체계적으로 숫자를 부여**하는 것이다.

(3) 체중계를 이용하여 몸무게를 재거나 자를 이용하여 키를 재는 것 등을 측정의 사례로 볼 수 있다.

(4) 물리적 특성뿐만 아니라 시험에서 정답의 수를 세거나 평균을 내는 것과 같은 수량적 기술(quantitative description)의 과정도 측정의 사례라고 할 수 있다.

PART 09

2 특징

(1) 측정관은 그 대상이 되는 실재의 안정성(stability)을 가정한다.

① 세상의 실재는 인간의 주관적 인식과 독립적으로 존재하며, 마찬가지로 인간의 행동특성 역시 우리의 의도나 시간, 장소 등에 관계없이 언제나 고정적이고 변하지 않는 객관적 실재(reality)라고 본다.

② 자연현상을 관찰하는 것과 마찬가지로 인간의 행동특성도 안정성을 가지고 있기 때문에 어떤 방법을 통해서라도 정확하게 측정할 수 있다고 보고, 원래의 값(true value)에 가장 가깝게 대상의 불변적 특성을 측정해 내는 것을 목적으로 한다.

(2) 인간행동의 불변성에 대한 가정으로 인하여 측정관은 다른 교육평가관에 비해 객관성과 신뢰성을 중시하는 경향이 있다

① 측정관에서는 인간 행동의 특성은 객관적으로 존재하는 실재이며 불변하기 때문에 시간과 장소에 관계없이 지속적이고 객관적으로 측정해 내는 것이 중요하다.

② 어느 한 시점에서 측정한 개인의 반응점수가 신뢰성과 객관성이 없다면, 그것이 아무리 타당한 측정이라 하더라도 무의미한 것으로 본다.

③ 측정관에서는 신뢰성과 객관성을 우선시하며, 다른 평가관에 비해 검사의 오차를 줄이는 것이 가장 중요한 관건이 된다.

(3) 측정관은 객관적 실재에 대한 측정의 신뢰성과 객관성을 중요시하므로, 검사의 오차를 줄이기 위해 외부요인이나 환경변인을 안정성의 위협요소로 간주하여 이를 통제하거나 극소화하려 한다.

① 외부요인이나 환경변인은 객관성과 신뢰성을 저해하는, 따라서 제거해야 할 오차(error)변인으로 가정한다.

② 오차변인의 제거를 통해 안정적으로 객관적 실재를 측정하는 데 초점을 두고 있다.

(4) 신뢰성과 객관성이 보장된 측정을 위해서는 누가 언제 어디서 측정을 하더라도 안정적으로 동일한 측정결과를 얻을 수 있도록 측정의 방법이나 절차에 있어 표준화를 요구한다.

① 측정의 과정에서는 가치판단이 배제되어야 하며, 이는 결국 양적(quantitative) 자료에 대한 강조와 규준(norms)에 의한 결과의 해석으로 이어져 왔다.

② 측정관은 표준화에 대한 강한 집착으로 인해 객관성과 신뢰성이 떨어지는 검사는 비록 그것이 교육적 목표에 부합한다 해도 단순히 잘못 측정된 검사로 간주한다.

(5) 측정관에 의해 얻은 결과는 주로 선발, 분류, 예언, 실험 등의 목적으로 사용되며, 검사결과를 유용하게 활용하기 위해서 더욱 정확하고 구체적인 측정단위를 요구한다.

① 주어진 정보를 정확하고 구체적이면서도 가장 간편하고 경제적으로 수집하는 것이 중요하다.

② 측정된 결과를 활용하여 이를 하나의 단일 점수나 지수로 변환하거나 효율적으로 사용할 수 있다는 것이 측정관의 장점이라고 할 수 있다.

(6) 측정관은 교육을 통해 달성하고자 하는 교육목적이나 일정한 교육수준에 도달할 수 있는 사람은 일부이거나 소수라고 보는 입장인 선발적 교육관과 밀접한 관련이 있다.

① 인간행동의 변화가능성과 교육의 효과에 대해서 부정적인 입장이다.

② 개인의 성장과 발달보다는 학습자의 상대적인 비교를 바탕으로 한 개인차 변별과 선발에 초점을 두고 있다.

제3절 평가관

1 기본입장

(1) 평가관(evaluation)은 측정관의 가정들을 비판하면서 새롭게 제안된 관점이다.

(2) 타일러(Tyler)는 교육적 수단에 의한 학생들의 '변화'에 관심을 가지면서 이러한 변화를 알아보기 위한 일련의 검사절차를 '평가(evaluation)'라는 용어로 표현하기 시작하였다.

(3) 평가관은 설정된 교육목표에 준해서 학습자의 행동이 어떻게 분화했는가에 조점을 두고, 이를 확인할 수 있는 다양한 증거와 정보를 요구한다.

(4) 양적 기술의 측정뿐만 아니라 질적 기술을 포함하며, 더 나아가 이러한 양적·질적 기술에 대한 가치판단까지 포함한다.

2 특징

(1) 평가관은 존재하는 모든 실재의 안정성(stability)을 부정하면서 인간의 행동특성은 언제나 변화한다고 가정한다.

① 교육은 본질적으로 개인의 변화, 발달, 성장을 전제로 하고 있으며 인간의 행동특성은 내적·외적 요인에 따라서 항상 변화한다.

② 평가관은 이러한 '변화'를 검사하려는 것이며, 일반적으로 교육의 궁극적인 목표가 교육적 수단을 통해 학생들에게 바람직한 변화를 일으키려는 것이라고 할 때, 평가관은 교육목표에 대한 성과로 여기서 말하는 '변화'는 단순히 자연적으로 나타나는 변화가 아니라, 설정된 교육목표에 따라 구체적인 수단을 통해 나타나는 의도된 변화를 의미한다.

(2) 평가관에서는 '의도된 변화'를 평가하기 위해서 변화의 목표를 중요시하는데, 목표가 명확히 정의되어 있느냐가 의도된 변화를 평가하기 위한 전제조건이기 때문이다.

① 측정관과 달리 평가정보의 객관성과 신뢰성보다는 평가도구의 타당도, 특히 내용타당도(content validity)를 중요시한다. 내용타당도는 검사도구가 의도한 목표를 얼마나 잘 대표하고 있는지를 나타내기 때문이다.

② 측정관에서 객관성과 신뢰성을 위해 양적 자료에 치중한 것과 달리, 평가관에서는 교육목표의 달성을 위한 변화를 파악할 수 있는 다양한 증거를 강조하며 양적·질적 자료 모두 중요하게 여긴다.

(3) 측정관에서 외부요인이나 환경을 제거해야 할 오차(error)변인으로 가정한 것과 달리, 평가관에서는 환경을 변화를 초래하는 중요한 자원으로 본다

① 평가관은 인간행동의 변화가능성을 전제함으로써 교육목표의 달성을 위해서 학생의 행동변화뿐 아니라 이러한 변화를 가능하게 하는 교육과정, 교수학습방법 및 자료, 교사의 전문성, 교육프로그램에 대한 평가에도 관심을 가진다. 측정관에 비해 평가의 범위가 더 넓다고 볼 수 있다.

② 검사에 대한 시각에 있어서도 측정관은 검사가 미치는 영향을 제한하거나 최소화하려는 반면, 평가관에서는 검사의 영향 자체가 학생의 행동변화를 일으키는 중요한 자원이라고 본다. 즉, 학생들과 성취목표에 대해 의사소통하고, 연습의 기회를 제공하며, 자기평가를 하는 등 수업전략으로써 평가를 활용할 수 있어야 한다.

(4) 평가의 증거로 여러 증거를 합산한 단일 총점을 사용하지만 반응유형, 오류의 유형과 질, 실패의 원인 등을 밝힐 수 있는 질적 증거도 유효한 증거로 활용한다.

① 측정관은 선발적 교육관의 입장에서 선발과 개인차 변별에 치중하므로 객관도, 신뢰도를 높이기 위한 표준화된 검사절차를 중요시한다.

② 발달적 교육관의 입장에서 교육목표의 달성을 중요하게 생각하기 때문에 표준화된 검사절차 이외에도 다양한 방법과 증거를 활용함으로써 학생의 바람직한 변화를 이끌어 내는 것을 강조한다.

(5) 평가관에 의해 얻은 결과는 주로 평점, 자격판정, 배치, 진급 등을 위해 개인을 분류하고 판단하는 데 사용된다.

① 발달적 교육의 관점에서는 모든 학습자에게 적절한 교수·학습방법만 제시된다면 누구나 의도하는 교육목표를 달성할 수 있을 것이라고 본다.

② 교육의 성패에 대한 일차적인 책임은 교사 또는 학습환경에 있다고 보기 때문에 교수학습방법, 교육프로그램, 수업, 교사의 전문성, 교육과정의 효율성을 판단하기 위해 평가를 활용하기도 한다.

(6) 평가관은 교육을 통한 인간행동의 변화가능성과 교육의 효과에 대해 긍정적인 입장을 취하는 발달적 교육관과 밀접한 관련이 있다.

상대적인 비교를 통한 학습자의 개인차 변별과 선발에 초점을 두기보다는 교육목표의 달성을 통한 개인의 성장과 발달을 중요하게 생각한다.

제4절 총평관

1 기본입장

(1) 총평관(assessment)은 역사적으로 볼 때 가장 나중에 출현한 평가의 관점으로, 총평이라는 용어는 '전인적 평가'라고 불리기도 하며, 어떤 일을 조사하거나 심사해서 결정한다는 뜻의 '사정(査定)'으로 쓰이기도 한다.

(2) 총평이라는 용어는 머레이(H. Murray, 1938)가 그의 저서 『인성의 탐구(Explorations in Personality)』에서 'Assessment of Men'을 처음 쓰면서 사용되기 시작했다.

(3) 그 후 제2차 세계대전 중 미국정보국인 CIA의 전신인 O.S.S.(Office of Strategic Service)에서 첩보요원 적성평가방법으로 '총평(assessment)'을 사용하면서 널리 쓰이게 되었다.

(4) 우리나라 대학의 입학사정관이 신입생을 선발할 때 다양한 자료를 활용하여 종합적으로 평가하는 과정이나, 또는 의사가 환자의 병을 진단하기 위해 채혈, 혈압측정, X-ray, 초음파검사 등의 수치와 환자의 과거 병력, 현재의 몸 상태나 나타나는 증상 등을 종합적으로 고려하는 것이 총평이라고 할 수 있다.

(5) 총평관은 개인의 환경의 상호작용에 깊은 관심을 갖고, 인간행동의 변화가능성을 전제로 한다는 점에서는 평가관과 유사한 측면이 있다.

2 특징

(1) 총평관은 환경을 개인과 상호작용하는 주체적인 존재로 보며, 개인과 환경의 역동적 관계에 의해서 개인의 행동특성이 변화한다고 본다.

① 평가관에서는 환경을 개인의 행동변화에 영향을 주는 외적 요인으로 보고, 교육목표의 달성을 위해서 인간행동 특성의 변화뿐만 아니라 환경변인에 대한 평가에도 초점을 맞추고 있다. 평가관은 개인에 대한 평가와 환경에 대한 평가를 동시에 중시한다.

② 총평관은 개인에 대한 전인적 평가를 위해 개인과 환경의 역동적인 상호작용에 검사의 초점을 두고 있다는 점에서 평가관과 차이가 있다.

(2) 총평관은 개인과 환경의 역동적 관계를 분석하기 위하여 다양하고 포괄적인 자료를 사용한다.

① 총평관에서 사용하는 정보는 양적(quantitative), 질적(qualitative) 방식을 모두 활용하여 고도로 구조화된 객관식 검사, 자기보고법, 관찰법, 면접법, 역할놀이, 자유연상법 등으로 다양한 형태의 자료를 얻을 수도 있다.

② 이때 수집된 다양한 증거는 독립적으로 간주하기보다는 개인, 환경이라는 주체 안에서 종합적으로 해석될 수 있도록 각각의 체계를 설정하여 서로 간의 역동적 관계를 분석한다.

③ 총평관에서는 이러한 다양한 증거 사이의 합치성(congruence)을 판정하고 검토하는 것이 중요한 절차이다.

예 대학에서 신입생을 선발하기 위해 고등학교 내신성적, 학교생활기록부, 대학수학능력시험, 논술고사, 면접 등의 다양한 자료를 수집하는 것이 총평관에 따른 입학사정이라 할 수 있다.

(3) 총평관은 수집된 다양한 증거들을 각각 따로 보는 것이 아니라, 이를 종합적으로 활용하여 개인과 환경 사이의 역동적인 상호작용을 파악하고자 한다.

① 총평관은 측정하고자 하는 구인을 제대로 측정하는지 검증하는 구인타당도(construct validity)를 중요하게 여기는 경향이 있다. 왜냐하면 총평관에서 개인, 환경과 그 상호작용에 대한 분석은 여러 구인들 간의 관계를 바탕으로 하나의 이론(theory)을 형성하게 되기 때문이다.

② 개인의 구체적 행동특성과 환경에 대한 증거 그리고 이 둘 사이의 상호작용에 대한 증거가 이론과 구인에 얼마나 부합하는지를 중요하게 본다.

(4) 총평관은 학습자의 인격적 성장, 통합, 자율성 및 자아실현을 강조하는 인본주의적 교육관과 밀접한 관련성을 가지고 있다.

① 인본주의 관점에서는 학습자가 자율적이고 적극적으로 학습에 참여하는 것을 중시하며, 반대로 타율적이고 수동적인 교육은 비인간적인 것으로 본다.

② 인간행동의 특성을 부분적으로 보기보다는 전인적인 관점에서 이해하려는 측면에서 인본주의적 교육관은 총평관과 깊은 관련을 갖는다고 할 수 있다.

③ 지필검사를 통해 학습자의 지식이나 기능에 의한 정답 여부나 최종적인 산출물에만 관심을 둔 과거의 평가관행에서 벗어나 학생들의 수행과정과 그 결과를 총체적으로 평가하고자 하는 전인적 평가로서의 수행평가(performance assessment)가 도입된 것은 바로 이러한 관점에 근거한 것이다.

교육평가관의 비교

평가관 관점	측정관	평가관	총평관
인간행동 특성을 보는 시각	• 항구적이고 불변적인 것으로 간주 • 개인의 정적 특성	• 안정성이 없고 가변적인 것으로 간주 • 개인의 변화하는 특성	• 환경과의 상호작용에 의한 가변적인 것으로 간주 • 환경과 개인의 역동적 관계에서 변화하는 특성
환경을 보는 시각	• 환경의 불변성 신념 • 환경변인의 통제 및 영향의 극소화 노력 • 환경을 오차변인으로 간주	• 환경의 변화성 신념 • 환경변인의 이용 • 환경을 행동변화의 자원으로 간주	• 환경의 변화성 신념 • 환경과 학습자의 상호작용을 이용 • 환경을 학습자 변화의 한 변인으로 간주
검사에서의 강조점	• 규준에 비추어 본 개인의 양적 기술 강조 • 간접증거 • 객관도와 신뢰도 강조	• 교육목적에 비추어 본 개인의 양적·질적 기술 강조 • 직접증거 • 내용타당도 강조	• 전인적 기능 혹은 전체 적합도에 비추어 본질적 기술 강조 • 직접·간접증거 • 구인타당도 강조
기본적 증거수집방법	• 지필검사(표준화검사) • 양적	• 변화의 증거를 얻을 수 있는 모든 방법 • 양적·질적	상황에 비춘 변화의 증거를 얻을 수 있는 모든 방법
장점	효율성	교육목표와의 연계	개인과 환경 양 측면에서 증거의 탐색
검사결과의 활용	• 예언, 분류, 자격부여, 실험 • 진단에 무관심	• 예언, 자격부여, 프로그램 효과 판정 • 교육목표 달성도의 진단	• 예언, 자격부여, 분류, 실험, 선발 • 준거상황이나 역할에 비추어 본 진단

CHAPTER

03 교육평가의 모형

제1절 타일러(Tyler)의 목표중심적 접근

1 기본입장

(1) 평가에 대한 목표중심적 접근은 **미리 설정하여 놓은 목표를 평가의 기준**으로 삼아 그 **목표가 실현된 정도를 판단**하는 데에 초점을 두는 입장이다.

(2) 목표중심적 접근을 대표하는 학자로는 최초로 '교육평가'(educational evaluation)라는 용어를 공식적인 학문용어로 사용하기 시작한 타일러를 들 수 있다.

(3) 타일러는 교육평가를 **'설정된 교육목표에 따라 적합한 교육내용이 교수되고, 이러한 교육과정을 통해 실제로 교육목표가 실현된 정도를 가늠하는 과정'**으로 개념화한다.

(4) 타일러식 정의는 최초로 교육의 전체적인 맥락 안에서 교육평가의 기능과 역할을 논의했을 뿐만 아니라, **교육의 과정과 교육평가를 연계**시켰다는 의의를 지닌다.

2 8년 연구

(1) 타일러가 교육평가에 있어서 목표를 강조하게 된 것은 1933년부터 1941년에 걸쳐 진행된 '8년 연구'의 경험 때문이다. 8년 연구는 고등학교에서 실시된 진보주의 교육의 효과를 검증하기 위해 진행된 연구이다.

(2) 8년 연구가 진행되는 동안 타일러는 교육목표 자체가 다른, 전통적인 교육과 진보주의 교육의 효과를 동일한 평가도구에 의해 판단하는 것은 타당하지 못하다는 결론은 얻게 된다. 즉, 진보주의 교육을 실시하였으면 진보주의 교육이 목표한 바가 얼마나 제대로 실현되었는지를 판단하는 것이 제대로 된 평가라는 것이다.

3 교육목표

(1) 목표중심적 접근은 **'교육목표는 구체적으로 설정될 수 있고 실제로 어느 정도 실현됐는지에 대한 파악이 가능하다'**라는 것을 전제한다.

(2) 타일러의 후학으로서 목표중심적 접근을 발전시켜 나간 블룸(Bloom)이나 크래쓰올(Krathwohl) 등이, 명확히 진술되며 측정 가능한 **행동목표를 범주화하고 상세화**하는 데에 학문적 노력을 기울이게 된 것도 바로 이러한 맥락에서 비롯된다.

(3) 목표중심적 접근에서의 교육목표는 실제로 실현된 정도가 파악될 수 있어야 하기 때문에 일반적으로 **교과의 내용**과 **학생의 구체적인 행동**이 결합된 형태로 진술된다.

(4) 교육을 통해 학생이 성취하기를 바라는 **바람직한 행동의 지속적인 변화**를 교육목표로 설정하는 것이다. 이러한 행동의 변화가 학생에게 실제로 어느 정도 일어났는가를 가늠하는 과정이 바로 교육평가인 것이다.

개념 +

목표중심 평가에서 교육목표 진술의 예

- 이차방정식의 근의 공식을 유도할 수 있다.
- 농민의 국가에 대한 전세·역·공납의 부담을 설명할 수 있다.
- 경제성장, 소득분배, 사회복지 등의 기본개념을 이용하여 우리나라 경제상황을 설명하고 미래 경제성장에 대한 전망을 할 수 있다.

4 장점

(1) **명확한 평가기준(교육목표)을 제시**한다.

(2) **교육과정과 평가의 논리적 일관성**을 유지한다.

(3) 평가를 통해 **목표의 실현 정도를 파악**한다.

(4) 교육프로그램의 개발자나 교사들로 하여금 결과 확인을 통해 자신들의 **교육활동에 대한 책무성을 가지도록 자극**한다.

5 한계점

(1) 목표중심 평가에 의하면, **행동용어로 진술하기 어려운 평가가 어렵다.**

(2) **목표로 설정되지 않은 교육의 부수적인 결과**에 대해서는 평가가 이루어지지 않는다.

(3) 목표중심 평가는 **지나치게 결과에 대한 평가만을 강조**하는 경향이 있다.

제2절 스터플빔(Stufflebeam)의 경영적 접근(의사결정적 접근)

1 기본입장

(1) 평가에 대한 경영적 접근은 기본적으로 **투입과 산출을 기준으로 운영되는 경영체제에서의 효율성**을 가늠하는 데 평가과정의 초점을 두는 입장이다.

(2) 경영적 접근은 평가를 **'의사결정자에게 필요한 정보를 제공함으로써 의사결정을 돕는 과정'**으로 본다는 면에서 '의사결정적 접근'이라 불리기도 한다.

(3) 경영적 접근 또는 의사결정적 접근을 대표하는 학자로는 **CIPP 모형을 제안한 스터플빔**을 들 수 있다.

(4) 스터플빔은 1960년대 중반에 미국에서 성행하던 체제이론과 관리이론의 영향을 받아들여 교육평가는 **교육행정가가 올바른 의사결정을 내리는 데 필요한 정보를 제공하고, 그 결정이 갖는 장점과 단점을 파악**할 수 있도록 해 주어야 한다는 입장을 주장하였다.

2 의사결정 단계

스터플빔은 조직 내 의사결정은 다음 4가지의 유형에 따라 단계적으로 이루어져야 함을 제안한다. 이들 의사결정 유형은 계획 단계, 구조화 단계, 실행 단계, 결과 단계로 구분된다.

계획 단계	조직의 경영목표를 확인하거나 선정하는 등의 의사결정(planning decision)이 이루어진다.
구조화 단계	목표달성에 적합한 절차나 전략을 설계하는 등의 의사결정(structuring decision)이 필요하다.
실행 단계	구조화 단계에서 결정된 절차나 전략을 행동으로 옮기는 것과 관련된 의사결정(implementing decision)이 이루어진다.
결과 단계	목표가 달성된 정도를 판단하고 의견을 제시하는 의사결정(recycling decision)이 필요하다.

3 CIPP 모형

평가는 이러한 네 단계에서의 의사결정을 내리는 데에 도움이 되는 정보를 제공하는 기능을 한다. 따라서 네 단계의 의사결정을 위해 이루어지는 평가 또한 4가지 유형으로 구분된다. 스터플빔이 제안한 평가는 상황평가, 투입평가, 과정평가, 산출평가로 구성된다.

PART 09

상황평가 (Context evaluation)	계획 단계의 의사결정에 도움이 되는 정보를 제공하기 위한 평가로, 주로 구체적인 상황이나 환경적 여건을 파악한다.
투입평가 (Input evaluation)	구조화 단계의 의사결정에 도움을 주기 위한 것으로, 현재 어떠한 산물이 투입되고 있고 앞으로는 어떠한 산물이 투입되어야 하는가를 파악한다.
과정평가 (Process evaluation)	실행 단계의 의사결정에 도움을 주기 위한 것으로, 구조화 단계에서 수립한 전략이 실행되는 과정에서 고려해야 할 점이나 발생 가능한 사건 등을 파악한다.
산출평가 (Product evaluation)	결과 단계에서의 활용을 위한 것으로, 전체 과정을 통해 산출된 결과의 가치를 판단하는 데에 도움이 되는 정보를 수집한다.

스터플빔의 CIPP 모형

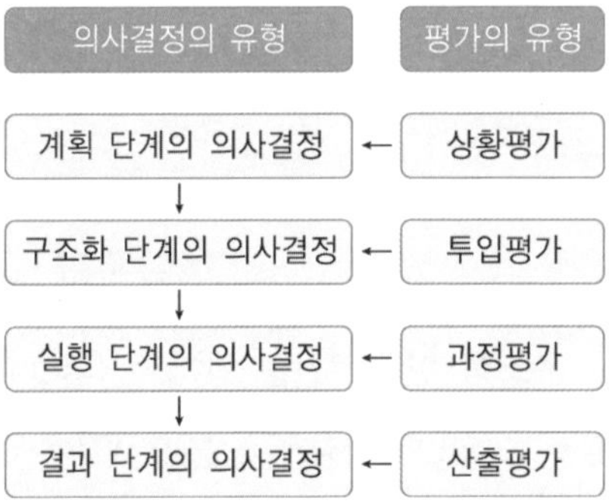

4 평가

(1) 경영중심 평가는 기본적으로 **투입과 산출을 기준으로 목표와 결과 간에 논리적 일관성을 유지**한다는 점에서 목표중심 평가와 공통점을 지닌다.

(2) 목표중심 평가는 목표가 실현된 정도를 파악하는 데에 주요 초점을 맞춘 반면, 경영중심 평가는 목표설정에서부터 설계, 실행, 결과에 이르기까지 **전체 과정의 각 단계에 적절한 평가를 수행할 것을 제안**한다.

(3) 목표중심 평가에서 평가자의 임무를 **교육의 효과에 대해 신뢰할 만한 증거를 제공**하는 것으로 제한했다면, 경영중심 평가에서는 평가자의 임무를 **의사결정자에게 도움을 주는 것으로까지 확대**시켰다는 의의를 지닌다.

(4) 평가에 대한 경영적 접근은 비교적 투입과 산출이 명확하고 구체화된 **기업체 등에 유용한 관점**이다. 교육은 투입한 만큼 산출되어 나오는 것이 아니고 그 효과가 나타나는 시기 또한 즉각적이지 않은 경우가 많기 때문이다.

제3절 울프(Wolf)의 배심원적 접근

1 기본입장

(1) 평가에 대한 배심원적 접근은 **서구식 재판 패러다임을 이용하여 평가의 과정을 설명**하려는 입장으로, 대표적인 학자로는 울프를 들 수 있다.

(2) 울프 자신은 이를 재판모형(Judicial Evaluation Model: JEM)이라고 표현하였으나, 서구의 법정이 우리나라의 법정과는 다른 절차에 의해 이루어지므로, 서구식 법정의 특징을 잘 나타내 주는 배심원적 접근이라는 표현이 이 입장을 더 잘 나타내 줄 것이라고 보인다.

2 특징

(1) 배심원적 접근에서는 마치 재판과정에서 판사, 검사, 변호사, 배심원들이 원고와 피고의 대립되는 주장을 청취한 다음 판결을 내리는 것과 유사한 방식으로 평가가 수행되어야 함을 강조한다.

(2) 이러한 평가는 특히 교육정책, 교육제도, 교육프로그램, 수업방법 등의 **적합성이나 효율성을 평가**하는 데 적절한 것으로 보인다.

(3) 새로운 수업방법의 도입을 놓고 이를 지지하는 자(변호사)와 이를 반대하는 자(검사)가 자신의 의견을 객관적인 자료를 동원하여 주장하며, 이를 청취한 배심원들은 논의의 과정을 거쳐 판결을 내리고, 평가자(판사)는 이 모든 과정을 주관한다. 이때 평가의 과정에 있어서는 재판과정과 마찬가지로 **객관성, 공정성, 공개성** 등이 특히 강조된다.

3 반대론적 평가모형

(1) 배심원적 평가는 평가자가 재판에 등장하는 인물 가운데 어떤 인물의 역할을 본떠서 어떤 형식으로 운영하느냐에 따라 다양한 활용이 가능하다. 가령 판사와 배심원을 제외하고 검사와 변호사만으로 평가를 진행하는 것도 가능하다. 이를 반대론적 평가모형(Adversary Evaluation Model)이라고 한다.

(2) 검사와 변호사만 있으면 서로 반대되는 주장만 내세우게 되기 때문에 반대론적 평가모형은 배심원적 접근을 응용한 평가모형의 한 예로 볼 수 있다.

4 장점

(1) 최종적인 판단으로 인해 발생하는 **긍정적인 면과 부정적인 면을 공개적인 주장과 논의**를 통해 신중하게 살펴볼 수 있다.

(2) 최종적인 판단에 찬성하는 입장이나 반대하는 입장을 미리 설정하고, 각자의 입장에서 자신의 주장을 배심원들에게 설득시키기 위해 객관적인 자료를 확보하여 이를 논리적으로 주장하려는 노력들이 체계적으로 이루어지기 때문이다.

5 한계

(1) 객관적인 자료의 수집이 어려운 경우에는 적용에 한계가 있다.

(2) 검사나 변호사 역할을 수행하는 사람의 토론하는 능력에 따라 최종적인 판단이 좌우될 수 있다.

제4절 스크리븐(Scriven)의 탈목표평가: 판단적 접근

개념 +

판단적 접근

평가에 대한 판단적 접근은 평가하는 데 있어서 평가자의 전문적 판단을 중시하는 입장이다. 판단적 접근에서는 평가를 '**전문가의 전문적인 지식과 기술을 바탕으로 평가대상의 가치를 체계적으로 판단하는 활동**'으로 간주한다.
판단적 평가에서는 어떤 기준을 사용하여 판단을 내릴 것인가가 중요한 문제로 떠오르며, 전문가의 지식과 기술 그리고 자질과 경험을 중시한다. 구체적인 기준에 대해서는 상황에 따라 가변적이기 때문에 일반적인 기준을 서술한다는 데에 무리가 있다. 어떤 평가에서든 가치판단이 개입된다는 점을 고려하면 대부분의 평가모형들은 어느 정도 판단적 접근의 요소를 지니고 있다고 볼 수 있다. 판단적 접근의 대표적인 학자로는 스크리븐(Scriven), 스테이크(Stake), 아이즈너(Eisner) 등을 들 수 있다.

1 기본입장

(1) 스크리븐이 제안한 탈목표평가(goal-free evaluation)는 미리 설정된 목표만을 기준으로 하여 목표의 실현된 정도를 판단하는 평가를 벗어나서 **교육의 과정에서 발생하는 기타 부수적인 결과의 가치까지도 판단**해야 함을 주장한다.

(2) 스크리븐은 평가자가 교육목표를 사전에 알게 되면 의식적이든 무의식적이든 그 목표에 근거해서 모든 것을 판단하려 하기 때문에 평가에 있어 오히려 **편견과 비합리적인 사고**에 빠질 우려가 있다고 본다.

(3) 스크리븐이 목표 자체를 중시하지 않는 것은 아니며, 미리 설정된 목표 이외의 **다른 유용한 기준도 반영해서 종합적으로 판단**해야 함을 주장하는 것이다.

2 특징

(1) 탈목표평가에서는 목표중심 평가와 달리 미리 설정된 구체적인 목표라는 평가기준만으로 판단하지 않으므로, 어떤 기준에 근거하여 판단을 내리느냐를 결정하는 것이 **평가의 타당성을 확보**하는 가장 중요한 과제가 된다. 결과적으로 이러한 과정에서 **전문가로서의 평가자의 역할이 강조**된다.

(2) 스크리븐은 전문적인 평가자라면 의사결정에 도움이 되는 자료를 수집하거나 일어난 현상 모두를 자세히 기술하는 데 그쳐서는 안 되고, **평가하려는 현상이나 대상의 가치에 대해 반드시 최종적인 결정**을 내려 주어야 함을 강조한다.

(3) 결과적으로 스크리븐은 **교육의 결과를 종합적으로 판단**하는 평가를 중시하게 된다.

3 장점

(1) 타일러가 주장한 목표중심 평가가 미리 설정된 목표 이외의 교육효과에 대한 평가를 간과한다는 **약점을 보완해 준다.**

(2) 사전에 제시된 목표 자체에 대해서도 판단할 수 있는 여지를 남겨 둔다는 장점을 지닌다.

개념 +

수요자 중심 평가(client centered evaluation)

수요자 중심 평가도 미리 설정된 목표기준에 의해서만 대상을 판단하지 않고 다른 기준에 근거하여 평가한다는 점에서 탈목표 평가의 하나로 포함시킬 수 있다. 수요자 중심 평가란 교육적 서비스 상품의 주 수요자인 학생, 학부모, 또는 교사를 대신해 교육적 서비스의 상대적 장단점을 판단하여 수요자가 상품을 현명하게 선택·구입할 수 있도록 도움을 주는 정보를 수집하여 제공하는 것을 말한다. 수요자 중심 평가에서는 수요자가 원하는 정보를 제공해 주는 것이 중요하므로 평가기준의 선택 자체가 매우 중요한 과제로 떠오른다. 연구소에서 출판된 연구보고서를 활용하는 수요자가 얼마나 만족하는가를 기준으로 보고서의 질을 평가하는 것은 수요자 중심 평가의 한 예이다.

제5절 스테이크(Stake)의 종합실상평가: 판단적 접근

1 기본입장

(1) 스테이크에 의해 주장되는 종합실상평가(countenance of educational evaluation)는 교육 프로그램의 **전체적인 실상을 평가하는 것을 강조**하는 입장이다.

(2) 스테이크의 주장에 따르면, 평가자는 평가대상을 **종합적으로 완벽하게 관찰해서 충실하게 기술(describe)하는 동시에 정확하게 판단(judge)**해야 한다.

2 특징

(1) 스테이크는 평가에 있어서 **기술하는 것과 판단하는 것을 명확히 구분**한다.

(2) 가장 제대로 된 판단을 내리기 위해서는 먼저 **평가대상에 대한 기술이 제대로 이루어진 후 이에 대한 판단이 내려져야 비로소 평가가 완성**될 수 있음을 제안한다.

(3) 평가의 과정에서는 반드시 **기술과 관련된 정보와 판단과 관련된 정보가 동시에 수집**되어야 한다. 기술과 관련된 자료수집은 사전조건, 실행과정, 결과에 대한 의도 및 과정에 초점을 두며, 판단과 관련된 자료수집은 사전조건, 실행과정, 결과에 대한 판단과 판단기준에 초점을 두어 이루어진다.

(4) 스테이크는 평가가 이루어지는 방식에 따라 과학적 방법에 의해 객관적으로 판단을 내리는 공식적 평가와 공식적 절차에 의하지 않는 비공식적 평가를 구분하며, 무엇보다도 평가기준을 명확하게 밝히는 공식적 평가의 중요성을 강조한다.

제6절 아이즈너(Eisner)의 비평적 평가: 판단적 접근

1 기본입장

(1) 아이즈너로 대표되는 비평적 평가는 교육평가가 **예술작품을 비평하는 것과 같은 방식**으로 이루어져야 함을 주장하는 입장이다.

(2) 아이즈너는 **행동주의 심리학에 입각한 목표중심 평가나 경영적 평가의 과학적·기술적 접근을 비판**한다.

(3) 이러한 평가는 교육현상을 **수량화·단순화**시킴으로써 개별 현상의 **고유성을 무시**하고, 미리 설정된 공통된 목표에 대한 과중한 의존으로 현재 발생되는 현상을 경시하는 동시에 **교육의 개별화와 인간화를 저해**하며, 교육의 **질적인 측면을 경시**하게 된다는 것이다.

2 감상과 비평

아이즈너(Eisner, 1985)는 자신의 비평적 평가의 입장을 제안하기 위해 우선 감상과 비평을 개념적으로 구분하여 설명한다.

감상	사물에 대한 경험을 깨닫고 느끼며 이해하는 개인적(사적) 차원의 행동
비평	자신이 이해한 바를 바르고 새로운 시각에서 그 의미와 가치에 대해 판단을 내리는 사회적(공적) 차원의 행동

3 비평적 평가

(1) 감상은 비판적 행동 없이 수행될 수 있으나, 감상을 거치지 않은 비평은 존재할 수 없다.

(2) 비평적 평가는 현상을 **기술하고, 이를 해석하며, 마지막으로 판단**을 내리는 세 가지 행위를 모두 포함하여야 한다.

(3) 비평적 평가에서 평가자는 마치 포도주를 맛보고 질을 판단하는 와인감정가와 같이 교육현상을 보고 교육활동의 질을 판단할 수 있는 **교육적 감식안**을 지녀야 한다.

(4) **평가자의 전문성이 평가결과의 타당성과 합리성을 확보**해 주는 가장 중요한 요건인 것이다. 따라서 성공적인 평가를 위해서는 평가자의 교육적·평가적 전문성 확보가 필수적이다.

4 장점

평가자의 전문적 판단능력을 특히 강조하는 아이즈너의 비평적 평가는 교육현장에서 대부분의 학생평가를 수행하는 **교사의 평가자로서의 전문성 확보**라는 측면에 많은 시사점을 제공한다.

5 한계

지나치게 평가자의 전문성에만 의존하게 되는 비평적 평가는 선발을 위한 평가 등 평가결과가 주요한 의사결정에 이용되는 경우에는 자칫 **평가의 주관성 등이 문제**가 될 수 있다는 한계를 지닌다.

제7절 구바(Guba)와 링콘(Lincoln)의 자연주의적 평가: 다원적·직관적 접근

개념

다원적·직관적 접근

평가에 대한 다원적·직관적 접근에서는 평가현상을 더 이상 절대적이고 객관적인 관점에서 이해하지 않는다. 목표와 평가 간의 논리적 일관성, 투입과 산출의 효율성, 전문가의 판단과 객관적인 평가기준 등은 다원적·직관적 접근에서 지향하는 것과는 거리가 멀다. 다원적·직관적 접근은 절대적이고 객관적인 진리의 존재를 부인한다. 평가는 바람직한 기준에 비추어 그 가치를 판단하는 것이 아니다. 바람직한 기준이란 상대적이며 주관적인 것이다. 따라서 평가란 **'그 과정에 개입하는 특정한 개인 혹은 집단들의 상호작용적 과정을 통해 바람직한 결과를 만들어 내는 것'**이다. 여기에 상황을 초월해서 절대적으로 바람직한 판단이란 존재하지 않는다.

1 기본입장

(1) 구바와 링콘의 자연주의적 평가(naturalistic evaluation)는 평가에 대한 다원적·직관적 접근을 대표하는 입장이다.

(2) 자연주의적 평가에서는 평가를 **'평가자를 포함한 이해관계자들의 상호작용과정을 통해 창조해 나가는 것'**으로 개념화한다.

(3) 이해관계자들의 평가과정에의 참여를 강조한다는 점에서 **'참여적 평가'**로 부르기도 한다.

2 정보의 수집

구바와 링콘은 평가의 과정에서 다음의 5가지 정보를 수집해야 함을 제안한다.

(1) 평가목표, 구체적 환경, 주변의 조건에 관한 기술

(2) 관련 인사들의 관심

(3) 관련된 주제들

(4) 평가대상

(5) 평가의 가치와 관련된 기준 등

3 특징

자연주의적 평가에서는 스터플빔이 주장한 것처럼 의사결정자에게 봉사하는 역할을 수행하기보다는 **평가의 과정에 관련되는 이해관계자들에게 봉사**해야 할 것으로 기대된다.

CHAPTER 04

평가기능에 따른 평가유형

제1절 진단평가

1 정의

(1) 진단평가(diagnostic evaluation)란 **교수·학습활동이 시작되기 전에 초기단계에서 수업전략을 위한 기초자료를 얻고 어떠한 수업방법이 적절한지 결정하기 위해, 학습자가 가지고 있는 능력 및 특성의 양상이나 원인을 체계적으로 파악하여 이를 토대로 교육목표 설정, 교수·학습 계획, 평가 계획 수립 등에 적용하기 위한 활동**을 말한다.

(2) 학습자의 특성을 파악하여 학생에게 맞는 적절한 수업을 전개하기 위한 일종의 **학생 개개인에 대한 진단**이라 할 수 있다.

(3) **교수·학습을 투입하기 전에 학습자의 구체적인 특성을 미리 파악**할 수 있어야 하며, 진단평가는 **학습이 시작되기 전에 학생이 소유하고 있는 특성을 체계적으로 관찰·측정**하여 사전학습의 정도, 적성, 흥미, 동기, 지능 등을 분석한다.

2 의미

(1) 진단평가는 오랫동안 학습장애의 원인을 분석·진단하기 위해 실시하는 평가라고 해석되어 왔다. 그러나 최근에는 진단평가가 어떤 단원의 학습을 위해 수업 전에 학습자가 반드시 알고 있어야 할 기초지식이나 기술을 갖고 있는지 점검하는 **출발점행동평가(evaluation of entry behavior) 또는 투입행동평가(evaluation of input behavior)를 의미**하는 것으로 변하고 있다.

(2) 출발점행동평가 또는 투입행동평가는 단순히 지식이나 기능적인 측면뿐만 아니라 **학생이 학습을 시작할 때 가지고 있는 인지적, 정의적 출발점 행동 모두를 포함**한다.

① **인지적 행동에는 지능과 적성, 인지유형, 선행학습, 기본기능 등이 포함**될 수 있다.

② **정의적 행동에는 동기, 흥미, 태도, 자아개념, 불안, 가정환경, 개인 생활사** 등이 있다.

3 사례

(1) 수업 전 실시하는 쪽지시험이나 퀴즈, 전 수업에 대한 복습질문, 전 학년도 성적표나 생활기록부를 토대로 학습자의 특성을 파악하여 교사가 제작한 질문이나 시험이 있다.

(2) 진단평가에서는 준비도검사, 적성검사, 자기보고서, 관찰법 등의 다양한 평가도구가 활용될 수 있다.

4 목적

(1) 진단평가의 궁극적인 목적은 **학습을 극대화**하려는 것이며, 진단을 제대로 하지 못하면 교육내용이나 교수법을 적절히 세우지 못하여 적절한 교수·학습의 행위가 이루어지지 않아 교육목표에 도달하기 어렵게 된다.

(2) 적절한 수업전략을 투입하기 위해서는 진단평가의 역할이 매우 중요하다.

(3) 진단평가에서는 학습자의 **출발점 행동이나 사전 지식수준, 학습결손이나 학생의 특성을 파악**할 필요가 있다.

예 초등학교 수학에서 학습목표가 곱셈을 계산하는 것이라고 할 때 이를 제대로 이해하기 위해서는 사전에 덧셈에 대한 이해가 선행되어야만 한다. 만약 학습자가 덧셈을 제대로 계산해내지 못한다면, 곱셈에 대한 올바른 학습이 이루어지기 어려울 것이다.

5 교사의 역할

(1) 교사는 본격적으로 수업을 하기 전에 **학습결손의 정도를 파악**해야 한다.

(2) 보충학습 같은 개별처치를 통해 **결손을 보완할 수 있는 기회도 제공**해야 한다.

(3) 학습결손이 해소되지 않은 채 본격적인 수업을 진행하게 된다면 덧셈과 같은 선수요건을 갖추지 못한 학습자는 더욱 깊은 학습부진에 빠지게 되며, 이러한 과정이 지속적이고 반복적으로 누적이 되면 학업포기 및 중도탈락의 위험으로까지 이어질 수 있을 것이다.

(4) 모든 학습자가 출발점 행동이나 선수요건을 완벽하게 갖추어 교과의 사전목표가 이미 충분히 달성이 되었다고 판단이 될 경우에는 다음 단계의 교육경험을 제공할 수 있도록 해야 할 것이다.

예 모든 학습자가 덧셈을 완벽하게 이해할 뿐만 아니라 이미 한 자리 수의 곱셈 계산까지 충분히 할 수 있는 것으로 파악이 되었다면, 두 자리 수 이상의 곱셈 계산까지도 시도할 수 있도록 교육기회를 제공해야 한다.

(5) 학습자의 지적 능력과 다양한 특성을 잘 파악하여 이에 맞는 적절한 교수법과 교육내용을 제공할 수 있어야만 한다.

6 방법·절차

(1) 학습자를 진단하기 위한 형식적인 평가를 실시하기가 용이하지 않은 경우에는 전 학년도의 성적표나 학생의 생활기록부를 토대로 학습자의 특성을 파악할 수 있다.

(2) 교수·학습을 투입하기 전에 교사가 간단히 제작한 시험이나 질문 등을 이용하여 진단평가를 실시할 수도 있다.

(3) 학교 이외의 기관에서도 진단평가를 활용할 수 있는데, 사회교육기관 등에서 진단평가의 방법으로 과목 선택의 동기 및 목적, 관련 과목의 수강 여부, 현 직업 그리고 교과를 통하여 얻고자 하는 내용 등을 기술하여 분석할 수도 있다.

(4) 최근에는 대학에서 교양영어 등의 과목은 신입생을 대상으로 입학 전에 배치고사(replacement test)를 실시하여 학생의 수준에 따라서 해당 교과목을 면제해 주거나 수준에 따른 반 편성을 실시하는 추세에 있다.

(5) 일반적으로 진단평가는 교수·학습이 이루어지기 전에 실시하는 것으로 볼 수 있지만, 수업이 진행 중일 때 실시될 수도 있다. 이런 경우의 진단평가는 형성평가와 유사한 측면이 있지만, 그 목적이나 기능 면에서 볼 때 양자는 개념적으로 구분되는 평가활동이다.

제2절 형성평가

1 정의

(1) 형성평가란 **교수·학습이 진행되고 있는 도중에 실시하는 평가**이며, 현재 진행 중인 학습내용에 대한 **학습자의 이해 정도나 기능 수준을 확인하여 학생에게 피드백(feedback)**을 주고, **교육과정 및 수업방법을 개선해 교수·학습의 극대화를 목적**으로 하고 있다.

(2) 교수·학습을 투입하고 난 후 그 **교수법이 학습자에게 적절한지 확인**하여야 하며, 이러한 작업을 형성평가라고 한다.

2 목적

(1) 형성평가는 원래 **교육과정이나 프로그램의 개발과정에서 프로그램 구성 또는 전개방법을 수정·보완하는 데 필요한 정보를 수집하기 위해 실시하는 평가**를 의미하는 용어로 사용되었다.

(2) 교육과정이나 프로그램을 개발할 때의 형성평가는 **학습목표의 선정과 구성 그리고 프로그램의 운영방법과 절차, 그 자체를 평가할 때도 있지만 학생들이 획득한 성취도를 기준으로 평가**할 때도 있다.

예 • 특정한 단원의 수업이 진행되는 도중에 수업방식을 개선하고, 교수·학습을 최적화하는 데 필요한 정보를 수집하기 위한 활동을 형성평가라 할 수 있다.
• 컴퓨터를 이용하는 개별평가, 쪽지시험, 퀴즈, 수업시간 중 학생들의 질문이나 교사가 학생을 지목해서 묻는 질문 그리고 과제 등을 통하여 학습목표가 달성된 정도를 확인하는 이러한 모든 것들이 형성평가에 속한다.

(3) 형성평가는 **현재 이루어지는 교수·학습활동에서 교사와 학습자의 의사소통이 제대로 이루어지고 있는지, 학습자가 교사의 의도를 왜곡하여 받아들이거나 제대로 이해하지 못하는지 등을 즉각적으로 확인**한다. 이를 통해 형성평가의 결과는 **교수·학습활동을 촉진하고 수업을 개선하는 기초정보**가 된다.

(4) 학습자가 **학습에 성공했을 때는 강화가 되고, 학습에 실패했을 때는 오류를 확인하고 이를 즉각적으로 교정할 기회**를 갖게 한다.

3 역할

(1) 형성평가는 학습자의 학습 진행속도를 조절한다.

교과내용의 분량이 많거나 학습내용이 일정한 앞뒤 관계에 의하여 위계적으로 조직되어 있을 때 적절한 빈도로 평가를 실시하여 학습의 진전상황을 점검함으로써 학습의 진행속도를 조절할 수 있다.

(2) 형성평가는 학습곤란을 진단하고 교정한다.

① 학습자에게 교수목표에 비추어 무엇을 성취했고 무엇을 더 학습해야 하는지 구체적으로 알려주는 장점을 가지고 있기 때문에, 학습자는 자신의 학습곤란을 스스로 발견하여 그것을 제거해 나가게 된다.

② 형성평가를 통해 학생 개개인의 결과가 다르게 나타나므로, **개인별 학습능력에 맞추어 개인학습을 진행하도록 도와주고 학습의 개별화를 추구할 수 있다.**

(3) 형성평가는 학습에 대한 강화의 역할을 한다.

① 형성평가를 통해서 설정된 학습목표를 거의 달성하였다는 사실을 학습자가 확인함으로써 그 뒤에 이어지는 학습을 용이하게 해줄 뿐만 아니라 학습동기를 유발할 수도 있다.

② 학습자 자신의 장점과 문제점이 무엇인지를 알게 해야 하며, 형성평가의 결과를 바탕으로 칭찬을 하면 그것이 하나의 교육적인 강화제 역할을 하게 된다.

(4) 성평가는 학습지도방법의 개선에 이바지할 수 있다.

① 교사는 형성평가를 통해 학습자가 학습을 하는 데 있어서 어느 부분이 쉽고 어려운지 구체적으로 파악해야 한다.

② 특정 학습단위에서 실패율이 높게 나타난다면, 그 실패의 원인이 어디에 있는지를 확인하여 교수방법을 분석하고 개선할 수 있다.

4 특징

(1) 형성평가는 일반적으로 **준거참조평가를 지향하며, 평가와 검사도구의 제작은 교사중심**으로 이루어지게 된다.

(2) 형성평가는 평가도구를 제작할 때 **매우 어려운 문제나 매우 쉬운 문제보다는 학습내용에 적절한 난이도의 문제를 출제**하여 **최저성취기준에 의하여 학습의 곤란 정도를 파악**하는 것이 바람직하다.

(3) 학생들의 **상대적 서열에 대한 정보가 중요시될 경우에는 규준참조평가**의 형태를 취할 수도 있다.

(4) 형성평가는 학습자가 드러낼 가능성이 있는 오류 형태를 파악할 수 있도록 다양한 문항들로 구성하되, 평가의 결과는 **최종 성적에 반영하지 않거나 최소화해서 학습자의 긍정적 학습동기를 유발**할 수 있도록 해야 한다.

PART 09

핵심정리

진단평가	• 학습결함, 환경요인, 신체적·정서적 문제와 같이 비교적 장기간에 걸쳐서 형성된 특성을 파악하고자 하며, 이는 수업방법이나 수업자료의 개선으로는 쉽게 변화되기 어려운 측면이 있다. • 상대적으로 고질화된 학습상의 문제에 대한 보다 근본적인 원인을 탐색하려는 활동이다.
형성평가	• 수업자료나 수업방법을 개선함으로써 현재 진행 중인 수업의 효과를 극대화하기 위한 목적으로 실시되는 것이기 때문에 비교적 단기간에 변화될 수 있는 특성이나 요소들을 주요 대상으로 한다. • 단기간의 비교적 단순한 학습상의 문제에 대한 응급처치에 해당한다.

제3절 총괄평가

1 정의

(1) 총괄평가(summative evaluation)는 **비교적 장기간에 걸친 일정 단위의 교수·학습과정이나 프로그램이 종료된 후 교수목표의 달성 여부 및 교육의 효과와 적합성을 종합적으로 판정하는 평가**로 '종합평가'라고 부르기도 한다.

(2) 교육목적에 따라 일련의 **교육행위를 종료한 후 최종적인 결론을 내리게 되는데 이를 위하여 총괄평가가 필요**하다.

(3) 스크리븐(1967)은 **교육과정이 끝난 다음에 교수·학습에서 괄목할 만한 성장**이 이루어졌는가를 규정하고 교육목표를 성취하였는가를 판정하는 평가를 총괄평가라고 하였다.

(4) 총괄평가는 일정 기간의 **수업이 끝난 다음 성취도를 판단하고 수업의 효과를 판단**하기 위해 실시하는 시험으로, 일선 학교에서 흔히 실시되고 있는 **학기말 시험이나 학년말 시험**이 대표적인 사례라고 할 수 있다.

2 목적

(1) 총괄평가의 주된 목적은 학습자가 도달할 것으로 기대되는 교육목표를 어느 정도 성취하였는지 판단하는 데 있으며, 설정된 교육목표가 어떤 성격을 갖느냐에 따라서 교사제작검사, 표준화검사, 작품 평가방법 등이 활용될 수 있다.

(2) 보호자에게 평가결과를 통지하거나 상급학교 진학을 위한 자료 등으로 활용될 수 있기 때문에 일반적으로 진단평가나 형성평가에 비해서는 **형식적인 평가**이다.

(3) 진단평가나 형성평가가 교사와 학생에게 도움을 주는 데 초점을 두고 있다면, 총괄평가는 **교과목 전체 혹은 중요한 부분과 관련하여 학업성취가 어느 정도 달성되었는지를 총괄적으로 평가**하는 데 초점을 둔다.

(4) 결과의 활용 측면에서도 총괄평가는 주로 **점수의 판정과 후속 과제에서의 성공 여부 예측, 집단 간 비교, 자격인정을 위한 의사결정**을 포함하여 측정하려고 한다.

3 문항의 선정

(1) 총괄평가는 일반적이고 광범위한 목표를 망라하므로 평가에 포함되는 문항도 **문항 전체의 성격**을 잘 나타낸 것으로 선정한다.

(2) 문항 선정에서도 **가능한 많은 내용을 포괄**해야 하고, 문항난이도는 **쉬운 문항부터 매우 어려운 문항**까지 학습대상의 수준에 맞게 골고루 분포할 수 있게 한다.

4 역할

(1) 학생의 종합적인 성취보고를 통해 **성취 수준의 도달 여부를 판정하며 서열을 부여**한다.

① 총괄평가의 기능 중에서 가장 큰 비중을 차지하다고 볼 수 있다.

② 학생의 학업성취에 대한 결과보고는 수치로 표시되기도 하지만 기호, 등급, 기술어로 표시되기도 한다.

③ 학업성취 결과가 점수의 판정에 활용될 경우에는 개인이나 사회에 미치는 영향이 크므로 **검사의 신뢰성, 객관성, 공정성이 중요**하다.

(2) 총괄평가의 결과는 **학습자의 미래 학업성적이나 다음에 이어질 후속학습에서의 성공 여부를 예측**하는 자료로 사용된다.

① 고등학교 내신성적이 과연 추후에 대학에서의 학점이나 학업성공을 어느 정도 예측해 주는가가 대표적인 사례이다.

② 일반적으로 고등학교 내신성적과 대학에서의 학점 간 **상관계수**(correlation coefficient)를 통해 성공가능성을 파악해 볼 수 있으며, 만약 상관이 높으면 **예측타당도**(predictive validity)가 있는 것으로 설명할 수 있다.

(3) 총괄평가는 **다음 학년이나 교육과정의 시발점**을 찾을 수 있게 한다.

① 총괄평가는 보통 학기말 또는 학년말에 이루어지므로, 다음에 이어질 교육이나 수업이 시작될 때 학생들의 능력을 판단하는 기초자료로 참고할 수 있다.

② 총괄평가의 결과를 활용하여 학교나 교사는 학생들을 어느 정도 수준에서 가르칠 것인지 판단할 수 있다.

(4) 총괄평가는 **학습자의 자격을 인정하는 판단의 역할**을 한다.

① 어느 대학의 신입생 입학자격이 언어영역 3등급 이상이라고 할 때 이러한 자격을 갖춘 학생들에게 점수부여를 통해 입학자격을 판단할 수 있게 한다.

② 운전면허, 의사면허, 공인회계사 등의 자격증처럼 학습자가 필요한 기능이나 능력, 지식을 충분히 갖고 있는지를 판단하여 자격을 부여하거나 유지하고 인정하는 데 사용된다.

(5) 총괄평가는 **학급 간, 학교 간, 또는 국가 및 국제 비교를 위한 자료**로도 활용된다.

① 집단 간의 비교를 통하여 교육적·정책적 의사결정을 할 수 있는데, 예를 들어 특정 지역의 학업성취도가 낮다면 그 원인을 파악하여 해당 지역에 교육적 지원을 하는 근거자료로 활용할 수 있다.

② 주의할 점은 집단 간 비교를 위한 총괄평가 문항은 어느 특정 집단에만 유리하거나 불리해서는 안 된다는 것이다.

③ 예를 들어, 도시 지역의 학생에 비해서 농·어촌 지역의 학생들이 상대적으로 이해하기 어렵다거나 이들에게 불리한 문항이 포함될 경우에는 제대로 된 집단 간 비교가 어려울 수 있다. 따라서 가능한 모든 집단의 특성을 잘 대표해서 공정하게 실시될 수 있도록 총괄평가 문항이 구성되어야 한다.

5 특징

(1) 형성평가와 달리 총괄평가는 **비교적 장기간에 걸친 학습성과를 총체적으로 나타낸다**는 점에서 중요한 의미를 갖는다.

(2) 총괄평가의 결과는 **입학시험이나 자격시험과 같이 개인에게 커다란 영향을 미치는 의사결정**을 할 때 중요한 기초자료로 사용된다.

(3) 총괄평가의 용도로 사용하려고 하는 검사나 시험은 출제와 관리에 각별히 유의해야 하며, **평가의 객관성과 공정성이 매우 중요**하다.

(4) 시험출제의 측면에서 총괄평가는 **일반적이고 광범위한 교육목표**를 망라하므로, **출제범위가 넓으며 전체 영역이 골고루 포함**될 수 있도록 해야 한다.

(5) 총괄평가는 교수·학습을 진행한 해당 교사가 제작할 수도 있지만, 전국 단위의 학업성취도검사의 경우에는 **교과전문가와 교육평가전문가에 의하여 제작된 표준화검사**를 실시하기도 한다.

(6) 평가의 목적에 따라서 총괄평가는 서열에 의한 판단이 중요한 경우에는 **규준참조평가(상대평가)**로 실시할 수 있으며, 최저기준의 통과 여부가 중요한 경우에는 **준거참조평가(절대평가)**를 실시하여 일정한 기준에 따라 '수, 우, 미, 양, 가' 혹은 'A, B, C, D, E' 등으로 평가결과를 활용할 수도 있다.

핵심정리

구분	진단평가	형성평가	총괄평가
목적·기능	• 출발점 행동의 확인 • 사전 성취수준 및 학습곤란 파악 • 수업 관련된 학생특성 파악 • 배치	• 적절한 교수–학습 진행 • 교수법(프로그램) 개선 • 학습자의 학습속도 조절 및 강화	• 성적평가 및 자격부여 • 교육프로그램 선택·결정 • 집단 간 학습 비교
시기	• 단원·학기·학년 초 • 수업 중 학습이 이루어지지 않을 때	교수–학습 진행 도중	• 교수·학습 완료 후 • 단원·학기·학년 말
평가방법	• 비형식적 평가 • 형식적 평가	• 수시평가 • 비형식적 평가 • 형식적 평가	형식적 평가
평가영역	• 지적·정적·심동적 영역 • 신체적·환경적 요인 • 심리적 요인	지적 활동	• 일반적으로 지적 행동 • 교과에 따라 심동적 행동 • 때때로 정의적 행동
교육목표의 표집방법	• 각 선행기능, 행동의 구체적 표집 • 비중을 둔 교과목표의 표집 • 특별한 수업형태와 관계있는 학생변인의 표집	학습단원의 위계에 포함된 모든 관련 있는 과제의 구체적 표집	비중을 둔 교과목표의 표집
채점기준	• 준거참조 • 규준참조	준거참조	일반적으로 규준참조이나, 준거참조도 사용

CHAPTER
05 결과해석에 따른 평가유형

제1절 규준참조평가

1 개념

(1) 정의

① 규준참조평가(norm-referenced evaluation)란 개인이 얻은 점수나 측정치를 비교집단의 규준(norms)에 비추어 **상대적인 서열에 의하여 판단**하는 평가를 말한다.

② **규준이란 상대적인 비교를 위한 기준**으로, 비교집단의 평균점수가 대표적인 규준이라고 할 수 있다.

③ 우리는 보통 평균점수를 기준으로 개인 점수의 상대적인 위치를 어느 정도 파악할 수 있기 때문이다.

④ 표준편차나 최고점, 최저점 등의 다양한 기술통계치 역시 규준으로 활용할 수 있으며, 좋은 규준이 완성되기 위해서는 **모집단에서 추출된 표본이 모집단의 특성을 대표**할 수 있어야 한다.

⑤ 규준참조평가는 상대적인 위치에 따른 서열을 중요하게 생각하며 보통 **'상대평가'라고 부르거나 '규준지향평가'**라고 쓰기도 한다.

예 대학수학능력시험 점수의 보고에 사용하는 백분위(percentile)점수, 성격검사의 보고에 쓰이는 T점수, 지능검사의 Wechsler-IQ점수 등이 있다.

PART 09

(2) 사례

① **백분위(percentile rank)점수**: 전체 집단에서 특정 점수 이하의 점수를 받은 사례들의 백분율을 의미한다.

예 수학점수 30점에 해당하는 백분위가 15라고 할 때 이는 전체 대상자의 15%는 수학점수가 30점 이하라는 것을 뜻한다.

② **표준점수(standard score)**: 평균과 표준편차를 고려하여 원점수를 변환한 척도로, 개인의 원점수가 평균을 기준으로 얼마나 떨어져 있는지를 표준편차로 나누어 표시하게 된다.

예 Z점수(평균=0, 표준편차=1), T점수(평균=50, 표준편차=10), Wechsler-IQ점수(평균=100, 표준편차=15), 스테나인(9등급, stanine) 등이 있다.

③ **학년규준점수(grade-equivalent score)**: 원점수가 몇 학년 몇 개월의 평균과 같은지를 나타내는 점수이다.

예 한 학생의 학년규준점수가 2.5 라면 이는 그 학생의 수준이 2학년 6개월 된 학생의 평균 정도의 수준과 같다는 의미이다.

④ 연령규준점수(age-equivalent score): 원점수가 어느 연령집단의 평균과 같은지를 나타내는 점수이다. 연령규준점수에 해당하는 것은 정신연령, 발달연령, 언어연령, 사회연령 등으로 다양하다.

예 한 아동의 정신연령이 5세라면 이는 그 아동의 실제 나이를 의미하는 것이 아니라, 지적수준이 5세 아동들의 평균과 같음을 뜻한다.

2 특징

규준참조평가는 교육을 통하여 달성하고자 하는 목표나 수준에 도달할 수 있는 사람은 소수에 지나지 않는다는 **선발적 교육관을 바탕**으로 하고 있다. 객관적 실재와 인간행동의 불변성을 가정하고 있는 측정관과 관련이 깊다. 이에 따라 규준참조평가는 다음과 같은 몇 가지 특징을 갖는다.

(1) 검사의 신뢰도를 강조한다.

① 규준참조평가에서는 **선발적 교육관을 바탕으로 학습자의 개인차를 가정**하며, 인간행동의 불변성과 객관적 실재를 주장하는 입장에 따라 평가하고자 하는 특성을 오차 없이 안정적이고 객관적이며 정확하게 측정하는 데에 중점을 두고 있다.

② 검사의 신뢰도를 확보하기 위해서는 **평가자의 가치가 배제된 표준화된 검사를 지향**하며, 이를 통해 개인차를 잘 변별하는 것을 중요하게 여긴다.

③ 검사문항은 **학생들 간의 점수 차이가 충분히 날 수 있도록 고안**되며, 이를 통해 학생들을 비교하고 구분을 용이하게 한다.

④ 만약 거의 대부분의 학생들이 맞힌 문항이 있다면 이 문항은 학생들의 능력 수준을 제대로 변별해 내지 못하므로 의미가 없는 문항으로 간주한다.

⑤ 경우에 따라서는 이러한 문항 중에서도 교육과정이나 학습내용의 측면에서는 매우 중요한 의미를 지닐 수도 있다.

예 역사수업에서 임진왜란 또는 3·1운동이 발생한 연도를 묻는 문항을 만약 대다수의 학생들이 맞추었다고 한다면, 이 문항은 규준참조평가의 관점에서는 좋은 문항이라고 할 수 없다. 하지만 역사 교육적 관점에 따라서는 이러한 문항을 학생들의 응답이나 정답률과는 별개로 매우 가치 있는 문항으로 볼 수도 있을 것이다.

(2) 검사점수의 정상분포를 기대한다.

① 심리측정이론에서는 근본적으로 모든 자연현상 및 인간의 심리적 현상은 정상분포의 가정과 법칙에 의존하며, 그렇기 때문에 **정상분포의 모형에 기초한 개인차의 변별을 극대화하려는 것이 궁극적인 목적**이다.

② 예를 들어, 키나 몸무게의 분포를 그려보면 **평균 정도의 수준에 가장 많은 사람이 분포하고 있으며, 양 극단으로 갈수록 대상자의 빈도가 점점 줄어드는 정상분포의 특성**을 보인다.

③ 인간의 심리적인 특성도 이와 마찬가지로 정상분포를 이루는 것으로 가정하는데, 예를 들어 학생들의 불안, 우울, 공격성, 학업 스트레스와 같은 구인들도 평균을 중심으로 가장 많이 분포하며, 양 극단으로 갈수록 빈도가 줄어들 것으로 가정한다.

(3) 학습자의 개인차를 극대화하는 선발적 기능을 강조한다.

① 심리측정이론의 전통에 영향을 받은 규준참조평가에서는 정산분포의 가정에 기초하여 선발적 교육관과 측정관의 입장에 따라 개인차 변별을 극대화하려는 데에 목적이 있다.

② 규준참조평가는 교육목표의 도달이나 준거의 달성 여부에 관심을 두기보다는 평가를 통해 **상대적 위치를 부여하고 서열을 매겨 학생들을 분류하는 작업에 치중**한다.

③ 교육목표가 무엇이어야 하며 학생들이 어떤 내용을 왜 학습해야 하는가에 대해서는 상대적으로 소홀하게 된다.

④ 상급학교 진학을 중시하는 우리나라의 교육에서는 규준참조평가의 중요성이 매우 강조되는 것이 현실이다.

PART 09

3 장점

(1) 개인차의 변별이 가능하다.

① 교육의 근본적인 목표는 학생의 성장과 발달이지만, 현실적인 측면에서는 학생들의 상대적 위치를 비교하고 변별하는 것은 매우 중요하다.

② 규준참조평가에서는 표준화된 검사를 활용하여 검사의 신뢰성과 객관성을 바탕으로 엄밀한 성적표시 방법을 채택함으로써 개인차를 변별할 수 있다.

③ 효과적으로 학생들을 평가할 수 있으며, 이를 통해 선발, 분류, 배치하는 데 평가의 결과를 활용할 수 있다.

(2) 객관적인 검사를 활용하기 때문에 교사의 편견을 배제할 수 있다.

① 규준참조평가는 평가가 갖는 여러 가지 기능 중에서 순위를 매기고 학생을 선발하는 기능이 강조되는데, 이러한 학생선발이나 우열구분이 공정하게 이루어지기 위해서는 평가에서 교사의 주관이나 사적인 의견이 개입되어서는 안 된다.

② 성적을 표시할 때 명확하고 엄밀한 방법이 요구되며, 규준참조평가는 표준화된 검사를 통해 평가의 객관성, 신뢰성, 공정성을 담보할 수 있다는 장점이 있다.

(3) 규준참조평가는 학습자의 경쟁을 통하여 외적 동기를 유발할 수 있다.

① 전통적인 교육적 관점에서는 학습 자체의 즐거움이나 내적 동기를 바탕으로 학습자 스스로의 성장과 발전을 촉진하는 것을 중요하게 생각한다.

② 등급이나 서열을 매김으로써 학습자에게 더욱 강력한 동기유발을 촉진할 수 있다.

예 학교 시험에서 학생들은 친구들과의 경쟁을 통해 더욱 열심히 공부하려는 욕구를 느끼기도 하며, 경쟁에서 이겨냈다는 성취감은 강력한 학습동기가 되기도 한다.

4 단점

(1) 교수·학습이론의 측면에서 볼 때 적절하지 않다.

① 규준참조평가의 일차적 관심은 학생들의 상대적인 서열을 매기는 것에 있으며, 이로 인해 교육목표가 무엇이어야 하고 이러한 교육목표 달성 여부나 학생들이 어떤 내용을 왜 학습해야 하는가에 대해서는 상대적으로 소홀하게 된다.

② 규준참조평가는 개인차 변별에 관심을 기울인 나머지 평가가 지니는 다른 중요한 기능을 소홀히 할 가능성이 있으며, 학생 개인의 수업결손이나 교수·학습에서 개선해야 할 부분이 무엇인지에 대한 구체적인 정보를 주지는 않는다.

③ 개인차를 당연시하는 경향이 있으며, 개인차를 줄이기 위한 교수·학습노력에 중점을 두기보다는 개인점수가 낮은 학습자는 열등하다고 판단하기도 한다.

④ 학습목표 달성 정도에 따라서 학습자에게 강화가 주어지기보다는 집단의 수준에 따라서 평가결과가 좌우되므로 학습행동을 체계적으로 강화해 주지 못한다. 즉, 학생이 노력을 통해 일정한 학업적 성취를 해냈다고 할지라도, 그 학생이 속한 비교집단 내에서의 상대적인 서열이 뒤처진다면 이러한 학생의 노력은 큰 의미가 없는 것으로 보일 수 있다.

(2) 지나친 경쟁심을 조장하여 협동심을 해칠 수 있다.

① 선발적 교육관에서는 학습자의 능력 수준은 다르다고 보고 있으며, 교육목표를 달성할 수 있는 학습자는 소수인 것으로 본다.

② 이러한 입장에서는 경쟁을 교육의 당연한 원리로 받아들이게 되며, 서열주의식 사고가 팽배해질 수 있다.

③ 이러한 경쟁식 교육환경에 학습자가 지속적으로 노출된다면 불안이나 학업에 대한 스트레스로 인하여 학습자의 정신건강에 매우 해로울 수 있다.

④ 경쟁에서 이기고 살아남기 위하여 다른 사람보다 1점이라도 높은 점수를 얻기 위한 암기 위주의 교육이 강조되는 반면, 창의적이고 진취적인 교육은 기대하기 힘들 것이다.

⑤ 이와 같은 비인간적인 교육환경에서는 학생의 성장과 발전에 대한 고민을 찾아보기 힘들 수 있다.

(3) 평가의 결과에 대한 책임이 교수·학습환경보다는 학습자 본인에 있다고 보기 때문에 이러한 무책임한 태도는 결국 교육평가의 역할과 기능이 축소되게 만들 수 있으며, 이는 교육의 본질로부터 멀어지는 결과를 낳을 수 있다.

① 교사는 평가를 통해 교육목표를 확인하고 평가결과를 바탕으로 교수·학습을 개선하며 학생들을 분류·배치하고 학생의 특성을 진단하여 이를 교육에 활용하는 등의 여러 역할을 수행한다.

② 규준참조평가에서는 검사의 신뢰성을 중시하기 때문에 교사가 평가과정에 적극적으로 개입하기보다는 가치중립적이고 객관적인 표준화된 검사를 활용함으로써 교사의 역할을 소극적인 평가자에 그치게 한다.

제2절 준거참조평가

1 개념

(1) 정의

① **준거참조평가(criterion-referenced evaluation)는 학생들이 사전에 설정된 교육목표를 얼마나 달성했는지 여부에 관심을 두고, 절대적인 성취 수준에 비추어 개인의 점수를 해석하는 평가체제**이다.

② 다른 학생과의 비교에 초점을 두는 규준참조평가와 달리, 여기에서는 미리 **정해진 교육목표가 학생들의 성취도를 평가하는 준거가 되는데, 이때 준거(criterion)란 피험자가 어떤 일을 수행할 수 있다고 일반 사람들이 확신하는 지식이나 기술 수준을 의미**한다.

③ **규준참조평가가 학습자의 상대적 서열에 관심을 두고 있다면, 준거참조평가는 준거에 비추어 학습자들이 무엇을 얼마만큼 알고 있느냐에 관심**을 두고 있다.

④ 글래이저(Glaser, 1963)는 준거참조평가의 점수는 학생이 무엇을 알고 무엇을 모르는가에 대한 확실한 정보를 제공한다고 하였으며, 니코(Nitko, 1980)는 준거참조평가는 개인의 성취점수를 정해진 준거에 비추어 직접적으로 해석하는 평가로서 성취수준은 개인이 학습해야 할 학습과제의 영역에 의해 정해진다고 하였다.

(2) 사례

① 준거참조검사는 일반적으로 **자격증을 부여할 때 사용**되는데, 자격증은 어떤 일을 성공적으로 수행할 수 있다고 보장하는 증명서이기 때문에 일정한 준거에 도달하는 사람에게 발급하게 된다.

② 일종의 자격고사로서 운전면허나 의사면허와 같은 자격시험에서는 최소한의 성취목표를 설정해 놓고, 그것을 기준으로 숙달집단과 미숙달집단으로 구분하여 도달한 사람에게는 자격증을 부여해 준다.

예 운전면허 필기시험에서는 최소한의 성취목표를 70점으로 정하여 이 기준에 도달한 모든 사람에게는 다른 사람들의 점수와 상관없이 필기시험 합격의 자격을 부여한다.

(3) 영역과 준거

① 준거참조평가에서 가장 중요한 요소는 영역과 준거라 할 수 있다. **영역은 교육내용으로서 측정되고, 준거는 교육목표를 설정할 때 도달하여야 하는 최저기준(minimum competency level), 즉 해당 자격을 부여받기 위해서 학습자가 갖추어야 할 최소한의 기준**이라 할 수 있다.

② 준거참조평가에서는 무엇을 평가할 것인가에 대한 영역을 구체적으로 명시하여야 하고, 이를 근거로 준거를 설정하는 것이 매우 중요하다.

③ 교육현장에서 보면 **학업성취도검사의 준거는 교사나 교과내용 전문가가 판단했을 때 학습자가 해당 내용을 이해하였다고 가정하는 최저 수준의 학습목표**라 할 수 있다.

④ 이러한 준거를 설정하는 것은 매우 중요하고 어려운 작업이며, 따라서 교사나 교과내용 전문가의 전문성이 매우 중요하다.

(4) 준거점수(분할점수)

① **점수로 표현된 성취목표나 성취기준을 분할점수(cut-off score) 또는 준거점수**라 하는데, 이는 준거참조평가에서 학습의 성패나 당락을 구분해 주기 때문에 매우 중요하다.

② **분할점수를 기준으로 합격과 불합격, 도달과 미달을 결정**하기 때문에 중요한 역할을 한다.

(5) 절대평가(목표지향평가)

① 준거참조평가를 통해 학생들이 일정한 교육목표를 달성했는지를 확인하여 **학습자의 학습결손**에 대한 정보를 얻을 수 있다.

② 만약 학습자들이 사전에 교육목표로 정해진 최소한의 성취기준을 달성하지 못했다고 한다면, 이러한 결과를 바탕으로 교육과정이나 교육프로그램 등 교수·학습 개선을 통해 **성취기준에 도달하고 주어진 교육목표를 달성할 수 있도록** 해야 할 것이다.

③ 주어진 목표를 달성한다는 것은 집단의 점수분포에 근거한 상대적 해석이 아닌, 어떤 주어진 내용 또는 목표라는 **절대적 기준**에 따르기 때문에 준거참조평가를 **절대평가나 목표지향평가**로 부르기도 한다.

④ 성취기준에 도달한다는 측면에서 **숙달검사(mastery test)**라는 표현을 사용하기도 한다.

2 특징

준거참조평가는 **발달적 교육관**의 입장을 취하며, 교육이 성공적이라면 모든 학생이 완전히 학습할 수 있다고 본다. 따라서 상대적 비교를 통한 선발이나 개인차 변별보다는 **학습 후의 수업목표 달성도**에 관심을 가지며, **교육목표 도달과 같은 학업성취의 결과를 직접 확인**하는 것이 목적이다. 이를 통해 가능한 모든 학습자가 의도하는 바의 수업목표를 달성할 수 있도록 적절한 교수방법을 제공하고 수업을 개선하기 위한 평가를 하는 것이다.

(1) 검사의 타당도를 강조한다.

① 규준참조평가에서는 서열비교나 선발을 중시함에 따라 검사의 객관성과 신뢰성을 강조했다고 하면, 준거참조평가는 **원래 측정하려고 했던 수업목표를 얼마나 충실히 측정하고 있는지에 초점을 두기 때문에 검사의 타당도를 중요하게 강조**한다.

② 교사의 자의적인 판단을 최소화하고 객관적인 점수해석이 가능하도록 하는 것보다는 **학습내용 중에서 무엇을 어떻게 평가해야 사전에 설정한 목표를 달성했는지 여부와 달성의 정도를 정확하게 파악할 수 있는지가 더욱 중요한 과제**가 된다.

예 임진왜란 또는 3·1운동이 발생한 연도를 묻는 문항을 생각해 보면, 규준참조평가의 시각에서는 변별력이 부족한 문항일 수 있지만, 교사나 교과내용 전문가가 판단하기에 교육목표나 성취해야 할 기준에 따라 타당하게 평가하는 문항이라고 본다면, 준거참조평가의 시각에서는 의미 있는 문항일 수 있다.

(2) 검사점수의 부적 편포(negatively skewed distribution)를 기대한다.

① 준거참조평가는 발달적 교육관의 관점에 따라 가능한 **모든 학습자가 설정된 교육목표를 달성하기를 바라기 때문에 검사점수의 분포가 상위권에 몰려 있고, 하위권은 소수인 부적 편포를 가정**한다.

② 이러한 가정에 따르면, 학습자의 상대적인 위치를 파악하거나 서열을 매기는 것이 중요하지 않을 수 있으며, 따라서 학습자를 필연적으로 우등생과 열등생으로 구분하거나 분류하려고 하지 않는다.

③ 교사는 개개의 학습자가 무엇을 알아야 하는지에 더욱 초점을 두고 어떻게 가르쳐야 하는지에 집중할 수 있다.

④ 학습실패의 원인은 학습자 본인에 있기보다는 교육과정이나 교수방법과 같은 교육환경에서 찾을 수 있으며, 이를 개선하기 위한 노력에 더욱 치중할 수 있다.

(3) 학습자 개인에 적합한 교수학습기회를 제공함으로써 주어진 학습목표에 누구나 도달할 수 있다는 발달적 교육관을 가정한다.

① 이러한 발달적 교육관의 관점에서는 학습자 모두가 성공할 수 있다고 믿기 때문에 **개인의 성장 가능성에 초점**을 둔다.

② 개인차를 극대화하거나 변별을 통해 경쟁을 조장하기보다는 **학습자들의 협동을 중요시하고, 학습에서의 외적 동기보다는 내적 동기를 강조**한다.

③ **단편적인 암기 위주의 학업이 아닌 한 단계 위의 고등정신능력을 개발하기 위한 학습을 강조**할 수 있다.

3 장점

(1) 준거참조평가는 교수·학습이론에 보다 적합하다.

① 교육목표 달성이나 성취기준 도달에 대한 평가를 통해 학습자가 무엇을 알고 무엇을 모르는가에 대한 직접적인 정보를 제공한다.

② 평가결과를 통해 제공된 정보를 기초로 하여 교육목표, 교육과정, 교육환경 등을 개선하는 데 도움을 줄 수 있다.

③ 교사는 단순히 가치중립적인 평가자의 역할에만 머무는 것이 아니라, **적극적으로 교육에 개입하고 학생들과 소통을 하면서 본연의 역할에 충실할 수 있다.**

④ 이를 통해 학습효과를 증진시키고 학습자가 본래 목표로 했던 성취기준에 도달할 수 있도록 하며, **근본적으로는 올바른 교육자로서의 역할을 수행할 수 있는 근거를 제공**해 준다.

(2) 개인의 성장과 발달을 지원하고, 인간적인 교육환경을 추구한다.

① **규준참조평가에서는 본인의 노력 여하에 상관없이 학습의 결과는 집단 내에서의 상대적 비교와 서열에 따라 평가**를 받는다. 반면, **준거참조평가에서는 집단 내에서의 비교가 아닌 사전에 설정된 교육목표나 성취기준에 의해서만 평가되므로 학습자 본인의 노력이 더욱 중요**해진다.

② 다른 학생들과의 경쟁이나 서열은 중요하지 않으며, **학습자 스스로의 학업에 대한 성취욕구와 본질적인 탐구정신이 강조**될 수 있다.

③ 남을 이기기 위해 어쩔 수 없이 학습하는 것이 아니라, **학습자 본인의 의지에 따라 스스로 공부하는 즐거움을 느낄 수 있을 때 장기적으로 더 높은 학업성취**를 이룰 수 있다. 또한 인간적인 교육환경 속에서 **협동정신을 함양할 수 있으며, 이를 통해 한 단계 높은 개인의 성장을 도모**할 수 있게 된다.

4 단점

(1) 개인차의 변별이 어렵다는 문제가 있다.

① 준거참조평가는 사전에 설정한 교육목표 그 자체에 대한 달성 여부에만 주목하기 때문에 기본적으로 학습자 개인 간 비교 및 우열 평가는 어려울 수 있다.

② 현실적인 교육상황에서는 학습자의 상대적 평가를 통한 분류와 배치의 역할이 매우 중요한데, 이러한 점에서 준거참조평가는 실제적인 활용의 측면에서 평가의 역할이 현실적으로 제한될 수 밖에 없다.

(2) 준거설정의 기준이 문제될 수 있다.

① 준거참조평가에서는 최저 수준의 학습자가 도달해야 할 교육목표와 성취기준을 정하는 것이 매우 중요하다. 하지만 이는 매우 어려운 작업이며 고도의 전문성을 요구한다.

② 평가의 당사자인 교사에 따라서 준거설정은 매우 달라질 수 있으며, 경우에 따라서는 교사의 주관이 지나치게 개입되어 평가의 신뢰성과 객관성을 확보하는 데 어려움이 있을 수 있다.

③ 이를 보완하기 위해 현행 교육과정은 각 과목의 '핵심성취기준'을 평가기준으로 제공하고 있지만, 교사의 주관에 따라 세부적인 평가기준은 어느 정도 영향을 받을 수밖에 없다.

(3) 검사점수의 통계적 활용이 어렵다.

① 학습자의 상대적 비교를 통한 선발을 위해서는 정상분포상에서의 위치를 파악하는 것이 중요한데, 이러한 측면에서 준거참조평가를 통한 검사결과는 해석하고 활용하는 데 있어 제한이 있을 수밖에 없다.

② 우리나라에서는 지난 2018년부터 수능영어에서 절대평가를 도입하여 시행해 오고 있다. 대학입시를 중요하게 여기는 사회 현실에서 수능영어의 절대평가 도입은 학생들의 영어성취도 하락이나 변별력 우려 등 여러 논란을 낳고 있다. 하지만 공교육 정상화 및 사교육 감소 효과를 주장하며 수능영어 절대평가를 지지하는 의견도 있다.

PART 09

제3절 규준참조평가와 준거참조평가의 비교

1 평가의 기능

(1) 규준참조평가

평가의 기능은 한 학생의 능력을 다른 학생의 능력과 **비교하여 그 상대적 위치**를 알려 주는 것이라고 본다.

(2) 준거참조평가

상대적 비교보다는 개개의 학생들이 사전에 **설정된 교육목표나 준거를 달성했는지** 여부에 관심을 가진다.

2 검사점수의 분포

(1) 규준참조평가

학생의 성취에 대해서 **정상분포를 가정함**으로써 전체 학생 중 일부는 성공, 일부는 실패할 것으로 예상한다.

(2) 준거참조평가

학생의 성취에 대해 **부적 편포를 가정함**으로써 효과적인 교육이 이루어지면 **모든 학습자가 성공할 것으로 예측**하며, 따라서 교수·학습활동에 보다 노력을 기울이고자 한다.

3 개인차

(1) 규준참조평가

선발적 교육관에 따라 학생들의 개인차를 당연하게 받아들이며, 이러한 개인차를 잘 변별할 수 있는 검사가 좋은 평가도구라고 여긴다.

(2) 준거참조평가

발달적 교육관에 따라 인간은 누구나 설정된 교육목표를 달성할 수 있는 능력을 지닌 것으로 보고, 개인차를 최소화하기 위한 노력을 한다.

4 검사의 강조점

(1) 규준참조평가

학습자 개인의 능력을 정확히 **변별하는 것이 중요하므로 평가자의 주관이 개입되지 않은 객관적이고 신뢰성 있는 검사**를 요구한다.

(2) 준거참조평가

원래 계획했던 수업목표를 얼마나 제대로 달성했는가에 관심을 가지며 이러한 목적을 달성하기 위한 **타당한 평가**가 이루어졌는지에 초점을 둔다.

5 교육적 효과

(1) 규준참조평가

집단 내 비교를 강조하므로 경쟁을 중요시하며, 이를 통한 **외적 동기**를 유발할 수 있다.

(2) 준거참조평가

경쟁보다는 학습 자체에 목적이 있으며, 학습자의 **내적 동기와 더 높은 학습욕구**를 추구할 수 있다.

핵심정리

구분	규준참조평가	준거참조평가
교육관	선발적 교육관	발달적 교육관
평가준거	상대적 위치, 서열	교육목표, 성취기준 달성 여부
기본신념	일정 비율의 성공한 자, 실패한 자가 존재한다는 믿음	대부분의 학습자가 교육목표를 달성할 수 있다는 믿음

성취에 대한 분포가정	정상분포	부적 편포
개인차	개인차를 당연시함 (개인차 극대화)	개인차는 교육실패의 결과 (개인차 최소화)
검사의 강조점	신뢰성·객관성	타당도
장점	• 평가자 개입을 배제하여 객관성 담보 • 개인차 변별 가능 • 외적 동기 유발	• 개인의 성장과 발달 추구 • 내적 동기 유발
단점	경쟁조장에 따른 비인간화	적절한 평가준거 설정의 어려움

제4절 능력참조평가

개인 간의 비교, 개인의 성취와 어떤 준거와의 비교보다는 개인을 위주로 하는 평가로서 능력참조평가와 성장참조평가가 제안되었다.

1 정의

(1) 능력참조평가(ability-referenced evaluation)는 **학생이 지니고 있는 능력에 비추어 얼마나 최선을 다하였느냐(maximum performance)에 초점을 두는 평가방법**이다.

(2) **학생 개인이 지니고 있는 능력을 얼마나 발휘하였느냐에 관심**을 두므로 개인을 위주로 하는 평가방법이라 할 수 있다.

(3) 우수한 능력을 지녔음에도 불구하고 최선을 다하지 않은 학생과 능력이 낮더라도 최선을 다한 학생이 있을 때 어떻게 평가하는 것이 학생들의 학습태도를 바람직한 방향으로 유도할 수 있을 것인가를 고민하여야 한다.

(4) 능력이 탁월함에도 불구하고 많은 노력을 하지 않았다면 낮은 평가를 함으로써 경각심을 주어 최대한의 노력을 하게 하는 것이 바람직하다는 평가관이다.

2 특징

(1) 능력참조평가는 **각 학생의 능력과 노력에 의해 평가**된다.

(2) 능력을 얼마나 발휘하였느냐에 관심을 두는 능력참조평가는 **학업성취도검사에서 적용함이 바람직하며, 표준화적성검사에서도 사용할 수 있다.**

(3) 적성검사 점수의 경우, 이는 다른 변인들과 합성되어 있으므로 해석하기가 곤란한 경우가 있으며, 학생이 지니고 있는 능력에 대한 정확한 정보가 없을 때에는 능력참조평가의 어려움이 있다.

(4) 능력참조평가는 특정 기능과 관련된 능력의 정확한 측정치에 의존하게 되므로, 해당 능력에 제한되어 학습자의 수행을 해석하게 되는 한계를 지닌다.

제5절 성장참조평가

1 정의

성장참조평가(growth-referenced evaluation)는 **교육과정을 통하여 얼마나 성장**하였느냐에 관심을 두는 평가이다.

2 특징

(1) 최종 성취수준에 대한 관심보다는 **초기 능력수준에 비추어 얼마만큼 능력의 향상**을 보였느냐를 강조한다. 즉, 사전 능력수준과 관찰시점에 측정된 **능력수준 간의 차이**에 관심을 둔다.

(2) 성장참조평가는 학생들에게 **학업증진의 기회 부여와 개인화를 강조**하는 특징을 지니고 있다.

3 조건

성장참조평가 결과가 타당하기 위해서는 다음의 세 가지 조건이 충족되어야 한다.

(1) 사전에 측정한 점수를 신뢰할 수 있어야 한다.

(2) 현재 측정한 측정치를 신뢰할 수 있어야 한다.

(3) 사전 측정치와 현재 측정치의 상관이 낮아야 한다.

① 사전에 측정한 측정치나 현재 측정한 측정치가 신뢰할 수 없다면 능력의 변화를 분석할 수 없음은 당연하다.

② 만약 사전 측정치나 현재 측정치가 본질적으로 상관이 높다면, 이는 성장에 의한 것이 아니라 상관관계에 의한 당연한 결과를 가져오게 되므로 두 측정치 간에는 상관이 낮아야 한다.

4 의의

(1) 능력참조평가나 성장참조평가는 **대학 진학이나 자격증 취득을 위한 행정적 기능이 강조되는 고부담검사(high-stakes tests)와 같은 평가환경에서는 평가결과에 대한 공정성 문제가 제기**되어 적용하기가 어려울 수 있다.

(2) 평가의 교수적 기능이나 상담적 기능이 강조되는 평가환경이라면 이 두 평가방법이 보다 교육적이므로 교육의 선진화에 이바지할 수 있다고 본다.

(3) 개별화학습을 촉진시킬 수 있는 성장참조평가는 초등교육이나 유아교육에 적극적으로 적용할 필요가 있으며, 상대비교에 치중하지 않는 평가라면 성장참조평가를 실시하는 것도 바람직하다.

핵심정리

구분 / 내용	규준참조평가	준거참조평가	능력참조평가	성장참조평가
강조점	상대적인 서열	특정 영역의 성취	최대 능력 발휘	능력의 변화
교육신념	개인차 인정	완전학습	개별학습	개별학습
비교대상	개인과 개인	준거와 수행	수행 정도와 소유 능력	성장·변화의 정도
개인차	극대화	극대화하지 않음	고려하지 않음	고려하지 않음
이용도	• 분류, 선별, 배치 • 행정적 기능 강조	• 자격 부여 • 교수적 기능 강조	• 최대 능력 발휘 • 교수적 기능 강조	• 학습향상 • 교수적 기능 강조

CHAPTER

06 평가도구의 양호도

제1절 신뢰도

1 개념

저울로 어떤 사물의 무게를 측정할 때 사물의 무게가 변하지 않는다면, 저울은 여러 번 측정할 때마다 동일한 결과를 보여줘야 한다. 예를 들어, 저울로 교육평가 책의 무게를 한 번 측정했더니 1kg이라고 한다면, 동일한 저울로 교육평가 책의 무게를 다시 한 번 측정해도 1kg이라고 기대할 것이다. 저울은 일관성 있게 안정적으로 측정하는 도구라는 인식이 있기 때문이다. 만약 동일한 대상이 어제는 1kg이었는데, 오늘은 1.2kg, 내일은 1.6kg으로 측정되는 저울이 있다면 그 저울은 신뢰할 수 없다.

(1) 신뢰도(reliability)는 **측정도구가 얼마나 일관성 있게 안정적으로 속성을 측정하는지의 정도**를 의미한다.

(2) **동일한 검사로 여러 번 측정을 했을 때 서로 다른 결과를 보여준다면 그 검사는 신뢰할 수 없다.** 반면, 한 번 측정한 이후에 다시 측정을 해도 **일관성(consistency) 있게 안정적인 결과**를 보여준다면 그 도구는 신뢰할 수 있는 도구라고 판단할 수 있다.

(3) 신뢰도는 **얼마나 정확하게 오차 없이 측정하는가**를 의미하기도 한다. 오차가 큰 측정도구는 신뢰하기 어렵다. 따라서 오차가 작을수록 신뢰도는 커지고, 오차가 클수록 신뢰도는 작아지는 관계가 성립한다.

2 신뢰도의 종류

◎ 신뢰도의 종류

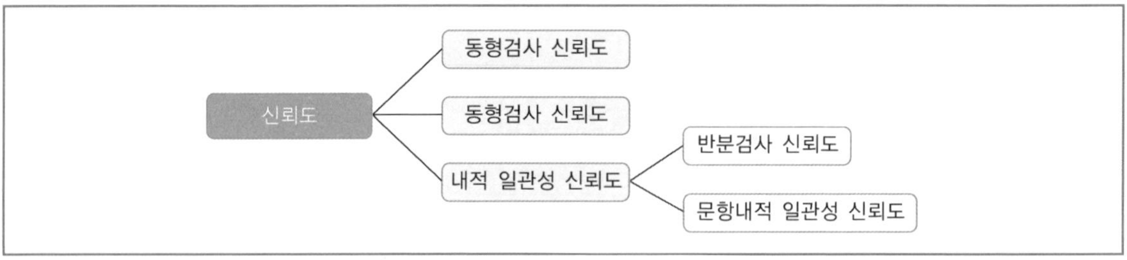

(1) 검사-재검사 신뢰도

① **검사-재검사 신뢰도(test-retest reliability)는 같은 집단에 동일한 검사를 두 번 실시하여 얻은 점수들 간의 상관계수로 추정한다.**

② 피험자의 반응이 얼마나 안정적인지를 파악할 수 있기 때문에 '안정성 계수(coefficient of stability)'라고도 한다.

③ 검사-재검사 신뢰도는 첫 번째 실시한 검사점수와 두 번째 실시한 검사점수의 상관계수를 구함으로써 추정할 수 있다.

④ 검사를 **두 번 실시할 때에는 시간간격이 존재**해야 한다.

㉠ 동일한 검사를 두 번 연속적으로 실시하면 처음 실시한 검사에 답한 응답을 기억하고 재검사에 응답하기 때문에 두 검사의 결과가 거의 일치하게 되므로 신뢰도를 과대추정하게 된다.

㉡ 일정한 시간간격을 갖는 것이 필요하다.

예 동일한 수학 시험을 1년 뒤에 다시 본 후 첫 번째 실시한 검사 결과와 재검사 결과 간의 상관으로 신뢰도를 구하려 한다면, 피험자들의 수학능력 수준이 변화할 수 있는 충분한 기간이므로 정확한 신뢰도 추정에 실패하게 된다. 따라서 적절한 시간간격을 설정하는 것이 중요하다.

㉢ 적절한 시간간격은 검사의 종류나 피험자의 수준에 따라 달라질 수 있다.

㉣ 지능이나 성격과 같이 짧은 기간에 변화하지 않는 특성을 측정하는 검사인 경우에는 시간간격이 상대적으로 길어도 괜찮을 것이고, 성취도와 같이 쉽게 변화할 수 있는 특성을 측정하는 검사인 경우에는 시간간격을 상대적으로 짧게 할 필요가 있다.

㉤ 시간간격에 대한 절대적인 기준은 없다. 다만, 검사-재검사 신뢰도를 구할 경우에는 시간간격에 대한 정보를 제공하는 것이 바람직하다.

⑤ 검사-재검사 신뢰도를 추정하기 위해서는 적절한 시간간격을 두고 동일한 검사를 두 번 실시해야 하는데, 이 경우에 검사실시 **환경은 동일해야 한다**는 것이다.

㉠ 동일한 날은 아니지만, 동일 피험자들이 동일한 장소에서 동일한 시간대에 실시를 해야 하며, 그 밖의 모든 것이 최대한 동일한 조건에서 검사를 실시해야 측정오차를 줄일 수 있다.

㉡ 현실적으로 쉽지 않기 때문에 동일한 환경에서 검사를 실시하는 것이 검사-재검사 신뢰도를 추정하는 데 있어 어려운 점이다.

(2) 동형검사 신뢰도

① 검사-재검사 신뢰도가 동일한 검사를 두 번 실시해서 얻은 점수 간의 상관계수라면, 동형검사 신뢰도(parallel forms reliability)는 **같은 특성을 가진 검사를 동시에 실시해서 얻은 점수 간의 상관계수로 추정**한다.

② **문항 수, 문항의 내용, 문항의 난이도와 문항의 변별도 등이 동일한 검사를 동형검사**라고 한다.

③ 동형검사 신뢰도는 **'동형성 계수(coefficient of equivalence)'**라고도 하며, 검사-재검사 신뢰도와 마찬가지로 **상관계수**로 추정할 수 있다.

④ 동형검사 신뢰도는 동일한 검사를 동시에 실시할 때 존재하는 **기억효과 등을 배제**할 수 있다.
⑤ 동일한 검사가 아니기 때문에 검사 시간간격 설정에 대한 고려를 할 필요는 없다.
⑥ 동형검사 신뢰도를 추정하려면 반드시 동형검사를 제작해야 한다. 동형검사 제작 시 문항의 수, 문항의 내용, 문항의 난이도와 문항의 변별도, 진점수 분산, 오차점수 분산 등이 모두 동일해야 하므로, 동형검사 제작을 제대로 하는 것은 쉽지 않다.
⑦ 검사를 어느 정도 동형으로 제작하였는지에 따라 신뢰도 계수가 달라진다는 단점이 있다.

(3) 내적 일관성 신뢰도

① 검사-재검사 신뢰도를 측정하기 위해서는 동일한 검사를 두 번 실시해야 하고, 동형검사 신뢰도를 측정하기 위해서는 2개의 동형검사를 제작하여 각각 실시해야 한다는 어려움이 있다.
② 이를 해결하기 위해서는 한 번의 검사 실시로 신뢰도 계수를 구하는 방법을 사용하면 된다.
③ **검사를 한 번만 실시한 뒤 신뢰도를 구하는 것을 내적 일관성 신뢰도(internal consistency reliability)**라고 한다.
④ 내적 일관성 신뢰도는 **검사의 하위 부분 간에 얼마나 일관성이 있는지를 파악**하는 방식으로 구한다. **검사의 하위 부분을 두 부분으로 보는 반분검사 신뢰도와 문항 각각으로 보는 문항내적 일관성 신뢰도**로 다시 구분할 수 있다.

㉠ 반분검사 신뢰도

- **반분검사 신뢰도(split-half reliability)는 한 검사를 한 번만 실시한 후 그 검사를 두 부분으로 나누어 두 동형검사로 간주하고, 검사점수들 간의 상관계수를 구한 뒤 이를 스피어만-브라운 공식을 이용해서 교정한다.**
- 검사의 길이가 절반으로 줄어들었기 때문에 상관계수를 그냥 사용하면 신뢰도를 과소추정하게 되기 때문이다.
- 다른 모든 조건이 동일하면 문항 수가 증가할수록 신뢰도 계수도 증가하는 특징이 있기 때문에 원래 길이의 검사라면 신뢰도가 어떻게 추정될지를 구하기 위해 스피어만-브라운 공식을 이용하는 것이다.
- 이 방법은 검사를 두 번 실시할 필요 없이 한 번의 실시로 두 번 실시한 것과 같은 효과를 갖기 위해 개발된 방법이다.
- 만약 검사의 전체 문항이 30문항일 때 반분검사 신뢰도를 구하기 위해 검사를 절반으로 나누면 15문항인 두 개의 검사가 된다. 이렇게 반분된 검사점수의 상관계수를 구하면 15문항인 검사의 동형검사 신뢰도라고 볼 수 있다.

🔼 반분검사 신뢰도를 구하기 위해 반분하는 방법

구분	반분하는 방법
기우법	짝수번호 문항과 홀수번호 문항으로 반분
전후법	검사의 앞부분과 뒷부분으로 반분
단순무작위법	무작위로 추출하여 반분
문항특성방법	문항특성을 고려하여 반분

ⓛ 문항내적 일관성 신뢰도: Cronbach's α

- 반분검사 신뢰도는 반분방식에 따라 신뢰도가 달라지고 상관계수를 다시 교정해 주어야 하는 단점이 있다.
- 이러한 반분검사 신뢰도의 단점을 해결하기 위해 문항내적 일관성 신뢰도가 제안되었으며, 이 방법은 **검사에 포함된 문항 하나하나를 검사로 간주하고 문항들 사이에 일관성이 있는지를 살펴보는 것이다.**
- 문항내적 일관성 신뢰도는 KR-20, KR-21, Cronbach's α 등 여러 가지가 있다.

🔼 문항내적 일관성 신뢰도의 특징

신뢰도	문항유형	특징
KR-20	이분문항	이분문항인 경우, KR-20과 Cronbach's a는 동일한 값
KR-21	이분문항	• 계산이 쉽도록 각 문항의 난이도가 동일하다고 가정 • 각 문항의 난이도가 다른 경우에 KR-21은 실제보다 작게 추정
Cronbach's α	이분문항, 다분문항	• 각 문항의 난이도가 다를 수 있음을 가정 • 통계프로그램으로 추정이 간편 • 가장 많이 쓰임

※ 이분문항: 0(오답)과 1(정답)로만 채점되는 문항
다분문항: 여러 가지 점수로 채점되는 문항

3 신뢰도에 영향을 주는 요인

(1) 문항 수

동일조건이라면 문항 수가 많을수록 검사의 신뢰도는 높아진다.

① 문항 수를 계속 늘린다고 해서 신뢰도가 무조건 증가하는 것은 아니다.

② 검사에 포함된 기존 문항의 내용과 특성이 잘 부합하는 양질의 문항이 추가되는 경우에만 신뢰도가 증가한다.

③ 추가하는 문항의 내용이 기존 문항의 내용과 동떨어지거나 양질의 문항이 아닌 경우에는 오히려 신뢰도 계수가 낮아질 수도 있다.

(2) 범위

좁은 범위의 내용을 포함하는 검사에서 신뢰도가 더 높다.

① **문항의 동질성이 높을수록 검사의 신뢰도는 높아진다.** 넓은 범위의 내용을 포함하는 검사보다는 **좁은 범위의 내용을 포함하는 검사에서 신뢰도가 더 높다.**

예 수학 교과에서 전 범위를 포함하는 검사와 행렬만을 포함하는 검사를 비교했을 때 전 범위 검사는 다양한 문항들을 포함하고, 행렬 검사는 행렬에 대한 내용을 포함한 유사한 문항들로 구성될 것이다.

② 검사내용의 범위가 좁으면 유사한 응답이 기대되므로 문항의 동질성을 유지하기 쉽다. 검사의 종류에 따라 다양한 내용이 측정되어야 하는 경우가 있으며, 이런 경우에는 신뢰도가 낮을 수 있으나 그렇다고 검사가 잘못 만들어진 것은 아니라는 점에 주의해야 한다.

③ 신뢰도를 높이기 위해 측정범위를 좁히면 문항내용이 다양해지지 못하는 문제가 발생할 수 있다.

(3) 난이도

문항 난이도가 중간 정도로 적절한 수준일 때 검사의 신뢰도는 높아진다.

① 문항이 너무 쉬운 경우에는 대부분의 피험자가 문항을 맞출 가능성이 높기 때문에 변별력이 낮아지고, 검사점수의 분산이 작아져서 그 결과 신뢰도가 낮아진다.

② 문항이 너무 어려운 경우에는 피험자들이 추측하게 되고, 검사불안을 느끼게 되면서 일관성 있는 응답을 하기 어려워지므로 신뢰도가 낮아진다.

(4) 변별도

문항 변별도가 높을 때 검사의 신뢰도는 높아진다.

① 문항 변별도란 해당 문항이 능력이 높은 학생과 낮은 학생을 구분해 줄 수 있는 정도를 의미하므로, 문항 변별도가 높을수록 피험자들의 능력이 잘 구분된다.

② 검사점수의 개인차가 커지게 되고, 이는 검사점수의 분산이 커지는 것을 의미한다.

(5) 검사시간

검사시간이 충분한 경우에 검사의 신뢰도가 높아진다.

① 피험자들은 검사시간이 충분할 때 안정적으로 응답을 하고 자신의 능력을 제대로 발휘할 수 있다.

② 시간제한이 있는 속도검사의 경우, 검사시간이 충분하지 않기 때문에 능력에 따른 응답이 불안정할 수 있고, 응답을 하지 못하는 문항들이 다수 발생하게 된다.

③ 시간제한이 없는 역량검사의 경우, 충분한 시간이 주어지므로 응답의 안정성이 보장되기 때문에 속도검사에 비해 신뢰도가 높다.

제2절 타당도

1 개념

우리가 어떤 사물의 무게를 측정하는 경우에는 저울을 사용하고, 길이를 측정하는 경우에는 자를 사용한다. 그 이유는 저울이 무게를 측정하는 도구이고, 자가 길이를 측정하는 도구이기 때문이다. 각각의 측정도구는 무엇을 측정할 것인지에 대한 목적이 분명히 있고, 그 목적을 충실하게 반영할 때 좋은 도구가 된다.

(1) 정의

① 타당도(validity)는 **측정도구가 측정하고자 하는 속성을 얼마나 충실하게 측정하는지의 정도를 의미**한다.

② 지능검사는 지능을 측정하기 위해 만들어진 도구이므로 지능을 측정해야 타당도가 높다. 만약 지능을 측정하기 위해 만들어진 지능검사가 지능이 아닌 성격을 측정하고 있다면 타당도가 낮은 검사라고 할 수 있다.

③ 교육평가에서 검사를 활용하는 목적은 다양할 수 있지만 대부분 중요한 의사결정을 위한 경우가 많다. 학생 선발, 학생의 특성(성향, 학습태도 등) 파악, 학생 분류, 기관이나 프로그램 평가 등 다양한 목적으로 검사가 활용된다. 그런데 그때 사용되는 검사가 타당도가 낮은 검사라면 의사결정을 잘못 내리게 되며, 잘못된 정보에 의한 의사결정은 개인 당사자에게도, 학교와 같은 기관에도, 더 나아가 사회 전체에도 악영향을 미치게 된다.

(2) 특징

① 타당도를 검증할 때 주의할 점은 검사의 타당도는 상황에 따라 달라질 수 있다는 점이다.

㉠ 검사가 어떤 특정 목적이나 특정 상황에서는 타당하지만 또 다른 상황에서는 타당하지 않을 수 있다.

㉡ 검사가 사용되는 목적과 상황을 제대로 파악하고 검증하는 것이 중요하다.

② 타당도는 검사가 얼마나 목적에 부합하게 제작되었는지와도 밀접한 관련이 있다.

㉠ 신뢰도는 측정도구가 얼마나 일관성 있게 안정적으로 속성을 측정하는지의 정도를 의미하는 동시에, 얼마나 정확하게 오차 없이 측정하는가를 의미하기도 한다.

㉡ 신뢰도에서 말하고 있는 오차는 측정오차(measurement error)이며, 다양한 원인에 의해 발생할 수 있는 무선적 오차(random error)이다.

㉢ 타당도의 개념과 관련하여 검사가 목적에 부합하지 않게 측정하고 있는 부분은 **체계적 오차(systematic error)**이다. 체계적인 오차는 **인간의 노력으로 제거**할 수 있는 부분이다.

③ 타당도를 올바로 파악하기 위해 조작적 정의를 잘 내리는 것이 중요하다.

㉠ 조작적 정의는 어떤 속성에 대해 측정이 가능하도록 구체적으로 정의하는 것을 의미한다.

㉡ 예를 들면, 사회경제적 지위는 소득과 교육수준을 합친 것으로 조작적 정의를 내릴 수 있으며, 조작적 정의는 연구자마다 다를 수 있다.

㉢ 만약 어떤 속성의 조작적 정의를 잘못 내려서 잘못된 방식으로 측정하고 있는 경우에 오차는 체계적으로 발생하게 되며, 이때 조작적 정의를 검사의 목적에 맞도록 바르게 수정하여 측정한다면 오차를 제거할 수 있다.

㉣ 따라서 체계적인 오차를 제거하기 위해 노력하는 일은 검사의 타당도를 높이고자 하는 노력과 관련이 깊다.

2 타당도의 종류

검사점수의 해석과 관련한 타당도는 **내용타당도(content validity), 준거타당도(criterion validity), 구인타당도(construct validity)로 구분되며, 준거타당도는 예측타당도(predictive validity)와 공인타당도(concurrent validity)로 구분**된다. 그 밖에 검사결과가 사회에 미치는 영향을 고려하는 결과타당도가 있다. 결과타당도는 검사결과가 의도한 목적에 부합하는지를 중심으로 분석하며, 결과를 긍정적 또는 부정적, 실제적 또는 잠재적, 의도적 또는 의도하지 않은 결과로 구분할 수 있다.

타당도의 종류

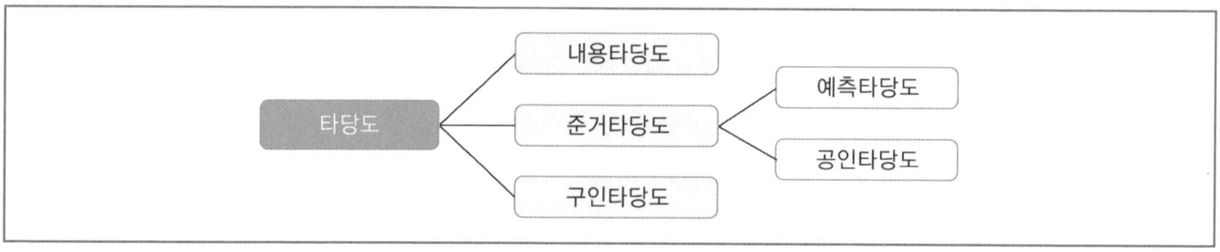

(1) 내용타당도

① 내용타당도는 **타당도의 개념을 내용적 측면에 적용한 타당도이다. 즉, 측정도구가 측정하고자 하는 속성을 '내용적 측면'에서 얼마나 충실하게 측정하고 있는가를 의미**한다.

② 이를 파악하기 위해서는 내용전문가의 판단이 필요하다. 이후에 제시할 다른 타당도들과 달리, **내용타당도는 주로 질적인 판단에 기초**한다. 값으로 수치화하는 것이 아니라 내용적으로 타당한지 검토를 한다는 의미이다.

③ 하지만 내용타당성에 대한 전문가 견해의 일치도 혹은 문항의 적절성에 대한 평점평균 등 **질적인 결과도 양적으로 표현이 가능하다.**

④ 학업성취도 검사의 경우, 검사를 구성하고 있는 문항들이 얼마나 학업성취를 잘 측정하고 있는지를 검토할 필요가 있다. 이때 **문항들이 측정하고자 하는 영역을 잘 대표하는지를 검토**하는 절차가 필요한데, 이것이 바로 **내용타당도 검증**이다. 이는 마치 **전집에서 표본을 추출할 때 대표성을 띠는 것**과 마찬가지라고 생각하면 된다.

개념 +

전집(population)

연구자가 관심을 가지고 있는 전체 집단을 의미한다. 예를 들면, 우리나라 중학생에 관심을 갖는 경우, 전국 중학생 전체 집단이 전집이다.

표본(sample)

전체 집단에서 추출된 집단을 의미한다. 예를 들면, 전국의 중학생을 모두 조사하기 어렵기 때문에 1,000명의 학생만 뽑아서 조사한 후 그 결과를 일반화할 수 있다. 이 경우에 조사된 1,000명의 학생이 표본이다.

⑤ 내용타당도 검증을 위해 문항개발 시 **'이원분류표(table of specification)'를 작성하는 것이 필수적**이다. **이원분류표는 검사가 측정하고자 하는 내용영역과 그에 해당하는 행동영역(인지능력수준)을 표로 나타낸 것**이다.

PART 09

⑥ 일반적으로 문항 제작 전에 이원분류표를 작성하면서 검사 전체의 틀을 작성한다. 이는 문항이 대표성을 띠도록 구성하는 데에 큰 도움을 주기 때문에 내용타당도 검증 시에도 이를 바탕으로 내용적인 검증절차를 거쳐야 한다.

이원분류표의 예

과목	내용영역	행동영역						문항 수
		계산	이해	추론		문제해결		
				발견적	연역적	수학내적	수학외적	
수학	행렬과 그래프	1	2	1				4
	지수함수와 로그함수	1				2	1	4
	수열	1	1		1	1		4
	수열의 극한	1		1		1		3
미적분과 통계	함수의 극한과 연속	1	1	1				3
	다항함수의 미분법		3					3
	다항함수의 적분법			2		1		3
	확률			1			2	3
	통계		1				2	3
합계	-	5	8	6	1	5	5	30

출처 | 2013학년도 대학수학능력시험 수리영역 (나형) 문항 이원분류표

(2) 준거타당도

① 준거타당도는 **검사가 측정하고자 하는 것을 얼마나 잘 측정하는지**를 알아보기 위해 **다른 변수와의 관련성을 검증**한다.

② 검사의 측정점수가 또 다른 측정점수와의 관련성을 파악하는 방법을 사용하여 타당도를 검증한다.

③ 준거(criterion)란 **'판단의 근거'**를 의미하며, **타당한 정도를 판단하기 위한 근거로 '검사와 관련된 다른 검사'를 활용하는 것**이다.

④ 이때 **타당성을 검증하고자 하는 검사와 준거가 되는 검사는 관련성이 높아야 하며, 준거로 활용하는 측정점수는 신뢰롭고 타당해야 한다.**

예 • 적성검사는 피험자들의 이후 직장에서의 수행을 예측하기 때문에 직장에서의 수행점수가 준거가 될 수 있고, 대학수학능력시험은 피험자들이 대학에 진학한 이후에 수행능력을 예측하므로 대학에서 받게 되는 학점이 준거가 될 수 있다.
• 단축형 우울증 검사를 개발하는 경우에 기존에 타당하다고 입증된 우울증 검사가 준거가 될 수 있다.

⑤ 준거의 성격은 검사의 목적에 따라 두 가지로 구분될 수 있는데, **검사가 미래 행동을 예측하는 목적으로 개발된 경우에는 예측타당도**라 하고, 검사가 **기존에 공인된 검사의 또 다른 목적으로 개발되는 경우에는 공인타당도**라 한다.

준거타당도의 예

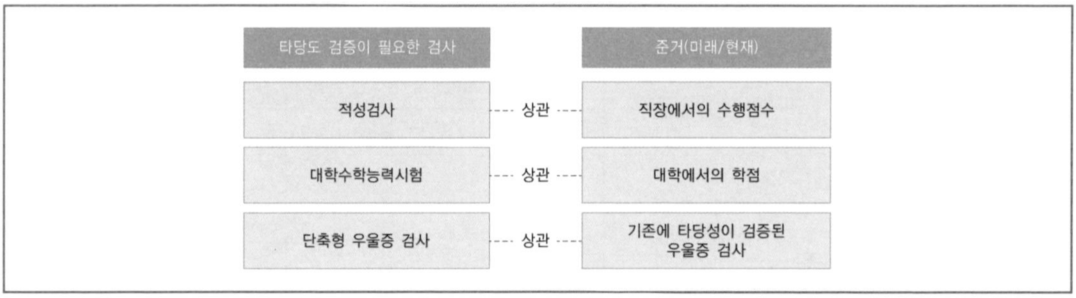

㉠ 예측타당도

• 예측타당도(predictive validity)는 **검사가 미래의 행동을 예측하는 목적으로 개발된 경우에 검증할 수 있는 타당도**로, 앞에서 제시한 적성검사와 대학수학능력시험이 그 예가 될 수 있다.

• 검사를 통해 **미래의 행동을 예측한다는 것은 검사결과로 인재를 선발하거나 배치하는 등의 실질적인 목적**을 가지고 검사를 활용할 수 있다는 의미이다.

• 검사점수가 높으면 미래에 수행을 잘 할 것이라고 예측이 가능하며, 검사점수가 낮으면 미래에 수행을 잘 하지 못할 것이라고 예측이 가능하다.

• 예측을 잘 할 수 있는지를 파악하기 위해서는 미래의 수행을 측정해 보아야 하며, 검사점수가 신뢰롭고 타당하게 미래의 수행을 측정한 결과와 관련성이 높다면 예측타당도가 높다고 할 수 있다.

- 예측타당도를 검증하면 **선발, 배치 등의 목적**에 따라 검사를 잘 활용할 수 있는 장점이 있다. 하지만 예측타당도를 검증하기 위해서는 미래의 행위를 측정해야 한다는 어려움이 있다.

ⓛ 공인타당도

- 공인타당도(concurrent evidence)는 **준거타당도의 한 종류로, 기존에 타당성을 입증받고 있는 검사로부터 얻은 점수와의 관계에 의하여 검증하는 타당도**이다.
- 기존의 검사가 있는데 이와 유사한 검사를 개발하는 경우가 종종 있다. 어떤 경우에는 실제 검사의 길이가 너무 길어서 피험자들이 응답하는 데 지치는 등의 어려움이 있을 수 있으므로 단축형 검사를 개발하기도 하고, 기존의 검사에서 측정하고자 하는 변수와 유사하지만 조금 다른 정의를 가진 변수를 측정하게 되는 경우도 있다.
- 공인타당도를 검증하고자 할 때 검사점수와 그것의 준거가 되는 또 다른 검사점수 간 관련성을 보기 위해 예측타당도와 같이 시간적 여유를 가질 필요는 없다. 동일한 피험자에게 시간적 간격 없이 두 가지 검사를 모두 실시해도 무방하다.
- **두 검사점수의 상관분석 결과, 새로 개발한 검사점수가 준거로 사용되는 기존 검사의 측정점수와 상관이 높으면 측정하고자 하는 것을 잘 측정하고 있다고 볼 수 있다. 즉, 타당하다고 말할 수 있다.**
- **공인타당도가 높은 검사는 기존의 검사를 대체해서 사용할 수 있다.** 기존에 타당성이 입증된 우울증 검사가 있지만 검사의 길이가 길어 사용하기 어렵다면 단축형 우울증 검사를 만들 수 있다. 이때 단축형 우울증 검사가 기존의 우울증 검사와 관련성이 높게 나타나 단축형 검사의 타당성이 입증되었다면, 기존 검사 대신 단축형 검사를 사용해도 무방하다.
- 시간이 부족하거나 피험자들의 피로도를 고려해야 하는 경우에 단축형 우울증 검사를 활용하여 보다 효율적으로 측정할 수 있다는 점에서 공인타당도의 장점이 있다.

(3) 구인타당도(내적 구조에 기초한 근거, evidence based on internal structure)

① **구인타당도는 조작적으로 정의되지 않은 인간의 심리적 특성이나 성질을 심리적 구인(psychological construct)으로 분석하여 조작적 정의를 부여한 후, 검사점수가 조작정 정의에서 규명한 심리적 구인을 제대로 측정하였는가를 검증하는 방법이다.**

② 구인은 인간의 **심리적인 특성을 설명하는 구성개념과 관련이 있으며, 이는 직접적으로는 측정이 불가능하기 때문에 간접적으로만 측정**이 가능하다.

예 추상적인 개념이 대부분이며, 지능, 성격, 능력, 적성 등

③ 인간의 심리적인 특성들은 추상적인 개념이기 때문에 그에 관련한 전문가들이 심리적 특성이 어떤 구성개념으로 이루어져 있는지에 대해 조작적으로 정의를 내리고, 그것을 간접적으로나마 측정이 가능하도록 검사를 개발한다.

④ 우울을 측정하기 위해서는 우울을 구성하고 있는 **개념들을 제대로 측정할 수 있는 문항들을 제작하여 검사를 구성**해야 하며, 그 검사도구의 타당성을 검증하기 위해서 **구성개념들을 제대로 측정**하고 있는지, 즉 **검사의 내적 구조를 파악**하는 것이 필요하다. 이때 사용하는 타당도가 구인타당도이다.

⑤ 조작적 정의에 따라 문항을 제작하여 검사를 구성하고, 검사가 측정하고자 하는 구성개념을 제대로 잘 측정하고 있는지를 파악한다면 측정의 결과를 제대로 잘 이해할 수 있다.

제3절 객관도와 실용도

1 객관도

(1) 정의

① 객관도란 **측정의 결과에 대해 여러 검사자 혹은 채점자가 어느 정도로 일치된 평가를 하느냐의 정도이다.**

② **신뢰도가 '측정도구의 변덕'에 의해 결정되는 것이라면, 객관도는 '채점자의 변덕'에 의해 결정되는 신뢰도**라 하겠다. 그래서 흔히 객관도를 **'검사자의 신뢰도'(tester's reliability)**라고도 한다.

(2) 주관성의 배제

① 여러 채점자가 자기의 편견, 의견, 감정을 완전히 제거하면 거기에 남는 것은 객관성뿐이다.

② 객관도는 이 점에서 평정자의 주관적인 편견을 얼마나 배제하였느냐의 문제이다. 그러나 객관성이란 정도의 문제이며, 완전히 객관적이거나 주관적인 검사는 거의 없다고 해도 무방하다.

③ 그럼에도 불구하고 채점자 내 신뢰도(intra－rater reliability)와 채점자 간 신뢰도(inter－rater reliability)는 높아야 한다.

(3) 다양한 오류

① 채점자 내 신뢰도는 한 채점자가 모든 측정대상에 대하여 계속적으로 일관성 있게 측정하였는지를 나타낸다.

② 채점자들은 평가결과가 중간 부분에 지나치게 모이는 집중경향의 오류, 평가자가 표준을 어디에 두느냐에 따라 생기는 표준의 오류, 피평가자의 인상 때문에 평가특성을 잘못 평가하는 인상의 오류, 시·공간적으로 가깝다는 이유로 평가특성을 잘못 평가하는 근접의 오류, 논리적으로 모순된 판단을 하는 논리적 오류를 범하기 쉽다.

(4) 고려사항

① 수행평가의 도입과 확대사용에 따라 객관도는 점차 중요해지고 있다. 중등학교에서 한 교과를 여러 교사가 담당하는 경우, 교과에 따라 남학생 반과 여학생 반에 대해 채점기준을 어떻게 유지할 것인가 하는 채점자 간 신뢰도는 매우 중요하며, 담임교사가 자기 반 학생들의 성적을 매길 때와 다른 반 학생들의 성적을 매길 때 채점자 내 객관도도 이 점에서 중요해진다.

② 객관도는 ㉠ 도구의 객관화, ㉡ 평가자의 소양, ㉢ 기준의 구체화, ㉣ 다인수 평가, ㉤ 오류의 제거 등 몇 가지 측면이 고려되어야 한다.

2 실용도

타당도, 신뢰도, 객관도는 좋은 평가도구의 이론적 지표였다. 이것만으로도 평가도구의 기능은 완전히 보장되는 셈이다. 그러나 이 같은 이론적 지표 이외에 현실적 지표도 고려하지 않으면 안 된다.

(1) 정의

실용도(practicability)란, **한 개의 평가도구 혹은 검사를 얼마나 시간과 정력을 적게 들이고 사용할 수 있느냐의 정도이다.**

(2) 고려사항

① 이는 ㉠ 실시의 용이성, ㉡ 채점의 용이성, ㉢ 해석의 용이성, ㉣ 비용과 체제 등의 측면에서 살펴볼 수 있다.

② 이는 모든 검사의 제작과 시행에는 일정한 시간, 노력, 비용이 든다는 점에서 객관형과 주관형, 선택형과 서답형 검사의 선정에서 고려해야 할 점이며, 특히 수행평가의 확대활용에 따라 실용도는 점차 중요한 기준이 되고 있다.

CHAPTER 07

평가도구

제1절 검사의 분류

학업성취, 동기, 성격 등 교육과 관련된 인간의 잠재적인 속성은 직접 측정할 수 없기 때문에 간접적으로 측정하여 평가해야 하는데, 이를 위해 제작된 도구가 검사이다.

1 측정영역

(1) 검사는 측정하는 내용에 따라 인지적(cognitive) 특성을 측정하는 검사와 정의적(affective) 특성을 측정하는 검사로 구분될 수 있다.

(2) 학교에서 실시하는 학업과 관련된 시험은 지적 능력, 성취와 관련된 내용을 포함하므로 인지적 특성을 측정하는 검사이고, 성격검사와 같은 심리검사는 심리, 정서와 관련된 내용을 포함하므로 정의적 특성을 측정하는 검사이다.

(3) 이 두 가지 유형은 더 세부적으로 분류될 수 있다. 인지적 특성을 측정하는 검사는 측정하는 내용에 따라 지능검사(intelligence test), 적성검사(aptitude test), 성취도검사(achievement test)로, 참조준거에 따라 규준참조검사(norm-referenced test), 준거참조검사(criterion-referenced test)로 구분할 수 있다. 또한 검사시간에 따라 속도검사(speed test)와 역량검사(power test)로 구분할 수도 있다.

(4) 정의적 특성을 측정하는 검사는 측정하는 내용에 따라 성격검사(personality assessment), 흥미검사(interest assessment), 태도검사(attitude assessment), 가치관검사(value assessment) 등으로 구분할 수 있으며, 일반적으로 '심리검사'라고 알려진 검사들이 이에 속한다.

2 표준화 여부

(1) 검사는 제작절차의 표준화 여부에 따라 표준화검사(standardized test)와 교사제작검사(teacher-made test)로도 구분할 수 있다.

(2) 전문가가 검사의 실시, 채점, 해석을 언제 어디서든 동일하게 할 수 있도록 제작한 검사를 표준화검사라고 하며, 교사가 자신의 학생들을 평가하기 위해 교수목표 및 방법에 맞추어 임의로 제작한 검사를 교사제작검사 또는 학급검사(classroom test)라고 한다.

(3) 표준화검사와 교사제작검사는 학업성취와 같은 인지적 특성을 측정할 수도 있고, 흥미와 같은 정의적 특성을 측정할 수도 있다.

3 검사방식

(1) 검사는 실시방법에 따라 지필검사와 컴퓨터화검사로 구분할 수 있다.

(2) **지필검사는 종이와 펜을 사용하여 검사를 실시하고, 컴퓨터화검사는 컴퓨터를 활용하여 검사를 실시한다.**

검사의 분류

<table>
<tr><th>구분기준</th><th>검사의 종류</th><th colspan="2">세분화</th></tr>
<tr><td rowspan="4">측정영역</td><td rowspan="3">인지적 특성을 측정하는 검사
(지적 능력, 성취 등)</td><td>내용</td><td>• 지능검사
• 적성검사
• 성취도검사</td></tr>
<tr><td>참조준거</td><td>• 규준참조검사
• 준거참조검사</td></tr>
<tr><td>검사시간</td><td>• 속도검사
• 역량검사</td></tr>
<tr><td colspan="3">정의적 특성을 측정하는 검사(성격, 심리, 정서 등)</td></tr>
<tr><td rowspan="2">표준화 여부</td><td colspan="3">표준화검사</td></tr>
<tr><td colspan="3">교사제작검사</td></tr>
<tr><td rowspan="2">검사방식</td><td colspan="3">지필검사</td></tr>
<tr><td colspan="3">컴퓨터화검사</td></tr>
</table>

제2절 인지적 특성을 측정하는 검사

인지적 특성은 인간의 지적 능력이나 성취와 관련이 있다. 이를 측정하기 위해 개발된 문항들은 대부분 '정답'과 '오답'이 존재하며, 문항에 대한 응답을 바탕으로 높은 점수를 받을수록 능력이나 성취가 높다고 해석한다.

1 측정내용에 따른 분류

인지적 특성을 측정하는 검사는 측정내용에 따라 지능검사, 적성검사, 성취도검사로 구분할 수 있다.

(1) 지능검사

① 지능검사는 기본적인 지적 능력을 측정하는 최초의 검사이며, 비네(Binet)검사와 웨슬러(Wechsler) 검사가 대표적이다.

② 지능검사에 포함된 내용은 어휘, 수리, 지각, 공간, 추리, 기억, 언어 등으로 다양하다.

③ 1970년대까지는 지능을 하나의 통합된 능력으로 개념화하였으나, 최근에는 스턴버그(Sternberg, 1985)의 삼위일체론, 가드너(Gardner, 1983)의 다중지능이론이 제안되기도 하였다.

④ 이처럼 지능에 대한 정의나 구성요소에 대해 학자마다 다른 견해를 주장하고 있다. 이와 더불어 지능검사로 측정한 결과는 학교에서의 학습과는 관계가 적다는 비판을 받아 왔다.

(2) 적성검사

① 이러한 비판을 극복하고자 만들어진 검사가 (학업)적성검사이다.

② 적성검사는 지능검사와 마찬가지로 전반적인 지적 능력을 측정하지만, 학업에 관련된 능력을 측정한다는 점에서 지능검사와 차이가 있다.

③ 적성검사는 미래의 성취를 예측하기 위한 것이 목적이며, 과거부터 지금까지 학습을 통해 축적된 지적 능력을 측정한다.

④ 적성검사의 예로는 SAT I, GRE 등을 들 수 있다.

㉠ SAT I은 미국에서 대학교에 입학하고자 하는 학생들이 대학에서 학업을 수행할 능력이 있는지 평가하기 위해 필요한 언어, 수리 등의 보편적 능력을 측정하는 표준화된 검사이다.

㉡ GRE는 미국 및 여러 영어권 국가에서 대학원에 입학하고자 하는 학생들의 언어, 수리, 비판적 사고, 분석적 작문 등 보편적인 능력을 측정하는 표준화된 검사이다.

(3) 성취도검사

① 성취도검사는 전반적인 지적 능력을 측정하는 지능검사나 적성검사와는 달리 현재의 성취를 확인하기 위한 목적으로 만들어진 검사이다.

② 성취도검사는 최근에 학습한 내용을 측정한다. 학교에서 실시하는 대부분의 시험(예 중간고사 기말고사 등)이 성취도검사에 해당한다.

지능검사와 적성검사, 성취도검사의 비교

구분	지능검사	적성검사	성취도검사
목적	기본적인 지적 능력 측정	미래의 성취 예측	현재의 성취 확인
내용	일반적 ←	→	구체적
예	비네, 웨슬러	SAT I, GRE	중간고사, 기말고사

2 참조준거에 따른 분류

인지적 특성을 측정하는 검사는 참조준거에 따라 규준참조검사와 준거참조검사로 구분할 수 있다.

(1) 규준참조검사

① 규준참조검사는 상대적인 평가를 목적으로 하는 검사이며, 준거참조검사는 절대적인 평가를 목적으로 하는 검사이다.

② 규준참조검사는 가지고 있는 능력의 수준이 어느 정도인지 평가하는 것이 목적이 아니라, 다른 사람과 비교했을 때 어느 정도의 위치에 있는지, 즉 상대적 서열이 어떠한지를 평가하는 것이 목적이다.

③ 대학이나 회사에서 사람을 선발할 때 보통 정원이 제한되어 있기 때문에 능력이 우수한 사람 순으로 정원만큼의 인원을 선발한다. 이러한 경우에 상대적 서열을 필요로 하므로 규준참조검사를 활용하면 된다.

④ 대학수학능력시험 중 국어, 수학, 사회탐구 등 9등급제에 의한 등급과 백분위로 결과를 나타내는 과목들이 규준참조검사의 예가 될 수 있다.

⑤ 규준참조검사는 각 사람에게 점수를 부여하고, 표준점수를 통해 상대적 위치를 알려 준다.

⑥ 규준참조검사에서 피험자들 간 상대적 서열을 비교하기 위해서는 피험자들의 점수가 다양하게 잘 분포되어 변별되어야 한다. 따라서 검사를 쉬운 문항부터 어려운 문항까지 다양한 난이도의 문항으로 구성할 필요가 있다.

(2) 준거참조검사

① 준거참조검사는 상대적 서열을 평가하는 것이 아니라 무엇을 얼마만큼 알고 있는지, 즉 능력의 수준이 특정 수준에 도달했는지를 절대적으로 평가하는 것이 목적이다.

② 운전면허, 의사자격 등과 같이 어떠한 자격을 부여할 때 피험자가 정해진 능력 수준 이상을 소유하고 있는지 확인해야 한다. 이러한 경우에 절대적인 도달 여부를 필요로 하므로 준거참조검사를 활용하면 된다.

③ 의사자격시험이 준거참조검사의 대표적인 예이다.

④ 준거참조검사는 각 사람에게 부여된 점수와 준거점수를 비교하여 합격 또는 불합격 판정을 한다.

⑤ 준거참조검사에서는 규준참조검사처럼 피험자들을 변별할 필요가 없고, 피험자가 준거에 도달했는지 여부에 관심을 갖기 때문에 검사를 다양한 난이도의 문항으로 구성할 필요는 없다.

⑥ 설정한 특정 수준에 도달했는지의 여부를 잘 구분할 수 있도록 준거와 유사한 수준의 난이도 문항들로 검사를 제작하면 된다.

◎ 규준참조검사와 준거참조검사의 비교

구분	규준참조검사	준거참조검사
목적	상대적 서열 평가	특정 수준 도달 여부 확인
문항난이도	다양한 수준	준거와 유사한 수준
비교	피험자 간	피험자 점수와 준거점수
예	대학수학능력시험	의사자격시험

3 검사시간에 따른 분류

인지적 특성을 측정하는 검사는 검사시간에 따라 속도검사와 역량검사로 구분할 수 있다.

(1) 속도검사

① **속도검사는 엄격하게 제한된 시간 동안 얼마나 빨리 정답을 맞히는지를 확인하는 검사, 즉 숙련도를 측정하는 검사**이다.

② 속도검사는 시간적 제한으로 인해 응답하지 못하는 문항이 존재하도록 비교적 쉬운 문항들로 구성한다.

예 시간제한이 있는 지능검사나 적성검사

(2) 역량검사

① **역량검사는 시간이 충분한 상태에서 최대한의 능력을 발휘하여 얼마나 문제를 잘 해결하는지를 확인하는 검사, 즉 문제해결능력을 측정하는 검사**이다.

② 역량검사는 능력 수준으로 인해 응답하지 못하는 문항이 존재하도록 매우 어려운 문항들로 구성한다.

예 시간제한이 없는 세계 7대 수학난제를 예로 들 수 있다.

◎ 속도검사와 역량검사의 비교

구분	속도검사	역량검사
목적	숙련도 측정	문제해결능력 측정
시간제한	있음	없음
문항난이도	비교적 쉬운 문항	매우 어려운 문항
예	시간제한이 있는 지능검사나 적성검사	수학경시대회시험

제3절 정의적 특성을 측정하는 검사

정의적 특성은 인간의 심리, 정서와 관련이 있다. 이를 측정하기 위해 개발된 문항들은 '정답'과 '오답'이 존재하지 않으며, 문항에 대한 응답을 통해 평소에 하는 행동, 생각이나 느낌 등을 파악할 수 있다.

1 정의적 특성을 측정하는 검사의 예

정의적 특성을 측정하는 검사는 측정하는 내용에 따라 다양하다. 교육현장에서 관심을 가지고 살펴보아야 할 정의적 특성은 성격, 흥미, 태도, 가치관, 동기 등이 있다.

(1) 성격

① 성격(personality)은 인간 개개인이 지닌 특유한 성질이나 품성으로, 교육현장에서뿐만 아니라 일반적으로 많이 관심을 받고 있는 정의적 특성 중의 하나이다.

② 성격은 비교적 지속적이고 안정적으로 나타나며, 개인을 둘러싼 환경과 상호작용하는 과정 가운데 그 특징이 드러난다.

③ 학자마다 성격을 구체적으로 정의하는 방식이 다르므로 성격검사에 포함된 성격의 유형은 검사에 따라 상이하게 나타날 수 있다.

④ 널리 알려진 성격검사는 MBTI, 에니어그램, DISC, 성격5요인검사 등이 있다.

⑤ MBTI는 개인의 성격유형을 16가지로, 에니어그램은 9가지(개혁가, 조력가, 성취자, 예술가, 사색가, 충성가, 낙천가, 지도자, 중재자)로, DISC는 네 가지(주도형, 사교형, 안정형, 신중형)로 분류하여 각 개인이 하나의 성격유형에 속하도록 판단하며, 성격5요인검사는 다섯 가지 성격요인(신경증, 외향성, 개방성, 우호성, 성실성)을 측정하여 각 요인의 점수로 성격을 판단한다.

(2) 흥미

① 흥미(interest)는 어떤 대상에 대해 특별히 관심을 가지고 주의를 기울이고자 하는 감정이나 태도를 의미한다.

② 흥미는 동기적 요소를 포함하고 있으므로 학업에 있어서도 중요한 특성 중 하나이다. 학생들이 어떤 흥미를 가지고 있느냐를 알면 보다 더 효과적인 교육이 가능하기 때문이다.

③ 흥미는 학업을 할 때도 중요하지만 더 나아가 진로선택을 할 때도 매우 중요한 요소 중 하나이다.

④ 흥미를 측정하는 검사의 예로 직업흥미검사를 들 수 있다. 널리 알려진 직업흥미검사는 스트롱(Strong) 흥미검사, 쿠더(Kuder) 흥미검사 등이 있다.

⑤ 스트롱 흥미검사는 400개의 직업명칭으로 구성된 문항에 대해 개인의 흥미 여부(좋다, 싫다, 관심 없다)를 응답하도록 구성되어 있으며, 쿠더 흥미검사는 10개의 흥미영역에 3개의 진술문을 제시하고 가장 좋아하는 활동과 가장 싫어하는 활동을 응답하도록 구성되어 있다.

2 정의적 특성 측정방법

정의적 특성은 다양한 방법으로 측정이 가능하다. 질문지법, 평정법, 관찰법, 의미분석법, 투사적 방법 등이 정의적 특성을 측정하는 방법이다.

(1) 질문지법

① **질문지법(questionnaire)은 피험자에게 질문을 주고, 피험자는 그 질문에 대해 응답하는 방법**이다. 즉, 자기 자신에 대해 응답하는 자기보고식 방식이다.

② 질문지법의 구체적인 유형은 자유반응형, 선택형, 유목분류형, 등위형이 있다.

③ 자유반응형은 질문에 대해 자유롭게 응답하도록 구성한 것이며, 선택형은 질문에 대한 응답을 주어진 선택지로 선택하도록 구성한 것이다. 유목분류형은 질문에 대한 응답을 주어진 항목으로 분류하도록 구성한 것이며, 등위형은 질문에 대한 응답을 주어진 선택지를 중요한 순서대로 나열하도록 구성한 것이다.

④ 질문지법은 다른 방법들에 비해 간편하다. 짧은 시간 내에 효율적인 방법으로 피험자의 정의적 특성을 파악할 수 있기 때문이다.

⑤ 질문을 구체적으로 잘 만든다면, 자신의 정서나 태도 등에 대한 솔직한 응답을 통해 보이지 않는 잠재적 특성을 파악하기에 좋다.

질문지법의 예

자유반응형	자신의 어떤 점에 대해 만족하는가?
선택형	다음 중 자신의 가장 만족하는 부분을 고르시오. 1. 외모 2. 성격 3. 건강 4. 대인관계 5. 경제적 능력 6. 기타
유목분류형	자신이 이성친구와 교제를 생각할 때 중요하게 여기는 부분과 중요하지 않게 여기는 부분으로 다음 항목을 구분하시오. 1. 외모 2. 성격 3. 건강 4. 대인관계 5. 경제적 능력
등위형	자신이 중요하게 여기는 순서대로 나열하시오. 1. 외모 2. 성격 3. 건강 4. 대인관계 5. 경제적 능력

(2) 평정법

① 평정법(rating scale)은 정의적 특성을 측정할 때 가장 많이 사용되는 방법으로, 이 방법도 질문지법과 같이 자기 자신에 대해 응답하는 자기보고식 방식이다.

② **주어진 진술문에 대해 자신이 연속선상에 주어진 단계 중 어느 단계에 해당하는지 응답하는 방법**이다.

③ 이러한 방법을 리커트(Likert) 척도라고 하는데, 일반적으로 5개의 단계를 사용하며, 드물게는 3개 또는 7개의 단계까지 사용하는 경우도 있다.

④ 주로 이해력이나 어휘력이 부족한 피험자(예 아동)의 경우에는 단계를 적게 사용하고, 전문가 또는 이해력이 높은 피험자의 경우에는 단계를 많이 사용한다.

⑤ 주어진 단계들 중에 선택해야 한다는 점에서 선택형 문항과 유사해 보이지만, 평정법에서 주어지는 단계는 사실상 연속선상에 있는 인간의 심리를 응답을 통해 측정할 수 있도록 구분해 놓은 것이다.

⑥ 이 방법은 제작과 분석이 쉽다는 장점이 있는 반면, 각 단계에 대한 이해가 상대적일 수 있다는 단점이 있다.

평정법의 예

나 자신에 대해 만족하고 있다.
1. 전혀 아니다 2. 아니다 3. 보통이다 4. 그렇다 5. 매우 그렇다

(3) 의미분석법

① 의미분석법(semantic differential scale)은 오스굿(Osgood)과 그의 동료들(1957)이 개발한 방법으로, **어떤 개념의 의미를 의미공간 속에서 측정하고자 한 방법**이다.

② 이 방법의 특징은 양극단에 반대되는 개념의 형용사가 주어지고 그 사이의 공간 중 해당되는 부분에 응답한다.

③ 이 방법은 평정법과 마찬가지로 제작과 분석이 쉽다는 장점이 있는 반면, 각 형용사와 의미공간에 대한 이해가 응답자마다 상대적일 수 있다는 단점이 있다.

의미분석법의 예

나 자신

적극적 ———————————————— 소극적
낙관적 ———————————————— 비관적

(4) 관찰법

① **관찰법(observation)은 실제로 어떠한 행동을 하는지 관찰하는 방법**으로, 정의적 특성을 측정할 때 종종 활용되는 방법이다.

② 실제로 행동을 적극적으로 하는지 관찰하는 것을 통해 적극적인 성향인지에 대해 판단할 수 있다.

③ 관찰을 할 때 행동장면을 인위적으로 통제하느냐에 따라 통제적 관찰과 비통제적 관찰로 구분되며, 관찰을 조직적으로 하느냐에 따라 자연적 관찰과 조직적 관찰로 구분된다.

④ 자연적 관찰은 절차나 양식에 구애받지 않고 자유롭게 관찰하는 것을 의미하는 반면, 조직적 관찰은 체계적인 절차나 양식에 따라 관찰하는 것을 의미한다.

⑤ **관찰을 기록하는 방법 중 널리 사용되는 방법은 일화기록법(anecdotal records)이다.** 일화기록법은 특정 행동이나 사건에 대해 구체적인 사실을 바탕으로 기록하며, 관찰자의 해석을 추가할 수 있다. 특정 행동에 대한 충분한 이해를 목표로 하는 방법이며 시간과 노력이 필요하다.

⑥ 관찰법은 앞에서 제시한 질문지법, 평정법, 의미분석법이 가진 단점, 즉 응답의 진실성 여부를 확인할 수 없다는 점을 어느 정도 극복할 수 있다는 장점이 있다. 또한 앞에서 제시한 관찰기록의 예처럼 직접 응답하기 어려운 대상(예 유아, 환자 등)에 대해서도 정의적 특성을 측정할 수 있다는 장점이 있다.

⑦ 주로 관찰자의 주관적 판단으로 이루어지기 때문에 관찰자의 능력에 따라 관찰내용의 질이 달라질 수 있다는 단점이 있다.

(5) 투사적 방법

① **투사적 방법(projective method)은 자신도 모르는 정의적 특성이 어떤 자극으로 인해 무의식적으로 심리상태를 표출하도록 하는 방법**이다.

② 예를 들면, 의미를 알 수 없는 모호한 그림을 본 후 어떤 장면인지를 설명하게 한다면, 그 사람의 내면에 있는 심리가 표출될 수 있다.

③ 표출된 심리를 바탕으로 이를 분석하여 성격이나 심리상태 등의 정의적 특성을 파악한다.

④ **널리 이용되는 투사적 검사로는 주제통각검사(Thematic Apperception Test: TAT)와 로르샤흐(Rorschach)의 잉크반점검사가 있다.**

⑤ 주제통각검사는 내용이 모호한 사진을, 로르샤흐(Rorschach)의 잉크반점검사는 좌우대칭으로 잉크가 얼룩진 그림을 보게 한 후 질문과 답변을 통해 내면의 심리를 파악하는 방식으로 이루어진다.

⑥ 이 방법은 다른 방법들로는 측정할 수 없는 인간의 내재적 특성을 측정할 수 있다는 장점이 있다.

⑦ 검사를 제작하고, 결과를 해석하는 과정에서 전문적 지식이 요구되기 때문에 훈련받은 평가자만이 평가가 가능하다는 단점이 있다.

3 정의적 특성의 측정 시 주의할 점

(1) 허위반응

① 정의적 특성을 측정할 때 주의해야 할 점은 피험자가 허위반응을 보일 수 있다는 것이다. 즉, **자신에 대해 솔직하게 반응하는 것이 아니라 실제 자신과는 다르게 허위적으로 반응을 하는 경우가 있다.**

② 사회적으로 바람직하다고 여겨진다거나 옳다고 생각되는 쪽으로 자신을 표현하는 경향이 있을 수 있는데, 이를 전문적 용어로 '사회적 바람직성'(social desirability)이라고 한다. 이는 자기보고식 설문조사에서 나타나기 쉽다.

예 • 학업에 대한 흥미를 측정하기 위해 제작된 '내가 수학공부를 하는 이유는 수학에 아주 흥미를 느끼기 때문이다.'와 같은 문항에 실제로 흥미가 없더라도 흥미가 있는 것처럼 보이기 위해 실제와 다르게 왜곡된 응답을 할 수 있다.
• 청소년의 공격성향을 측정하기 위해 제작된 '나는 아주 약이 오르면 다른 사람을 때릴 수도 있다.'라는 문항에 실제로 그렇더라도 사회적으로는 다른 사람을 때리는 행동이 좋지 않은 행동임을 지각하고 실제와 다르게 왜곡하여 그렇지 않다고 응답을 할 수 있다.

③ 이러한 경향성은 개인에게 비교적 일관적으로 나타난다고 알려져 있다.

④ 이러한 허위반응을 방지하기 위한 방법으로는 통계적으로 해당 성향이 높은 개인들을 파악하여 배제하는 방법이 있다.

(2) 중립반응

① **중립반응은 어떤 문항에 대해 가장 중간에 있는 응답을 선택하는 것**으로, 예를 들면 정치적 성향을 묻는 질문에 찬성이나 반대 중 어느 한 쪽을 지지했을 때 자신에게 미칠 영향이 예상되어 의사를 표현하고 싶지 않아서 어느 쪽도 지지하지 않고 중간에 응답하는 것이다.

② 5점 척도(1=전혀 아니다, 2=아니다, 3=보통이다, 4=그렇다, 5=매우 그렇다)의 경우에는 '보통이다'에 응답하는 것이다.

③ 이를 예방하기 위해서는 척도 수를 홀수 개가 아닌 짝수 개로 해서 응답이 어느 한 쪽에 속하게 할 수 있다.

④ 만약 4점 척도라면 앞의 5점 척도에서 '보통이다'에 응답할 수 없도록 제거할 수 있다.

⑤ 하지만 짝수 개 척도인 경우, 실제로 중립적인 성향의 피험자가 제대로 응답할 수 없는 문제가 발생한다.

(3) 불성실한 반응

① 불성실한 반응은 검사를 받을 때 집중해서 성실하게 응답한 정도를 의미하며, **대부분의 문항을 동일한 번호에 응답하는 경우가 이에 속한다.**

② 5점 척도의 경우, 모든 문항에 동일한 번호인 1에 응답하면 내용상 보았을 때 일관성 있는 반응이 나타나지 않을 수 있다.

③ 결단력을 측정하는 문항 중 '나는 어떤 일을 결심하는 게 그렇게 어렵지 않다.'와 '나는 이따금 결심을 빨리 하지 못하기 때문에 손해 보는 경우가 많다.'는 서로 반대되는 내용의 문항이다. 그런데 이 두 가지 문항에 대해 동일하게 응답을 한다면 결단력이 있을 수도 있고, 없을 수도 있다.

④ 두 개의 문항뿐만 아니라 서로 다른 내용을 담고 있는 더 많은 문항에 대해 동일하게 응답을 했다면 불성실하게 응답했을 가능성이 있으므로, 이런 경향이 있는지 피험자의 응답유형을 통해 파악할 필요가 있다.

제4절 표준화검사

1 정의

(1) 앞서 언급한 검사들 중 상당수가 표준화검사(standardized test)에 속한다. 비네검사와 웩슬러 검사, SAT I, GRE, 대학수학능력시험, MBTI, 스트롱 흥미검사 등 널리 알려져 사용되고 있는 검사들은 대부분 표준화검사의 예가 될 수 있다.

(2) 표준화검사는 **표준화된 절차와 방법, 즉 동일한 검사조건에서 검사를 실시할 수 있도록 전문가들이 제작한 체계적인 검사**이다.

(3) 표준화된 단위는 언제 어디서 측정하더라도 비교가 가능하다. 예를 들어, A시장에서 구입한 과일 200g과 B마트에서 구입한 과일 100g은 동일한 단위를 사용하기 때문에 A에서 구입한 과일이 B에서 구입한 과일보다 2배의 무게라는 것을 이해할 수 있다. 즉, 비교가 가능하다.

(4) 이와 같이 표준화된 검사는 C학교에서 실시를 하든, D학교에서 실시를 하든 동일한 검사조건에서 실시하는 검사이기 때문에 C학교의 학생이 받은 표준화검사 점수와 D학교의 학생이 받은 표준화검사점수를 비교하는 것이 가능하다.

2 교사제작검사와의 차이점

(1) 교사제작검사는 교사가 학급 또는 학교 내 학생들을 대상으로 실시하는 검사를 직접 제작하는 것에 반해, **표준화검사는 교사를 포함한 교과내용 전문가와 측정전문가, 검사전문가들이 함께 전문적이고 체계적인 절차에 의해 제작**하는 것이 보통이다.

① 교사제작검사의 경우에는 제작절차를 굳이 공개할 필요가 없으나, 표준화검사는 제작절차에 대한 정보도 검사설명서(test manual)에 제시하는 것이 일반적이다.

② 제작절차와 더불어 신뢰도, 타당도와 같은 검사의 질에 관한 정보도 함께 제공한다.

③ 하지만 교사제작검사는 교사가 내용적인 측면에서 검사의 질을 검토할 뿐 신뢰도나 타당도와 같은 정보는 제공하지 않는다.

(2) 교사제작검사는 실시할 때의 환경이나 지시사항, 시간제한 등에 있어서 표준화검사에 비해 엄격하지 않은 편이다. 반면, **표준화검사는 검사실시 환경, 지시사항, 시간제한 등 동일한 검사조건에서 실시가 가능하도록 검사설명서를 통해 구체적으로 제시**하고 있다.

① 대학수학능력시험의 실시요강 중 응시요령을 살펴보면, 검사시간이 매우 세분화되어 있으며 각 시간별 진행요령이 상세하게 적혀 있음을 확인할 수 있다.

② 평가가 공정하게 이루어지기 위해서는 이러한 지시사항을 엄격하게 지켜서 실시해야 할 필요가 있다.

(3) 교사제작검사는 제작자가 채점자가 되는 경우가 일반적이지만, **표준화검사는 제작자와 채점자가 다른 경우가 일반적**이다.

① 표준화검사의 경우, 선택형 문항은 컴퓨터가 채점을 하는 것이 가능하므로 정확하지만, 서술형 문항이 존재하는 경우에는 서로 다른 채점자가 채점을 해야 하는 경우가 발생하므로, 여러 채점자가 동일한 기준과 절차에 의해 채점할 수 있도록 채점과정이 표준화될 필요가 있다.

② 채점할 때 채점자의 주관이나 편견이 개입될 수도 있기 때문에 객관적인 기준에 의해 채점하도록 채점자의 훈련이 필요하다.

(4) 교사제작검사는 주로 학급 내 학생들을 비교하는 데 목적이 있다. 더 나아가 학교 내 학생들 간 비교, 학교 내 학급 간 비교까지 가능하다. 반면, **표준화검사는 비교의 범위가 더 넓다.**

① 학생 개인들을 비교할 수 있고, 학교 간 비교, 지역 간 비교, 국가 간 비교도 가능하다.

② 여러 국가의 학생들을 대상으로 실시하는 국제학업성취도 평가 PISA는 검사를 실시하는 모든 국가에서 동일한 문항을 표준화된 절차에 의해 실시하고 채점하므로 국가 간 비교가 가능하다.

교사제작검사와 표준화검사 비교

구분	교사제작검사	표준화검사
제작자	교사	교사·전문가집단 (교과내용 전문가, 측정전문가, 검사전문가 등)
제작절차	임의적	체계적
검사의 질	교사가 내용을 검토하며 신뢰도, 타당도 등의 정보는 제공하지 않음	신뢰도, 타당도 등의 정보 제공
검사의 실시 및 채점	교사 스스로 결정	검사설명서에 구체적으로 제시되어 있으며, 엄격하게 준수되어야 함
비교대상	학생, 학급	학생, 학급, 학교, 지역, 국가

제5절 컴퓨터화검사

1 특징

(1) 전통적으로 사용되어 온 지필검사는 종이와 연필로 검사를 실시하는 반면, 컴퓨터의 발달과 컴퓨터를 활용하는 환경의 보편화로 가능하게 된 **컴퓨터화검사(computerized test)는 화면과 키보드로 검사를 실시**한다.

(2) 지필검사와 동일한 문항도 컴퓨터 화면으로 제시되고 키보드나 마우스로 응답을 하는 방식이라면 컴퓨터화검사라고 할 수 있다. **최근에는 컴퓨터뿐만 아니라 태블릿 등 다양한 매체로도 검사가 가능**하다.

(3) 컴퓨터화 능력적응검사(Computerized Adaptive Test: CAT)

① 컴퓨터의 발달에 측정이론의 발달이 더해져 피험자의 수준에 따라 문항이 선택되어 제시되는 것이 가능해졌다. 이렇게 피험자의 능력에 맞게 개별적인 검사가 가능하도록 구성되는 검사를 컴퓨터화 능력적응검사(Computerized Adaptive Test: CAT)라고 한다.

② GRE나 TOEFL과 같은 시험이 컴퓨터화 능력적응검사의 예이다.

③ 컴퓨터화 능력적응검사는 한 공간에서 각자의 컴퓨터로 검사를 실시할 때 동일한 문항에서 시작하더라도 피험자의 문항에 대한 반응에 따라 서로 다른 문항들이 선택되어 구성된 검사를 실시하게 된다.

④ 문제은행(item bank)이라고 하는 대규모 문항저장고를 이용하여 문항반응에 따라 검사문항이 인출되므로, 검사를 실시하는 동안에 실시간으로 그리고 개별적으로 검사문항이 구성된다.

⑤ 검사를 실시하는 목적이 소수의 문항을 통해 피험자의 능력을 정확하게 추정하는 것이라면, 컴퓨터화 능력적응검사가 매우 효율적인 방법이다.

2 장점

(1) 컴퓨터화검사는 시간과 비용 면에서 효율적이다.

① 지필검사의 경우, 채점을 위해 피험자의 응답을 컴퓨터에 입력하기도 하고, 채점자가 직접 채점하기도 한다. 이러한 과정에서 시간이 오래 걸리고, 따라서 결과를 보고하는 데도 비교적 오랜 시간이 걸린다.

② 컴퓨터화검사는 컴퓨터로 응답하는 동시에 피험자의 반응이 저장되며, 곧바로 정확한 채점과 결과 제시가 가능하다.

③ 또한 검사지와 답안지를 인쇄하여 운반하는 등의 비용이 절감되며 채점자의 수고도 필요하지 않다.

(2) 컴퓨터화검사는 다양한 유형의 문항을 비롯하여 다양한 방식으로 측정이 가능하다.

① 지필검사는 지면의 제한으로 인해 보통 흑백그림과 글자로 구성된 문항들을 이용하지만, 컴퓨터화검사는 다양한 색상의 정교한 그림과 영상, 음성 등을 이용한 다양한 유형의 문항들을 출제할 수 있다.

② 더 나아가 컴퓨터화검사는 모의실험(simulation)도 가능하다. 예를 들면, 의사가 환자를 치료하는 능력을 측정할 때 컴퓨터를 사용하여 실제와 유사하게 환자를 입체적으로 등장하게 하여 치료해야 할 부위와 치료방법을 응답하도록 검사를 구성할 수 있다.

③ 또 다른 예로는 운전면허 자격시험에서 컴퓨터를 사용하여 실제와 유사하게 운전자의 시각에서 볼 수 있도록 교통상황을 제시하고, 그 상황에서 어떻게 운전해야 안전할지를 컴퓨터로 응답하도록 검사를 구성할 수도 있다.

④ 이러한 문항들은 피험자의 흥미를 유도하며, 실제적인 능력을 파악하는 데에 효과적이다.

(3) 컴퓨터화검사는 실시하는 데 있어서 시간과 공간의 제약을 받지 않는다.

① 지필검사는 미리 준비된 검사장소에 피험자들이 모여 검사실시자의 지시하에 같은 시간에 검사에 응하는 것이 일반적이다.

② 하지만 컴퓨터화검사는 개개인이 컴퓨터를 가지고 네트워크가 연결된 곳에서 원하는 시간에 검사를 실시하는 것이 가능하다.

PART 09

(4) 컴퓨터화검사는 다양한 피험자들, 특히 지필검사를 실시하는 데에 어려움이 있는 피험자들에게도 검사의 기회를 제공할 수 있다.

① 특정 장애로 인해 이동이 불가능하거나, 검사내용을 눈으로 볼 수 없는 사람, 글씨를 읽을 수 없는 아동 등은 지필검사를 응시하기 어렵다.

② 컴퓨터화검사의 경우, 그들에게 적절한 평가방식(예 음성 등)을 제공하기 때문에 검사응시가 가능하다.

(5) 검사정보를 지속적으로 저장·관리하는 것이 가능하다.

① 문항제작 및 수정정보를 비롯하여 피험자의 응답과 소요시간 등을 컴퓨터에 저장하고 관리하는 것이 가능하기 때문에 보다 정확한 피험자의 능력추정에 도움이 된다.

② 지필검사의 경우는 이러한 점이 불가능하다.

3 유의할 점

(1) **소프트웨어와 하드웨어가 갖추어져야 하며, 컴퓨터 설정이 동일한 상태에서 검사**가 이루어져야 한다.

(2) 지필검사에서는 피험자가 모든 문항을 눈으로 먼저 확인하고 자신이 순서를 정해서 응답하고 수정하는 것이 가능하지만, 컴퓨터화검사는 **모든 문항을 눈으로 먼저 확인하는 것이 불가능할 수도 있고, 답안수정에 어려움을 겪을 수도 있다.**

(3) 문항이 측정하고자 하는 내용이 아닌 **컴퓨터 활용능력에 의해 영향**을 받을 수 있다. 따라서 컴퓨터화검사의 다양한 특징에 익숙하지 않은 피험자들이 혼란을 겪을 수 있으므로, 검사실시 이전에 컴퓨터화검사의 특징과 실시방법에 대한 구체적인 안내가 필요하다.

중등 교원임용
변민재 교육학
인사이드 (하)

PART

10

교육행정

PART 10

개념설계도

- **교육행정의 개념과 원리**
  - 개념
  - 관점
  - 원리
- **교육행정 이론의 발달**
  - 고전이론
  - 인간관계론
  - 행동과학론
  - 체제이론
- **학교조직의 성격**
  - 조직의 구조
  - 조직유형론
  - 학교조직의 특성
  - 조직문화·풍토론
  - 조직성장·발전론
  - 조직갈등론
- **교원의 동기부여**
  - 동기의 개념과 중요성
  - 내용이론
  - 과정이론
  - 직무재설계
- **학교리더십**
  - 의미와 중요성
  - 관점
  - 새로운 접근
- **의사결정이론**
  - 개념
  - 관점
  - 주요 모형
  - 의사결정과 참여
  - 의사소통
- **교육인사행정**
  - 교육인사행정의 기초
  - 교원연수
  - 장학
- **교육제도**
  - 학교제도
  - 중앙 및 지방교육행정조직
  - 학교운영위원회
- **교육재정**
  - 개념 및 특성
  - 구조
  - 비용
  - 학교회계제도
- **학교경영**
  - 의의와 원리
  - 효율화기법
  - 과정 및 영역

CHAPTER

01 교육행정 개념과 원리

제1절 교육행정의 개념

1 국가통치권론

(1) 기본입장

① 국가통치권론은 교육행정을 국가권력작용, 즉 총체적인 국가행정의 관점에서 파악하려는 관점으로, 국가행정작용 중 **'교육에 관한 행정'**을 교육행정이라고 보는 입장이다.

② 국가통치권 중 입법·사법을 제외한 행정작용을 내무·외무·군무·법무·재무 등 다섯으로 분류하고 이 중에서 내무행정을 보육행정과 경찰행정으로 분류하여 전자인 **보육행정 중에 '교육에 관한 행정'인 교육행정을 포함**시키는 것이다.

③ 이는 현재 국가통치권 중 교육행정사무를 교육부에서 담당하기 때문에 교육행정은 교육부가 수행하는 법적 기능 혹은 행정작용성의 개념과 성격이라고 정의하는 방식이라고 볼 수 있다.

(2) 비판

① 교육행정을 **'교육을 대상으로 하는 법적·행정적 작용'**이라고 보기 때문에 **교육행정의 특수성과 전문성을 무시**하고, **행정의 관료성과 획일성을 강조**하며, **교육의 정치적 중립성과 자주성을 간과**하고 있다는 문제점이 있다.

② 교육행정을 일반행정으로부터 분리·독립시키고 지방교육행정을 중앙으로부터 분리·독립시키고자 하는 교육자치제의 관점에서 보면, 이러한 정의는 그 타당성이 빈약하다.

2 조건정비론

(1) 기본입장

① 조건정비론은 교육목표를 효율적으로 달성하기 위해 필요한 인적·물적 여러 조건을 정비·확립하는 **수단적·봉사적 활동이 교육행정**이라고 보는 견해이다.

② 교육행정의 **기능주의적 입장**을 대표하는 정의로, **민주적 교육행정**을 설명하는 데 가장 많이 인용되는 정의이다.

(2) 대표적 학자

① 몰맨(Moehlman)

㉠ 그는 **수업(instruction)이 학교의 근본적인 목적**이며, **행정의 조직과 과정은 이 목적을 달성하기 위한 수단**이라고 보았다.

㉡ 교육행정은 **교육목표를 보다 효율적으로 달성하기 위한 일련의 봉사활동이며 작용**이라고 하여, 교육행정이 교육을 위한 **수단적·봉사적 기능**을 수행하는 활동임을 주장하였다.

② 캠벨 외(Campbell, Corbally & Ramseyer, 1968)

㉠ 어떤 조직에서든 행정의 목적은 그 조직의 목표를 달성하는 방향으로 구성원의 노력을 조정하는 것이라고 하였다.

㉡ 교육조직에 있어 **핵심목표는 교수와 학습(teaching and learning)**이기 때문에 **교육행정은 교수와 학습의 증진을 핵심목적**으로 하며, 행정가의 모든 활동은 누구와 무슨 일을 하든지 궁극적으로 이 목적에 기여하지 않으면 안 된다고 주장하였다.

3 행정과정론

(1) 기본입장

① 행정과정(administrational process)은 계획수립에서부터 실천·평가에 이르는 행정의 전체 경로를 말함과 동시에 이 경로 속에서 이루어지는 행정작용의 제 구성요소를 의미한다.

② 행정과정론은 **행정의 일반적 기능이 무엇이며, 행정이 어떠한 순환적 경로를 밟아 이루어지고 있는가에 초점**을 두고 교육행정을 정의하는 관점이다.

(2) 대표적 학자

① 행정과정은 1916년에 페욜(Fayol)이 5가지 요소로 분석한 이래 많은 학자에 의해 다양한 요소로 분석·제시되어 왔다.

② 굴릭(Gulick)은 최고행정가가 해야 할 일이 무엇인가에 대한 질문의 해답으로 **'POSDCoRB'**라는 합성어를 고안하여 7개 요소로 행정과정을 체계적으로 정리하였다.

③ 이러한 행정과정론의 교육행정에의 적용은 1950년에 이르러 본격적으로 시작되었다. 시어스(Sears)가 페욜(Fayol)의 행정과정론을 바탕으로 교육행정과정을 **기획(planning)·조직(organizing)·지시(directing)·조정(coordinating)·통제(controlling)**의 5가지 요소로 분석·제시한 것이 그 대표적인 예이다.

4 협동행위론

(1) 기본입장

① 협동행위론은 행정활동을 **합리성을 토대로 한 집단적 협동행위**로 보는 견해이다.

② 행정작용을 주로 행정행위(administrative behavior), 그중에서도 **의사결정과정에 초점을 두고 정의**하는 방식이다.

(2) 대표적 학자

① 대표적인 학자는 Waldo로, 그는 행정을 **고도의 합리성을 바탕으로 한 집단적인 협동행위**로 정의했다.

② 이때 **합리성이란 최소의 비용으로 최대의 목적을 성취**하는 것이며, 협동행위는 혼자서는 움직일 수 없는 돌을 두 사람이 굴리는 것과 같이 협동행위를 통해 과업을 효과적으로 성취하는 것을 말한다.

③ 이러한 행정의 개념을 교육행정에 적용시켜 보면, 교육행정은 **'합리적으로 계획된 과정과 절차에 따라 교육목적을 최대한 효과적으로 달성하기 위해 교육활동과 관련된 제반 조직과 조건들을 체계적으로 정비하고 지원하는 협동적 행위'**라고 정의할 수 있을 것이다.

5 교육리더십론

(1) 기본입장

① 교육목적을 효과적으로 달성하기 위해 **교육리더십을 발휘하는 활동을 교육행정이라고 정의**하는 방식이다.

② 교육리더십(educational leadership)이란 교육과 관련된 활동을 하는 과정에서 교육의 목적을 효과적으로 달성하기 위해 발휘되는 리더십을 말한다.

③ 교육의 목적실현을 보다 잘할 수 있도록 **제반 조건을 마련**하고, 그 환경을 조성하는 과업들을 수행하는 과정에서 **발휘되는 리더십**을 말한다.

㉠ 제반 조건을 마련하고 환경을 조성하는 일은 3M, 즉 인간(Man)·물자(Materials)·재정(Money) 등을 확보·배분·활용하는 일이다.

㉡ 리더십을 발휘한다는 것은 그들을 보다 효과적으로 확보·배분·활용하여 교육목적 달성을 효율화하는 것을 의미한다.

④ 따라서 이 정의는 **교육경영론의 관점**을 반영한다고 볼 수 있다. 교육경영론의 관점에서는 어떤 학생을 기르기 위해 **어떤 교육조건을 갖추어 어떻게 교육**시킬 것인가에 초점을 둔다.

⑤ 이 관점에서는 **교육조건은 고정되어 있는 것이 아니라 교육목표 달성을 위해서는 언제든지 조정**될 수 있다고 보기 때문에 **이러한 조건들을 활성화하는 리더십이 매우 중요**하다.

⑥ 조직책임자들의 학교교육에 대한 **민주적 리더십과 교사들의 협동적인 집단과정이 대단히 중요**한 역할을 하는 것이다.

(2) 교육경영론

교육경영론을 이해하기 위해서는 교육행정과 유사한 용어인 교육경영(educational management), 학교행정(school administration), 학교경영 혹은 학교관리(school management) 등을 살펴볼 필요가 있다. 이러한 용어들은 광범하게 혼용되고 있으나 그 개념들을 엄격히 구분할 수 있어야 한다.

① 교육행정 · 학교행정

㉠ 고도의 확실성과 구조화되고 기획화된 결정을 달성하기 위한 하나의 경영관리과정이다.

㉡ 교육행정은 비교적 객관적인 강제성을 띠고 있다.

② 교육경영 · 학교경영

㉠ 고도로 불확실하고, 구조화되어 있지 않으며, 기획도 되어 있지 않은 하나의 결론을 매듭지어 나가는 경영관리과정이다.

㉡ 학교경영은 비교적 주관적인 융통성을 내포하고 있다

③ 차이점

㉠ 목표에 있어서, 경영은 이윤의 극대화를 추구하는 데 반하여 행정은 공익을 추구한다.

㉡ 권력에 있어서, 경영은 정치권력을 지니고 있지 않은 데 반하여 행정은 이를 내포하고 있어 강제성을 지니고 있다.

㉢ 성격상에 있어서, 행정은 독점성을 지니고 있어 경쟁력이 없거나 극히 제한되어 있고 비능률적이며 봉사의 질이 저하되기 쉬우나, 경영은 독점성을 지니기 어려워 경쟁성이 높으며, 따라서 능률적이고 봉사의 질이 높다.

㉣ 행정은 법령의 제약을 엄격하게 받는 데 반하여 경영은 상대적으로 법률적 제약을 덜 받는다.

㉤ 민주국가의 행정은 고도의 합법성을 요청하며, 이는 또한 법 앞에 평등을 요청하는 데 비하여 사기업의 경영은 상대적으로 이러한 원칙의 적용을 적게 받는다.

제2절 교육행정의 관점

교육행정은 관점에 따라 '교육에 관한 행정'과 '교육을 위한 행정'으로 구분할 수 있다.

1 교육에 관한 행정

(1) 교육에 관한 행정이란 교육행정을 정부가 수행하고 있는 전체 행정의 한 분야로서의 교육에 관한 행정으로 보는 입장이다.

(2) 행정은 삼권분립적 국가기능으로서의 입법과 사법을 제외한 모든 공권적 작용을 말하며, 교육행정은 행정의 여러 영역, 즉 내무·외무·군무·법무·재무·학무 등의 영역 중에서 학무, 즉 교육이라는 한정된 분야의 행정으로 보는 견해이다.

(3) 이것은 행정의 종합성이라는 관점에서 본 입장으로서 이때 교육행정은 입법작용을 통해 법정화된 교육정책을 실현하는 공권적 작용으로 이해된다.

(4) 이러한 입장을 택하게 되면 교육행정의 특수성보다는 일반행정의 전문성이 강조된다.

2 교육을 위한 행정

(1) 교육을 위한 행정이란 **교육을 지원하는 활동**으로서의 행정, **교육을 위한 조건정비와 봉사로서의 행정**으로, **교육의 자주성을 중시**하는 입장이다.

(2) 교육을 위한 행정에서는 교육활동의 **특수성과 전문성**이 강조되며, 행정은 교육활동의 목표를 설정하고 이러한 목표를 달성하는 데 필요한 **인적·물적 조건을 구비하는 수단의 역할**을 수행하는 것으로 보는 입장이다.

(3) 미국의 교육행정학자인 몰맨(Moehlman)과 캠벨(Campbell) 등이 주장하는 **기능주의**의 입장을 따르고 있는 것으로, 교육행정의 목표는 **학교수업의 질을 높이는 데 필요한 조건을 정비**하는 데 있다.

(4) 이러한 입장을 택하게 되면 교육행정의 봉사활동, 기술적 측면, 정치적 중립 등이 강조되는 반면에 행정에 작용하고 있는 권력적 측면이 소홀히 취급된다.

제3절 교육행정의 원리

1 민주성의 원리

(1) 교육행정이 민주성의 원리에 따라야 한다는 것은 **국민의 의사를 행정에 반영하고 국민을 위한 행정을 해야 한다는 것을 의미**한다.

(2) 교육행정기관은 국민과의 관계에 있어서 행정권의 남용을 최대한 통제하고 국민에 대한 책무성을 확보하는 데 초점을 두어야 한다.

(3) 이 원리는 합법성보다는 훨씬 적극적인 개념이라고 할 수 있으며, 여기에는 **교육행정에의 시민참여, 행정의 공개성과 공익성, 행정과정의 민주화, 공평한 대우** 등이 포함된다.

(4) 각종 교육기관 또는 교육행정기관의 장이 그 기관의 운영에 관하여 궁극적인 책임을 가지고 있음에도 불구하고, 여러 가지 위원회나 심의회와 같은 것을 두어 정책의 결정과정에 있어서 의견를 모으는 것이나, 교직원회·협의회·연구회 등을 통하여 의사소통의 길을 개방하고, 일방적인 명령이나 지시보다는 협조와 이해를 기초로 하여 사무를 집행해 나가는 것은 곧 민주성 원리의 실천이다.

2 효율성의 원리

(1) **효율성이란 효과성(effectiveness)과 능률성(efficiency)을 동시에 표현하는 말로서 가장 능률적인 방법으로 최대의 목표를 달성하는 것**을 말한다.

(2) 일반적으로 효과성은 질(質)과 관련된 개념이며, 능률성은 양(量)과 관련된 방법과 수단에 관한 개념이라고 할 수 있다.

(3) 능률성은 비용과 효과의 비교에서 추구되는 개념이다. 즉, 행정활동에서 최소한의 인적·물적 자원과 시간을 들여서 최대의 성과를 거두어야 한다는 것이다.

(4) 효과성은 투입과 산출의 비율을 따지지 않고 목표의 달성요인을 따진다는 점에서 능률성과 다르다. 이때의 목표는 단순한 일상 행정상의 목표가 아니라 변화나 발전을 추구하는 사업성을 띤 목표를 말한다.

(5) 효율성의 원리는 최소의 노력과 경비로 최대의 효과를 내도록 하는 경제성의 원리라고도 할 수 있으나, 교육조직의 경우 이 원칙을 지나치게 강조할 때에는 교육의 본질이 손상될 수 있다. 왜냐하면 교육의 성과는 그 성격상 장기적이며, 또 측정이 불가능한 무형의 산출이 보다 더 중요하기 때문이다.

3 합법성의 원리

(1) **교육행정의 모든 활동이 합법적으로 제정된 법령·규칙·조례 등에 따라야 하는 법률적합성을 가져야 함**을 의미한다.

(2) 모든 행정은 법률에 위반되어서는 안 되고 법률의 근거가 필요하며 실정법에 맞는 집행을 해야 함을 말한다.

(3) 교육행정은 **헌법 제31조의 규정을 비롯하여 교육기본법, 초·중등교육법, 고등교육법, 지방교육자치에 관한 법률, 교육공무원법, 사립학교법** 등의 제 법률과 그것을 기초로 하는 각종 대통령령·교육인적자원부령 및 훈령 등에 의하여 집행되고 있다.

(4) 합법성에 의하여 국민의 교육권이 보장되고, 국가예산이 효율적으로 집행되며, 공무원의 부당한 직무수행과 행정재량권의 남용이 방지되고, 공무원이 소신 있게 일할 수 있도록 신분이 보장된다.

(5) 합법성을 지나치게 강조하면 행정의 합목적성·전문성·기술성 등이 경시되고, 법규만능으로 인하여 형식적이며 경직화된 행정이 초래되기 쉽고, 사회적으로 능률을 저하시킬 가능성도 높다.

4 기회균등의 원리

(1) 이 원리는 민주주의의 기본원리로서 특히 교육행정에 있어서 가장 강력하게 요청되는 원리이다.

(2) 헌법 제31조 제1항에 "모든 국민은 능력에 따라 균등하게 교육받을 권리를 가진다"고 규정되어 있고, 교육기본법 제3조에서는 "모든 국민은 평생에 걸쳐 학습하고, 능력과 적성에 따라 교육받을 권리를 가진다"고 하였으며, 제4조에서는 "모든 국민은 성별, 종교, 신념, 사회적 신분, 경제적 지위 또는 신체적 조건 등을 이유로 교육에 있어서 차별을 받지 아니한다"고 규정하고 있다.

(3) 국가와 지방자치단체는 학교를 지역적으로 공평하게 배치하고, 학자금이 곤란한 자를 위하여 장학금제도 등을 실시하고, 직업을 가진 자의 수학을 위하여 야간제·계절제·시간제 등을 활용할 것을 제시하고 있다.

(4) 교육의 기회균등은 두 가지 측면에서 살펴볼 수 있다. 첫째는 모든 국민에게 각자의 능력에 대한 차이를 고려함이 없이 기회를 균등히 보장하는 의무교육이며, 둘째는 능력주의에 입각하여 학업을 계속할 능력이 있는 자에게 능력을 발휘할 수 있는 기회를 부여하는 것으로, 장학금제도나 사회보장제도의 확립을 전제로 운영되는 것이다.

5 지방분권의 원리

(1) 교육은 외부의 부당한 지배를 받지 아니하며, 주민의 적극적인 참여와 더불어 지역실정에 따라 그 지역주민들의 공정한 통제에 의하는 것이 특징이며, 이의 표현이 교육자치제의 실시이다.

(2) 우리의 교육행정은 본래 엄격한 중앙집권적 형태를 취하여 왔다. 따라서 주민의 참여기회가 부족하였고 지역의 특수성을 고려할 수 없었다. 이에 중앙교육행정기관인 교육부는 교육정책 수립과 전문적·기술적 지도·조언 및 재정적 보조의 역할만을 수행하고, 지역사회와 그 주민의 공정한 민의에 부응하는 교육발전을 목표로 하는 것이 지방분권 원리의 초점이다.

(3) 이 원리에 따르면, 교육에 관련된 모든 궁극적인 책임은 교육학자나 정부의 관리에게 있는 것이 아니라 주민에게 있는 것이다.

6 자주성 존중의 원리

(1) 자주성 존중의 원리는 교육이 그 본질을 추구하기 위하여 일반행정으로부터 분리·독립되고 정치와 종교로부터 중립성을 유지해야 한다는 것이다.

(2) 교육기본법 제5조에 **"국가 및 지방자치단체는 교육의 자주성 및 전문성을 보장하며, 지역의 실정에 맞는 교육의 실시를 위한 시책을 수립·실시하여야 한다. 학교운영의 자율성은 존중되며, 교직원·학생·학부모 및 지역주민들은 법령이 정하는 바에 의하여 학교운영에 참여할 수 있다"**고 규정되어 있다.

(3) 교육기본법 제6조에 "교육은 교육 본래의 목적에 따라 그 기능을 다하도록 운영되어야 하며, **어떠한 정치적·파당적 또는 개인적 편견의 전파를 위한 방편으로 이용되어서는 아니 된다"**라고 규정되어 있고, **국·공립학교에서의 특정 종교를 위한 종교교육을 금지하고 있는 것은 교육의 자주성을 선언**한 것이라고 할 수 있다.

(4) 교육행정에서 자주성이 존중되어야 하는 이유는 교육이 장기적·범국민적인 사업이며, 개인의 능력을 최대로 계발하고 국가사회의 이상을 구현하기 위함이다.

(5) 교육은 일정한 당파의 이익을 위하거나 특정한 종교의 수단으로 활용될 수 없는 보편타당한 중립성을 가져야 한다. 이러한 교육사업의 특수성은 결과적으로 교육행정의 독자성과 특수성을 수반하게 된다.

(6) 교육의 자주성과 교육의 중립성 및 교육의 본질추구라는 명제는 교육행정을 일반행정으로부터 분리시켜야 하고, 결과적으로 행정의 핵심이 되는 교육재정의 독립과 교육인사행정의 독자성이 필수적으로 뒤따라야 한다.

7 안정성 유지의 원리

(1) 이 원리는 일단 국민적 합의과정을 거쳐 수립·시행되는 교육정책이나 프로그램은 **장기적인 안목에서 계속성과 일관성을 유지해야 한다**는 것이다. 빈번한 개편이나 개혁은 행정의 낭비를 초래하고 효율성을 저하시키는 요인이 된다.

(2) 교육의 문제는 그 본질상 수십 년을 내다보는 장기적인 성격을 내포하고 있기 때문에 국가의 교육정책적 안정기조와 일관성 있는 집행과정을 지속적으로 유지·보장할 필요가 있다.

8 전문성 보장의 원리

(1) 교육행정은 교육을 위한 행정이므로 **교육활동의 본질을 이해하고, 교육의 특수성을 스스로 체험하며, 교육행정에 관한 이론과 기술을 습득한 훈련을 쌓은 전문가가 담당**하여야 한다는 것이다.

(2) 전문성이라는 말은 다음 두 가지 의미를 내포하고 있다. 첫째는 업무의 독자성 내지는 특수성이고, 둘째는 고도의 지성을 토대로 하는 지적·기술적 수월성이다.

(3) 이는 특별한 지적 교육과 훈련을 쌓아야만 그 업무를 수행할 수 있다는 것이다. 이와 같은 의미에서 볼 때 교육활동은 전문적 활동이며, 이와 같은 전문적 활동을 위한 교육행정요원은 반드시 교육에 대한 전문적 지식과 기술을 습득해야 하는 것이다.

(4) 교육에 대한 비전문가가 교육행정을 담당해서는 안 되며, 만일에 일반행정가가 교육행정을 담당하는 경우가 있다면 이들에 대해서는 철저한 교육행정 연수를 실시해야 할 것이다.

CHAPTER

02 교육행정 이론의 발달

제1절 고전이론

교육행정은 학교를 중심으로 하는 공교육제도의 도입과 밀접한 관련을 맺고 있다. 산업혁명의 영향으로 사회적·경제적·기술적 혁명이 촉발되고, 인구증가와 도시화 등으로 교육에 대한 정부의 관심과 개입이 두드러지기 시작했다. 인구의 증가로 학교규모가 점차 커지고 복잡해졌으며, 교직원 수가 증가함에 따라 다양한 활동들을 조정하고 통제할 수 있는 새로운 형태의 행정조직이 필요하게 되었다. 이러한 시대적 요구에 의해 발전한 관리이론이 바로 고전이론이다. **고전이론은 조직의 목적을 효과적으로 달성하기 위해 조직을 어떻게 구조화할 것인가에 초점을 두었으며, 대표적인 이론은 과학적 관리론, 행정관리론, 관료제론 등이다.**

1 과학적 관리론

(1) 배경

① 교육행정 사상에 영향을 끼친 초기의 대표적인 접근 중 하나는 19세기 말에 등장한 과학적 관리론(scientific management)이었다.

② 당시 산업계는 노사 간의 긴장과 분쟁으로 곤경에 처해 있었으며, 노동자들에게 동기를 부여하고 규모가 커진 조직을 효과적으로 조정하고 통제할 수 있는 관리기법의 도입이 절실한 상황이었다.

③ 테일러(Taylor)는 산업현장에서 기계 기술자로 일했던 자신의 경험을 바탕으로 생산과정을 표준화하여 제시하였는데, 이것은 훗날 과학적 관리론으로 불리게 되었다.

④ 과학적 관리론은 **조직의 생산성을 극대화**하기 위해 고안된 것이다.

⑤ 테일러(1911)는 생산과정에서 관리자와 근로자들의 태도에 문제를 제기하였다. 즉, 기업의 규모가 커지고 복잡하며 고도로 분화되어 가는데 관리자는 여전히 주먹구구식으로 무질서하게 기업을 운영하고 있으며, 근로자들 역시 생산과정에서 자신의 능력을 최대한으로 발휘하지 않는다는 것이다.

⑥ 이에 직무에 대한 **과학적 분석을 통해 관리방식을 재구조화**해야 한다고 보았다. 유능한 근로자가 특정 과업을 수행하는 과정을 관찰하여 생산공정의 개별 작업을 단일요소로 분리하고, 최상의 실행방법으로 표준화해야 한다는 것이다.

⑦ 이와 함께 근로자들의 태도변화가 함께 수반되어야 하며, 작업수행에 대한 적절한 물질적 보상을 통해 변화를 이끌 수 있다고 보았다. 즉, 근로자 개개인이 자신에게 부과된 매일의 과업을 주어진 시간 안에 성공적으로 수행할 때마다 상여금을 지급하면 노력의 성과가 지속적으로 유지된다는 것이다.

(2) 주요 원리

생산과정에 대한 과학적 관리의 주요 원리를 정리하면 다음과 같다.

① **과학적 직무분석을 통한 재구조화**: 유능한 근로자들의 행동을 시간-동작연구를 통해 분석하고, 이를 일련의 단순한 활동으로 변환하여 작업자와 기계의 비효율적인 동작을 제거하는 방식으로 과학적 직무분석을 통해 재구조화한다.

② **과학적 선발과 훈련**: 과업을 수행하는 데 가장 적합한 근로자를 과학적으로 선발하고 훈련시켜서 능력을 개발한다.

③ **관리자와 근로자 간 협력**: 새롭게 개발된 과학적 원리에 따라 작업이 이루어지고 근로자들은 노력의 성과에 대해 적절하게 보상을 받으므로, 관리자와 근로자가 상호 번영하고 양자가 긴밀하게 협력한다.

④ **관리자와 근로자의 역할분화**: 관리자들은 일을 효율적으로 진행할 수 있도록 과업에 대한 아이디어와 계획을 수립하여 근로자에게 전달하고, 근로자는 이를 충실히 수행한다.

PART 10

(3) 성과

① 과학적 관리기법의 도입으로 생산과정에서 근로자 개인의 기술과 지식에 의존했던 구습을 탈피하게 되었다.

② 직무를 새로운 방식으로 처방하고 세밀한 감독과 상세한 작업지시를 내림으로써 조직운영의 모든 측면에서 관리자들의 일괄적인 통제가 가능하게 된 것이다.

③ 반면에 생산과정에서 근로자들의 영향력은 점차 감소되었다.

④ 새로운 조직관리방식은 당시에 산업계뿐만 아니라 대중의 폭넓은 관심을 받았고 효율성의 원리가 각 부문으로 확대되었다.

(4) 과학적 관리론과 교육행정

과학적 관리론은 19세기 말부터 공교육의 빠른 성장으로 학교조직 운영에 곤란을 겪고 있던 교육행정가들에게 영향을 주었다. 학교의 급속한 성장은 자연스럽게 교육비용의 증가로 이어졌다. **학교행정가들은 학교운영의 구습과 비효율적인 실행방식을 개선하라는 사회적 요구에 직면하게 되었고, 이에 대응하기 위해 과학적 관리기법을 도입**하였다.

① 미국 뉴저지 주 뉴턴 교육구의 교육감이었던 스폴딩(Spaulding, 1913)은 자신의 경험을 바탕으로 교육의 효율성 추구를 위한 가장 핵심적인 요인은 **수업 관련 비용을 통제**하는 것이며, **교사의 수업시수 및 학급당 학생 수를 늘림으로써 상당한 예산을 절감**할 수 있다고 주장하였다. 즉, 그는 **테일러가 제시한 과학적 관리기법을 학교회계 분야에 적용**하면서 교육지도자들이 **과학적 관리기법을 통해 자신들의 업무를 수행하는 경영관리자**가 될 것을 주문하였다.

② 시카고 대학 교육행정학과 교수인 **보비트(Bobbitt, 1913)은 미국 도시학교들의 행정문제 해결을 위해 산업 분야에서 그 성과가 확실히 드러나고 있는 과학적 관리기법을 학교조직에 적용**해야 한다고 주장했다. 그는 특히 **학교를 공장에 비유하고 의사결정, 과업관리, 급여, 교수방법, 교직원 선발 및 훈련, 교육시설 등 학교행정 및 장학 분야에까지 총체적으로 과학적 관리기법을 도입하여 조직운영의 효율성을 높여야 한다**고 주장하였다.

③ 교육계에서 **과학적 관리기법의 유용성을 인정함에 따라 효율성 운동은 여러 가지 측면에서 행정사고와 실무에 지대한 영향**을 끼쳤다. 학교운영에 있어서 **경영적인 측면을 강조**하고 기업가들의 행정실무를 모방하는 경향이 나타났으며, 학생들의 필요나 교육적 가치를 고려하기보다는 효율성의 원리가 강조되는 분위기가 조성되었다.

개념 +

보비트(Bobbitt)의 학교에 대한 과학적 관리원리

- 가능한 모든 시간에 교육시설을 활용하며,
- 교직원의 작업능률을 최대한 유지하고, 교직원의 수를 최소로 감축하며,
- 교육에서의 낭비를 최대한 제거하고,
- 교원은 학생을 가르치는 데 전념하고, 별도의 행정가가 학교행정을 책임져야 한다.

2 행정관리론

과학적 관리론이 중간관리자의 입장에서 작업과 근로자 관리에 초점을 둔 것이었다면, 행정관리론은 최고관리자의 입장에서 그들이 담당하는 직무가 무엇이며 전체 조직을 어떻게 구성하고 관리할 것인가에 초점을 두었다.

(1) 페욜(Fayol)

① 페욜(1916)은 산업조직에서의 생산활동과 관리활동을 구분하여 행정기능을 다음과 같이 5가지로 제시하였다.

㉠ 기획(plan): 미래를 예측하고 운영계획을 수립하는 것

㉡ 조직(organize): 조직 내의 인적·물적 자원을 확보하고 이를 체계화하는 것

㉢ 명령(command): 조직구성원으로 하여금 과업을 수행하도록 지시하는 것

㉣ 조정(co-ordinate): 조직 내 모든 활동을 통합하고 조정하는 것

㉤ 통제(control): 모든 활동이 정해진 규칙이나 지침에 따라 수행되고 있는지 감독하는 것

② 페욜은 조직의 규모나 복잡성 수준에 관계없이 **모든 조직에서 관리요소가 필수적으로 요구되며, 위의 기능이 원활히 작용할 때 조직의 효율성이 높아진다**고 보았다.

③ 페욜은 행정기능을 보다 효율적으로 수행하기 위한 조직관리 원칙을 제시하였다. 이 원칙은 분업, 권위, 규율, 명령의 통일, 지시의 통일, 개인보다 전체 이익 우선, 보상, 집권화, 명령계층화, 질서, 공평성, 안정성, 자발성, 공동체의식 고양 등 14가지이다.

(2) 굴릭(Gulick)과 얼윅(Urwick)(1937)

① 굴릭과 얼윅은 페욜(Fayol)의 이론을 보다 발전시켰다.

② 특히 굴릭은 최고행정가의 직무가 무엇이며, 어떤 일을 수행하고 있는가의 질문에 대한 답을 찾기 위해 페욜의 이론을 바탕으로 행정과정의 구성요소를 기능적으로 분석하였다.

③ 분석 결과를 바탕으로 **POSDCORB, 즉 기획(Planning), 조직(Organizing), 인사(Staffing), 지시(Directing), 조정(Co-ordinating), 보고(Reporting), 예산편성(Budgeting) 등 7가지 직무를 제시했다.** 그리고 POSDCORB는 어느 조직에서나 행정가가 기능적으로 담당하는 주된 직무이며, 조직의 규모와 복잡성 수준에 따라 각 영역의 하위 구성요소가 결정된다고 보았다.

PART 10

(3) 행정관리론과 교육행정

① 일반행정 분야에서는 일찍부터 행정관리를 기능적인 측면에서 고려하였으나, 교육행정 분야에서 행정의 과정에 관심을 갖고 연구하게 된 것은 1950년대부터이다.

② 이는 교육행정에서는 기능적인 면보다는 인사관리나 사무관리 등 운영의 문제로 보는 시각이 우세했기 때문이다.

③ 시어스(Sears, 1950)는 산업관리의 연구결과를 교육행정에 최초로 도입하였으며, 학교행정가의 직무를 계획, 조직, 조정, 통제, 지시 등 5가지로 제시하였다. 이후에 교육행정 분야에서 행정과정에 대한 연구가 다각도로 전개되었다.

④ **대부분의 연구들은 페욜(Fayol)이 제시한 5가지 요소를 바탕**으로 이루어졌으며, 학자에 따라 교육행정의 특성을 반영해 표현을 달리하거나 자극(stimulating), 평가(evaluating), 의사결정(decision-making), 의사소통(communicating), 영향력(influencing) 등의 요소를 추가로 제시하였다.

⑤ 행정관리론은 학교행정가의 직무를 체계적으로 분석하여 수행해야 할 과업이 무엇인지 제시해 주었다는 데에 의의가 있다. 그러나 이러한 행정과정 요소는 본질적으로 그 범위가 직선적이고 이차원적인 단순한 분류방법이라는 한계점을 지니고 있다.

3 관료제론

(1) 베버(Weber)

베버는 합리성을 최대로 보장해 주는 하나의 이상적인 형태의 조직으로 관료제를 제안했다. 그는 조직을 이끄는 리더십의 원천을 권위(authority)로 보았으며, 권위가 인정되고 사용되는 방법에 따라 다음의 3가지 유형으로 구분하였다.

① **카리스마적 권위**: 카리스마적 지도자는 개인의 비범한 특성을 바탕으로 하위자들의 존경과 복종을 이끌어내며, 이들의 권위는 하위자들의 믿음 또는 충성에 의해 유지된다.

② **전통적 권위**: 지도자의 명령권이 전통에 의해 대를 이어 세습되는 형태의 리더십이다.

③ **합법적 권위**: 공식적으로 명문화된 법규에 의해 합법적으로 권위의 위계가 주어지고, 훈련 및 능력을 바탕으로 개인에게 권한이 부여되는 형태의 리더십이다.

(2) 특징

베버가 제시한 관료제는 위의 권위유형 가운데 **합법적 권위에 기초**하고 있다. 관료제는 조직운영에 관한 합리적 지침에 의거하고 있으며 그 특징은 다음과 같다.

① 기능적 전문화에 기반을 둔 과업의 분담

② 명확하게 정의된 권위의 위계구조

③ 조직구성원의 권리와 의무를 포함한 체계적인 규칙과 규정

④ 업무를 처리하기 위한 체계적인 절차

⑤ 개인적인 감정의 배제

⑥ 전문적 능력과 기술을 기반으로 한 선발과 승진

(3) 관료제와 교육행정

① 학교조직도 기업이나 일반행정조직과 마찬가지로 **관료제의 많은 특성을 내포**하고 있다. 예를 들어, 학교의 교무분장표를 보면 교무부, 학생부, 연구부, 정보부, 체육부 등으로 업무가 기능적으로 분업화되어 있으며, 비록 그 층이 많지는 않지만 교장－교감－부장교사－교사 등 직무수준을 달리하여 학교행정상의 직제에 따라 위계구조를 갖추고 있다.

② 교육기본법이나 초·중등교육법 등에 의해 교원의 자격 및 역할이 엄격하게 규정되어 있다. 그러나 교사는 직제의 위계상으로는 하위에 있지만 전문적 훈련을 바탕으로 교직에 종사하고 있으며, **수업 및 학급운영에 있어서도 전문가로서 많은 재량권**을 갖고 있다.

③ 학교조직에서는 관료적 통제를 엄격하게 적용하기 어려우며, **관료성과 전문성을 함께 지니고 있는 것**으로 이해할 필요가 있다.

제2절 인간관계론

과학적 관리론과 관료제가 조직의 효율성을 증대시키는 데는 많은 공헌을 했지만, 지나치게 합리성을 추구하고 인간을 도구화함으로써 노동계의 반감을 불러일으켰다. 이에 대한 비판으로 인간관계론적 사조가 등장하게 되었다. 20세기 초에 미국 사회가 노동자의 복지 및 권리에 관한 문제에 관심을 갖기 시작한 것도 관리 및 행정에서 인간적 요인에 관심을 갖도록 이끌었다. **인간관계론은 고전이론에서 거의 다루지 않았던 조직구성원들의 인성 및 욕구 등 인간행동의 심리적 측면과 결부된 요인들을 중요하게 고려하였다.**

1 폴레(Follet)의 조직심리연구

(1) 특징

① 폴레는 행정에 사회학적·심리학적 개념을 도입함으로써 사회적 행정철학의 근간을 제공했다.

② 그녀는 조직효과성을 높이기 위한 방안을 관리자와 노동자 간의 관계개선 및 인사행정 영역에서 찾았다.

③ 조직의 규모가 방대해지고 복잡해지면서 각 작업집단을 조정하고 통제하는 것은 한계가 있으며, 관리자가 성공적으로 조직을 이끌기 위해서는 구성원 각자가 자발적으로 능력을 최대한 발휘하도록 하는 것이 중요하다고 본 것이다.

④ **조직의 효과성은 구성원의 사기, 의사소통 등과 관련이 있으며, 궁극적으로 생산성을 높이기 위해서는 조직 내의 권력관계를 개편하고 권한을 분산시켜야 한다**고 폴레는 주장했다.

⑤ 위계적 서열에 의한 개인적 권력에 의존하는 것이 아니라 조직의 정책이나 결정에 영향을 받는 사람들을 정책결정과정에 참여시킴으로써 집단권력에 호소하여 **구성원들이 조직의 목적달성과정에 자발적으로 참여하도록 유도**해야 한다고 보았다.

⑥ 이는 당시에 널리 받아들여지고 있던 조직관리기법과 현저히 다른 관점이며, 조직관리를 위한 권력의 개념을 **'지배'에서 '공유'로 대체**하는 것이었다.

(2) 영향

① 폴레는 **근로자가 자발적으로 협동할 수 있도록 작업상황을 마련하는 것이 관리자의 주요한 과업**이라고 제시함으로써 새로운 시각을 제공하였다.

② 이러한 사상적 기초는 호손실험에 많은 영향을 주었으며, 인간관계 모형에 기반한 조직효율성 접근의 단서가 되었다.

2 호손 실험연구

(1) 메이요(Mayo)는 근로자들이 단순히 과학적인 것이 아니라 인간적이라고 주장하며 생산과정에서의 인간적 요인을 강조했다.

(2) 호손 실험연구는 작업집단의 사회·심리적 요인이 조직의 효과성과 관련이 있음을 보여 주었으며, 1930년대 이후 인간관계론적 사조가 등장하는 계기가 되었다.

(3) 메이요(Mayo)와 뢰슬리스버거(Rothlisberger) 등은 과학적 관리기법의 원리를 검증하기 위해 미국 시카고 근교에 위치한 서부전기회사의 호손공장에서 실험연구를 진행하였다.

(4) 호손 실험연구로 촉발된 인간관계론적 접근은 인간적 가치만을 중시하여 생산성이나 효과성 문제를 도외시하였다는 비판을 받고 있으나, 참여경영, 민주주의, 권한위임 등 오늘날의 지식확장에 기여하였다.

개념 +

호손 실험연구

연구의 목적은 작업장의 물리적 환경과 생산성 간의 관계를 밝히기 위한 것이었다. 1922년부터 10년간 연구가 진행되었으며, 여공들을 대상으로 조명실험, 전화계전기 조립실험, 면접 프로그램, 건반배선 조립·관찰실험을 실시하였다.

- 조명실험: 조명실험은 작업현장의 조도와 노동자의 작업능률과의 관계를 분석하기 위한 실험으로, 작업장의 조도를 높이면 작업능률도 향상될 것이라는 가설을 검증하고자 실시되었다. 이를 위해 통제집단은 이전과 똑같은 상태에서 업무를 수행하도록 했다. 실험집단의 여공들에게는 연구와 관련한 내용을 설명하고 서로 다른 크기의 전구를 설치하여 실험을 진행하였다. 연구결과 통제집단에서는 참여하기 전과 동일한 생산성을 나타냈으나, 실험집단은 작업공간의 조도를 높임으로써 생산성이 증가하였다. 그러나 추가적인 연구에서는 크기만 다르고 조도가 일정한 전구를 설치했는데도 실험집단의 생산량은 계속 증가하는 것으로 나타났다. 즉, **물리적 환경의 변화가 생산성과 관련 있는 것이 아니라, 타인의 기대와 관심의 대상이 되는 것 등 심리적 요인이 결부**되어 있음을 나타낸 것이다.
- 전화계전기 조립실험: 전화계전기 조립실험에서는 참가자들이 일반 작업장과 분리된 별실 내 자유로운 분위기에서 작업하도록 했으며, 근무환경의 변화에 따라 생산성이 어떻게 변화되는지를 관찰했다. 여공들은 실험내용에 대해 설명을 듣고 자발적으로 참여했다. 실험과정에서 휴식시간, 특별 점심시간, 근무시간 단축, 성과급 제공 등 추가적인 혜택을 제공했다가 참가자들의 동의하에 다시 원상태로 환원하는 등 근무환경에 변화를 주며 다양한 실험처치가 이루어졌다. 작업여건이나 근무환경이 열악해지면 생산성이 감소할 것으로 가정되었으나 **물리적 환경의 변화와 관계없이 실험집단의 생산성은 지속적으로 증가**하는 결과를 나타냈다. 그리고 실험처치가 이루어지기 이전과 동일한 근무환경하에서도 높은 생산성이 유지되었다.
- 면접 프로그램 및 건반배선 조립·관찰실험: 이후에 실시된 면접 프로그램 및 건반배선 조립·관찰실험을 통해 **조직의 생산성은 경제적 유인체제나 물리적 환경보다는 조직구성원의 개인적·사회적 감정, 태도, 신념 등 인간적 요인이 높은 관련이 있으며, 작업장 내의 비공식조직이 구성원들의 태도에 큰 영향을 끼친다**는 사실을 밝혀냈다. 즉, 공식조직 내에 자발적으로 **비공식집단이 형성되고 비공식집단의 집단규범에 의해 구성원들의 행동**이 되고 있다는 사실이 밝혀졌다.

3 인간관계론과 교육행정

(1) 존 듀이(Dewey)

① 고전이론이 교육조직의 효율성을 증대시키는 데 어느 정도 공헌했지만 과학적 관리론에 대한 교육계의 우려는 계속되었다.

② 대표적으로 **듀이는 『민주주의와 교육』에서 학교지도자들 사이에 과학적 관리기법이 크게 유행하는 것을 비판하며, 행정가들은 부하직원들의 동의를 얻어서 조직을 운영할 필요성이 있음을 강조**하였다.

③ 그는 이른바 민주적 행정철학인 **협동적 학교경영**을 주문하였는데, 이는 전제적으로 교육목적과 방법을 부과하는 것이 아니라 서로 **상호작용을 통해 지적인 자극과 방향을 제시하는 지도성**을 의미한다.

(2) 민주적 행정철학

① 민주적 행정철학은 개인의 복지 및 협동에 대한 사회적 관심의 증대, 학교조직의 특성에 통솔의 한계와 의사소통 문제, 일부 학교 지도자들의 전제적·권위적 행위에 대한 비판 등 여러 가지 요인으로 교육행정 영역에서 호응을 얻기 시작했다.

② 1940년대 중반 이후 **민주적 교육행정은 산업계에서 촉발된 인간관계론과 자연스럽게 결합**되었다.

③ 민주적 행정과 인간관계론은 주요 부분에서 여러 가지 공통점을 지닌 것으로 인식되었으며 교육행정에 영향을 끼쳤다.

④ 특히 인간관계론 연구들은 민주적 지도성 발휘를 통해 조직의 사기와 생산성을 향상시킬 수 있다는 민주적 행정철학의 주장들이 가지고 있었던 생각을 경험적으로 증명하는 데 도움을 주었다.

PART 10

제3절 행동과학론

고전이론과 인간관계론은 공통적으로 조직의 효율성 향상을 목표로 하였으나 접근방법에서는 차이를 나타냈다. 고전이론에서는 조직의 합리적 구조화를 지나치게 강조한 나머지 조직 내적인 요소들을 소홀히 했으며, 인간관계론적 접근에서는 조직구성원들의 심리·사회적 관계에 지나치게 초점을 맞추어 공식적 구조의 차원을 간과하였다. 이에 1950년대를 전후하여 두 이론을 통합하고 심리학·사회학·정치학·경제학에서 도출된 명제를 더하여 **다학문적 접근을 통해 인간행위를 규명하고자 하는 행동과학론이 등장**하게 되었다.

1 버나드(Barnard)와 사이몬(Simon)의 행정이론

(1) 버나드

① 행정에 대한 행동과학적 접근을 최초로 시도한 학자는 버나드(Barnard)이다.

② 공식적 조직과 비공식적 조직의 상호작용 관계를 구조적 개념과 역동적 개념으로 설명하였다.

③ 비공식조직은 공식조직 내의 의사소통을 촉진하며, 집단결속을 하고, 개인의 인격을 통합하는 기능을 담당한다고 보았다. 따라서 그는 조직관리에 있어 공식적이고 구조적인 측면뿐만 아니라 자유의지, 협동, 의사소통 등 역동적 차원을 함께 고려하여 균형을 이루어야 한다고 강조하였다.

(2) 사이몬

① 사이몬(1957)은 다학문적 접근을 통해 조직이론 연구에 선도적인 역할을 했다.

② 그는 경제학·심리학·사회학적 측면을 종합적으로 고려하여 버나드가 제시했던 균형론, 의사결정, 의사소통, 권한 등의 개념을 발전시켰다.

③ 행정을 조직의 행위에 영향을 주는 합리적 의사결정과정으로 보고 의사결정과정에서 일어나는 갈등이론과 권위이론을 전개하였다.

④ 사이몬은 논리실증주의에 입각하여 행정현상에 대한 가치와 사실을 구분하고 이들 간의 관계를 체계화함으로써 행정이론의 발전에 크게 공헌하였다.

2 행동과학론과 교육행정학

(1) 이론화 운동

조직의 공식적 구조와 조직의 내적인 요소를 함께 고려하여 인간행동을 연구하는 경향은 교육행정 분야에서 1950년대를 전후하여 이론화 운동으로 전개되었다. 교육행정에서는 이와 같은 이론화 경향을 당시에 신운동(New Movement)이라고 지칭하였으며, 이 운동을 주도했던 학자들이 취했던 공통적인 관점은 다음과 같다.

① 교육행정을 연구하는 데 이론의 역할이 중요함을 인정하고, 이론에 근거한 가설·연역적 연구방법을 택해야 한다.

② 교육행정을 일반행정이나 기업경영 등과 다르게 보는 편협한 관점을 택하지 않으며, 교육이라는 수식어와는 관계없이 행정은 그 자체로서 과학적인 연구주제가 될 수 있다.

③ 교육은 사회체제로서 가장 잘 이해될 수 있는 것이기 때문에 교육행정의 연구는 행동과학적인 접근방법에 크게 의존하지 않을 수 없다.

(2) 교육행정이론의 발달

이론화 운동은 사회과학적 접근을 활용한 수많은 연구들을 촉발시키고 그를 통해 유용한 교육행정 이론들을 산출하는 성과를 거두었다. 특히 교육행정 협동프로그램을 통해 저명한 사회학자, 심리학자, 행정학자들이 교육행정을 연구하게 되어 교육행정학은 모든 영역에서 양적으로나 질적으로 크게 발전하였다. 이 시기에 교육행정이론의 발전과 관련하여 주목할 만한 경향들은 다음과 같다.

① 교육체제를 하나의 사회체제로 파악하고 체제론적 관점에서 교육행정을 연구하는 경향이 나타났다. 이러한 경향의 대표적인 학자는 겟젤스(Getzels)였는데, 그는 구바(Guba)와 함께 사회과정이론을 창안하였고, 다시 텔렌(Thelen)과 함께 수정모형을 발전시켰다.

② 구성원의 동기를 적극적으로 개발시키는 이론들이 발전되었다. 동기－위생이론을 발전시킨 허츠버그(Herzberg), 욕구단계설을 주창한 매슬로우(Maslow), ERG이론을 제안한 앨더퍼(Alderfer) 등이 그 대표적인 사람들이다.

③ 리더십 이론 영역에서 획기적인 발전이 이룩되었다. 리더십 연구를 특성론에서 행동론으로 전환케 하는 데 결정적인 역할을 한 헴필(Hemphill)과 핼핀(Halpin), 리커트(Likert), 탄넨바움(Tannenbaum)과 슈미트(Schmidt) 등이 그 대표적인 학자들이다.

④ 조직 자체에 대한 본격적인 이론들이 발전되었다. 조직론의 발전은 조직풍토론을 발전시킨 핼핀(Halpin)과 크로프트(Croft), 성숙－미성숙이론을 발전시킨 아지리스(Argyris), X－Y이론을 발전시킨 맥그리거(McGregor) 등이 주도하였다.

제4절 체제이론

체제이론은 체제분석(system analysis), 체제관리(system management), 과학적 조사연구(OR: operation research) 등 다양한 명칭으로 불리며 1940년대부터 사회과학과 자연과학의 연구방법으로 광범위하게 도입되었다. 교육행정의 영역에서는 1950년대 이후에 학교조직을 이해하기 위한 방법으로 활용되기 시작했으며, 이후 계량적·분석적 도구와 기법들의 활용을 통해 학교교육의 혁신을 모색했던 1960년대와 1970년대에 크게 각광을 받아, 현재는 제도교육의 현상적 이해라는 차원을 넘어 그 관리와 운영을 계획하고 이해하는 접근방법으로 광범하게 활용되고 있다.

1 개방체제론

(1) 체제

① 체제란 그 어원이 희랍어 시스테마(systema)라는 사실에서 알 수 있듯이, 여러 부분으로 이루어진 전체 혹은 여러 요소들의 총체를 말한다.

② 이는 원래 세포로 구성된 유기체를 총체적으로 지칭하는 생물학적 개념에서 비롯되었으나, 사회과학 영역에서 조직을 유기체로 이해했던 고전적 조직이론과 접합되면서 관리론의 중심적 개념으로 수용되었다.

③ 사회과학의 용어로서 체제는 몇 가지 속성을 가진 것으로 이해된다. 즉, 그것은 시·공간적으로 존재하며, 유기체와 같이 생성·진화·성장을 거치고, 종국에 가서는 소멸하려는 경향을 가지고 있다. 또한 내적으로는 상위체제와 하위체제로 구성되는 구조를 가지고 있고, 외부의 다른 체제와 구분되는 경계영역과 환경을 가지고 있다.

④ 따라서 모든 체제는 다른 체제의 존재를 가정한다. 일반적으로 한 체제를 중심으로 말할 때 그 외의 다른 체제들을 통칭하여 환경이라고 한다.

⑤ 사회는 수많은 체제로 구성되어 있으며, 체제와 체제 간에는 늘 상호작용이 이루어진다. 어떤 체제가 환경과 비교적 자유로운 상호작용을 할 때 그 체제를 개방체제(open system)라고 하고, 그렇지 못한 체제를 폐쇄체제(closed system)라고 한다.

⑥ 학교사회는 일반적으로 국가사회의 정치, 경제, 사회, 문화 등 다른 체제와 긴밀한 관계 속에서 활동이 이루어지기 때문에 개방체제라고 할 수 있다.

(2) 개방체제의 특징(Griffiths, 1988)

① 체제환경과 상호작용한다. 즉, 투입과 산출이 있다.

② 균형상태를 스스로 유지하려는 경향이 있다.

③ 자기통제력을 가지고 있다. 즉, 자기에게 영향을 미치는 모든 힘을 조절하고 통제할 수 있다.

④ 최종 결과를 동일하게 하려는 경향을 가지고 있다. 즉, 상이한 조건하에서도 다른 과정을 밟아 동일한 결과를 달성하는 능력을 가지고 있다.

⑤ 하위체제 간의 역동적인 기능적 상호작용을 통해 자신을 유지한다.

⑥ 재투입과정을 통해 과정과 산출을 효율화한다.

⑦ 규모가 확장되면 새로운 기능적 하위체제들을 계층적으로 만들어 나간다. 이를 발전적 분화(progressive segregation)라고 한다.

⑧ 체제는 스스로를 효율화하기 위해 그 과정과 절차들을 단순화하기도 한다. 이를 발전적 단순화(progressive mechanization)라고 한다.

(3) 기본모형

① 개방체제론은 조직을 복합적이고 역동적인 개방체제로 보고 조직을 연구하는 이론적 경향을 지칭한다.

② 그것은 조직체제와 관련된 모든 것을 하나의 연결된 단위로 본다는 특징을 가지고 있다.

③ 체제 내의 여러 상호작용하는 요소들은 체제의 생존을 위해 절대적으로 필요한 것들이다. 이들은 서로 연관되어 있으며, 체제와 환경에 대하여 전적으로 반응한다.

④ 체제와 관련하여 어떤 것이 발생하였다면, 그 발생원인은 단순히 한 요소에 귀속되는 것이 아니라, 체제 전체의 구조상의 문제로 귀속된다.

⑤ 개방체제론의 가장 단순한 이론모형이 투입－산출모형이다. 그것은 투입, 과정, 산출 및 환경이라는 개념으로 구성된 체제이론의 기본모형이다.

체제이론의 기본모형

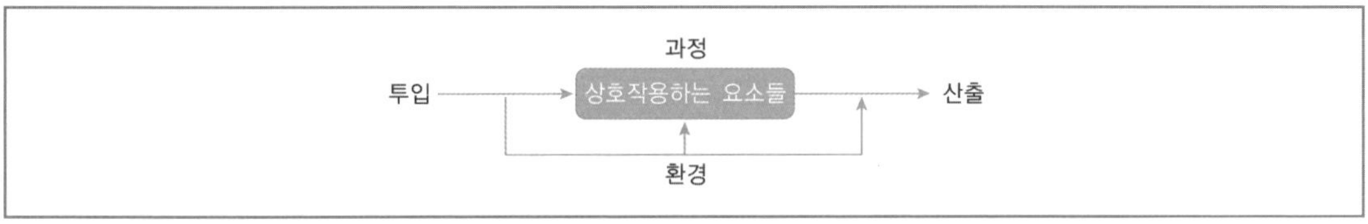

투입 (input)	• 상호작용하는 요소들이 체제의 목적을 달성할 수 있도록 체제의 밖에서 안으로 들어가는 모든 요소를 말한다. • 이는 체제에 투입되는 자원과 정보 등 체제 내의 작용을 통해 체제의 유지나 산출을 가능하게 하는 요소들이다.
과정 (process)	• 체제가 목적달성을 위해 여러 자원과 정보를 활용하여 산출로 만들고 가치를 창조하는 과정이다. • 일반적으로 기본모형에서 과정은 암흑상자(black box)와 같이 그 내용이 알려지지 않은 상태에서 투입과 산출의 변환과정을 기술하는 도구로 사용되기도 하고, 과정 내의 구조, 방법, 절차 등을 기술하고 평가하는 개념으로 사용되기도 한다.
산출 (output)	• 체제가 환경이나 인접한 체제로 내보내는 자원과 정보로서 체제가 의도적이거나 무의도적으로 생산해 내는 모든 것을 말한다. • 이는 체제에 투입된 것이나 체제가 처리한 것을 체제가 내부의 작용을 통해 변화시켜 내보내는 것들이다.
환경 (environment)	• 체제와 일정한 접촉을 유지하고 그것에 일정한 영향을 주는 경계 밖의 주변 조건이나 상태를 말한다. • 이는 대체로 체제 외의 모든 다른 체제를 통칭하는 말인데, 체제의 투입과 산출에 관계되어 있고 피드백을 통해 체제와 영향을 주고받는 인접체제들이다.

(4) 개방체제론과 교육행정학

① 개방체제론적 접근은 단절된 사고를 지양하고 체계적이며 총체적인 사고를 특징으로 한다는 점에서 교육의 계획이나 정책의 수립, 교육적 의사결정 등 다양한 영역에서 그 유용성을 인정받고 있다.

② 이에 따라 교육행정학에서는 많은 학자가 개방체제론적 관점에서 조직과 행정관리 문제를 연구하여 체계적인 이론들을 제시하였다.

③ 개방체제론적 관점에서 교육조직을 연구한 학자들로는 코헨(Cohen), 마치(March), 올센(Olsen) 그리고 웨이크(Weick) 등을 들 수 있다. 코헨, 마치 그리고 올센(1972)은 체제론적 관점에서 학교를 연구하여 조직화된 무질서(organized anarchy)라는 개념을 체계화하였으며, 웨이크(1973)는 학교조직을 이완조직(loosely coupled system)이라는 체제로 개념화하였다.

2 사회과정이론

사회체제를 개인들의 집합으로 이루어진 사회적 단위라고 보고 사회체제 속에서 인간이 어떠한 행동을 보이는가에 대해 본격적으로 연구한 대표적인 이론이 사회과정이론이다. 사회과정이론은 1950년대에 교육행정 협동프로그램(CPEA)이 추진되는 과정에서 겟젤스(Getzels)와 구바(Guba)에 의해 제안된 것으로, 교육행정영역의 이론과 연구를 자극하고 실천활동을 개선하기 위한 이론적 모형을 제공하여 교육행정학의 이론적 발달에 대단히 많은 영향을 준 이론이다.

(1) 역할과 인성의 상호작용모형

① 사회과정이론의 기본적 구조는 사회체제 내에서의 **인간행위를 B=f(P·R)라는 공식으로 표현되는 인성과 역할의 상호작용**으로 보는 것이다(Getzels & Guba, 1957).

② 이는 르윈(Lewin, 1935)이 집단역동이론을 전개하면서 인간의 행동은 인성과 환경의 상호작용의 결과, 즉 인성과 환경의 함수 B=f(P·E)라는 공식으로 나타낼 수 있다는 것에서 착안하였으며, 웨버(Weber)의 조직이론, 파슨스(Parsons)의 사회체제이론 등의 영향을 받았다.

③ 사회과정모형에서 **행동에 영향을 주는 역할과 인성의 상호작용은 집단의 성격에 따라 큰 차이**를 나타낸다. 즉, 어떤 집단에서는 인간의 행동이 개인의 인성보다는 제도적으로 규정된 역할에 의해 훨씬 더 많은 영향을 받으며, 다른 집단에서는 개인의 인성에 결정적으로 영향을 받는다고 보았다. 군대조직은 전자, 예술가조직은 후자의 예라고 할 수 있다(Lewin, 1935).

역할과 인성의 상호작용모형

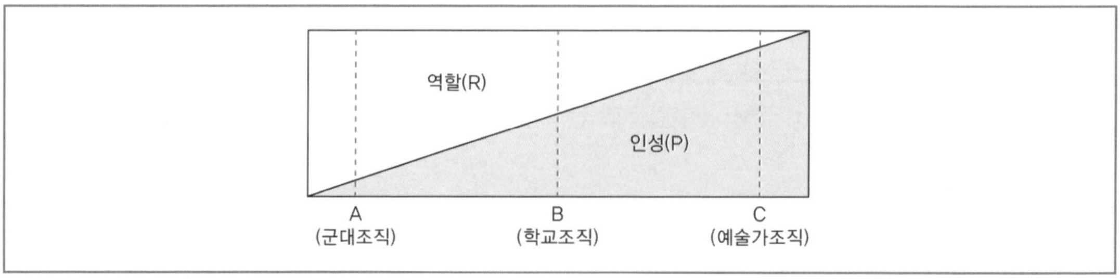

④ 학교

㉠ 학교는 어느 쪽에 접근하는 조직이라고 확정하기 어렵다. 일반적으로 공교육체제하에서 학교는 관료제적 특성을 띠게 되므로, 비록 군대보다는 약하지만 제도적으로 규정된 역할과 기대에 부응해야 하는 측면이 강하다는 점에서 A조직에 가깝다고 볼 수 있다.

㉡ 그러나 전문직인 교직에 종사하는 교원은 사회적으로 인정된 전문성과 자율성을 바탕으로 전문가적 판단에 따라 행동을 할 가능성이 높기 때문에 학교조직은 B조직에 근접한 조직으로 볼 수도 있다.

㉢ 따라서 **학교조직은 학교의 특성이나 풍토에 따라 그 위치점이 조금씩 다르기는 하지만, 일반적으로는 양극단에서 중간쯤에 위치**하는 조직으로 이해되고 있다.

(2) 겟젤스(Getzels)와 구바(Guba)의 사회과정모형

① 겟젤스와 구바(1957)는 사회체제를 개인들의 집합으로 이루어진 사회적 단위로 보고, 사회체제 속에서 인간의 행동은 **사회적 조건들과 개인의 심리적 특성 간의 상호작용의 결과**로 나타난다고 보았다.

② 인간의 행동은 사회적 조건들로 이루어진 **규범적 차원(nomothetic dimension)**과 개인의 심리적 특성들로 이루어진 **개인적 차원(idiographic dimension)**의 기능적 관계에서 나타나는 사회적 행위로서 이해될 수 있다고 보았다.

규범적 차원	• 규범적 차원이란 조직적 차원을 말한다. • 이는 사회체제의 환경조건을 이루는 기관 또는 제도로 구성되는 사회체제의 차원으로, 체제의 목적을 달성하기 위한 과업분담체제로서의 지위와 역할, 그 역할에 따른 기대 등을 규정한 제도를 말한다. • **조직적 차원의 구성요소는 조직, 역할, 역할기대**이다.
개인적 차원	• 개인적 차원은 심리적 차원이다. • 사회체제에는 체제에 의해 규정된 지위를 차지하고 역할을 수행할 개인이 있다. • 그들은 고유의 욕구와 인성을 가지고 있으며, 제도에 의해 규정된 역할과 기대를 수행하는 독특한 방식을 가지고 있다. • 개인적 차원이란 그러한 독특한 특성을 갖고 있는 개인을 포함하고 있는 사회체제의 측면을 말한다. • **개인적 차원의 구성요소는 개인, 인성, 욕구성향**이다.

③ 사회체제 속에서 이루어지는 개인의 행동을 이해하기 위해서는 이러한 양 차원을 고려해야 한다.

④ 사회체제에는 체제의 목적을 달성하기 위하여 규정된 역할과 기대 그리고 그들을 조직화한 제도 등이 있으며, 한편으로 고유의 인성을 가지고 제도에 의해 규정된 역할을 수행하는 구성원들이 있다.

⑤ 사회체제 속에 위치한 구성원은 부여된 역할을 수행하는 과정에서 서로 영향을 주고받는 사회적 상호작용을 하며, 그에 알맞은 행동을 보이게 된다.

⑥ 독립된 인격체로서의 개인은 자신의 행위를 자신만의 고유한 인성과 욕구성향에 따라 결정할 수 있다. 욕구성향은 개인의 선호도·관심·태도 등 행위를 결정하는 잠재적 요인으로 작용한다. 이렇게 **자신의 인성 및 내적인 욕구성향에 따라 표출된 행위는 개인의 능률성(efficiency) 수준**을 나타낸다. 개인의 욕구성향에 따라 행동할 경우, 그 행위는 자연스럽고 유쾌하며 긴장이나 정신적 노력을 최소화할 수 있다.

⑦ 조직원으로서의 개인은 조직 내에서 역할을 부여받게 되며, 역할기대에 부응하여 자신의 행위를 결정하게 된다. 이렇게 **조직 내 역할 및 역할기대에 부응하여 표출된 행위는 조직의 효과성(effectiveness) 수준**을 나타낸다.

Getzels와 Guba의 사회과정모형

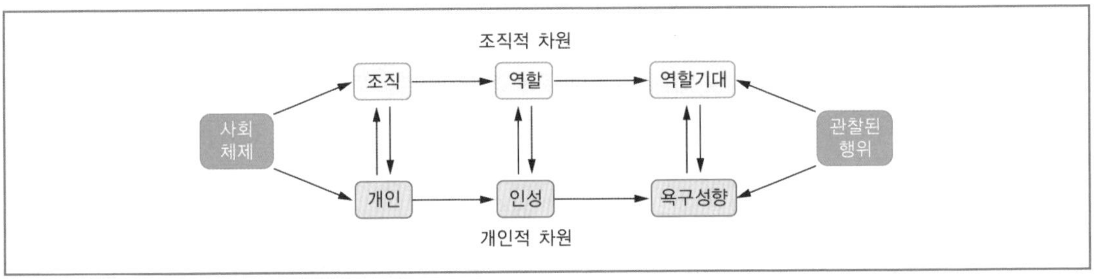

(3) 겟젤스(Getzels)와 텔렌(Thelen)의 수정모형

① 겟젤스와 텔렌은 겟젤스와 구바(Guba)의 모형을 보완하여 새로운 모형을 발전시켰다.

② 겟젤스와 구바의 모형은 **조직적 차원과 인성적 차원의 두 차원만을 고려**하였기 때문에 현대와 같은 복잡한 사회에서 이루어지고 있는 사회적 상호작용을 설명하는 데에는 한계가 있었다.

③ 인간의 행위는 단순히 조직과 개인의 차원에서만 이루어지는 것이 아니라 전체 사회, 문화, 집단심리 등 보다 복잡한 차원과 관련된 사회적 상호작용에 의해 이루어진다.

④ 따라서 겟젤스와 텔렌(1960)은 겟젤스와 구바의 모형에 인류학적·사회심리학적·생물학적 차원을 추가하여 보다 다양한 사회적 행동을 설명하고 있다.

Getzels와 Thelen의 사회체제모형

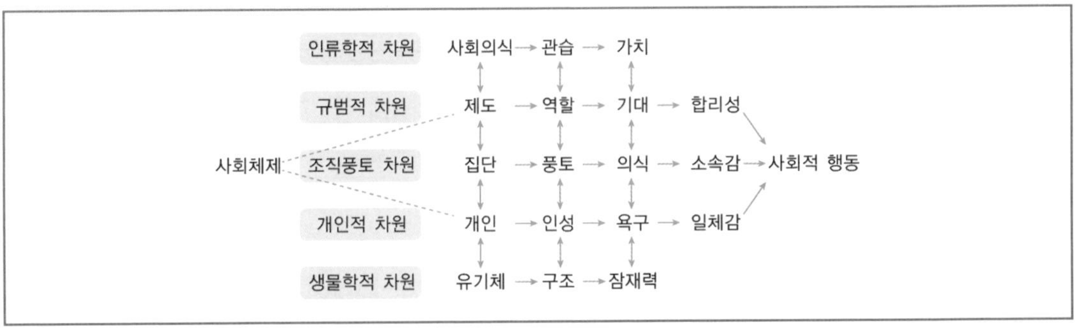

⑤ 인류학적 차원

㉠ 인류학적 차원의 추가는 사회가 여러 제도들의 조직으로 이루어진다는 것에 주목한 결과이다.

㉡ 사회는 여러 제도로 구성되어 있으며, 한 제도에 소속한 개인의 행동은 보다 큰 차원의 사회의식에 의해 영향을 받는다.

㉢ 사회의식(ethos)은 크게는 전체 사회에 흐르고 있는 시대정신에서부터 작게는 영향권 내에 있는 다른 조직의 집단문화에 이르기까지 한 개인이 소속한 집단과 관련 맺고 있는 보다 큰 사회체제의 문화를 의미한다.

⑥ 생물학적 차원

㉠ 생물학적 차원의 추가는 한 개인이 심리학적 관심의 대상일 뿐만 아니라 생물학적 관심의 대상이 될 수도 있다는 점에 주목한 결과이다.

㉡ 학습에 대한 연구는 온도, 조명, 기후, 음향, 날씨 등 학생의 물리적·정서적 조건과 상태가 학습에 상당한 영향을 준다는 점을 밝히고 있으며, 교육행정의 연구에서도 성차와 신체적 차이가 리더십의 발휘에 상당한 정도로 영향을 준다는 사실이 드러나고 있다.

㉢ 유기체로서의 인간의 신체구조와 내적 잠재력이 개인의 인성과 욕구에 영향을 주고 사회적 행동에까지 영향을 미치는 것이다.

⑦ 조직풍토 차원

㉠ 조직풍토 차원은 역할과 인성의 상호작용이 **상황에 의존**한다는 점을 강조하기 위한 것이다. 역할과 인성은 **상황이 적절할 때 극대화**된다.

㉡ 조직의 풍토(climate)가 특정한 역할을 수행하는 데 부적절하다면 혹은 특정한 인성을 지닌 개인으로 하여금 그것의 발휘를 불가능하게 하는 것이라면, 그 사람의 사회적 행위는 다른 형태로 나타날 것이다.

㉢ 어떠한 조직이든 특수한 조직풍토 또는 집단의식이 있으며, 이들에 의해 개인의 사회적 행위는 아주 다르게 나타나게 되는 것이다.

∴ 한 개인의 행위가 목표로 하는 사회적 행동으로 나타나려면 **목표행위에 역할기대가 논리적으로 부합**되도록 해야 하고**(합리성)**, **제도적 목표에 자신의 욕구성향을 만족**시켜야 하며**(일체감)**, 집단의 제도적 목표달성에 **의식적으로 참여**함으로써 **공동체 의식**을 가져야 한다**(소속감)**.

(4) 호이(Hoy)와 미스켈(Miskel)

호이와 미스켈은 사회체제모형을 보다 정교하게 발전시켜서 다음과 같이 제시하였다.

학교체제의 내부요소

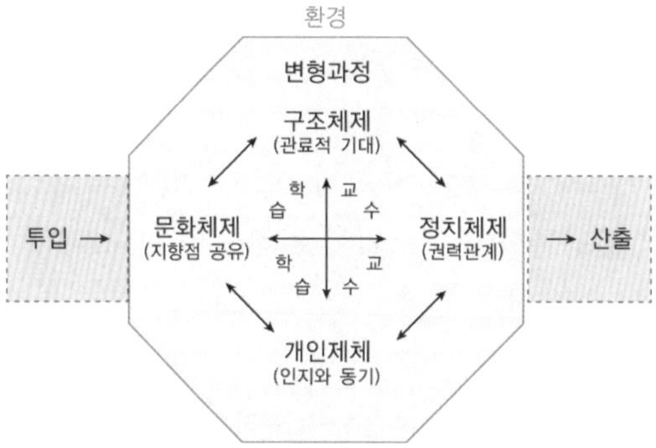

호이와 미스켈은 개방체제인 학교조직에서의 행동은 **구조적·개인적 요소들에 의해 영향**을 받을 뿐만 아니라, **문화적·정치적 요소들 그리고 핵심기술 요소인 교수-학습체제에 의해 영향**을 받고 있다고 보았다.

① **구조**: 조직의 목적달성을 위해 설계되고 조직된 **공식적·관료적 기대**라고 할 수 있다.

② **개인**: 개인은 조직의 목적을 성취할 수 있는 **에너지와 능력을 제공**하며 욕구·목적·신념·역할에 대한 **인지적 이해**의 관점으로 파악할 수 있다.

③ **문화**: 조직참여자들이 일에 대해 **공유하고 있는 지향점**으로서 **조직의 정체감**을 제공한다.

④ **정치**: 학교구조에서 교장이나 교감과 교사, 교사와 교사 간의 **권력관계**를 의미한다.

CHAPTER 03

학교조직의 성격

제1절 조직의 구조

1 공식조직과 비공식조직

(1) 공식조직

① 어느 조직이나 그 안에는 구성원들이 있고, 조직의 존재이유를 설명하는 목표나 비전 등의 공식적 내용이 존재한다.

② 공식조직(formal organization)은 조직의 목적달성을 위해 의도적으로 구성된 조직으로서 주로 공식적인 조직표나 기구표를 통해 살펴볼 수 있다.

(2) 비공식조직

① 어느 조직이나 관리자의 의도와는 별개로 비공식조직이 존재하기 마련이다.

② 비공식조직(informal organization)은 공식조직 내에서 자연발생으로 형성된 조직으로서 **공식적인 조직의 의사결정에 영향을 주는 조직 내의 사람과 사람 사이의 관계체제**를 말한다. 이는 인간관계를 뜻하는데, 공식조직에 충족되지 못하는 예컨대 동료 간의 우정, 의리, 사랑 등의 심리적 기능에서부터 조직 내 취미활동, 모임 등의 비공식집단을 들 수 있다.

③ 메이요(Mayo)와 동료들이 수행한 호손연구 등은 **비공식조직의 중요성**을 시사하고 있으며, 비공식조직은 조직의 기능에 직·간접적으로 영향을 미치고 있음을 증명하고 있다.

구분	공식조직	비공식조직
학문적 배경	• 합리적·관료제적·인위적 측면에 중점 • 구조적·전통적 조직이론에서 중시	• 비합리적·감정적·대면적 측면에 중점 • 사회심리적 조직이론에서 중시
조직의 성격과 실제	공적 목적달성을 위한 인위적 조직, 공식적 기구표 등으로 문서화 예 학년조직, 교과별 조직, 분장업무조직	• 사회목적 달성을 위한 자연발생 조직 • 공식적 기구표 등과 관계없음 예 계, 친목회, 동창회 등
구성원	논리적 합리성에 기초한 대규모 조직	대면적·현실적 인간관계에 기초한 소집단 혹은 조직구성원의 일부
운영원리	• 능률의 원리가 지배적 • 전체적 질서 중시	• 조직원의 친근감 등 감정의 원리가 지배적 • 부분적 질서 담당
조직형태	지도자의 권위가 상부에 의해서 주어지는 하향적 조직	지도자의 지위는 부하들의 동의에 의해서 존재하는 상향적 조직

PART 10

(3) 학교 내의 비공식조직

① 조직의 구성원인 교사들의 행위는 학교가 설정한 공식적인 기대에 의해 결정될 뿐만 아니라, 참여자들이 상호작용을 함에 따라 자연적으로 발생한 비공식조직에 의해서도 영향을 받게 된다.

② 비공식조직은 공식조직 내에서 나타나며, 공식조직과 상호작용을 하면서 조직의 규범, 소규모 집단으로의 분화 그리고 개인 및 하위집단의 지위 등은 직접적으로는 공식구조에, 간접적으로는 학교의 환경에 의해 좌우된다.

③ **조직은 하나뿐이지만 비공식조직은 공식조직 내에서 계속 나타나며, 계속해서 공식조직에 영향을 끼치고 서로 병행해 간다.**

2 계선조직과 참모조직

일반적인 조직도에는 수직적인 라인에 있는 부서와 수평적인 라인에 있는 부서들이 있다. **수직적 라인에 있는 조직을 계선조직이라 하고, 수평적 라인에 있는 조직을 참모조직**이라 한다.

(1) 계선조직

① 계선조직(line organization)은 **조직 내에서 명령이 전달되는 수직적 계층적 구조를 갖추고 업무를 직접 수행하는 제1차적인 조직이다.**

② 조직구성원은 **명령 일원화의 원칙에 따라 직속 상위자의 명령에 따라 행동하고, 이에 대한 책임**을 진다.

③ 장관－실·국장－과장－계장－계원의 체계를 갖춘 행정관료조직이나, 참모총장－군단장－사단장－연대장－대대장－중대장－소대장－분대장－분대원으로 이어지는 군대의 지휘명령계통 등이 계선조직의 좋은 예이다.

④ 학교조직 내에서는 교무분장조직이 대표적인 계선조직이라 할 수 있다.

(2) 참모조직

① 참모조직(staff organization)은 **막료조직이라고도 하는데, 계선조직이 조직의 공사목적을 원활하게 수행하도록 자문하고 조언하는 역할**을 한다.

② 참모조직은 계선조직이 그 기능을 원활하게 수행하도록 연구, 조사, 계획 등의 기능을 수행하며 목적달성에 간접적으로 기여할 뿐 **결정 및 집행을 직접 행사할 수는 없다.**

③ 참모조직에서는 **행정원리 가운데 전문화의 원리가 강조**된다. 학교조직 내의 **직원회, 기획위원회, 학교운영위원회** 등이 참모조직이라 할 수 있다.

④ 현대 조직의 대부분은 계선조직과 참모조직이 혼합된 형태를 취하고 있는데, 계선조직과 참모조직의 장단점으로 인해 갈등이 야기되기도 한다.

⑤ 조직이 대규모화되어 가는 현대 사회에서 대규모 행정조직의 경우, 계선조직을 지원해 줄 별도의 기술 혹은 연구지원팀의 필요성 증대로 인해 참모조직 이외에도 별도의 보조조직(auxiliary organization)을 두기도 한다. 보조조직은 계선조직의 내부나 외곽에서 그 기능을 부분적으로 심화·보조하기 위한 역할을 하는 일종의 참모적 역할을 담당한다.

계선조직과 참모조직 비교

구분	계선조직	참모조직
개념	조직 내에서 명령이 전달되는 수직적 계층적 구조를 갖추고 업무를 직접 수행하는 제1차적 조직	조직의 공식적 목적을 원활하게 수행하도록 자문하고 조언하는 역할을 하는 횡적 조직
형태	계층적 구조를 갖는 수직적 조직	횡적 자원을 하는 수평적 조직
능력	일에 대한 권한과 책임	지식·기술·경험의 전문성
태도	현실적·실제적·보수적	이상적·이론적 비판, 개혁적
장점	• 권한과 책임의 한계 명확 • 강력한 통솔력 • 조직이 안정적 • 신속한 업무의 결정, 능률적인 업무수행 • 명령통일성으로 책임소재 분명 • 저비용·소규모 조직에 적합	• 수평적인 업무의 협조 가능 • 조직의 신축성으로 경직성 탈피 • 전문적인 지식과 기술 활용 • 상급자의 의사결정의 범위를 확대시키며 최고경영자의 독선방지 • 합리적인 지시와 명령
단점	• 상급자의 주관적이고 독단적인 조치 가능성 • 상급자의 마비가 하부조직에 연쇄적으로 마비 • 융통성 없는 조직의 경직화 가능성 • 의사전달 불충분 가능성 • 최고관리자의 업무량 증가 • 전문가의 지식과 경험을 이용할 수 없음 • 통솔범위가 한정됨	• 조직운영을 위한 많은 경비 소요 • 의사전달경로의 혼란 가능성 • 책임소재 불명확 • 참모와 계선의 불화 가능성

3 행정조직의 원리

(1) 계층의 원리(principle of hierarchy)

① 조직구조의 상하관계와 형태를 조직하는 데 요구되는 원리이다.

② 계층은 조직의 목표를 달성하기 위한 업무를 수행함에 있어 권한과 책임의 정도에 따라 직위가 수직적으로 서열화·등급화되어 있는 것을 의미한다.

③ 군대조직이 이 계층조직의 좋은 예이다.

④ 계층조직이 피라미드형이냐 평면형이냐에 따라 권한과 책임의 집중과 분산에 차이가 있을 수는 있으나, 계층성이 없는 행정조직은 존재하지 않는다.

⑤ 계층제는 지도력 또는 통솔력, 권한과 책임의 위임, 기능과 직무의 규정 등의 3가지 요소로 구성된다.

지도력 혹은 통솔력	지도 혹은 통솔의 권한이 어디에 있느냐를 의미
권한과 책임의 위임	상급자가 하급자에게 권한을 위임하여 일정한 책임을 감수하도록 하는 것
기능과 직무의 규정	계층조직이 상하층별로 배열된 직위의 체제이므로, 계층의 사슬을 완결하는 하나의 매듭

(2) 기능적 분업의 원리(principle of division of work)

① 조직의 업무를 직능 또는 성질별로 구분하여 한 사람에게 동일한 업무를 분담시키는 것으로, 전문화 또는 분업화의 원리라고도 한다.

② 분업화의 목적은 행정조직이 추구해야 할 공동과업을 수행함에 있어서 표준화(standardization), 단순화(simplification), 전문화(specialization)라는 3S를 촉진하는 데 있다.

③ 유사한 업무나 기능을 표준화하여 한데 묶고 전문적인 지식이나 기능을 가진 사람으로 하여금 그것을 담당하게 함으로써 업무수행상의 효율을 높이려고 하는 것이다.

④ 분업화의 장단점

장점	• 작업능률의 향상 • 신속한 업무처리	• 도구 및 기계의 발달 촉진
단점	• 일에 대한 흥미와 창의성의 상실 • 업무의 중복, 낭비 및 책임 회피	• 시야의 협소화 • 조정의 곤란

(3) 조정의 원리(principle of coordination)

① 조직 내에서 업무의 수행을 조절하고 조화로운 인간관계를 유지함으로써 협동의 효과를 최대한 거두려는 것을 말한다.

② 달성요인: ㉠ 조직의 목표를 분명히 하고, ㉡ 업무를 효과적으로 분담하며, ㉢ 권한과 책임의 한계를 명확하게 하고, ㉣ 합리적이고 균형 있는 계획을 수립하여 조직을 운영하며, ㉤ 구성원 간에 원활한 의사소통을 조장하고, ㉥ 구성원 상호 간의 인화와 자발적 협조의식을 유도하며, ㉦ 업무수행상 준거가 될 수 있는 성문화된 규칙을 제정하고, ㉧ 엄정한 규율을 확립하며, ㉨ 효과적인 통제방법을 강구해야 한다.

③ 조정방법: ㉠ 위계질서에 의한 권한과 책임의 명료화, ㉡ 위원회 및 참모조직의 활용, ㉢ 상위 통괄기구의 설치, ㉣ 규율 및 징계제도의 활용 등을 들 수 있다(Mooney, 1947: 5-13).

(4) 적도집권의 원리(principle of optimum centralization)

① 중앙집권제와 분권제 사이에 적정한 균형을 도모하려는 것을 말한다.

② 중앙집권제는 중앙부서에 권한을 집중시킴으로써 능률화를 가져오는 데는 유리하나, 획일주의와 전제주의를 초래할 위험성이 있다.

③ 분권제는 지방부서나 하부기관에 권한을 위임·분산시킴으로써 지방의 특수성과 자율성을 촉진할 수는 있으나, 비능률을 초래할 가능성이 있다.

④ 두 제도의 극단을 피하고 적정한 균형을 도모하는 것이 적도집권 혹은 적도분권이다.

(5) 통솔범위의 원리(principle of span of control)

① 한 지도자가 직접 통솔할 수 있는 부하의 수에는 한계가 있다는 것을 말한다. 다시 말해 인간의 능력에는 한계가 있기 때문에 한 지도자는 일정 수의 부하만을 통솔할 수 있다는 것이다.

② 통솔인원으로 몇 명이 적절한가에 대해서는 견해가 다양하다.

③ 영국의 Haldane위원회는 10명이 이상적이며 많아도 12명을 초과해서는 안 된다고 하였고, 페욜(Fayol)은 5~6명이 가장 적당하다고 하였다. 한편, 얼윅(Urwick)은 상위층과 하위층에 따라 통솔범위가 다르다고 보고 상위층은 4명, 하위층은 8~12명이 적당하다고 하였으며, 그라이커나스(Graicunas) 또한 계층제 상부층은 5~6명, 말단은 20명이 적당하다고 하였다.

(6) 명령통일의 원리(principle of unity of command)

① 부하는 한 지도자로부터 명령과 지시를 받고 그에게만 보고하도록 해야 한다는 원리이다.

② 굴릭(Gulick)은 여러 지도자로부터 명령을 받는 부하는 혼돈을 일으키고, 비능률적이며, 무책임한 데 반해, 한 지도자로부터 명령을 받는 부하는 조직적이고, 능률적이며, 책임 있게 일한다고 하여 명령통일의 중요성을 강조하였다.

③ 명령통일의 원리는 명령의 중복을 피하고 계층의 질서를 확립시켜 줄 뿐만 아니라, 업무처리의 능률을 가져오고 책임소재를 분명히 하는 데 도움이 된다.

④ 오늘날 전문인으로 구성되는 참모의 기능이 자문 및 보조기능 이상으로 확대·강화되면서 명령기능도 첨가되고 있어 명령통일의 원리는 많은 한계를 드러내고 있다.

제2절 조직유형론

1 파슨스(Parsons)의 유형론: 조직의 기능에 따른 분류

파슨스는 조직의 목표 및 사회적 기능을 기준으로 조직유형을 4가지로 나누었다.

(1) 사회적 기능

① 조직의 사회적 기능을 사회체제이론을 근간으로 하여 **적응**(adaptation), **목표성취**(goal attainment), **통합**(integration), **체제유지**(latency)로 분류했다.

② 적응은 자원확보, 목표성취는 목표의 설정과 집행, 통합은 체제 구성부분들의 조정 및 결속 그리고 체제유지는 문화와 가치를 창출·보존·전승하는 것을 지칭한다.

(2) 조직의 분류

파슨스는 사회체제가 유지되고 발전하기 위하여 필요한 일반적인 기능에 기반을 두고, 조직을 생산조직, 정치적 목표지향 조직, 통합조직 그리고 유형유지조직으로 구분했다.

◎ Parsons 분류에 따른 조직의 유형론

조직유형	특징
생산조직 (Production organization)	일차적인 기능으로 사회가 소비하는 재화나 용역 등의 생산을 담당하는 조직, 사회의 적응기능 수행(기업체)
정치적 목표지향 조직 (Political goal oriented organization)	사회의 공동목표를 설정하고 달성하는 기능을 수행하는 조직, 목표성취를 위해 권력을 배분하고, 조직의 가치성 부여(은행, 행정기관)
통합조직 (Integrative organization)	구성원 간에 결속과 통일을 유지하는 사회통합의 기능을 수행하는 조직, 동기유발 촉진, 유능한 인재 양성, 부서 간의 갈등요소 해소(법원, 정당, 사회 통제 기관)
유형유지조직 (Pattern maintenance organization)	사회의 계속성을 유지하는 기능을 교육, 문화, 표현 등의 행동을 통하여 이루려는 조직(교육기관, 박물관, 교회)

2 에치오니(Etzioni)의 유형론: 조직의 권력행사에 따른 분류

에치오니는 조직의 질서와 구조의 핵심을 지배·복종관계로 보고 순응(compliance)이라는 개념에 기초하여 조직의 유형을 분류하였다. 순응은 구성원을 통제하기 위하여 행사하는 권력과 그 결과 구성원이 조직에 참여하는 태도 사이에서 형성되는 관계를 의미한다. 에치오니는 참여수준을 3가지로 제시하였다.

(1) 행사권력

① 강제적: 통제의 수단으로 물리적 제제와 위협을 사용한다.

② 보상적: 물질적 보상을 사용한다.

③ 규범적: 상징적 보상을 사용한다.

(2) 참여수준

① 소외적 참여(alienative involvement): 심리적으로는 소외되어 조직에서 이탈할 의사가 있지만, 조직에 남아 있는 형태이다.

② 타산적 참여(calculative involvement): 조직에 복종함으로써 물질적 보상을 취할 수 있으므로 대체로 중립적인 태도지만, 때로는 적극적 혹은 소극적이기도 하다.

③ 도덕적 참여(moral involvement): 조직의 임무와 나의 일이 가치 있는 것이라고 스스로 생각하는 매우 긍정적인 참여를 말한다.

(3) 조직의 유형

논리적으로는 3가지 행사권력과 3가지 참여수준을 조합하면 9개의 조직유형을 생각할 수 있다. 그러나 에치오니는 9개의 가능한 조직유형 중 권력의 성격과 복종의 성격이 부합되는 유형은 3가지라고 제시한다. 대부분의 조직은 권력의 형태와 구성원의 참여가 부합되는 상태로 존재하며, 부합되지 않는 조직은 비효과적인 유형이기 때문에 결국 부합되는 유형으로 변화해 간다고 보았다.

① 강제조직(coercive organization)
- ㉠ 이 조직은 부하직원의 활동을 통제하기 위한 수단으로 물리적 제재나 위협을 사용한다.
- ㉡ 그러한 권력에 대한 구성원의 반응은 소외적 참여를 특징으로 한다.
- ㉢ 형무소와 정신병원과 같은 조직이 여기에 속한다.

② 공리조직(utilitarian organization)
- ㉠ 이 조직은 부하직원에게 물질적 보상체제를 사용하여 조직을 통제한다.
- ㉡ 그에 대해 구성원은 타산적으로 참여한다.
- ㉢ 공장, 일반회사, 농협 등이 여기에 속한다.

③ 규범조직(normative organization)
- ㉠ 이 조직은 규범적 권력을 사용하여 구성원의 높은 헌신적 참여를 유도한다.
- ㉡ 종교단체, 종합병원, 전문직 단체, **공립학교** 등이 여기에 속한다.

Etzioni 분류에 따른 조직의 유형론

참여 / 통제수준(권력)	소외적 참여	타산적 참여	도덕적 참여
강제적	강제조직[1]	–	–
보상적	–	공리조직[2]	–
규범적	–	–	규범조직[3]

1. 물리적 제재와 위협 예 군대, 경찰, 교도소
2. 돈이나 그 밖의 물질적 보상 예 회사
3. 상징적 보상이나 제재 예 학교, 가정

3 블라우(Blau)와 스콧(Scott)의 유형론: 조직의 수혜자가 누구인가에 따른 분류

(1) 특징

① 블라우와 스콧은 조직활동을 통하여 누가 가장 많은 혜택을 받았는지, 주된 수혜자가 누구인지를 기준으로 하여 조직유형을 분류하였다.

② 이들은 우선 공식적 조직에 관련된 사람들을 조직의 구성원, 조직의 소유자, 고객, 일반대중의 네 범주로 분류하고, 이들 중 조직활동 결과에 대해 주된 수혜자가 누구인가에 따라 조직의 유형을 나누었다.

③ 이들 중 어느 한 범주의 집단만이 조직의 혜택을 독점하는 경우는 찾기 어렵다. 따라서 조직유형 분류의 기준이 되는 수혜자는 주된 수혜자이다.

(2) 분류

① 주된 수혜자를 기준으로 조직을 분류하면 호혜조직, 사업조직, 공익조직, 봉사조직으로 나뉜다.

② 블라우와 스콧은 하나의 조직이 반드시 하나의 조직유형에 소속되는 것은 아니며, 혼합형의 존재가 가능하다고 보았다.

㉠ 호혜조직(mutual benefit associations)
- 이 조직의 주된 수혜자는 조직구성원으로, 참여를 보장받는 데 관심을 가지고 있다.
- 정당, 노동조합, 전문직 단체, 종교단체 등이 여기에 해당된다.

㉡ 사업조직(business concerns)
- 이 조직의 주된 수혜자는 조직소유주로, 이윤획득을 주된 목표로 하고 있다.
- 제조회사, 보험회사, 은행 등이 여기에 해당된다.

㉢ 공익조직(commonwealth organizations)
- 이 조직의 주된 수혜자는 일반대중이다.
- 행정기관, 군대, 경찰, 소방서 등이 여기에 해당된다.

㉣ 봉사조직(service organizations)
- 이 조직의 주된 수혜자는 조직과 직접적으로 접촉하는 일반대중이다.
- 이 조직의 기본적인 기능은 고객에게 서비스를 제공하는 것이다.
- **학교**, 병원, 사회사업기관 등이 여기에 해당된다.

4 민츠버그(Minzberg)의 유형론

민츠버그는 조직유형 분류의 기준으로 구성원과 조정기제를 제시하고, 조직의 효율성에 미치는 요인으로 상황요인을 제시하였다. 조직의 구성원은 과업수행과 조정에 관하여 서로 다른 역할을 수행하는 5개 집단으로 구분하였다. 이들은 운영핵심층, 전략적 고위층, 중간관리층, 기술구조층, 지원부서층 등이다.

(1) 운영핵심층(Operating core)

① 운영핵심층은 기본적인 업무, 즉 제품 및 서비스 생산과 직접 관련된 활동을 수행하는 사람들로 구성된다.

② 운영핵심층은 조직의 심장부로서 조직의 궁극적인 결과물들을 생산한다.

③ **학교의 경우, 교사들이 운영핵심층이 되며, 교수학습활동이 그 궁극적인 결과**이다.

(2) 전략적 고위층(Strategic apex)

① 조직의 상층부에 위치하여 조직의 효과적인 임무수행에 대한 책임을 지는 최고행정가로 구성되어 조직의 목표를 설정하고 조직의 전략을 제시한다.

② **공립학교 체제에서 교육감**이 이에 해당한다.

(3) 중간관리층(Middle line)

① 공식적 권위구조를 통해 운영핵심층과 전략적 고위층을 연결하고, 운영핵심층을 감독·통제하며, 자원을 제공하는 행정가들이다.

② 학교 체제의 경우 **중간관리자는 학교장**이다.

(4) 기술구조층(Techno structure)

① 중간관리계층의 한쪽에 위치하며, 조직의 산출물과 프로세스에 대한 표준화, 측정·검사, 조직활동 설계 및 계획, 지원훈련 등을 담당한다.

② 다른 사람들의 업무를 표준화하고 자신들의 분석기술을 통해 조직이 환경에 적응할 수 있도록 도와주는 분석가들로 구성되어 있다.

PART 10

(5) 지원부서층(Support staff)

① 작업계통 외부에서 조직을 지원하기 위해 존재하는 특수부서들로 구성된다.

② 학교에서는 건물 및 시설 담당부서, 보수 및 유지 담당부서, 식당 및 급여 담당부서들, 양호실, 서무실, 버스 기사실을 찾아볼 수 있다.

5 칼슨(Carlson)의 유형론: 고객선발에 의한 분류

칼슨은 조직과 고객이 서로를 선택할 수 있는 정도에 따라 서비스 조직(service organization)을 4가지 유형으로 분류하였다. 분류기준은 조직에 대한 고객의 참여결정권 유무와 조직의 고객선택권 유무인데, 예컨대 어떤 서비스 조직은 고객이 참여를 선택할 수 있으며, 또 다른 서비스 조직은 선택할 수 없는 경우도 있다.

(1) 유형 Ⅰ(야생조직)

① **고객이 조직을 선택하기도 하고 조직이 고객을 선발하기도 한다.**

② 이처럼 조직과 고객이 독자적인 선택권을 가지고 있어 **생존을 위한 경쟁이 필연적이기 때문에 야생조직**이라고도 한다.

③ **대학, 사립학교**, 개인병원, 공공복지기관 등이 여기에 해당된다.

(2) 유형 Ⅱ(적응조직)

① **조직이 고객을 선발할 수 없는 반면에 고객은 조직을 선택할 수 있다.**

② 고객의 조직선택권만 존재하는 유형으로, 고졸지원자를 받도록 학칙에 명시되어 있는 **미국의 주립 대학과 대부분의 지역사회 대학**이 여기에 해당된다.

(3) 유형 Ⅲ(강압조직)

① **고객은 조직선택권을 갖고 있지 않고, 조직만 고객선택권을 가지고 있는 경우이다.**,

② 이론적으로는 존재하나 **실제로는 존재하지 않는다.**

(4) 유형 Ⅳ(온상조직)

① 조직이나 고객 모두 선택권을 갖지 못하는 조직으로, **법적으로 그 존립을 보장받기 때문에 사육조직(domesticated organization)이라고도 한다.**

② **공립학교,** 정신병원, 형무소 등이 여기에 해당된다.

Carlson 분류에 따른 조직의 유형론

구분		고객의 참여결정권	
		유	무
조직의 고객선택권	유	유형 Ⅰ(야생조직)	유형 Ⅲ(강압조직)
	무	유형 Ⅱ(적응조직)	유형 Ⅳ(온상조직)

제3절 학교조직의 특성

1 관료제의 특징과 학교조직

(1) 베버(Weber)의 관료제 모형

① 관료적 구조는 **분명한 목적을 성취하고 행정적 과업을 수행하기 위해 의도적으로 설정된 공식적 조직**이다.

② 민츠버그(Minzberg)에 의하면, 관료적 구조란 "행동이 사전에 결정되거나 예측할 수 있는 정도, 즉 **표준화의 정도**"라 정의하고 있다.

③ 베버에 따르면, 관료제는 **합리적 의사결정**을 달성하고 **효율의 극대화**를 위해 이러한 수단들을 통해 **권위**를 사용한다.

④ **분업과 전문화**는 사실에 근거하여 기술적으로 올바르고 합리적인 결정을 내리는 **비정적 전문가**를 만든다. 이러한 결정이 일단 내려지면, **위계화된 권위**로서 **규칙과 규정**을 통해 분업화된 인력들이 과업을 잘 이행하도록 지시한다. **경력 지향의 피고용인**들은 **인센티브**를 가지고 성실하게 과업에 임한다.

⑤ 베버의 관료제는 그 주요 특징들을 **분업과 전문화, 비정성, 권위의 위계, 규정과 규칙, 경력지향성**의 5가지로 요약제시하였다.

㉠ **분업과 전문화**: 일을 분업화·전문화해야 조직을 효율적·과학적으로 관리할 수 있다. 학교는 효율적인 교육을 위해 전문화와 분업의 체제를 갖추고 있다. 학교조직은 교육목적을 효과적으로 달성하기 위해 학교급별, 교과별, 학년별, 업무별(교무, 연구, 학생업무 등)로 분업, 전문화되어 있다. 또한 교과의 전문화를 위하여 교사자격증 제도를 도입하고 있으며, 교사선발 시 자격증을 취득한 전문적 능력에 기초하여 경쟁에 의해 선발한다.

㉡ **비정성**: 공적인 일을 할 때는 사적인 감정을 배제하며 공식적 관계에 초점을 두고 있다. 학교에서의 업무처리는 사적 감정을 배제하고 원리원칙에 의해 이루어지고 있다.

㉢ **권위의 위계**: 업무의 효율성을 위해 명확한 권위의 계층제를 형성하여 상위직의 통제와 감독을 받으며 상하관계를 명확히 한다. 학교조직은 교장－교감－부장－교사로 구성원들의 업무를 수직적으로 분화시켜 상하의 위계에 따라 권한과 직위를 배분하였다.

㉣ **규정과 규칙**: 확립된 규정과 규칙을 통해 활동의 일관성을 유지한다. 그렇지 않으면 비효율적이고 비용이 낭비된다. 학교조직은 업무의 수행 및 운영절차에 있어서 통일성을 확보하기 위해 복무지침, 내규, 업무편람 등을 규정하여 교직원들의 행동을 규제한다.

㉤ **경력지향성**: 경력을 지향한 승진제도가 있다. 학교조직 역시 경력과 같은 연공서열주의에 의한 승진과 포상 제도가 기본이 된다.

⑥ 베버의 관료제의 특징들은 상호 결합할 때 역기능으로 작용할 가능성이 존재한다. 이러한 측면에서 호이(Hoy)와 미스켈(Miskel)은 앞에서 제시한 관료제의 특징에 따라 관료제의 순기능과 역기능을 분석하였다.

역기능	관료제의 특징	순기능
• 권태감의 누적 • 사기저하 • 의사소통 장애 • 경직과 목표 전도 • 실적과 연공의 갈등	• 분업과 전문화 • 비정성 • 권위의 위계 • 규정과 규칙 • 경력지향성	• 전문성 향상 • 합리성 증진 • 순응과 원활한 조정 • 계속성과 통일성 확보 • 동기유발

(2) 민츠버그(Minzberg)의 구조이론

① 민츠버그는 조직을 환경에 의해 영향받는 구조, 즉 **개방체제로 서술하면서 관료적 구조를 분석**하는 또 다른 틀을 제안하고 있다.

② 그에 따르면, 조직이 과업에 따라 구성원을 다섯 집단으로 나누고, 이들 간의 조정을 이끌어내는 5가지 조정기제(mechanism)로 구조를 설명하고 있다.

③ 그는 이처럼 조직유형 분류의 기준으로 구성원과 조정기제(mechanism)를 제시한 뒤 조직의 효율성에 미치는 요인으로 5가지 상황요인을 제시하였다.

④ 조직을 묶어주는 다섯 가지 조정기제로는 **상호조절(mutual adjustment), 직접적 감독(direct supervision), 작업과정의 표준화(standardization of work), 결과의 표준화(standardization of output), 기술의 표준화(standardization of skills)**가 있다.

⑤ 조직구성원을 과업수행과 조정에 관하여 서로 다른 역할을 수행하는 5개 집단으로 구분하였다. 이들은 운영핵심층, 전략적 고위층, 중간관리층, 기술구조층, 지원부서층 등이다. 위와 같은 핵심적인 5가지 조정기제들과 5가지 부분들은 다음과 같은 5가지 조직형태의 근거가 된다.

㉠ 단순구조(Simple structure, 집권화하려는 최고경영진)

- **"전략적 고위층"**이 핵심 부분이며 조직은 **소규모이고 역동적인 환경 속에서 존재하며 감독은 직접적**으로(direct supervision) 이루어진다.
- **중간관리층이 없고, 기술구조층 및 지원부서층도 거의 없으며, 분업 및 전문화가 되어 있지 않다.**
- 행정적 위계화 정도가 낮기 때문에 정교화되어 있지 못하여 어떤 사건이 일어나자마자 해결되는 경향이 있다.
- 규칙과 규정에 구애받지 않는 비공식적인 분위기에서 전략적 고위층인 최고행정가는 융통성을 발휘할 수 있다는 이점이 있으나, 소규모의 전략적 고위층들에 의해 중요한 모든 의사결정이 내려지는 매우 집권화된 구조이다. 따라서 공식적 권위 역시 위에서 아래로의 일방향으로만 전달된다.
- 학교조직의 경우, **소규모 초등학교**가 이에 해당되는데, 조직의 특성상 **강압적, 전제적, 때로는 카리스마적인 학교장**에 의해 학교가 운영된다.
- 일반적으로 교사들은 행정가의 움직임에 따라 조직이 움직이는 이러한 구조를 전제적이라 생각하기 마련이다.
- 이러한 학교들은 집권화되어 있기에 참여자들 간에 이완된 비공식구조도 존재하고 있다. 단순구조는 조직성장 및 발전과정에서 나타나는 비교적 지속적인 형태라 할 수 있다.

㉡ 기계적 관료제(Machine bureaucracy, 공식화하려는 기술구조)

- 여러 부속들로 이루어져 규칙적으로 움직이는 기계와 같이 **표준화되고 조정되는 조직**을 기계적 관료제라고 한다.
- **철강제조회사나 항공사와 같이 "기술구조층"이 핵심**을 이루며, **"작업과정의 표준화"**가 핵심적인 조정기제인 업무특성을 가진 대규모 조직이다.
- 이러한 조직에서는 공식화에 의해 고도의 집권화가 유지된다. 즉, 규칙과 규정이 조직 전반에 적용되며, 모든 수준에서 공식적 의사소통이 지배적이고, 의사결정은 위계적인 권위계통에 따라 이루어진다.
- 따라서 "전략적 고객층"인 최고행정가에게 상당한 권한이 부여되어 있는데, 이들과 권력을 공유하는 유일한 사람들은 "기술구조층"의 분석가들이다. 이들의 역할이 조직의 "작업과정을 표준화"하는 조직에서 중요한 역할을 수행하기 때문이다.

- 학교조직의 경우, **기술관료층에서 학교의 업무를 표준화하여 교사들의 업무내용이 표준화**된다. 이러한 기관들은 대규모 학교이거나, 많은 학교를 관할하는 고도의 작업표준화가 필요한 지역 단위의 교육지원청이거나, 광역 단위의 교육청 혹은 교과부와 같이 국가 전체에 걸쳐 정교한 기술구조에 대한 기대를 받고 있는 중앙 단위의 기관 등이다.
- 이러한 조직은 **광범위한 일련의 규칙, 절차 및 직무 상세화를 통해 행동이 공식화**된다. 비록 대부분의 학교가 기계적 관료구조의 특징을 가지고 있긴 하나, 엄밀한 의미에서 보자면, 학교는 대규모의 중간계층과 정교한 기술구조를 갖추고 있지 않기 때문에 기계적 관료제라 하기는 어렵다.
- 민츠버그(Minzberg)에 따르면, **대부분 공립학교구조는 단순구조와 기계적 관료제 사이에 걸쳐 있는 "단순관료제(simple bureaucracy)"**의 형태를 띠고 있다.

ⓒ 전문적 관료제(Professional bureaucracy, 전문화하려는 교사들)

- "전문적"이라는 표현에서 알 수 있듯이, **"운영핵심층"이 핵심 부분이고, "기술의 표준화"가 핵심적인 조정기제이므로 분권화와 표준화를 동시에 허용**하는 구조이다.
- 작업이 아주 복잡해서 관리자들에 의한 "직접적 감독"이나 "표준화"는 불가능하기 때문에 권력의 상당 부분이 **"운영핵심층"의 전문가들에게 위임**된다. 따라서 상대적으로 **행정구조가 덜 위계화**되어 있어 통제와 조정을 위한 복잡하고 정교한 조직위계나 작업기준을 설정하는 기술구조가 필요하지 않다.
- 전문가들은 무엇을 어떻게 할 것인지 상당한 권한을 행사하고 고객들과 긴밀한 관계를 형성하며 업무를 수행하지만, 동료들과 긴밀한 관계를 유지하지는 않는다.
- **전문적 관료제를 가진 학교들은 자신들의 업무를 통제하고, 팀워크와 협력, 동료들과 수업 리더십을 공유하는 매우 능력 있고 잘 훈련된 교사들로 구성**되어 있다. 이는 **분권화되어 있고 민주적**인 구조이다.

ⓓ 부서화 형태(Divisionalized form)

- **"중간관리층"**이 핵심 부분이며, 분업형 조직으로서 **"결과의 표준화"**가 핵심적인 메커니즘으로 작동한다.
- 대규모 회사와 같이 조직의 각 부서는 고유의 구조가 있고, 그 구조는 이미 정형화된 하나의 형태를 취한다.

ⓜ 임시조직구조(Adhocracy)

- **지원부서층이 핵심**적인 부분이며, **"상호조정"이 핵심적인 조정기제(mechanism)**로 작용한다.
- 연구개발실험팀과 같이 환경이 역동적이고 미지의 상태이며, 조직의 구조는 상황에 따라서 급격하게 변화한다.

2 다양한 이미지로서의 학교조직

(1) 이완결합체제로서의 학교

① 관료제에서 설명하는 조직은 목표를 달성하는 데 보다 효과적으로 일하기 위해서 여러 사람들이 과업을 분담하여 수행한다. 대부분의 조직은 누가 그 일을 얼마나 잘하는가에 대한 관심으로 업무의 생산성과 효율성을 목표로 하여 과업을 수행하는 사람들 간에 상하관계가 있고, 업무를 구조화하여 기능적으로 이루어진다.

② 구조적 느슨함

㉠ 학교에서는 어느 교사가 수업을 얼마나 잘 하는가와 같이 질서정연하게 구조화되거나 기능적으로 분명하게 연결되지 않는 측면도 있다.

㉡ 학교조직에서 교장이나 교감 그리고 교사들 간의 연결체제는 지식·명령체계가 엄격하게 지켜지는 기업이나 군대와는 달리 **구조적 느슨함을 특징**으로 하고 있다.

③ 자율성과 자유재량권

㉠ 교수－학습활동이 핵심인 학교조직의 특성상 **자율성과 자유재량권**을 가지고 있으며, 때로는 교사도 형식적인 교장의 지시와 통제를 받을 뿐이다.

㉡ 학교조직을 구성하고 있는 부서들 간에 상호 관련되어 있지만 각자의 **자주성과 개별성**을 유지하고 있기 때문이다.

④ 웨익(Weick)

㉠ 웨익는 이러한 학교의 모습을 비유적으로 **'이완결합체제(loosely coupled systems)'**라고 묘사했다.

㉡ 학교의 경우, 조직의 각 부서가 서로 연결은 되어 있으나 **개인은 상호 감시받지 않고** 기능을 수행해 나가는 등 **각자가 독자성을 유지하면서 어느 정도 분리**되어 있는 모습을 표현한 것이다. 예컨대, 교사들의 수업활동에 대해서 감독을 한다는 것은 현실적으로 상상하기 어렵다.

⑤ 메이어(Meyer)와 로완(Rowan)

㉠ 메이어와 로완은 학교의 핵심적인 활동인 **수업이 조직구조의 통제로부터 벗어나 있는 점**을 들어 학교조직의 이러한 특성이 **이완결합적 특성**을 가질 수밖에 없음을 들고 있다.

㉡ 여기에서 이완결합은 구조가 **수업활동과 분리되어 있고, 또 수업활동과 그에 따른 성과가 분리**되어 있다는 점을 의미한다.

⑥ 수업활동에 대해서 조정과 통제를 충분히 할 수 없는 이유

㉠ 평가의 측면

- 수업활동이 교실이라고 하는 개개의 분리된 상황에서 이루어지고 있어서 조직통제로부터 벗어나 있으며, 수업의 과정과 성과가 조직으로부터 철저한 평가와 감독을 받고 있지 않다.

- 중등의 경우, 특히 각 전문교과 영역을 가진 교사의 활동을 교장들이 감독하고 통제할 기회를 거의 갖지 못하며, 이들이 매일 함께 일하는 것도 아니다. 심지어는 교사들 간의 상호작용도 별로 없으며 수업이 교장이나 동료 교사들에게 공개되는 경우도 많지 않다.

㉡ 교육과정과 교수방법의 측면

- 일상적으로 사용하는 매우 효과적인 방법이나 기술은 통제를 보다 용이하게 하는 기능을 가진다. 그러나 학교에서는 수업내용이나 과정이 어떠해야 효과적인가를 규정하는 구체적인 기준을 가지고 있지 못하다.
- 고작 교육과정에 관한 일반지침이 있는 정도여서 이에 관심을 갖는 교사는 많지 않은 실정이다.
- 수업방법도 교사에 따라 각양각색이며, 교사가 사용하는 수업방법에 대하여 교장이 어떠한 영향력도 행사하기 어렵다.

㉢ 권한과 관련된 측면

- 교육행정가는 수업활동에 관하여 직접적인 권한을 가지고 있지 않다.
- 행정가들은 수업의 내용과 방법을 계획하고 조정하는 일반적인 책임을 가지고 있지만, 수업을 어떠한 방식으로 하게 하는 권한은 사실상 가지고 있지 못하다.
- 수업 이외에 시간표 작성, 학급편성, 담임배정, 공간배치, 예산배분 등에 대해서는 실질적인 권한을 행사한다.
- 이와 같이 교육행정가는 교육조직의 핵심을 이루는 수업기능에 대해서는 최소한의 통제 밖에는 발휘하지 못한다.

⑦ 이완결합조직은 **조직의 자율성을 높이고 타 부서의 영향력을 제한함으로써 각자가 자신의 판단에 따라 일하고, 필요한 변화를 시도**할 수가 있게 된다.

⑧ 그러나 이러한 자율적 의사결정에 대한 강조는 단단하게 결합되거나, 연결되어 있어야 할 측면들을 무시하거나, 행정관리적 측면의 엄격한 법적·행정적 통제를 지나치게 외면하므로 교육조직의 효과성 차원에 상당한 문제를 야기할 수 있다.

(2) 조직화된 무질서로서의 학교

① **마치(March)와 올센(Olsen)에 의해 도입된 "조직화된 무질서(Organized anarchy)"라는 용어는 조직이 합리적, 과학적, 논리적, 분석적으로 파악할 수 없는 측면이 있음을 강조**하기 위해서 사용한 용어이다.

② 학교조직을 움직이는 목표나 기술 그리고 구성원들 간의 관계가 **전통적 조직이론에서 지적하는 것처럼 명백하게 구조화되어 있지만은 않다는 점에서 비유적으로 무질서**라는 표현을 사용하고 있다.

③ 학교조직에 있어 조직화된 무질서의 구체적인 특징으로는 **불분명한 목표, 불확실한 기술 그리고 구성원의 유동적 참여**를 들고 있다.

㉠ **불분명한 목표**: 교육조직의 목표는 수시로 변하며, 단위학교마다 학생들의 수준이 다르고, 또 동일한 학교의 동일한 학년이라도 매년 학생들 개개인의 수준과 특성, 성향이 다르므로 행동적으로 표현하기가 쉽지 않다. 따라서 교육조직은 그 목표를 일관성 있게 명료화하기가 쉽지 않다. 때로는 목표 간에 갈등이 있을 수도 있고 쉽게 해결되지 않기도 한다. 또한 구성원들이 뚜렷한 목표의식을 가지고 교육활동을 전개하지 못하기도 한다.

㉡ **불확실한 기술**: 기술이란 교육기자재, 컴퓨터 등과 같은 학습기기 조작뿐만 아니라 문제해결에 동원되는 체제기법, 절차, 방법, 고안, 계획 등을 포함한다. 학교조직 내에서의 업무활동이나 교수학습활동에 있어 교사들 각자는 다른 기술과 방법을 사용한다. 따라서 교사와 학생의 특성마다 달라지는 기술을 표준화시키기는 어렵다. 이로 인해 조직은 시행착오를 거듭하면서 운영되고, 주로 과거 경험으로부터 얻은 기술을 사용하게 된다.

㉢ **구성원의 유동적 참여**: 교육조직에서의 참여는 유동적이다. 우리나라 공립학교의 경우, 교사와 행정가는 4~5년 교육청에서 정해진 기간 동안 근무하다가 다른 학교로 이동한다. 사립학교 역시 재단 내 학교 간 교사 이동으로 인해 교사 참여는 역시 유동적이다. 학생들 역시 입학하고, 3년 혹은 6년 후 졸업하면서 상급학교 진학으로 인해 이동한다. 학부모들의 개인적 혹은 집단적 참여 역시 상황에 따라 다르게 나타난다. 자녀들의 해당 학교 재학기간에는 헌신적으로 참여하다가도 졸업 후에는 그 참여에 소극적일 수밖에 없는 모습들은 쉽게 찾아볼 수 있는 예이다.

(3) 이중조직으로서의 학교

① 학교조직은 이완결합체제 개념만으로는 그 특성이 모두 설명되지 않는다. **학교는 느슨하게 결합된 측면도 있지만, 한편 엄격한 관료제적 특성 또한 공존**하고 있기 때문이다.

② 예컨대, 학교의 중추적인 활동인 교수학습은 형식적이거나 직접적인 통제에서 벗어나 있으므로 이완결합조직으로 설명될 수 있으나 **수업 이외의 활동, 즉 제도운영 및 관리 영역은 일반 조직과 마찬가지로 엄격하게 연계되어 있고 응집력 있는 구조를 가지고 있다**는 것이다.

③ 수업시간 운영, 학습집단 구성, 학생관리, 재무관리, 사무관리, 자원의 배분, 경영적 기능, 법규 적용 등의 학교경영활동들은 철저한 통제 속에 엄격한 결합을 맺고 있다.

④ 이러한 양존하는 특성으로 인해 **학교조직을 설명하는 데 있어 이중조직**이 설득력을 얻고 있다. **수업활동 등의 측면에서는 이완결합체제의 관점**으로 설명될 수 있으나, **행정관리라는 보편적인 조직관리의 측면에서는 엄격한 결합구조**로 이해될 수 있다는 것이다.

⑤ 때때로 지나친 독립성이 학교조직의 효율성과 생산성 저하로 이어질 수 있는 반면, 엄격한 경직성 역시 교사들의 사기저하로 이어져 과업수행의 효과를 반감시킬 수 있다. 따라서 학교행정가는 **학교의 느슨한 결합과 엄격한 결합에 대한 충분한 이해**를 바탕으로 양자의 장점을 충분히 살려 조직관리의 효율성과 수업 등의 전문영역의 자율성을 보장하는 전략적인 학교경영 수립을 위한 지도성을 발휘할 필요가 있다.

(4) 전문관료제로서의 학교

학교는 다른 모든 조직과 마찬가지로 관료제로서의 속성을 갖고 있다.

① 분업과 전문화

㉠ 초·중등학교가 분리되어 운영되고 있고, 각 교과별로 교육목표와 과정이 짜인다.

㉡ 가르치는 교수활동과 학교의 행정을 다루는 일이 분리되어 있다.

㉢ 교무부, 학생부, 행정실 등으로 여러 부서를 두어 직무를 분담하고 있다.

② 권한과 책임

㉠ 학교에는 관료제의 또 다른 원리인 권한과 책임에 관한 명확한 서열적 위계가 존재한다.

㉡ 밖으로는 교육감과 교육장, 안으로는 교장, 교감, 부장교사, 교사 등의 순으로 위계를 이룬다.

③ 경력지향성: 경력이 많은 교원이 보수와 승진 등에서 유리한 경력지향성을 갖고 있다.

④ 비인정성: 교육활동이나 행정업무는 사사로운 감정에 치우치지 않는 비인정성을 띤다.

⑤ 규정과 규칙: 학교의 모든 활동은 각종 법률이나 규정과 규칙에 근거하여 수행되며, 이렇게 보면 학교도 베버가 말하는 관료제로서의 모든 속성을 그대로 갖고 있는 셈이다. 그러나 **학교조직은 구성원인 교사가 고도의 교육을 받은 전문가라는 점에서 일반적인 관료제로 보기는 어려운 측면이 존재한다.**

⑥ 전문관료제

㉠ **교사는 교육에 관한 전문성**을 근거로 하여 독립적인 교실에서 상당한 **자유재량권**을 가지고 학생을 가르치기 때문에 교장의 지시나 통제가 교사의 개별적인 교육활동에 영향을 미치는 데는 한계가 있다.

㉡ 교사는 학교의 **전문적인 교육활동에 관한 의사의 결정에 깊이 관여**하기 때문에 어느 정도 **분권화된 조직**의 특성을 지닐 수밖에 없다.

㉢ 학교에는 교육목표가 있지만 대개 추상적 표현으로 모호하게 되어 있어 **직무수행의 통일된 표준을 설정하기도 어렵고, 이에 근거해 교사들을 감독하는 것도 쉽지 않다.**

개념 +

전문관료제

호이와 미스켈은 학교에서 관료지향적 행정가들과 교육전문가인 교사들의 행동특성의 차이를 다음과 같이 설명하였다.

- 행정가들은 조직의 이익을 위해 행동하도록 기대되는 반면, 교육전문가인 교사들은 고객인 학생과 학부모의 이익을 위해 행동하도록 기대된다.
- 관료적 행정가들은 위계를 강조하고, 훈련된 복종과 조직에의 종속을 강조하는 반면, 전문가들은 행동의 준거를 동료로부터 찾고, 의사결정의 자율권 행사와 자율적 기준에 의한 통제를 강조하는 경향에서 차이점이 있다.
- 학교는 관료제가 갖는 여러 가지 특성을 갖고 있는 것이 사실이지만, 관료제화를 억제하는 전문조직으로서의 상반된 가치가 강력히 작용함으로써 관료적 요구와 전문적 가치 간에 긴장과 갈등이 불가피하게 일어나는 곳이라고 할 수 있다.
- **따라서 학교는 순수한 관료제라 하기는 어려우며, 민츠버그가 제시한 것처럼 교육에 대한 전문성과 기술이 조직활동을 통제하고 조정하는 기제로 작용하는 전문관료제에 가깝다고 볼 수 있다.**

제4절 조직문화·풍토론

1 조직문화 및 풍토의 개념과 의의

조직문화(organizational culture)와 조직풍토(organizational climate)에 대한 연구는 조직을 자연적·자발적·인간적 측면에서 이해하고자 하는 차원으로, 조직구조의 틀 속에서 구성원들이 지속적이고 다양한 역동적인 상호작용을 통해 만들어낸 조직의 정서적·인지직 측면을 다룬디.

(1) 조직문화

① 조직문화의 개념에 대해 오우치(Ouchi)는 “조직의 내재적인 가치와 신념을 그 구성원들에게 전달하는 상징, 의식 및 신화”라고 정의하다.

② 로빈스(Robbins)는 “다른 조직과 구별되는 그 조직구성원만이 공유하고 있는 하나의 의미체계”라고 정의하였다.

③ 슈와츠(Schwartz) 등은 “조직에서 개인과 집단의 행동을 규제하는 표준을 만들어 내는 구성원이 공유하는 신념과 기대의 형태”라고 정의하였다.

☞ 이러한 개념을 종합해 보면, 조직문화는 “조직구성원들이 공유하는 철학, 신념, 이데올로기, 감정, 가정, 기대, 태도, 기준, 가치관 등”이라고 할 수 있다. 이러한 조직문화는 조직을 다른 조직과 구별하게 하며, 구성원들에게 일체감을 제공하고, 조직의 안정감을 부여한다.

(2) 호이(Hoy)와 미스켈(Miskel)

조직문화를 구체성, 추상성 및 심층성의 정도에 따라 3단계의 수준으로 구분하여 설명하고 있다.

① 공유된 규범으로서의 문화: 가장 구체적인 수준으로, 구성원들의 행동에 직접적 영향을 주는 비공식적 기대를 의미하며, 대화나 의식을 통해 구성원들에게 전달된다.

② **공유된 신념과 가치로서의 문화:** 다음 수준은 중간 정도로, 조직의 기본특성을 규정하는 중핵적 가치를 의미하며, 무엇이 바람직한가에 대한 집단의 판단을 의미한다. 이를 공유함으로써 구성원들은 일체감을 느끼며 조직의 의미를 이해하게 된다.

③ **암묵적 가정으로서의 문화:** 가장 추상적이고 심층적인 단계로, 이는 구성원들이 오랜 조직생활을 통해 습득한 것이다. 인간관계의 본질, 인간의 본성, 진리, 실재 및 환경 등에 대한 지극히 당연시되는 추상적 전제를 의미한다. 이러한 문화는 변화에 대해 강한 저항성을 띤다.

(3) 조직풍토

① 조직풍토는 조직구성원이 **조직 내에서 경험하는 총체적 조직환경의 질**을 의미한다.

② 조직을 **다른 조직과 구별해 주고, 구성원들의 행동에 영향을 미치는 일련의 내적 특징으로서 조직의 독특한 분위기**라 할 수 있다.

③ 학교풍토는 **학교구성원 간의 상호작용과정에 의해 조성되는 의식적·무의식적인 심리적 유대관계**를 뜻하며, 비교적 장기간 지속되면서 구성원의 사고, 감정, 행위에 영향을 미치는 요인이다.

④ 조직문화와 조직풍토는 현상적으로 볼 때 일치하는 측면이 있지만, 조직문화가 사회학과 문화인류학적 개념으로서 암묵적 가정, 공유된 가치관과 규범 등을 강조하는 반면, 조직풍토는 심리학적 개념으로서 공유된 지각(집단인지)을 강조하는 차이가 있다.

PART 10

2 오우치(Ouchi)의 Z이론

(1) 의미

① 오우치는 고생산 기업들이 가지고 있는 공통점을 발견하기 위한 목적으로 미국과 일본의 기업들을 비교연구하였는데, 효과적인 기업의 성공을 설명하는 과정에서 Z이론을 발전시켰다.

② 그는 효과적으로 성공한 기업에는 인간 중심의 공유된 가치를 특징으로 하는 독특한 기업문화를 가지고 있는데, 이러한 문화는 그 기업의 여러 가지 속성에 의해 촉진되고 있다고 주장하였다.

③ 성공적인 기업에는 **친밀성, 신뢰, 협동과 팀워크, 평등주의** 같은 공유된 가치가 있는데, 이는 **장기적 고용, 점진적인 승진비율, 참여적 의사결정, 집단결정에 대한 개인의 책무성, 전체 지향**과 같은 조직특성에서 촉진된다고 하였다.

④ 그는 **이러한 특성을 가진 미국의 성공한 기업조직을 Z이론 문화라고 명명**하였다.

(2) 조직특성

① **장기고용은 종업원들에게 안정감과 헌신감을 형성**하여 조직에 몰입하게 한다.

② **완만한 승진은 종업원들에게 다양한 역할과 기능을 수행하도록 함으로써 많은 경험과 숙련의 기회**를 가져다 준다.

③ **집단결정에 대한 개인 책임은 신뢰와 상호 지원의 분위기**를 제공한다.

④ **전체 지향은 평등주의 분위기를 형성**해 준다.

☞ 이렇게 형성된 조직문화의 중핵적 가치들은 대부분 구성원들에게 수용되고 공유되는 지배적 가치로 자리 잡고, 실제의 조직활동의 모든 측면에서 긍정적인 영향을 미치게 된다는 것이다.

Z이론의 조직문화 특성

조직특성		중핵가치
장기적 고용	→	조직적 헌신
점진적 승진비율	→	경력성향
참여적 의사결정	→	협동과 협력
집단의사결정에 대한 개인적 책무성	→	신뢰와 집단충성심
전체적 성향	→	평등주의

3 스텐호프(Steinhoff)와 오웬스(Owens)의 학교문화 유형론

스텐호프와 오웬스는 공립학교에서 발견될 수 있는 4가지의 특유한 문화형질(culture phenotypes)을 통해 학교문화를 분류하였다. 이들은 학교문화의 특질을 비유(metaphor)를 사용하여 설명하고 학교문화의 유형을 4가지로 분류하였다. 학교문화 평가척도를 개발하여 조사한 결과 가족문화와 기계문화의 학교가 많고, 공연문화와 공포문화의 학교는 비교적 적은 것으로 나타났다.

(1) 가족문화

① 이 학교는 '가정(home)'이나 '팀(team)'의 비유를 통해 설명된다.

② 이 학교에서는 교장이 부모나 코치로 묘사되며, 구성원들은 의무를 넘어 서로에 대한 관심을 가지고, 가족의 한 부분으로서 제 몫을 다하기를 요구받는다.

③ 가족으로서의 학교는 애정 어리고 우정적이며, 때로는 협동적이고 보호적이다.

(2) 기계문화

① 이 학교는 '기계(machine)'의 비유로 설명된다.

② 비유로 사용되는 것은 잘 돌아가는 기계, 녹슨 기계, 벌집 등이며, 교장은 일벌레부터 느림보에 이르기까지 기계공으로 묘사된다.

③ 이 학교에서는 모든 것을 기계적인 관계로 파악한다. 학교의 원동력은 조직 자체의 구조로부터 나오고, 행정가는 자원을 획득하기 위하여 시시각각으로 변화하는 능력가로 묘사된다.

④ 학교는 목표달성을 위해 교사들을 이용하는 하나의 기계인 것이다.

(3) 공연문화

① 이 학교는 서커스, 브로드웨이쇼, 연회 등을 시연하는 공연장으로 비유된다.

② 교장은 곡마단 단장, 공연의 사회자, 연기주임 등으로 간주된다.

③ 이 문화에서는 공연과 함께 청중의 반응이 중시된다.
④ 명지휘자에 의해 이루어지는 공연과 같이 훌륭한 교장의 지도 아래 탁월하고 멋진 가르침을 추구하는 것이다.

(4) 공포문화

① 이 학교는 전쟁터나 혁명상황, 혹은 긴장으로 가득 찬 악몽으로 묘사될 수 있다.
② 교장은 자기 자리를 유지하기 위해 무엇이든지 희생의 제물로 삼을 준비가 되어 있다.
③ 교사들은 자신의 학교를 밀폐된 상자 혹은 형무소라고 표현한다.
④ 학교의 교사들은 고립된 생활을 하고, 사회적 활동이 거의 없으며, 구성원들은 서로를 비난하고, 적의를 가지고 있다.
⑤ 이 문화는 냉랭하고 적대적이다.

Steinhoff와 Owens의 문화유형

문화유형	특징
가족문화	• 학생에 대한 의무 이상의 헌신, 서로에 대한 관심이 중요 • 모든 사람은 가족의 한 구성원이며 애정, 우정, 협동적·보호적
기계문화	• 학교를 순전히 기계적인 것으로 간주, 조직구조가 원동력 • 행정가는 조직유지를 위한 투입을 제공하기 위해 시시각각 노력
공연문화	• 학교를 브로드웨이 쇼, 연회 등 공연장으로 간주, 청중의 반응에 초점 • 명지휘자의 감독하에 교수의 예술적 질을 강조
공포문화	• 학교가 전쟁지역과 같은 긴장의 장으로 은유되는 문화 • 학교를 폐쇄상자, 교도소, 고립된 생활공간으로 묘사, 직원 간 비난, 적대적

4 세티아(Sethia)와 글리노(Glinow)의 문화유형론

세티아와 글리노는 조직의 주된 관심이 사람에 있느냐, 성과에 있느냐에 따라 조직문화의 유형을 4가지로 나누었다. 사람에 대한 관심(concern for people)은 구성원의 복지와 만족을 위한 노력을 의미하며, 성과에 대한 관심(concern for performance)은 구성원의 직무전념을 통한 성과성장에 대한 기대를 의미한다. 이 두 요인의 높고 낮음에 따라 보호문화, 냉담문화, 실적문화 및 통합문화로 구분한다.

(1) 보호문화

① 구성원의 복지를 강조하면서도 높은 성과를 요구하지 않는 온정주의적 문화이다.
② 구성원은 조직의 지도자에게 순응하는 경향을 보이고, 충성심과 애정이 있어 조직의 생존과 번영이 이루어진다.
③ 협력과 협동, 상사에 대한 복종 등이 중요한 가치로 여겨진다.

(2) 냉담문화

① 인간에 대한 관심과 성과에 대한 관심이 모두 부족한 조직이다.

② 음모, 파당, 분열로 사기저하와 냉소주의가 만연하여 특별한 상황과 환경의 보호 없이는 생존이 어려운 조직이다.

③ 지도자의 방임적 리더십에 의해 조장되며, 조직의 효과성과 능률성에 대한 관심보다 기득권과의 이해관계에 의해 조직이 운영된다.

(3) 실적문화

① 구성원의 복지를 소홀히 하는 반면 높은 성과를 요구하는 조직이다.

② 실적을 지나치게 강조하여 구성원을 성취의 도구적 존재로 여기며, 높은 성과를 낼 경우에만 보상이 따른다.

③ 성취, 경쟁, 적극성 등이 중요한 가치가 된다.

(4) 통합문화

① 성과와 사람 모두에 높은 관심을 두는 조직이다.

② 구성원은 온정적 시혜의 대상이기보다는 인격적 존재로 여겨지고, 조직발전에 공헌할 수 있는 자원으로서 스스로 잠재력을 최대한 계발하고 발휘하도록 기대된다.

③ 협동, 창의성, 자율 등이 주요 가치다.

Sethia와 Glinow의 조직문화 유형

		성과에 대한 관심: 낮음	성과에 대한 관심: 높음
인간에 대한 관심	높음	보호문화	통합문화
인간에 대한 관심	낮음	냉담문화	실적문화

5 할핀(Halpin)과 크로프트(Croft)의 학교풍토론

(1) 배경

① 할핀과 크로프트는 학교의 조직풍토를 설명하고 기술할 수 있는 조직풍토 기술질문지(Organizational Climate Description Questionnaire: OCDQ)를 개발하여 적용하였다.

② OCDQ는 교사와 교사, 교사와 학교장 간 사이에 어떤 행동들이 얼마나 자주 발생하는지에 대해 교사들의 지각을 묻는 것으로, 교사집단의 특성과 교장의 행동특성을 발견하여 학교풍토를 설명하고자 하였다.

③ 교사집단과 교장의 행동특성을 각각 4개의 하위변인으로 구성하고, 각 8개 문항씩 64개 문항으로 구성하였다.

(2) 교사의 행동특성

교사의 행동특성은 장애, 친밀, 방임, 사기로 구분된다.

① 장애(hindrance): 교사가 교장을 자기 일을 방해하는 사람으로 지각하는 정도
② 친밀(intimacy): 교사 간 업무 외의 우호적 인간관계 유지 및 사회적 욕구충족 정도
③ 방임(disengagement): 교사가 주어진 업무로부터 이탈하려고 하는 정도
④ 사기(esprit): 교사가 일에 대한 욕구충족과 성취감을 느끼는 정도

(3) 교장의 행동특성

① 과업(production emphasis): 일에 대한 철저한 지시와 감독의 정도
② 냉담(coldness): 공식적이고 엄정한 행동의 정도
③ 인화(consideration): 배려와 친절한 행동의 정도
④ 추진(thrust): 역동적인 학교운영 정도

PART 10

(4) 6가지 풍토

할핀과 크로프트는 이러한 OCDQ 측정점수를 통해 개방풍토에서 폐쇄풍토의 연속선상에서 6가지 풍토를 구분하여 설명하였다.

① 개방적 풍토: 목표성취와 구성원의 사회적 욕구가 충족되는 활력 있는 풍토
② 자율적 풍토: 교사들의 자율적 분위기 조성과 사회적 욕구충족을 지원하는 자유보장적 풍토
③ 통제적 풍토: 과업수행이 강조되는 반면, 교사의 사회적 욕구충족은 소홀히 되는 풍토
④ 친교적 풍토: 교장과 교사 간 우호적이고 사회적 욕구는 충족되나 목표성취활동은 부족한 풍토
⑤ 간섭적 풍토: 교사에게 과업을 강조하지만 공정성이 결여되어 과업성취나 욕구충족 모두에 부적합한 풍토
⑥ 폐쇄적 풍토: 일상적이고 불필요한 일을 강조하며, 교사의 불만이 고조된 비효율적 풍토

(5) 평가

① 할핀과 크로프트의 OCDQ와 학교풍토 구분은 교장 행동특성 중 과업의 개념이 높은 생산표준을 강조하는 것이 아니라, 독선적 행동에 대한 의미를 내포하는 등 틀 자체가 논리적이지 못하고 정밀함이 부족하다는 비판을 받아 왔다.
② 이런 점을 수렴해 호이 등(Hoy & Tarter)은 이를 개정한 초등학교용 OCDQ−RE를 구안하여 연구를 수행하였다.

6 호이(Hoy) 등의 OCDQ-RE에 의한 학교풍토론

(1) 특징

① 호이 등이 할핀과 크로프트의 OCDQ를 개정하여 활용한 OCDQ-RE는 교사의 행동특성을 동료적(collegial), 친밀한(intimate), 일탈적(disengaged)으로 구분하였다.

② 또한 교장의 행동특성을 지원적(supportive), 지시적(directive), 제한적(restrictive)으로 하여 하위변인을 6개로 줄이고, 문항도 42개로 축소하였다.

(2) 학교풍토

조사된 점수를 바탕으로 학교풍토를 4가지로 구분하였다.

① **개방풍토(open climate)**: 학교구성원 간 협동, 존경, 신뢰가 형성되고, 교장은 교사의 의견과 전문성을 존중하며, 교사는 과업에 헌신하는 풍토

② **몰입풍토(engaged climate)**: 교장은 비효과적인 통제를 시도하지만, 교사는 이와는 별개로 높은 전문적 업무수행을 하는 풍토

③ **일탈풍토(disengaged climate)**: 몰입풍토와 반대로, 교장은 개방적이고 지원적인 데 반해 교사는 학교장을 무시하거나 무력화하려 하고, 교사 간 불화와 편견이 심하며 헌신적이지 못한 풍토

④ **폐쇄풍토(closed climate)**: 개방풍토와 반대로, 교장은 일상적이거나 불필요한 잡무만을 강요하고 엄격한 통제를 시도하는 반면, 교사는 교장과 불화하고 업무에 대한 관심과 책임감이 결여된 헌신적이지 못한 풍토

Hoy 등의 OCDQ-RE에 의한 학교풍토 유형

구분		교장의 행동: 개방	교장의 행동: 폐쇄
교사의 행동	개방	개방풍토	몰입풍토
	폐쇄	일탈풍토	폐쇄풍토

7 윌로워(Willower) 등의 학교풍토론

(1) 특징

① 학교풍토는 교장과 교사 간의 행위와 태도를 통해서뿐만 아니라 교사가 학생을 통제하는 태도와 행위를 통해서도 규명될 수 있다. 윌로워 등은 학교에서 행하는 학생 통제방식에 따라 학교풍토가 어떻게 조성되는지를 밝히고자 하였다.

② 이들은 학생에 대한 통제방식을 인간적-보호적 방식의 연속선으로 가정하고, 20개 항목의 리커트(Likert) 유형척도로 된 학생 통제 이념질문지(Pupil Control Ideology: PCI)를 개발하여 학교풍토를 조사하였고, 이를 바탕으로 학교풍토를 인간주의적 학교와 보호지향적 학교로 구분하였다.

(2) 학교풍토

① 인간주의적 학교

㉠ **학생들의 협동적인 상호작용과 경험을 통해 학습이 이루어지는 교육공동체**로서의 학교를 의미한다.

㉡ 엄격한 교사의 통제보다는 스스로의 자제가 중요시되며, 교사는 민주적인 통제방식을 추구한다.

㉢ 교사와 학생 모두 자신의 의지에 따른 행동을 선호하고 행동에 대해 책임을 지려는 분위기를 띤다.

② 보호지향적 학교

㉠ **학교의 질서유지를 위해 엄격하고 통제된 상황을 조장하는 전통적 학교풍토다.**

㉡ 교사는 학교를 학생과 교사의 지위체계가 잘 정비된 권위적 조직으로 인식하는 경향을 띤다.

㉢ 교사는 학생들의 행동을 이해하기보다는 도덕적 차원에서 판단하려 하며, 무책임하고 훈련되지 않은 존재로 보고, 엄격한 규율과 체벌에 의한 통제가 필요하다고 인식한다.

PART 10

8 마일스(Miles)의 조직건강론

(1) 특징

① 조직건강은 인간의 건강에 대비되는 개념이다. 인간과 같이 건강한 조직도 있고 그렇지 못한 조직이 있다는 것이다.

② 건강한 조직은 높은 생산성을 유지하고 변화하는 환경에 적절히 대응하면서 발전을 모색하게 된다. 그러나 건강하지 못한 조직은 생산성이 낮아지고 환경변화에 적응하지 못해 쇠퇴의 길로 들어서게 된다.

③ 마일스가 말하는 건강한 조직의 개념은 **조직의 기능을 효과적으로 수행하고, 보다 완전하게 그 기능을 수행할 수 있는 체제로 발전과 성장을 도모하는 노력을 지속하는 조직**이다.

(2) 조직건강 목록

① 마일스는 조직건강의 개념을 최초로 학교에 적용하였으며, 조직건강 측정도구로서 조직건강 목록(Organizational Health Inventory: OHI)을 개발하여 활용하였다.

② 그는 학교조직의 **건강측정 변인을 3가지 변인, 즉 과업달성 변인, 조직유지 변인, 성장발전 변인**으로 구분하였다.

과업달성 변인	목표에 대한 관심	강한 조직에서는 조직목표가 합리적이고 명료하며 구성원에 의하여 잘 수용된다. 그러나 목표의 합리성과 명료함 그리고 구성원에 의한 수용은 조직건강을 위한 필요조건이지 충분조건은 아니다. 보다 건강한 조직이 되기 위해서는 목표가 현재의 능력 혹은 가용자원으로 달성이 가능해야 하고 적절해야 한다.
	의사소통의 적절성	조직은 소집단과 같이 동시에 직접적인 대면을 통해 운영되는 체제가 아니기 때문에 조직 내 정보의 원활한 흐름이 매우 중요하다. 건강한 조직은 수직적·수평적 의사소통이 왜곡되지 않고 이루어지며, 외부환경과의 정보교신이 원활하게 이루어진다. 또한 구성원들은 그들이 필요로 하는 적절한 정보를 신속하고 용이하게 얻을 수 있다.
	권력의 적절한 분산	건강한 조직은 영향력의 배분이 비교적 공정하다. 부하직원들은 상사와 영향력을 주고받을 수 있고, 그들의 상사도 그의 상사와 영향력을 주고받을 수 있다고 생각하고 있다. 이러한 조직에서는 집단 간의 갈등이 있을지라도 집단 간 권력투쟁은 심각하지 않다. 이러한 조직구성원들의 기본적인 자세는 강압보다는 협동적 태도이다.
조직유지 변인	자원의 활용	건강한 조직은 구성원들을 효과적으로 활용한다. 효과적인 활용이란 사람들을 지치게 하거나 권태롭게 하지 않는 것이다. 건강한 조직에서는 사람들이 열심히 일하며 자신이나 조직의 이익에 반하는 일을 하지 않는다고 느낀다. 그들은 자신의 과업에 대하여 즐거움을 느낄 뿐만 아니라 조직에 공헌하는 과정에서 배우고, 성장하고, 발전한다는 느낌을 가진다.
	응집력	건강한 조직에서는 사람들이 그 조직을 잘 알고 좋아한다. 또한 구성원들도 조직 내의 다른 구성원들에게 매력을 느끼고 애정을 갖는다. 그래서 그들은 조직에 머물기를 원하며, 조직의 영향을 받기를 원하고, 협동적인 활동에서 자신의 영향력을 발휘하기를 원한다. 조직과 구성원들에 대한 신뢰를 바탕으로 평생토록 근무하게 하는 끈끈한 애착이 있는 것이다.
	사기	사기는 행복이나 만족감을 의미한다. 구성원의 행복과 만족감이 조직건강을 위한 충분조건은 아니지만, 조직수준에서 사기를 유발하는 데는 절대적으로 필요한 것들이다. 사기란 행복, 만족, 즐거움을 포함하는 개인의 정서 성향으로서 불안, 스트레스, 불만 등의 정서와 반대되는 것이기 때문이다.
성장발전 변인	혁신성	건강한 조직은 새로운 절차를 만들고, 새로운 목표를 향하여 부단히 움직이며, 새로운 종류의 산출을 만들고, 조직 자체를 끊임없이 다양화하려는 경향이 있다. 따라서 건강한 조직은 관습과 일상에 젖어 정체된 상태로 남아 있기보다는 끊임없이 변화하면서 성장과 발전을 도모하는 조직이라고 할 수 있다.
	자율성	건강한 사람은 자신이 주체가 되어 환경에 적절하게 반응하듯이, 건강한 조직은 외부로부터의 요구에 수동적으로 반응하지 않고, 그 자체가 환경을 변화시키는 도구로 느끼며, 환경의 요구에 대하여 적대적이 아니라 주체적으로 반응한다. 이러한 조직은 환경으로부터 일종의 독립성을 갖는다.

<table>
<tr><td rowspan="2">성장발전
변인</td><td>적응력</td><td>건강한 조직은 조직의 자원으로 환경의 요구에 부응할 수 없을 때에는 자원획득과 욕구충족을 위해 스스로 조직 구조를 조정하며, 환경의 요구를 변화시켜 나간다. 그리하여 변화의 결과로서 보다 적절하고 계속적인 조직의 대처능력이 생겨난다. 따라서 건강한 조직은 충분한 안정성과 적응과정에서 발생하는 어려움을 관리하기 위한 내성력을 갖추고 있다.</td></tr>
<tr><td>문제해결력</td><td>건강한 조직이라도 항상 여러 가지 문제와 긴장, 어려움을 가지고 있다. 문제는 문제가 있느냐 없느냐가 아니라 문제에 대응하는 방식이다. 건강한 조직은 문제를 감지하고, 가능한 해결책을 강구하며, 그들의 효과성을 측정하기 위한 훌륭한 구조와 절차를 가지고 있다.</td></tr>
</table>

제5절 조직성장·발전론

1 그라이너(Greiner)의 조직성장론

(1) 기본입장

① 조직은 생성과 함께 5단계의 진화과정을 거친다고 설명한다.

② 조직의 성장은 진화기와 함께 말기의 혁신기를 거친다.

③ 진화기는 성장을 이루기 위하여 사용되는 지배적인 경영유형에 의해 특징지어지는 반면, 혁신기는 성장이 지속되기 전에 해결되어야만 하는 지배적인 경영문제로 특징지어진다.

(2) 성장단계

제1단계	• 창의성에 의해 성장하는 단계이다. • 이 단계는 창설자에 의해 주도되고, 상품과 시장을 창조하는 일에 몰두한다. • 일반적으로 이 단계의 창설자는 기술적·기업가적 지향이며, 경영가적 지향은 아니다. 그러나 조직이 성장함에 따라서 비공식적인 의사소통과 창설자의 헌신만으로는 해결할 수 없는 경영문제가 발생하게 된다. • 창설자는 원치 않는 경영책임을 떠맡게 된다. 이에 따라 리더십의 위기가 도래하고 첫 번째의 혁신기가 시작된다. • 해결책은 새로운 강력한 경영자를 배치하고 다음의 진화단계인 지시를 통한 성장단계로 나아가게 되는 것이다.
제2단계	• 지시에 의한 성장단계이다. • 이 단계에서는 새로운 경영자와 간부들이 기관의 나아갈 방향에 대하여 책임을 맡게 되는 반면, 하위층의 감독자들은 아직도 자율적으로 의사결정하는 경영자라기보다는 기능적 전문가로 남아 있다. • 경영자의 지시를 통해 배운 하위층의 감독자들은 곧이어 자율성을 요구하게 되고, 이에 따라 자율성의 위기가 닥치게 된다. • 이 위기에 대한 해결책은 보다 많은 권한을 하위층에게 위임하는 것이다.

제3단계	• 위임을 통한 성장단계이다. • 이 단계의 조직은 대체로 분권화된 조직구조를 개발하기 시작하여 하위층의 의욕을 북돋운다. 그러나 이는 곧바로 다음 단계의 위기를 초래한다. • 경영자가 고도로 다양화된 영역에 대한 통제를 상실해 감으로써 통제의 위기가 나타나는 것이다. • 통제의 위기는 일반적으로 집권으로 회귀하는 결과를 가져오지만, 그것은 자율권이 부여되었던 직원들에게 반감을 사게 된다. • 보다 효과적인 해결책은 집권보다는 조정을 통해 조직을 체계화하는 것이다.
제4단계	• 조정을 통한 성장단계이다. • 이 단계는 보다 광범한 조정을 달성하기 위하여 공식적인 체제를 활용하는 것으로 특징지어진다. 그러나 그 조정체제는 종국에 가서 무력하게 되어 형식주의의 위기를 초래하게 된다. • 이 위기는 조직이 형식적인 프로그램과 경직적인 체제로 관리하기에는 너무 거대하고 복잡하게 된 경우에 빈번하게 발생한다.
제5단계	• 협동을 통한 성장단계이다. • 조정단계에서는 공식적인 체제와 절차를 통해 성장을 도모하지만, 이 단계에서는 팀워크를 통해 성장을 도모하게 된다. • 경영에 있어서 보다 많은 자발성이 강조되고, 사회적 통제와 자율이 공식적인 통제를 대신하게 된다. • 그 다음 단계에서 어떠한 위기가 올 것인지는 모르지만, 새로운 형태의 위기가 초래될 것이고 이를 위한 해결 역시 새로운 것임에 틀림없다.

2 오웬스(Owens)와 스텐호프(Steinhoff)의 조직발전론

조직발전론은 본래 1960년대 미국 사업가들이 그들의 당면 문제를 효과적으로 해결하기 위해 개발·적용한 기법이다. 구체적으로 말해, 사회의 급속한 변화에 따른 조직변화의 필요에 직면하여 조직구성원의 문제발견 및 해결능력을 증진시키고, 변화에 잘 적응하는 관리능력을 증진시키기 위한 계획적·체계적 조직관리기법이다. 오웬스와 스텐호프는 조직발전(Organizational Development: OD)이 학교혁신의 가장 핵심적인 과정이라고 하면서 그 과정을 특징짓는 다음과 같은 10가지의 개념을 통해 조직발전론을 전개하고 있다.

(1) 발전목표

① 조직발전의 주된 목표는 조직 자체의 기능을 개선하기 위한 것이다.

② 조직의 생산성과 효과성 개선은 조직의 업무에 관하여 보다 효과적인 의사결정을 할 수 있는 조직의 능력에 달려 있다.

③ 조직의 능력을 효율화할 수 있는 풍토의 개선, 의사결정의 참여폭 확대, 새로운 프로그램의 고안, 조직의 재구조화 등을 구체적인 목표로 설정하고 추진해야 한다.

(2) 체제의 혁신

① 조직발전론에서는 조직이 결국 소멸하는 것이라는 사고를 배격한다.

② 조직은 언제나 자체를 혁신할 수 있고, 자체의 능력을 증대시킬 수 있으며, 변화에 적응하고, 목표달성 수준을 제고할 수 있다는 긍정적인 견해를 가지고 있어야 한다.

(3) 체제적 접근

① 조직발전론은 조직을 복잡한 사회체제로 보는 관점에 근거를 두고 있다.

② 조직체제의 전체를 강조하고 하위체제 구성요소인 인간, 구조, 기술, 과업 간의 역동적인 상호 관련성을 강조한다.

(4) 인간중심주의

① 조직발전의 핵심은 과업·기술·구조적 차원이 아니라 인간적 차원이다.

② 조직발전의 초점은 인간행동에 영향을 미치는 신념의 체계로 요약되는 조직문화에 있다.

③ 태도, 가치관, 감정, 개방적인 의사소통 등이 조직발전의 핵심적 관심사이다.

(5) 교육을 통한 혁신

① 조직발전은 교육을 통하여 조직 내 사람들의 행동을 의미 있는 방향으로 변화시킴으로써 조직의 자기혁신을 자극시키는 것이다.

② 조직발전의 교육적 전략과 과정은 주로 조직풍토와 조직문화를 형성하는 요인들에 초점을 둔다.

(6) 경험을 통한 학습

① 조직생활에서는 실천학습 개념의 적용이 조직발전을 위한 학습의 기초이다.

② 실천학습은 사람들로 하여금 공통의 경험을 공유토록 하고, 그 경험으로부터 무엇을 배울 수 있는가를 알기 위하여 경험을 재검토하기를 강조한다.

(7) 실제적인 문제 취급

① 조직발전론은 현존하는 긴급한 문제를 해결하기 위하여 조직에 적용하는 것이다.

② 교육과정에 관련 없는 어떤 특정한 문제나 보편적인 문제를 포함시키지 않고 구체적인 조직의 문제를 취급하게 된다.

(8) 체계적인 계획

① 조직발전의 또 하나의 특성은 노력이 체계적으로 계획된 것이어야 한다는 것이다.

② 계획은 목표집단을 설정하고, 시간계획을 수립하며, 그것을 달성하기 위한 구체적이고 체계적인 자원조달계획 등을 포함하고 있어야 한다.

(9) 변혁주도자의 참여

① 조직발전은 변화노력의 초기단계에서 핵심적인 역할을 수행하는 변혁주도자의 참여에 의해 좌우된다.

② 조직의 변화청사진을 구상하고 조직발전프로그램의 수행을 돕는 자를 일반적으로 상담역이라고 부른다.

③ 상담역은 조직의 외부에서 올 수도 있고 내부에서 임명될 수도 있다.

(10) 최고 의사결정자의 참여

최고행정가가 조직발전에 관심을 가지고 헌신하며 가시적으로 참여할 때에만 하부직원들의 참여동기가 높아지고, 발전노력이 성공할 수 있다.

제6절 조직갈등론

조직 내의 갈등(conflict)이란 행동주체 간의 대립적 내지 적대적 상호관계(작용)를 말한다. 여기서의 행동주체는 개인이나 집단일 수도 있고 조직일 수도 있다. 갈등은 심리적 대립감과 대립적 행동을 포함하는 개념으로, 행태론 및 인간관계론 등에서 본격적으로 연구를 시작하였다. 갈등의 종류에는 개인갈등(심리적 갈등), 대인갈등(사람 간 갈등), 집단갈등(집단 간 갈등), 문화갈등(문화 간 충돌), 역할갈등(상반된 역할부여에 따른 심리적 부담), 의사결정갈등(대안의 선택기준이 모호) 등이 있고 그 형태도 다양하다.

1 갈등의 순기능과 역기능

갈등에 대한 일반화된 유형으로 유익한 갈등(갈등의 순기능)과 해로운 갈등(갈등의 역기능)을 들 수 있다. 조직이 추구하는 목표나 가치를 지지하거나 촉진하는 결과를 가져오는 갈등은 조직에 유익한 갈등(순기능적·건설적 갈등)이다. 반면, 조직이 추구하는 목표나 가치를 해치는 것은 조직에 해로운 갈등(역기능적·파괴적 갈등)이다.

(1) 순기능

① 유익한 갈등은 **조직의 생존과 성공에 필요한 쇄신적 변동을 야기하는 원동력**이 된다.

② 행동주체들의 **정체성 인식을 돕고 자기반성의 기회**를 제공한다.

③ **변동의 탐색을 유도할 뿐 아니라 변동의 수용**을 용이하게 한다.

④ 조직구성원들로 하여금 정체된 사고방식에서 벗어나 **능동적인 행동을 하게 하는 활력소**가 될 수 있다.

⑤ 순기능적 갈등의 존재는 **창조와 성장, 민주주의 다양성 그리고 자기실현을 반영**하는 것이라고 말할 수 있다.

(2) 역기능

① 조직의 목표를 성취하는 데 필요한 **협동적 노력을 좌절**시킨다.

② 조직구성원들의 **사기를 떨어뜨리고 낭비를 초래**한다.

③ 갈등이 극심해지는 경우, **조직이 와해**될 수도 있다.

2 갈등의 과정

갈등상황	갈등상황이라는 갈등야기의 잠재적 조건이 형성되는 단계
지각	행동주체들이 갈등상황을 지각하고 그 의미를 확인하는 단계
의도형성	행동주체들이 갈등상황의 지각에 따라 긴장, 불만, 적개심 등을 느끼고 갈등의 의도를 형성하는 단계
행동(갈등의 표출)	대립적 내지 적대적 행동을 표면화하는 단계
해소 또는 억압	갈등이 해소되거나 억압되는 단계
갈등의 여파	갈등의 영향 또는 여파가 남는 단계

PART 10

3 갈등관리의 전략

(1) 개인 간 갈등관리전략

① 개인 간 갈등관리의 전략으로서 어떤 사람이 상대방과 의견이 불일치한 갈등상황에 직면해 있을 때 취할 수 있는 방법의 차원은 두 가지를 들 수 있다.

② 계속해서 자기주장을 강조하여 자신의 관심사를 충족시키는 방법과, 상대방에게 양보하여 상대방의 관심사를 충족시켜 주는 방법이다.

③ 이 두 차원의 조합에 의해 다음과 같은 5가지의 갈등처리방식을 정리할 수 있다.

강요(forcing)	상대방을 압도하고 자기주장을 관철하려 한다.
수용(accommodation)	자신의 주장을 양보하고 상대방의 주장에 따른다.
타협(compromising)	서로가 양보를 하고 조금씩만 자기만족을 꾀한다.
협력(collaborating)	서로 간의 관심사를 모두 만족시키려 한다.
회피(avoidance)	갈등현장을 떠남으로써 자신과 상대방의 관심사를 모두 무시한다.

(2) 조직 간 갈등관리전략

① 마치(March)와 시몬(Simon)(1958)은 갈등에 대한 조직의 관리전략으로 다음과 같은 4가지 방법을 제시하였다.

② 여기서 정치란 협상과 유사하나, 협상과 다른 점은 협상의 장(arena of bargaining)이 고정되어 있다고 당사자들이 생각하지 않는 것이다.

③ 불리한 상황에 놓여 있는 특정 인물이 유력한 후원자를 동원하여 유리한 타결책을 모색하는 것이 정치의 한 예이다.

문제해결 (problem solving)	당사자 간에 직접 접촉하여 공동의 노력에 의해서 정보를 수집하고, 탐색활동을 통하여 새로운 대안을 제시하며, 평가를 통해서 당사자 모두를 만족시킬 수 있는 문제해결안을 찾는 것이다.
설득 (persuation)	비록 개별목표의 차이가 있기는 하지만 어느 수준(상위수준)에선가 공동목표의 차이는 공동목표에 대한 합의가 이루어질 수 있으며, 이를 위해 설득이 필요하다.
협상 (bargaining)	토론을 통한 타협이다. 협상에 의해서 얻어지는 결정은 어느 당사자에게도 최적의 결정이 될 수 없다. 따라서 협상은 갈등의 원인을 제거하지 못하고 갈등을 일시적으로 모면하게 하는 것이므로, 잠정적인 갈등해소법이라 할 수 있다.
정치적 타결 (politics)	각 갈등당사자가 정부나 이론, 대중 등과 같은 제3자의 지지를 얻어 협상하려는 것이다. 협상과 마찬가지로 갈등의 원인을 제거하지 못하고 표출된 갈등만을 해소시키는 방법이 된다.

(3) 갈등해소의 전략

문제해결 (problem solving)	• 갈등을 일으키고 있는 당사자들이 직접 접촉하여 갈등의 원인이 되는 문제를 공동으로 해결하게 하는 방법이 문제해결이다. • 당사자들의 이견을 서로 용납하거나 갈등상황에 적응하기로 합의하는 것이 아니라, 공동의 노력으로 갈등상황을 제거하는 것이 문제해결이다. • 당사자들이 협동적인 문제해결능력을 가지고 있을 때 이 방법은 특히 효율적일 수 있다.
상위목표의 제시 (superordinate goals)	• 갈등을 일으키고 있는 당사자들이 공동적으로 추구해야 할 상위목표를 제시함으로써 갈등을 완화시킬 수 있다. • 갈등관계에 있는 행동주체들이 모두 협력해야만 그러한 상위목표를 달성할 수 있으므로, 행동주체들의 개별적인 목표추구에 의한 갈등상황은 상위목표의 제시로 인하여 상당 부분 완화될 수 있을 것이다.
공동의 적 제시 (setting of joint enemy)	• 갈등당사자들에게 공동의 적을 확인해 주고 이를 강조하면 잠정적으로 갈등을 해소하거나 이를 잠복시킬 수 있다. • 이는 상위목표 제시의 소극적 측면이다.
자원의 증대 (expansion of resources)	• 소자원의 획득을 위한 경쟁에서 촉발되는 갈등을 해소하는 가장 효과적인 방법이다. • 그러나 조직 내의 전체적인 가용자원은 한정되어 있기 때문에 자원증대에 의한 갈등해소방법에는 많은 제약이 따른다. • 특히 한 조직의 갈등을 해소하기 위해 다른 조직의 자원을 전용했을 경우, 그 '다른 조직'의 갈등이 악화될 수 있다.
회피 (avoidance)	• 단기적으로 갈등을 완화할 수 있는 방법이다. • 갈등을 야기할 수 있는 의사결정을 보류 또는 회피하거나, 갈등상황에 처한 당사자들이 접촉을 피하도록 하는 것, 혹은 갈등행동을 억압하는 것 등이 회피의 방법에 해당한다. • 갈등의 근본적인 해소방법은 되지 못한다.

완화 혹은 수용 (soothing or accomodation)	• 갈등당사자들의 차이점을 호도하고 유사점이나 공동의 이익을 강조함으로써 갈등을 해소하려는 방법이다. • 완화는 회피와 상위목표의 제시 방법을 혼합한 것이라고 볼 수도 있다. • 완화는 잠정적이고 피상적인 갈등해소의 방법인데, 이는 갈등을 야기하는 당사자들의 근본적인 차이점을 해결해 주지는 않기 때문이다.
타협 (compromise)	• 당사자들이 대립되는 주장을 부분적으로 양보하여 공동의 결정에 도달하도록 하는 방법이다. • 타협에 의하여 얻어지는 결정은 이해당사자들의 상충되는 주장을 절충한 결정이기 때문에 어느 당사자에게도 최상의 결정은 되지 못한다. • 타협은 갈등의 원인을 제거하지 않고 갈등을 일시적으로 모면케 하는 것이기 때문에 잠정적인 갈등해소방법이라고 할 수 있다.
협상 (negotiation)	• 이해당사자들이 서로 다른 선호체계를 가지고 있을 때 공동의 결정을 해 나가는 과정이 협상이다. • 이 과정에서 당사자들은 서로 상대방에게 자기가 원하는 것을 얻어 내려고 노력한다. • 협상에는 당사자들이 승패를 판가름 하려고 각기 자기 몫을 주장하는 분배적 협상(distributive negotiation)이 있고, 당사자들이 모두 승리자가 될 수 있도록 공동의 이익 또는 효용을 키우는 방안을 탐색하는 통합적 협상(integrative negotiation)도 있다.
상관의 명령 (formal authority)	• 부하들의 이해관계나 의견의 대립에 의한 갈등을 공식적 권한에 근거한 상관의 명령에 의하여 해소할 수 있다. • 상관의 명령도 제3자에 의한 중재와 유사하다. 상관의 명령에 의한 갈등의 해소는 갈등당사자 간의 합의를 전제로 하는 것이 아니고, 표면화된 갈등행동만을 해소하는 것이다.
갈등당사자의 태도변화 (attitude change of parties)	• 갈등을 일으키거나 가능성이 있는 사람들의 인적 변수를 변화시킴으로써 갈등을 예방 또는 해소할 수 있다. • 당사자의 태도를 바꾸는 방법은 단기간의 노력으로 그 태도를 변화시키기 어렵기 때문에 시간과 비용이 많이 든다.
구조적 요인의 개편 (reorganization of structure)	• 구조적 요인에 변화를 야기함으로써 갈등을 보다 근본적으로 해소할 수 있다. • 구조적 요인을 개편하는 방법의 예로 인사교류, 조정담당 직위 또는 기구의 신설, 이의제기제도의 실시, 갈등을 일으키는 조직단위의 합병, 갈등을 일으키는 집단들의 분리(decoupling), 지위체제의 개편, 업무배분의 변경, 보상체제의 개편 등을 들 수 있다.

(4) 갈등조성의 전략

① 갈등의 순기능적 작용을 인정하는 사람들은 관리자들이 조직목표의 성취를 위해 필요한 갈등을 조성하는 책임도 져야 한다고 본다.

② 관리자들은 조직의 활력, 창의와 쇄신을 위해 순기능적인 갈등을 적절히 조성하고, 그것을 창의적이고 건설적으로 해결해 나가야 한다는 것이다.

의사전달통로의 변경	• 표준화된 공식적 또는 비공식적 의사전달통로를 의식적으로 변경하여 갈등을 조성할 수 있다. • 특정한 의사전달통로에 통상적으로 포함되던 사람을 일부러 제외하거나 또는 본래 포함되지 않았던 사람을 새로 포함하는 것은 의사전달통로 변경의 한 예이다. • 역설적으로 의사전달통로의 변경은 정보의 재분배와 그에 입각한 권력의 재분재를 초래하기 때문에 갈등을 야기할 수도 있다.
정보전달 억제 또는 정보과다 조성	• 조직구성원이 얻으려는 정보를 감추면 권력은 감소된다. 따라서 권력의 재분배가 일어나고 그로 인한 갈등이 조성될 수 있다. • 정보전달을 억제하는 경우와는 반대로 지나치게 많은 의사전달을 함으로써 정보과다 현상을 나타나게 하여 갈등을 조성할 수도 있다. • 이러한 과정을 통하여 조직구성원들의 정체된 행태를 활성화하고 창의성과 자율성을 일깨워 줄 수 있다. 특히 이러한 방법을 통해서 모든 의사전달을 무비판적으로 받아들이는 무관심 상태를 타파할 수 있다.
구조적 분화	• 조직 내의 계층 수, 기능적 조직단위의 수를 늘려 서로 견제의 역할을 수행하게 함으로써 갈등을 조성할 수 있다. • 이 경우에 조직단위 간의 의존도를 높이면 갈등발생의 가능성은 더욱 커진다.
구성원의 재배치와 직위 간 관계의 재설정	• 구성원의 재배치(유동)와 직위 간 관계의 재설정은 관련된 조직단위의 동질성을 와해시키고, 의사결정권을 재분배하며, 상호감시기능을 확대시켜 갈등을 야기할 수 있다. • 가치관 등이 서로 다른 이질적인 사람들을 같은 집단에서 일하게 하면 갈등발생의 가능성이 높아진다.
리더십 스타일의 변경	리더십의 유형을 적절히 교체함으로써 갈등을 야기하고 대상집단을 활성화할 수 있다.
구성원의 태도변화	조직구성원의 태도변화를 통해서 간접적으로 갈등을 조성하는 방법이 있을 수 있다.

CHAPTER
04 교원의 동기부여

제1절 동기의 개념과 중요성

1 욕구와 행동

(1) 라틴어인 'movere'에서 유래한 motive는 움직인다는 의미를 지니고 있다. 이는 동기가 행동 그 자체를 의미한다기보다 소망(want), 원망(desire), 충동(drive) 등과 같이 개인으로 하여금 목표 지향적인 행동을 유발하도록 하는 인간의 내적인 상태를 의미한다. 따라서 동기의 실체를 파악하기 위해서는 욕구(needs)와 행동(behavior)의 개념을 함께 고려할 필요가 있다.

(2) 욕구는 개인이 경험하는 결핍의 상태를 의미하는데, 이는 행위의 활성장치 또는 촉진제의 역할을 한다. 반면에 행동은 개인을 동기화시키는 욕구충족의 수단을 말한다.

(3) 여기에 목표라는 개념을 추가하여 동기의 의미를 정리할 수 있다. 즉, 동기란 **어떠한 행동을 하도록 만드는 내적인 요인 또는 마음의 상태로, 개인의 행동을 자극하고 조직에 유익한 방향으로 지속되게 하는 심리적 과정이다.**

2 내재적·외재적 동기

(1) 동기를 내재적·외재적으로 나누어 살펴보면, **내재적 동기는 어떤 일에 대한 관심, 흥미, 호기심 등이 일에 대한 몰입을 유도하는 것**을 의미한다. 즉, 일 자체에 대한 만족, 도전감, 기쁨 등의 감정이 업무수행의 동력으로 작용하는 것이다.

(2) **외재적 동기는 어떤 일에 대한 동기가 외적 보상, 처벌에 있는 것을 의미**한다. 즉, 어떤 활동의 결과가 보상 또는 처벌로 이어지는 것에 관심을 두고 행동하는 것을 의미한다.

3 역할

(1) 조직구성원이 느끼는 개인적 의미에서의 동기는 인간의 행동을 활성화시키고, 지시하며, 유지시키는 요소로 구성되어 있다. 그래서 이러한 개인적 동기는 조직의 목적을 성취하기 위하여 개인의 행동을 자극하고 유발하며 유지하는 것을 목표로 한다.

(2) 조직에 있어 동기부여는 조직구성원으로 하여금 어떤 행동을 일으키게 하는 내적 마음상태를 만들기 위해 의도적으로 노력하는 것을 의미한다. 그래서 조직의 지도자는 구성원들이 조직의 목표 달성을 위해 자발적으로 헌신할 수 있도록 하는 방안에 대해 늘 고민하게 된다.

4 동기이론의 흐름

(1) 과학적 관리론에서 물질적 보상에 개인적 관심이 있었다면, 인간관계론에서는 조직구성원과의 인간적인 관계와 의사소통에 초점을 맞추게 되었다.

(2) 1940년대 후반에는 동기에 대한 행동과학적인 접근이 대두되었고, 1950년대에서는 심리학적 접근이 주류였는데, 이 시기에는 인간의 행동을 유발하는 요인이 무엇인가를 식별하는 연구에 초점이 맞춰졌다.

(3) 동기와 관련된 연구는 '무엇'이나 '어떻게'에 초점을 맞추고 있고, 이에 따라 두 가지로 동기이론의 유형을 구분할 수 있다. 첫째, '무엇이 인간의 행동을 활성화시키는가?'와 '무엇이 일련의 행동을 하도록 지시하고 유도하는가?'에 관심을 두는 이론을 '동기의 내용이론'이라고 한다. 둘째, '일련의 행동은 어떻게 유지되는가'와 '그러한 행동은 어떻게 종료되는가?'에 관심을 두는 이론을 '동기의 과정이론'이라고 한다.

제2절 동기의 내용이론

1 매슬로우(Maslow)의 욕구위계이론

(1) 기본가정

매슬로우가 제시한 욕구위계이론의 기본가정은 다음과 같다.

① 인간은 항상 무엇을 원하는 존재이고, 더 많이 원한다.

② 이미 충족된 욕구는 동력을 상실하고, 충족되지 못한 욕구만이 인간행동을 유발하는 동기로 작용한다.

③ 인간의 욕구는 위계적으로 배열할 수 있다. 매슬로우의 5단계 욕구위계는 생리적 욕구, 안전의 욕구, 소속과 애정의 욕구, 존경의 욕구, 자아실현의 욕구이다.

(2) 욕구위계

① 생리적 욕구(physiological needs): 배고픔, 갈증, 배설, 잠 등으로 생활을 유지하는 데 필요한 기초적인 욕구이자 생존에 관련된 욕구이다.

② 안전의 욕구(safety needs): 물리적 침입이나 공격으로부터의 안전뿐만 아니라 심리적인 안정감까지 포함한 개념이다. 위험과 위협으로부터의 보호, 공포·불안·무질서로부터의 보호, 구조·질서·법·제약·안정에 대한 욕구 등이 포함된다.

③ 소속 및 애정의 욕구(social needs): 사회에 소속되어 구성원들과 친밀한 관계를 유지하려는 감정이다. 타인과의 만족스러운 관계, 집단에의 소속감, 우정과 애정을 주고받는 것 등이 포함된다.

④ 존경의 욕구(esteem need): 자신이 유능하고 꼭 필요한 사람임을 확인받고 싶은 욕구이다. 일종의 성취감, 능력, 자신감을 포함하는 욕구로서 건설적 또는 비건설적으로 충족되기도 한다.
⑤ 자아실현의 욕구(self-actualization needs): 욕구이론의 최정상에 있으며, 자신의 잠재력을 인식하고 계속적인 자기발전을 추구하게 하는 감정이다.

(3) 특징

① 매슬로우에 따르면, 대다수의 사람들에게 **생리적 욕구, 안전의 욕구, 소속 및 애정의 욕구는 일정 수준에서 충족되면 더이상 동기화 효과를 갖지 못한다.**
② **존경과 자아실현과 같은 상위의 욕구는 완전하게 충족될 수 없기 때문에 지속적인 동기유발** 요인이 된다.

(4) 평가

① 매슬로우의 욕구위계이론은 상위단계의 욕구는 하위단계의 욕구가 충족된 후에 활성화된다고 보고 있으나, 여러 단계의 욕구가 동시에 발생할 수도 있고, 단계를 밟아 나갈 수도 있다.
② 일반적으로 고차원의 욕구로 갈수록 충족 정도가 낮아지므로, 시간의 경과에 따른 논리와 상대성의 가정을 결합하여 보완할 필요가 있다.

PART 10

개념 +

허시(Hersey)와 블랜차드(Blanchard)는 매슬로우의 욕구위계이론을 바탕으로 생활수준 정도에 따라 사람들의 욕구가 다르게 나타난다고 하였다. 생활수준이 낮은 집단은 생리적 욕구와 안전의 욕구 수준이 상대적으로 크고, 생활수준이 높은 집단은 하위욕구는 대부분 충족되어 있으므로, 주로 존경의 욕구와 자아실현의 욕구를 충족시키기 위한 행동을 보인다는 것이다. 교사집단은 생활수준이 비교적 높은 집단에 속한다고 볼 수 있다. 따라서 교권이 훼손되지 않으며 교사로서의 자긍심을 갖고, 교직에 대한 만족감을 충분히 느낄 수 있도록 사회적인 분위기가 형성되는 것이 중요하다. 그리고 교사들이 인간으로서 성장하면서 자아실현의 욕구를 충족할 수 있도록 교사-학생-학부모 간의 신뢰관계 회복에 더욱 관심을 집중해야 할 것이다.

◎ Maslow의 욕구위계

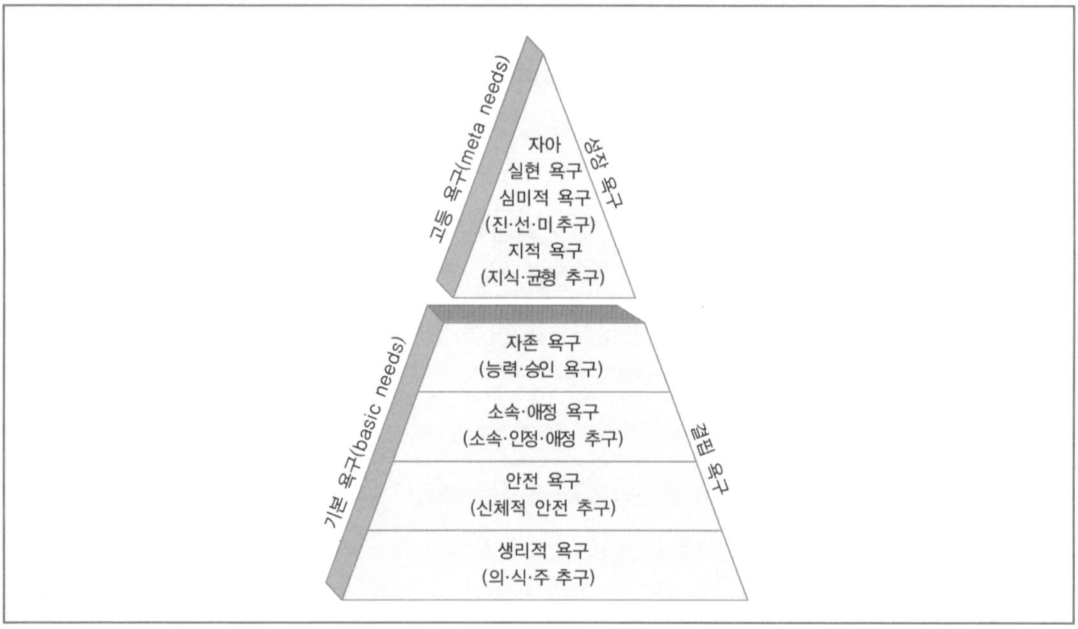

2 앨더퍼(Alderfer)의 ERG이론

(1) ERG

앨더퍼의 생존·관계·성장이론은 매슬로우의 5단계 욕구위계이론을 현실에 맞게 3단계로 축약하여 수정한 이론이다.

① 생존(existence)의 욕구: 인간의 생존유지를 위해 필요한 욕구로서 매슬로우의 생리적 욕구(배고픔, 목마름 등)와 안전의 욕구 중 일부(월급, 업무환경 등)를 포함한다.

② 관계(relatedness)의 욕구: 사회적인 존재로서 타인과 인간관계를 맺고자 하는 욕구이다. 매슬로우의 안전의 욕구 중 일부(대인관계 등), 애정 및 소속의 욕구, 존경의 욕구 중 일부를 포함한다.

③ 성장(growth)의 욕구: 개인적인 성장을 위한 노력과 관련된 욕구를 말한다. 매슬로우의 존경의 욕구 중 일부(자기존경 등)와 자아실현의 욕구가 포함된다.

◎ Maslow 이론과 Alderfer 이론의 관계

욕구 / 이론	저차원의 욕구		고차원의 욕구
Maslow 이론	생리적 욕구, 물리적 측면의 안전욕구	대인관계 측면의 안전욕구, 소속 및 애정욕구, 존경욕구	자아실현욕구
Alderfer 이론	생존(존재)	관계	성장

(2) 특징

① 매슬로우는 하위단계의 욕구가 충족되면 그 다음 단계로 이동한다고 하였으나, **앨더퍼는 상위 욕구가 충족되지 않았을 경우에 낮은 단계의 욕구충족으로 이동하는 접근법**을 제시하였다. 즉, 관리자로 진급할 수 없다고 판단한 조직구성원은 성과달성보다는 개인적인 취미생활이나 가정생활에 더 관심을 기울일 수 있다는 것이다.

② 앨더퍼는 **하위단계의 욕구가 충족되지 않았더라도 상위단계의 욕구가 발생**할 수 있다고 하였다.

③ 앨더퍼는 **두 가지 이상의 욕구가 동시에 작용할 수 있다고 주장**하였다. 즉, 기간제 교사들의 경우에 생존의 욕구나 관계의 욕구가 완전히 충족되지 못했더라도, 일 자체에 대한 만족감과 학생들과의 끈끈한 유대감을 바탕으로 성장욕구가 충족되어 교직에 대한 동기가 충분히 부여될 수도 있다는 것이다.

④ 동일한 직무상황에서 하나의 동기요인이 다른 동기요인을 대체하여 전체적으로 직무수행의 동기나 열의가 높아질 수 있음을 의미한다.

(3) 평가

앨더퍼의 ERG이론은 실증적인 연구가 별로 없어 보편성의 문제가 제기되기는 하지만, 매슬로우의 욕구위계이론보다는 비교적 현실적인 대안을 제시할 수 있는 이론으로 평가받고 있다.

3 허츠버그(Herzberg)의 동기－위생이론

허츠버그의 동기－위생이론의 핵심은 **만족과 불만족을 연속선상에 두지 않고, 서로 독립된 별개의 개념으로 구분하여 각 차원에 작용하는 요인 역시 별개로 존재**한다는 것이다.

(1) 동기 · 위생요인

① 동기(motivation)요인: **직무에 대한 만족감과 성취감을 느끼게 하는 내적 요인**으로서 **목표달성, 승진, 책임 등의 감정**을 포함한다.

② 위생(hygiene)요인: 주로 **직무환경에 관한 요인**으로서 **급여, 고용형태, 지위, 동료관계, 작업조건, 감독기술** 등을 포함한다.

(2) 특징

① 허츠버그에 의하면, **동기요인이 충족되지 않는다고 하더라도 조직구성원에게 불만을 초래하지 않는다. 위생요인, 즉 외적 요인들이 충족되지 않으면, 조직구성원은 불만족을 느끼고 조직을 이탈하거나 낮은 성과달성**을 보이게 된다.

② 외적 요인이 잘 갖추어졌다고 해서 조직구성원에게 만족감을 안겨 주는 것은 아니다. 즉, **위생요인은 내적 동기와 관련 없이 조직의 불만요소를 제거하여 직무환경을 유지시키는 정도를 제공**할 뿐이다.

③ 인간에게는 독립적으로 작용하는 서로 다른 개념의 욕구가 있다. 즉, 조직의 구성원들은 본인의 업무에 불만을 느끼게 되면 자신이 일하고 있는 직무환경에 대해 관심을 갖게 되고, 직무에 만족감을 느끼고 있으면 직무 그 자체에 몰입한다는 것이다.

④ 동기요인 추구자는 심리적으로 **성숙되고 만족을 추구하려는 욕구와 불만을 회피하려는 욕구**가 강하다. 위생요인 추구자는 **자기실현 단계에 도달하지 못한 자로서 불만을 없애는 데에 치중**하려는 욕구가 강하고 만성적인 불만족에 시달리게 된다.

(3) 직무만족 · 불만족

① **직무만족으로 이끄는 요인과 직무불만족으로 이끄는 요인이 서로 배타적**이라고 가정한다. **동기욕구와 위생욕구는 서로 독립되어 있어 위생요인의 만족이 직무만족으로 이어지지는 않는다.** 위생요인이 만족되면 직무에 대한 불만족이 제거될 뿐 업무의욕이나 성취감을 올려 주지는 못한다는 것이다.

② **동기요인이 충족되면 구성원들이 성장하여 업무의 능률을 올려 주고 이는 직무만족으로 연결되나, 업무환경에 대한 불만족을 해소시키지는 못한다.**

☞ "불만족의 반대는 만족이 아닌 불만족 없음이고, 만족의 반대는 불만족이 아닌 만족 없음"이라는 것이 그의 논리이다.

(4) 평가

① 허츠버그의 동기이론은 교원들의 사기제고를 위한 방안을 도출하는 데 중요한 시사점을 제공한다.

② 이 이론에 따르면, 교사들은 보수수준이나 근무여건의 개선 등에 의해서 동기가 유발되는 것이 아니라, **교직이라는 직무 자체를 통해 동기부여가 되므로 직무의 풍요화(job enrichment), 과업의 재설계(work redesign)를 수립**하는 것이 효과적일 수 있다.

③ 교사들의 **교직만족감과 사기진작을 위해 불만족요인을 제거하고, 만족요인이 충족**될 수 있도록 학교정책의 방향을 수립하는 것이 바람직하다는 의미이다.

Herzberg의 동기-위생이론

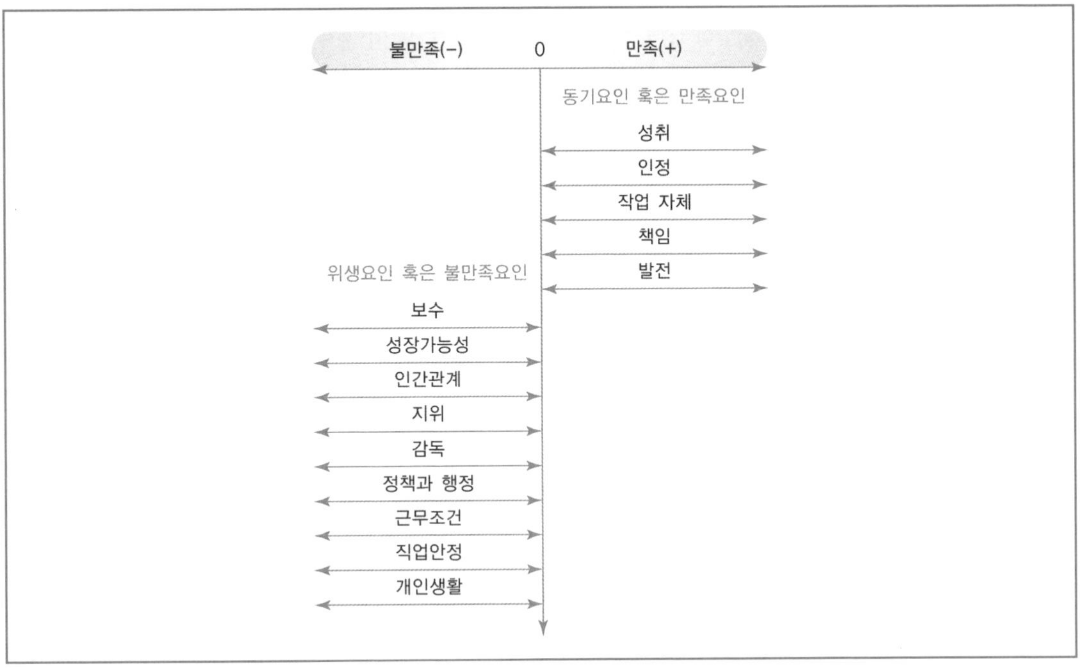

4 맥그리거(McGregor)의 X-Y이론

맥그리거는 매슬로우의 욕구계층이론에 기반을 두고, 저차원적이며 부정적인 인간관을 가정하는 X이론과 고차원적이며 긍정적인 인간관을 가정하는 Y이론을 설정하였다.

(1) X-Y이론

① X이론: **고전적 인간관, 성악설**에 해당하는 것으로, **권위주의 경영관리방식인 엄격한 감독, 상세한 명령 및 지시, 금전적 자극** 등을 특징으로 하는 조직에서 주로 나타난다.

② Y이론: **성선설**에 해당하며, 인간을 **자아실현적 존재**로 규정하고 본질적으로 일을 하는 것을 싫어하지 않는다고 가정한다.

X이론과 Y이론 비교

X이론	Y이론
• 인간은 본질적으로 악하다. • 인간은 본능적으로 행동한다. • 인간은 강제적으로 동기화된다. • 인간의 본성은 경쟁적이다. • 개인이 가장 중요하다.	• 인간은 본질적으로 선하다. • 인간은 인본주의에 따라 행동한다. • 인간은 자발적인 협력에 의해 변화한다. • 인간의 본성은 협동적이다. • 집단이 가장 중요하다.

(2) X이론의 조직관리전략

① X이론의 조직관리전략은 기본적으로 **부하 조직원을 통제하고 엄격하게 감독하여 업무를 구조화**하는 것이다.

② 외적인 통제는 인간을 본질적으로 믿을 수 없다는 사고방식에서 기인한 것으로, X이론 체제하에서의 전통적인 경영방식은 **조직구성원의 낮은 수준에 해당하는 욕구만을 충족**시키는 데 그칠 확률이 높다.

③ 그 결과로 조직구성원들의 **근무의욕이 떨어지고, 조직의 효율성이 저하**될 가능성이 매우 높다.

(3) Y이론의 조직관리전략

① Y이론의 조직관리전략에서는 조직의 목표를 성취하기 위해 **구성원들이 자발적으로 노력하도록 유도하는 민주적인 리더십**이 요구된다.

② **권한위임, 직무확대, 참여적 경영** 등의 방법을 적용하여 조직의 구성원들에게 신뢰와 책임을 함께 부여한다.

③ 이러한 조직에서는 **비공식조직의 활용**을 통해 구성원들의 개별적인 욕구충족과 자체평가를 통한 자기 역할의 확인과 인식을 새롭게 할 수 있다.

④ 수직적인 조직구조를 **업무수행 중심의 수평적인 조직구조로 개선**하여 상하 간의 급간과 거리감을 제거할 수 있어 보다 높은 조직효율성을 달성할 수 있다.

(4) 평가

① 조직의 실제 관리전략에서는 상황에 따라 X이론과 Y이론이 혼용되는 것이 일반적이다.

② X이론의 조직전략인 지시, 감독, 통제가 요구되는 경우도 있고, Y이론적 인간관을 대비시켜 구성원의 개인목표와 조직목표를 통합적으로 성취하도록 하는 경우도 있을 수 있다.

5 아지리스(Argyris)의 성숙－미성숙이론

(1) X－Y이론적 바탕

① 성숙－미성숙이론은 **X－Y이론과 연관**된 것으로, X이론적 바탕의 전통적인 조직에서는 **인간을 미성숙한 존재로 가정**한다. 이러한 조직에서는 **강압적 관리전략을 사용하여 개인의 성숙을 방해하고, 수동적이고 의존적인 행동을 장려하여 미성숙한 존재**로 남게 한다.

② Y이론에 바탕을 둔 인간적인 조직에는 **조직구성원을 자발성, 책임감, 목표지향성을 지닌 성숙한 인간으로 가정**한다. 조직에서는 **민주적 가치와 신뢰**를 바탕으로 대인관계가 형성된다.

③ 구성원을 미성숙 단계에 묶어 두지 말고 **성숙의 단계로 진입할 수 있도록 도와주는 역할을 조직에서 담당**해야 한다.

④ 조직구성원들에게 좁은 분업을 지양하여 더 많은 책임감을 부여하면 성숙한 인간임을 인정하고, 결과적으로 조직의 효과성도 향상된다.

(2) 변화요소

인간이 미성숙 상태에서 성숙 상태로 발달하려면 다음의 7가지 요소가 변화해야 한다.

미성숙(immaturity)	성숙(maturity)
수동적	능동적
의존성	독립성
한두 가지의 단순한 행동방식	여러 가지의 다양한 행동
변덕스럽고 천박한 흥미	보다 깊고 강한 흥미
단기적 전망	장기적 전망
종속적인 직위	대등하거나 우월한 직위
자아의식의 결여	자아의식과 자기통제

(3) 특징

① 아지리스는 작업환경 내에서의 인간관리전략을 분석하기 위해 **X이론적 인간성에 상응하는 관료적 피라미드 조직체계와 Y이론적 인간성에 상응하는 민주적 조직체계로 나누어 설명하였다.**

② 아지리스에 의하면, **관료적 피라미드 조직에서는 개인의 성숙이 미성숙 단계에 고정될 수 있다.** 즉, 공식조직에서는 과업의 전문화, 지시의 일원화, 명령체계, 통솔의 범위에 근거하여 조직구성원을 조직에 귀속시키고 수동적인 상태로 만들기 때문이다.

③ 공식조직에서의 의사결정권 박탈, 심리적 실패, 개인욕구 충족기회의 좌절 등에서 오는 갈등을 제거하기 위해 아지리스는 **관리자와 구성원 간의 대인적 교류를 강화하고, 직무를 확대하여 책임감을 많이 부여하며, 참여적 지도성으로 전환하는 방안을 제시**하였다. 이러한 아지리스의 방안은 **민주적 가치체계인 Y이론적 인간관**이 함축되어 있다.

제3절 동기의 과정이론

1 브룸(Vroom)의 기대이론

(1) 기본가정

① 기대이론은 인간이 사고와 이성을 지닌 존재로서 의식적인 행위선택을 한다고 가정하며, 동기화과정에서의 **개인적 지각이 매우 중요**하다고 강조한다.

② 조직구성원의 동기부여는 어떤 행동의 결과로 얻게 될 **주관적 가치의 크기와 개연성**에 의해 결정된다고 가정한다.

③ 예컨대 높은 성과가 승진을 보장하지 못한다고 느낄 때 조직구성원은 높은 성과를 위한 행동을 추구하지 않는다는 것이다. 또한 구성원 본인이 승진에 대한 의욕이 없을 경우, 높은 성과에 대한 동기 자체가 낮게 작용하게 된다.

(2) 개념

브룸은 **유인가, 기대감, 성과, 수단성** 개념을 가지고 기대이론을 정립하였다.

① 유인가(valence): 어떤 한 개인이 특정한 결과에 대해 갖는 선호의 정도를 말한다. 선호하는 결과는 정(+) 유인가, 무관심일 경우에는 영(0), 선호하지 않은 결과는 부(−) 유인가의 값을 갖게 된다.

② 기대감(expectancy, 성과기대): 어떤 행위를 했을 경우에 특정한 성과가 도출될 것이라는 가능성과 확률에 관한 주관적 믿음이다.

③ 성과(outcome): 행위를 하고 나서 얻을 수 있는 결과이다. 성과는 1차 수준의 성과와 2차 수준의 성과로 나눌 수 있다. 1차 수준의 성과는 어떤 일을 해서 직접적으로 얻어진 결과로 직무성과 생산성 등이 있다. 2차 수준의 성과는 1차 수준의 성과가 가져올 보상으로 금전, 승진, 휴가인정 등이 있다.

④ 수단성(instrumentality, 보상기대): 보상기대를 일컫는 용어로서 1차적인 성과가 2차적인 성과로 연결될 것이라는 주관적인 생각을 말한다.

(3) 인지론적 관점

브룸의 기대이론은 직무와 동기의 관계에서 **인지론적 관점**에 관심을 갖고, 직무상의 역할 중에서 하나를 선택하는 과정, 개인의 만족 정도, 직무의 수행과 효율성 등에 대해 언급하면서 다음의 가정을 설정하였다.

① 인간은 자신의 욕구, 동기, 과거 경험에 근거한 **기대**를 가지고 조직에 참여한다.

② 개인의 행동은 **의도적인 선택**이다.

③ 인간은 조직에서 **보수, 직업적 안정성, 승진** 등의 다양한 것을 얻기 원한다.

④ 인간은 **개인적인 산출을 극대화**하기 위해 노력한다.

(4) 기대이론, M=f(E·I·V)

① **인간의 동기(M)는 유인가(V)가 긍정적일수록, 기대치(E)가 높을수록, 수단(I)이 효율적일수록 더욱 강력**해진다고 주장한다.

② 인간의 동기를 M=f(E·I·V)의 수리적 공식으로 나타낼 수 있다고 본다.

③ 브룸은 동기부여에 대한 공식을 '동기부여=유인가×기대'로 정의하였다. 즉, 동기부여란 어떤 사람이 선호하고 가치를 부여하는 결과를 의미하는 유인가와 자신이 어떤 행위를 하면 결과를 가져올 것이라고 믿는 기대를 곱한 총계이다.

(5) 평가

① M=f(E·I·V)의 공식에 따르면, 세 가지 요인 중에서 하나라도 제로(0)가 되면 동기는 아예 나타나지 않게 되는 기본가정의 한계가 존재한다.

② 기대이론은 내용체계가 복잡하여 실증적 검증이 어렵고, 변수에 대한 조작적 정의가 애매하다는 비판도 존재한다.

③ 인간이 과연 위와 같은 복잡한 경로를 통해 의사결정을 하거나 업무수행능력을 발휘하는지에 대한 의문도 남는다.

기대이론모형

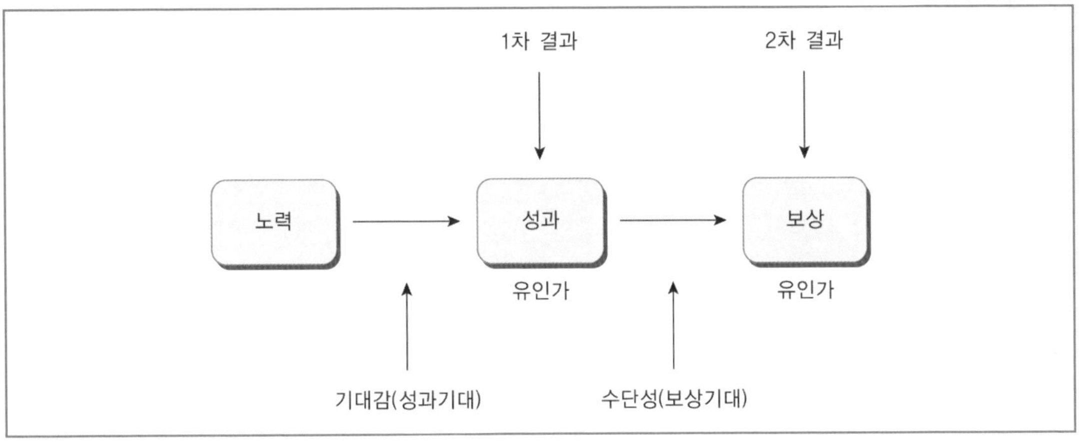

2 포터(Porter)와 롤러(Lawler)의 성취–만족이론

(1) 기본가정

① 포터와 롤러(1975)는 브룸의 기대이론을 발전시켜 직무성취와 직무만족의 관계를 다룬 성취–만족이론(performance–satisfaction theory)을 제시하였다.

② 브룸은 기대이론에서 과업성과와 만족의 연결관계에 대해서 직접적으로 다루지 않았다.

③ 만족은 유인가 투입의 결과이며 성과는 과업수행 결과라고 말했을 뿐, 만족과 유인가 그리고 성과와 과업수행 관계의 복합적인 면을 나타내지는 못했다.

④ 포터와 롤러의 성취–만족이론은 능력이나 성격특성과 역할지각이 노력과 과업수행을 연결시켜 주고, 과업수행 후에 따라오는 보상과 이 보상을 어떻게 지각하느냐가 만족을 결정한다는 것을 보여 준다.

(2) 기본개념

① **보상의 가치:** 브룸의 이론에서 유인가(유의성)와 같은 개념으로, 어떤 결과가 어느 정도 매력적인가 하는 것이다.

② **노력 대 보상의 확률에 대한 지각:** 브룸의 이론에서 성과기대와 보상기대의 개념을 합한 것이다. 이것은 '노력 → 성과'와 '성과 → 보상' 요소로 구분될 수 있다.

③ **노력:** 어떤 과업수행에 개인이 얼마만큼 열심히 하느냐, 즉 과업수행에 대한 에너지를 말하는 것으로, 보상의 가치와 노력 대 보상의 확률에 대한 지각에 의해 노력의 강도가 결정된다.

④ **능력과 성격특성:** 비교적 장기적이고 안정된 개인의 특징으로, 과업수행을 위해 현재 개인이 갖추고 있는 것을 말한다.

⑤ **역할지각:** 효과적인 직무수행을 위해 요구되는 자신의 역할에 대한 인식을 말한다.

⑥ **성과:** 과업을 완성한 정도나 노력의 결과로 나타난 생산성을 말하는 것으로, 능력과 성격특성 및 역할지각에 의해 영향을 받는다.

⑦ **보상(내적 · 외적):** 내적인 심리보상과 외적인 물질보상이 있으며, 이러한 보상은 과업수행을 바람직하게 이루었을 때 파생되는 것이다.

⑧ **보상과 공정성 지각:** 개인이 과업을 성취한 수준에 따라 마땅히 받아야 한다고 생각하는 수준이나 양의 보상을 말하며, 이것은 과업의 성취와 만족의 관계를 결정한다.

⑨ **만족:** 받을 보상이 지각된 공정성 수준에 부합되거나 아니면 이를 초과하는 정도를 의미한다.

Poter와 Lawler의 성취-만족이론

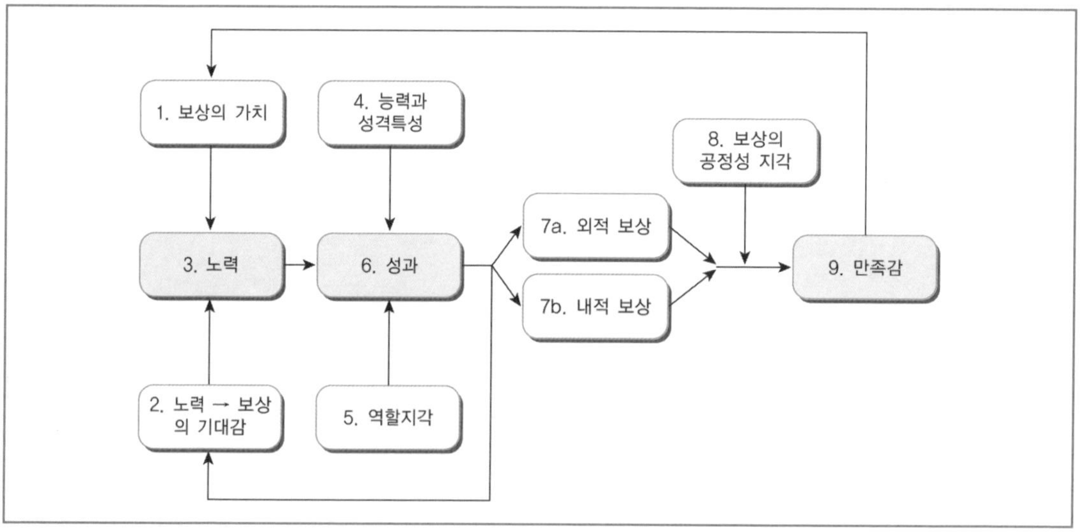

(3) 브룸과의 차이점

앞에서 서술한 ①~③은 브룸의 기대이론과 거의 비슷하지만, ④~⑨는 포터와 롤러의 성취-만족이론이 갖는 독특한 특징이다.

① 직무수행 노력은 과업성취와 거기에 결부된 보상에 부여하는 가치와 노력이 보상을 가져다 줄 것이라는 기대에 의해 달라진다.

② 노력에 의한 성과는 개인에게 만족을 줄 수 있는데, 성과에 만족하느냐는 내재적 보상과 외재적 보상에 의해 강화된다.

③ 내재적 보상과 외재적 보상이 있다고 하더라도 그것이 공정하다고 지각되어야만 만족을 줄 수 있다.

(4) 평가

① 포터와 롤러의 성취-만족이론은 인간이 일을 열심히 하면 보상을 얻을 수 있을 것이라고 생각할 때 더 열심히 일을 한다고 본다.

② 성취-만족이론은 산출로부터 기대되는 결과와 그 결과에 의한 만족감이 동기에 작용하는 역할을 중요시함으로써 동기에 대한 이해를 증진시켰다.

③ 행정에서 성과 및 보상에 대한 기대감을 중심으로 적절한 인센티브의 중요성을 강조하고, 노력과 성과에 대한 기대감을 중심으로 구성원의 능력 및 기술 개발을 강조함으로써 동기유발의 실제에 많은 도움을 제공하였다.

3 아담스(Adams)의 공정성이론

공정성이론은 **개인이 타인에 비해 얼마나 공정한 대우를 받고 있다고 느끼는가에 초점**을 맞춘 이론이다.

(1) 기본개념

① 투입-성과비율이 자신과 타인이 동등하다고 느낄 때 조직구성원은 공정한 거래를 하고 있다고 느끼고, 직무에 대한 만족감을 느끼게 된다.

② 투입요소에는 성, 나이, 교육 정도, 사회적 지위, 자격, 업무수행을 위한 노력 등이 포함되고, 성과요소에는 보수, 승진 안정성, 내적 흥미 등이 포함된다.

(2) 불공정

① 공정성이론에 따르면, **과대보상과 과소보상은 모두 불공정성**을 자극한다. 즉, 조직구성원들은 부족한 보상에 불만족을 느끼고, 과도한 보상에 대해서 부담감을 지각하게 된다는 것이다.

② 불공정한 거래를 하고 있다고 느낄 때에는 직무에 불만족감을 갖고 공정성을 회복하기 위한 행동을 선택하게 된다.

(3) 조직구성원의 행동

조직구성원이 불공정성을 감소시키기 위해 취하는 행동을 살펴보면 다음과 같다.

① **투입조절**: 비교대상에 비해 낮은 대우를 받고 있다고 느끼면 업무에 대한 시간과 노력의 투입을 감소시킬 것이라는 논리이다.

② **성과조정**: 임금인상이나 작업조건을 개선하는 경우를 말한다.

③ **투입과 성과에 대한 인지적 왜곡**: 타인이 자신보다 높은 성과를 받았을 경우에 그 타인의 지식, 능력 등이 본인보다 더 낫다고 추론함으로써 지각을 왜곡시키는 것을 말한다.

④ **비교대상의 투입과 성과의 변경**: 비교대상인 타인에게 투입을 감소시키거나 압력을 가해 성과를 낮게 조정하려는 것을 말한다.

⑤ **비교대상의 변경**: 본인과 비교했을 때 공정하다고 느낄 만한 사람으로 대상을 변경하는 것을 말한다.

⑥ **조직의 이탈**: 전보, 퇴직, 이직 등을 선택하여 조직을 벗어나는 것을 일컫는다.

(4) 평가

① 공정성이론에 따르면, 조직구성원은 비교대상으로 여러 가지 면에서 본인과 비슷하다고 느끼는 사람을 선택하게 된다. 그러나 공평에 대한 기준이 주관적이라는 점과 조직구성원이 본인의 가치를 과대평가한다는 점이 단점으로 존재한다.

② 학교현장에서 건설적인 문화, 조직풍토가 구축될 필요가 있다. 냉소적이고 적대적인 학교풍토가 형성되면 거기에 속한 구성원들은 서로 간에 불신과 반감을 지각하게 되어 결국에는 학교의 비효과성, 비효율성을 야기하게 된다. 따라서 학교의 장과 구성원들 간의 끊임없는 피드백과 상호작용을 통해 민주적인 학교문화를 만들어 나가야 할 것이다.

Adams의 공정성이론

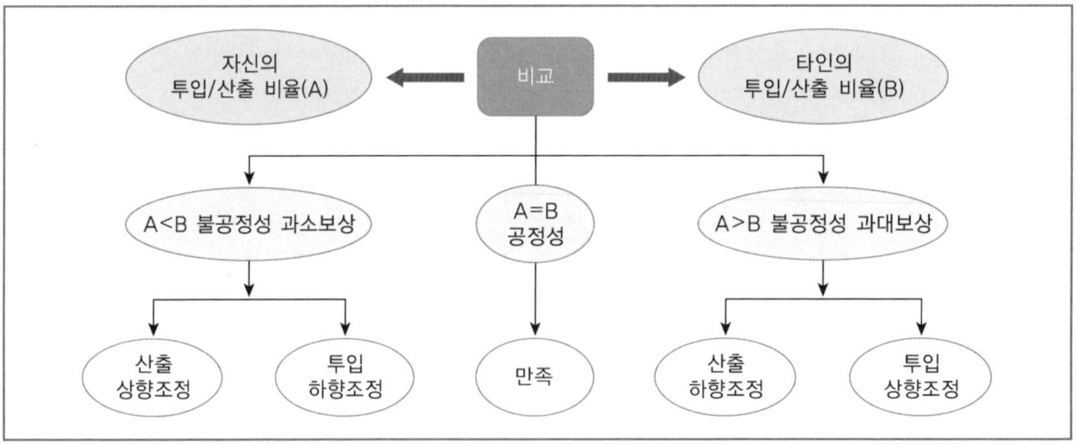

4 로크(Locke) 등의 목표설정이론

(1) 기본입장

① 목표설정이론에서는 목표의 내용과 강도가 동기유발을 위한 중요한 기제라고 주장한다.

② 로크 등의 연구결과에 따르면, 목표는 개인의 동기와 업무수행을 높이는 결정적인 요인이 될 뿐만 아니라, 업무수행의 방법을 효율화하여 성공적인 결과를 도출하게끔 한다고 하였다.

(2) 높은 수행을 위한 조건

로크와 라탐(Latham)의 1990년 연구에 따르면, 목표는 다음의 4가지 조건을 갖췄을 때 높은 수행 정도를 보인다.

① 목표가 구체적이다.

② 목표가 도전할 만한 것이다.

③ 목표가 도달 가능한 것이다.

④ 조직구성원이 목표달성에 헌신한다.

(3) 기대이론과 목표설정이론

기대이론과 목표설정이론은 조직에서 개인의 행동을 인지적인 과정으로 보는 공통점이 있으나, 몇 가지 차이점을 발견할 수 있다.

① 기대이론은 가치에 대한 개인의 평가와 보상에 대한 기대를 강조한 반면, 목표설정이론은 목표를 성취하기 위해 거쳐야 할 의도적인 과정을 강조한다.

② 기대이론은 가치가 인간의 행동에 영향을 미치고, 이 행동에 의해 결과가 야기된다고 하여 사고 과정을 단순화하였다. 그러나 목표설정이론은 가치와 행동 사이에 정서적인 반응과 목표라는 과정을 포함시켜 보다 복잡한 기대이론의 과정을 설명하였다.

(4) 평가

① 목표설정이론은 목표의 수용성, 곤란성 등이 어떻게 결합되어 개인의 노력 여부를 결정하는지에 대한 구체적인 검증이 없고, 교육현장과 같은 복잡하고 산출물이 구체적인지 않은 조직에서는 활용되기 어렵다는 단점이 있다.

② 이를 수정하여 실질적인 조직경영에 적용할 수 있는 현대적인 기법으로 목표관리기법(MBO)이 개발되었다.

③ 학교조직에서의 목표에 의한 관리는 교사들이 스스로 목표와 실천방안을 계획·결정하여 교직에 대한 긍정적인 태도와 목표의식을 갖게 하는 것이다.

④ 이러한 과정을 통해 교사들 간의 유대감이 증진되고, 개인적인 동기부여와 사기진작이 도모될 수 있다고 기대한다.

◎ 목표설정이론의 일반모형

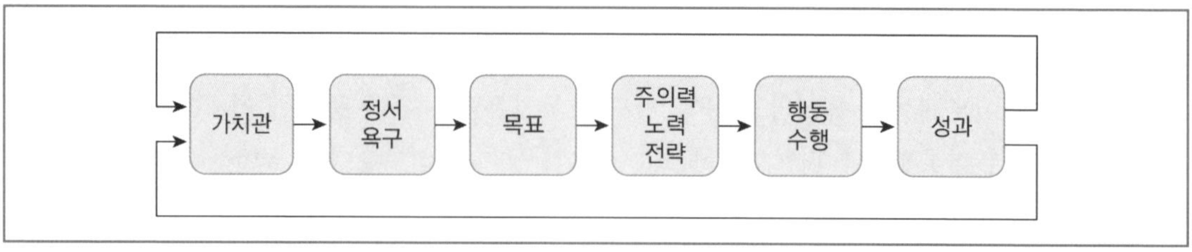

개념 ⊕

목표관리기법(Management By Objectives: MBO)

드럭커(Drucker)에 의해 최초로 소개되고 오디언(Ordiorne)에 의해 개념이 체계화된 경영관리기법이다. 오디언은 목표관리란 상하관리자들이 협조하여 그들의 공통목표를 설정하고, 각자의 책임의 한계를 그들에게 기대되는 결과의 측면에서 규정하며, 이것을 조직의 운영지침으로서 활용하고, 또한 그에 따라 조직구성원의 업적을 평가하는 과정이라고 정의하였다. 즉, **목표관리기법은 명확한 목표설정, 권한의 위임과 책임의 규정, 참여와 상하협력 및 최종 산출의 평가 등을 통하여 조직관리방법을 개선하고, 조직원의 참여를 통해 동기유발을 도모하는 기법**이라 할 수 있다.

학교경영에서 목표관리기법은 **교장과 교감 그리고 교직원의 공동참여를 통해 교육목표를 수립하고 이를 달성해 나가는 학교경영방식**의 하나로 활용될 수 있다. 즉, **교육목표 설정에의 공동참여, 목표달성의 노력과 성과에 대한 평가와 보상 그리고 교직원 각자의 자기통제를 통한 목표도달이라는 순환적 과정**을 거치는 학교경영기법으로 활용될 수 있다.

제4절 동기유발을 위한 직무재설계

직무재설계 프로그램은 사람들의 작업에 대한 동기를 유발시키기 위해 직무의 내용과 과정을 바꾼다. 동기유발의 관점에서 직무에 대한 외재적인 보상이나 유인보다는 직무 자체의 내재적 측면을 증가시킴으로써 개인의 동기를 유발하고자 한다. 직무의 재설계방법으로는 **직무확장(직무풍요화)이론, 직무특성이론, 교사의 경력별 프로그램** 등이 있다.

1 직무확장이론

(1) 기본개념

① 직무확장이란 **직무재설계를 통해 조직구성원의 동기를 유발하여 업무성과를 향상**시키는 방법이다.

② 직무를 **수직적으로 확장**하여 개인에게 보다 많은 **자유, 권한, 피드백을 제공**함으로써 직무에 대한 부정적인 위생요인을 감소시키고, 동기요인을 증가시키고자 하였다.

③ 직무확장은 **조직구성원들의 심리적인 성숙기회를 제공하는 것(수직적인 직무확대)**인 반면, **직무확대는 단순히 여러 가지 활동을 추가**시킴으로써 업무량만 확대(수평적인 직무확장)한 것이다.

(2) 특성

직무확장의 특성은 다음과 같다.

① 고객중심: 고객에게 서비스를 제공한다.

② 피드백: 구성원에게 결과에 대한 피드백을 준다.

③ 새로운 학습: 새로운 전문적인 능력을 습득할 수 있는 기회를 제공한다.

④ 자율과 재량: 구성원에게 자원에 대한 통제권을 부여하여 성과를 증진시킨다.

⑤ 직접적 의사전달: 필요한 정보에 대해 직접적으로 의사를 전달한다.

⑥ 개인적 책임: 결과에 대한 개인적 책임을 조장한다.

(3) 실행방안

① 직무확장이론의 기본설계를 위해서는 **성취와 인정을 통해 개인적인 전문화**를 추구하고, **책임감과 성장가능성을 강조하여 창의성을 증진**시키는 것이 우선이다.

② 승진을 통해 의사결정 경험을 제공하여 직무에 대한 이해도를 높이는 것도 방법이다.

(4) 직무풍요화 전략

① 교사들은 봉급수준이나 근무조건의 개선 등에 의해서 동기유발되는 것이 아니라, **직무 그 자체를 통한 인정감, 발전감, 책임감 등에 의해 동기부여**되기 때문에 직무 자체 또는 그 수행방식 등의 변화, 즉 **직무풍요화(job enrichment) 전략이 효과적인 동기화 전략**이 된다.

② **직무풍요화 전략**을 활용하여 교사들로 하여금 직무수행상의 책임을 증가시키고, 권한과 자유재량권을 부여하며, 구성원들로 하여금 자신의 능력을 발휘할 수 있는 기회를 가지도록 하여 직무 속에서 심리적 보상을 얻도록 한다.

2 직무특성이론

(1) 기본입장

① 1970년대 후반 이후 직무재설계에 대한 주된 관점은 **해크만(Hackman)과 올드햄(Oldham)의 직무특성모형**이다.

② 이 모형은 **매슬로우의 욕구위계이론, 허츠버그의 직무확장이론, 기대이론을 기초로 설계**되었다.

③ 직무특성이론은 직무 자체가 **작업결과에 대한 보람**을 느끼게 하여 그 일이 **가치 있고 의미 있다고 느끼게 하는 것**이 중요하다고 본다.

(2) 직무특성

어떤 일이 의미가 있기 위해서는 **기술의 다양성, 과업의 일체성, 과업의 중요성, 자율성, 피드백**의 5가지 핵심 직무특성이 있다고 하였다.

① 기술의 다양성(skill variety): 직무를 수행함에 있어 여러 가지 기능이나 재능을 사용하는 다양한 활동들이 요구되는 정도를 말한다. 직무 자체가 조직구성원들에게 그들의 기술이나 능력을 다양하게 발전시킬 수 있게 한다면, 구성원들은 자신의 과업을 의미 있는 것으로 인식하게 될 것이다.

② 과업의 일체성(task identity): 직무가 요구하는 전체로서의 완결 정도를 의미하는 것으로, 직무가 전체 작업 중에서 차지하는 정도를 말한다.

③ 과업의 중요성(task significance): 직무 자체가 조직구성원의 일상생활에 실질적인 영향력을 미칠 때 그 의미가 증가하는 것을 말한다.

④ 자율성(autonomy): 직무계획을 세우거나 직무를 수행하는 절차를 결정할 때 조직의 구성원에게 허용되는 자율권, 독립, 재량권을 말한다. 자율성이 보다 높으면, 직무의 성과 자체가 조직구성원의 노력, 창의성, 의사결정에 의하여 도출된 것으로 간주할 수 있기 때문이다.

⑤ 피드백(job feedback): 직무성과의 유효성에 대해 작업자가 직무로부터 받게 되는 직접적이고 확실한 정보의 양을 말한다. 그리고 직무수행 결과에 대한 자료 또는 평판 등을 직무행위 자체에서 얻는 지식 정도를 말한다.

3 교사의 경력별 프로그램

경력단계 프로그램은 교사들에게 직무 자체를 보다 흥미 있게 만들고, 자율성과 책임을 증가시키며, 심리적 성숙에 대한 기대를 증대시킴으로써 교사들의 동기를 유발할 수 있다.

(1) 수습교사 단계

일차적으로 학생을 가르치면서 수석교사로부터 교과지도 및 학생지도에 대한 지도와 조언을 받고 정규교사가 되기 위한 수습기간을 마친다.

(2) 정규교사 단계

교과지도와 학생지도에 대한 독자적인 책임을 지고 자율성을 갖는다.

(3) 선임 정규교사 단계

특수한 과제(교사연구, 수업연구, 교재개발 등)에 대한 책임이 확대된다.

(4) 수석교사 단계

① **교단교사로는 가장 높은 단계로, 교실수업은 경감되고 동료교사들을 지원해 주는 역할**을 담당한다.

② 지원역할에는 교육과정의 개발 및 평가, 수습교사에 대한 지도 및 조언, 교과연구, 교사연수 등이 있다.

개념 +

수석교사제

• 취지: 수석교사제는 수업전문성을 가진 교사가 우대받는 교직분위기 조성을 위해 현행 1원화된 **교원승진체제를 교수(instruction) 경로와 행정관리(management) 경로의 2원화 체제로 개편한 것**이다.

• 주요 내용
- 역할: 임용된 수석교사는 교사의 교수·연구활동을 지원하며, 학생을 교육하는 역할을 하게 된다.
- 지원자격: 15년 이상의 교육경력을 가진 교사가 수석교사에 지원할 수 있다.
- 임기: 4년마다 업적평가 및 연수실적 등을 반영한 재심사를 받아야 하며, 심사기준을 충족하지 못한 경우에는 직무 및 수당 등을 제한할 수 있다.
- 우대사항: 수업부담 경감, 수당지급 등 수석교사에 대해 우대할 수 있다.
- 자격취득: 수석교사는 임기 중에 교장·원장 또는 교감·원감 자격을 취득할 수 없다.

CHAPTER 05

학교리더십

제1절 학교리더십의 의미와 중요성

1 학교리더십의 의미

(1) 정의

① 지도성, 지도력, 통솔력 등의 용어와 함께 사용되는 리더십(leadership) 개념에 대한 정의는 인류의 긴 역사만큼 바라보는 시각에 따라 다양하게 이해되고 해석되어 왔다.

② 리더십의 개념 자체가 조직 내 두 사람 이상의 상호 관제에 초점을 맞추고 있다는 점에서 한 사람이 조직구성원들에게 미치는 영향력 또는 영향력을 행사하는 과정으로 정의될 수 있다.

(2) 학교리더십

리더십의 의미를 학교현장에 적용해 보면, 학교리더십(school leadership)은 단위학교 조직의 리더가 구성원들에게 미치는 영향력 또는 영향력 행사과정으로 볼 수 있다.

2 학교리더십의 중요성

(1) 어떤 상황에서 어떠한 리더십이 발휘되고 있는가는 학교 조직문화, 학교 구성원 간 관계뿐만 아니라 개별 조직구성원의 동기에 큰 영향을 주게 된다.

(2) 교육활동과 학생들의 교육적 성취에 영향을 주게 된다.

(3) 학교조직은 **전문적 관료제, 이완결합체제**로서의 성격을 지니고 있기 때문에 학교조직의 리더는 학교조직의 중핵적 활동이라고 할 수 있는 교수－학습 촉진을 위해 학교조직의 상황, 교사－학생－학부모와의 다차원적인 관계를 이해하면서 효과적인 리더십을 발휘해야 한다.

제2절 학교리더십의 관점

리더십이론은 행정과 경영 분야를 중심으로 발전되어 왔고, 주요 이론으로는 특성론적 접근법, 행동론적 접근법, 상황적응적 접근법이 있다. 리더십에 대한 전통적 접근방법으로도 불리는 이들 이론들은 리더십이 효과적이냐 비효과적이냐가 주요 관심분야라고 할 수 있다.

1 특성론적 접근법

(1) 리더의 특성

① 20세기 초부터 1950년대까지 리더십 연구를 위한 최초의 시도였던 특성론적 접근법은 리더가 갖추고 있는 선천적 특성을 규명하고자 하였다.

② "무엇이 위대한 리더가 되게 만드는가"에 답을 찾기 위해 첫발을 내딛은 특성론적 접근법은 리더들이 갖추고 있는 자질과 특성을 확인하는 데 초점을 두었기 때문에 위인론(great mantheory)으로도 불리고 있다.

③ 학자들이 제시하는 리더의 특성은 지능, 자신감, 사교성, 신뢰감 등과 같이 다양하다.

(2) 학교에서 리더의 특성

학교에서 효과적인 리더의 특성은 호이(Hoy)와 미스켈(Miskel)이 구체적으로 언급했다. 이들은 학교에서 **효과적인 리더의 특성을 인성적 측면, 동기적 측면, 기능적 측면으로 나누어 제시**하고 있는데, 구체적인 내용은 다음과 같다.

① 인성적 측면: 자신감, 스트레스 인내, 정서적 성숙, 성실, 외향성

② 동기적 측면: 과업과 대인관계 욕구, 성취지향, 권력욕구, 기대, 자아효능감

③ 기능적 측면: 지식, 대인관계, 인지적 능력

2 행동론적 접근법

1950년대 이후 리더십 연구자들의 관심은 리더의 특성에서 "리더는 어떻게 행동해야 하는가"와 같은 리더의 행동으로 전환되었다. 리더십에 대한 행동론적 접근법에서는 효과적 리더와 비효과적 리더의 행동을 분류하면서 리더의 행동유형을 공통적으로 과업지향형 리더와 인간지향형 리더 2가지 유형으로 나눈다.

(1) 행동유형

① 과업지향형 리더: 조직의 과업달성을 우선시하고, 작업감독과 과업분배 및 지시에 초점을 두는 유형이다.

② 인간지향형 리더: 조직구성원 간 문제해결과 결속력 강화를 강조하는 유형이다.

(2) 오하이오 주립대학교 연구

① 리더십의 특성론적 접근법에 회의를 가진 오하이오 주립대학교(Ohio State University) 연구진들은 "리더들이 집단이나 조직을 지도하고 있을 때 어떻게 행동하는가"에 관심을 가지게 되었고, 직무환경에서 리더의 행동차원을 밝혀내기 행위기술 설문지(Leader Behavior Description Questionnaire: LBDQ)를 개발하였다.

② LBDQ 설문지는 교육, 군대, 산업 조직 종사자들에게 배부되었고, 연구진들은 그 결과를 토대로 리더 행동을 **구조주도적 행동(Initiating structure)과 배려 행동(Consideration)으로 분류하였다.**

③ **구조주도적 행동에는 과업 및 직무 목표달성, 업무구조화, 역할배정** 등이, **배려 행동에는 종업원들과의 신뢰구축, 인간관계 형성** 등이 포함된다.

구조성과 배려성 차원에 따른 지도성 유형

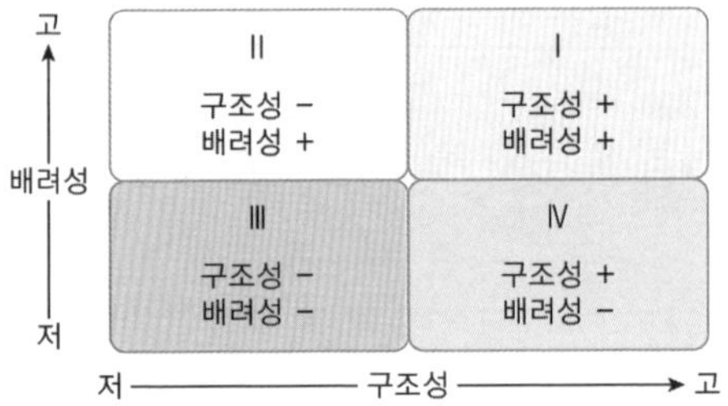

(3) 블레이크(Blake)와 머튼(Mouton)의 관리망이론

① 1960년대 초에 등장한 **블레이크와 머튼의 관리망이론은 리더십의 행동론적 접근방법 중에서 가장 널리 알려진 모형**이다.

② 관리망이론은 **인간에 대한 관심(concern for people)과 생산에 대한 관심(concern for production)** 두 개의 차원으로 구성되어 있는데, 이들 두 요인은 앞서 살펴본 구조주도적 행동(initiating structure)과 배려 행동(Consideration)과 밀접하게 관련되어 있다.

③ 블레이크와 머튼의 관리망이론에서는 총 81개의 리더십 행동유형이 가능하다. 하지만, 이들은 아래 그림과 같은 5가지 리더십 유형을 제시하고 있으며, 이 가운데 인간과 생산에 대한 관심이 가장 높은 **팀형 리더십이 가장 이상적인 리더쉽(지도성) 유형**이라고 하였다.

Blake와 Mouton의 관리망

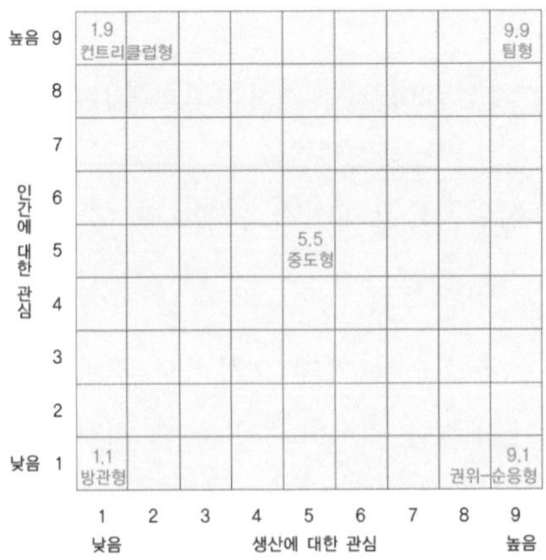

3 상황적응적 접근법

상황적응적 접근법은 특성론적 접근법과 행동론적 접근법의 한계를 인식하고, 효과적인 리더십은 **지도자의 특성과 행동, 조직의 상황 간 상호작용에 의해서 결정**된다고 본다. 상황적응적 접근법에는 **피들러(Fiedler)의 상황이론, 레딘(Reddin)의 3차원 리더십모형, 하우스(House)의 경로-목표이론, 허시(Hersey)와 블랜차드(Blanchard)의 상황적 리더십이론** 등이 있다.

(1) 피들러(Fiedler)의 상황이론

① 피들러는 **지도자의 지위권력(양호 또는 불량), 과업구조(구조적 또는 비구조적), 지도자와 구성원의 관계(강 또는 약)** 등 세 가지 변인이 상황의 개념을 구성하는 것으로 보아 상황변인의 결합관계에 따라 효과적인 리더십 유형이 달라진다고 하였다.

㉠ 지도자의 지위권력: 조직의 과업수행을 위해 조직이 지도자에게 부여한 공식적·합법적 권력을 의미한다.

㉡ 과업구조: 조직 내 과업이 명확하게 구체화된 정도를 뜻한다.

㉢ 지도자-구성원의 관계: 지도자가 조직구성원으로부터 신뢰나 존경을 받는 정도이다.

② 상황변인의 결합관계에 따라 결정되는 상황의 호의성은 리더가 구성원들에게 영향력을 발휘할 수 있는 정도를 의미하는데, 8가지(Ⅰ~Ⅷ)로 범주화된다.

③ **상황이 우호적이거나 비호의적인 경우(Ⅰ, Ⅱ, Ⅲ, Ⅷ)에는 과업지향형 지도자가 효과적**이며, **상황이 중간인 경우(Ⅳ, Ⅴ, Ⅵ, Ⅶ)에는 관계지향형 지도자가 효과적**이라고 할 수 있다.

Fiedler의 상황에 따른 효과적인 리더십 유형

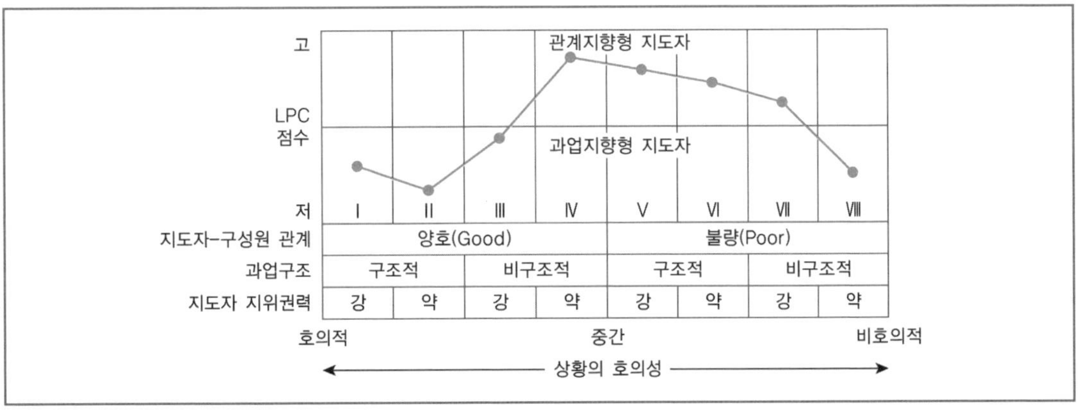

④ 피들러는 리더십 유형을 측정하기 위해 '가장 싫어하는 동료 척도(Least Preferred Coworker scale: LPC)'를 개발하였다.

㉠ 최종 점수가 57점 이하이면 응답자의 리더십 유형이 과업지향형이라는 것이고, 64점 이상이면 관계지향형이라는 의미이다.

ⓛ 최종점수가 58점과 63점 사이인 응답자는 사회적으로 독립적인 유형임을 뜻한다.

ⓒ LPC 점수는 일종의 성격측정이기 때문에 시간이 흐르더라도 쉽게 변화하지 않는 경향이 있다.

LPC 척도

1. 쾌활한 사람	8	7	6	5	4	3	2	1	쾌활하지 않은 사람	
2. 우호적인 사람	8	7	6	5	4	3	2	1	우호적이지 않은 사람	
3. 거부적인 사람	1	2	3	4	5	6	7	8	수용적인 사람	
4. 긴장하는 사람	1	2	3	4	5	6	7	8	여유 있는 사람	
5. 거리를 두는 사람	1	2	3	4	5	6	7	8	친근한 사람	
6. 냉정한 사람	1	2	3	4	5	6	7	8	따뜻한 사람	
7. 지원적인 사람	8	7	6	5	4	3	2	1	적대적인 사람	
8. 따분한 사람	1	2	3	4	5	6	7	8	흥미 있는 사람	
9. 호전적인 사람	1	2	3	4	5	6	7	8	조화로운 사람	
10. 우울한 사람	1	2	3	4	5	6	7	8	유쾌한 사람	
11. 개방적인 사람	8	7	6	5	4	3	2	1	폐쇄적인 사람	
12. 험담을 잘 하는 사람	1	2	3	4	5	6	7	8	충실한 사람	
13. 신뢰할 수 없는 사람	1	2	3	4	5	6	7	8	신뢰할 수 있는 사람	
14. 사려 깊은 사람	8	7	6	5	4	3	2	1	사려 깊지 못한 사람	
15. 비열한 사람	1	2	3	4	5	6	7	8	점잖고 멋있는 사람	
16. 마음에 맞는 사람	8	7	6	5	4	3	2	1	마음에 맞지 않는 사람	
17. 진실 되지 못한 사람	1	2	3	4	5	6	7	8	진실한 사람	
18. 친절한 사람	8	7	6	5	4	3	2	1	불친절한 사람	

(2) 허시(Hersey)와 블랜차드(Blanchard)의 상황적 리더십이론

허시와 블랜차드의 상황적 리더십이론의 전제는 **상황에 따라 효과적인 리더십이 다르다**는 것이다.

① 허시와 블랜차드는 상황을 **구성원의 성숙도(maturity of followers)**로 상정하고 있는데, 이는 **직무성숙도와 심리적 성숙도로 구분된다. 직무성숙도는 "개인적 직무수행능력"을 말하며, 심리적 성숙도는 "개인적 동기수준"을 의미한다.**

② 허시와 블랜차드의 상황적 리더십이론에서 핵심적인 내용은 **관계성 지향행동과 과업 지향행동을 구성원의 성숙도 수준에 맞게 결합**해야 한다는 점이다.

③ 구성원의 성숙도에 따른 리더십은 **지시형, 지도형, 지원형, 위임형** 4가지로 유형화된다. 구성원의 성숙도에 따른 리더십 유형별 구체적 활동은 다음과 같다.

㉠ 구성원의 성숙도가 M1인 상황(낮은 능력, 낮은 동기): 높은 과업과 낮은 관계성 행동을 지닌 **지시형 리더십**이 효과적이다. 구성원들이 목표를 어떻게 달성해야 하는지에 대해 감독하고 작업지시를 내리는 활동을 해야 한다.

㉡ 구성원의 성숙도가 M2인 상황(낮은 능력, 높은 동기): 높은 과업과 높은 관계성 행동을 지닌 **지도형 리더십**이 효과적이다. 리더는 구성원들의 팀 정신을 함양하면서 참여를 유도하는 활동을 해야 한다.

㉢ 구성원의 성숙도가 M3인 상황(높은 능력, 낮은 동기): 낮은 과업과 높은 관계성 행동을 지닌 **지원형 리더십**이 효과적이다. 리더는 경청, 칭찬, 피드백 제공 활동 등을 해야 한다.

㉣ 구성원의 성숙도가 M4인 상황(높은 능력, 높은 동기): 낮은 과업과 낮은 관계성 행동을 지닌 **위임형 리더십**이 효과적이다. 통제와 지시적 행동을 줄이면서 자율성을 부여하는 활동이 포함될 수 있다.

⊙ Hersey와 Blanchard의 상황적 리더십모형

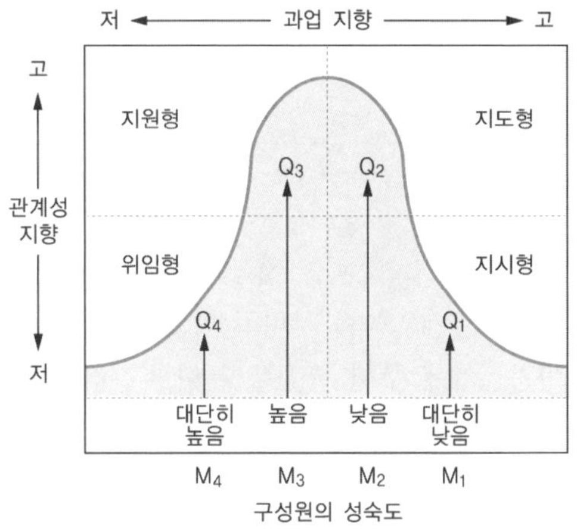

(3) 3차원 지도성 효과이론

① **레딘(Reddin)**은 학교행정가가 활용할 수 있는 3차원 지도성 효과이론(3-D Theory of Leadership Effectiveness) 또는 3차원 경영유형이론(3-D Management Style Theory)이라 불리는 지도성 모형을 개발하였다.

② 이 이론은 **오하이오 주립대학교의 지도성 연구에서 구조성과 배려성의 4간표를 기본유형으로 하고, 효과성 차원을 추가하여 3차원적인 지도성 모형을 제시**하였다.

③ 여기서 나타난 기본 지도성 유형은 **통합형, 관계형, 분리형 및 헌신형**으로, 상황에 따라 효과적인 유형과 비효과적인 유형으로 구분된다.

④ 4가지 유형의 지도성 효과는 그것이 어떤 상황(적절 또는 부적절)에서 행사되었느냐에 따라 효과적이기도 하고 비효과적이기도 하다는 것이다.

⑤ **효과적인 지도성 유형은 경영자형 · 개발자형 · 행정관료형 · 선한 군주형**으로, **비효과적인 지도성 유형은 타협자형 · 선동자형 · 도망자형 · 독재자형으로 분류**하였다.

Reddin의 3차원 지도성 모형

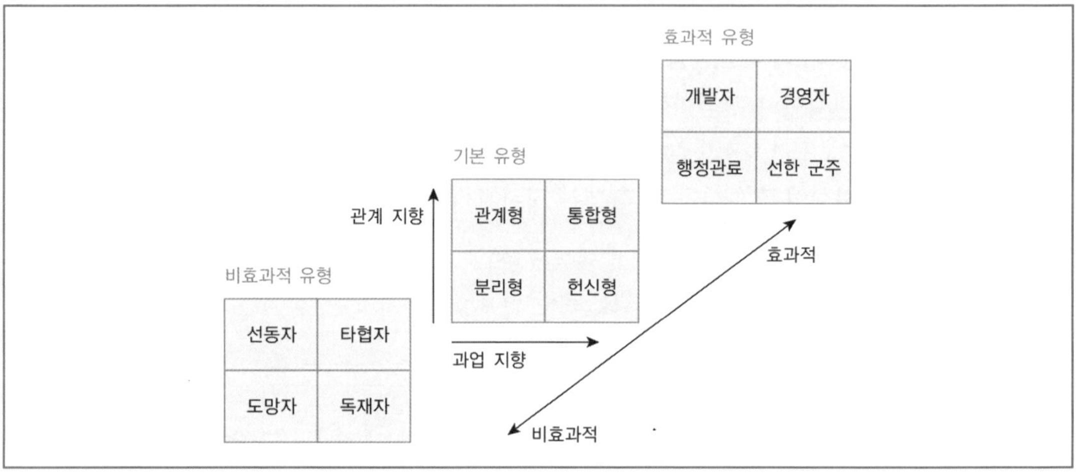

(4) 하우스(House)의 경로-목표이론

① 경로-목표이론(Path-Goal Theory)은 동기에 대한 기대이론에 근거를 두고 있다.

② 구성원들이 그들의 과업목적, 개인목적 그리고 목표달성을 위한 경로를 지각하는 데 있어서 지도자가 어떤 영향을 미치는가에 주된 관심을 둔다.

③ 경로-목표이론은 리더십 행위가 구성원이나 작업환경과 같은 상황적 요인에 의하여 조정된 구성원의 동기, 노력, 수행 등에 미치는 영향을 설명하기 위한 것이다.

④ 경로-목표이론은 지도자 행위, 상황적 요인, 구성원의 지각, 효과성의 네 가지 변인으로 구성되어 있다.

⑤ 지도자가 상황적 요인을 고려하여 목표달성을 위한 적절한 경로를 제시할 때 구성원들이 그것을 어떻게 지각하느냐에 따라 효과성이 달라진다는 것을 나타내고 있다.

⊙ House의 경로-목표이론의 구조

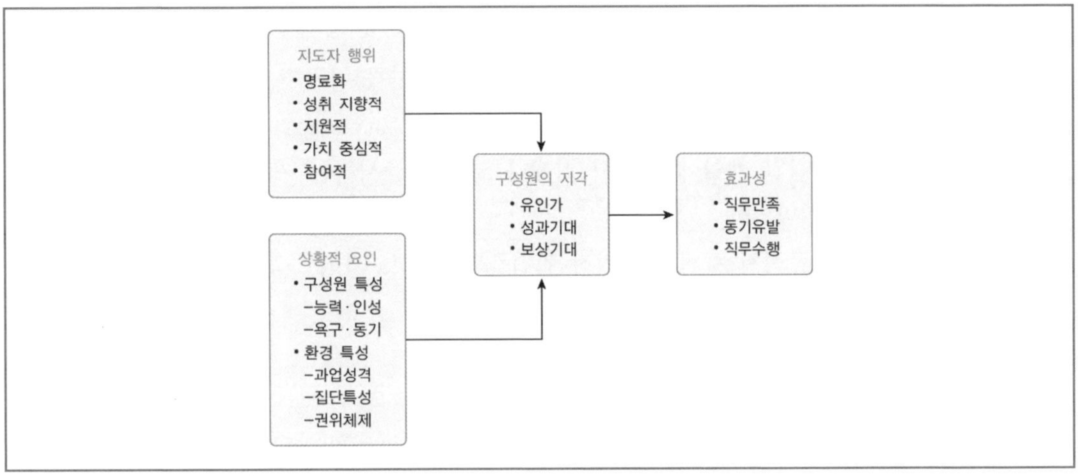

⑥ 지도자 행동(Hoy & Miskel)

명료화 행동	과업의 수행목적, 이행수단, 수행기준, 타인의 기대, 상벌 등의 명료화를 통해 구성원의 욕구와 선호를 효과적인 수행과 결부되도록 한다.
성취 지향적 지도자 행동	구성원들에게 도전적인 목표를 설정해 주고, 개선을 추구하며, 구성원들이 높은 수준의 성취목표를 가지도록 자신감을 심어 주는 행동을 한다.
지원적 지도자 행동	구성원의 복지에 관심을 가지며, 친절하고, 지원적인 직무환경을 조성하며, 구성원의 욕구와 선호를 배려하고 지원한다.
가치중심적 지도자 행동	구성원들이 소중히 생각하는 가치에 호소하고, 자기효능감과 언행일치 행동을 증대시키며, 자신의 가치기준을 지도자의 비전과 집단의 목적에 기여하는 데 두도록 유도한다.
참여적 지도자 행동	일에 관련된 문제에 관하여 구성원과 상담하고, 그들의 의견을 구하며, 의사결정에서 구성원의 아이디어를 활용하려고 노력한다.

제3절 학교리더십의 새로운 접근

1 변혁적 리더십

(1) 변혁의 의미

① 변혁(transformation)은 "한 상황 혹은 한 체계로부터 다른 상황 혹은 다른 체계로의 변환"을 뜻하는 것이다.

② 질적으로 전혀 다른 상황을 의미하기 때문에 단순한 변화와는 다른 의미이다.

(2) 변혁적 리더십

① 변혁의 단어가 다른 차원으로의 변화를 의미하는 것처럼 변혁적 리더십은 구성원의 가치관, 윤리, 행동규범, 장기적 목표를 바꾸어 개인, 조직, 문화를 바꾸어 나가는 데 초점을 둔다.

② 변혁적 리더십은 미국의 학교 재구조화 운동(school restructuring)을 배경으로 등장한 것으로, **리더와 구성원 간 계약에 기초한 거래나 교환을 중시하는 거래적 리더십(transactional leadership)과 대비**된다.

③ 거래적 리더십은 **공식적 지위와 합법적 권위를 바탕으로 과업달성이 주된 관심**이고, 부하들의 욕구와 개인의 발전에는 무관심하다.

변혁적 리더십과 거래적 리더십

관점	변혁적 리더십	거래적 리더십
권위의 원천	• 리더의 도덕성에 대한 구성원의 신념에 기초 • 카리스마적 권위를 바탕	• 공식적 지위에 근거 • 합법적 권위를 바탕
구성원에 대한 동기부여	• 비전과 높은 가치의 제시 • 구성원의 발전에 대한 진정한 관심 • 조직에의 헌신	과업에 대한 보상과 이윤
주된 관심	• 조직의 보다 높은 가치, 즉 비전의 실현 • 조직구성원의 능력개발 • 조직구성원의 신념, 가치, 욕구의 변화	거래를 통한 과업의 달성
요구되는 능력	미래에 대한 통찰력, 자신감, 헌신적인 노력, 정열적인 자세	합리적인 사고와 행동
시간경향성	장기적 · 미래지향적	단기적 · 현실지향적
의사소통	다방향적	수직적 · 하향적

(3) 변혁적 리더

① 변혁적 리더는 구성원들 성과에 대한 제재 혹은 보상에 기초한 관계가 아니라, **구성원들의 역량개발과 자아실현욕구를 자극함으로써 궁극적으로 조직의 효과성 제고**를 목적으로 한다.

② 배스(Bass)는 변혁적 리더에게 요구되는 특성으로 **이상화된 영향력, 동기화, 개별적 배려, 지적 자극** 등을 제시하였다.

㉠ 이상화된 영향력: 높은 수준의 윤리성을 바탕으로 구성원으로부터 신뢰와 존경을 얻고 구성원들에게 모범을 보이는 것을 의미한다. 관료제의 특징을 가지는 학교조직은 위계적 방식으로 운영되고 있지만, 변혁적 리더로서 교장선생님은 권위주의적 학교경영방식을 과감히 버리고 **교사들과의 긴밀한 인격적 관계형성을 통해 신뢰와 존경을 얻도록 해야 한다.** 또한 **학교경영에 학생과 학부모의 참여를 적극 유도하고, 구성원들과 협조적인 관계를 형성**해야 한다.

ⓛ 동기화: 구성원들이 과업을 달성하고 발전할 수 있도록 **비전과 도전감을 갖도록 한다**는 뜻이다. 학교 내 생활에서 동기화되어 있지 않은 교사는 학교 교육활동에 무관심하고 고립감을 느끼게 된다. 교장선생님은 **학교가 추구하는 교육목표를 교사들이 인식하고 내면화**할 수 있도록 솔선수범해야 하며, 교사들의 다양한 경험을 구성원들이 공유하도록 해야 한다.

ⓒ 개별적 배려: 구성원들의 개별화된 **발전요구에 관심을 가지고 학습기회를 제공**한다는 의미이다. 학교는 전문가인 교사들로 구성되어 있지만, 동시에 관료제적 특징을 가지고 있다. 이는 변혁적 리더로서 교장선생님의 학교구성원들에 대한 개인적 배려가 필요한 이유이다. 구성원들에게 학습기회 제공을 의미하는 개인적 배려는 교육의 질 향상을 위해서도 중요한 활동이다. 교육의 질은 교사의 질을 능가하지 않는다는 말처럼 교사가 요청하는 발전요구를 수용하고, 시의적절한 연수와 학교 차원의 지원을 하는 것은 변혁적 리더인 교장선생님에게 필수적인 활동이라고 할 수 있다.

ⓔ 지적 자극: 구성원들이 **현실의 문제를 창의적이고 혁신적인 방식으로 접근할 수 있도록 한다**는 의미로, 교사들의 전문성 제고와 밀접하게 관련되어 있다. 변혁적 리더로서 교장선생님은 교사들이 반성을 통해 교직생활을 개선하고, 혁신과 변화를 추구할 수 있도록 독려해야 한다.

2 수업리더십

(1) 배경

① 교육활동의 본질적인 요소인 수업과 관련하여 리더십을 행사하는 것이 중요하다는 인식이 높아지면서 수업리더십(instructional leadership)이라는 용어가 일반화되어 사용되고 있다.

② 특히 1980년대 미국의 '효과적인 학교운동(effective school movement)'과 관련하여 교장선생님의 수업리더십이 강조되기 시작하였다.

(2) 정의

① 교장선생님의 수업리더십은 학생의 학습성취 향상을 위하여 교장선생님이 직접 실행하거나 타인에게 위임하는 일련의 행위를 의미한다.

② 구체적으로 **수업리더십은 학생의 학업성취 개선을 위한 교장선생님의 수업장학활동과 지원·관리·조정의 행정활동을 포함하는 포괄적인 활동**으로 정의될 수 있다.

(3) 역할

수업지도자로서의 교장선생님의 역할은 **비전제시, 수업평가, 수업개선, 교육과정 운영**으로 요약될 수 있으며, 구체적인 활동은 아래와 같다.

① 비전제시

㉠ 교장선생님의 분명한 사명과 비전제시는 학교의 가치체제를 만들어 줌으로써 구성원의 의식을 통제하는 근거가 되고, 동기를 진작시키며, 구성원들을 하나로 묶어 준다.

㉡ 효과적인 학교를 만들기 위해 교장선생님은 학생의 학업성취와 관련된 구체적인 교육목표를 제시하고, 교육목표 달성을 위해 구성원들의 안내자 역할을 해야 한다.

② 수업평가

㉠ 효과적인 교장선생님은 교사의 수업활동에 대해 지속적으로 관심을 가지고, 교육의 질 향상을 위해 교사의 수업을 평가한다.

㉡ 교장선생님의 수업평가영역은 교사의 수업지도능력, 수업평가에 대한 준거 마련, 팀티칭과 같은 새로운 수업방법의 적용 권장 등이 해당된다.

③ 수업개선

㉠ 수업리더로서 교장선생님은 교사들에게 수업방법 개선의 필요성을 지속적으로 인식시키고, 교사와 함께 다양한 수업개선 전략을 개발하여 실천하도록 해야 한다.

㉡ 교장선생님의 수업개선 영역은 교사의 수업에 대한 정기적인 참관, 수업개선과 관련된 전문적 조언, 교내연수 실시 등이 포함된다.

④ 교육과정 운영

㉠ 수업리더로서 교장선생님은 학생과 교사들의 요구를 수용하고, 학교현실과 교과특성에 맞는 교육과정을 운영한다.

㉡ 학교의 특색을 살리는 교육과정을 운영하며, 학생들의 요구와 개인차에 따른 교과조정활동 등을 하게 된다.

3 분산적 리더십

(1) 배경

분산적 리더십은 최근 영미권 국가에서 교육 및 학교조직 개혁의 핵심적인 대안으로 여겨지고 있다. 그 이유는 다음과 같다.

① 분산적 리더십이 조직 내에서 실행되고 있는 지도성을 반추하고 분석하는 틀로서뿐만 아니라, 조직경영 혁신을 위한 통찰력을 제공해 줄 수 있다는 점 때문이다.

② 분산적 리더십이 수평적 상호관계에 대한 시대적 요청과도 아주 밀접하게 관련되어 있다는 점 때문이다.

③ 분산적 리더십은 distributed leadership의 번역어이다. distributed를 “분산적”로 칭하는 이유는 distributed leadership이 단순한 나눔, 협동, 공유보다는 **조직의 맥락 속에서 지도성이 “흩어져” 있는 현실에 그 초점**이 맞춰져 있기 때문이다.

(2) 의미

① 분산적 리더십에서 나눔, 협동, 공유 등의 개념이 분산적 리더십과 전혀 별개인 것도 아니다. 왜냐하면, 분산적 리더십의 개념과 속성에는 **그 자체에 네트워크(network)화된 인적 요소 간 긴밀한 상호작용뿐만 아니라 신뢰와 집단효능감과 같은 긍정적인 조직문화(positive school culture)**를 전제하고 있기 때문이다.

② 이는 분산적 리더십이 영웅적 개인 혹은 조직의 상황 등 개별 요소에만 초점을 맞춘 지도성 이론이라기보다는 **조직에 실재하는 요소들(예를 들어, 인적·문화적·구조적 요소)을 포괄적으로 고려하고 있다**는 증거가 되기도 한다.

③ 분산적 리더십은 전통적으로 중시되어 온 공식적인 지도자 외에 **학교구성원 그리고 상황이라고 하는 복합적 개념을 지도성 실행의 큰 틀 속에 포함**시키고 있다.

(3) 핵심요소

분산적 리더십은 **지도자와 구성원 요소가 통합된 지도자 확대(leader－plus), 구성원들의 상호의존, 신뢰, 협력에 바탕을 둔 긍정적인 조직문화 그리고 상황의 요소들**이 핵심적인 요소이며, 이들 요소 간 상호작용의 결과물로 파생된 지도성 실행이 분산적 리더십의 의미를 구성하게 된다.

① **지도자 확대**: 지도자 확대 요소는 학교 내 교장·교감선생님 등 공식적인 지도자뿐만 아니라 전문성을 갖춘 공식적·비공식적 교사지도자(teacher leader)들을 포함한다. 따라서 지도자 확대 요소는 민주적 학교운영 및 의사결정과 맥을 같이 한다. 이는 학교현장에서 다양한 지도자들이 학교경영에 참여하는 현실적인 모습을 반영하는 것일 뿐만 아니라, 분산적 리더십이 이미 우리들의 학교 속에서 실행되고 있는 실체라는 점을 보여 교장선생님의 역할에 주목할 필요가 있다. 교장선생님의 역할과 기능은 학교 전체의 사회·문화적 상황에 의존하기도 하고 때로는 지배하기도 한다. 분산적 리더십이 실행되고 있는 학교의 교장선생님은 조직의 상황에 맞게 때로는 변혁적 리더로, 때로는 카리스마를 가지고 지시 또는 지도하는 역할을 담당하게 된다.

② **상황**: 상황의 요소는 정례화된 활동, 도구, 인공물 등을 포함하는 요소이다. 우리가 흔히 언급하는 “어떠한 상황에 처해 있다 혹은 어떠한 상황이다”에서의 상황과는 전혀 다른 의미이다. 분산적 리더십에서의 상황은 조직의 실재에 더 가까운 개념이라고 할 수 있다. 상황의 요소는 지도자 확대의 요소처럼 지도성 실행을 규정하고, 동시에 지도성 실행을 가능하게 한다. 조직구성원은 소속 구성원들뿐만 아니라 상황과도 상호작용하게 된다. 학교구성원들은 학생들의 시험성적 데이터와 각종 평가자료뿐만 아니라 교직원회의 같은 정례화된 활동을 통해서 지도성을 실행하며, 지도성 실행의 결과로 정례화된 활동과 도구 등이 새롭게 개발되기도 한다.

③ 조직문화: 분산적 리더십에서는 학교 내 구성원들의 상호 신뢰, 협력, 높은 집단효능감, 소통과 개방 등의 조직문화 또한 중요하다. 긍정적인 조직문화는 분산적 리더십의 핵심적인 요소 중 하나이다. 조직문화 개선이 빠진 학교개혁은 표면적이고 피상적인 결과만을 가지고 오게 될 뿐이다. 협력적이고 신뢰되는 조직문화 설계에 있어서 학교구성원들의 합심된 노력도 중요하지만 무엇보다 교장선생님의 역할이 중요하다. 촉진자(facilitator)로서의 교장선생님의 역할이 더욱 부각될 수밖에 없다.

4 도덕적 리더십

(1) 의미

① 도덕적 리더십은 조직 내 가치와 도덕의 역할과 중요성을 강조하게 되면서 등장하게 되었는데, **지도자가 조직구성원들의 과업수행과정에서 요구되는 규범이나 가치 등을 내면화해 가는 영향력**을 의미한다.

② 리더십에 있어서 "도덕"이 중요한 이유는 리더십 자체가 인간을 대상으로 하기 때문으로, 리더가 구성원들에게 미치는 영향이 크다는 점을 생각한다면 리더십에서 도덕의 중요성은 더욱 강조된다.

③ 학교에서 도덕적 리더십이 중요한 이유는 **교장·교감선생님을 비롯한 교사들이 학생들에게 도덕적인 모범을 보임으로써 학생들에게 긍정적인 영향**을 주어야 하기 때문이다

(2) 서지오반니(Sergiovanni)

서지오반니는 **도덕적 관점에서의 선의(善意, good-will)와 관리적 관점에서의 성공(success)**을 축으로 네 가지 유형의 학교를 설명하고 있다.

① 도덕적인 학교(Ⅰ)는 학교구성원들이 선의에 의한 동기유발은 되지만 학교목적 성취에 있어서는 성공적이지 못하다. 하지만 학교구성원들은 교장선생님의 선의를 이해하게 되면서 점차적으로 도덕적이고 효과적인 학교(Ⅱ)로 탈바꿈하게 된다.

② 정략적인 학교(Ⅳ)의 경우, 도덕적인 학교와 달리 학교구성원의 선의에 의한 동기유발은 되지 않지만, 학교목적 성취에 있어서는 성공적이다. 하지만 장기적으로 도덕적인 학교(Ⅰ)에 비해 성공가능성이 낮기 때문에 교장선생님은 선의를 중시하는 학교를 만들 필요가 있다.

◎ Sergiovanni의 선의와 성공에 따른 학교유형

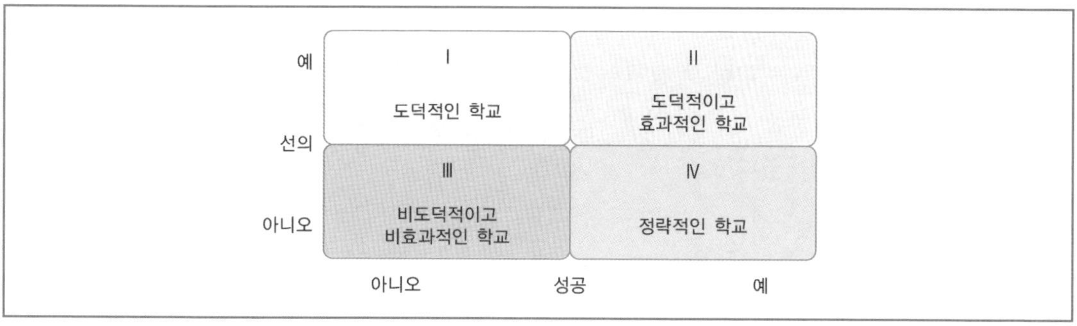

(3) 역할

① 학교를 도덕적인 학교로 만들어 나가기 위해서는 리더뿐만 아니라 학교구성원의 역할도 중요하다. 왜냐하면 도덕적 지도성의 의미에는 “지도자의 도덕성”과 함께 학교구성원들의 자율성 확보를 통한 존경과 신뢰 획득이 내재되어 있기 때문이다.

② 교장선생님은 직위를 이용하여 부정부패하지 않고(청렴성), 자신의 일에 대해 긍지와 자부심을 가지며(사명감), 근면·성실하게 근무(장인정신)해야 한다. 또한 학교업무처리에 있어서 공정해야 하며(공정성), 학교 행정책임(책임감)을 다해야 한다.

③ 교사들은 학교가 당면하고 있는 문제해결을 위한 학교 내 협의회에 성실하게 참여하도록 해야 하며, 자신만의 수업방법을 개발하고, 동료 교직원들과 끈끈한 동료의식을 가지면서 수업 및 생활지도에 최선을 다해야 한다.

5 문화적 리더십

(1) 의미

① 독특한 학교문화를 창출하는 것으로부터 나오는 리더십을 말한다.

② 이러한 리더십을 가진 지도자는 학교로 하여금 **독특한 정체성을 갖게 만드는 가치와 믿음 그리고 관점을 창조하고 강화하며 유지**하는 것을 중요시하고, 그를 통해 전통을 만들고 무용담을 전파시킨다.

③ 이들은 일종의 ‘성직자(priest)’의 역할을 수행한다고 할 수 있다.

(2) 서지오반니의 문화적 리더십

① 서지오반니(1999)는 문화적 리더십의 힘에 주목한다.

② 문화는 어떤 학교의 구성원을 다른 학교의 구성원과 구별하는 **집합의식과 정신을 만드는 것**으로 묘사될 수 있다.

③ 학교문화는 특정한 교사, 학생, 학부모들을 하나의 집단으로 묶는 **공유된 가치, 신념, 의미체계**라고 말할 수 있다.

④ 효과적인 지도자는 이러한 과정에서 가장 중요한 역할을 수행한다.

⑤ 그는 문화적 리더십을 가장 상위에 위치시키고, 다양한 리더십의 힘들을 하위에 위치시켜 리더십의 힘을 위계화하였다.

리더십의 영향력 위계

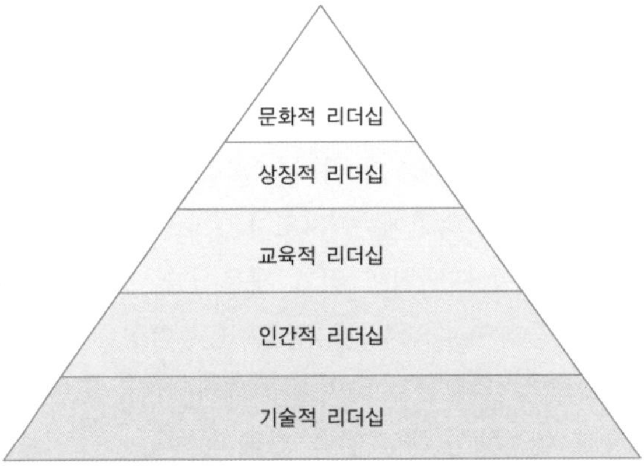

개념+

다양한 리더십(Sergiovanni, 1999)

- 기술적 리더십(technical leadership): 견고한 경영관리기술로부터 나오는 리더십으로, 이러한 리더십을 가진 지도자는 계획, 조직, 조정, 시간관리 등을 강조하고 이와 관련한 우수한 능력을 가지고 있다. 이들은 일종의 '전문경영자(management engineer)'로 간주될 수 있다.
- 인간적 리더십(human leadership): 유용한 사회적·인간적 자원을 활용하는 것에서 나오는 리더십으로, 이러한 리더십을 가진 지도자는 인간관계, 사교능력, 동기화능력 등을 강조하고 지원, 격려, 참여적 의사결정 등을 통해 사람들의 사기를 높이고 조직의 성장을 도모한다. 이들은 일종의 '인간공학 전문가(human engineer)'로 간주될 수 있다.
- 교육적 리더십(educational leadership): 교육에 대한 전문적 지식으로부터 나오는 리더십으로, 이러한 리더십을 가진 지도자는 효과적인 교수-학습, 교육프로그램 개발, 임상장학 등에 대한 전문적 지식과 능력을 통해 교육문제를 진단하고 교사들을 지도하며, 장학·평가·직원능력·교육과정 개발을 효율적으로 수행한다. 이들은 일종의 '현장교육 전문가(clinical practitioner)'로 간주될 수 있다.
- 상징적 리더십(symbolic leadership): 학교의 중대사에 대해 다른 사람들에게 주의를 환기시키는 데서 나오는 리더십으로, 이러한 리더십을 가진 지도자는 학교견학, 교실방문, 학생과의 간담회, 학생교육에 대한 특별한 강조, 행사나 의전의 관장 등의 상징적 행사와 언사를 통해 학교의 비전과 목표에 주의를 환기시키고 특별한 행동을 유도한다. 이들은 일종의 '대장(chief)'의 역할을 수행한다고 할 수 있다.

(2) 리더의 역할

문화형성을 위한 리더의 주요 역할은 다음과 같다.

① **역사가 및 탐정으로서의 문화리더:** 학교리더는 과거의 성공과 위기 등을 통해 학교의 현재와 문화를 이해하고, 기존의 규범과 가치를 평가함으로써 새로운 역사와 문화를 창조해 나가야 한다.

② **비전창조와 공유자로서의 문화리더:** 비전은 미래가치와 신념을 내포하고 있는 것으로, 학교리더는 미래 학교의 희망을 발굴해 내어 구성원들과 공유하고 그들의 비전을 내면화할 수 있도록 도와야 한다.

③ **예술인으로서의 문화리더:** 학교리더는 때로는 시인으로, 때로는 배우(actor)로서 학교조직이라는 예술무대에서 구성원들을 감동시키고, 자신이 의도하는 메시지를 전달할 수 있어야 한다. 상징이 담겨 있는 문화리더의 언어, 의미전달기법은 그 자체가 문화이자 긍정적인 조직문화 형성에 도움을 준다.

④ **치유자로서의 문화리더:** 학교조직에는 항상 긴장과 스트레스가 동반되고 때로는 구성원 간 상처를 받기도 한다. 학교리더는 구성원들이 받는 심리적·정서적 문제를 치유해 줄 수 있어야 한다.

6 교사리더십

(1) 의미

① 교사리더십은 1980년대 미국에서 **교사의 '권한강화'와 '분권화전략'** 등이 우세해지면서 등장한 비교적 새로운 리더십 이론으로, **학교개혁의 주체로서 교사의 역할을 강조**한다.

② 교사리더십은 교사 중의 교사 혹은 교사리더(teacher leader)의 역할뿐만 아니라 **학교의 변화와 혁신의 주체로서 모든 교사의 역할**을 상징적으로 보여 준다.

③ 교사리더십에는 교사의 의사결정 공유, 권한강화, 팀워크 활동 등이 포함된다.

(2) 리버만(Lieberman)과 밀러(Miler)

리버만과 밀러는 학교조직 내에서 리더십을 발휘하는 교사의 특성과 역할을 다음과 같이 제시하고 있다.

① **전문가 학습공동체(professional learning community) 참여:** 교사리더십을 발휘하는 교사는 전문성을 개발하고, 책임감 있게 자신의 직무를 수행하기 위해 전문가 학습공동체에 참여해야 한다.

② **공동의 리더십 실천:** 전문가 학습공동체 참여는 교사리더십의 본질이 개인적 활동과 책임이 아니라 함께하는 공동의 리더십이라는 사실을 보여 준다. 교실에서 리더역할을 수행하는 교사나 교사들을 앞에서 이끄는 교사리더 모두 학교라는 조직 내에서는 학생들의 학습에 대해 공동의 책임을 가지게 된다.

③ **학습중심으로 사고전환**: 과거의 교사는 교수활동에만 초점을 두었다. 하지만 실질적인 수업리더로서 학생들의 학습을 강조하는 교사는 학생들의 학습진도, 학생의 배경 등을 고려하여 수업전략을 구상하고 교육과정을 편성해야 한다.

CHAPTER
06 의사결정이론

제1절 의사결정의 개념

1 의사결정의 개념 및 의미

(1) 개념

의사결정이란 '문제해결상황 속에서 고려할 수 있는 다양한 대안들 가운데 가장 알맞은 대안을 선택하고 결정해 나가는 행위'라고 할 수 있다.

(2) 의미

① 좁은 의미: '조직의 문제해결과 관련된 미래의 행동대안 중에서 최선의 대안을 선택하고 결정하는 행위'를 뜻한다.

② 넓은 의미: '선택된 최선의 대안을 실행에 옮기고, 그 결과를 평가하고 환류하는 과정'까지 포함한다.

2 의사결정의 유형

(1) 정형적 결정과 비정형적 결정

① 정형적 결정

㉠ 반복적이며 일상화된 결정으로써 의사결정을 하는 것을 말한다.

㉡ 정형적 결정은 과거에 했던 선례와 절차를 통해 이루어지기 때문에 창의력이나 판단력이 요구되지 않으며, 그만큼 위험도가 낮은 의사결정방식이다.

㉢ 예를 들어 입학식, 소풍, 체육대회, 졸업식 등 관례적으로 수행하고 있는 활동들에 대한 의사결정들이 여기에 속한다.

② 비정형적 결정

㉠ 일상적이지 않으며 중요하거나 긴급한 문제가 생겼을 때 내리는 의사결정을 말한다.

㉡ 비정형적 결정은 과거에 선례가 명확하지 않기 때문에 대안의 탐색과 결과를 예상하기가 매우 어렵고 복잡하며, 고도의 판단력과 창의력이 요구된다.

㉢ 교원의 정년을 단축하는 일이나 소규모 학교를 통폐합하는 일, 학교에서 예측하지 못했던 특수한 문제 등은 대표적인 비정형적 의사결정의 예이다.

(2) 개인적 결정과 집단적 결정

① 개인적 결정: 최고경영자나 관리자가 혼자서 결정하는 방법으로, 신속한 결정을 요하는 경우나 결정에 따른 이의나 논쟁이 없는 경우, 또는 결정에 비밀을 요하는 경우에 일어난다.

② 집단적 결정

㉠ 공동의 의견을 수렴하여 결정하는 방법으로써 고도의 기술성과 전문성이 요구되거나 구성원들의 참여의식을 높이고자 하는 경우에 일어난다.

㉡ 집단적 결정은 대체로 위원회의 성격을 갖고 이루어지기 때문에 단독결정에 비해 신속하지 못한 경우가 많다.

㉢ 전문성이나 이해관계에 대한 충분한 논의를 거치기 때문에 오류를 줄일 가능성이 높고, 다른 사람의 수용도가 높다.

③ 최근의 의사결정은 개인적 결정에 의해 이루어지기보다는 위원회 등 집단적 결정을 활용하는 추세이다. 대부분의 조직들이 위원회의 형태를 이용하여 전문적 지식이나 정보 또는 자료를 바탕으로 의사결정을 해 나가고, 계층별로 의사를 반영하여 최종적인 의사결정이 이루어지고 있다.

제2절 의사결정의 관점

의사결정은 본질적으로 선택의 행위이다. 이에 따라 모든 의사결정에 관한 이론적 관점은 이 선택이라는 문제를 놓고 그를 어떻게 볼 것이냐 하는 시각과 직접적으로 관련되어 있다. 즉, 선택이란 ① 목표를 달성하기 위한 합리적인 최선의 사고방식이라는 생각(합리적 관점), ② 공동의 목표를 달성하기 위한 관련 당사자들 간의 합의의 결과라는 생각(참여적 관점), ③ 이해집단 간의 타협 혹은 이해집단들의 이익을 극대화하는 방식으로의 협상의 결과라는 생각(정치적 관점), ④ 목표가 명확하지 않은 상황에서 선택의 시기, 관련 당사자, 제기된 문제, 해결방안 등이 복잡하게 엉켜 그 결과로 나타난 하나의 우연적인 현상이라는 생각(우연적 관점)이 의사결정에 관한 4가지 이론적 관점을 형성하고 있다(Esther, 1988).

1 합리적 관점: 합리적 판단으로서의 의사결정

(1) 기본가정

① 이 관점은 **합리성에 대한 절대적인 믿음**에 근거하고 있다.

② 산업혁명과 과학적 관리시대를 거치면서 과학과 합리성에 대한 믿음이 강화되었고, 이에 따라 모든 선택과 의사결정에는 가장 최적의 방식이 항상 존재한다는 생각이 자연스럽게 유포되면서 이 관점이 형성되었던 것이다.

(2) 의사결정

① 의사결정이란 목표달성을 위한 수많은 대안 중에 **최적의 대안을 선택**하는 것이라고 본다.

② 과학적이고 합리적인 의사결정과정, 즉 목표의 세분화, 대안의 확인, 대안의 선택에 따른 결과의 평가, 목표를 극대화하는 대안의 선택 등과 같은 일련의 체계화된 과정과 단계를 거치면 최적의 대안은 언제나 확인될 수 있고 또 선택될 수 있다고 보고 있다.

③ 합리성을 구현하기에 가장 적합한 조직인 **관료제 조직**과, 수직적 조직구조를 가진 위계적인 체제에 의해 운영되는 **중앙집권적 조직**에 적합한 의사결정모형이라고 할 수 있다.

2 참여적 관점: 합의로서의 의사결정

(1) 기본가정

① 참여적 관점은 앞의 합리적 관점과 많은 공통점을 가지고 있다.

② 공동의 목표가 있고, 이를 달성하기 위해 **최선의 선택**을 하며, 체제 내의 작용에 의해 의사결정이 이루어지고, 당위적인 결과를 기대할 수 있다는 가정을 하고 있는 점이 그러하다.

(2) 의사결정

① 이 관점은 의사결정을 **합리적인 이성적 판단보다는 관련 당사자 간의 논의를 통한 합의의 결과**로 보고 있다는 점에서 합리적 관점과 다르다.

② 관료제적 조직보다는 관련자의 능력과 자율이 보장되는 **전문직 조직**에 적합하다. 즉, 공동의 가치에 대한 인식, 전문가의 식견에 대한 신뢰, 관련자들의 합리성에 대한 신뢰 등이 전제되고, 이러한 토대 위에서 결정이 이루어질 수 있는 조직상황에 적합한 의사결정방식인 것이다.

③ **소규모 조직**이나 **대규모 조직 내의 산하 전문가 집단** 등의 결정행위를 분석하는 데에 적합한 의사결정모형이다.

3 정치적 관점: 타협으로서의 의사결정

(1) 기본가정

① 정치적 관점은 어떠한 조직도 특정한 사람들의 결정에 의해서만 움직여 가는 것이 아니라, **다른 여러 가지 요인과 다양한 세력에 의해 그 의사가 결정**되고 그에 의해 움직이고 있다는 현실적인 이유에서 제기되었다.

② 이 관점은 조직에 대하여 영향력을 행사하려는 **수많은 이익집단의 존재를 전제**하고, 의사결정이란 이러한 **이해집단들 간의 타협의 결과**라고 보는 특징이 있다.

(2) 의사결정

① 조직이 달성하고자 하는 목표가 특정하게 존재하는 것이 아니라, **이익집단의 이질적인 목표들이 경쟁하고 타협하여 특정한 목표를 지향**하게 되며, 폐쇄체제가 아닌 **개방체제를 전제**한다는 점에서 합리적 관점이나 참여적 관점과 다르다.

② 달성하고자 하는 의도적인 목표가 있다는 점에서는 앞의 관점들과 같다.

③ **갈등이 항상 존재하고 협상과 타협이 기본적 규칙으로 되어 있는 조직**에 적합한 의사결정모형이라고 할 수 있다.

4 우연적 관점: 우연적 선택으로서의 의사결정

(1) 기본가정

① 결정행위가 어떤 합리적인 사고나 합의 혹은 타협의 산물이라기보다는 **의도하지 않은 어떤 상황이나 사정에 의해 우연적으로 결정**된다는 생각을 표현한다.

② 의사결정이 목표달성을 위한 체계적인 과정에 의해서가 아니라 필연적인 결과와는 무관한 **수많은 요소가 우연히 동시에 한곳에서 모여질 때** 이루어진다는 것이다.

(2) 의사결정

① 의사결정이 **목표달성을 지향한다는 기존의 합리적 가정을 무시**한다.

② 비록 다른 관점과 같이 목표, 조직구조, 합리적 절차, 관련 당사자 등의 의사결정요소들이 사용되기는 하지만, 이 관점은 의사결정이 목표를 달성하기 위한 과정이라는 가정을 부정하고, 여러 가지 요인이 복잡하게 조합된 결과로 나타난 **하나의 우연적인 현상**이라는 점을 강조하고 있다.

③ 목표가 불분명하고 목표달성을 위한 방법적 체제나 관련 당사자의 참여체제가 제대로 정비되어 있지 않은 **'무질서 속의 질서' 혹은 '쓰레기통'**으로 비유되는 특정한 조직상황에 적합한 의사결정 모형이다.

의사결정을 보는 네 가지 관점의 비교

구분	합리적 관점	참여적 관점	정치적 관점	우연적 관점
중심개념	목표달성을 극대화하는 선택	합의에 의한 선택	협상에 의한 선택	선택은 우연적 결과
의사결정의 목적	조직목표 달성	조직목표 달성	이해집단의 목표달성	상징적 의미
적합한 조직형태	관료제, 중앙집권적 조직	전문직 조직	대립된 이해가 존재하고 협상이 용이한 조직	달성할 목표가 분명하지 않은 조직
조직환경	폐쇄체제	폐쇄체제	개방체제	개방체제
특징	규범적	규범적	기술적	기술적

제3절 의사결정의 주요 모형

1 합리모형

(1) 기본입장

① 합리모형(rational model)은 인간의 이성과 합리성에 입각하여 결정을 내리는 것으로, 주로 경제학이나 경영학을 중심으로 논의되어 왔다.

② 이 모형은 의사결정자가 전지전능하다는 가정하에서 최적화된 기준에 따라 문제를 완전히 이해하고, 고려할 수 있는 모든 대안을 포괄적으로 탐색·평가하여 조직의 목표와 목적의 달성을 극대화할 수 있는 가장 합리적인 대안을 선택할 수 있다고 보는 입장이다.

③ 이러한 입장에서는 자원, 정보, 지식 등이 충분하고 이를 바탕으로 합리적으로 최선의 대안을 선택할 수 있다는 것을 전제하고 있다.

(2) 특징

① 합리모형에 근거한 의사결정은 문제의 확인, 목적과 세부목표의 설정, 모든 가능한 대안정립, 대안의 결과 고려, 모든 대안을 목적과 세부목표에 의거하여 평가, 최적의 대안 선택, 결정된 사항의 실행 및 평가 등의 과정을 거친다.

② 합리적 모형은 대부분의 의사결정자가 이러한 과정을 통하여 객관적이며 합리적인 선택이 이루어진다고 보고, 목표달성을 위한 최적의 대안을 선정하기 위한 자료 분석 및 종합 과정에서 계량적 방법이 강조된다.

(3) 평가

인간의 완전한 합리성, 즉 인간은 문제상황의 모든 측면을 이해하고 있고, 이를 해결할 수 있는 모든 대안과 그 결과를 고려할 수 있으며, 그 가운데 최고의 대안을 선택해 낼 수 있다는 것을 전제로 하고 있기 때문에 이상적이고 비현실적인 모형이라고 평가받고 있으며, 현실에 적용하는 데에는 한계가 있다.

2 만족모형

(1) 기본입장

① 만족모형(satisfying model)은 합리모형이 가지고 있는 제약을 극복하기 위하여 인간의 제한된 합리성(bounded rationality), 즉 인간이 가지는 한계를 인식하고 인간의 사회심리적인 측면을 고려하여 의사결정 시 최적의 대안을 선택하기보다는 만족할 만한 대안을 선택한다는 것을 강조하는 모형이다.

② 합리모형과는 달리 만족모형은 **인간이 지니고 있는 문제해결능력이 제한되어 있고, 시간·자원·비용 등도 제한**되어 있다고 보기 때문에 **최적의 선택은 이론적으로만 가능**할 뿐이며, **인간은 제한된 범위 내에서만 합리성을 추구**할 수밖에 없다고 보는 입장이다.

③ 이 모형은 객관적인 자료를 바탕으로 인간은 모든 대안들 가운데 일부 고려 가능한 대안들만을 모색하게 되고, 그러한 대안을 선택했을 때 나타나는 결과 역시 일부만을 예측할 수 있다고 본다.

④ 따라서 인간은 이러한 능력의 한계로 말미암아 최적의 대안을 선택하기보다는 일정 수준의 만족할 만한 기준을 정해 놓고, 여러 가지 대안을 탐색해 나가는 과정에서 '이 정도면 만족스럽다 또는 이 정도면 충분하다'는 주관적·현실적인 수준에서 의사결정을 내리게 된다.

(2) 의사결정

만족모형에 근거한 의사결정은 ① 문제의 인식, ② 만족수준의 설정, ③ 만족수준 이상의 대안 모색, ④ 준거대안으로 설정, ⑤ 제약조건하에서 다른 대안을 준거대안과 비교, ⑥ 최종대안의 채택 등의 과정을 거치게 된다.

(3) 평가

① 만족모형은 만족화 기준을 형성하는 척도가 **의사결정자의 주관에 의존**하고 있기 때문에 **현실에 안주하는 보수적인 관점의 모형**이라 할 수 있다.

② **혁신 또는 창의적인 문제해결방안을 기대하기가 어렵고**, 조직의 차원보다는 **개인의 차원에서 의사결정과정을 이해하는 데 적합**한 모형이라 할 수 있다.

3 점증모형

(1) 기본입장

① 점증모형(incremental model)은 기존의 **합리모형이 가진 비현실성을 비판**하고, 실제 의사결정의 과정에서 나타나고 있는 현상을 설명하고자 **린드블롬(Lindblom)**이 제시한 전략이다.

② 이 모형은 의사결정 시 현실을 긍정하고 이전의 상태보다 다소 향상된 대안을 추구하는 모형으로, 치명적인 결함이나 근본적인 문제점이 발견되지 않는 한 이전의 전략이나 결정을 획기적으로 바꾸기보다는, **기존의 틀 혹은 정책의 기조는 견지한 상태에서 한 걸음 혹은 한 단계 수정하여 이전보다 향상된 혹은 개선된 수준에서의 대안을 선택**해 나가는 방식이다.

(2) 특징

점증모형의 특징은 다음과 같다(Lindblom, 1965: 144-148).

① 대안의 탐색에서 기존의 정책과 크게 다르지 않고 조금 향상된 소수의 대안을 비교함

② 대안의 분석, 결과의 분석에서도 분석이 가능한 대안만을 대상으로 함

③ 설정된 목표는 대안의 선택과정에서 재조정 또는 수정함
④ 기본 목표는 그대로 두고 현재보다 조금 나은 한계적 차이만을 검토함
⑤ 올바른 대안이 나타나지 않으면 계속적인 분석과 평가를 통하여 당면 문제를 검토함

(3) 평가

① 이 모형은 과거의 관례나 기존의 정책을 바탕으로 하여 구체적이고 실제적인 소수의 대안들을 계속해서 비교해 나가는 과정을 거쳐 최종적인 대안을 선택해 나가는 방식이기 때문에 **다소 보수적이고 소극적**이라는 비판을 받고 있다.

② 실제 교육조직이 처한 상황이나 여건을 충분히 고려하여 기존 정책과의 일관성을 찾고, 변화에 따른 충격을 최소화할 수 있으며, 현재의 수준보다는 더 나은 개선책을 모색할 수 있다는 점에서 현실적으로 가장 많이 활용되는 의사결정모형이라고 할 수 있다.

4 혼합모형

(1) 기본입장

① 혼합모형은 **합리모형과 점증모형의 약점을 보완하여 전자의 이성적 요소와 후자의 현실적·보수적 특성을 적절히 혼합**하여 의사결정이 이루어진다고 보는 입장으로, 에치오니(Etzioni)에 의해 제안되었다.

② 이 모형은 기본적인 방향의 설정과 전체의 윤곽은 광범위하게 포괄적으로 검토하면서, 그 가운데 특별한 관심을 기울여야 할 부분에 대해서는 면밀한 검토과정을 거쳐 결정하는 방식, 즉 **합리모형과 점증모형의 장점을 혼합하는 대표적인 방식이다.**

(2) 평가

① 혼합모형은 의사결정의 과정이 다소 불분명하다.

② 합리모형과 점증모형을 절충한 모형이라고 하지만, 의사결정자의 기본방향에 대한 통제의식을 제외하면 점증모형과 크게 다를 것이 없으며, 현실적으로 의사결정과정에서 혼합모형을 순서적으로 따르는 데 한계가 있다는 비판이 가해지고 있다.

5 쓰레기통모형

(1) 기본입장

① **쓰레기통모형은 보다 복잡하고 혼란한 상황, 즉 조직화된 무정부조직 상태나 느슨한 조직에서 의사결정이 이루어지는 행태를 설명하기 위해 코헨(Cohen), 마치(March)와 올센(Olsen)이 제안**한 모형이다.

② 학교조직은 다른 조직과 달리 **목표가 불명확하고 구성원의 참여가 유동적이며 불분명한 기술**을 가지고 있다는 특징이 있으며, 이러한 유형의 조직에서 의사결정의 각 단계는 **모호성을 수반하고, 조직 내에서 이루어지는 원인과 결과 간의 관계도 사실상 확인하기가 쉽지 않다.**

③ 이 모형은 완전한 정보를 바탕으로 다양한 대안을 검토하고 그중에서 가장 알맞은 것을 선택해 나가는 일련의 보편적인 조직의 의사결정 행태와는 다르게, **조직화된 무정부조직 상태에서 문제, 해결책, 선택기회 및 참여자라는 4가지 요소가 독자적으로 움직이다가 어떤 우연한 사건을 계기로 교차하여 결합하게 될 때 결정이 이루어지는 상황**을 설명하는 모형이다.

(2) 4가지 요소

① 문제: 일상생활에서 주의를 필요로 하거나 불만족되고 있는 요소로, 해결책을 이끌어 낼 수도 있고 그렇지 않을 수도 있으며, 해결책이 선택되었다고 문제가 반드시 해결되는 것은 아니다.

② 해결책: 채택을 위해 이미 제안되어 있는 것으로, 문제와는 별개로 존재할 수 있으며, 어떤 경우엔 해결책이 먼저 발견되고 이것이 오히려 해결해야 할 문제를 찾는 경우도 있다.

③ 선택기회: 특정 개인이나 조직이 의사결정을 하리라 기대하는 경우를 말하며, 참여자에 의해 우연히 특정 시간에 여러 가지 문제와 해결책들이 뒤섞이는 과정에서 문제와 해결책이 서로 결합하는 상태를 말한다.

④ 참여자: 문제를 알건 모르건, 해결책을 알건 모르건 간에 결정에 관여하는 모든 사람을 의미하며, 결정의 전 과정에 걸쳐 유동적이기 때문에 문제 및 해결책이 빠르게 변할 수 있다.

(3) 특징

여러 종류의 쓰레기가 우연히 한 쓰레기통에 모이듯이 **문제, 해결책, 선택기회 그리고 참여자**라는 개별적인 구성요소가 시간의 흐름에 따라 서로 다른 통 안으로 들어와서 우연히 한곳에서 결합하게 될 때 의사결정이 이루어진다. 이러한 쓰레기통모형의 특징은 다음과 같다.

① 조직의 목적은 사전에 설정되는 것이 아니라 **자연스럽게** 나타난다.

② 수단과 목적은 **독립적으로 존재하며, 우연 또는 생각지 못했던 기회**에 서로 연결된다.

③ **문제와 해결책이 조화**를 이룰 때 좋은 의사결정이 이루어진다.

④ 의사결정은 합리성보다는 **우연성에 기초**하여 이루어진다.

⑤ 의사결정자들은 조화를 이루는 것을 찾기 위해 **기존의 해결책, 문제, 참여자 및 기회를 탐색**한다.

(4) 평가

① 쓰레기통모형은 존재하지도 않는 문제에 대해 해결책이 제안될 수 있는 이유, 문제를 해결하지 않으면서도 선택이 이루어지는 이유 그리고 해결되는 문제가 거의 없는 이유를 설명하는 데 도움을 준다.

② 이 모형이 전제하고 있는 조직화된 혼란상태가 조직의 모든 결정형태에서 발견되는 것이 아니라는 점에서 모든 조직에서 일어나는 보편적인 의사결정의 행태를 설명하기에 한계성을 보인다.

합리, 만족, 점증 및 혼합 의사결정모형 비교

구분	합리모형(고전모형)	만족모형(행정가모형)	점증모형	혼합모형
목표－대안관계	목표가 대안개발 전에 설정	목표는 보통 대안개발 전에 설정	목표설정과 대안개발이 혼재	광범위한 정책지침이 대안개발 전에 설정
의사결정	• 의사결정은 수단－목표의 분석 • 먼저 목적이 정해지고 그 다음 목표달성을 위한 수단 추구	• 의사결정은 전형적으로 수단－목표의 분석 • 그러나 분석결과에 따라 목표가 변하기도 함	수단－목표는 분리할 수 없기 때문에 수단－목표 분석은 부적절	의사결정은 광범위한 목표와 잠정적 수단에 초점
의사결정의 준거	좋은 결정은 목표달성을 위한 최상의 수단을 제시해 주는 것(최적화)	좋은 결정은 목표달성을 위한 만족할 만한 수단을 제시해 주는 것(만족화)	현재의 과정이 잘못된 것으로 밝혀졌을 때 그 대안이 올바른 방향에 있음을 사결정자들이 동의하는가? (계속적 비교)	조직의 정책에 부합하는 만족스러운 의사결정을 이끌어 낼 수 있는가? (적응적 만족)
대안탐색	포괄적 분석, 모든 대안과 결과를 고려	합리적인 대안이 확인될 때까지 문제 탐색	• 탐색과 분석을 극도로 제한 • 현 상태와 유사한 대안에 초점을 두며, 많은 대안과 중요한 결과가 무시됨	• 탐색과 분석을 문제와 직접 관련된 대안으로 제한 • 그러나 광범위한 정책의 관점에서 잠정적 대안을 평가
이론의존도	이론에 크게 의존	이론과 경험에 의존	계속적 비교가 이론의 필요성을 줄이거나 필요하게 함	이론, 경험 및 계속적 비교를 함께 사용

제4절 의사결정과 참여

1 구성원 참여의 장점

(1) 의사결정에 구성원들을 참여시키면 불만을 해소시킬 수 있다.

(2) 개인으로 하여금 조직과의 일체감을 증대시킨다.

(3) 과업과 관련하여 사명감과 책임감을 더 쉽게 느끼도록 한다.

(4) 직무만족과 사기를 제고시키는 데 효과적이고, 결정에 대한 반감을 줄이고 공감을 얻을 수 있다.

(5) 보다 순조로운 수행을 보장하며, 구성원들의 발전에 기여한다.

(6) 결정이 실천될 경우, 조직의 목적달성이 용이해진다.

2 의사결정의 참여모형

(1) 브리짓(Bridges)의 참여적 의사결정

① 기준

㉠ 브리짓(Bridges, 1967)은 의사결정에 **구성원을 참여시키는 기준**을 제시하였다.

㉡ 참여의 문제는 어떤 문제에 대한 의사결정이 조직구성원들에 의해 기꺼이 받아들이는 **'수용영역에 있느냐 아니면 수용영역 밖에 있느냐'**와 밀접한 관련이 있다.

㉢ 조직구성원을 참여시킬 것이냐의 여부는 **'적절성(구성원들이 그 결정에 대하여 높은 개인적 이해관계를 가지고 있는가)'**과 **'전문성(구성원들이 문제를 규명하고 해결하는 데 있어 어느 정도 유용하게 기여할 수 있는가)'**의 두 가지 준거를 기초로 결정되며, 적절성과 전문성 기준에 따라 구성원들의 참여 여부를 결정하는 4가지 의사결정상황이 나타난다고 보고 있다.

② 의사결정상황

상황 1	• 구성원이 결과에 대해 전문성과 개인적 이해관계를 모두 가지게 될 때 의사결정은 수용영역 밖에 있다. • 참여단계도 초기단계인 문제의 인지부터 적극적으로 참여시킨다. • 의사결정방식은 의회식이 바람직하다. 의회식이란 다수결의 원칙에 따르는 방법으로, 행정가도 다른 참여자와 동등한 입장에서 한 표의 권리를 행사하는 방식이다. • 행정가의 역할은 소수의 의견도 잘 반영하는 데 역점을 두고 있다.
상황 2	• 구성원이 결과에 대해 이해관계는 가지고 있으나 전문성이 없을 경우, 의사결정은 수용영역의 한계조건에 있게 된다. • 이때 구성원들을 가끔 참여시키며, 참여단계도 최종대안을 선택할 때 제한적으로 참여시킨다. • 참여의 목적은 이해를 구하고 설득·합의를 도출하여 저항을 최소화하기 위해서이다. • 의사결정의 참여방식은 민주적·중앙집권주의적 방식이 바람직하다. • 이 방식은 구성원의 의견과 아이디어를 청취하고 최대한 반영하되, 최종결정은 행정가가 내리는 방식이다. • 행정가의 역할은 문제해결, 통합, 의견일치 그리고 저항을 줄이는 데 역점을 두어야 한다는 것이다.
상황 3	• 구성원이 이해관계는 가지고 있지 않고 전문성이 있는 경우이다. • 한계조건에 있으며, 구성원을 제한적으로 참여시키는 것이 바람직하다. • 이때 참여의 목적은 질 높은 아이디어나 정보를 얻기 위해서이며, 대안의 제시나 결과의 평가단계에서 참여시킨다. • 상황 2처럼 민주적·중앙집권주의적 방식이 바람직하고 행정가의 역할은 상황 2와 같다.
상황 4	• 구성원이 전문성도 없고 이해관계도 없을 경우, 의사결정은 수용영역 내부에 있게 된다. • 이런 경우에는 구성원을 참여시킬 필요가 없다.

Bridges의 참여적 의사결정모형

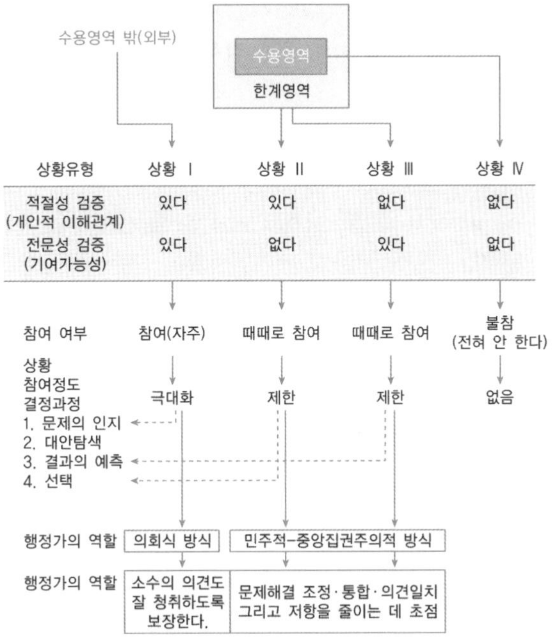

(2) 브룸(Vroom)과 예튼(Yetton)의 의사결정방법

브룸과 예튼(1973)은 의사결정 시 지도자가 구성원들을 어느 정도까지 참여시킬 것인지를 상황에 비추어 결정해야 한다고 주장하면서, 상황에 따른 지도자의 의사결정 유형을 다음과 같이 5가지로 제시하였다.

A1형 (autocratic 1, **독재1형 또는 순수독재형**)	지도자가 자신이 가진 정보를 이용하여 단독으로 결정하거나 문제를 해결하는 유형이다.
A2형 (autocratic 2, **독재2형 또는 참고독재형**)	지도자가 구성원들로부터 얻은 정보를 바탕으로 단독으로 결정하거나 문제를 해결하는 유형이다.
C1형 (consultative 1, **자문1형 또는 개별협의형**)	지도자가 구성원과 일대일의 관계에서 문제를 공유하고 의견을 들은 후 결정한다. 최종 결정에는 구성원의 의견이 반영될 수도 있고 그렇지 않을 수도 있다.
C2형 (consultative 2, **자문2형 또는 집단협의형**)	지도자가 집단토론을 통해 아이디어나 제안을 얻고 문제를 공유하지만, 결정은 지도자가 단독으로 행하는 경우이다. 최종결정에는 부하의 의견이 반영될 수도 있고 반영되지 않을 수도 있다.
G2형 (group 2, **집단2형 또는 위임형**)	지도자가 구성원 집단과 문제를 공유하고 모든 토론자는 대안을 제시하며 평가할 수 있다. 지도자는 압력을 가하지 않으며 공동결정된 사항을 이행한다.

(3) 호이(Hoy)와 타터(Tarter)의 참여적 의사결정

① 경계적 상황 : 호이와 타터(2003)는 브리짓의 참여적 의사결정모형을 발전시켜 **관련성 검증과 전문성 검증 그리고 구성원들의 헌신에 대한 검증**에 따라 수용영역의 한계범위인 경계적 상황을 다음과 같은 5가지로 제시하였다.

민주적 상황	• 의사결정이 수용영역 밖에 있고 구성원들의 헌신이 있다면 그들을 광범위하게 참여시켜야 한다. • 이 상황에서 유일한 쟁점은 의사결정을 합의로 할 것이냐 혹은 다수결로 할 것이냐의 문제다.
갈등적 상황	• 의사결정이 수용영역 밖에 있고 구성원의 헌신이 없다면 발생되는 상황이다. • 조직의 복지와 일치하지 않는 방향으로도 나아가게 하기 때문에 참여가 제한되어야 한다.
이해관계자 상황	• 구성원들이 쟁점에 대해 개인적인 이해관계를 가지고 있지만 전문성이 부족하면 발생하는 상황이다. • 구성원들의 참여는 제한되어야 하고 가끔씩 참여가 이루어져야 한다.
전문가 상황	• 구성원들이 결정에 대해 아무런 개인적인 이해관계를 가지고 있지 않지만 전문성을 가지면 발생하는 상황이다. • 참여는 가끔 제한적으로 이루어져야 하며, 이 상황에서 행정가들은 질 높은 결정을 할 수 있는 기회는 많아지지만, 구성원들을 무차별적으로 참가시키면 소외감이 증대될 수 있다.
비협력적 상황	• 결정사항이 구성원들과 관련성이 없고 전문성을 가지고 있지 않다면, 의사결정은 수용영역에 포함되어 참여를 피해야 한다. • 구성원들은 일반적으로 관심이 없기 때문에 참가하는 것에 불쾌감을 나타낼 수 있다.

② 의사결정의 구조: 이와 같은 상황에서 지도자가 구성원들을 의사결정에 참여시키기로 결정을 하였다면, 그 다음은 어떻게 참여시킬 것인가 하는 문제를 고려하게 된다. 이를 의사결정의 구조라고 하며, 호이와 타터는 다음의 5가지 의사결정의 구조를 제시하였다.

합의	행정가는 구성원들을 의사결정에 참여시킨 다음 집단이 결정한다. 모든 집단의 구성원들은 결정하고 평가할 때 똑같이 참여하나, 전체 합의가 있어야만 결정이 이루어질 수 있다.
다수결	행정가는 구성원들을 의사결정에 참여시키고 집단이 다수결의 원리로 결정한다.
집단자문	행정가는 전체 집단의 의견을 경청하고, 집단 제안들의 함의를 논한 후 구성원들의 욕구를 반영하거나 반영하지 않겠다는 결정을 한다.
개별적 자문	행정가는 결정사안에 대해 잘 알 수 있는 구성원들과 개별적으로 상의한 다음에 그들의 의견을 반영하거나 반영하지 않겠다는 결정을 한다.
일방적 결정	행정가는 구성원의 자문이나 참여 없이 결정한다.

③ 지도자의 역할: 효과적인 의사결정이 이루어지기 위해 지도자는 주어진 상황과 의사결정의 구조를 종합적으로 고려해 나가면서 자신의 역할을 수행해 나가야 한다. 참여적 의사결정을 위해 지도자는 다음과 같은 역할을 수행하게 된다.

통합자(integrator)	의사결정의 합의를 얻기 위하여 구성원들을 불러 모아서 다양한 의견과 관점을 조화시킨다.
의회인(parliamentarian)	소수의 의견을 보호함으로써 개방적 의사소통을 촉진하고, 민주적 과정을 통해 참여자들을 집단결정을 이끌어 내기 위해 지도한다.
교육자(educator)	결정의 쟁점과 그 제약요인을 집단구성원에게 설명하고, 그들과 협의함으로써 변화에 대한 저항을 줄이고 결정을 수용하도록 한다.
간청인(solicitor)	전문가인 구성원들로부터 조언을 구한다. 행정가가 관련 정보의 산출을 인도할 때 결정의 질은 향상된다.
지시자(director)	구성원들이 전문지식이나 개인적 이해관계가 없는 경우에 단독으로 의사결정을 한다.

제5절 의사소통

1 의사소통의 개념 및 기능

(1) 개념

① 의사소통(communication)이란 생각이나 아이디어, 감정 등 의도하는 것을 다른 사람(들)과 교환해 나가는 과정이다.

② 의사소통은 어느 곳에서나 일어나고 있으며, 조직관리의 과정에서 계획과 지시, 통제, 보고부터 효율적인 업무의 수행을 위한 각종 전달, 건의 등에 이르기까지 거의 모든 활동을 해 나가는 데에서 의사소통은 필수적인 요소다.

③ 구성원들 간의 원활한 의사소통은 의사결정을 합리화하고 과업을 효율적으로 집행하게 해 준다.

④ 원활한 의사소통은 효과적이고 성공적인 의사결정의 기초가 된다. 특히, 문제의 인지를 가져오는 자극을 탐지할 때, 문제의 진단에 필요한 정보와 대안탐색에 필요한 정보를 구할 때, 의사결정의 결과를 보고하고 전파시킬 때 그리고 의사결정과정 자체의 진행을 통제할 때에는 의사소통과정에 절대적으로 의존하게 된다.

(2) 기능

① 조정 및 통제: 의사소통은 구성원의 행동을 일사분란하게 하고 질서를 확보하는 수단으로, 구성원의 직무와 관련하여 책임과 권한의 소재를 명확하게 규정하는 것과 관련되어 있다.

② 합리적 의사결정: 의사소통의 내용이 정확하고 신속·적절하며, 그 정보의 질이 우수할 경우, 의사결정의 질을 높일 수 있다.

③ 조직통솔 및 리더십: 구성원을 통솔하고 조직목표에의 공헌과 추종을 유도할 수 있다.

④ 사기앙양 및 동기유발: 구성원을 자극하고 격려함으로써 구성원의 동기유발과 사기를 높일 수 있고, 조직목표 달성을 위한 구성원 간의 협동과 몰입을 불러일으킬 수 있다.

2 의사소통의 유형 및 형태

(1) 의사소통의 유형

의사소통은 의사소통이 이루어지는 방향, 방법, 형식 등에 따라 다음과 같이 다양한 양태로 나타난다.

① 의사소통의 방향에 따른 분류

일방적 의사소통	지시, 명령, 공문 하달과 같이 주로 상위에서 하위로의 의사소통을 의미
쌍방적 의사소통	송신자와 수신자 간에 피드백이 가능하게 하는 의사소통을 말하며 대화, 질의, 토론, 수업 등이 예
하향적 의사소통	조직 내의 지휘·명령계통에 따라 상사가 부하에게 메시지를 전달하는 의사소통
상향적 의사소통	부하가 상사에게 메시지를 전달하는 의사소통
수직적 의사소통	의사소통이 상하로 이루어지는 것
수평적 의사소통	조직 내에서 같은 계층에 있는 개인 또는 부서 간에 이루어지는 상호 작용적 의사소통

② 의사소통의 방법에 따른 분류

언어적 의사소통	• 구두에 의한 의사소통: 즉시성과 대면성이 특징 • 문서에 의한 의사소통: 정확성과 보존성이 특징
비언어적 의사소통	• 자세, 몸짓, 얼굴표정, 복장 등을 통한 의사소통 • 침묵, 복장의 모양과 색상, 사무실의 위치나 크기 및 집기의 배열, 청결, 실내장식 등도 이에 해당

③ 공식적 의사소통과 비공식적 의사소통

공식적 의사소통	• 공식적인 구조와 채널을 통해 이루어지는 의사소통 • 권한관계가 명확해지고, 의사소통이 편리해지며, 발신자와 수신자가 명확하여 책임 소재가 분명해짐 • 융통성이 없고, 의사소통의 속도가 느리며, 직원들의 복잡한 욕구나 감정을 전달할 수 없음
비공식적 의사소통	• 자연발생적으로 형성된 인간관계와 사회관계를 중심으로 이루어지는 의사소통 • 비교적 솔직하게 전달할 수 있으므로 지도자에게 유익한 정보를 전달하는 수단이 되며, 공식적 의사소통으로 전달할 수 없는 감정 등을 표현할 수 있으므로 조직구성원들의 만족감을 높여줌 • 통제하기 어렵고, 경우에 따라서는 왜곡되고 정확하지 못한 정보를 유통시키기도 함

(3) 의사소통의 형태(망)

① 조직구성원은 자신의 과업과 규범 그리고 작업조건과 개인적 특성을 중심으로 자신에게 가장 적합한 의사소통의 형태를 구성하게 되는데, 이를 의사소통의 망이라 한다.

② 의사소통망은 정보의 흐름을 연결하는 개인으로 구성된 의사소통의 상호 연결구조로, 의사소통의 집중 또는 분산과 밀접한 관련이 있다.

③ 각각의 의사소통망은 상황에 따라 그 효과가 달라진다. 의사소통이 집중되는 구조는 바퀴형과 연쇄형이며, 의사소통이 가장 분산되어 있는 구조는 상호연결형과 원형이다.

④ 집중형이 단순 과업수행에 효과적인 반면, 분산형들은 복잡한 과업수행에 보다 효과적이다. 구성원의 만족도는 집중형보다 분산형이 상대적으로 높다.

바퀴형	• 구성원들 간에 중심인물이 있어 그에게 모든 정보가 집중되는 형태이다. • 중심인물로 하여금 정보획득을 용이하게는 하지만 업무가 복잡할 때는 효과를 기대하기 어렵다.
연쇄형	• 발신자와 수신자가 일직선으로 연결된 형태로, 종형와 횡형으로 구분된다. • 횡형은 정보전달방법에 따라서 중간에 위치한 구성원이 중심적인 역할을 수행하는 반면, 종형은 정보가 단계적으로 최종 중심인물에 집결되는 경우에 구성원들 간의 엄격한 서열관계가 존재할 수 있다. • 이 형태는 효율성의 정도가 낮은 편이며, 중심인물을 제외한 구성원의 직무만족도 역시 비교적 낮은 편에 해당한다.
Y자형	• 두 사람 이상의 직접적인 의사소통의 경로가 있는 사람과 그렇지 않은 사람들이 섞여 있는 원형과 같이 뚜렷한 중심인물은 존재하지 않는다. • 대다수 구성원의 대표적인 지도자가 존재하는 경우에 나타나는 형태이다. • 이 유형에서 지도자에 대한 집중도는 중간 정도이며, 계선과 참모의 혼합집단에서 자주 보인다.
원형	• 의사소통의 목적과 방향이 없고 개방적인 형태로, 모든 사람이 동일한 수의 직접적인 의사소통의 경로를 가지고 있다. • 문제가 복잡하고 목적이 분명할수록 효율성과 만족도가 높게 나타나지만, 정보전달과 수집, 상황의 종합적인 파악 및 문제해결이 더디다는 단점이 있다.
완전연결형	• 비공식적 의사소통에서 형성되는 의사소통망의 형태이다. • 특정한 중심인물이 없고, 개개인 모두가 의사소통을 주도한다. • 문제해결에 시간이 많이 걸리나, 구성원의 만족도는 높다.

3 의사소통의 주요 기법: 조하리의 창

(1) 기본개념

① 조하리의 창(Johari Window)은 **자아개방(self-disclosure)과 피드백**이라는 두 가지 개념을 설명하기 위해 러프트(Luft)와 잉햄(Ingham)에 의해 고안된 의사소통기법이다.

자아개방	자신의 입장을 분명하게 보여 주고, 남에게 자신을 보여 줌으로써 타인으로 하여금 나를 알 수 있도록 하는 행위를 말한다.
피드백	나에 대한 정보를 타인을 통해 얻게 되는 행위를 뜻한다.

② 인간은 누구나 자기 자신에 대한 정보를 알고 있는 부분도 있고 그렇지 못한 부분도 있다. 또한 자신에 대한 정보가 타인에게 잘 알려져 있는 부분도 있고 그렇지 못한 부분도 있다.

③ 이들의 결합관계에 따라 인간은 다른 사람과 의사소통을 할 때 영향을 주는 자신에 관한 4가지 종류의 정보에 대해 알 수 있다.

④ 조하리의 창을 통해 인간은 **자기인식의 수준과 타인으로부터의 수용 정도**를 알 수 있다.

(2) 구성

조하리의 창은 개방의 영역(민주형), 미지의 영역(독단형), 비밀의 영역(과묵형) 그리고 무지의 영역(폐쇄형)으로 구성되어 있다.

개방의 영역	• 자신에 관한 정보를 본인과 타인이 모두 잘 알고 있는 영역이다. • 다른 사람과의 인간관계가 성숙해지면 이 영역이 커지면서 효과적인 의사소통이 가능해지며, 민주형에 가까운 영역이다.
무지의 영역	• 자신에 대하여 남들은 알고 있는데, 정작 본인은 모르고 있는 정보로 구성되어 있다. • 예를 들면, 다른 사람은 자신을 거만하고 비사교적인 사람으로 인식하고 있는데, 당사자는 자신을 친절하고 개방적인 사람으로 인식하고 있는 독단형이 이에 해당한다. • 이러한 독단형은 의사소통에서 자기 이야기는 많이 하면서 상대방의 이야기에는 귀를 기울이지 않는다. 즉, 자기 주장은 강하게 하면서 상대방의 의견에 대해서는 불신하고 비판적이며 수용하지 않으려 한다.
비밀의 영역	• 자기 자신에 대해 다른 사람들은 전혀 모르고 있고, 본인만이 알고 있는 정보로 구성되어 있다. • 마음의 문을 닫고 자기에 관해서 남에게 내보이지 않는 과묵형이 이에 해당한다. 과묵형은 자기의 생각이나 감정은 표출시키지 않으면서 상대방으로부터 정보를 얻기만 하려고 한다.
미지의 영역	• 나에 대해서 자기 자신은 물론 타인도 모르는 정보로 구성되어 있으며, 자신을 포함해서 어느 누구도 특정 개인을 완전히 알 수 없기 때문에 이 영역은 결코 없어지지 않는다. • 만약 어떤 사람이 자기노출과 피드백을 최소로 사용한다면 그 사람의 의사소통은 폐쇄형이 된다. • 폐쇄형은 자기의 의견을 노출시키지도 않으며, 상대방으로부터 의견을 들으려고 하지도 않는다.

(3) 효과적인 의사소통

① 효과적인 의사소통을 위해서는 자아개방이 매우 중요하다.

② 자아개방은 의사소통에서 전달자가 과업을 추진하는 데 꼭 필요하고, 또한 마음을 열고 의사소통을 할 수 있는 느낌을 주기 위해 필요한 정보를 우선적으로 제공해 주는 것을 말한다.

③ 피드백은 자신이 전달한 정보를 정확하게 전달받고 이해했는가를 보여 주는 신호라는 측면에서 필수적이다.

④ 효과적인 의사소통을 위해서는 자아개방과 피드백이 활성화되어 있는 개방의 영역을 넓혀 가는 것이 바람직하다.

조하리의 창

피드백 / 자아개방	타인의 정보가 자신에게 알려짐	정보가 자신에게 알려지지 않음
정보가 타인에게 알려짐	개방(open) / 민주형	무지(blind) / 독단형
정보가 타인에게 알려지지 않음	비밀(hidden) / 과묵형	미지(unknown) / 폐쇄형

4 효과적인 의사소통의 원리

효과적인 의사소통은 조직구성원 간의 인간관계를 활성화시키고, 만족도를 높이며 궁극적으로 조직의 성과를 높이는 데 기여한다. 의사소통이 그 기능을 다하기 위해서는 효과적인 의사소통의 원리를 이해할 필요가 있다. 레드필드는 효과적인 의사소통을 위한 원리를 다음과 같이 8가지로 제시하였다(Redfield, 1958).

명료성	의사전달의 내용이 명확해야 한다.
일관성 또는 일치성	조직 내에서 전달되는 정보에 모순이 없어야 한다.
적시성	의사전달이 가장 효율적으로 이루어질 수 있는 적정한 시기를 놓쳐서는 안 된다.
분포성	의사소통이 시작되는 지점에서 목적지까지 모든 정보가 의사소통의 대상에게 골고루 도달되어야 한다.
적량성	과다하지도 과소하지도 않은 적당량의 정보를 전달해야 한다. 과다할 경우에는 의사소통에 혼란이 생길 수 있고, 과소할 경우에는 의사소통에 영향을 미칠 수 없다.
적응성(융통성)	구체적인 상황에 적응할 수 있는 현실적합성을 갖춰야 한다.
통일성	조직구성원 전체가 동일하게 받아들이는 표현을 사용해야 한다.
관심과 수용	발신자가 수신자의 주의와 관심을 끌 수 있어야 하고, 수신자에게 정보가 수용될 수 있도록 의사소통이 적절하게 이루어져야 한다.

5 의사소통의 장애요인과 극복방안

(1) 전달자와 피전달자에 의한 장애요인

① 가치관·사고기준의 차이로 인하여 같은 의사소통내용에 대하여 서로 다른 해석을 가하는 경우

② 지위상의 격차로 인하여 의사소통이 여러 단계를 거치는 동안 의사소통내용이 왜곡되는 경우

③ 전달자의 의식적 제한으로, 예를 들어 보안상의 문제로 의사소통의 비밀을 유지하는 경우
④ 전달자의 자기방어기제로서 의사소통에 있어서 전달자가 자기 스스로에게 불리한 사실은 은폐하고 소통시키지 않는 경우
⑤ 전달자에 대한 불신이나 편견
⑥ 원만하지 못한 인간관계나 능력부족

(2) 수단 및 매개체에 기인하는 장애요인

① 의사소통의 내용이 양적으로 과다하여 내용파악이 곤란한 경우
② 의사소통의 내용이 정보의 유실과 불충분한 보존으로 인하여 내용파악이 곤란한 경우
③ 언어와 문자 자체의 한계에서 비롯되는 경우

(3) 조직구조에서 기인하는 장애요인

① 집권적 계층구조로서 수직적인 의사전달이 제한받는 경우
② 조직 간의 할거주의로 인하여 수평적 의사전달을 저해받는 경우
③ 비공식조직의 역기능으로, 소문·풍문 등에 의하여 의사소통이 왜곡되는 경우
④ 의사소통 채널의 부족으로 개방도가 미흡한 경우
⑤ 의사소통의 집권화(집중도)로 인하여 의사소통의 권한이 특정인에게 집중되어 의사소통의 흐름이 저하되는 경우

(4) 의사소통의 장애요인 극복: 개인 수준

① 반복
㉠ 같은 내용의 메시지를 여러 경로(전화, 면담, 메모, 편지, 이메일 등)를 통해서 반복하여 전달함으로써 의사소통장애를 피할 수 있다.
㉡ 같은 내용을 다양한 채널을 이용하여 전달하는 반복의 방법은 가장 흔히 사용되는 효과적인 의사소통방법이다.

② 감정이입
㉠ 효과적인 의사소통은 수신자가 메시지를 받고 어떻게 반응할 것인지를 발신자가 예견하는 것을 의미한다.
㉡ 이를 위해서 수신자가 메시지를 받고 이를 해석하는 심리적 기제를 이해해야 한다.
㉢ 상대방의 입장에서 그가 메시지를 기호화하고 해석하는 것을 알아야 한다는 것이다.
㉣ 타인의 의사소통의 심리적 기제를 이해하는 것을 감정이입이라 하며, 그것은 의사소통장애를 극복하는 효과적인 방법이다.

③ 이해

㉠ 효과적인 의사소통이라고 하는 것은 단순히 메시지의 전달에 그치는 것이 아니라, 그 메시지가 무엇을 담고 있는가를 이해하는 것이다.

㉡ 메시지가 담고 있는 내용을 상대방이 이해할 수 있는 언어(문장과 말)로 진달하는 것이 중요하다.

④ 피드백

㉠ 수신자의 메시지 이해 정도를 확인하는 과정으로, 이는 수신자와 발신자 사이에 메시지에 대한 상호이해를 증진시키는 역할을 한다.

㉡ 쌍방적 의사소통에서는 일방적 의사소통에서 보다 피드백이 활발히 이루어진다. 일방적 소통에서도 상호이해의 증진을 위해서 피드백의 기회는 주어져야 한다.

㉢ 하향적 의사소통에서 메시지의 전달을 확인하고 수신자로부터 피드백을 받는 노력이나, 상향적 의사소통에서 하부구성원의 참여를 확대시키는 것은 피드백을 촉진시킬 수 있는 방법이다.

㉣ 문자에 의한 의사소통보다는 면대면 의사소통에서 피드백이 활발히 이루어지므로, 두 가지 의사소통방법을 함께 사용하는 것이 효과적이다.

⑤ 경청

㉠ 효과적인 의사소통은 이해시키는 것과 마찬가지로 이해하는 것이다. 이해는 경청을 통해서 가능하다.

㉡ 상대방의 말을 잘 듣는 과정을 통해서 수신자는 발신자의 메시지를 이해할 수 있고, 발신자는 수신자의 피드백을 이해할 수 있는 것이다.

㉢ 학교관리자는 다른 사람의 말을 경청함으로써 경영을 하는 데 필요한 정보를 얻을 수 있고, 다른 사람으로부터 존경과 신뢰감을 획득할 수 있다.

㉣ 경청은 대인관계를 향상시키고, 지원적 분위기를 조성하며, 다른 사람에 대한 존중을 높이고, 생산적인 환경을 조성하며, 유능한 학교관리자가 될 수 있도록 돕는다.

(5) 의사소통의 장애요인 극복: 조직 수준

① 조직구조

㉠ 일반적으로 위계구조가 높은 조직일수록 정보의 흐름이 비효율적이고 정보가 왜곡되어 전달될 개연성이 높다.

㉡ 이러한 조직에서는 횡적 의사소통이 보다 유리하다. 즉, 계층단계가 많은 조직에서는 동료 간의 횡적 의사소통이 좋고, 상향적 또는 하향적 의사소통은 약하고 왜곡된다.

㉢ 위계구조가 낮은 조직에서는 상하 의사소통이 쉽고, 직접적 대화가 쉽게 이루어지며, 의사소통을 굴절시키는 단계가 거의 없어 효과적인 의사소통이 이루어질 수 있는 장점이 있다.

② 지위차이

㉠ 상하관계는 자유스러운 수직적 의사소통을 제한한다.

㉡ 상위직은 의사소통의 요구를 많이 받지만, 주로 자신의 주변 사람과 정보를 교환하고 하위직과는 제한적 수준의 의사소통을 한다.

㉢ 하위직은 상위직과의 의사소통을 꺼리는 측면도 있다. 그래서 직위의 차이가 커지면 의사소통은 줄어들고 상위직은 하위직과 대화할 기회가 적어진다.

㉣ 상위직에 있는 사람들은 하위직에 있는 사람들과 대화할 기회를 의식적으로 확대하는 노력을 해야 한다.

③ 통신망

㉠ 의사소통을 촉진하기 위한 개인과 개인, 개인과 집단을 연결하는 다양한 의사소통망의 발달, 미래의 불확실성 등은 정보의 요구와 양을 증대시키고 있다.

㉡ 정보량의 증대는 정보의 처리에 부담을 주어 여러 가지 문제, 예컨대 생략, 처리실수, 지연, 여과, 대충 훑어보기 등의 정보처리 문제를 발생시키고 있다.

㉢ 효율적인 정보처리와 선택체제를 수립하는 것이 정보화 시대에서 조직의 중요한 과제가 된다.

CHAPTER

07 교육인사행정

제1절 교육인사행정의 기초

1 교육직원의 분류

(1) 공무원

① 공무원은 "직접 또는 간접적으로 국민에 의하여 선출 또는 임용되어 국가나 공공단체와 공법상의 근무관계를 맺고 공공적 업무를 담당하고 있는 자"를 말한다.

② 공무원은 노동의 대가로 보수, 신분보장, 연금 등을 받는 사람들이다.

(2) 분류

국가공무원은 국가공무원법 제2조에 의하여 경력직 공무원과 특수경력직 공무원으로 구분된다.

① 경력직 공무원

㉠ **실적과 자격에 따라 임용되고 그 신분이 보장되며 평생토록 공무원으로 근무할 것이 예정되는 공무원**을 말한다.

㉡ 경력직 공무원은 **일반직 공무원, 특정직 공무원, 기능직 공무원**으로 구분되는데, **교육공무원은 경력직 중 특정직에 속한다.**

② 특수경력직 공무원: 경력직공무원 외의 공무원을 말하며 정무직 공무원, 별정직 공무원, 계약직 공무원 및 고용직 공무원이 있다.

공무원의 종류

경력직	일반직	기술·연구 또는 **행정 일반에 대한 업무를 담당하며, 직군·직렬로 분류되는 공무원**
	특정직	법관, 검사, 외무공무원, 경찰공무원, 소방공무원, **교육공무원**, 군인, 군무원, 헌법재판소 헌법연구관, 국가정보원의 직원과 특수 분야의 업무를 담당하는 공무원으로서 다른 법률에서 특정직 공무원으로 지정하는 공무원
	기능직	기능적인 업무를 담당하며 그 기능별로 분류되는 공무원
특수 경력직	정무직	선거로 취임하거나 임명할 때 국회의 동의가 필요한 공무원. 고도의 정책결정 업무를 담당하거나 이러한 업무를 보조하는 공무원으로서 법률이나 대통령령(대통령실의 조직에 관한 대통령령만 해당한다)에서 정무직으로 지정하는 공무원
	별정직	특정한 업무를 담당하기 위하여 별도의 자격기준에 따라 임용되는 공무원으로서 법령에서 별정직으로 지정하는 공무원
	계약직	국가와의 채용계약에 따라 전문지식·기술이 요구되거나 임용에 신축성 등이 요구되는 업무에 일정 기간 종사하는 공무원
	고용직	단순한 노무에 종사하는 공무원

(3) 교육직원

① **교육과 관련된 직원 전체를 간단히 교육직원 또는 교직원**이라 부른다.

② **교육직원이란 국공립·사립학교에서 교육활동 등에 종사하는 자(사무직원 포함)와 교육행정기관, 교육연구기관에서 근무하는 자를 모두 포함**하는 개념이다.

③ **교원은 각급 학교에서 원아, 학생을 직접 지도·교육하는 자**로서 국공립·사립학교에서 직접 교육을 담당하고 있는 사람들(교장·교감, 원장·원감, 대학교원 포함)이다.

④ **사립학교에 근무하는 교원은 교육공무원이 아니다.**

⑤ **교육공무원은 국공립의 각급 학교에 근무하는 교원과 교육행정기관, 교육연구기관에서 근무하는 교육전문직**을 의미한다.

교육공무원의 구분

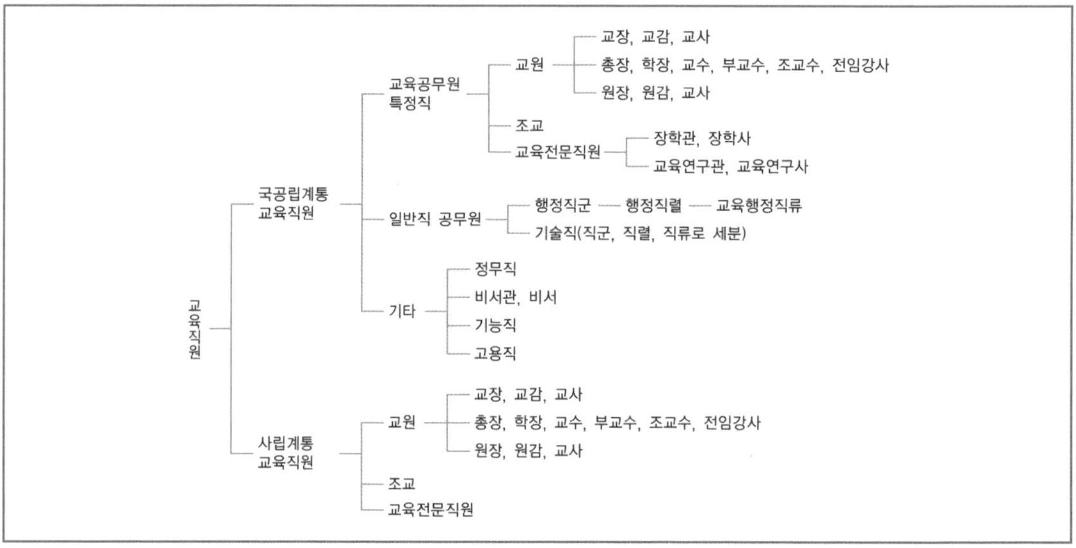

2 교원의 임용 직전단계 인사행정

(1) 교원의 자격

① 교원은 교육전문가로서 그 직무를 효과적·효율적으로 수행하는 데 필요한 자질과 자격을 갖추어야 한다.

② 자질은 특정 직무를 수행하는 데 필요한 인성적 특징이나 교육과 훈련을 통해 습득되는 일반적 특질을 의미하며, 자격은 특정 직무를 수행하는 데 필요한 능력과 자질을 행정적·제도적으로 규정한 것이다.

③ 자격검정은 어떤 개인이 행정적·제도적으로 규정된 자격기준을 지니고 있는지 여부를 확인하는 행위를 의미한다.

(2) 법률규정

① 교원자격에 대한 법률 규정은 **초·중등교육법 제21조, 교육공무원법 제3장, 사립학교법 제52조와 이에 근거한 관련 법령, 즉 교원자격검정령, 동령 시행규칙** 등에 기초하고 있다.

② 초·중등교육법 제21조는 **교장, 교감, 교사의 자격을 규정**하고 있다. **교장 및 교감은 대통령령이 정하는 바에 의하여 교육부장관이 검정·수여하는 자격증**을 받은 자이어야 한다.

③ 교사는 정교사(1급·2급), 준교사, 전문상담교사(1급·2급), 사서교사(1급·2급), 실기교사, 보건교사(1급·2급) 및 영양교사(1급·2급)로 나누되, 대통령령이 정하는 바에 의하여 교육부장관이 검정·수여하는 자격증을 받은 자이어야 한다.

(3) 교장의 자격

① 교장의 자격에 예외가 존재한다. 초·중등교육법 시행령 제105조의2는 **자율학교 및 자율형 사립고등학교 공모교장의 자격을 별도로 규정**하고 있다.

② 학습부진아 교육을 실시하는 학교, 특성화 중·고등학교와 예체능계 고등학교, 자율학교로 지정된 학교의 경우에는 그 학교 교육과정에 관련된 교육기관, 교육행정기관, 교육연구기관, 국가기관, 지방자치단체, 공공단체, 국제기구, 외국기관, 산업체 등에서 **3년 이상 종사한 경력이 있는 자가 교장이 될 수 있다. 이는 개방형 교장 공모제의 근거가 되고 있다.**

③ 학교 및 교육과정 운영의 특례를 규정한 초·중등교육법 제61조에 따라, **사립자율학교와 자율형 사립고, 자율형 공립고의 공모교장 자격을 별도로 정하고 있다.**

④ 교육공무원법 제29조의3은 "「초·중등교육법」 제61조에 따른 **학교의 장은 학교운영위원회의 심의**를 거쳐 해당 학교 교육과정에 관련된 **교육기관, 국가기관 등에서 3년 이상 종사한 경력이 있는 사람** 또는 학교에서 교원으로서 전임으로 근무한 경력(교육전문직원으로 근무한 경력을 포함)이 **15년 이상인 교육공무원이나 사립학교 교원** 중에서 공모를 통하여 선발된 사람을 교장으로 임용하여 줄 것을 임용제청권자에게 요청할 수 있다"고 공모교장의 자격을 규정하고 있다.

3 교원의 전직·전보

(1) 인사이동

① 인사이동에는 상이한 계급 또는 직급 간의 수직적 인사이동과 동일한 계급 또는 직급 간에 이루어지는 수평적 인사이동이 있다.

② **동일한 계급 또는 직급 간에 이루어지는 수평적 인사이동에 해당하는 것이 전직과 전보이다.**

③ **전직은 다른 직렬의 계급 또는 직급으로 수평적 이동을 하고, 전보는 동일한 직렬의 계급 또는 직급으로 수평적 이동을 한다는 것이 다르다.**

④ 교육공무원법 제2조는 **전직은 교육공무원의 종별과 자격을 달리하는 임용, 전보는 교육공무원의 동일 직위 및 자격 내에서의 근무기관이나 부서를 달리하는 임용**으로 구분하고 있다.

(2) 전직

① 전직은 **다른 직렬의 계급 또는 직급으로의 수평적 인사이동**이다.

② 교육공무원의 직렬은 직무의 성질과 책임에 따라 **초등교육직, 중등교육직, 장학직, 교육연구직, 교육행정직**으로 구분할 수 있다.

③ **교원이 교육전문직 공무원인 장학사(관), 연구사(관)으로 이동하거나, 장학사(관), 연구사(관)이 교원으로 이동하는 경우, 장학사, 장학관과 연구사, 연구관의 상호 이동인 교원·교육전문직 공무원 간의 전직, 학교급 간(초등학교와 중학교) 교원이동**이 전직에 해당한다.

④ 교육전문직공무원이 교원으로 전직할 때에는 교원에서 교육전문직공무원으로 전직할 당시의 직위로 전직하여야 한다. 다만, 교육전문직공무원으로 2년 이상 근속한 자는 임용권자가 정하는 기준에 따라 교장 또는 교감으로 전직할 수 있으며, 교육경력이 10년 이상이고 교육전문직공무원으로 10년 이상 근속한 자는 전직될 직위에 제한을 받지 않는다.

(3) 전보

① 전보는 **교육공무원의 동일 직위 및 자격 내에서의 근무기관이나 부서를 달리하는 임용**이다.

② 교육공무원이 **동일 직렬 내에서 직위를 유지하면서 근무지를 변경**하는 인사이동이다.

③ 예를 들면, 교원이 근무학교를 변경하거나 장학사·장학관과 연구사·연구관이 다른 근무기관이나 부서로 이동하는 것이 전보에 해당된다.

④ 임용권자는 교원의 생활근거지 근무 또는 희망 근무지 배치를 최대한으로 보장하여 사기진작 및 생활안정을 도모하고 전보임용의 공정성을 확보하기 위하여 최대한 노력하여야 한다.

⑤ 교원의 학교 간 정기전보는 임용권자가 정하는 기간 동안 동일직위에 근속한 자를 대상으로 정기적으로 실시한다. 비정기전보는 학교장의 전보요청 등의 사유로 교육상 전보가 불가피하다고 인정할 때에는 동일직위 근속기간이 정기전보 기간 이내라 하더라도 임용권자는 전보할 수 있다.

⑥ 학교장은 다음과 같은 사유에 해당하는 경우 임용권자에게 전보요청을 할 수 있다. 이 경우 임용권자는 교원운용에 지장이 없는 범위 안에서 특별한 사유가 없는 한 이에 응해야 한다. 능력부족과 근무성적 저조가 비정기전보 사유에 포함됨으로써 이전보다 교장의 권한이 강화되었다고 할 수 있다.

㉠ 직무수행능력이 부족하거나 근무성적이 저조한 교원. 단, 이 경우 학교장은 전보요청 전에 당해 교원의 능력개발을 위한 직무연수를 부과하여야 한다.

㉡ 징계처분을 받은 교원

㉢ 교육공무원법 제10조의3 제1항 각 호의 사유와 관련하여 징계에 이르지 않는 주의 또는 경고 처분을 받은 교원

㉣ 당해 학교에서 재직하는 동안 3회 이상 징계에 이르지 않는 주의 또는 경고 처분을 받은 교원
㉤ 기타 임용권자가 정하는 사유

제2절 교원연수

1 교원연수의 중요성

(1) 교원연수

① 교원연수는 교직원 개발(staff development), 현직연수(in-service training), 교원 현직교육(in-service teacher education), 교원전문성 개발(teacher professional development) 등 시대에 따라 다양하게 지칭되어 왔으며, 이러한 용어의 변천을 통해 교원연수에 대한 패러다임의 변화를 반영해 왔다고 볼 수 있다.

② 그동안 교원연수는 기관을 중심으로 제공되는 현직연수에 초점이 맞춰졌으나, 최근에는 교원연수를 광의적 의미에서 **교원들의 직무전문성 향상을 위한 모든 공식적·비공식적 활동**을 포괄하는 것으로 보는 시각이 우세하다.

(2) 필요성

① 교원은 교육활동의 주체이자 교육의 질을 결정하는 핵심적인 요소이다.

② 교육발전을 위해서는 교직적성을 갖춘 교원후보자를 유치하여 수준 높은 교원 교육프로그램을 통해 우수한 예비교원을 양성·확보하는 것도 중요하지만, 교원으로서의 자질과 품성을 갖춘 교직적격자를 선발·임용한 후에도 이들이 현직연수를 통해 사회변화와 교수-학습방법의 변화에 따른 새로운 지식과 기술을 습득하는 등 지속적으로 전문성을 신장할 수 있도록 유도하고 지원할 수 있는 체계적인 시스템을 마련할 필요가 있다.

③ 이에 따라 우리나라를 비롯한 세계 각국에서 교원연수제도를 마련하고 있다.

(3) 교육 관련 법령

교육 관련 법령에서 교원연수의 법적 근거를 살펴보면 다음과 같다.

① 교원은 교육자로서 갖추어야 할 품성과 자질을 향상시키기 위하여 노력하여야 한다(교육기본법 제14조 제2항).

② 교육공무원에게는 연수기관에서 재교육을 받거나 연수할 기회가 균등하게 주어져야 한다(교육공무원법 제37조).

③ 교육공무원은 그 직책을 수행하기 위하여 부단히 연구와 수양에 힘써야 한다(교육공무원법 제38조 제1항).

(4) 의미

① 교원연수는 교원들이 교원자격 취득 이후에 보다 **효과적으로 교육할 수 있도록 하기 위해 주로 자신들의 전문적 지식과 기능 및 태도를 증진·발전시킬 목적으로 참여하는 교육·훈련활동**이다.

② 교원이 교직에 종사하고 있는 동안에 직무를 수행하는 데 필요한 경험을 지속적으로 축적하고, 자신의 지식과 교수를 점검함으로써 전문성을 신장할 수 있도록 돕기 위한 계속교육방법이다.

(5) 특징

① **교원연수는 현직에 임용된 교원들을 대상으로 이루어지는 계속교육이다.**

㉠ 교원연수는 교원들의 임용단계부터 퇴직에 이르기까지 교직생애발달과정의 전 단계에 걸쳐 이루어진다는 특징을 갖게 된다.

㉡ 교직은 전문직으로서 직무를 수행하기 위해서 부단한 자기연찬 노력이 요구된다.

② **교원연수의 목적은 교원들의 전문성 신장이다.**

협의로는 교원이 직무를 수행하는 데 부족한 지식과 기능 등을 보완하기 위한 활동으로 볼 수 있으나, 광의로는 교원들의 전문성 신장에 근본적인 목적을 두고 있다.

③ **교원연수의 형식에 있어 공식적·비공식적 활동을 모두 포함한다.**

㉠ 중앙단위 교육연수원이나 시·도 교육연수원 등에서 이루어지는 공식적인 연수활동뿐만 아니라, 단위학교나 개인적으로 이루어지는 비공식적 형태의 모든 전문성 증진 노력도 교원연수에 해당한다.

㉡ 교원연수가 시·공간적 요인에 의해 제약받지 않고 이루어져야 함을 강조하는 것으로 볼 수 있다.

④ **교원연수제도는 교원의 전문성을 확보함으로써 교육발전을 이끌기 위한 국가 차원의 제도적 장치이자 교원의 자기성장과 자기연찬 욕구를 충족시켜 주기 위한 지원체제의 의의를 지닌다.**

2 교원연수의 종류

교원을 위한 연수의 유형은 크게 집단연수와 개인연수로 구분되며, 연수가 이루어지는 단위를 기준으로 기관중심연수, 학교중심연수 그리고 개인중심연수로 분류할 수 있다.

(1) 기관중심연수

기관중심연수는 교육과학기술부 및 시·도 교육지원청 교육연수원이나 교육연구원, 대학부설 초·중등교육연수원, 중앙교육연수원 등의 다양한 연수기관에서 실시하는 자격연수, 직무연수, 특별연수 활동을 말한다.

① 자격연수: 자격연수는 **법령상의 교원 자격취득 요건을 위한 것**으로서 **1·2급 정교사 자격취득, 교(원)장 및 교(원)감 자격취득, 보건, 사서, 전문상담교사 등 비교과 교사 자격취득** 시에 이수해야 하는 연수과정이다.

㉠ 자격취득 대상

- 1급 정교사 자격취득 대상자는 2급 정교사 자격취득 후 3년 이상의 교육경력자, 교(원)감은 1급 정교사 자격취득 후 3년 이상의 교육경력자를 대상으로 연수기간은 15일 이상, 이수시간은 90시간 이상을 이수하도록 되어 있다.
- 교감 자격취득 후 3년 이상의 교육경력자가 자격연수의 대상이며, 연수기간은 25일 이상, 이수시간은 각각 180시간 이상을 이수하도록 되어 있다.

㉡ 연수과정

- 1급 정교사 자격 연수과정은 강의중심연수로서 보통 동계와 하계 방학기간에 실시되며 해당 지역 교육대학, 사범대학, 교육연수원 등에서 이루어진다.
- 교(원)감 자격연수는 주로 시·도 교육연수원에서 실시된다. 교(원)장의 경우, 서울지역은 사전연수와 본 연수, 민간위탁을 병행해서 실시되며 서울대와 서울교육대학에서 그리고 서울 외 지역은 한국교원대에서 주관한다.
- 교(원)장 자격연수는 정년퇴임 등을 고려하여 4~12월 사이에 수시로 실시되고 있다.

② 직무연수: 직무연수는 **교육의 이론·방법 및 직무수행에 필요한 능력배양을 위한 목적으로 실시되는 연수**이다.

㉠ 직무연수의 연수과정과 내용 그리고 연구기간은 당해 연수원장이 정한다.

㉡ 직무연수과정의 연수대상자를 지명함에 있어서는 교원에게 연수의 기회가 균등하게 부여되도록 지명하여야 하며 학력, 경력, 연수과정의 내용 및 본인의 희망 등을 고려하여 지명한다.

㉢ 직무연수과정은 전공교과과정, 교과전담과정, 컴퓨터과정, 상담과정, 신규임용예정교사과정, 교장·교감직무연수과정, 복직자연수과정 등이 있다.

㉣ 직무연수는 공공연수기관 및 연수기관으로 지정받은 민간단체에서 실시한다.

③ 특별연수: 특별연수는 **전문지식 습득을 위한 국·내외 특별연수 프로그램**을 의미한다.

㉠ 특별연수는 학습연구년제, 학위취득 대학위탁, 교원해외유학, 부전공·복수전공 자격연수, 해외 장·단기 체험연수 등 연수의 성격상 자격연수나 직무연수와 다르게 일정 기간 교직현장을 벗어나 실시된다.

㉡ 시·도교육지원청 등으로부터 연수경비를 지원받아 특별연수를 실시하는 경우에는 일정한 선발기준에 의하여 참가자를 선발하며, 교직관과 국가관, 근무성적, 학력 및 경력, 연수 후 상당 기간 근무가능성, 국외연수의 경우 외국어능력 등을 기준으로 선발하게 된다.

ⓒ 이렇게 선발되어 특별연수에 참여한 교원은 연수 이후 일정 기간 직무에 복귀하여야 하며, 복무의무를 다하지 않을 경우 지원된 경비의 전부 또는 일부를 반납해야 한다(교원 등의 연수에 관한 규정 제16조 및 제17조).

(2) 학교중심연수

① 학교중심연수는 **단위학교 내에서 교직원들의 필요와 요구에 의하여 자체적인 계획수립에 의하여 이루어지는 연수활동**이다.

② 학교중심연수는 현장문제 해결과 밀접한 관련을 갖고 있는 연수로서 컨설팅 장학, 연구수업, 교과교육연구회, 전달강습, 교내자율장학 등으로 이루어진다.

③ 특히 **교내자율장학은 외부로부터의 통제 없이 단위학교 구성원들이 주체가 되어 교육활동의 개선을 위해 협력적이고 참여적인 공동노력을 통해 이루어지는 활동이다.**

④ 교내자율장학은 근래 들어 보편적인 장학의 접근법으로서 **수업장학, 동료장학, 자기장학** 등의 형태로 많은 학교에서 도입·운영되고 있다. 또한 교내자율장학을 통해 교원연수의 주체를 상부기관뿐만 아니라 단위학교와 교사 개인의 수준에서도 고려하도록 이끄는 계기가 되었다.

(3) 개인중심연수

① 개인중심연수는 **전문적 지식습득을 목적으로 교원의 자발적인 동기에 의해 개인 수준에서 이루어지는 연수**이다.

② 교사 개개인은 스스로의 전문성 제고를 위하여 국내·외 대학 또는 대학원에 진학하여 수학하거나, 교육현장에서 직무수행에 필요한 전문성 향상이나 업무능력 향상을 위해 스스로 선택해서 받는 각종 연수활동에 참여할 수 있다.

③ 이는 기관에서의 학위취득에 한정되지 않으며 각종 연구수행, 교과교육연구회 참여, 학회, 개인별 연구 등이 포함된다.

3 교원연수기관 현황 및 운영체계

(1) 교원연수기관

① 현재 교원 등의 연수에 관한 규정 제2조와 동 규정 시행규칙 제3조에 의해 설치된 교원연수기관과 교육과학기술부장관의 인가를 받아 설치된 교원연수기관은 중앙단위연수원(**교육과학기술연수원, 한국교원대학교 종합교육연수원, 서울대학교 사범대학 부설 교육행정연수원, 서울교육대학교 부설 교육연수원), 시·도 및 대학부설 교육연수원, 원격교육연수원 등** 145개에 이른다.

② 시·도 교육연수원과 대학부설 교육연수원은 현재 유·초·중등 교원 자격을 비롯하여 직무연수, 부전공·복수전공 자격연수를 담당하고 있다.

③ 원격교육연수원은 주로 교원들의 직무연수를 담당하고 있으며, 학교폭력예방교육센터 원격교육연수원 등 41개 기관이 인가를 받아 운영 중이다. 교사들이 원격교육연수원을 통한 교원연수를 받기 위해서는 학교장 또는 교육장의 추천을 받아 교육과학기술부로부터 인가받은 연수기관에 직접 신청을 하면 된다.

(2) 운영

① 연수기관에서는 연수대상자를 선발하여 시·도교육청에 지명을 의뢰하고, 시·도교육청에서는 학교 및 연수기관에 지명을 통보하여 연수가 실시된다.
② 단, 교원연수의 내실화와 학교교육의 정상화를 도모하기 위하여 방학기간 동안에는 실시기간에 있어 다른 형태의 집합연수와 중복되더라도 2강좌까지는 인정되지만, 학기 중에는 중복기간이 1/4 이하일 경우를 제외하고는 원격연수와 집합연수의 중복연수가 인정되지 않는다.
③ 그 외에도 특수 분야 연수를 위하여 전쟁기념관 등 각종 공공·민간 분야의 기관이 있으며 해당 지역 시·도교육청에서 관할한다. 특수 분야 연수기관에서의 교원연수는 원칙적으로 방학기간에 한하고 있다.
④ 교원들이 타 지역에 소재한 연수기관에 참여할 경우, 타 시·도에서 전국단위로 지정된 연수기관이라 할지라도 해당 지역 교육감의 동의를 받은 연수기관에 참여했을 경우에 한해서 인정되고 있다.

제3절 장학

장학이라는 용어는 영어의 'supervision'이라는 단어를 해석한 것이다. 'supervision'의 어원을 해석해 보면, 'super'와 'vision'의 합성어로서 'super'는 '높은 곳' 혹은 '우월한'의 의미를 가진 접두어이고, 'vision'은 '본다' 혹은 '감시한다'라는 의미를 가지고 있다. 장학이란 "상위 직위의 우월한 능력을 가진 자가 하위 직위의 교사를 관찰하거나 감시한다"는 뜻을 가진 것으로 해석할 수 있다.

1 장학의 중요성

장학은 시대에 따라, 장소에 따라, 또 어떻게 접근하느냐, 강조점을 어디에 두느냐에 따라 다양하게 정의되고 있는데, 크게 행정적 관점, 수업 관점 그리고 인간개발 관점으로 분류할 수 있다.

(1) 행정적 관점

① 행정적인 관점에 입각한 장학은 조직의 목적을 효율적으로 달성하는 행정행위에 초점을 둔다.
② 수업방법의 개선에 직접 영향을 주는 인적·물적 자원 조정 및 행정, 교육과정, 수업(teaching)을 연결하고, 학습과 관련된 학교활동을 조정하는 지도성 기능에 초점을 둔다.

(2) 수업관점

① 수업관점에 입각한 장학은 교수－학습과정에 초점을 두는 보다 전문화된 관점으로, 수업에 관심을 두고 교육과정 개발 및 실행, 교실수업 개선 등을 장학의 과정으로 기술한다.

② 수업개선을 위한 전문적 도움 제공, 수업개선 또는 교육과정의 실행·개발에 기여하는 것을 장학의 역할이라고 보고 있다.

(3) 인간개발 관점

① 인간개발 관점에 입각한 장학은 교사와 그의 계속적인 전문적 성장과 발달에 초점을 두는 것으로, 교사를 귀중한 자원으로 인식하고 그들의 욕구를 존중하며, 교원개발 활동을 통해 이들의 계속적인 전문적 성장과 발달을 도모하는 데 초점을 둔다.

② 교사의 학급상호작용에 관한 피드백을 제공함으로써 전문적 성장을 촉진하고 자극하는 활동에 초점을 둔다.

(4) 의미

① 이들 간의 차이점은 목적을 달성하기 위한 과정 또는 방법상의 차이일 뿐 추구하는 목적은 동일하다. 즉, **학교와 교실 내에서의 교수－학습활동의 개선**을 주된 목적으로 한다.

② **장학은 수업의 개선과 교사의 전문성 신장, 즉 교수－학습과정의 개선에 목적을 두고 교사의 계속적인 전문적 성장과 발달을 촉진하는 활동**이다.

2 장학 개념의 변화

(1) 관리 장학시대(1750~1930년)

① 배경

㉠ 미국에서 장학은 많은 공립학교가 지어지기 시작한 18세기 이후부터 시작된 것으로 볼 수 있다. 주로 비전문가인 학교 외 인사들이 학교가 법령을 준수하면서 운영되고 있는지를 감독하는 형식으로 이루어졌다.

㉡ 이후 공교육 제도가 정착되어 교육욕구가 점점 커지기 시작한 19세기에는 보다 효율적인 관리를 위해 시학관(inspector)을 별도로 임명하여 학교에 대한 검열을 담당하게 하였다.

② 특징

㉠ 이 시기의 장학은 근본적으로 **행정의 연장으로 보이며, 권위주의적이고 강제적**인 방법으로 장학이 이루어졌다.

㉡ 20세기로 접어들면서 사회 전반에 영향을 미쳤던 **과학적 관리론**은 그 시기의 장학에도 엄청난 영향을 미쳤다. 과학적 관리론의 핵심은 과학적 분석에 기초한 작업체제 내에서 노동자들을 훈련시키고 노동자들이 지시받은 대로 잘 따르는지 확인·감독하는 것이었다.

ⓒ 당시 보비트(Bobbit)는 일반 조직의 경영에 적용하는 과학적 원리를 학교에 적용하여 학교 조직을 관료제의 틀 속에 넣어 통제중심의 장학을 행하였는데, 이를 관리 장학이라고 한다.

ⓓ 교사를 조직의 부속물로 여기며 과학적 관리의 명분하에 모든 교육활동들이 측정되고 평가되어 차등적으로 피드백되었다.

ⓔ 이 시기의 장학은 전문적이라기보다는 관료적이며, 단위학교보다는 교육행정기관이 주도하는 조직발전을 위한 평가활동이었다고 평가할 수 있다.

(2) 협동 장학시대(1930~1955년)

① 배경

ⓐ 과학적 관리론은 1930년대 인간관계론의 등장과 더불어 퇴조하게 되었다. 인간관계론의 효시인 호손공장 실험은 노동자들의 사회적 욕구를 충족시켜 주고 의사결정에 참여할 기회를 제공함으로써 생산성을 향상시킬 수 있음을 보여 주었다.

ⓑ 이러한 인간관계론의 아이디어는 학교에 쉽게 적용될 수 있었다. 왜냐하면 인간을 다루는 교육에서 인간을 조직의 부속물이 아닌 인간으로 대하고 그들에게 관심을 갖는 인간관계론은 교육의 본질과 일맥상통하는 면이 있었기 때문이다.

② 특징

ⓐ 장학사와의 원만한 인간관계를 통하여 교사가 학교에 만족감을 느끼게 하고 스스로 학교에 헌신하게 한다는 이 시기의 장학은 민주적 장학, 협동적 장학으로 불리며 큰 환영을 받았다.

ⓑ 특히 1930년대는 아동을 존중하는 진보주의 운동이 활발하던 시기로 장학도 장학사에서 교사로 중심이 바뀌었다.

ⓒ 이에 따라 장학사도 종래의 권위주의적 모습에서 벗어나 교사와 편안한 인간관계를 맺고 그들이 만족감을 느낄 수 있도록 하는 것이 그들의 핵심역할이 되었다.

ⓓ 그러나 진보주의 운동이 방임교육으로 비판받는 것처럼 협동적 장학이 어떻게 실천되어야 하는가에 대한 고민이 뒤따르지 못해 인간관계의 증진이 생산성 증가로 이어지지 못하였다. 이 시기의 장학은 많은 추종자가 있음에도 불구하고 실질적 결과물은 없는 자유방임적 장학으로 비판받는다.

(3) 수업 장학시대(1955~1970년)

① 배경

ⓐ 1957년 옛 소련의 스푸트니크호의 충격은 미국 교육의 전반을 바꾸어 놓는 계기가 되었다. 미국 교육을 전반적으로 개혁하기 위해 교육과정 개발에 박차를 가하면서 교육과정 개발자로서의 장학사의 역할이 중요시되었다.

ⓑ 교육과정 개발과 장학은 동일시되었고, 장학담당자는 각 과목의 전문가로서 교육과정을 편성하고 교사와 함께 새로운 교육 프로그램을 만드는 것이 주요 임무가 되었다.

ⓒ 이 시기를 수업 장학시대라고 하며, **교육과정의 개발과 함께 장학의 초점을 수업에 맞추어 임상장학, 현장연구 등의 장학기법이 등장**하였다.

② 특징

㉠ 임상장학은 교사와 장학사 간 사전에 합의된 내용을 서로 협력하여 진행한다는 점에서 보다 **민주적인 장학**으로 평가받았으며, 장학의 초점이 보다 **수업에 맞추어짐으로써 비디오테이프의 사용, 교사-학생 간 상호작용 평가, 새로운 교수방법을 위한 현장연구(action research)**가 활발하게 진행되었다.

㉡ 이 시기는 1950년대 교육행정의 이론화 운동(theory movement)의 영향을 받아 보다 과학적인 방법으로 장학연구가 행해지던 시기이기도 했다.

(4) 인간자원 장학시대(1970년~현재)

① 배경: 1970년대에는 장학에서 과학적 관리론과 인간관계론을 절충하려는 노력이 이루어졌다. **과학적 관리론에 보다 중심을 맞춘 것이 신과학적 관리장학**이라면, **인간관계론에 보다 중심을 맞춘 것은 인간자원 장학**이다.

② 인간자원 장학

㉠ 인간자원 장학은 인간관계론의 영향을 받은 협동적 장학과 같이 교사의 만족에 깊은 관심을 보였으나, 인간에 대한 기본관점에서 큰 차이를 나타냈다.

㉡ 협동적 장학이 경영자의 입장에서 조직의 목표달성을 위해 인간에 대한 관심을 가졌다면, **인간자원 장학은 학교의 목표실현을 통해 교사의 만족을 추구**한다. 즉, 인간에 대한 관심을 관리수단으로서가 아니라 관리목적으로 삼은 것이다.

ⓒ 인간자원 장학에서 **장학사는 교사와 함께 의사결정을 함으로써 학교의 효율성이 증대**되고 이를 통해 **교사의 만족도가 증가하여 성공적 학교**로 변화할 수 있다고 본다.

③ 신과학적 관리장학

㉠ 1980년대에는 학교개혁에 대한 관심이 증대하면서 다시 과학적 관리론에 대한 관심을 가지게 되었다. 그러나 이전의 과학적 관리론과는 달리 **효율을 중시하면서도 목적을 달성하기 위한 수단은 훨씬 비개인적**이라고 평가할 수 있다.

㉡ 예를 들면, 장학사가 교사의 교수법에 관심을 가졌다면 교실을 방문하여 관찰하기보다는 **표준화된 절대평가 시험을 통해 학급별 시험점수를 공개하는 방법으로 교사를 통제·감독**하는 것이다.

ⓒ 교사들에게 책무성을 물음으로써 교육의 효율성을 높일 수 있다고 보았다는 측면에서는 관리 장학과 같지만, 방법 면에서 차이가 있다 하여 신과학적 관리장학이라고 한다.

◎ 장학의 관점 변화

시기	장학방법	장학사의 역할	교육행정이론과의 관련
1910~1920년 1920~1930년	시학 과학적 관리장학 관료적 장학	감시자·확인자 감독자	과학적 관리론
1930~1955년	협동적 장학	조사자·지원자	인간관계론
1955~1965년 1965~1970년	교육과정 개발장학 수업 장학	교육과정 개발자 수업전문가	행동과학, 체제론
1970~1980년 1980년~현재	인간자원 장학 신과학적 관리장학	조력자	인간자원론

3 장학의 유형

장학은 장학행위의 주체에 따라 중앙교육행정기관인 교육부 내에서 이루어지는 활동을 의미하는 중앙장학과, 시·도교육청 및 시·군·구 교육청에서 이루어지는 지방장학, 그리고 단위학교를 중심으로 교육활동을 성공적으로 수행할 수 있도록 교사를 지도하고 조언하는 교내 자율장학 등으로 구분할 수 있다.

(1) 약식 장학

① 약식 장학은 일선 학교에서 이루어지고 있는 **가장 일반적인 장학** 유형의 한 형태로, 단위학교의 **교장이나 교감이 간헐적으로 짧은 시간 동안 학급을 순시하거나, 수업참관**을 통하여 교사들의 수업 및 학급경영활동을 관찰하고, 이에 대해 **교사들에게 지도·조언**을 제공하는 활동을 말한다.

② 약식 장학은 단위학교에서 일상적으로 빈번하게 수행되기 때문에 **일상 장학 또는 전통적 장학**이라고도 불린다.

③ 이는 교장, 교감의 계획과 주도하에 전개되는 **비공식적인 성격**이 강한 활동으로서 다른 형태의 장학에 대하여 **보완적이고 대안적인 성격**을 갖는다.

④ **"교무를 총괄하고, 소속 교원을 지도·감독하는" 역할을 수행하는 교장, 교감**에게 교사의 수업을 살펴보고 지도·조언하는 것은 중요한 임무 중의 하나라고 할 수 있다.

⑤ 이러한 약식 장학이 소기의 목적을 달성하기 위해서는 비공식적으로 교실에 잠깐 들리는 것으로 끝나는 것이 아니라, **사전에 충분한 계획수립 및 피드백 제공**이 뒤따를 필요가 있다.

⑥ 일선 학교현장에서는 이러한 계획 및 피드백 활동이 부족한 경우가 많기 때문에 약식장학은 교사의 수업개선을 지원하는 것보다는 교사들을 감시하고 통제하기 위한 방안으로 인식되기도 하였으며, 일부 교사들은 수업권 침해라는 측면에서 교장, 교감의 비공식적인 방문이나 참관을 인정하지 않는 경우도 발생하고 있다.

(2) 동료 장학

① 동료 장학은 수업 및 교육활동의 개선을 위하여 **교사들이 서로 협동하고 공동으로 노력하는 과정으로, 교사들이 서로 자신들의 경험을 공유하고, 이를 통해 전문적 발달과 개인적 발달 그리고 학교의 발달을 도모**하는 장학의 한 유형이다.

② 동료 장학은 장학사 등 외부인사들에 의한 방문평가에 대한 **교사들의 거부감을 완화**시킬 수 있으며, 더 나아가 소수의 장학사들이 지역의 전체 학교를 담당하는, 즉 **장학담당인력의 부족으로 인한 장학의 형식화 등의 문제를 해결**하는 데 기여할 수 있다.

③ 해당 학교 및 학생들에 대한 이해 및 경험을 공유함으로써 보다 타당하고 현실적인 지도·조언이 가능하며, 이를 통해 **장학효과를 극대화**할 수 있다는 장점을 가지고 있다.

④ 동 학년 단위 또는 동 교과 단위로 수업연구 과제의 해결이나 수업방법의 개선을 도모하기 위한 **수업연구(공개)활동, 공동관심사나 공동과제, 공동문제의 해결·개선을 위해 협의**하는 것들이 동료 장학의 전형적인 형태이다.

⑤ 상호 간에 **정보와 아이디어를 공유하고, 도움 또는 충고·조언을 주고받는 공식적·비공식적인 행위**들도 동료 장학에 해당한다.

(3) 임상 장학

① **임상 장학이란 실제적인 교수행위를 직접 관찰하여 자료를 수입하고, 수업개선을 위해 장학담당자와 교사 간의 대면적 상호작용 속에서 교사의 행위와 활동을 분석**하는 수업장학의 한 양상이다.

② 임상 장학은 교사들의 전문적 성장을 촉진하고 수업개선에 근본적인 목적을 두는 **체계적이고 계획적인 장학으로, 쌍방적 동료관계**를 지향한다.

③ 수업과 장학에 임하기 전에 사전 계획협의를 하여 여러 가지 약속을 하고, 약속대로 수업을 관찰하고 자료를 수집하며, 이를 분석하고 협의회 전략을 세워 다시 만나서 피드백협의회를 하여 다음 수업 전략을 세우고, 장학의 과정에 대하여 종합적인 반성을 하는 특수한 과정과 절차를 밟는다.

④ 임상(clinical)이란 단어는 의학 분야에서 가져온 것으로, 실제 병상에서 의사가 환자를 관찰하고 치료에 임하는 과정을 교사와 장학담당자의 관계에 적용한 것이다. 즉, **장학담당자가 실제 교실상황에서 수업상의 문제를 직접 확인하여 교사에게 전문적 도움을 줌으로써 수업개선을 함께 도모하는 것**이다.

⑤ 임상 장학의 최초 제안자인 코간(Cogan)은 효과적인 임상 장학의 단계를 ㉠ 교사와 장학담당자 간의 관계 확립, ㉡ 교사와의 협의를 통한 수업계획 작성, ㉢ 수업관찰 전략수립, ㉣ 수업관찰, ㉤ 교수-학습과정 분석, ㉥ 교사와의 협의회 전략수립, ㉦ 교사와의 협의회, ㉧ 새로운 계획의 수립 등 8단계로 구분하고 있다.

(4) 자기 장학

① 전문가로서 교사는 가르치는 일을 제대로 수행하기 위해서 급변하는 사회의 정보와 지식을 끊임없이 충전하는 과정이 필요하다.

② 자기 장학은 외부의 강요나 지도에 의해서가 아니라 **교사 스스로가 자신의 전문성 신장을 위해 스스로 계획을 수립하고 실천해 나가는 노력**을 말한다.

③ 교사 스스로의 동기유발에 의하여 자기 장학을 하고 장학적 효과를 가질 수 있다면, 이는 장학의 가장 바람직한 형태라고 할 수 있다.

④ 학교현장에서 찾아볼 수 있는 자기 장학의 유형으로는 수업녹화나 학생들의 수업평가를 통한 자기분석방법, 전문서적이나 컴퓨터 등을 통한 정보수집, 대학원 과정이나 워크숍 참여, 관련된 전문인사의 자문과 조언 등이 있다.

(5) 선택적 장학

① 장학의 형태 및 방법에 있어서 다양화 및 개별화의 필요성이 증대하고 있다. 왜냐하면 각 교사의 발달단계와 특성이 다르고 수업개선에 대한 요구가 개인마다 다를 수 있기 때문에 학교 내의 모든 교사들에게 똑같은 장학방법을 적용할 수는 없기 때문이다. 이러한 아이디어를 바탕으로 등장한 것이 글래손(Glatthorn)의 선택적 장학(differentiated supervision)이다.

② 글래손은 효과적인 장학의 방법을 선택하는 데 있어서 교사의 발달단계, 특성, 경력이나 능력 등 개인적 요인을 고려해야 한다고 주장한다. 즉, **교사와 교장이 필요와 사정에 의하여 여러 장학의 대안 중에서 그 교사에게 맞는 것을 합의·선택하여 그것을 적용해야 한다**는 것이다.

③ 글래손은 교사들의 경험과 능력 등에 따라 임상 장학, 동료 장학, 자기 장학 및 전통적 장학의 방법을 선택적으로 사용할 필요가 있다고 주장한다.

④ 이러한 관점에서 보면, 자기 장학은 스스로 성장할 능력을 갖추었다고 보기 힘든 신규 교사보다는 발달단계가 높은 교사, 혼자 일하기를 좋아하는 교사, 경험이 많고 유능한 교사에게 보다 적합한 장학의 형태라고 할 수 있다.

⑤ 동료 장학은 협동적으로 일하는 것을 선호하는 교사 그리고 관심 분야가 동일한 교사들이 많이 있는 경우에 적합하다.

⑥ 신규 교사에게는 임상 장학이 효과적이다.

⑦ 자기 장학, 동료 장학이나 임상 장학을 선택하지 않는 교사 또는 모든 교사들을 대상으로 전통적 장학을 실시한다.

4 학교컨설팅 장학

(1) 배경

① 학교 재구조화, 학교 자율경영 및 책무성이 강조되면서 새롭게 등장한 장학의 유형 중의 하나가 학교컨설팅 장학이다.

② 1990년대 후반~2000년대에 접어들면서 교육청은 더 이상 학교를 지도·감독하는 역할에 머물러서는 안 되고, 단위학교의 자율적 운영과 책무성 제고를 효과적으로 지원하는 기관이 되어야 한다는 요구들이 제기되었다.

③ 동시에 학교 교육개혁은 일선 학교 교원들의 자발적인 참여가 성패의 관건이라는 인식의 전환이 이루어진다. 더 나아가 학교는 개혁의 대상이 아니라 지원의 대상으로 봐야 한다는 주장들도 제기된다.

④ 이러한 관점 및 인식의 변화와 함께 제 기능을 수행하지 못하는 장학을 대신하여 기존 장학의 대안 또는 장학의 새로운 방법으로 부각된 것이 학교컨설팅 장학이다.

⑤ 기존의 하향식 교육개혁에서 벗어나 학교 현장 중심의 상향식 변화를 강조하는 관점으로, 의뢰인의 자발성과 컨설턴트의 전문성을 근간으로 컨설팅 아이디어를 학교의 문제해결이나 교사의 역량향상을 위해 적용하자는 취지에서 등장하였다.

⑥ 기존의 전통적 장학이 학생과 학부모 및 학교 현장의 요구를 충분히 담아내지 못하고 있다는 점을 극복하고자 하는 새로운 유형의 장학으로, 단순히 장학의 유형을 바꾸는 것이 아닌 단위학교의 자기주도성을 키우고, 이를 통해 공교육의 질적 개선을 목적으로 하는 현장 중심의 개혁안이다.

(2) 컨설팅

① 컨설팅은 조직의 목적을 달성하기 위하여, 일정한 전문성을 갖춘 전문가들이 의뢰인의 요청에 따라 조직의 문제와 기회를 조사, 확인, 발견하며, 이것의 해결, 변화, 발전을 위한 방안과 대안들을 제시하고, 필요한 경우 시행을 돕는 활동이다.

② 이러한 정의에 따르면, 컨설턴트와 의뢰인의 관계는 문제해결을 위한 자발적이고 일시적인 관계이며, 따라서 문제에 대한 최종적인 권한과 책임은 의뢰인에게 있고, 컨설턴트는 의뢰인의 문제를 직접 책임지지 않고 의뢰인으로 하여금 문제를 해결하도록 돕는 역할을 한다.

(3) 학교컨설팅

① 진동섭(2003)은 학교컨설팅 장학을 **학교교육을 개선하기 위해서 일정한 전문성을 갖춘 사람들이 학교와 학교구성원의 요청에 따라 제공하는 독립적인 자문활동으로서, 경영과 교육의 문제를 진단하고 대안을 마련하며, 문제해결과정을 지원하고, 교육훈련을 실시하며, 문제해결에 필요한 인적·물적 자원을 발굴하여 조직화하는 일**로 정의하고 있다.

② 학교컨설팅 장학은 요청 장학과 혼동되기도 한다. 요청 장학은 학교의 요청에 의해 장학팀이 학교를 방문하여 조언을 한다는 점에서는 학교컨설팅 장학과 유사하지만, 교육청의 해당 학교 담당 장학사들에 의해 이루어지는 담임 장학과 병행하여 실시하는 경우가 많고, 요청한 내용에 대한 조언에 그치는 형태로서 형식적인 지원에 그치는 경우가 많다는 점에서 차이를 보인다.

(4) 학교컨설팅의 원리

전문성의 원리	• 전문성은 컨설턴트가 가지고 있는 자격증이나 직위 또는 소속된 기관의 위상에 수반하는 형식적인 전문성이 아니라, 실제적으로 학교의 문제를 해결할 수 있는 실제적인 현장전문성이다. • 학교현장의 유능한 교원들은 물론, 교육 관련 분야의 교수나 연구원들을 활용하면 교육의 이론과 실제가 유리되는 것을 막을 수 있다.
독립성의 원리	• 컨설턴트가 의뢰인과 상급자-하급자 관계로 되지 않아야 한다는 것을 의미한다. • 컨설턴트는 학교의 행정체계로부터 자유롭게 활동하면서 성과를 보여 주어야 한다. • 학교컨설팅의 성과는 컨설턴트가 의뢰인과의 관계에서 얼마나 독립성과 객관성을 유지할 수 있느냐에 달려 있으며, 이러한 독립성의 측면에서 보면 학교조직의 내부인보다는 외부인이 컨설턴트로 활동하는 데 좋은 위치에 있다.
자문성의 원리	• 컨설턴트는 변화에 관한 결정을 내리거나 그것을 집행하는 직접적 권한을 가지고 있지 않으며, 단지 컨설팅의 질적 우수성에 대한 책임을 진다. • 그 컨설팅을 선택함으로써 발생하는 최종적인 책임은 원칙적으로 의뢰인에게 있으며, 의뢰인은 컨설팅 관계의 시작과 종결을 결정할 수 있는 권한을 가지고 있다. • 의뢰인과 컨설턴트의 권한과 책임 관계는 학교컨설팅을 여타 지원활동과 구별 짓는 하나의 특징이다.
일시성의 원리	• 학교는 기술적 전문성이 부족한 영역이나 일시적으로 전문인력이 필요한 영역에서 컨설팅을 필요로 한다. • 일단 의뢰한 문제가 해결되면 컨설팅 관계는 종료되어야 한다. • 컨설팅의 목적은 의뢰인이 컨설턴트의 도움을 더 이상 필요로 하지 않도록 만드는 것이므로, 컨설팅이 종료된 이후에도 의뢰인이 컨설턴트에게 동일한 문제에 관해 계속 도움을 받아야 한다면, 그것은 컨설팅이 제대로 이루어지지 못했음을 의미한다.
교육성의 원리	• 컨설턴트는 의뢰인이 학교구성원의 문제해결에 도움을 줄 수 있는 정보를 제공하고, 기술습득과 능력함양을 위한 교육훈련을 실시한다. • 의뢰인은 컨설턴트와 함께 문제를 해결하는 과정에서 컨설팅이 어떻게 진행되는지, 컨설턴트의 역할과 태도와 윤리는 어떠 해야 하는지 등에 대해서 학습하게 된다.
자발성의 원리	• 학교컨설팅 관계를 맺기 위한 최초의 접촉은 컨설턴트와 의뢰인 어느 쪽에서도 먼저 시작할 수 있다. • 학교컨설팅에 대한 요청을 하는 경우든 받는 경우든, 어느 경우이든지 학교컨설팅은 의뢰인이 자발적으로 나서서 컨설턴트의 도움을 요구함으로써 시작되며, 공식적 컨설팅 관계는 컨설턴트와 의뢰인의 상호 합의와 계약에 의해 성립된다. • 이것은 학교컨설팅을 학교와 관련된 다른 모든 지원활동, 예를 들면 장학이나 연수와 같은 것과 구분 짓는 핵심적 특징이다.

PART 10

(4) 학교컨설팅의 영역

컨설팅 장학의 경우에 시·도교육청이 기본계획을 수립하되 실질적인 운영은 교육지원청별로 진행된다. 교육지원청에서는 학기 초에 단위학교별로 컨설팅 장학이 필요한 영역을 신청하도록 하는데, 컨설팅 장학의 영역은 크게 학교학급경영, 교육과정, 교수-학습활동, 생활지도, 교육정책 등의 5개 영역으로 구분되어 있다.

학교학급경영	① 교육 및 경영 목표설정, ② 조직 및 인사관리, ③ 시설·사무관리, ④ 학교평가, ⑤ 학교행사 운영, ⑥ 민주적 학교문화 조성, ⑦ 학급운영, ⑧ 학부모-동창회 관계, ⑨ 지역사회 관계 등
교육과정	① 교육과정, ② 학력 및 평가 등
교수-학습활동	① 교과교육활동, ② 수업컨설팅, ③ 자율장학 및 연수관리 등
생활지도	① 생활지도, ② 인성교육 등
교육정책	① 교육부 정책사업, ② 시·도교육청 정책사업 등

CHAPTER 08

교육제도

제1절 학교제도

1 교육제도의 구성

(1) 정의

교육제도란 국가의 교육이념 및 교육목적을 달성하기 위한 국가적 차원의 인위적 장치로서 교육활동, 학생·교원, 교육기관, 교과용 도서 그리고 조직 및 기구 등에 관한 표준은 물론 기준을 총칭한다.

(2) 역할

교육제도는 교육 관련 행위자들의 행동을 제약하고 규율하며 조장하는 구조로서 작용한다. 따라서 학교 이해당사자들은 교육제도와 그 영향력에 대한 깊은 이해와 성찰이 요구된다.

(3) 구조

교육제도는 학교제도, 교육행정제도, 교육과정제도, 교육재정제도, 사회교육제도 등 다양한 교육 관련 제도를 포함하고 있다. 이 중 교육행정제도는 중앙교육행정제도, 지방교육행정제도, 단위학교행정제도 등이 중심을 이루고 있다.

2 학교제도의 구조 및 유형

(1) 학교제도

① 교육의 주체는 역사적으로 가정, 교회, 학교로 변화해 왔다. 근대 공교육제도가 형성되면서 학교가 교육의 중추적 역할을 담당하게 되었고, 이에 따라 학교제도는 교육제도의 핵심을 차지하게 되었다.

② 학교제도는 학교교육제도 또는 줄여서 학제라고도 불린다. 일반적으로 교육제도 중에서 가장 핵심이 되는 제도여서 보통 교육제도라고 할 때는 학제만으로 좁혀서 이해되기도 한다.

(2) 계통성과 단계성

학제의 구조는 계통성과 단계성으로 구성된다.

① 계통성: 어떠한 교육을 하고 있는가, 또는 계층의 취학자를 대상으로 하고 있는가를 나타낸다. 예를 들면, 귀족학교와 서민학교 계통, 인문계 학교와 실업계 학교 등이 있다.

② 단계성: 어떠한 연령층을 대상으로 하는가, 혹은 어느 정도의 교육단계인가를 나타낸다.

(3) 우리나라의 학제

① 일반적으로 취학 전 교육, 초등교육, 중등교육, 고등교육 등으로 분류된다. 따라서 국가의 교육목표를 실현하려는 제도적 장치로서의 학교 교육을 단계별로 구분하고, 각 단계의 교육목적과 교육기간, 교육내용을 설정하고, 종적으로는 교육단계 간의 접속관계를, 횡적으로는 학교 교육과 학교 외 교육 및 교육과정 간의 연결관계를 규정함으로써 국민교육의 운영을 제도적으로 규정하는 역할을 담당하는 것이다.

② 우리나라의 학제는 기본적으로 **단선형의 6-3-3-4제로 횡적으로 구분된 초등학교, 중학교, 고등학교, 대학교라는 4개의 단계가 하나의 계통**을 이루고 있다.

(4) 학교제도의 유형

학교제도의 유형은 **계통성을 중심으로 하는 복선형**과 **단계성을 중심으로 하는 단선형**으로 나눌 수 있으며, **복선형과 단선형의 중간적 형태로 분기형**이 있다.

① 복선형: 두 가지 이상의 학교계통이 병존하면서 학교계통 간의 이동을 인정하지 않는 제도이다.

② 단선형: 계열구분이 없거나 있다고 해도 구분이 뚜렷하지 않고 상호 전학이 쉽도록 되어 있는 제도이다.

③ 분기형: 기초학교 부분이 통일되고 그 위에 동격이 아닌 복수의 학교계통이 병존하는 형태이다. 이러한 학교제도 유형은 직업교육제도와 인문교육제도의 운영방식 그리고 중등교육에서 고등교육 단계로의 진학제도 운영방식과 관련된다.

3 현행 학제의 구조

(1) 기본학제

① 기본학제는 학제의 근간을 구성하는 **현행 6-3-3-4제의 정규학교 교육에 대한 제도**를 말한다.

② **유치원, 초등학교, 중학교, 고등학교, 대학 및 대학원**으로 이루어져 있다.

③ **의무교육은 무상교육이며, 초등학교와 중학교 단계에서 9년의 의무교육이 실시**되고 있다(**무상교육은 고등학교까지 실시**).

④ 초·중등교육법에 따르면, 초등학교는 국민생활에 필요한 기초적인 초등교육을 하는 것을 목적으로 하고, 중학교는 초등학교에서 받은 교육의 기초 위에 중등교육을 하는 것을 목적으로 한다.

⑤ 고등학교는 중학교에서 받은 교육의 기초 위에 중등교육 및 기초적 전문교육을 하는 것을 목적으로 한다. 고등학교는 중간학교로서의 고등보통교육과 종국학교로서 전문교육을 실시하는 후기 중등교육기관의 이중성격을 지닌다.

⑥ 고등학교의 종류는 중등교육법 시행령 제76조의2에 따라 교육과정 운영과 학교의 자율성을 기준으로 구분된다. 이에 의하면, 일반고등학교(특정 분야가 아닌 다양한 분야에 걸쳐 일반적인 교육을 실시하는 고등학교), 특수목적고등학교, 특성화고등학교, 자율고등학교(초·중등교육법 시행령에 따른 자율형 사립고등학교 및 자율형 공립고등학교)로 구분한다.

(2) 특별학제

① 특별학제는 기본학제의 보완적 기능을 수행하거나 사회교육의 성격을 가지고 정규학교의 교육과정에 준하는 교육을 실시하는 학교제도를 의미한다. 방계학제라고도 일컫는다.

② 여기에는 초등학교과정에 해당하는 공민학교, 중학교과정에 해당하는 고등공민학교, 근로청소년 특별학급, 고등학교과정에 해당하는 방송통신고등학교, 근로청소년 특별학급, 고등기술학교, 고등교육기관에 해당하는 방송통신대학, 기술대학, 산업대학이 있다.

③ 그 밖에 특수학교와 각종학교가 있다. 특수학교는 신체적·정신적·지적 장애 등으로 인하여 특수교육이 필요한 사람에게 초등학교·중학교 또는 고등학교에 준하는 교육과 실생활에 필요한 지식·기능 및 사회적응 교육을 하는 것을 목적으로 한다(초·중등교육법 제55조).

④ 각종학교는 정규학교와 유사한 교육기관을 말하는 것으로, 정규학교와 유사한 이름을 사용할 수 없다(외국인학교와 대안학교 제외). 간호, 미용, 항공통신 등 직업학교의 성격을 가진 학교들이 이에 해당하며, 일부 외국인학교나 대안학교도 포함된다. 현재 중학교, 고등학교, 대학교 과정의 각종학교가 있다.

⑤ 학력인정은 설립자, 학생정원, 수업일수, 학교시설·설비 및 수익용 기본재산을 고려하여 해당 교육과정을 충실히 운영할 수 있다고 인정되는 학교 중 교육감이 지정·고시한 학교에 대해서만 부여된다.

PART 10

제2절 중앙 및 지방교육행정조직

1 중앙교육행정조직

(1) 우리나라의 중앙교육행정조직에는 교육부가 있으며, 국가 차원의 비전과 교육목표를 수립하고 이를 달성할 수 있는 정책을 수립하며 예산을 확보하는 기능을 담당한다.

(2) 교육부는 교육·사회·문화 분야 정책의 총괄·조정, 인적자원 개발정책, 학교교육·평생교육 및 학술에 관한 사무를 관장한다(교육부와 그 소속기관 직제 제3조).

(3) 교육부에 운영지원과, 고등교육정책실, 학교혁신지원실, 교육복지정책국, 학생지원국, 평생미래교육국 및 교육안전정보국을 둔다(교육부와 그 소속기관 직제 제4조).

(4) 실·국 단위로는 3실 4국 10관(실산하의 국장급)이 있고 과단위로는 51과(담당관)가 있다.

2 지방교육행정조직과 교육자치제도

(1) 교육자치제의 학교에 대한 함의

우리나라의 지방교육행정조직은 교육자치제를 기본으로 하고 있다.

① 교육자치제: **교육행정을 일반행정으로부터 분리·독립**시킨다는 교육자치와, **교육운영을 중앙의 행정통제로부터 분리·독립**시킨다는 지방자치라는 두 가지 자치개념을 바탕으로 하여, **교육의 자주성과 교육운영의 지방분권 및 주민자치**를 실현하려는 교육제도이다.

② 교육의 **자주성 및 전문성과 지방교육의 특수성**을 살리기 위하여 지방자치단체의 교육·과학·기술·체육 그 밖의 학예에 관한 사무를 관장하는 기관을 설치·운영하여 지방교육의 발전에 이바지함을 목적(지방교육자치에 관한 법률 제1조)으로 하는 제도이다.

③ 지방교육자치제도는 학교와 불가분의 관계를 지니게 되는데, 그 이유는 다음과 같다.

㉠ 학교 교육현장에 막대한 영향을 끼치는 정책결정의 상당한 권한이 시·도교육청에 부여되어 있기 때문이다.

㉡ 국가정책의 집행이 국가－교육청－학교라는 수직적 통치구조에 의해 이루어지기 때문이다. 특히, 자율화·분권화가 진전됨에 따라 더 많은 권한이 교육청에 부여되고 있고, 이는 교육청의 학교현장에 미치는 영향력을 확대시키고 있다.

(2) 교육자치제의 원리

교육자치제의 성격이나 개념을 이해하기 위해서는 그 기본원리를 살펴볼 필요가 있으며, 학자에 따라 여러 견해가 있지만 흔히 4가지로 나눌 수 있다.

① 지방분권의 원리

㉠ **지방분권의 원리란 주민자치의 실효를 거두기 위하여 지방의 교육행정은 중앙의 획일적 통제에서 벗어나야 하므로, 중앙으로부터 권한을 위양받아 지방교육행정기관이 독자적·창의적·자율적으로 의사결정권을 가지고 지역의 특성과 실정에 맞는 교육을 해야 한다**는 것이다.

㉡ 지방분권은 수직적 차원의 분권, 즉 교육부－시·도교육청－교육지원청－학교로 이어지는 수직적 통제의 관계에서 통제권을 나누어 행사하는 원리를 중심으로 논의될 수 있다.

② 주민통제의 원리

㉠ **주민자치의 원리라고도 하며, 교육정책을 그 지역 주민의 의사에 따라 결정하고 운영**하는 것이다. 즉, 주민이 대표를 통하여 의견을 반영하여야 한다는 원리로서 대의민주정치의 이념을 지방 수준에서 구현하려는 것이다.

㉡ **지방분권의 원리와 더불어 민주성의 원리**라고도 한다. 현행 제도에서 교육감의 주민직선 및 주민소환제를 실시하는 것은 이 원리와 밀접한 관계가 있다.

③ 교육행정 독립의 원리

㉠ **자주성의 원리**라고도 하며, **지방교육행정기관을 일반행정으로부터 독립시켜서 교육의 독자성·특수성을 인정하고 자주성을 보장**하여야 한다는 원리이다. 이 원리는 **교육의 본질추구와 교육의 정치적 중립성 보장**이라는 점에서 그 이유를 찾을 수 있다.

㉡ 교육의 특수성은 교육행정의 특수성을 수반하게 된다. 요컨대, **교육사업의 특수성을 인정하고 그 자주성과 정치적 중립성을 보장**하기 위하여 교육행정을 일반행정으로부터 분리·독립시켜야 한다는 것이다.

㉢ 현행 제도에서 **교육감을 교육과 학예에 관한 집행기관**으로 두는 것은 이 원리와 밀접한 관계가 있다.

④ 전문적 관리의 원리

㉠ **교육의 전문성과 특수성 때문에 이를 지원·조성해 주는 교육행정이 교육에 관한 깊은 이해와 고도의 교육행정 식견을 갖춘 전문요원들에 의해 관리·운영**되어야 한다는 원리이다.

㉡ 교육행정이 교육활동의 본질임을 이해하고, 교육의 특수성을 몸소 체험하며, 교육행정에 관한 이론을 습득하고 기술을 터득한 훈련을 쌓은 전문가가 담당하여야 한다는 것이다.

㉢ 현재 **교육감의 선출자격으로 교육 관련 경력을 요구**하는 것은 이와 관련이 있다.

(3) 교육자치제의 구성 및 운영

① 기본구조

㉠ 현행 교육자치제는 **시·도 단위의 광역 지방교육자치제**이다.

㉡ **교육감이 교육·학예에 관한 사무의 집행기관이고 시·도의회가 의결기관**이다.

㉢ 시·도의회에는 상임위원회의 하나인 **교육위원회가 있으며 일반 시·도의원들로 구성**된다. 따라서 현행 제도는 **집행기구는 일반행정과 분리되고 의결기구는 통합**된 형태이다.

㉣ 시·도교육청의 하급교육행정기관으로 시·도의 교육·학예에 관한 사무를 분장하기 위하여 1개 또는 2개 이상의 시·군 및 자치구를 관할구역으로 하는 교육지원청을 둔다.

② 교육감

㉠ 교육감은 **시·도의 교육·학예에 대한 사무의 집행기관**이며, 교육·학예에 관한 소관 사무로 인한 **소송이나 재산의 등기 등에 대하여 당해 시·도를 대표**한다.

㉡ 교육감의 **임기는 4년으로 하며, 계속 재임은 3기**에 한한다.

㉢ 교육감의 선출은 주민의 **보통·평등·직접·비밀선거에 따라 선출하는 주민직선제**를 취하고 있다.

㉣ 교육감의 선출자격은 **교육경력 또는 교육행정경력이 3년 이상** 있거나 **양 경력을 합하여 3년 이상**인 자이며, 후보자 등록신청 개시일부터 **과거 1년 동안 정당의 당원이 아닌 사람**이어야 한다.

PART 10

ⓜ 교육감은 법령 또는 조례의 범위 안에서 그 권한에 속하는 사무에 관하여 **교육규칙을 제정**할 수 있다.

ⓑ 주민은 **교육감을 소환할 권리**를 지닌다.

개념+

교육감은 교육·학예에 관한 다음 사항에 관한 사무를 관장한다.

- 조례안의 작성 및 제출에 관한 사항
- 예산안의 편성 및 제출에 관한 사항
- 결산서의 작성 및 제출에 관한 사항
- 교육규칙의 제정에 관한 사항
- 학교, 그 밖의 교육기관의 설치·이전 및 폐지에 관한 사항
- 교육과정의 운영에 관한 사항
- 과학·기술교육의 진흥에 관한 사항
- 평생교육, 그 밖의 교육·학예 진흥에 관한 사항
- 학교체육·보건 및 학교환경 정화에 관한 사항
- 학생 통학구역에 관한 사항
- 교육·학예의 시설·설비 및 교구에 관한 사항
- 재산의 취득, 처분에 관한 사항
- 특별부과금·사용료·수수료·분담금 및 가입금에 관한 사항
- 기채차입금 또는 예산 외의 의무부담에 관한 사항
- 기금의 설치·운용에 관한 사항
- 소속 국가공무원 및 지방공무원의 인사관리에 관한 사항
- 그밖에 당해 시·도의 교육·학예에 관한 사항과 위임된 사항 등

③ 지방의회(교육위원회)

㉠ 시·도의회가 의결기관이다.

㉡ 시·도의회의 교육·학예에 관한 의안과 청원 등을 심사·의결하는 기관으로서의 교육위원회 제도는 폐지되었다. 따라서 교육·학예의 의결은 지방자치법의 적용을 받는다.

㉢ 시·도의회에는 조례로 둘 수 있는 상임위원회(지방자치법 제56조 제1항)인 교육위원회가 교육 및 학예에 관한 의안과 청원 등을 심사·처리한다. 그리고 시·도의회가 의결한다.

④ 교육감의 보조기관 및 하급지방행정기관

㉠ 교육감 소속하에 국가공무원으로 보하는 부교육감 1인(인구 800만 명 이상이고 학생 170만 명 이상인 시·도는 2인)을 둔다. **부교육감은 당해 시·도교육감이 추천한 자를 교육부장관의 제청으로 국무총리를 거쳐 대통령이 임명한다.**

㉡ 하급교육행정기관으로는 시·도의 교육·학예에 관한 사무를 분장하기 위하여 1개 또는 2개 이상의 시·군 및 자치구를 관할구역으로 하는 교육지원청을 둔다. 교육지원청에 교육장을 두되 장학관으로 보한다. 교육장은 시·도의 교육·학예에 관한 사무 중 ⓐ 공·사립의 유치원·초등학교·중학교·공민학교·고등공민학교 및 이에 준하는 각종 학교의 운영·관리에 관한 지도·감독, ⓑ 그 밖에 조례로 정하는 사무를 위임받아 분장한다.

제3절 학교운영위원회

1 기능 및 심의 영역

(1) 기능영역

① 학교운영위원회는 **학교운영의 자율성을 높이고 지역의 실정과 특성에 맞는 다양하고도 창의적인 교육**을 할 수 있도록 초등학교·중학교·고등학교·특수학교 및 각종학교에서 구성·운영하여야 하는 **의무기구**이다.

② 기능 면에서 **국·공립학교의 학교운영위원회는 심의기구**이고, **사립학교의 학교운영위원회는 자문기구**의 성격을 지닌다. 다만, **학교발전기금 사항에 대하여는 국·공립 및 사립학교 모두 의결기구**의 성격을 지닌다.

③ 국·공립학교의 장은 학교운영위원회의 심의결과를 최대한 존중하여야 하며, 그 심의결과와 다르게 시행하고자 하는 경우에는 이를 운영위원회와 관할청에 서면으로 보고하여야 한다.

④ 관할청은 국·공립학교의 장이 정당한 사유 없이 운영위원회의 심의·의결 결과와 다르게 시행하거나 심의·의결 결과를 시행하지 아니하는 경우, 또는 심의를 거쳐야 할 사항을 심의를 거치지 아니하고 시행하는 경우에는 시정명령을 내릴 수 있다

(2) 심의영역

국·공립의 학교운영위원회의 심의영역은 학교현장 및 학칙 제·개정, 학교의 예산안과 결산, 학교교육과정의 운영방법, 교과용 도서와 교육자료의 선정, 교복·체육복·졸업앨범 등 학부모 경비부담 사항, 정규학습시간 종료 후 또는 방학기간 중의 교육활동 및 수련활동, 공모교장의 공모방법, 임용, 평가 등, 초빙교사의 추천, 학교운영지원비의 조성·운용 및 사용, 학교급식, 대학입학 특별전형 중 학교장 추천, 학교 운동부의 구성·운영, 학교운영에 대한 제안 및 건의사항, 그 밖에 대통령령이나 시·도의 조례로 정하는 사항 등 학교운영의 전반적인 사항에 해당한다.

2 구성 및 운영방식

(1) 위원

① 위원 수: 학교운영위원회의 위원정수는 **5인 이상 15인 이내**의 범위 안에서 학교의 규모 등을 고려하여 정하고, 당해 학교의 **교원대표·학부모대표 및 지역사회 인사**로 구성하며, **교장은 당연직 교원위원**이 된다.

학생 수	학교운영위원회의 위원 수
200명 미만인 학교	5인 이상, 8인 이내
200명 이상, 1천명 미만인 학교	9인 이상, 12인 이내
1천명 이상인 학교	13인 이상, 15인 이내

② 학부모위원: 학부모 중에서 민주적 대의절차에 따라 **학부모 전체 회의에서 직접 선출**한다.

③ 당연직 교원위원을 제외한 교원위원: 교원 중에서 선출하되, **교직원 전체 회의에서 무기명투표**로 선출한다.

④ 지역위원: **학부모위원 또는 교원위원의 추천을 받아 학부모위원 및 교원위원이 무기명투표**로 선출한다.

위원	구성비율
학부모위원	100분의 40 내지 100분의 50
교원위원	100분의 30 내지 100분의 40
지역위원	100분의 10 내지 100분의 30

(2) 위원장 및 부위원장

운영위원회에는 **위원장 및 부위원장 각 1인**을 두되, **교원위원이 아닌 위원 중에서 무기명투표**로 선출한다.

CHAPTER

09 교육재정

제1절 교육재정의 개념 및 특성

1 교육재정의 개념

(1) 재정

① 일반적으로 정부는 공공부문에 필요한 자원을 국민의 세금을 통해 확보하고, 이를 공공의 요구를 충족시키는 데 필요로 하는 공공서비스를 제공할 때 사용한다.

② 재정은 국가 및 공공단체가 공공의 욕구를 충족하기 위하여 필요한 수단을 조달하고 관리·사용하는 경제활동으로, 정부의 경제를 의미하는 용어이다.

(2) 교육재정

① 교육재정은 국가 및 공공단체가 교육욕구를 충족하기 위해 필요한 수단을 조달하고 관리·사용하는 경제활동으로 이해해 볼 수 있다. 즉, 정부와 교육부, 지방자치단체와 교육청, 일선 학교 등이 교육 및 교육행정활동을 하는 데 소요되는 자원을 확보하고, 이를 통해 교육서비스를 생산·공급해 나가는 활동인 것이다.

② 따라서 교육재정이란 국가·사회의 교육활동을 지원하기 위하여 국가나 지방공공단체가 필요한 재원을 확보·배분·지출·평가하는 일련의 경제활동으로 정의해 볼 수 있다.

2 교육재정의 특성

(1) 교육재정은 공권력을 통한 강제성을 가지고 있다.

교육재정은 민간부문과는 달리 국민과 기업의 소득 일부를 조세를 바탕으로 정부의 수입으로 이전시켜 교육서비스 생산에 필요한 수입을 확보하는 강제적인 특성을 가지고 있다.

(2) 교육재정은 공익을 추구한다.

가계의 경제활동은 효용가치를 극대화하고, 기업의 경제활동은 이윤을 극대화하는 데 그 목표가 있다. 반면, 교육재정은 국가의 목표나 주요 교육정책을 효과적으로 달성하는 동시에 국민 공동체의 권익과 요구를 최우선적으로 충족시키는 공공성을 중시한다.

(3) 교육재정은 필요로 하는 지출의 규모를 먼저 정하고 이에 상응하는 수입을 확보해 나가는 양출제입의 회계원칙이 적용된다.

가계와 기업과 같은 민간부문에서는 수입의 규모를 고려하여 지출의 정도를 결정해 나가는 양입제출의 원칙이 적용되는 것이 일반적이다. 그러나 교육재정은 국가가 지원해야 할 교육서비스의 종류와 범위를 먼저 결정하고, 이에 필요로 하는 경비를 산출한 후 수입을 확보해 나가는 원칙이 적용된다.

(4) 교육재정은 정부가 활동을 그만두지 않는 한 지속되는 특성을 지닌다.

교육재정은 민간경제보다 존속되는 기간이 상대적으로 길며, 정부가 주체가 되어 행하는 경제활동이 지속되는 한 영속성을 지니게 된다.

(5) 교육재정은 교육의 특수성으로 인해 비긴요적이고 비생산적이라는 특성을 지니고 있다.

교육재정은 기본적으로 소비적·투자적 성격을 지니고 있어 비생산적인 특성을 보여준다. 또한, 재정의 투입으로 인해 얻어진 교육의 결과가 장기간에 걸쳐 유·무형의 다양한 형태로 나타나기 때문에 가시적으로 측정하기 어렵고, 이로 인해 투자의 우선순위에서 뒤처지는 비긴요한 것으로 인식되곤 한다.

제2절 교육재정의 구조

1 교육재정의 재원별 구조

우리나라 교육재정은 재원을 부담하는 주체에 따라 크게 국가, 지방자치단체, 학부모, 학교법인으로 구분해 볼 수 있다. 이 가운데 가장 큰 비중을 차지하는 것은 국가인데, 국가의 재정부담은 조세수입에 기반하고 있다.

(1) 국가

국가가 부담하는 교육재정의 주요 재원으로는 매년 **내국세 수입액의 20.79%와 국세분 교육세 수입액 중 일부 금액으로 확보되는 지방교육재정교부금, 교육부 본부 경비, 국립학교 교육비, 교육지원기관** 등이 있다.

(2) 지방자치단체

① 초·중등교육을 지원하는 지방자치단체가 부담하는 재원 역시 **조세수입을 기초**로 하고 있다.

② 지방자치단체가 부담하는 재원은 **법정전입금인 지방교육세 전입금, 시·도세 수입액의 일정률(특별시 10%, 광역시 및 경기도 5%, 도 3.6%)인 시·도세 전입금, 지방교육세 전입금, 담배소비세 전입금(특별시와 광역시의 담배소비세의 45%)** 등으로 구성된다.

③ 이와 함께 **공립도서관 운영비 등의 비법정전입금, 지방자치단체가 각급 학교에 직접 지원하는 교육경비보조금 그리고 교육청 자체수입인 학생납입금, 교육청 재산수입** 등이 지방자치단체의 재원으로 사용된다.

(3) 학부모

학부모가 부담하는 재원으로는 등록금(입학금, 수업료, 학교운영지원비), 학교발전기금, 수익자 부담경비, 사용료 및 수수료 등이 있다.

(4) 학교법인

학교법인이 부담하는 재원에는 학교법인이 수익용 기본재산을 운용하여 생긴 수익에서 학교법인이 자체 운영경비와 제세공과금, 감가상각비를 제외한 후 법정부담경비, 교육시설비, 학교운영비 등을 사립학교 교비회계로 전입하는 학교법인전입금 등이 있다.

PART 10

2 교육재정의 배분구조

(1) 지원구조

① 현행 초·중등교육을 위한 교육재정의 지원구조는 **중앙정부의 교육부 예산과 시·도교육청 교육비 특별회계**로 구분된다.

② **중앙정부의 교육부 예산은 대부분이 일반회계에 계상되어 있으며 국립학교로 배분**된다.

③ 지방교육재정은 **중앙정부가 지원하는 지방교육재정교부금 및 보조금**과 **지방정부가 지원하는 전입금** 등을 통해 **시·도교육청이 교육비 특별회계를 편성**하여 운영하며 공립학교 등에 배분된다.

(2) 지방교육재정교부금

① 지방교육재정교부금: **지방의 재정자립도나 빈부의 격차로 인하여 발생하는 교육기회의 불균형과 교육의 질적 격차를 해소하기 위해 국가가 지자체에 교육재정을 지원하는 재원**이다.

② 목적: 지방자치단체가 교육기관 및 교육행정기관(그 소속기관을 포함)을 설치·경영함에 필요한 재원의 전부 또는 일부를 국가가 교부하여 **교육의 균형 있는 발전**을 도모하기 위함이다(지방교육재정교부금법 제1조).

③ 지방교육재정교부금은 **보통교부금과 특별교부금**으로 나뉜다.

㉠ 보통교부금

- 재원은 **기준재정수입액이 기준재정 수요액에 미달하는 지방자치단체에 미달액을 기준**으로 하여 총액으로 **교육부장관**이 교부한다.
- 기준재정수요액: 지방교육 및 그 행정운영에 관한 재정수요를 법령에 의하여 산정한 금액을 말한다.

• 기준재정수입액: 일반회계전입금 등 교육·학예에 관한 지방자치단체 교육비 특별회계의 수입예상액을 말한다.

• 보통교부금의 재원은 내국세 총액의 1만분의 2,079에 해당하는 금액의 97%와 「교육세법」에 따른 교육세 세입액 중 「유아교육지원특별회계법」 제5조 제1항에서 정하는 금액 및 「고등·평생교육지원특별회계법」 제6조 제1항에서 정하는 금액을 제외한 금액으로 구성된다. 여기서 교육세는 목적세로서 독립된 세원을 가지고 있지 않고 일부 국세에 덧붙여 징수하는 부가세 형태를 띤다(지방교육재정교부금법 제3조).

ⓛ 특별교부금: 재원은 당해 연도의 **내국세 총액의 1만분의 2,079에 해당하는 금액의 3%**이다.

특별교부금 재원의 100분의 60	「지방재정법」 제58조에 따라 전국에 걸쳐 시행하는 교육 관련 국가 시책사업으로 따로 재정지원계획을 수립하여 지원하여야 할 특별한 재정수요가 있거나, 지방교육행정 및 지방교육재정의 운용실적이 우수한 지방자치단체에 대한 재정지원이 필요할 때
특별교부금 재원의 100분의 30	기준재정수요액의 산정방법으로 파악할 수 없는 특별한 지역교육현안에 대한 재정수요가 있을 때
특별교부금 재원의 100분의 10	보통교부금의 산정기일 후에 발생한 재해로 인하여 특별한 재정수요가 생기거나, 재정수입이 감소하였을 때 또는 재해를 예방하기 위한 특별한 재정수요가 있는 때

(3) 세입구조

① 초·중등교육을 위한 교육재정은 중앙정부와 지방자치단체 그리고 시·도교육청에서 자체조달된 재원을 시·도교육청이 단위학교에 표준교육비를 근거로 일정 방식으로 지급하고, 최종적으로는 단위학교에서 학생 교육을 위해 지출하는 구조로 되어 있다.

② 지방교육재정의 세입구조는 **국가 부담수입, 지방차지단체 부담수입, 시·도교육청 자체수입** 등으로 구성된다.

교육비 관련 회계의 구조

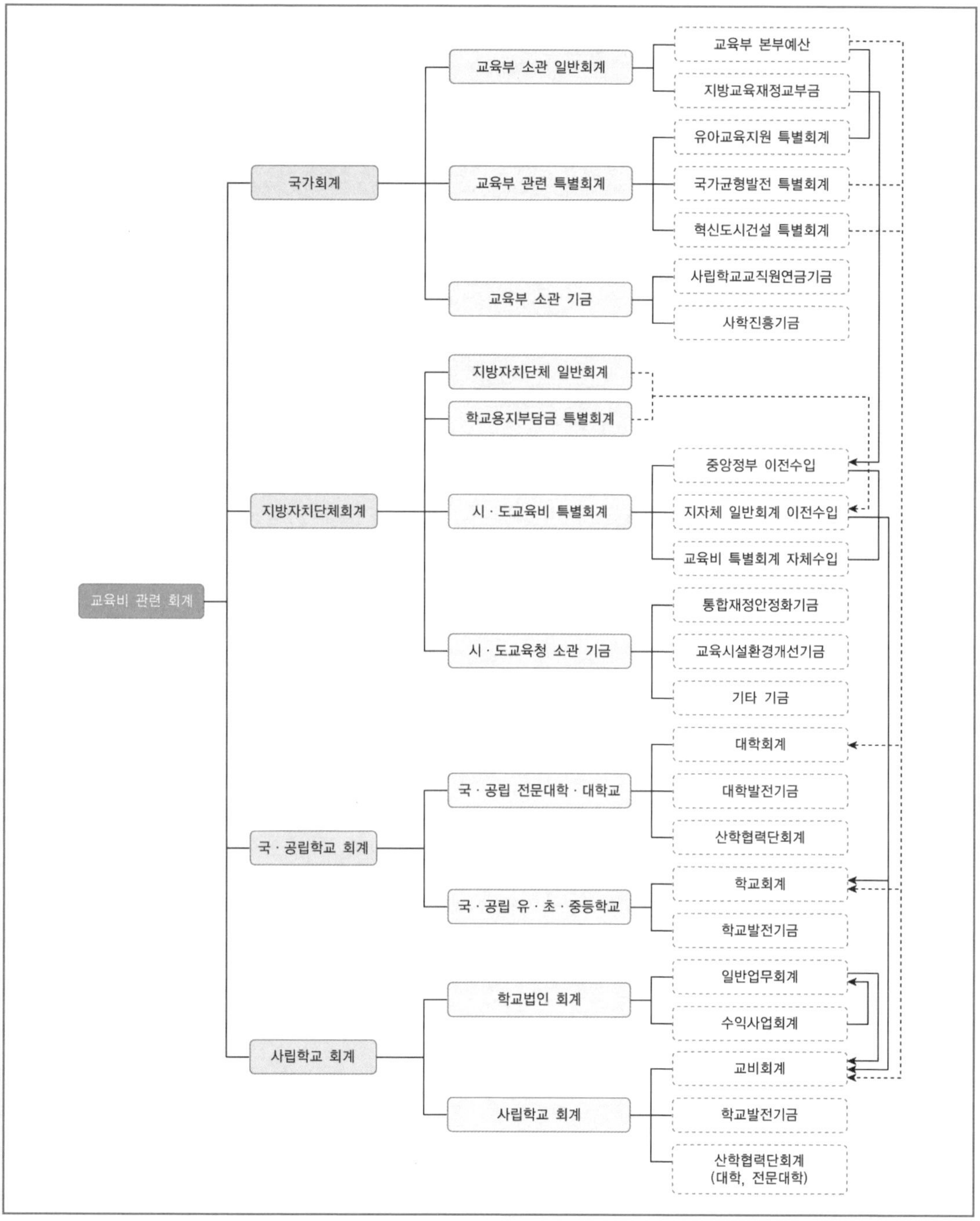

교육비 관련 회계
국가회계
교육부 소관 일반회계
교육부 본부예산
지방교육재정교부금
교육부 관련 특별회계
유아교육지원 특별회계
국가균형발전 특별회계
혁신도시건설 특별회계
교육부 소관 기금
사립학교교직원연금기금
사학진흥기금
지방자치단체회계
지방자치단체 일반회계
학교용지부담금 특별회계
시 · 도교육비 특별회계
중앙정부 이전수입
지자체 일반회계 이전수입
교육비 특별회계 자체수입
시 · 도교육청 소관 기금
통합재정안정화기금
교육시설환경개선기금
기타 기금
국 · 공립학교 회계
국 · 공립 전문대학 · 대학교
대학회계
대학발전기금
산학협력단회계
국 · 공립 유 · 초 · 중등학교
학교회계
학교발전기금
사립학교 회계
학교법인 회계
일반업무회계
수익사업회계
사립학교 회계
교비회계
학교발전기금
산학협력단회계
(대학, 전문대학)

지방교육재정 세입구조

- 지방자치단체 교육비 특별회계
  - 중앙정부 이전수입
    - 지방교육재정 교부금
      - 내국세 교부금 — 당해 연도 내국세 총액의 20.79%
      - 교육세 교부금 — 교육세 수입액 중 유아교육지원 특별회계 전출금을 제외한 금액
    - 유아교육지원 특별회계 전입금 — 유치원 및 어린이집에서 취학 직전 3년의 유아에 대한 공통 교육·보육과정 운영에 소요되는 비용(2022년까지)
    - 국고보조금 — 국고사업 보조금
  - 지방자치단체 일반회계 이전수입
    - 담배소비세 전입금 — 특별시·광역시 담배소비세 수입액의 45%
    - 시·도세 전입금 — 특별시세 총액의 10%, 광역시세·경기도세 총액의 5%, 나머지 도세 총액의 3.6%
    - 지방교육세 전입금 — 지방교육세 수입액
    - 지방교육재정 교부금 보전금 — 지방소비세 확대에 따른 내국세 감소로 교부금이 감소하자 이를 지방소비세 수입 증가분의 일부로 보전
    - 교육급여보조금 전입금 — 교육급여 국고보조사업에 대한 지방자치단체의 대응투자(서울 50%, 지방 20%)
    - 무상교육경비 전입금 — 지방자치단체가 부담하던 고교무상교육 관련 경비(교육급여, 지방공무원 자녀학비보조수당 등)
    - 학교용지 일반회계 부담금 — 학교용지구입비의 1/2
    - 비법정 이전수입 — 도서관 운영비, 기타 지원금·보조금 등
  - 교육비 특별회계 부담수입
    - 교수-학습 활동수입 — 공립학교 입학금·수업료(주로 공립 유치원)
    - 기타 자체수입 — 행정활동수입, 자산수입, 이자수입, 잡수입 등 기타
  - 지방교육채 — 교부금부담 지방교육채, 자체부담 지방교육채
  - 주민(기관 등) 부담 등 기타 — 민간 이전수입

3 교육재정제도의 특징

(1) 지원구조가 단순하고 지방교육재정을 지원할 수 있는 제도적 장치가 마련되어 있다.

① 지방교육재정교부금이라는 국가지원금이 내국세의 20.79%로 교부율이 법제화되어 있어서 재원을 매우 안정적으로 확보할 수 있는 구조를 갖추고 있다.

② 현행과 같이 교부금을 내국세의 일정률로 확보하면 교부금이 총액으로 결정되기 때문에 재정운영의 자율성과 책무성을 제고하는 장점이 있다.

(2) 중앙정부의 역할이 매우 크다.

① 지방교육재정교부금 지원예산 규모가 지방교육재정수입 재원의 75% 이상을 차지하고 있는 만큼 초·중등교육을 위한 중앙정부의 역할이 절대적이라고 할 수 있다.

② 지방교육비의 75% 이상이 중앙정부에서 교부금의 형태로 지원되고 지자체의 전입금도 대부분 법정전입금으로서 국가 차원에서 결정되므로 교육비 조달에 대한 책임은 일차적으로 중앙정부라고 할 수 있다.

PART 10

(3) 단위학교에 재정운영의 자율성을 부여하고 있는 학교회계제도를 운영하고 있다.

① 2001년 도입된 학교회계제도는 단위학교의 자율적 재정운영을 보장하여 다양한 교육활동을 효과적으로 지원하기 위하여 도입되었다.

② 단위학교의 특수성과 다양성을 살린 예산편성이 가능하게 되었다.

(4) 학교회계제도 도입과 동시에 학교발전기금제도를 도입하여 단위학교 재정확보를 위한 보완적 장치를 마련하였다.

① 학교발전기금제도는 학부모의 교육적 기여를 교육조직 내로 수용하는 역할을 했다.

② 기부금을 제도화함으로써 찬조금품을 둘러싼 비교육적 행태를 해소하는 데 기여했으며, 발전기금을 통해 학교를 특성화하고 공교육 재원의 한계를 극복하고자 하였다.

제3절 교육의 비용

(1) 의미

① 교육의 비용은 교육계획을 달성하기 위하여 행해지는 일련의 활동에 쓰이는 비용을 의미한다.

② 교육활동이 궁극적으로 교육목적을 달성하기 위해 존재한다고 볼 때 교육의 비용은 교육목적 달성에 소요되고 희생되는 경비라 할 수 있으며, 교육목적 달성을 위해 생산·제공해야 할 교육서비스를 위해 투자되는 자원을 의미한다.

(2) 총교육비

① 일반적으로 국가 수준에서 소요되는 총교육비를 산출할 때 교육목적과의 관련성을 기준으로 **직접교육비, 간접교육비**의 개념을 사용하게 된다.

② **직접교육비는 공적 예산회계절차 유무에 따라 공교육비와 사교육비**로 나누어지며, 이들 비용은 비용부담의 주체에 따라 **공부담공교육비, 사부담공교육비, 사부담사교육비, 사부담교육비** 등으로 분류된다.

(3) 구조

① 직접교육비와 간접교육비: 총교육비는 **교육활동을 위해 실제로 지출되거나 포기된 모든 형태의 비용**을 말하는데, 교육재화를 생산하는 데 **직접적으로 지출되는 직접교육비와 기회비용인 간접교육비**까지 포함한다.

㉠ 직접교육비: **교육목적 달성을 위한 교육활동에 직접적으로 지출되는 경비로서 주로 중앙 및 지방정부, 학교법인, 학생이나 학부모가 부담하는 비용, 기타 사회민간단체가 부담하는 비용** 등을 그 재원으로 한다.

㉡ 간접교육비: **교육활동을 함으로써 포기되는 모든 형태의 기회비용**을 의미한다. 교육기간 동안 학생이 취업할 수 없기 때문에 포기된 소득, 학교교육기관에 주어진 각종의 면세혜택 비용, 학교건물과 교육시설을 경제적 수익사업을 위해 사용하지 않았기 때문에 발생하는 비용, 학교시설 감가상각비 등이 여기에 해당한다.

② 공교육비와 사교육비: 총교육비는 공적 예산회계절차를 거치는지 여부에 따라 공교육비와 사교육비로 구분된다.

㉠ 공교육비: 합법적인 **공적 예산회계절차를 거쳐 교육활동에 투입되는 비용**을 의미한다.

- 공교육비에는 중앙 및 지방정부의 예산, 학교법인이 부담하는 비용, 학생 및 학부모가 부담하는 비용, 기타 사회·민간단체가 부담하는 비용 등이 포함된다.
- 공교육비는 비용부담의 주체가 누구냐에 따라 **공부담공교육비와 사부담공교육비**로 구분된다.
- 공부담공교육비는 중앙 및 지방정부 그리고 단위학교에서 부담하는 비용을 말하며, 사부담공교육비는 학부모, 기타 사회·민간단체가 부담하는 비용(입학금, 수업료, 육성회비 등) 등을 포함한다.

㉡ 사교육비: 법적인 예산회계절차를 거치지 않는 **학교교육 외에 학생이나 학부모가 자의에 따라 사적으로 받는 교육을 위해 지출되는 교육비용**을 말한다.

- 사교육비는 비용부담의 주체가 민간부문이기 때문에 **사부담사교육비**라고도 한다.
- 여기에는 교재 및 부교재 구입비, 학용품비, 수업 준비물비, 학교지정의류비, 입시학원비, 개인과외비, 교통비, 급식비, 하숙비 등이 포함된다.
- **사부담공교육비와 사부담사교육비를 합쳐 사부담교육비**라고도 한다.

총교육비의 분류체계

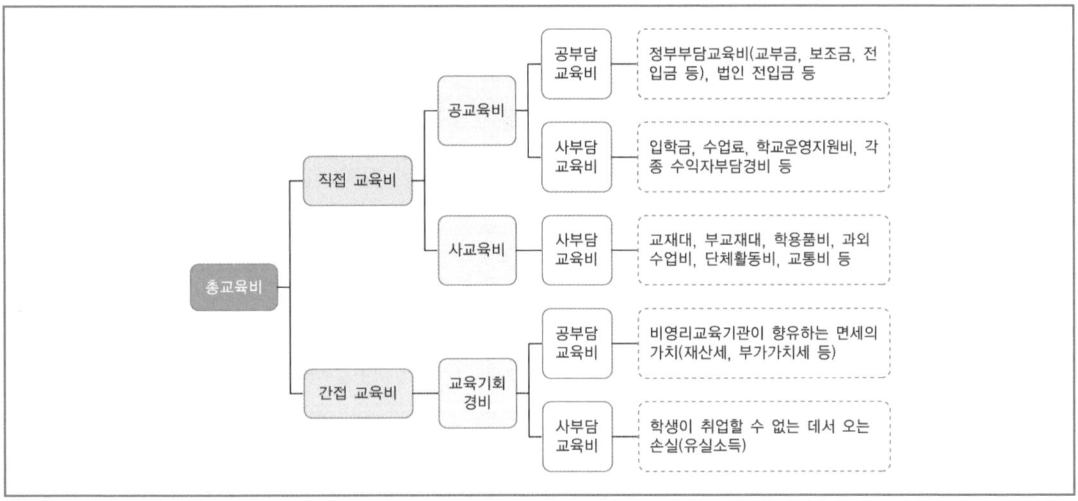

제4절 학교회계제도

1 학교회계제도의 개념

(1) 의미

① 학교회계제도는 **학교예산을 회계연도 개시 전에 총액으로 배분하고, 학교운영지원비, 학교발전기금으로부터의 전입금 등을 하나의 회계로 통합·운영하며, 교사의 참여와 학교운영위원회의 심의를 거쳐 하나로 통합된 세입재원을 학교에서 필요한 우선순위에 따라 자율적으로 세출예산을 편성·집행하는 제도**이다.

② 학교의 **예산편성권이 단위학교에 부여**됨에 따라 학교구성원이 노력을 통하여 자체수입을 확보할 수 있게 되었고, **단위학교의 특수성과 다양성을 살린 예산편성**이 가능하게 되었다.

(2) 목적

2001년부터 국공립 초·중등학교에 도입된 학교회계제도는 단위학교의 자율적 재정운영을 보장하여 다양한 교육활동을 효과적으로 지원함으로써 학교 교육의 질적 수준을 높이는 데 그 목적이 있다.

(3) 기존 학교회계제도

① 2001년도 이전의 학교회계제도에서는 일상경비, 도급경비, 학교운영지원비 등 세입재원을 구분하여 각 자금별로 지정된 목적에 따라 제한적으로 편성·집행해 오던 학교예산을 단일예산회계제도로 통합·운영하고 있는 회계제도이다.

② 종래의 경직된 예산회계제도로는 학교의 자율적인 운영과 효과적인 교수-학습활동의 지원이 어렵다는 비판이 많았다.

③ 단위학교는 자체수입을 늘리기 위한 노력을 할 필요가 없었고, 교육청으로부터 배분받은 도급경비 및 일상경비와 자체적으로 징수한 학교운영지원비를 분리운영함으로써 효율적이고 종합적인 학교재정 운영에 어려움이 있었으며, 예산편성권이 주어지지 않았기 때문에 예·결산 편성 및 심의가 매우 형식적으로 이루어졌다.

(4) 단위학교 책임경영제

① 단위학교는 2001년 단위학교회계제도의 시행과 함께 단위학교 책임경영제(school-based management: SBM)가 도입되어 학교경영의 책임을 학교장에게 부여하고 있다.

② 단위학교 책임경영제는 공교육체제 혁신을 통해 개혁과 경쟁력을 향상하는 목적으로 서구 선진국들이 선호하던 교육개혁 프로그램이다.

③ 단위학교 책임경영제와 단위학교 예산제도의 시행은 교원·학부모·학생이 교육의 주체가 되어 단위학교의 경영에 참여하는 동시에 학교운영의 결과에 대한 책임을 짐으로써 학교가 교육과정, 인사, 재정운영 등을 중앙정부나 교육청 단위에서 대폭 이양받아 학교경영의 자율권을 확대해 나감을 의미한다.

④ 학교회계제도는 교육과정 운영을 효율적으로 지원하기 위한 재정계획서의 역할을 하는 동시에 예산편성 및 운영에 있어서의 자율성과 책임성을 모두 포함하는 개념이며, 학교운영위원회와 지역사회의 감시를 통한 재정건정성을 유도한다는 의미도 지니고 있다.

2 학교회계제도의 주요 내용

학교회계제도의 주요 내용을 살펴보면 다음과 같다(초·중등교육법 제30조 제2항·제3항).

(1) 학교회계는 **국·공립의 초등학교·중학교·고등학교 및 특수학교**에 설치한다.

(2) 회계연도는 **매년 3월 1일에 시작하여 다음 해 2월 말일**에 종료되며 예산편성, 예산심의, 예산집행, 결산의 과정을 거친다.

(3) 학교회계의 세입은 **국가의 일반회계 또는 지방자치단체의 교육비 특별회계로부터의 전입금, 학교운영지원비(육성회비), 학교발전기금으로부터의 전입금, 수업료 및 학교운영지원비 외에 학교운영위원회의 심의를 거쳐 학부모가 부담하는 경비, 국가 또는 지방자치단체의 보조금 및 지원금, 사용료, 수수료, 이월금 기타 수입 등**으로 구성되며, 학교회계의 세출은 학교운영 및 학교시설의 설치 등을 위하여 필요한 일체의 경비로 구성된다.

3 학교회계제도 도입의 효과

(1) 표준교육비를 기준으로 총액이 배부되고, 예산편성권이 주어짐에 따라 각급 단위학교들은 자신들이 처한 실정에 따라 필요한 우선순위를 정하여 예산배정을 할 수 있어 자율적인 재정운영이 가능해졌다.

(2) 경비의 종류에 따라 서로 다른 회계지침을 적용하여 자금별로 별도의 회계 및 장부를 관리하던 제도에서 하나의 '학교회계'로 통합관리되어 학교운영위원회 위원과 학교 실무자들도 재정흐름을 쉽게 파악할 수 있게 됨에 따라 학교재정 운영의 투명성과 신뢰성이 높아졌다.

(3) 예산잔액의 이월사용이 가능해지고 사용료도 학교에서 사용 가능해져 융통성 있는 재정운용이 가능해졌다. 또한 학교회계년도가 학년도와 일치(3월 1일~2월 말일)되어 학교교육활동을 효과적으로 지원 가능하여 효율성을 제고할 수 있다.

(4) 구제도에서는 자금별 목적과 사용범위의 제한 등으로 교사들의 예산요구를 제대로 반영하지 못하였으나, 학교회계의 도입으로 예산의 목적지정이 없어져 교사들의 요구를 반영하기가 용이해졌다.

(5) 예산편성단계에서 교직원 등으로부터 예산요구서를 제출받아 편성하도록 되어 있어 교사 등의 의견수렴이 가능해졌다. 개별학교가 예산배정을 자유롭게 할 수 있어 학교의 자율적인 예산운영이 가능해진다.

(6) 단위학교의 자구노력에 의해 사용료, 수수료 수입 등을 확보할 수 있으므로, 지역사회에 대한 학교시설 제공이 활성화되어 학교가 지역사회의 평생학습센터 역할을 할 수 있는 기반이 형성된다.

CHAPTER

10 학교경영

제1절 학교경영의 의의와 원리

1 학교경영의 의의

(1) 정의

① 학교경영이란 초·중등학교에서 교육활동에 참여하는 학교구성원들이 교육목표를 설정하여 달성하는 데 보다 효과적·효율적으로 일할 수 있도록 필요한 인적·물적 자원을 확보하여 조화롭게 분배하여 실행하고 평가하는 일련의 활동이다.

② 여러 학자들이 학교경영에 대한 개념을 다양하게 정의하고 있는데, 조남두 외(2006)는 학교경영이란 학교라는 단위교육기관에서 교육목표를 성취하도록 인적·물적 조건을 조성하고 지원하는 봉사활동이라고 정의하였다.

③ 주삼환 외(2009)는 학교경영이란 단위학교에서 교장의 자율적·창의적 관점하에 교육목표를 설정하고 그 목표달성을 위해 필요한 제반 조건을 정비·확립하여 목표달성을 위한 활동을 지도·감독하는 일련의 봉사활동이라고 정의하였다.

(2) 학교행정

학교경영과 유사하게 사용한 용어로는 단위학교 교육기관 수준의 학교행정과 학교관리가 있다.

① 학교행정은 고도의 확실성을 가지고 구조화되어 기획화된 결정을 달성하기 위한 하나의 경영관리과정으로, 비교적 객관성과 강제성을 띠고 있다.

② 학교경영은 기획되거나 구조화되어 있지 않은 하나의 결론을 매듭지어 나가는 경영관리의 과정으로, 비교적 주관성과 융통성을 내포하고 있다고 할 수 있다.

③ 학교관리는 객관적·타율적·법규적·관료적·집권적인 체제로써 학교를 운영하여 교육목표를 효과적으로 달성하기 위한 보조적 활동이고, 주로 인사, 재정, 시설 등에 행해지는 것이며, 교육청의 위임사항을 집행하는 행정기관의 하위관리자로서 학교장이 수행하는 활동을 말한다.

2 학교경영의 원리

(1) 합법성의 원리

① 단위학교에서 학교경영을 실시할 때 법과 원칙에 의한 행정을 말하는데, 즉 법에 의거하고 법률에 정하는 범위 내에서 이루어져야 한다는 것을 의미한다.

② 단위학교의 학교경영과 관련된 법규는 헌법, 교육기본법, 초·중등교육법 등 교육 관련 법률과 명령, 조례 등이 있다.

(2) 자율성의 원리

학교경영은 단위학교의 효율적인 교육활동을 위해 상부기관이나 외부조직기관의 지시나 간섭 없이 자율적인 의사결정으로 운영되어야 한다는 것을 의미한다.

(3) 민주성의 원리

① 비록 단위학교에서의 학교경영은 학교장 중심으로 이루어지고 있지만, 어느 특정인의 독단과 전횡을 막고 교직원, 학생, 학부모 등 지역사회의 의견을 반영하여야 한다는 것을 의미한다.

② 이것은 학교구성원들의 책무성을 확보할 수 있고 여러 사람의 지혜와 아이디어를 모아 기획하고 조직, 운영, 평가할 수 있는 장점이 있다.

(4) 효율성의 원리

① 학교경영은 최소한의 시간과 노력 그리고 인적·물적 자원의 투입을 통하여 최대의 성과를 거두어야 한다는 것을 의미한다.

② 특히 효율성의 원리는 투자 대비 성과의 정도로 민주성의 원리와 다소 상충되는 면이 있기 때문에 효율성만을 너무 강조한 나머지 민주성의 원리를 해치는 경우가 있다는 것을 주의해야 하며, 양자의 균형의 지혜를 발휘할 필요가 있다.

(5) 종합성의 원리

① 학교경영은 단위학교에서 교육목표 달성을 위해 관련된 모든 요소가 포함되어야 한다는 것을 의미한다.

② 필요한 요소가 통합적으로 모두 포함되지 않을 경우, 목표달성을 제약하는 역기능적 요소로 작용할 수도 있다.

(6) 현실성의 원리

① 학교경영은 한정된 인적·물적 자원을 고려해서 교육목표를 달성하는 데 노력하여야 한다는 것을 의미한다.

② 단위학교 구성원들은 학교경영을 기획하고 운영할 때 현실적 제약조건과 한계를 고려해 실현가능성 있는 학교경영을 실시해야 한다.

(7) 지역성의 원리

① 학교경영은 단위학교가 위치하고 있는 그 지역사회의 특성과 상황을 고려해서 경영을 실시해야 한다는 것을 의미한다.

② 학교마다 교육수요자들의 욕구와 바람이 다르고 자원이 다르기 때문에 그 지역사회와 협력 혹은 자원의 활용 등을 통해 그 지역의 특성에 맞는 교육패러다임을 기획할 필요가 있다.

제2절 학교경영의 효율화기법

단위학교의 학교경영은 시대와 맥락 그리고 교육수요자인 학생과 학부모들의 요구의 흐름에 따라 다변화하고 있으며, 그 상황에 적합한 학교경영을 지향하고 있다. 학교경영은 단위학교의 그 상황과 맥락에 적합한 조직목표를 달성하기 위해 계획, 조직, 지시, 조정, 통제의 경영활동과정을 통해 학교체제 내의 모든 인적·물적·재정적 자원을 공정하게 배분하여 능률적·효과적으로 활용하기 위한 일련의 과정을 의미한다. 이러한 학교경영을 구현하기 위한 경영기법으로 목표관리기법, 효율성이론, 학교예산편성기법, 정보관리체제 등이 있다.

1 목표관리기법

(1) 목표관리

① 목표관리(Management by Objectives: MBO)는 1954년 피터 드러커(Peter Drucker)가 경영의 실제(The practice of management)라는 책에서 기업의 성패 여부는 명확한 목표설정과 경영자의 목표관리 여하에 따라 결정된다고 주장하면서, 목표와 자기통제에 의한 관리를 강조한 데서 유래한 것이다.

② 목표관리란 조직의 상·하위 관리자가 조직의 공동의 목표를 함께 설정한 다음, 각 개인들의 주요 책임영역을 맡아 정해진 기준에 따라 구성원의 기여도를 측정하고 평가하는 총체적인 일련의 과정이다.

(2) 특징

① 목표에 의한 관리기법은 부하직원과 상급자 간의 의사소통을 증진함으로써 구성원들의 사기를 높여 주고, 개개인의 성과와 조직목표를 연결한다.

② 평가결과는 임금인상과 승진의 근거자료로 사용되기도 한다.

(3) 수행목표

목표관리기법은 기본적으로 조직목표를 달성하기 위한 다음 4가지의 수행목표를 세운다.

① 무엇을 수행할 것인가?

② 언제 수행될 것인가?

③ 누가 수행할 것인가?

④ 무엇을 성공의 기준으로 할 것인가?

(4) 적용

① 학교경영에서 목표관리기법은 **교육목표 설정과정에서의 공동참여, 목표달성의 노력과 성과에 대한 평가와 보상 그리고 교직원 각자의 자기통제를 통한 목표달성**이라는 순환적 과정의 경영기법으로 활용될 수 있다.

② 단위학교 내에서 목표관리기법은 학교 내 구성원들을 공동의 조직목표를 설정하는 데 참여하도록 하여 각자의 목표를 공동의 목표에 부합할 수 있도록 하여 이를 달성해 나가게 하는 일련의 경영방식이다.

③ 교사들이 교수-학습과정안을 작성할 때에 학습목표를 반드시 제시하게 되는데, 이것 역시 목표관리기법의 일환이라 할 수 있다.

2 효율성이론

(1) 효율성

① 교육에서도 경영에 대한 개념이 강화되면서 교육경영에서의 효율성이 강조되고 있다.

② 사회과학 백과사전에 의하면, 효율성이란 투입과 산출, 노력과 결과, 경비와 소득, 비용과 결과적 쾌락 간의 비율이라고 개념 정의하였다. 따라서 효율성(efficiency)은 두 변인 간의 비율로 계량화를 전제로 하는 개념으로, 투입 대비 산출의 정도를 수치로 표현할 수 있는 기계적 효율관이 있으나, 경영 특히 교육경영에 있어서는 산출을 파악하기 힘든 경우가 많다.

(2) 사회적 효율관

인간관계론이 대두되면서 기계적 효율관만으로 측정할 수 없는 효율관을 제시하고 있다. 즉, **인간 존엄성의 구현, 사회목적의 실현 등 사회적 차원에서 효율성을 보아야 한다는 입장으로 사회적 효율관을 주장**하는 경향이 있는데, 이를 바탕으로 정리하면 다음과 같다.

① **인간의 효율화**: 기계적 효율관이 비인간적인 데 반하여 보다 인간적인 차원을 반영하는 것이 특징이다. 이는 인간의 만족목적·수단관계 등을 고려한 연후에 효율성을 생각한다.

② **합목적적 효율성**: 이것은 효율성을 달성하기 위한 수단은 목적에 부합되어야 한다는 것이다.

③ **상대적 효율성**: 효율성의 평가는 투입과 산출의 비율로 평가하되 이 평가가 절대적인 기준에 의해서는 안 되고 상대적인 기준에 입각해야 된다는 것이다.

④ **장기적 효율성**: 사회적 효율성의 평가는 단기적이 아니고 장기적이어야 한다는 것이다.

3 학교예산 편성기법

학교예산이란 정해진 회계연도(매년 3월 1일부터 다음 해 2월 말까지) 내의 세입과 세출에 관한 재정적 계획으로, 단위학교의 교육목표를 달성하기 위한 재정운용의 효율적 수단으로서의 기능을 말한다. 학교예산의 편성·심의·집행 및 결산은 단위학교를 관할하는 교육청이 학교의 장에게 예산편성지침을 통보하면 이를 바탕으로 학교의 장에 의해 자율적으로 편성하며 학교운영위원회에 심의(자문)을 받은 후 예산을 공개·집행하게 된다. 또한 단위학교의 회계에 대한 결산은 학교운영위원회에 보고한 후 결산공고를 학교 홈페이지에 공시하게 된다. 학교예산에 대한 편성기법에는 다양한 기법들이 있는데 기획예산제도, 품목별 예산제도, 영기준 예산제도, 성과주의 예산제도 등이 있다.

(1) 기획예산제도(Planning Programming Budgeting System)

① **합리적인 사업목표를 설계하여 제시되는 행동과정 그리고 자원배분을 과학적으로 계획함으로써 최소의 비용으로 사업의 목표를 달성**할 수 있도록 하는 제도이다.

② 기획예산제도는 목적달성을 위해 **여러 가지 방안의 수립과 이에 따른 방안을 선택하게 하는 합리적이고 분석적**인 체제라고 할 수 있다.

③ 기획예산제도의 기본적 특징은 분석적, 계획성, 방안수립, 예산배정, 구조상의 통일성 그리고 운영의 효율화 등으로 구분할 수 있다.

④ 이 제도는 의사결정과정을 일원할 수 있다는 장점이 있는 반면, 명확한 목표설정이 어려운 부분에는 도입하기 곤란하며, 정보가 최고 의사결정자에게만 집중됨으로써 지나치게 중앙집권화 될 가능성이 있다. 따라서 단위학교에서 기획예산제도를 학교예산편성기법에 활용할 경우, 학교의 장은 이점을 고려할 필요가 있다.

(2) 품목별 예산제도(Line-Item Budgeting System)

① 예산을 집행하는 과정에서 유용이나 부정을 예방하기 위한 **엄격한 사전·사후통제가 가능한 통제지향적 예산제도**로서 **예산항목을 경비의 성격과 위계에 따라 장, 관, 항, 목, 원가통계비목, 과목해설 등으로 작성**하게 함으로써 세부적인 항목을 기준으로 예산을 편성·운영하는 제도를 말한다.

② 이 제도는 단위학교의 예산편성과정에서 흔히 사용하고 있는 제도로서 제한된 예산을 효율적으로 활용할 수 있고, 차기 예산을 편성하는 데 필요한 정보를 얻을 수 있다는 장점이 있다.

③ 주로 세부적인 지출대상에 중점을 두기 때문에 전체적인 개요를 파악하기 어렵고 사업의 우선순위를 등한시할 우려가 있다.

(3) 영(0)기준 예산제도(Zero-Base Budget System)

① **예산을 편성하는 과정에서 전년도 예산을 고려하지 않고(zero-base) 모든 사업을 계획목표에 따라 재평가하여 신년도 사업의 우선순위에 따라 예산을 편성**하는 제도이다.

② 정권이 바뀌거나 단위학교에서 새로 취임한 학교의 장이 자신의 교육철학을 구현하고자 할 때 용이한 예산제도이다.

③ 이 제도는 학교경영에 전 교직원들을 참여시켜 자발적인 사업구상과 실행을 유인할 수 있다는 장점이 있다.

④ 예산에 관련된 구성원들의 전문성 부족과 사업기각, 평가절하에서 비롯된 사기저하로 인한 어려움을 겪을 수도 있다.

(4) 성과주의 예산제도(Performance Budgeting System)

① 성과주의 예산제도는 **예산과목을 우선 목적별로 나누고 각 목적에 대해 다시 세부사업으로 분류한 다음, 각 세부사업별로 단위원가에 업무량을 곱하여 예산액을 산출하고 그 집행의 성과를 측정·분석한 후 평가하는 예산제도이다.**

② 구입하는 물품을 품목별로 나열한 후 이에 소요되는 경비를 산출하는 식의 품목별 예산제도에서의 물품 구입동기와 목표의 불명확성을 극복하고자 실시한 제도이다.

③ 성과를 측정·평가하는 방법은 업무량에 근거하여 비용과 효과를 비교하는 접근방법을 취한다. 즉, 수행한 업무량과 이때 이용된 인력과의 관계를 성과비로 보고 이 성과비가 높을수록 효율은 낮은 것으로 판단한다.

④ 이 제도는 업무측정단위와 업무량까지 표기되어 있기 때문에 그 **기관이 어떤 사업을 추진하는가를 용이하게 이해할 수 있어 예산심의가 편리하고, 예산집행 결과를 다음 회계연도의 예산편성에 효율적으로 반영**할 수 있는 장점을 보인다.

⑤ **예산관리에 너무 치중한 나머지 너무 회계적인 측면을 강조하거나 계획을 소홀히 할 수 있다**는 단점이 있다.

4 교육정보관리체제

(1) 정의

① **교육정보관리체제(Management Information System for Education: MIS/E)란 교육행정가 및 교육경영자들의 이해를 돕고 그들이 정보를 필요로 할 때 그들의 합리적인 의사결정을 위해 필요한 모든 정보를 적기에 제공하기 위한 체제**를 의미한다.

② 의사결정자들이 사업수행 시 필요한 합리적인 의사결정을 내릴 수 있도록 관련된 경영정보나 회계자료 등을 수집, 처리, 보관, 평가한 후 적시에 효율적으로 제공하는 종합적인 정보관리체제인 것이다.

(2) 필요성

① 행동을 요하는 문제를 확인하기 위해서이다.

② 행동의 우선순위를 설정하기 위해서이다.

③ 문제의 원인을 파악하기 위해서이다.

④ 문제의 결과를 분석하고, 행동의 대안을 탐색·평가한 후 선정하기 위해서이다.

제3절 학교경영의 과정 및 영역

1 학교경영의 과정

학교경영의 과정은 단위학교의 교육목표를 합리적이고 효과적으로 달성하기 위해 학교경영이 어떤 절차와 과정을 거쳐 수행되는가를 의미하는 것이다. 학교경영은 학교 교육의 기획·운영·평가라는 순환적이고 동태적 활동과정을 통해 이루어진다고 할 수 있다.

(1) 계획

① **계획이란 한 조직의 목표와 목적을 위한 최적의 수단을 설정하고 목표달성을 준비하는 일련의 과정, 방법, 절차 등을 상정하는 행위로서 미래 행동을 예견하고 준비하는 일련의 과정**을 의미한다.

② 학교 경영계획은 학교 경영활동의 중핵으로서 1년간 운영할 교육활동을 담고 있는 청사진이라 할 수 있으며, 과학적이고 합리적·민주적으로 이루어져야 한다.

(2) 조직

① **조직이란 교육목표를 효과적으로 달성하기 위해 분업적 협동체제로 조직을 구성한 것이며, 인적조직은 물론 자원의 배분까지 포함**한다.

② 조직은 계선조직과 참모조직으로 구분되는데, 계선조직은 수직적인 지휘명령으로 업무를 수행하는 1차적인 조직이며, 참모조직은 계선조직의 기능을 돕기 위해 기획, 자문, 연구 등의 기능을 수행하는 조직으로, 막료조직이라고도 한다.

③ 단위학교에서는 교무분장조직을 구성하는데, 그중에서 계선조직으로 1학년, 2학년, 3학년 등 학년조직이 있으며, 참모조직은 교무운영부, 연구부, 방과 후 학교부, 학생복지부 등과 교육과정위원회, 복지심사위원회 등 각종 위원회가 있다.

(3) 지시

① 지시는 **지휘, 명령, 자극, 영향, 동기화, 지도**라고도 한다.

② 지시는 **교육목표를 달성하기 위해 교사들로 하여금 교수학습지도, 생활지도, 학급경영 등 제 업무에 자발적인 노력을 하도록 하는 것**이다.

③ 최근 들어 민주적 교육행정이 발달하면서 지시, 명령, 지휘 등 통제적인 용어와 같은 일방적이고 지나친 권위의 행사보다는 자극, 영향, 동기화와 같은 변혁적이고 민주적 리더십의 발휘 등이 중시된다.

(4) 조정

① 조정은 **교직원들의 역할과 노력 그리고 각 부서활동과 인적·물적 자원을 학교 교육목표의 달성에 기여하도록 조화하고 통합**하는 과정이다.

② 단위학교 교육의 목표를 달성시키기 위해 전 교직원들의 역할갈등 최소화로 사기를 진작시키면서 업무과정에서 일어날 수 있는 낭비요소를 줄이고, 주어진 업무에 노력을 집중할 수 있도록 교무분장조직을 균형 있고 조화롭게 운영하는 활동을 말한다.

③ 조정은 학교장의 조정능력과 학교구성원들의 교육목표 달성에 대한 동기부여, 학교규모 등에 좌우된다.

(5) 평가

① 평가는 **설정된 교육목표에 비추어 학교경영 업무의 수행과정 및 그 결과를 분석한 후 검토하여 과정의 합리성과 결과의 효과성·효율성을 밝히는 활동**으로서 전자를 과정평가, 후자를 산출평가라고 한다.

② 교육경영의 목표달성이 가능하겠는가에 대한 투입요인을 중심으로 평가를 할 수도 있고, 투입에서 산출에 이르는 과정평가를 할 수도 있다.

2 학교경영의 영역

(1) 학교경영의 영역은 대체로 교육활동의 기능요인을 준거로 학교경영의 과업 또는 활동내용, 대상, 범위, 한계 등을 고려하여 구분한다.

(2) 학교경영이 단위학교에서 성공적으로 이루어지기 위해서는 학교경영의 영역을 구체적으로 구분할 필요가 있다.

(3) 단위학교 교육현장에서의 실제적 측면에서 학교경영의 영역을 정리하면 교직원 인사 및 조직관리, 교육과정 운영 및 컨설팅 장학 관리, 시설 및 회계 관리, 업무관리시스템 및 공문서 관리, 학교운영위원회 및 학부모 이해, 보건교육 및 급식 관리 등으로 구분할 수 있다.

중등 교원임용
변민재 교육학
인사이드 하

PART

11

교육사회학

PART 11

개념설계도

- **기능주의적 접근**
  - 기능주의이론
  - 기능주의와 학교교육
- **갈등론적 접근**
  - 갈등론
  - 갈등론와 학교교육
  - 기능론과 갈등론의 비교
- **해석적 접근**
  - 해석적 이론
  - 교육에 대한 설명
- **사회평등과 교육**
  - 평등화론
  - 불평등재생산론
  - 무관계론
- **교육평등론**
  - 교육기회의 허용적 평등
  - 교육기회의 보장적 평등
  - 교육조건의 평등
  - 교육결과의 평등
  - 학업성취의 격차와 원인
- **교육과정의 사회적 성격**
  - 교육과정사회학
  - 지배구조와 재생산이론
  - 문화갈등과 탈재생산이론
- **시험의 기능**
  - 시험의 교육적 기능
  - 시험의 사회적 기능

warm-up

구분	기능론	갈등론
기본입장	• 사회는 유기체처럼 다양한 부분들이 상호 의존적인 관계를 이루며 하나의 체계를 형성(사회유기체설) • 사회의 안정과 질서를 위해 사회 전체의 합의가 반영된 사회규범이 존재 • 사회화를 통해 사회규범이 전수되면서 사회의 지속성이 확보 • 능력에 따른 차등분배 필요	• 사회는 사회적 희소가치를 둘러싼 사회구성원들 간의 갈등과 대립의 장(場) • 지배계급과 피지배계급의 이익은 양립 불가능 • 불평등을 야기하는 불공정한 분배
구성요소	각 부분들은 사회 전체의 존속과 통합을 위해 맡은 기능을 수행	• 특정집단의 합의의 산물 • 지배계급이 자신들의 이익을 위해 만들어낸 것
사회안정	본질적으로 조화와 균형을 이루며, 일시적으로 불안정한 상태가 발생하더라도 스스로 균형을 회복	지배계급의 강요나 억압에 의해 나타난 결과
갈등	일시적이며 병리현상으로 간주	• 필연적 • 갈등이 사회변동의 원동력임
사회변동	• 부정적 • 원인: 외부에서 제공 • 일시적·점진적	• 긍정적 • 원인: 내부에 존재(지배·피지배의 불평등 구조)

CHAPTER

01 교육현상에 대한 기능주의적 접근

사회학에서 주요한 이론적 접근의 하나인 **기능주의는 구조기능주의, 합의 또는 균형이론**이라고도 한다. 이 기능주의는 사회학의 아버지 꽁트(A. Comte)와 사회유기체론의 스펜서(H. Spencer)에 의해 그 기초가 형성되었으며, 교육사회학의 선구자인 뒤르켐(E. Durkheim), 이태리의 사회학자 파레토(V. Pareto), 인류학자인 말리노브스키(B. Malinowsky)와 래드크리프 브라운(A.R. Radcliffe-Brown) 등을 거쳐 다양하게 발전하였고, 미국의 대표적인 사회학자인 파슨스(T. Parsons)에 의해 매우 포괄적인 사회학 이론으로 정립되었으며, 머튼(R. Merton)에 의해 정예화되었다. 1980년대 중반에는 기존의 기능주의에 대한 다양한 비판들을 적극적이고 창조적으로 수용함으로써 이론 자체의 설명력을 높이는 동시에 통합이론을 위한 새로운 패러다임을 제시하는 노력에 힘입어 신기능주의로 나타나고 있다.

PART 11

제1절 기능주의이론

1 기능주의이론의 기본가정

(1) 다렌도르프(R. Dahrendorf)의 기본가정

① 모든 사회는 상대적으로 지속적이고 **안정된 부분요소들의 구조**이다.

② 모든 사회는 부분요소들이 잘 **통합된 구조**이다.

③ 사회의 모든 부분요소는 어떤 **기능을 수행**한다. 즉, **사회가 체계로서 유지되는 데 기여**한다.

④ 모든 기능적인 사회구조는 그 구성원들 사이의 **가치관의 동의에 바탕**을 두고 있다.

(2) 킨로크(G. C. Kinloch)의 기본가정

① 사회는 독립된 존재의 형태를 취한다.

② 사회와 사회구조는 중요한 체제욕구나 체제기능에 기초하고 있다.

③ 사회구조는 체제나 하위체제로 구성한다.

④ 사회는 **균형지향적이거나 안정지향적**이다.

⑤ 사회는 새로 출현하는 새로운 성질을 갖는다.

⑥ 사회는 문화를 통하여 통합된다.

2 기능주의이론의 중심적 개념

18세기 후반 유럽의 산업화와 도시화에 따른 격심한 사회변동과 프랑스 대혁명 이후의 정치적 불안정은 사회사상가들로 하여금 사회질서에 깊은 관심을 갖게 하였다. 사회가 왜, 어떻게 만들어지고, 무엇이 사회를 유지시키는가? 무엇이 사회를 변동시키는가? 이러한 의문에 대하여 사회학자들은 생물학의 종의 이론과 진화론 그리고 세포이론의 발달에 영향을 받아 그 해답을 구하고자 하였다.

(1) 사회유기체

① 기능주의는 사회와 교육 등의 사회 내 제도들은 모두 함께 일하는 **상호의존적인 부분들**로 이루어져 있고, 각 부분은 **전체 사회의 기능에 일부 필요한 활동에 기여**한다는 것을 전제로 출발한다.

② 이 접근은 **인간 유기체의 생물학적 기능과 같은 것으로 생각**하여 **각 부분은 전체를 위해 역할**을 하며, **모든 부분들은 생존을 위하여 서로 의존**한다.

③ 심장과 뇌가 인간의 생존에 필요한 것처럼 사회의 각 부분은 사회의 생존에 필요하다.

④ 사회는 항상 안정을 유지하려는 속성을 지니고 있으며, 어떤 충격에 의하여 안정이 깨뜨려지면 이를 회복하기 위한 노력을 전개한다.

⑤ 이처럼 사회의 각 부분은 사회 전체의 존속을 위해 상호의존적이면서 제 나름대로 각각의 기능을 수행한다.

(2) 질서와 균형

① 기능주의는 주된 관심을 **사회의 질서와 균형**(equilibrium)에 두고, 보다 큰 사회체제의 욕구와 기능적 요건을 어떻게 충족하느냐에 관심을 가지며, 이들을 충족하는 사회 각 부분의 사회적 구조를 분석하는 일을 주요 과제로 삼는다.

② 기능주의이론에서는 사회 각 기관을 사회체제로 보며, 사회체제는 전체 체제의 기능적 분할이라고 이해한다.

개념 +

체제(system)란 하나의 전체로서 그것을 구성하는 부분요소들은 상호의존·상호연관적인 관계에 있으면서 전체의 존속에 기여한다고 전제한다. 파슨즈는 이러한 사회체제의 특성을 '사회체제이론'에서 ① 한 체제를 구성하고 있는 요소들은 기능상으로 상호의존적이며, ② 한 체제의 구성요소들은 그 체제의 계속적 작용에 적극적으로 공헌하고, ③ 한 체제는 다른 체제에 영향을 주며, 이 체제들은 상위체제(upper system)이기도 하다고 설명한다(Parsons, 1971).

(3) 구조(structure)와 기능(function)

① 기능주의자들은 조직의 구조와 기능에 관한 문제에 관심을 갖고 있다. 그들은 **사회를 많은 부분들로 만들어진 존재라 보고, 이들 각 부분들은 사회의 구조를 형성**한다고 본다.

② 그들은 전체 사회나 사회체제를 구성하는 부분으로 제도들을 생각하였다.

③ 체제의 부분들은 전체 체제에서 체제를 구성하는 부분들의 기능과 목적이라는 의미로 논의되었다.

④ 사회를 한 체제로 보았을 때 이것이 유지·존속되기 위해서는 꼭 수행되어야 하는 임무 또는 활동이 있는바, 이를 기능이라 한다.

⑤ 되풀이되는 어떤 활동의 기능은 전체로서 한 사회의 사회적 삶에 역할을 하므로, 이것은 사회의 구조적 유지존속에 이바지한다.

⑥ 기능주의자들은 기능이라는 말 대신에 기능적 필요요건, 기능적 선행요건, 기능적 요건(functional imperatives)이라는 용어를 사용한다.

개념 +

파슨스는 사회가 존속하기 위해서는 ① 적응(adaption), ② 목표달성(goal attainment), ③ 통합(integration), ④ 잠재유형 유지와 긴장관리(latent pattern maintenance and tension management) 등의 네 가지 요건이 수행되어야 한다고 주장한다.

(4) 통합(integration)

① 기능주의자들은 사회의 여러 부분들이 제한적이기는 하지만 그것들이 **서로 통합되어 있어서 사회의 한 부분에 발생하는 변화는 다른 부분에 영향**을 미친다고 한다. 즉, **사회의 각 부분들은 서로 독립·대립적인 갈등관계에 놓여 있는 것이 아니고, 동등한 상호의존과 상호연관적인 관계를 이루고 있기 때문에 전체 사회의 존속**에 기여하게 된다.

② 이처럼 사회의 각 부분들 사이의 상호의존 정도는 이들 부분들 사의의 통합의 정도와 관련되어 있는 것이다.

③ 따라서 사회의 각 부분들은 서로를 보완하고, 사회 전체가 원활하게 운영되는 안정된 사회가 통합이 잘 이루어진 것이라고 볼 수 있으며, 통합의 개념은 어떻게 사회가 안정을 유지할 수 있는가 하는 질서의 문제와 관련이 있다.

(5) 안정(stability)

① 기능주의자들은 사회가 다소간의 변동을 피할 수는 없지만, 급진적이고 돌발적인 변동을 가져오는 힘보다는 **사회의 질서를 유지하고 안정을 꾀하려는 힘을 더 강조**한다.

② 사회질서라는 관점에서 사회체제의 중요한 특성은 **균형(equilibrium)이라는 개념으로, 사회의 어느 한 부분의 변화가 사회의 존속에 위협이 되지 않도록 하기 위해서 다른 부분이 이를 보상(compensate)함으로써 균형을 통해 안정**을 이루게 된다는 것이다.

③ 파슨스는 이러한 현상유지의 효과가 있는 가장 단순한 균형형태인 정적 균형(static equilibrium)과 함께 동적 균형(moving equilibrium)에도 관심을 가짐으로써 사회변동을 소홀히 취급하지 않았다. 동적 균형은 사회체제가 일정한 방향으로 계속 변동하면서도 그 구성부분들 사이에서 역동적인 균형을 계속 유지하는 것을 말한다.

(6) 합의(consensus)

① 기능주의자들은 어떤 사회에서나 중요한 지각·감정·가치 및 신념에 대한 일반적 합의는 존재해 왔다고 본다.

② 물론 합의는 성질과 범위에 따라 사회마다 차이가 있지만, 모든 사회에서는 사회생활이 가능한 세계에 대한 개괄적이고 종합적인 일련의 가정을 갖고 있다.

③ 사회적 안정과 사회질서 유지에는 합의의 창출이 요구된다.

3 기능주의이론에 대한 비판

기능주의이론은 격심한 사회변동 속에서 사회의 안정과 사회질서 유지에 관심을 갖고 등장한 것으로, 자유주의사회의 사회이론에 가장 큰 영향을 주었다고 할 수 있지만, 여러 가지 측면에서 비판도 받아왔다. 와세이(L. H. Warshay)는 기능주의이론에 대한 비판을 다음과 같이 정리하였다.

① 존재하는 모든 사회조직은 기능적인 것으로 본다.

② 보수적이다.

③ 목적론에 빠져 있다.

④ 실증적이지 못하다.

⑤ 변화를 제대로 설명하지 못한다.

⑥ 구조나 성격과 같은 기본변수를 소홀히 취급한다.

⑦ 권력투쟁, 갈등, 일탈행동 등을 제대로 설명하지 못할 뿐만 아니라, 이런 형상을 병리현상으로 간주한다.

⑧ 사회적 이념, 목표, 규범 등의 보편성과 합의성을 과장한다. 결국 기능주의이론은 사회적·역사적 변화과정을 올바로 설명하기 어렵고, 변화와 개혁보다는 현상유지를 지지한다는 비난을 면치 못하고 있다.

제2절 기능주의와 학교교육

1 기능주의와 교육

(1) 기능주의 교육관

① 학교교육의 목적은 본질적으로 **기존 사회의 유지와 변화하는 사회에 적응하기 위한 사회화**에 있다.

② 학교교육의 기능은 **재능 있는 사람들을 분류하고 선발하는 합리적인 방법을 사회에 제공**하여, **업적주의 사회**의 기반을 튼튼히 하는 데 있다. 흔히 교육의 사회적 기능에는 **문화전달기능, 사회통합적 기능, 사회충원기능, 사회이동 촉진기능, 사회혁신적 기능** 등이 있다고 한다. 여기서 **문화전달과 사회통합적 기능과 관련된 사회화기능, 사회충원기능과 관련된 사회적 선발기능을 강조**한다.

③ 학교는 지식과 전문적 소양을 중시하고 있는 **현대 전문가 사회에서 제반 역할 수행에 필요한 각종 지식·기술·가치규범을 함양하여 전문가 사회에 적응**해야 한다.

④ 학교는 능력 있는 사람을 분류·선발하는 합리적인 방안으로서 **가장 능력 있는 사람들이 높은 사회적 지위를 획득**할 수 있도록 해 준다.

⑤ **능력별 분류**에 의한 서로 다른 교육적 성취는 장래 **성인사회의 직업적 분화**에 도움을 준다.

⑥ 교육개혁에서 **점진적 개량주의의 입장**을 취하며, 변화하는 **사회에의 적응과 기회균등 확보**를 기본원리로 삼는다.

(2) 교육의 기능

① 학구적 기능(academic function): 사회역량을 사회구성원들에게 제공하는 데 반드시 필요한 보편적인 인지적 기능을 가르치는 책임과 부합하는 것이다.

② 분배적 기능(distributive function): 분업사회에서 개개인에게 역할을 준비시키며 경쟁적 선발을 통해 인재의 효율적인 분배를 준비하는 교육의 기능을 말한다.

③ 경제적 기능(인간자본론에서 유사하게 생각함): 교육과 개개인 입장에서의 높은 생산성은 연결되어 있다는 것을 말한다.

④ 정치사회화 기능: 교육의 중요성은 사회통합과 사회통제에 필수적인 것으로 받아들여지고 있다.

(3) 사회화

① 일반적 관점

㉠ 사회화란 인간이 사람다운 사람이 되어가는 과정을 말한다.

㉡ 사회화는 개인적인 차원에서 볼 경우에는 개인이 사람다운 사람이 되기 위하여 각자에게만 특유한 자아성, 혹은 personality를 형성하는 과정으로 보며, 사회적인 측면에서 볼 경우에는 각 사회가 그의 문화적 유산을 세대에서 세대로 면면히 이어가는 과정으로 본다.

② 기능주의 관점

㉠ 기능주의자들은 이런 **사회화과정을 교육과 같은 뜻**으로 보고 있다.

㉡ 이것은 뒤르켐의 교육에 관한 설명에서 잘 나타나 있다.

(4) 교육과정

① 학교

㉠ 사회구성원들로 하여금 **사회에 잘 적응하도록 사회성을 길러 주어야 한다. 즉, 사회화를 시키는 일**이다.

㉡ 현존사회의 **체제와 질서를 유지하고 균형과 통합**을 이루는 일을 하여야 한다.

② 교육과정

㉠ 교육과정은 그 사회와 문화의 핵심을 뽑아 조직한 것이므로 **학생들에게 필수적으로 가르쳐야 한다.**

㉡ 교육목표 내지 교육내용의 보편성을 강조함으로써 교육목표의 선정과 진술, 교육내용의 선정과 조직, 수업계획 등에 관한 측면의 개발에 주력하였다.

(5) 사회적 선발·배치

① 기능주의자들은 교육을 **사회통합**의 원천으로 취급하고 있지만, **교육체제의 기능적 분화와 선발의 기능** 또한 강조해 왔다.

② 교육은 사회질서와 사회적 조화를 위해서 사회화기능뿐만 아니라 다양한 부류의 사람들을 **사회의 특정 지위에 분류**하는 기능을 수행한다.

③ 파슨스를 비롯한 기능주의자들은 **사회화기능을 교육의 1차적 기능**이라 하고, **사회적 선발·배치기능을 2차적 기능**이라 한다.

④ 문화전수와 사회화는 뒤르켐이 제시한 사회화를 위한 교육의 두 가지 기능인 **보편적 사회화와 특수사회화**라는 것에서 보았듯이 **모든 구성원들에게 동일하게 이루어지기도 하고 차별적**으로 이루어지기도 한다.

⑤ 학교의 **선발·배치기능은** 학교가 학생들을 능력이나 소질, 취미 등을 기초로 선발하고, 학생들은 일정 기간 교육을 받은 후 **특수한 사회적 지위를 갖게 되는 것**을 말한다. 다시 말해, 학교는 **사회적 선발·배치기능을 수행**하기 위하여 학생들을 선발·분류하고, 이들에게 서로 다른 경험을 전수하여 **적재적소에 배치**하는 역할을 한다는 것이다.

⑥ 학교가 사회적 선발기능을 수행하는 것은 **사회와 학교가 성취지향의 가치를 공유하고 있기 때문이며, 학교가 현대 산업사회의 성취지향의 가치관을 수용한 결과**라고 할 수 있다.

⑦ 그렇기 때문에 **교육기회가 공정하게 주어진다면 학력은 성취수준을 나타내며, 학력수준에 따라 사회적 지위가 달라지는 것은 공정**하다는 것이다.

⑧ 능력주의 사회, 전문가 사회, 민주주의 사회로 일컬어지는 현대사회에서 학교교육은 전체 사회 질서를 위해 어떤 필요불가결한 기능을 수행하는바, **사회적 출세는 능력에 입각한 자유경쟁에 의해 결정되며 학교교육이 긍정적인 역할**을 하고 있다고 본다.

(6) 기능주의 교육이론의 비판

① 기능주의는 다양한 관심과 이념 그리고 갈등하는 이익집단이 많이 있다는 사실을 인식하지 못하고, 통합과 합의를 지나치게 강조한 나머지 **집단 간의 갈등을 잘 다루지 못한다.**

② 기능주의는 인간을 사회화의 주체가 아닌 객체로 봄으로써 **아동에 대하여 수동적인 존재, 사회에 종속적인 존재라는 입장**을 견지한다. 또한 기능주의 관점에서는 학급의 역동성(교사와 학생 또는 학생과 학생의 관계)과 같은 상호작용을 분석하는 데 어려움이 있다고 지적한다.

③ 변화가 일어날 때 그 변화는 느리고 계획적이며 체제의 균형을 전복하지 못한다는 기능주의 가정은 모든 상황에서 타당한 것은 아니다. 연쇄반응(chain reaction)과 같은 변화의 가정은 함의를 지니고 있지만, 이것은 안정된 사회나 급속히 변화하는 사회의 실제들을 반드시 반영하는 것은 아니다. 이처럼 교육에 대한 기능주의 분석은 **다소 엄밀성이 부족하며, 인과적 적합성을 가지고 있지 못하다.**

④ 교육선발이 능력본위로 이루어진다는 기능주의의 가정은 **선발과정의 귀속적 측면에 대한 관심을 소홀히 다루었다.** 또한 학생들의 인지적 측면의 성취를 강조하고 **학력경쟁을 가열화**시킴으로써 고학력을 부채질하는 한편, 인성교육, 전인교육을 소홀히 하고 인간성을 메마르게 한다.

PART 11

2 뒤르켐(D. É. Durkheim)

(1) 교육

① 교육은 사회생활을 위한 준비를 아직 갖추지 못한 어린 세대에 대한 성인세대의 영향력 행사이다.

② 비사회화 상태의 비성인을 사회화된 성인으로 성숙케 하는 과정이다.

(2) 교육의 내용

교육의 내용은 사회에 따라 변하기 때문에, 또한 시대와 장소에 따라 다르기 때문에 어떠한 교육이 되어야 한다는 당위적이고 절대적인 가치지향의 교육내용을 정립한다는 것은 불가능하다고 보고 있다.

(3) 교육의 성격

① 교육은 **사회적인 것이며, 사회의 목적에 대한 수단이 교육이다.**

② 교육은 사회에 의해 규정되는 것이지, 교육받는 개인이나 교사, 교육행정가에 의해 규정되는 것이 아니다.

(4) 교육의 기능

① 교육의 주된 기능은 개개인의 능력과 잠재력을 계발하는 것이 아니라 **사회가 요구하는 능력과 재능을 계발하는 것**으로 보고 있다.

② 전체로서의 정치사회와 아동이 장차 소속하게 되는 특수환경이 요구하는 **지적·도덕적·신체적 제 특성을 아동에게 육성·계발하는 것**이라고 한다.

③ 교육의 기능은 **사회의 유지존속**에 있으며, 인간에게 부족한 **규범체계와 지적체계를 준비시킴으로써 사회화시키고 인간화시키는 과정이 곧 사회적 기능**이라고 본다.

(5) 사회화

그는 사회화를 위한 교육의 기능은 **보편적 사회화와 특수사회화**라는 두 가지 면으로 이루어진다고 보았다.

보편적 사회화	• **한 사회의 공통적 감성과 신념, 즉 집합의식을 새로운 세대에 내면화시키는 것** • 보편적 사회화는 한 사회가 해체되는 일 없이 존속하는 데에 있어서뿐만 아니라, **한 사회의 독특성을 변화 없이 유지하는 데에 있어서도 필수적**
특수 사회화	• **개인이 속하게 되는 특수한 직업집단이 요구하는 지적·도덕적 특성을 함양하는 것** • **개개인이 교육을 통해서 자신이 속하여 살아가게 될 직업집단의 규범과 전문지식을 학습**하는 것

3 파슨스(T. Parsons)

기능이론을 더욱 다듬어서 체계적 이론으로 발전시킨 사람은 현대 미국 사회학자의 한 사람인 파슨스(Talcott Parsons)이다. 교육의 사회적 기능에 관한 그의 기본적 생각은 「사회체계로서의 학교학급」이라는 1959년 출판 논문에 잘 정리되어 있다.

(1) 기본입장

① 파슨스는 뒤르켐과 마찬가지로 학교교육의 **사회화기능을 강조하는 동시에 산업사회에서의 인력배치기능을 부각시킴으로써 사회적 선발기능도 강조**하였다.

② 그는 **사회화기능과 사회적 선발기능을 사회체계로서의 학교의 기본기능으로 파악하였다.**

㉠ 개인들에게 그들이 장차 성인이 되어 담당하게 될 역할수행에 반드시 필요한 정신적 자세와 자질을 기르는 것이 사회화라고 요약하였다.

㉡ 학교는 이러한 정신적 자세와 자질을 길러 주고 있다는 것이다.

(2) 학교

① 학교를 사회화기구로서 **개인의 인간성을 도야하고 성인으로서의 사회적 역할을 수행해 나갈 수 있도록 준비시키는 조직체**로 보고 있다.

② 교육은 **사회적 역할수행을 위해 필요한 개인의 능력을 도야하는 중요한 사회화과정**으로 보는 것이다.

(3) 선발과정

① 파슨스는 초등학교에서 대학에 이르기까지의 선발과정을 비교적 자세히 묘사하였다.

② 그가 보기에 미국의 학교교육은 성취지향을 가장 가치 있게 여겨서 학생 개개인의 성적을 중시하고 성적을 기준으로 선발해 나간다. 그러나 초등학교와 중등학교 사이에는 뚜렷한 차이가 있다.

③ 초등학교는 성적의 '크기'만을 따지나 중등학교는 성적의 '크기'와 함께 '질'을 따진다.

④ 성적은 두 가지 내용으로 구성된다. 하나는 인지적 학습(cognitive learning)으로 지식과 기술 등의 학습을 말한다. 다른 하나는 도덕적 학습(moral learning)으로 교사에 대한 존경심, 급우들과의 협동, 질서 지키기 등의 학습을 의미한다.

㉠ 초등학교에서는 이들 두 학습내용이 나뉘지 않고 하나의 전체로 다루어진다.

- 우수한 학생은 인지적 학습과 도덕적 학습에서 모두 우수한 학생을 의미한다.
- 인지적 우수성과 도덕적 우수성을 동일시하여 이를 하나의 척도로 재어 성적을 낸다. 공부 잘하는 학생은 행동평가도 높게 되어 있다는 것이다.

㉡ 중등학교에서는 성적이 질적으로 분화된다.

- 파슨스에 의하면, 중등학교는 학생을 대학교육을 받기에 적합한 사람인가 아닌가로 나눈다.
- 대학진학에 적합하지 않은 사람은 중등학교를 마치고 사회에 나가 담당할 직업의 종류에 따라 분류되어야 하기 때문이다.
- 그런 의미에서 학교의 선발기능은 중등학교에서 가장 뚜렷하게 드러난다. 특히, 대학진학이 높은 사회적 지위를 획득할 수 있는 길이 되기 때문에, 대화진학에 적합한 사람과 아닌 사람의 선별은 모든 사람의 관심이 되고 경쟁도 매우 치열하다.
- 이 경쟁은 우수한 인재를 선별할 수 있는 계기가 된다. 즉, 중등학교의 계열분류와 대학입시제도는 사회적 선발을 위한 장치인 셈이다.

⑤ 학교가 이러한 사회적 선발기능을 수행하는 것은 **사회와 학교가 성취지향이라는 가치를 공유하고 있기 때문**이다. 이는 **현대 산업사회의 성취지향 가치관을 학교가 받아들인 결과**이다.

⑥ **교육기회에의 접근(access to educational opportunity)이 공정하면, 성취수준의 차이에 따라 학력수준이 달라지고, 학력수준에 따라 사회적 지위의 수준이 달라지므로 교육선발은 공정하다.**

PART 11

개념 +

한 세기 이상에 걸친 미국 사회의 전반적인 문화적 향상(cultural upgrading)과정에 발맞추어 교육제도는 점점 더 중요한 역할을 담당하게 되었다. 내가 보기에 이것은 사회의 구조적 분화(structural differentiation) 경향이 가져온 전형적인 결과이다. 학교는 말하자면 전문기관이 된 것이다. 학교가 사회화의 기관과 아울러 선발의 주요 통로로 정착된 것은 끊임없이 분화하고 향상하는 사회에 있어서는 당연한 귀결이다. 이제 자수성가의 전설은 점점 더 들어보기가 어렵게 되었다. 어려운 가정에서 태어난 사람이 정규교육을 받지 않고도 순전히 피나는 노력만으로 높은 지위에 오르는 일은 오늘날에도 없다고는 말할 수 없으나 극히 드물어졌다(Parsons, 1959: 317).

4 드리븐(R. Dreeben)

드리븐(R. Dreeben)은 뒤르켐과 파슨스의 사회화에 관한 주장을 좀 더 구체적으로 설명하였다.

(1) 학교

① 학교가 무엇보다 강조해야 할 일은 **학생들을 사회인으로 만드는 것**이다.

② 학교는 **규범을 적절한 방법을 동원하여 학생들에게 내면화시킴으로써 사회유지를 위한 그 기능을 다하고 있다.**

(2) 주요 규범

① **독립성(independence), 성취지향성(achievement), 보편성(universalism), 특정성(specificity)** 이라는 4가지의 주요 규범이 현대 산업사회의 일원으로서 살아가는 데 필수적이다.

독립성	• 독립적으로 무엇을 해내는 심리적 성향을 개발 • 각 시험답안을 독립적으로 작성하도록 함
성취지향성	• 학교교육은 교과교육뿐만 아니라 다양한 경험을 할 수 있는 기회를 제공 • 성취의 규범을 사회화할 수 있게 함
보편성	• 같은 연령의 학생들에게 동일한 학습내용을 제공 • 규칙이 모두에게 적용된다는 사실을 가르침
특정성(특수성)	학년이 높아짐에 따라 흥미와 적성에 맞는 분야를 집중적으로 학습

② 이들 규범은 단순히 가정이나 지역사회를 통해서도 습득할 수 있지만, **학교가 학생들에게 보다 효과적으로 지도**하고 있다.

CHAPTER 02

교육현상에 대한 갈등론적 접근

제1절 갈등론

1 갈등

기능론적 연구에서는 사회의 속성을 통합과 안정 그리고 균형유지로 본 데 반해 갈등론에서는 사회의 속성을 이해관계를 달리하는 **집단 간의 대립과 갈등 그리고 투쟁**으로 보고 있다. 이러한 갈등론은 **마르크스의 계급투쟁론**에서 시작하여 갈등의 제도화를 주장한 다렌도르프(Ralf Dahrendorf), 코저(Louis Coser), 콜린스(Randall Collins)의 신갈등론에 이르게 된다.

2 대표적 이론가

갈등이론의 형성에 지적 영향을 준 대표적인 이론가는 마르크스, 베버, 짐멜(Georg Simmel)을 들 수 있다.

(1) 마르크스는 사회생산관계에서 비롯되는 계급적 갈등에 관심이 있었으며, 베버는 마르크스의 물질적 생산수단에 다른 계급갈등론을 첨삭한 권력갈등론을 주장하였고, 짐멜은 갈등의 기능론이라 할 수 있는 갈등이 있음으로써 변화와 발전이 있다는 주장을 하였다.

(2) 이들의 갈등에 대한 시각이 갈등이론에 영향을 미쳤다고는 하지만, 갈등이론가들이 이들의 영향만 받은 것이 아니다. 굴드너(A. Gouldner)와 보울즈(S. Bowles)는 파슨스(T. Parsons)의 이론에 대해 여러 가지 점에서 견해를 달리한다 하더라도 파슨스로부터 많은 영향을 받았으며, 번스타인(B. Bernstein)과 부르디외(P.Bourdieu)는 마르크스보다 뒤르켐(E. Durkheim)에게 더 기울어져 있는 가운데 마르크스주의와 기능주의적 전통으로부터 자신들의 이론을 도출하였다.

제2절 갈등론과 학교교육

갈등론의 이론가들은 기능주의적 '자유주의 이데올로기'의 허구성을 지적하면서 **학교교육을 통한 평등사회 실현에 회의**를 갖는다. 그들은 학교교육의 기회확대와 양적 성장에도 불구하고 **사회적 불평등은 여전히 존재하고 있다는 점을 들어 기능주의를 부정**한다. 교육은 사회에 존재하는 모든 계급에 평등하게 주어지기보다는 **사회 저변에 널려 있는 불평등과 불공정을 강화·유지함으로써 평등사회 실현에 도움이 되지 못한다**고 현행 학교교육을 비판한다.

1 경제적 재생산이론: 보울즈(Samuel Bowles)와 진티스(Herbert Gintis)

마르크스의 교육론은 보울즈와 진티스 그리고 카노이(Martin Carnoy) 등 미국의 마르크스주의 학자들이 더욱 발전시켰다. 특히 보울즈와 진티스는 『자본주의 미국의 학교교육(Schooling in Capitalist America, 1976)』에서 미국의 교육을 소재로 하여 자본주의 교육을 비판하고 있다. 이 저서의 핵심은 **학교는 한 사회의 지배적 생산관계를 반복적으로 재생산하는 구실**을 한다는 것이다.

(1) 학교교육

① 보울즈와 진티스는 미국의 학교교육은 앞에서 파슨스가 주장한 바와 같이 보편적 가치를 가르치는 것도, 인재를 공정하게 선별하여 사회에 배치하는 것도 아니고, 오히려 **자본가 계층에게 이로운 태도와 가치관을 가르치고 기존의 계층구조를 정당화하고 지속시킨다**고 비판한다.

② 보울즈와 진티스에 의하면 학교는 학교 내의 사회관계와 경제구조의 사회관계의 일치를 통해 **경제적 생산관계를 재생산하며, 또한 학생들의 계급에 기초한 성격적 특징들을 강화하여 불평등한 사회 분업구조를 재생산**한다고 한다.

③ 학교가 **자본주의 사회의 유지에 필요한 가치관과 성격적 특징을 주입**시킨다는 것이다.

(2) 대응원리

① 그들은 이러한 재생산이 이루어지는 과정을 **대응원리**로 설명하고 있다.

② 교육은 곧 **경제구조나 경제현상과 대응되어 사회계급이나 자본가 집단의 이해를 반영하여 이들이 요구하는 성격적 특성을 반영**한다고 보기 때문에 그들의 이론을 대응이론이라고 한다.

③ 교육의 사회적 관계와 노동의 사회적 관계의 일치성, 즉 대응(correspondence)은 4가지 면에서 엿볼 수 있다.

㉠ 학생은 노동자처럼 권한이 없다는 점

㉡ 교육은 목적으로서가 아니라 수단으로 기능한다는 점

㉢ 분업을 통하여 노동자의 임무가 제한되고 단결이 저해되는 것처럼 지식의 전문화·단편화 및 과도한 경쟁을 통하여 학생의 임무가 제한되고 단결이 저해된다는 점

㉣ 교육수준은 직업구조에서의 수준에 그대로 대응한다는 점

(3) 재생산이론

학교가 자본주의의 불평등체제를 심화시킴으로써 **불평등한 계급관계가 재생산한다고 하여 직접 재생산이론(theories of direct reproduction) 또는 경제적 재생산이론(theories of economic reproduction)**이라 일컬어진다.

(4) 교육방식

① 교육은 대상에 따라 두 가지 다른 방식으로 이루어지는데, 공장의 생산라인에서 단순노동자로 일하게 될 사람에게는 위 사람의 지시에 충실히 따르고 시간을 잘 지키며 기계적 작업방식에 순응하도록 가르치는 반면, 회사의 관리자나 경영자로 일할 사람에게는 독립적인 사고력 및 작업능력 등 외적 규율보다는 내면적 기준에 따라 행동하도록 중점적으로 가르친다.

② 그들은 이러한 차이를 고등학교 취업반과 대학 진학반 및 직업훈련 중심의 초급대학과 명문대학교 사이에서 쉽게 발견할 수 있다고 주장한다.

③ 교육과정 내용에서는 물론이고 학교의 전반적인 교육 분위기에 이러한 차이가 뚜렷이 반영되어 있다는 것이다. 결국 한 집단은 순종적이고 능률적인 노동자로 기르고, 다른 한 집단은 독립적이고 진취적인 지도자로 기른다는 것이다.

④ 나아가 보울즈와 진티스는 이렇듯 **뚜렷이 다른 종류의 교육에 접근할 수 있는 기회가 불공평하게 분배되기 때문에 학교는 결과적으로 계층적 불평등을 존속시키는 기능**을 하고 있다고 지적한다.

(5) 비판

① 그들은 **학교가 인재를 정확하게 선별함을 전제하는 능력주의(meritocracy) 교육관을 허구라고 단호히 배격**한다.

② 단지 **학교가 능력주의에 의해 선발하고 있는 것처럼 가장하고 있을 따름**이라는 것이다.

③ 사회적으로 상층부에 있는 사람들이 다른 사람들보다 재능이 더 많고 더 노력하기 때문에 그 자리를 차지하고 있는 것으로 믿게 만드는 것은 **자본주의적 질서의 정당화**를 위하여 필수적이기 때문이다.

④ **학교교육은 사회의 불평등 구조를 재생산하고 정당화**하고 있다는 것이다.

(6) 사회개혁

① 보울즈와 진티스는 교육의 이러한 기능은 자본주의 사회가 존속하는 한 끝없이 계속될 것이라고 주장하면서 학교의 독자적인 기능은 불가능하기 때문에 학교교육의 개혁은 무의미하다고 한다.

② 학교는 자본주의가 계속되는 한 자본주의적 생산양식을 벗어날 수 없기에 학교의 개혁은 무의미하므로, **사회의 개혁만이 나아가야 할 방향**이라고 주장한다.

(7) 복종

① 직업이나 지위에 따라 달리 요구되는 인성적 특성은 가정에서의 사회화와 학교에서의 사회화가 서로 보완적 관계를 가지고, 어릴 때는 가족을 통해서 그 이후에는 학교와 같은 이차적 사회화 기관을 통해서 발달한다.

② 생산직 노동자를 부모로 가진 어린이의 경우, 직업적 위계구조에서 주어진 인성적 특성인 '복종'을 가정에서 부모로부터 배우게 되며, 또한 비슷한 계급문화를 가진 아동들과 함께 학교에서도 복종을 배우게 된다.

③ 그리고 이와 같이 차별적으로 사회화된 아동들은 복종이 중요한 인성적 특성으로 강조되는 직업을 가지게 되는 기본적으로 비슷한 인성적 특성을 가진 배우자를 만나게 되며, 그들의 자녀에게 자신의 인성적 특성을 사회화시키게 되는 과정을 반복함으로써 세대에서 세대로 계급문화가 재생산된다는 것이다.

④ 취업 준비반이나 노동계층은 노동에 알맞은 순종, 인내심, 의존성, 청결, 질서 등과 같은 규범가치가 형성·강화되고 있으며, 대학 진학반이나 지배계층은 창의성, 독립성, 자율성, 지도성 등 보상체계나 가정 및 학교에서의 사회화 과정을 통하여 전수되며 강화된다.

2 문화적 재생산이론: 부르디외(P. Bourdieu)

학교교육을 문화에 초점을 두어 설명하려는 이론가들은 **학교교육을 계급관계의 문화적 재생산**으로 파악한다. 즉, **학교는 지배집단의 문화를 재창조하고 정당화**하는 역할을 수행한다는 것이다. 이 논리에 속하는 대표적인 학자로는 프랑스의 **부르디외(P. Bourdieu)와 영국의 번스타인(B. Bernstein)**을 들 수 있다. 학교는 **문화적 재생산 역할을 통하여 지배계급의 권력과 특권을 무리 없이 다음 세대로 전수할 수 있도록 만든다**는 것이 이 이론의 요점이다.

(1) 문화

① 문화적 재생산론가들에게 있어서 문화의 개념은 **문학·과학·종교·예술 등 모든 상징체계를 포괄하는 매우 넓은 의미**로 사용되고 있으나, 모든 문화는 **필연적으로 계급적 특권을 반영**하고 있다는 점에서는 공통적으로 동의하고 있다.

② **계급사회와 그들이 의존하는 이데올로기적 물질적 형태는 '상징적 폭력'이라는 것을 통해서 매개되고 재생산**되며, 계급통제는 명백한 강제력의 형태로 나타나기보다는 지배계급에 의해 부과된 '상징적 힘'이라는 보다 미묘한 행사를 통해 구성된다.

③ **교육활동을 통하여 특정의 문화가 반복·재생산됨으로써 그 문화를 소유하고 있는 집단의 이해를 체계적으로 반영하는 과정이 바로 문화적 재생산**인 것이다. 즉, 계급사회를 재생산하는 데 있어서 문화의 매개적 역할을 분석하는 것이 이 이론의 주된 관심인 것이다.

(2) 문화자본과 습성

자본주의 사회에서 문화가 계급적 특권을 반영함으로써 발생하는 문화적 불평등 현상과 그 불평등의 존속에 대한 교육체제의 역할을 분석하기 위하여 **부르디외는 '문화자본'(cultural capital)과 '습성'(habitus)**이라는 개념을 구안하였다.

① 문화자본은 크게 세 가지로 구분할 수 있다.

아비투스(habitus)적 문화자본	어렸을 때부터 계급적 배경에서 자연스럽게 체득된 지속적인 성향
객관화된 상태로서의 문화자본	책이나 예술작품 등
제도화된 상태로서의 문화자본	졸업장, 자격증 등

개념 +

아비투스(habitus)

각각의 계급 또는 사회계급 내의 파벌들이 그들의 특징적인 문화양식이나 지배유형을 발전시켜 그 관점으로써 아동을 사회화시키고 그들의 세계관을 형성해 나가는 것을 말한다. **아비투스는 내면화된 문화자본으로서 계급적 행동유형과 가치체계를 반영하고 있다.**

② **문화자본은 주로 언어 형태로 구성**되지만, 한편으로는 지배계급이 소유하고 있는 특정한 지식을 표현하는 데 사용되곤 한다.

③ 문화자본의 운동논리는 **경제자본의 운동논리와 유사하기 때문에 문화를 축으로 한 계급관계는 근본적으로 변화하지 않고 그대로 재생산**된다.

(3) 습성

① **습성은 행동과 의식을 창출하고 통합하는 원리**를 의미한다. 이것은 **가정의 계급적 기초에 근거하여 인지된 취미·행동, 지식의 사회적 법칙을 반영하는 주관적 기준**이다.

② 초기 아동시절 가정의 계급적 지위를 통해 습득된 습성이 학교에 의해 전수되는 습성과 가장 밀접하게 관련되는 집단 및 학생들에게 학교교육은 보다 유리하다.

③ 습성은 욕구와 성향에 깊이 주입되는 원리에 따라 개인의 경험을 조직화하고 인간의 행위를 상황 짓는 데 강력한 힘이 된다.

④ 습성은 초기 아동기의 사회화를 통해 형성되고, 사회의 다양한 집단에 따라 서로 다르며, 따라서 특정 계급과 관련하여 개인들에게 일련의 객관적인 가능성을 제공하는 기능을 한다.

예 노동계급 학생들은 삶의 초기부터 특정 지위를 획득하는 객관적 가능성이 매우 낮다는 사실이 주입됨으로써 자신의 열망을 쉽게 포기하도록 하고, 육체노동의 세계를 받아들이며, 스스로 그것에 입문하기를 원하게 되는 성향이 미리 주어진다.

⑤ 대학의 학위취득에 있어서 지배계급의 학생들이 노동계급의 학생들보다 유리하게 나타나는데, 이는 대학의 교육적 경험들이 지배계급 학생들의 초기 사회화 과정에 기인하기 때문이다. 지배계급 학생들의 계급적 습성은 대학에서 제시되는 문화나 문화자본을 학점 또는 학위로 쉽게 전환시킬 수 있다는 것이다.

(4) 교육

① 교육체제는 지배계급의 문화를 선호함으로써 기존의 위계화된 문화구조를 합법화하고 재생산하는 데 중요한 역할을 수행한다고 본다.

② 학교는 특정한 학생들만이 그들의 가정배경과 계급관계에서 물려받은 친숙함의 형태로 자본화되는 특정 유형의 지식·어법·세계와의 관계양식을 합법화한다. 그리하여 지배적인 문화자본과 관계가 먼 가족들만이 불이익을 당하게 된다는 것이다.

③ 교육체제는 계급들 간의 문화자본의 분배구조를 보다 완벽하게 재생산해 내는 기관이다.

(5) 상징적 폭력

① 부르디외는 학교교육이 학생들을 문화적으로 불평등하게 대우하여 그들의 학업성취를 차별화시킴으로써 사회에서의 불평등한 대우를 합법화시킨다고 결론을 내린다.

② 그는 이것을 상징적 폭력(symbolic violence)이라고 불렀다. 즉, 학교가 지배집단의 문화를 중요한 것으로 규정함으로써 지배집단이 힘을 휘두르는 불평등한 사회관계를 정당한 것처럼 합리화시켜 주는 폭력을 행사한다는 것이다.

③ 학교는 지배문화의 생산과 분배를 통하여 현존하는 권력관계를 재생산하며, 학교에서 가르치는 것은 지배문화, 즉 지배-피지배집단 간의 권력관계의 정통성을 받아들이도록 구성된 상징체계이다.

④ 부르디외는 계급화된 사회는 상징적 폭력에 의해서 매개되고 재생산된다고 가정한다.

⑤ 계급통제는 지배계급이 외적인 압력과 구속의 형태가 아니라 교묘한 상징적 권력행사를 통해 자신들의 이해관계와 일치하는 세계관을 부과함으로써 구성된다는 것이다.

3 문화적 재생산이론: 번스타인(B. Bernstein)

(1) 어법과 언어형식

① 번스타인에 의하면, 어법의 차이는 인지양식 또는 학업성취의 차이에까지 영향을 미친다.

② 노동계층의 아동은 그들이 사용하는 제한된 언어(restricted linguistic codes)가 학교에서 요구하는 정교한 언어(elaborated linguistic codes)에 익숙하지 않으므로, 지배계층의 아동이 노동계층의 아동보다 학업성취가 높은 경향이 있다고 주장한다.

③ 학교 내부의 불평등 문제에 접근한 번스타인은 계층의 언어사용 형태가 학업성취의 차이를 가져온다고 보았다.

④ 학교에서 사용하는 구어 형식은 중류계층이 쓰는 정련된 어법이므로, 정련된 어법을 잘 쓰지 못하는 노동계층의 학생들은 중류계층의 학생들보다 학업성취가 낮을 수밖에 없게 된다.

(2) 훈육방식

① 노동계급의 가정에서 부모가 아동을 훈육하는 방식은 자녀의 심리적 특성(인성적 통제)이 아니라, 지위에 내재한 규범(지위적 통제)을 준거로 아동의 행동을 통제한다.

② 중산층 가정에서 아동을 훈육하는 방식은 아동의 지위보다는 동기, 의도, 성향 등의 개인적이고 내재적인 특성을 고려하여 아동을 훈육한다.

핵심정리

구분	중류계층 이상(중산층)	하류계층(노동계급)
어법	표준어: 정교한 언어, 정련된 언어, 정제된 언어, 표현이 풍부한 언어	대중어: 정교하지 않은 언어, 정련되지 않은 언어, 제한된 어법
언어형식	보편적인 언어	특정한 상황에 얽매여 있는 언어방식 (제한된 어법)
훈육하는 방식	인성적 통제	지위적 통제

(3) 부르디외와 번스타인의 차이점

① 부르디외가 문화현상 가운데 주로 내용적인 측면에 강조를 두고 있다면, 번스타인은 형식적 측면에 강조를 두고 있다고 볼 수 있다. 즉, 부르디외의 문화자본이나 문화적 습성과 같은 개념은 문화를 구성하는 내용상의 특징을 파악하기 위한 개념인 데 반하여, 번스타인의 언어양식이나 교육과정양식과 같은 개념은 경험이나 지식 등의 조직방식의 특징을 파악하기 위한 개념이다.

② 부르디외는 경제적 자본을 소유하고 있는 집단(기업인 또는 경영인)과 문화적 자본을 소유하고 있는 집단(법조인, 지식인, 예술가) 간의 갈등을 주요 계급갈등으로 보고 있다. 반면에 번스타인은 전통적인 중간계급과 신(新)중간계급 간의 갈등을 주요 계급갈등으로 보고 있다.

4 이데올로기 재생산이론: 알뛰세(Althusser)

알뛰세는 프랑스의 철학자이자 마르크스주의자로서 계급지배 현상을 경제적 측면보다는 상부구조의 문화적 측면에서 강조한 그람시(Gramsci)학파의 견해를 더욱 발전시켰다. 그는 학교교육은 자본주의의 생산체제의 변화가 요구하는 가치·규범 등을 수용할 뿐 아니라, 자본주의의 구조적 모순을 은폐하는 이데올로기를 아동에게 전수하고 있다는 입장을 견지한다.

(1) 학교

① 교육체제를 자본주의 사회구조 속에서 노동력과 생산관계를 재생산하는 근원이다.

② 현대 사회에서 다양한 기술노동력을 재생산해 내는 것은 학교라고 주장한다.

PART 11

(2) 교육내용

'학교에서 아동들은 무엇을 배우는가' 하는 질문에 그는 두 가지로 답변한다.

① 아동들은 기술, 즉 일상생활이나 여러 직업생활에서 모두 유용하게 사용될 수 있는 읽기·쓰기·셈하기 등을 배운다.

② 이러한 기술이나 지식 이외에도 **학교에서 아동들은 바른 규칙을 배운다.**

(3) 재생산

① 알뛰세는 학교가 자본주의 사회구조에 노동력의 재생산을 위한 두 가지 중요한 기능을 제공한다고 주장한다.

② 이는 **기술력의 재생산과 현재의 질서에 복종하도록 재생산시키는 것**을 말한다.

③ 노동자들이 **지배적 이데올로기에 복종하도록 재생산하여 궁극적으로 지배계급의 우위성을 확보케 하려는 것**이다.

(4) 두 개의 상부구조

① 알뛰세는 학교교육과 생산관계에 있어서 두 개의 상부구조의 역할에 대해 강조한다. **상부구조의 정치적·법적 국면을 대표하는 국가구성체는 두 개의 기관**에 의해 나누어진다.

㉠ 행정부·군·경찰·교도관 등과 같이 강제적 힘의 행사가 가능한 억압적 국가기구(Repressive tate Apparatus: RSA)와, 이와 대별되는 것으로 자발적 동의를 창출함으로써 그 기능을 수행하는 이데올로기적 국가기구(Ideological State Apparatus : ISA)이다.

㉡ 이데올로기적 국가기구는 종교제도·교육제도·가족제도·정치제도·문화 등으로 구성되는 광범위한 것들이 포함된다.

② 알뛰세에 의하면, 국가의 지배제도를 확립하려면 억압적 국가기구와 동시에 이데올로기적 국가기구의 확보가 필수적이다. 더욱이 국가권력을 장악하려면 국가기구만의 장악으로는 불충분하며, 이데올로기적 국가기구를 통하여 지배이데올로기를 장악해야 한다는 것이다.

③ 절대국가에서는 교회가 이데올로기적 국가기구로서 중추적인 역할을 담당하였으나, **자본주의 국가에서는 학교가 이데올로기적 국가기구로서 주도적 역할**을 맡고 있다.

④ 따라서 **학교는 지식·기술을 통하여 생산조건의 재생산에 기여하는 이데올로기적 국가기구**라는 것이다.

⑤ 이처럼 알뛰세의 교육에 대한 관점은 **자본주의적 구성체 내에서 이데올로기적 국가기구와 그 기능**이라는 맥락에서 이해될 수 있다. 그리고 이러한 관점은 교육제도가 단순히 경제적 토대의 일방적 반영이라는 관점을 배격하고 상부구조로서 교육제도가 토대와 복합적 관계를 맺으면서 존재하는 제도라는 것을 인정하는 것으로 요약된다.

(5) 그람시(Antonio Gramsci)

① 그람시는 알뛰세와 유사한 입장을 견지하지만, 사회에서 **이데올로기의 자율성과 지식인(intellectuals)의 역할을 강조**하였다.

② 그는 **지식인은 상징과 권력 간의 관계를 숨기고 흐리게 하여 지배적인 문화를 복잡한 이데올로기로 정교하게 한다**고 주장한다.

③ 그 결과 **지식인은 지배체제를 교묘하게 정당화하는 헤게모니인 지식, 논리, 사상들을 만들어 낸다.**

④ 지식인의 역할에 대한 이러한 믿음은 학교에서 교사 역할의 중요성을 연상케 한다. 교사들은 교실에서 헤게모니를 갖는다. 즉, **교사들은 아이들의 정신에 지배계급의 사상들을 주입시켜 지배체제를 재생산**한다.

⑤ **그람시의 헤게모니 국가 재생산 모형은 국가권력이 자본주의와 결탁하여 지배구조를 유지하는데, 국가는 지적·도덕적 통제력을 행사하여 국민들이 자기 자신도 모르게 지배구조에 복종하게 한다**는 것이다.

⑥ 그것은 국가가 이념을 통하여 지배규범을 국민들에게 내면화하도록 하기 때문이며, 이러한 지배구조는 국가에서 정한 교육과정을 통하여 합법적으로 전달된다는 것이다. 이러한 과정을 통하여 지배자들은 그들의 지배를 합법화할 뿐만 아니라, 그 지배에 대한 국민들의 자발적인 동의를 창출한다.

PART 11

5 학교해체론: 일리치(Ivan Illich)

개념 +

교육개혁의 가장 급진적인 주장으로 학교해체론 또는 탈학교론(Deschooling)이 있다. 이런 주장은 일리치나 라이머 등이 대표적인 주창자이며, 모두 남미대륙의 교육개혁에 대한 구상안이다. 일리치와 라이머는 1958년에 푸에르토리코에서 처음 만났다. 천주교 신부인 일리치는 푸에르토리코의 가톨릭 대학의 부총장이었으며 고등교육 연방위원회의 위원이었다. 라이머는 연방정부의 인간자원위원회의 수석서기였으며, 그는 학년별 수준을 줄임으로써 모든 수준의 학교체제에서 탈락자를 줄이도록 푸에르토리코의 인력계획에 맞는 교육프로그램을 개발하였다. 이 계획은 시행되었지만 학생들의 학교 재학기간만 길어질 뿐, 그들이 더 많이 배우는 것이 아닌 것으로 나타났다. 라이머는 1962년에 발전연합회의 고문으로 가입하였으며, 다른 남미 여러 국가들도 푸에르토리코가 겪고 있는 것과 같은 교육적 문제를 겪고 있다는 것을 알았다. 라이머는 남미의 학교교육의 확대비용은 경제적 자원보다 훨씬 많은 편이라고 결론을 내렸다.

(1) 기본입장

① 일리치의 주장에 따르면, **사회는 어떤 형태의 의무교육도 요구하지 말아야 하며, 고용주들도 학력에 기초하여 사람들을 고용하는 것을 법적으로 금지**해야 한다.

② 학교교육은 개인적인 차원에서는 **자아실현과 물질적 풍요를 누리도록 인도하는 길**이며, 사회적으로는 보다 **바람직하고 인간주의적이며 정의로운 사회질서**를 이루도록 하는 요체가 된다.

(2) 보통교육

① 그는 보통교육에 대한 신념을 철회할 것을 요구하고 있다.

② 후진국은 선진국에 비교해서 학교교육 격차를 줄일 수 있는 바람직한 방법이 없기 때문이다. 아시아, 아프리카 그리고 라틴 아메리카의 여러 나라들은 중등보통교육은 고사하고 모든 학생에게 5년간 의무교육을 시킬 수 있는 자원이 부족하므로, 후진국이 선진국과 같은 의무교육을 실시하는 것은 불가능할 뿐만 아니라 오히려 열등감을 심어 주게 된다는 것이다.

③ **보통교육이라는 이상적 목표를 설정하는 것은 하나의 환상에 불과하며, 그러한 목표를 추구하는 것은 사실상 사회적 불평등을 고조시키고, 후진국의 다수 국민들은 열등감만 더 갖게 되는 계기가 된다.**

(3) 교육목적

① 일리치가 교육목적으로 생각하고 있는 것은 **유용한 기술의 습득, 인지적 성숙, 지적인 자율성(cognitive autonomy)** 등이다.

② 학교는 이러한 목표보다는 오히려 **관료적이고 기계적인 세계관을 가르쳐 준다**는 것이다. 아울러 경제적·물질적 가치에 치중하여 가르친다.

(4) 학교

① 학교는 자기가 혐오하는 이념이나 가치를 전수하는 데는 매우 효율적인 제도인 반면에, 자신이 좋아하는 이념이나 가치를 가르쳐 주는 데는 매우 비효율적인 제도라고 비난하였다.

② 학교는 **서구사회의 관료적이고 기술공학적인 세계관을 지지하는 받침대 역할을 하여 대안적이고 더욱 민주적인 사회관을 억제시키는 역할**을 하고 있다는 것이다.

③ 오늘날의 학교는 특정의 편협하고 기술공학적 세계관을 매우 효율적으로 가르치고 있으며, 이런 상황에서는 관료주의나 대규모 기술공학적 방법만이 문제해결의 요체로 본다.

(5) 대안적 친목기구

① 그는 **학교에서 읽고, 쓰고, 문제를 푸는 것 등 기초기능을 배울 필요가 없고, 오히려 이러한 기술은 특수목적을 위해 설립된 특수기술센터에서 더욱 쉽고 유용하게 배워야 한다**고 주장한다.

② 그런 기관에서 사람들은 각자의 취미·적성·필요에 따라 집단을 구성하여 문맹퇴치, 산술공부, 특별직업 등에 대하여 배우게 된다.

③ 국가는 아동들에게 의무교육을 강조하지 말아야 하며, **진정한 교육목적을 달성하려면 대안적 친목기구(convivial institution)에서 교육이 수행되어야 한다**는 것이다.

④ 경직화된 제도교육을 대신하여 대안적 제도의 조직을 구성하여야 하고, **각자가 자기가 선택한 교육센터에서 교수단위(unit of instruction)를 이수하는 것을 허용하는 증명서(voucher)가 발급되어야 함**을 주장하였다.

(6) 학습의 망

① 학교해체 사회는 모든 개인이 어떤 것을 배우는 방법을 찾기 위한 노력을 할 때를 전제로 한다.

② 학습은 그 목적과 결부되어 있어야만 그 성취수준이 높은 것이고, 학습자의 요구나 욕구 및 필요에 적합하여야 최대의 효과가 나는 것이다. 그래서 어떤 사람이 어떤 것을 배우기를 원한다면 이러한 기술을 가르칠 수 있는 사람을 찾게 될 것이다.

③ **학습의 망(networks of learning)은 어떤 사람이 배우기를 원하는 것을 가르칠 수 있는 사람을 찾아낼 수 있는 기능을 하도록 세워지는 것이다.**

(7) 학습의 기회망

① 일리치는 실질적인 학습에 필요한 모든 자원을 갖추고 있는 통로나 학습교환방법은 4개 정도면 된다고 한다.

② 그는 **학습의 기회망**(opportunity web)이라는 개념으로 4가지 자원제공의 방법을 설명하고 있는데, 학습정보 및 자료제공, 기술교환, 동료 짝짓기 및 교육자 준거제시이다.

㉠ 학습정보 및 자료제공: 정규학습에 필요한 자료나 방법에 접근하도록 하는 것이다. 이러한 자료는 도서관, 박물관, 극장, 공장, 농장, 공항 등에 비치하여 도제로서 배우는 학생이나 방과후에 배우는 학생들에게 제공되는 것이다.

㉡ 기술교환: 기술을 가지고 있는 사람들의 인명록을 비치하고 어떠한 조건하에서 이러한 기술을 제공하기를 원하는가 그리고 어떻게 하면 이들에게 접촉할 수 있는가 등을 알 수 있도록 정보를 보관하는 것이다.

㉢ 동료 짝짓기: 탐구를 함께 하기 위한 상대자를 찾기 위하여 그들이 소속되기를 원하는 학습활동을 기술한 것을 모아 두는 의사소통망을 형성하는 것이다.

㉣ 교육자 준거제시(교육자에 관한 정보제공): 전문가, 준전문가, 자유기고가(freelancers) 등 학습자가 원하는 일을 도와줄 수 있는 자들의 인명록을 갖추는 것이다.

제3절 기능론과 갈등론의 비교

기능론과 갈등론의 사회관

기능론	갈등론
• 사회의 모든 요소는 안정지향적이다. • 사회의 각 요소들은 상호의존적이며, 통합적인 기능을 한다. • 사회변화는 점진적이고, 누적적으로 진행된다(점진적·개량주의적). • 사회체제 유지를 위해 사회구성원들의 공동체의식을 강조한다. • 사회의 지위배분은 개인의 성취능력에 의해 달성된다(업적주의와 기회평등 및 적재적소 배치 강조). • 사회의 가치·규범·관습 등은 구성원들의 합의에 의한 것이며, 보편적이고 객관적인 성격을 지니고 있다.	• 모든 사회는 변화지향적이다. • 모든 사회에서는 불일치와 갈등이 일어나고 있다. • 사회변화는 급진적이고 비약적으로 진행된다(급진적·개혁주의적). • 사회의 각 집단은 경쟁적이며, 대립적인 관계를 가지고 있다(의식화 중시). • 일반적으로 사회가 선호하는 가치는 지배집단과 관련을 맺고 있다(이데올로기 주입 비판). • 사회의 각 기관들은 지배집단의 이익에 봉사하고 있다. • 사회갈등의 원인은 재화의 희소성과 불평등한 분배에 기인한다(평등분배를 위한 재구조화 강조).

기능론과 갈등론의 학교교육에 대한 관점

기능론	갈등론
• 학교는 사회의 안정과 질서에 기여하는 제도이다. • 학교는 사회가 요구하는 기술, 지식 등과 공동체 의식을 전수한다. 학교교육이 기술훈련을 통하여 국가의 경제성장과 발전 그리고 인간의 자기실현에 결정적인 역할을 한다고 본다. • 학교는 사회구조적 모순을 해결하여 주며, 사회평등화를 도모한다. 교육기회의 균등화를 통하여 삶의 기회를 공평하게 해 줄 수 있다는 의미에서 교육이 사회적 불평등을 해소할 수 있다고 본다. • 교육은 독립적이며 자율적이라는 자유주의적 이데올로기에 근거하고 있다. 학교에서 전수하는 교과내용은 사회구성원들의 합의에 의한 것이다. • 학교는 개인의 재능과 노력에 따라 공정한 평가를 하며, 아울러 정당한 사회적 보상이 주어진다. • 학교는 지위의 사다리이며, 공정한 사회이동을 촉진한다. • 학교교육을 통해 각종 사회문제를 해결할 수 있다.	• 학교는 기존의 위계질서를 공고히 하며, 지배계급의 이익에 종사하는 도구이다. • 학교는 기존의 질서를 재생산함으로써 사회불평등을 영속화한다. 학교교육을 자본주의적 위계구조에 대응해서 노동자를 차별적으로 양산하는 계급생산의 메커니즘이라고 본다. • 교육이 이데올로기적 상부구조로서 경제적 토대의 대응체라는 유물론적 해석에 근거하고 있다. 학교에서 가르치는 내용은 지배계급의 문화와 이익과 밀접히 관련되어 있다고 본다. • 학교는 피지배계층에게 기존의 불평등 위계구조에 순응하도록 강요하는 이데올로기적 기관이다. • 학교는 인간을 강요하고 억압함으로써 타율적이고 수동적인 존재로 전락시키고 있다. • 학교는 지적 기술보다 지배계층이 선호하는 가치관, 규범, 태도 등을 은밀히 강조하고 있다. • 학교에서 행하는 능력주의 이데올로기는 외형상 공정하게 보이나, 피지배계층의 아동을 효과적으로 탈락시키고, 지배질서의 정당성을 강조하기 위한 위장된 이념에 불과하다.

◎ 기능론과 갈등론의 선발·배치에 대한 관점

기능론	갈등론
• 능력에 따라 사회진출이라는 능력주의 규범을 현실화하기 위해서는 인력배치를 효과적으로 해야 한다. 따라서 학교는 능력에 맞는 인력개발 및 훈련을 시켜야 한다. 좋은 인력관리는 교육기회의 균등화를 통해 아동능력의 낭비를 제거하는 데 있다. • 아동은 가정환경을 고려하여 능력에 따라 분류해야 한다고 믿는다. 왜냐하면 아동들의 적성에 맞는 학습기회를 제공하는 것이 능력개발에 효과적이기 때문이다. • 학습능력에 맞는 학습방법, 반편성이 고려되어야 한다고 주장한다. • 적성, 학습능력에 맞는 교과과정을 제공한다고 주장한다. 적성검사, 지능검사, 상담 등의 활동으로 이런 목적을 달성할 수 있다고 생각한다. 또한 아동들의 학업성취에 대한 평가도 다양한 평가방법으로 판단해야 한다(능력평가의 가능성 및 공정성에 대한 신뢰). • 아동의 능력, 교과과정, 반편성, 교과배치 간의 연계성이 고려되어야 한다.	• 계급에 따른 사회진출이라는 능력주의 규범은 허구적이며, 능력주의 교육관은 자본주의적 질서를 정당화하는 것일 뿐이다(계급재생산론). • 학교가 일류교, 이류교 또는 우열반 같은 편성을 통해 계급적 선발과 분배과정을 정당화시킨다고 파악하고 있다. • 학교교육의 선발과정과 선발기능을 학생과 교사 간의 상호작용에서도 찾고 있다. 교사가 교실에서 행하는 교육활동, 교수활동은 선발과 분배기능을 합리화시키는 과정에 불과하다고 판단한다. • 사무적 편의를 위한 아동선별, 관료주의적 상담실 운영 등을 비판하고 있다. • 잠재적 교육과정에도 많은 관심을 기울이며, 그 속에 내재된 계급성을 찾아내려 한다. 때로는 학교를 교도소에 비유하기도 한다.

CHAPTER

03 교육현상에 대한 해석적 접근

제1절 해석적 이론

1 거시적 관점: 기능론과 갈등론

(1) 앞의 두 이론은 공통적으로 **거시적 관점으로 사회를 인식하여 '사회' 또는 '경제구조'라는 거대한 실체가 그 속에 살고 있는 인간을 지배한다**고 보았다. 그러므로 개인은 사회를 이해하는 데는 중요하지 않으며, '사회화'의 산물일 뿐이다. 인간은 궁극적으로는 **의지도 자유도 없는, 사회적으로 만들어진 존재**이며 구조에 따라 '움직여지는' 인형과 같은 존재인 것이다.

(2) 두 이론의 두 번째 공통점은 사회를 거시적으로 바라보기 때문에 **인간의 생활세계, 각 사회집단의 내부세계에 관하여 관심을 기울이지 않았다**는 것이다. 사회의 구조에만 관심이 컸지 사회 속의 '사람들'에 관하여는 무관심하였다. 더욱이 그 사람들이 무엇을 생각하고, 그들이 하는 행위의 의도가 무엇이며, 그들의 기쁨과 슬픔이 무엇인지 그리고 그들이 상호 간의 관계를 어떻게 맺으며 살아가는지에 관하여는 소홀히 하였다.

(3) 두 이론은 공통적으로 **자연과학적인 방법론으로 사회를 연구**하였다. 사회현상도 자연현상과 마찬가지로 의식도 의지도 없는 사물이 자연법칙에 따라 움직인다고 보았기 때문에 그러한 법칙을 발견하는 것을 연구의 최대 목표로 삼았다.

개념 +

우리가 받아들이는 유일한 명칭은 합리주의자이다. 사실 우리의 주목적은 다음과 같은 사실을 보여줌으로써 과학적 합리주의를 인간행위의 영역까지 확장하는 것이다. 즉, 과거에 고려된 인간행위는 인과관계로 환원될 수 있으며, 역시 합리적인 작업을 통해 인과관계를 미래의 행위규칙으로 변형시킬 수 있다는 것이다. 우리가 실증주의라고 부르는 것은 이러한 합리주의의 결과에 불과하다(Durkheim, 1895: 30).

2 미시적 관점

(1) 후설(Edmund Husserl)의 현상학을 사회과학 방법론으로 발전시킨 슈츠(Alfred Schutz)는 **사회과학의 대상이 생활세계라고 선언하여 사회과학의 연구대상을 인간의 구체적인 일상**으로 끄집어 내렸다.

(2) 그는 사회과학의 목적은 **인간이 자신이 살아가는 세계에 어떤 의미를 부여하는지를 최대한 분명히 이해하고 설명하는 것**이라고 보았다. **행위자인 인간이 자신의 삶의 세계에서 그 삶에 부여하는 의미를 밝히는 것**이 사회과학의 과업이라는 것이다.

(3) 객관적으로 존재하는 실재가 중요한 것이 아니라 **우리 각자가 부여하는 의미가 중요**하다는 것이다. 일상생활에서 우리 자신의 행위와 타인의 행위가 가진 의미를 이해하는 것은 나 자신과 타인의 의미부여를 함께 고려함으로 이루어진다.

(4) 나도 주관적으로 이해하고 상대방도 주관적으로 이해하지만, 그것이 개개인의 사적인 이해로 끝나지 않는 것은 우리가 '타협'과 '협상'을 통하여 서로의 이해를 공유할 수 있기 때문이다. 즉, '상호주관성(inter-subjectivity)'에 의하여 사회과학적 인식이 가능해진다.

3 민속연구방법

(1) 슈츠가 후설의 현상학을 사회과학에 응용한 방법론을 1960년대 초에 가핑클(Harold Garfinkel)이 민속연구방법(ethnomethodology)으로 발전시켰다.

(2) 그는 사회구성원, 즉 행위자들이 자신의 행동방식과 생각 및 규범을 형성한다고 전제하고, 그것이 어떻게 형성되는가를 밝히려 하였다. 사회학의 연구대상을 개인 차원으로 끌어내린 것이다.

4 교환이론

(1) 교환이론(exchange theory)은 호만스(George Homans)가 발표한 이론이다.

(2) 교환이론은 개인의 행위는 **행위자 자신에 의한 '손익계산'에 근거하여 스스로 선택하는 것이라고 주장함으로써, 사회연구에 있어서 사회구조보다 행위자의 판단과 계산이 중요하다**는 사실을 일깨워 주었다.

5 상징적 상호작용론

(1) **블루머(Herbert Blumer)**가 상징적 상호작용이론(symbolic interactionism)을 발표하였다.

(2) 상징적 상호작용이론은 **미드(George Mead)**의 사회심리학적 이론으로부터 발전시킨 것으로, **행위자가 부여하는 의미는 자신의 행위에 대한 타자의 반응과의 타협의 결과**라고 주장함으로써, **개인 간의 상호작용**, 그 가운데서도 언어와 같은 상징적 상호작용에 대한 미시적 연구의 중요성을 강조하였다.

제2절 교육에 대한 설명

학교교육을 행위자의 차원에서 관찰하면, 학교는 교사와 교장, 학생이 상호작용하며 활동하는 공간이다. 그러므로 학교교육을 정확하게 이해하려면 교장, 교사, 학생 그리고 그들 간의 상호작용에 관하여 세밀히 관찰하고, 동시에 그들의 이야기를 편견 없이 귀 기울여 들어보는 것이 중요하다.

1 교사

(1) 하그리브스(Hargreaves, 1972)는 교사와 학생의 관계에서 주도권을 가지고 학급상황을 규정하는 쪽은 교사이므로, 교사가 상황을 어떻게 규정하는가를 파악하는 일이 중요하다고 지적한다.

(2) 교사는 모두가 동질적인 존재가 아니어서 여러 형으로 구분될 수 있다. 교사의 형은 그들 스스로에 대한 자아개념에 따라 '맹수조련사(liontamers)'형, '연예인(entertainers)'형, '낭만가(romantics)'형으로 나눌 수 있다.

① '맹수조련사'형

㉠ 거칠고 아무 것도 모르는 학생들에게 필요한 지식을 가르치고, 윤리적 행동을 훈련시켜 길이 잘 든 모범생으로 만드는 것이 교사의 역할이라고 생각하는 사람들이다.

㉡ 교사는 담당교과에 있어서 언제나 충분한 전문적 지식을 갖추고 있어야 하고, 학생을 다룰 줄 알아야 하며, 학생은 교사의 지시에 충실히 따라야 한다고 생각한다.

② '연예인'형

㉠ 학생들이 학습에 흥미를 느끼도록 교수자료를 풍부하게 만들고 시청각 기법을 활용하는 등 즐겁게 배우도록 해 주는 것이 교사의 역할이라고 생각하는 사람들이다.

㉡ 교사들은 학생들을 '친구처럼' 대하면서 격의 없는 관계를 유지하려고 노력한다.

③ '낭만가'형

㉠ 학생은 누구나 학습하기를 좋아하므로 학습할 수 있는 여건을 조성하고, 학습자가 스스로 선택할 수 있도록 다양한 학습기회를 만들어 주는 것이 교사의 역할이라고 생각하는 사람들이다.

㉡ 수업내용도 교사가 독단적으로 정하지 않고 학생과 상의하여 결정하는 것이 좋다.

2 학생

(1) 학생들은 그들 나름대로 교사에 대한 기대가 있으며 '이상적 교사상'을 가지고 있다. 학생들의 '이상적 교사상'은 교사를 평가하고 등급을 매기는 기준이 된다.

(2) 학생들은 또 남교사와 여교사, 기혼교사와 미혼교사에 대하여 다르게 대한다. 학생의 성에 따라 남교사와 여교사를 대하는 방식이 다른 것은 물론이다.

(3) 학생만 교사를 유형화하는 것은 아니다. 교사도 학생을 유형화한다.

(4) 교사가 학생을 유형화하는 기준은 반드시 교육적인 것만은 아니다. 여러 연구는 교사들이 의식적으로 또는 무의식적으로 학생의 계층적 배경을 기준으로 삼아 학생을 구분하는 경우가 적지 않다고 보고하고 있다.

3 상호작용

(1) **교사와 학생은 각자의 자아개념과 상대에 관한 지식을 바탕으로 상호작용**한다.

(2) 교사는 진공 속에서 활동하는 것이 아니고 학교라는 제도가 만들어 놓은 제약조건과 기대 속에서 활동하므로, 그만큼 행위의 자유가 제한된다.

(3) 그럼에도 교사는 자신의 역할에 대한 인식과 그가 가르쳐야 할 학생들에 관한 지식을 기초로 하여 활동한다.

(4) 학생들 역시 학생으로서의 역할인식과 교사에 관한 지식을 기초로 활동한다. 교사의 행위와 학생의 행위는 상호 간에 영향을 주고받으면서 교실수업을 만들어 간다.

(5) 교사와 학생 간의 상호작용은 교사라는 행위자와 학생이라는 행위자(개인 또는 집단) 사이에 벌어지는 활동이므로, 각자는 그 나름대로의 대응행동을 의식적으로 선택한다.

CHAPTER 04

사회평등과 교육

제1절 평등화론

1 학교는 사회평등을 위한 장치

(1) 학교가 사회평등을 위한 장치라는 생각에는 두 가지 다른 내용이 섞여 있으므로 이를 구별할 필요가 있다.

(2) 하나는 교육을 통하여 사회의 불평등구조를 해소 또는 축소시킨다는 것이고, 다른 하나는 주어진 구조 내에서 교육이 사회적 지위를 능력 본위로 결정한다는 것이다.

(3) 계층구조의 평등화

① 전자가 계층구조의 평등화라면, 후자는 사회이동의 능력주의라 할 수 있다.

② 사회를 평등하게 만드는 것, 즉 계층구조 자체를 평등하게 만든다는 것은 다른 말로 하면 사회의 불평등구조를 없애거나 축소하겠다는 주장이다.

③ 한 사회 내의 불평등구조, 즉 계층격차를 줄이면 그만큼 평등해진다.

(4) 능력주의

① 능력주의는 계층구조를 그대로 놔두어도 개개인의 계층결정이 능력 본위로 이루어지면, 과거의 귀속주의에 의한 사회불평등이 해소된다는 것이다.

② 사람들의 계층을 능력에 따라 결정하면 그만큼 평등해진다는 것이다.

2 해비거스트(Havighurst)

(1) **학교교육이 사회불평등을 없애거나 줄일 수 있다고 주장**하는 초기의 연구자 가운데 한 사람은 해비거스트(Havighurst, 1961)이다.

(2) 그는 미국, 브라질, 영국, 오스트레일리아의 자료를 분석한 뒤에 **자녀 세대가 교육을 통해 부모의 계층보다 상향이동하게 되어 사회평등화에 이바지한다**는 결론을 내렸다.

(3) 그는 이러한 **상향이동 요인은 교육에 의하여 직·간접적으로 촉진**된다고 다음과 같이 주장하였다.

개념 +

과학기술의 발달은 훈련받은 기술인력의 공급을 필요로 하고, 과학기술의 진보는 훈련받은 연구자들에게 달려 있다. 개인의 재능은 교육을 통하여 발전하고 잠재적 재능을 가진 어린이도 교육을 통하여 그 능력이 계발된다. 한편 교육은 피임방법에 관한 지식을 가르쳐 줌으로써 교육받은 상류층의 출산력을 저하시킨다. 교육은 또한 하류층의 소비습관에도 영향을 주어 중류계급의 가치관과 소유양식을 가르친다. 심지어 하류층 사람들이 노동교육과 초등 및 중등교육의 확대를 통하여 자신들의 소득을 증가시키는 데 필요한 조직활동을 배울 수 있다는 사실을 깨달음으로써 소득격차를 줄이는 데 이바지할 수 있다.

(4) 교육이 다음 세대의 상향이동을 촉진하므로, **교육의 보편화는 평등사회에 이르는 촉진제**가 된다는 것이다.

(5) 이와 비슷한 연구는 여러 사람들에 의하여 이루어졌는데, 그들이 가지고 있는 믿음은 한결 같이 **교육은 소득분배구조를 재편성하고 직업구조의 성격을 바꾸어 놓음으로써 평등사회를 이룩하는 견인차 노릇을 할 수 있다**는 것이었다.

(6) 해비거스트는 과학기술의 발전으로 직업구조의 하층이 줄어들고 중층과 상층이 커지는 방향으로 변하는 한편, **교육이 사람들의 직업능력을 향상시키기 때문에 사회는 점차 평등**해진다고 한 것이다.

3 블로와 던컨(Blau & Duncan)

(1) 블로와 던컨(Blau & Duncan)은 사람들의 직업결정에 교육이 실제로 작용하는가를 본격적으로 연구하였다.

(2) 『미국의 직업구조』(The American Occupational Structure, 1967)라는 책으로 발표된 이들의 보고서는 이른바 **'지위획득모형(status attainment model)'**으로 알려진 연구설계와 함께 대표적 연구의 하나로 꼽히고 있다.

(3) 이들은 직업 지위획득을 결정하는 요인들을 추적·분석함으로써 세대 내 이동의 과정을 밝히려 하였다. 지위획득의 결정변수는 4가지로 보았는데, 그것은 아버지의 교육, 아버지의 직업, 본인의 교육, 본인의 첫 번째 직업으로, 앞의 둘은 사회적 배경요인을, 뒤의 둘은 자식의 교육과 경험을 대표하는 것으로 간주하였다.

(4) 블로와 던컨은 이 연구의 결과와 부수적인 다른 분석결과를 가지고 **개인이 받은 교육과 초기경험은 그의 직업적 성공에 큰 영향을 미치며, 이러한 영향력은 계층배경요인보다 더 강하다는 결론**을 내렸다.

(5) 이들의 결론은 후속된 다른 연구들에 의하여 재확인되었는데, 특히 **개인의 첫번째 직업지위에 미치는 학력의 영향은 어느 요인보다도 큰 것**으로 나타났다.

(6) 한 개인의 직업지위는 부모의 계층수준의 영향은 매우 적게 받고, **본인이 받은 교육수준과 그 교육에 의한 첫 번째 직업의 영향을 크게 받는다는 것**이다. 즉, **상향이동에 교육이 가장 큰 영향력을 행사한다**는 뜻이다.

4 인간자본이론

(1) 사회이동과 교육의 관계에 관한 연구에 있어서 앞에서 언급하였듯이 사회학자들은 주로 교육과 직업의 관계를 연구한 반면, 경제학자들은 교육과 소득의 관계를 주로 연구해 왔다.

(2) 경제학의 인간자본이론가들은 **교육을 소득분배의 평등화를 위한 중요장치**로 생각하였다.

(3) 그들은 첫째, 교육에 의한 저소득층의 생산성(productivity) 향상이 이들의 소득을 향상시키고, 둘째, 교육이 보편화됨에 따라 미숙련노동자의 공급이 줄어들게 되면 그들의 희소가치 때문에 소득이 향상되며, 셋째, 교육받은 기술인력의 공급증가는 고액소득자의 소득증가를 둔화시킨다고 생각하였다. 그러므로 **결과적으로 소득분배가 평등해진다**는 것이다.

제2절 불평등재생산론

1 기본입장

(1) 갈등론자들은 **교육이 기존의 불평등한 사회계층구조에 어떤 변화를 가져오는 것이 아니라 오히려 이를 재생산하며, 때로는 불평등을 더욱 조장**한다고 주장한다.

(2) **교육이 지배층의 이익에 봉사하는 장치**이기 때문이라는 것이다.

(3) 학교교육의 기회가 모든 사람에게 평등하게 분배되는 것이 아니라, **상급교육을 상층의 자녀가 차지하고 그들이 다시 상위계층에 자리하므로 교육은 사회불평등을 재생산하는 통로**가 된다는 것이다.

2 보울즈와 진티스

(1) **보울즈(Bowles)는 미국의 교육역사는 사회평등화의 역사가 아니었다고 주장하면서, 교육이 사회불평등을 재생산하고 합리화해 온 사실을 이렇게 설명한다.**

① 미국의 학교는 평등의 추구를 위하여 발전한 것이 아니고, 훈련받은 기술인력을 자본주의 기업에 공급하기 위하여 그리고 정치적 안정을 위한 사회통제의 장치로 필요하였기 때문에 확대된 것이다.

② 기술을 갖춘 교육받은 인력의 경제적 중요성이 높아짐에 따라, 기존 계급구조를 다음 세대에 그대로 재생하기 위하여 학교제도의 불평등이 점점 더 중요하게 되었다.

③ 미국의 학교제도는 지난 반세기 동안 줄어들지 않고 있는 계급불평등에 물들어 있다.

④ 학교위원회(school boards)나 기타 교육정책결정기구에 의한 관리가 불평등하기는 하지만 이것만으로는 교육제도의 불평등성을 충분히 설명하지 못한다. 교육불평등의 원천은 학교제도 안에 있지 않고 학교 밖의 계급구조, 나아가 그러한 계급구조를 발생시킨 자본주의 경제체계에 있다는 것이다.

(2) 그는 뒤에 진티스(Gintis)와 공동 저술한 책에서 이렇게 명하였다.

① 우리의 분석결과에 의하면, 경제적 불평등과 사회적 비이동성(immobility)의 원천은 노동과정(work process)의 불평등과 밀접하게 병존하고 있는데, 그것은 자본주의 사회의 재산 및 시장제도와 노동의 사회적 관계 및 불균형 발전의 역할에 기인한다.

② 미국 사회의 불평등의 뿌리는 계급구조 및 성적, 인종적 권력관계의 제도에 있다는 주장을 우리는 지적하고자 한다. 그런 점에서 학교제도는 이 특권구조가 존속할 수 있도록 돕는 여러 제도 가운데 하나일 뿐이다.

③ 그러면서도 학교는 경제적 불평등을 바로잡는 데 있어서 다른 것보다 무력하다. 사실상 학교교육에 있어서 계급적, 성적, 인종적 편파성은 사회 전체의 특권구조를 만든다기보다는 오히려 반영할 따름인 것이다.

④ 그러므로 경제적 평등화의 수단으로 교육을 이용하라는 주장은 근거가 약하다. 만약 우리가 주장하는 바와 같이 불평등의 원천이 자본주의 경제구조에 있는 것이라면, 교육개혁안은 불평등의 제도적 기반인 경제제도를 변혁할 수 있는 범위 내에서만 사회평등화에 힘을 쓸 수 있을 것이다.

(3) **교육은 사회불평등을 지속시킴으로써 기득권을 지닌 계층에게 봉사**한다는 것이다.

(4) **학교교육이 능력주의로 위장함으로써 불평등구조의 존속을 정당화**하기까지 한다는 것이다.

3 카노이(Martin Carnoy)

(1) 카노이는 초등, 중등, 고등교육 수익률의 단계별 변동을 분석하여 상류층이 주로 취학하는 학교확대의 초기에는 수익률이 높다가 하류층까지 취학하는 학교확대의 후기에는 수익률이 낮아지며, 이 시기에는 다음 단계의 학교가 확대하기 시작하면서 높은 수익률을 또 상류층이 취학하여 향유한다는 것을 밝혔다.

(2) 두 번째인 중등교육 취학이 보편화되면서 고등교육의 취학이 확대되기 시작하는데, 이 단계에서도 같은 현상이 반복된다는 것이다.

(3) 요약하면, 교육수익률이 높을 때, 즉 학력의 경제적 가치가 높을 때에는 상류층이 취학하면서 이득을 취하고, 하류층까지 취학할 때에는 학력의 가치가 떨어졌을 때라는 것이다. 즉 **교육은 '가진 자'에게 봉사하고 '못 가진 자'에게는 도움을 주지 못한다**는 주장이다.

(4) 이들은 교육수준이 소득에 미치는 영향을 직업집단별, 성별, 인종별로 비교분석함으로써 교육과 계층구조의 관계를 밝히려 하였다.

4 라이트와 페론

(1) **교육의 수익은 노동계급보다 관리자계급에 있어서 크다.** 이 결과는 평등화론자들의 주장과 대립되는 것이다. **평등화론자들은 교육이 하층의 지위향상을 돕는 장치라고 주장하지만, 이 연구결과는 하층에는 교육이 도움을 주지 못하고 오히려 교육은 상층에게 도움을 주고 있다**는 것이다.

(2) 관리자와 노동자의 계급 차이는 백인여성과 흑인남성에서는 작은 반면, 백인남성에서는 크다. 즉, 같은 백인여성끼리와 흑인남성끼리의 관리자와 노동자 간의 소득격차는 백인남성끼리의 관리자와 노동자의 격차에 비하여 작은데, 평균소득액에 있어서 백인남성이 백인여성과 흑인남성에 비하여 높다는 것이다. 이것은 백인남성이 지배적인 위치에 있으며 현재의 계급구조를 지속시키는 세력임을 말해 준다.

(3) 교육, 직업지위, 연령, 경력을 모두 통제해도 고용주는 관리자나 노동자보다 많은 소득을 차지한다. 언뜻 생각하기에 고용주가 큰 소득을 차지하는 것은 그들의 교육수준이나 경력, 더 중요한 것으로는 그들이 담당하고 있는 경영자로서의 역할 때문이라고 할 수 있지만, 이 연구결과는 그렇지가 않다는 것이다. 고용주, 즉 자본소유자들은 고용주라는 바로 그 사실이 많은 소득을 가져다준다는 것이다.

제3절 무관계론

1 기본입장

(1) 교육이 사회평등화나 불평등재생산과는 관련이 없거나 낮고, 다른 가치를 추구한다는 것이다.

(2) 그동안 교육이 사회평등화에 기여한다는 사실을 확인하기 어렵다는 연구도 많이 발표되었다.

(3) 버그(Berg, 1971)는 교육수준이 개인의 직업생산성에 영향을 준다는 근거를 찾지 못했다고 하였다.

2 연구결과

(1) 치스위크와 민서(Chiswick & Mincer, 1972)는 1950년부터 70년대 초반까지 미국의 가구별 소득구조와 학력구조를 비교·분석하고 나서 양자 사이에는 아무런 관계가 없음을 확인하였다.

(2) 써로우(Thurow, 1972)도 비슷한 시기의 미국의 소득분배와 교육분배 상황을 분석한 뒤에 동일한 결론을 얻었다. 그는 소득분배구조의 개선을 학교교육에 기대하는 것은 부질없는 일이라고 강조하면서 "경제적·사회적 문제의 치유를 위한 사회정책을 교육에 의존하는 일은 부질없는 짓이며 가장 비효과적인 방법"이라고 결론지었다.

(3) 젠크스(Jencks, 1972)의 연구결과도 기본적으로 같은 것이다. 그는 개인 간의 소득차이를 설명하고자 하였으나 실패하였다.

① 가정배경, 지적 능력, 교육수준, 직업지위를 모두 동원하여도 개인 간의 소득차이를 제대로 설명할 수 없었다.

② 그는 평등화에 관한 한 "학교는 관련이 없다(School doesn't matter)"고 선언하였다.

(4) 앤더슨(Anderson, 1961)은 미국, 스웨덴, 영국의 자료를 세밀하게 분석하였다. 결과는 세 나라가 모두 비슷하게 나왔는데, 교육수준과 사회이동수준의 관계는 매우 낮았다.

① 교육은 사회이동에 영향을 주는 많은 요인 가운데 하나일 뿐이며, 그것도 비중이 낮은 요인에 지나지 않는다.

② 그러나 교육의 효과가 낮다고 해서 효과를 "마땅히" 높여야 한다는 뜻으로 말하는 것은 아니다. 교육은 여러 가지 복합기능을 가지고 있으며, 직업의 준비는 여러 기능 가운데 하나일 뿐이다.

③ 더욱이 학교가 쉽사리 가르칠 수 없는 자질들이 직업적 성공과 지위상승 또는 실패에 영향을 준다. 자료를 분석한 세 나라에 있어서 사회적 이동은 학교교육과 무관하게 일어나고 있는 것이다.

CHAPTER
05 교육평등론

제1절 교육기회의 허용적 평등

1 기본입장

(1) 허용적 평등관은 **모든 사람에게 동등한 기회**가 주어져야 한다는 관점이다.

(2) 주어진 기회를 누릴 수 있느냐 여부는 개인의 역량과 형편에 달린 것이고, 법이나 제도상으로 특정 집단에만 기회가 주어지고 다른 집단에는 금지되는 일은 철폐되어야 한다는 것이다.

2 교육기회

(1) 교육받을 기회가 **모든 사람에게 고르게 허용**되어야 한다는 신념이다.

(2) 모든 사람이 같은 수준의 교육을 받아야 한다고는 믿지 않았다.

(3) 사람은 각기 다른 수준의 능력과 다른 종류의 재능을 타고난다고 믿었기 때문이다. 다만, 이제까지 신분, 성, 종교, 지역, 인종 등을 이유로 차별해 오던 것을 철폐함으로써 누구나 원하고 또 능력이 미치는 데까지 교육을 받을 수 있도록 허용하자는 것이다.

(4) 사람이 타고나는 능력은 각기 다르다고 믿었기 때문에 교육의 수준은 능력에 비례해야 한다고 생각하였다. 그러므로 교육기회는 아무에게나 줄 것은 아니고 엄격한 기준에 의한 선발을 통해 주어져야 한다.

3 인재군

(1) 차별은 하지 않지만 적어도 **중등교육, 더욱이 대학교육은 능력 있는 인재들에게만 주어져야 한다.** 이러한 생각을 가장 잘 반영한 것이 '인재군(pool of ability)' 개념이다.

(2) 인재군이란 사회마다 얼마만큼의 유능한 인재가 포함되어 있다는 것으로, 이 인재들을 발굴하여 알맞은 교육을 시킨 뒤에 충분히 활용하자는 것이다.

(3) 인재군에 관한 정확한 정보를 가지고 있으면 불필요하게 많은 사람을 교육하지 않아도 되고, 지나치게 교육기회를 제한하여 인재의 활용을 놓치는 일도 미리 막을 수 있다는 주장이다.

제2절 교육기회의 보장적 평등

1 허용적 평등관의 한계

(1) 허용적 평등관은 제도적 차별을 철폐함으로써 모든 사람에게 교육받을 기회를 열어주는 데에 기여하였다. 그러나 교육받을 기회를 허용하는 것만으로는 실질적 교육평등의 실현이 불가능하다는 사실이 곧 드러났다.

(2) 학교에 다니도록 허용한다 해도 생계를 위해 노동해야 하는 하류계층 자녀들은 교육을 포기할 수밖에 없었다. 깊은 산골이나 외딴섬에 사는 어린이들은 그곳에 학교가 없기 때문에 다닐 수가 없었다.

(3) **교육평등을 실현하기 위해서는 취학을 가로막는 경제적·지리적·사회적 제반 장애를 제거해 주어야 한다.** 즉, **취학을 보장해 주는 대책**이 필요하다는 데에 생각이 미친 것이다. 그래야 가난한 가정이나 산골의 어린이들도 학교에 다닐 수 있기 때문이다.

2 보장적 평등정책

(1) 제2차 세계대전 이후에 유럽 국가들은 보장적 평등정책을 추진하였다. 영국의 1944년 교육법(1944 Education Act)은 이 면에서 대표적인 것이다.

(2) **중등교육을 보편화하는 한편 무상화하고 불우층의 자녀들에게는 의복, 점심, 학용품 등을 지급**하였다. 그리하여 누구나 중등교육까지는 어렵지 않게 받도록 만들었다.

(3) 그러나 새로운 문제가 드러났다. 교육기회를 보장하면 계층 간의 교육불평등이 완전히 해소될 것으로 기대하였으나 그렇게 되지 않았다. 예를 들면, 소위 일류 중등학교인 그래머학교(Grammar school)의 노동자 자녀의 비율은 1944년 교육법을 실시한 후 10년이 지난 뒤까지 높아지기는커녕 오히려 낮아졌다.

(4) 여러 조사가 공통으로 보여 주는 결과는 교육기회 분배에 있어서의 사회적 편파성은 교육인구의 증대에도 불구하고 변하지 않는다는 것이었다. 이러한 현상은 비단 영국뿐만 아니라 교육기회를 대폭 확대시킨 모든 나라에서 나타났다.

(5) 선진국들의 조직인 OECD의 교육관계 보고서에 의하면, 각국에서 중등교육의 무상화와 대학입학의 개방정책으로 취학자 수가 현저히 증가하였지만 취학자들의 사회계층구조는 크게 개선되지 않았다.

3 대책

(1) 위의 문제를 해결하고자 적극적인 대책을 여러 나라가 도입한다. 예컨대 미국은 차별철폐를 위한 "적극적 조처(affirmative action)"를 시행하여 대학들로 하여금 입학생의 일정 비율을 소수인종, 여성 등으로 선발하도록 요구하였다.

(2) 한국은 "기회균형할당제"를 도입하여 대학들이 신입생의 일정 비율을 저소득층과 농어촌학생으로 채우도록 규정했다.

(3) 그러나 시행 초기에는 대학들이 이 방침에 순응하였으나, 시간이 흐를수록 '역차별' 논쟁이 벌어지고, 이 방식으로 입학한 소외층학생들의 대학성적이 낮게 나타나면서 비율할당제는 점점 축소되는 경향이다.

(4) 반면에 교육비가 비싼 엘리트 학교들은 저소득층에게는 문턱이 높아서 고소득층 자녀들이 주로 입학하기 때문에 교육불평등 현상을 확대시키고 있다.

(5) 보장적 평등정책은 교육기회는 보장해 주었지만 계층 간의 분배구조를 변화시키는 데까지는 미치지 못하였다. 특히 소득격차의 영향력을 뛰어넘지는 못하고 있다. 즉, 교육기회가 확대된다고 해서 분배구조가 평등해지는 것은 아니다.

제3절 교육조건의 평등

1 기본입장

(1) 교육조건의 평등에 관하여는 콜맨(Coleman)이 적절히 표현한 바가 있다. **"교육기회의 평등은 단지 취학의 평등만이 아니라 평등하게 효과적인 학교에의 취학을 의미하는 것이다."** 다 같이 중학교에 다니게 된 것만으로는 평등이 아니라는 뜻이다.

(2) **학교의 시설, 교사의 자질, 교육과정 등에 있어서 학교 간의 차이가 없어야 평등**이라는 것이다. 왜냐하면 학교 간의 차이는 그 자체도 문제이려니와 상급학교 진학에 큰 차이를 가져올 가능성이 있기 때문이다.

(3) 학교의 교육여건과 교육이 진행되는 모든 과정이 평등하게 되지 않으면, 교육평등은 아직 실현되지 않았다고 보는 것이다.

2 학교 간 격차

(1) 실제로 초등교육과 중등교육 취학이 보편화되자 학교 간의 차이가 문제로 등장하였다. 학교에 따라 교사의 질적 수준이 다르고 시설이 다른 것을 학부모들이 문제 삼기 시작한 것이다.

(2) 부유층이 주로 모여 있는 지역과 빈곤층이 모여 있는 지역 간에는 학교의 시설과 교육자료, 교수활동 등에 차이가 났기 때문이다.

(3) 그러한 학교 차가 교육결과에 차이를 가져온다고 생각하였다. 실제로 학교 간에 학생들의 성적 차가 나타났다.

(4) 성적 차뿐만 아니라 비인지적(非認知的, non-cognitive) 특성, 예컨대 행동방식, 태도, 인성 등의 차이도 눈에 띄었다. 이러한 교육결과의 차이를 해소하기 위하여 학교 차를 없애야 한다는 주장은 당연한 요구로 인식되었다.

3 고교평준화

(1) 우리나라의 소위 '고교평준화'는 개념상으로는 교육조건의 평등정책 성격을 지니고 있으나, 실제로는 그렇게 발전하지 못했다.

(2) 고등학교 간의 학교 차, 즉 교육조건의 차이를 없애고, 입학생을 학군 단위로 선발하여 거주지 중심으로 무작위 배정함으로써 중학생들의 입시경쟁을 해소시키는 데에 목적을 두었다. 중학교의 입시교육은 크게 줄었고, 다른 교육적 효과도 나타났다.

(3) 그러나 이 정책은 학생의 균등배정을 실시하는 일에 중점을 두어 왔고, 교육조건의 평등화에 노력을 하지 않은 것도 아니나, 교육재정 등을 이유로 제대로 시행하지 못하였다.

(4) 더욱이, 평준화정책의 근본목적이 교육조건의 평등화에 있었다면, 상대적으로 교육조건이 양호한 대도시보다는 농촌과 벽지의 학교에서부터 실시했어야 옳으나 실제의 정책시행은 거꾸로 이루어졌다.

제4절 교육결과의 평등

1 기본입장

(1) 학교의 교육조건이 평등화되어도 교육의 결과인 학업성취에 계층 간 격차가 계속 나타나자 **교육결과, 즉 학업성취의 평등을 위한 적극적 조치를 취해야 한다는 주장**이 강해졌다.

(2) 교육을 받는 것은 단순히 학교에 다니는 데 목적이 있지 않고 배워야 할 것을 배우는 데 목적이 있으므로, 학업성취가 같지 않으면 결코 평등교육이 아니라는 생각이 형성된 것이다.

(3) 교육평등의 문제가 여기에 이르면 한층 더 복잡해진다. 각기 능력이 다른 사람을 같은 학습수준까지 끌어올리려면 똑같이 다루어서는 불가능하기 때문이다.

(4) 능력이 낮은 학생에게는 교사가 더 많은 시간과 노력을 기울여야 한다. 우수한 학생보다 열등한 학생에게 더 좋은 교육조건을 제공하지 않으면 안 된다. 이것은 일종의 역차별이라 할 수 있다.

2 롤스의 『정의론』

(1) 이 문제에 관한 논쟁에 롤스(John Rawls)는 저서 『정의론』(A Theory of Justice, 1971)을 통하여 큰 영향을 미쳤다.

(2) 사람들은 각기 다른 잠재능력을 가지고 각자 다른 환경의 가정에 태어난다. 어떤 사람은 명석한 두뇌를 가지고 태어나고, 다른 사람은 다소 모자라는 머리를 가지고 태어난다. 마찬가지로 어떤 사람은 유복한 환경의 가정에 태어나지만, 다른 사람은 불우한 가정에 태어난다.

(3) 롤스는 누가 어떤 잠재능력을 가지고 어떤 가정에서 태어나느냐는 순전히 **우연의 결과**로, 마치 "자연의 복권추첨(natural lottery)"과 같은 것이라고 생각하였다.

(4) 그러므로 **잠재능력을 잘 타고났거나 좋은 가정에 태어난 사람은 "복권을 잘못 뽑아" 불리해진 사람에게 어느 정도의 선의를 베푸는 것이 도리에 맞는다고 롤스는 주장**하였다.

(5) 사회는 마땅히 그러한 방향으로 제반 제도를 수립해야 한다는 것이다. 이러한 사상을 흔히 **'보상적 평등주의(redemptive egalitarianism)'**라 부른다.

(6) 보상적 평등주의는 능력주의로부터 비판을 받는다. 사람은 타고난 능력에 따라 활동하고 그 업적에 상응하는 분배를 받는 것이 옳다는 것이다.

개념 +

존 롤스 『정의론』(A Theory of Justice)

1. 공정으로서의 정의
   공정한 절차를 통해 합의된 것이라면 정의롭다고 보는 순수 절차적 정의를 내세워 '공정으로서의 정의'를 주장
2. 원초적 입장
   - 정의의 원칙을 도출하기 위한 출발점으로서의 가상의 상황
   - 원초적 입장의 사람들은 자유롭고 평등하며 합리적 존재
   - 자신의 이익을 극대화, 상대방의 이해관계에 무관심
   - 무지의 베일: 자신의 사회적 지위, 능력, 재능, 가치관 등을 모름(단, 심리학적·경제학적 일반적 사실은 앎)
   - 사회적·자연적 우연성을 배제한 공정한 상황

- 정의의 원직을 도출함에 있어 가장 불리한 위치에 있는 최악의 상황을 대비 → 최소수혜자의 이익을 극대화하려 함

3. 정의의 원칙
   - 1원칙: 평등한 자유의 원칙
     - 모든 사람은 평등한 자유를 최대한 누려야 함
     - **사회·경제적 불평등은 다음 두 조건을 만족하도록 조정하여야 함**
   - 2-ⓐ: 차등의 원칙
     사회·경제적 불평등은 최소수혜자에게 최대의 이익이 되도록 편성될 때 정당화됨
   - 2-ⓑ: 공정한 기회균등의 원칙
     사회·경제적 불평등의 계기가 되는 직위와 직책은 모든 사람에게 열려 있어야 함

4. 평가
   - 평등주의적 자유주의자
   - 자유주의적 전통을 중시하면서도 사회적·경제적 불평등을 최소화하려는 입장
   - 실질적 평등을 도모하여 복지국가의 이념을 다지는 데 이바지
   - 소득재분배 찬성
   - 경제적 불평등 인정(단, 모두에게 이익이 되는 불평등)

PART 11

3 보상교육

(1) 결과의 평등을 위한 교육으로 **저소득층의 취학 전 어린이들을 위한 보상교육**을 들 수 있다.

(2) 미국에서는 1965년에 시작한 '헤드스타트 사업(Project Head Start)'을 시발점으로 'Middle Start Project' 등 수많은 이름의 교육지원 사업이 벌어지고, 영국에서는 'EPA', 즉 교육우선지역(Educational Priority Area) 사업을 시작하여 EAZ(Education Action Zone)로 발전시켰고, 프랑스도 ZEP(Zones d'Éducation Prioritaire), 즉 '교육우선지역' 사업을 시행하고 있다.

(3) 이들은 모두 불우층의 취학 전 어린이들에게 기초학습능력을 길러 주어서 이들이 학교교육에서 뒤떨어지지 않도록 예비적 조치를 취하는 것이다. 한국에서는 '교육복지우선지원사업'으로 운영하고 있다.

(4) 불우한 가정이나 지역사회의 어린이들은 환경이 좋지 않기 때문에 기초학습능력을 개발시키지 못한 것이 취학 후에 그들의 성적을 낮게 하는 주요 원인이라는 연구들이 이러한 조기보상교육의 필요성을 뒷받침해 주고 있다.

제5절 학업성취의 격차와 원인

1 지능

(1) 학업성취

① 지능지수가 학업성취를 예언하는 좋은 지표라는 것은 오래된 상식이다.

② 지능에 대한 관심을 새롭게 불러일으킨 헤른스타인과 머레이는 학교성적뿐만 아니라 사회적 능력도 지능수준에 의하여 좌우된다고 역설한다. 사회를 이끌고 가는 집단은 지능이 높은 사람들이라는 것이다(Herrnstein & Murray, 1994).

(2) 후천적 요소

① 지능에 있어서 인종 간의 차이를 주장하는 젠슨(Jensen,1973)은 지능지수와 사회·경제적 지위 사이에 상관관계가 있다고 보고하였다.

② 데이브(Dave)는 계층배경 대신에 가정의 심리적·문화적 환경변수와 지능의 관계를 분석하여 높은 상관관계를 계산하였다.

③ 이러한 자료는 지능지수가 타고난 지적 능력만이 아니라 후천적으로 환경의 우열에 따라 달라진다는 사실을 말해 준다.

④ 지능검사가 지니고 있는 계층문화적 성격 때문에 동일한 지적 능력을 가지고 있는 사람일지라도 검사를 통해서 나타나는 지능지수는 달라질 수도 있다(Fraser, 1997).

⑤ 젠크스(Jencks, 1972)

㉠ 그는 수많은 자료를 통계적으로 세밀하게 분석한 뒤에 이렇게 결론을 맺었다.

㉡ "우리가 만약 모든 사람의 유전자를 동일하게 만들 수 있다면, 지능검사 점수의 불평등을 33 내지 50퍼센트 줄일 수 있을 것이다."

㉢ 이 말은 지능지수의 50 내지 67퍼센트는 유전자 이외의 요인에 의하여 만들어졌다는 뜻이다. 즉, 지능검사를 통하여 표시된 지능지수의 절반 이상은 타고난 순수한 기본능력이 아닌 다른 것들로 만들어진 것이라는 의미이다.

2 가정배경

인지적 영역의 학업성취는 물론이고 정의적 영역의 학업성취에도 가정의 계층배경은 뚜렷하게 작용한다. 가정마다 자녀의 학업성취를 도와줄 수 있는 여러 가지 자원들을 가지고 있는데, 그 자원들을 일종의 자본이라고 하면, 자본의 성격에 따라 재정자본(financial capital), 인간자본(human capital), 문화자본(cultural capital), 사회자본(social capital)으로 구분할 수 있다(Dijkstra & Peschar, 2003). 이 자본들이 가정배경을 학업성취로 매개한다는 것이다.

(1) 재정자본이론

① 가정이 자녀의 학교공부를 돕기 위하여 지출하는 책상, 책, 컴퓨터, 단독 공부방, 사교육 등 재정자본이 많을수록 학업성취가 높아진다는 것이다.

② 재정자본이 적으면 거꾸로 학업성취가 낮아진다고 설명한다.

③ 가정의 경제력에 의하여 자녀의 학업성취 수준이 오르거나 내려간다는 것이다.

④ 가정의 소득수준이 학업성취에 강하게 영향을 미친다는 연구들이 증가하고 있다(Berliner, 2016).

(2) 인간자본이론

① 가정의 계층이 높을수록 부모들이 여러 가지 지식, 경험, 지적 기능 등을 자녀에게 많이 제공하는데, 이것들이 학업성취 향상에 도움을 준다는 설명이다.

② 부모의 교육수준이 높을수록 영향력이 커지는데, 부모 자신들이 자녀의 학습활동을 지원하는 인간자본이 되는 셈이다.

(3) 문화자본이론

① 부르디외(Bourdieu & Passeron, 1977)에 의하여 발전하였다.

② 가정의 경제수준과 교육수준이 높을수록 고전음악, 미술, 문학 등 고급문화에 관한 활동에 많이 참여하고, 문화적 체험도 많이 할 수 있는데, 이것이 학교교육과정과 일치도가 높기 때문에 학업성취를 높여 준다는 설명이다.

③ 영국의 중·상류층 가정에서 사용하는 언어와 학교에서 공식적으로 사용하는 언어의 높은 일치도가 중상류층 자녀들의 높은 학업성취도를 만들어 낸다는 번스타인(Bernstein)의 설명도 같은 맥락이다.

④ 하층가정은 언어와 문화생활이 학교와 동떨어지기 때문에 자녀들의 학업성취가 떨어진다는 것이다. 즉, 문화가 가정배경과 학업성취를 매개하는 변인이다.

(4) 사회자본이론

① 사회자본이론을 발전시킨 학자들 가운데 한 사람으로 콜맨(Coleman,1988)이 대표적이다.

② 그는 가족구성원들의 지역사회와 학교에 관련된 인간관계의 교육적 영향력에 주목하였다.

③ 부모가 이웃 부모들과 자녀교육, 학습보조방법, 학습분위기 조성 등에 관하여 대화하고, 이웃자녀들을 공동으로 돌보며, 학부모회에 참석하여 학교의 학생지도에 협력하는 활동이 높을수록 자녀의 학업성취 수준이 올라간다는 사실을 확인한 것이다.

④ 부모가 활발하게 참여하여 조성하는 지역사회의 교육적 분위기와 학교의 교육역량 향상과 함께 부모의 그러한 교육활동을 직접 보면서 자녀가 받는 영향이 학업성취 향상에 작용한다는 설명이다.

⑤ 가정의 영향은 부모와 자녀 간의 관계를 넘어서서 지역사회와 학교를 포함하는 사회적 관계를 통하여 학업성취로 매개된다는 것이다.

(5) 콜만보고서

① 교육격차의 원인은 개인적 요인, 환경적 요인(학교, 가정, 지역사회) 등 다양하다. 사회학적 배경을 가진 연구자들은 대체로 학습과 관련된 부모의 사회·경제적 지위와 사회적 자본과 같은 거시적인 환경적 요인에 초점을 두어 왔다.

② 교육에의 접근기회에 대한 이제까지의 연구결과들에 의하면 접근기회에 가장 크게 영향을 주는 요인은 학업성취 수준과 가정의 사회·경제적 지위(SES, Socioeconomic Status)이다.

③ 부모의 소득수준, 직업지원, 교육수준 등이 높으면 자녀의 학업성취 수준도 높은 경향을 보인다. 사회·경제적 지위와 학업성취 사이에도 높은 상관관계가 있다. 이 두 변인 사이의 관계에 대한 관심과 논쟁은 콜만보고서Coleman Report)에 의해 촉발된 이래 지속되었다.

개념 +

콜만보고서(Coleman Report)

콜만(James S. Coleman)과 동료 연구진들은 소수민족의 자녀들이 주로 다니는 학교들이 얼마나 불평등한 조건들을 갖고 있으며, 그러한 불평등한 조건들이 교육기회의 평등에 위배되고, 또 불평등한 학교자원이 노동계층 아동들로 하여금 중류계층 아동들에 비해 효과적으로 학습할 수 없게 만드는가를 드러내 보이기 위한 연구를 하였다.
이들은 4,000개 학교의 625,000명 학생들(6학년과 중3)을 대상으로 학업성취에 영향을 미치는 100여 개의 변인들을 연구한 결과 1,300페이지에 달하며 548 페이지의 통계자료까지 삽입한 방대한 보고서를 내놓았다. 이 보고서를 흔히 콜만보고서라고 부른다. 이 보고서는 『교육기회의 평등』(Equality of Educational Opportunity)(1966)으로 출판되었다.
이 연구는 그 동안 사회과학계에서 가장 연구비를 많이 들인 연구, 가장 표집이 큰 방대한 연구라는 기록을 남겼다. 무엇보다도 이 연구는 발표된 뒤 미국 사회에 커다란 논쟁을 불러일으켜 유명하다. 이 보고서가 논쟁의 핵으로 등장하게 된 이유는 다음과 같다. 즉, 연구의 가설이었던 학교시설과 교사봉급 등 교육투자경비의 불평등이 학생의 학업성취에 미치는 효과는 오히려 매우 미약하고, 그 대신 **학생의 가정배경과 동료집단의 영향이 크다는 것이다.** 그중에서도 **학생의 가정배경의 영향 비중이 더 크다고 보고하고 있다.**
그리하여 1970년대에는 사회계층과 교육 사이의 관련성 논의에서 사회구조 그 자체를 비판하는 논의가 전개되었다. 노동계층 자녀들은 교육에 의하여 그 계층의 특성을 학습하게 되고, 학교가 노동시장에 필요한 능력을 길러 주고 있으며, 현존하는 사회의 불평등을 그대로 영속화시키는 역할을 하고 있다는 내용이 여러 후속연구들에 의해 지지되어 왔다.

CHAPTER
06 교육과정의 사회적 성격

제1절 교육과정사회학(신교육사회학)

1 기본입장

(1) 학교에서 가르치는 지식과 가르치는 과정을 사회학적으로 탐구하는 교육과정사회학은 1970년대 초 영국에서 등장한 '교육과정 교육사회학'에서 출발하였다.

(2) **교육과정 교육사회학자들은 학교가 가르치는 지식과 교육의 과정이 사회적 불평등을 매개하는 중요한 요인임을 지적하면서, 과거에 교육사회학자들의 관심 밖에 있었던 교육과정을 탐구해야 한다고 주장**하였다.

(3) 이런 주장의 배경은 그때까지 교육사회학을 지배해 온 **기능이론과 갈등이론이 교육과 사회의 관계를 거시적 수준에서 분석**하며, 교육의 사회평등 또는 불평등 기능을 투입-산출모형(input-output model)에 지나치게 의존하여 밝히려 노력하는 동안 **학교교육의 내적 과정에는 무관심**하였기 때문이다.

(4) 교육에서의 불평등은 교육제도만이 아니라 학교에서 가르치는 지식, 교사와 학생 간의 상호작용 등 학교의 교육과정과 내적인 과정요인에서도 비롯된다는 지적이었다.

2 해석적 연구방법

(1) 종래의 교육사회학이 의존해 온 이론과 방법인 구조기능주의 이론과 인구통계학적 방법으로는 교육과정 사회학자들이 제기한 문제를 밝히는 데에 근본적인 한계가 있었다.

(2) 당시 사회학계에서는 전통적인 실증주의적·계량적 방법에 대한 비판이 제기되고 있었으며, 이에 대한 대안으로 해석적 연구방법이 제시되었다.

(3) 해석적 연구방법은 단일한 사회이론이 아니라 지식사회학, 현상학, 상징적 상호작용론, 민속방법론(Ethnomethodology) 등 다양한 이론에 뿌리를 둔 다원적 연구모형이었다.

(4) 각 이론들의 가정과 논리에는 차이가 있고 어떤 점에서는 서로 상충하는 면도 있으나, **기존의 가치 규범을 당연하게 받아들이지 않고, 그 자체를 의심하고 분석하여 그것의 사회적 의미를 새롭게 이해하고 해석**하려는 점에서는 일치한다.

PART 11

3 영(Michael F. D. Young)

(1) 교육과정 교육사회학의 기본적인 문제의식은 영국에서 이 분야를 개척하는 데 뚜렷하게 공헌한 영(Michael F. D. Young)에 의해서 분명하게 제기되었다.

(2) 그는 기존의 교육사회학 연구가 교육내용을 주어진 것으로 받아들여 탐구대상에서 제외시켰으나, 교육제도 속에서 선별처리되는 것은 사람뿐만 아니라 **지식도 마찬가지이므로 사회학적 탐구의 대상**으로 삼아야 한다고 주장하였다.

(3) 영은 지식을 사회적 조건의 구속을 받지 않고 절대적인 자율성을 갖는, 따라서 **고정적이며 불변적인 어떤 것으로 보는 전통적인 지식관에 이의를 제기**한다.

(4) 영은 **학교가 어떤 지식을 선택하고 가르치며, 이 선택적 지식교육의 과정이 학교 밖의 권력구조와 어떻게 관련되어 있는가**를 밝히려고 하였다. 이와 같은 문제의식은 권력을 가지고 있는 사람들이 "무엇을 지식으로 보아야 하는가, 지식영역들 간의 관계는 어떻게 규정해야 하며, 각기 다른 지식을 습득한 사람들의 위계와, 습득한 지식의 양이 많고 적은 사람들 간의 서열은 어떻게 정해야 하는가를 결정한다"는 주장에 뚜렷이 드러나고 있다.

(5) 영은 **지식의 계층화와 사회적 계층화 사이의 관계**를 규명하는 데 초점을 맞출 것을 강조한다. **지식이 어떤 기준에 의해서 계층화되며, 각기 다른 지식에 부여되는 사회적 평가와 그 지식들을 소유하게 됨으로써 얻게 되는 사회적 보상이 결정되는 배경**을 탐구해야 한다는 것이다.

(6) 현대사회에서 높은 지위가 부여되고 있는 지식의 특성은 다음과 같다.

① 문자로 표현되는 것
② 지식을 알게 되는 과정과 지식수준에 대한 개인주의적 평가
③ 학습자의 직접적인 체험적 지식과는 유리된 추상적 지식
④ 실생활과의 관련이 없는 학문지향적 내용 등

(7) 이들이 곧 **학문 중심적 교육과정의 특성**이다. 그런데 **학문 중심적 교육내용에서 높은 성취를 나타내는 학생은 대체로 상층계급 학생들이므로, 교육과정이 사회계층의 유지와 깊이 관련되어 있음**이 드러난다.

4 이글스톤(Eggleston)

(1) 이글스톤에 의하면, 교육사회학자들은 오랫동안 교육기회의 분배와 선발과정에만 전념하고 교육과정을 무시해 왔다.

(2) 관심이 있다 하더라도 기능주의적 관점에서 교육과정을 '합의'된 것이라고 가정해 왔다고 지적하였다.

(3) 그는 이와 달리 교육과정을 사회와 학교의 권력 및 권위구조를 확립·유지하는 중심요소로 보고, 교육과정의 결정과정을 사회통제의 과정으로 간주하였다. 그는 당시의 대중화된 영국 학교의 교육과정을 다음과 같이 설명한다.

개념

1870년 의무교육 실시 이후, 가난한 노동자의 자녀들을 위한 교육으로 발전시킨 비정예주의적인 일반학교의 교육과정은 상류층을 위한 학교의 교육과정과는 근본적으로 다른 종류의 것이었다. 그것은 산업사회의 새로운 직업적 역할에 적합한 지식을 강조하고, 현존하는 사회계층체제를 유지·정당화했으며, 사회적 결속을 용이하게 하는 데 기여하였다. 대중의 교육과정은 그들 자신이 아니라 엘리트 집단에 의해 규정되고 평가되었다. 엘리트 학교의 교육과정은 지도성을 강조했으나, 대중의 교육과정은 복종을 강조하는 한편 격이 낮은 교과들로 구성함으로써 사회적 차이를 수용하도록 했다(1977).

5 애플(Michael W. Apple)

(1) 비판적 교육과정이론의 주창자의 한 사람인 애플(Michael W. Apple, 1982)은 **타일러 모형과 같은 전통적인 교육과정 논의양식은 탈정치적이며, 탈역사적이기 때문에 교육과정의 선정과 조직의 뒤에 깔려 있는 복잡한 정치·경제관계를 간과**하고 있다고 비판한다.

(2) 애플에 의하면, 미국과 같은 선진산업사회에서 **학교는 불평등한 경제구조와 관련되어 있는 특정 유형의 문화자본에 정당성을 부여**한다.

(3) 미국학교에서 가장 중요한 것으로 간주하고 확산시키려는 지식은 '**기술적 지식**(technical knowledge)'이다.

① 기술적 지식이란 산업발전에 직접적으로 기여하는 것으로 간주되는 과학·공학·수학 등의 교과지식을 말한다.

② 경제체제가 효과적으로 운영되고 최대한으로 확장되기 위해서는 높은 수준의 기술적 지식이 요구된다. 따라서 교육과정 혁신을 위한 재정투자는 인문과 예술 교과보다는 주로 과학과 수학 교과개발에 집중된다.

③ 학교는 기술적 지식을 전수할 것을 강하게 요구받고 이를 충실하게 따른다. 요컨대, 미국의 교육과정의 내용과 조직은 자본주의 경제체제가 요구하는 효율성의 원리에 의해 지배되고 있다는 것이다.

(4) 애플은 실제로 미국의 학교에서 가르치고 있는 사회 교과와 과학 교과의 교육과정내용을 분석한 결과 겉으로 드러나는 명시적인 교과내용뿐만 아니라, **교과내용의 서술방식이나 설명방식을 통해서도 지배적인 이데올로기와 맥을 같이하는 무언의 이념적 요소들이 학습된다**는 점을 밝혀내었다.

(5) 사회 내의 갈등이나 학문공동체의 갈등이 사회진보와 과학발전의 힘이 될 수 있다는 점은 배제하고, 은연중에 갈등의 부정적인 측면을 강조하고 있다는 것이다.

6 애니언(Anyon)

(1) 애니언(Anyon, 1979)은 미국의 중등학교에서 사용되고 있는 **역사 교과서 분석을 통해 교육내용의 선정이 편파적으로 이루어지고 있음**을 보여 주었다.

(2) 역사 교과서가 학생들이 역사와 현실 문제를 이해하고 해석하는 데 요구되는 객관적인 지식과 정보를 편견 없이 제공하는 것으로 많은 사람들이 믿고 있으나, 실제로는 **특정 집단에 유리하도록 편파적인 내용을 선정하고 진술하고 있음을 지적**하였다.

(3) 경제발전과정에서 **기업가들이 수행하는 역할을 강조하는 반면, 노동자들이 기울이는 노력과 공헌에 대한 언급이나 설명은 누락되었으며, 노동운동에 관한 내용은 제외되거나 왜곡 기술**되어 있었다.

제2절 지배구조와 재생산이론

1 지배문화

(1) **베블런**(Thorstein Veblen)

① **베블런은 학교교육, 특히 고등교육에서 강조되고 있는 '학문 중심'이라는 것이 "유한계급(leisure class)"을 위한 것**이라고 지적한다.

② 그에 의하면, 인류 역사에서 학문의 시작과 발달은 대체로 초자연적인 힘을 섬기는 데 필요한 종교적 의례에 활용할 지식이나 재주를 얻는 것과 관계가 깊다. 공동체의 샤먼이나 성직자는 초자연적인 힘을 섬기고 그 힘에 접근하는 의례나 절차와 관련된 지식을 가지고 있는 유한계급이었다. 그들은 일반인들은 알 수 없는 신비하고 주술적인 지식을 소유하고 초자연적인 힘과 일반인 사이의 중재역할을 했다.

③ 베블런은 원시 공동체의 종교적 제의에 필요한 지식을 얻는 것을 목적으로 초기 학문이 발전했고, 그 자취가 1800년대 후반 미국의 고등교육에도 여전히 남아 있다고 분석했다. 학사모, 학위복과 같은 용품의 사용이나 입학식과 졸업식과 같은 의례에서 지켜야 할 절차를 엄격하게 규정하는 것이 그 사례라 할 수 있다.

④ 특히, 오늘날 고등교육에서 이런 학문적 의례는 실제적이고 기술적인 지식을 다루는 분야보다는, 전통적인 학문연구 분야인 인문학(Humanities)을 중심으로 가르치는 학교에서 잘 지켜지고 있다.

⑤ 베블런은 고전이나 인문학이 유한계급에 의해 유지되는 것을 다음과 같이 설명하였다.

개념 +

고전이 학자적 품위의 증거로서 그 절대적인 가치를 잃지 않은 것 또한 사실이다. 왜냐하면 학자는 시간을 소비했다는 [시간을 들여 공부했다는] 증거를 널리 인정되는 방식으로 뚜렷하게 드러낼 수 있어야 하는데, 바로 그때 필요한 것이 고전작품들(라틴어나 고대 그리스어로 집필된 고대 그리스-로마 시대 작품들)이다. 고전은 바로 이런 용도에 무척 적합하다. 실제로 시간과 노력을 소비한 증거로서 또 그런 소비를 하는 데 필요한 금전적인 힘을 나타내는 증거로서 고전이 유용하다는 것은 의심의 여지가 없다. 이런 소비는 고등교육 계획에서 고전이 차지하는 특권적인 위치를 보장해 주고, 고전을 모든 학문 중 가장 명예로운 학문으로서 존경받게 한다. 고전은 다른 어떤 지식보다 유한계급 학문의 장식적 목적을 잘 충족시키며, 따라서 그런 이유로 품위를 지키는 효율적인 수단이 된다(Veblen, 1918/2018: 373-374).

⑥ 인문학은 최근까지만 해도 학교교육과정 내에서 강한 경쟁상대가 없었다. 생활 중심 교육과정을 강조하는 주장이 나타나기는 하였으나, 공교육체제하에서 여전히 인문학에 속하는 교과목들이 지배적 위치에 있었다. 따라서 학교교육과정은 비실제적이고 추상적이며 현학적인 성격을 띠게 되어 대중과는 유리된 '유한문화(有閑文化)'의 성격을 강하게 지니고 있었다.

PART 11

(2) 보울즈와 진티스

① 학교교육과정에 계급문화의 갈등이 존재한다는 것은 보울즈와 진티스(Bowles & Gintis)도 미국의 대중교육의 발달과정을 고찰하면서 지적하였다.

② 미국에서 자본주의가 발달함에 따라 교육받은 노동자가 필요하게 되었으며, 학교는 자본가의 요구에 따라 노동에 필요한 기초지식과 함께 주의력, 자립성, 질서의식, 단정함, 공손함, 예의바름, 시간엄수 등 사회적 행동형성에 기여하였다.

③ 당시의 교육학자, 교육위원 등은 교육의 목표를 단순히 복종의식의 주입에만 한정하지 말고 "강제보다 의무를 생각하도록" 교육해야 함을 주장하였으나, 그 당시 널리 행해지던 교수법과 교수내용은 공장의 운영자들이 필요로 하는 가치와 목표를 내면화시키는 데 적합한 것이었다고 보울즈와 진티스는 지적한다.

④ 이러한 보울즈와 진티스의 주장은 학교교육에서 벌어지는 노동자계급과 자본가계급의 문화갈등을 지적한 것이다.

2 문화제국주의 - 카노이(Martin Carnoy)

교육과정에 드러나는 **지배문화는 한 사회 내의 지배집단의 문화뿐만 아니라, 국제적 지배문화도 포함**된다. 흔히, 외래지배문화가 교육내용에 나타나는 것을 볼 수 있다. 외래지배문화는 주로 제3세계 국가들에서 나타난다.

(1) 카노이(Martin Carnoy)는 국가 간의 문화관계와 교육관계를 이해하는 데 갈퉁(Johan Galtung)의 중심부(center)와 주변부(periphery)이론을 활용할 수 있다고 보고, 같은 맥락에서 제3세계의 교육을 설명하고자 하였다.

(2) 카노이에 의하면, **학교교육은 주변국의 노동자들에게 중심국 자본가의 필요를 충족시키기 위한 장치로 도입된 것이기 때문에 토착민중을 제국주의적 식민지구조에 편입시키기 위하여 노력**한다는 것이다.

(3) 따라서 제3세계의 학교는 서구의 과거 식민종주국가에 대하여 수동적인 자세를 취한다. 주변부의 극소수 지도자들이 반외세주의적 독립운동을 추진하나, 주변부의 중심부에 있는 사람들의 서구지향적 자세 때문에 좌절되고 만다.

(4) 따라서 전통적 제국주의와 식민주의가 겉으로는 사라졌으나 식민지 이후의 교육은 교육제도와 내용에 있어서 식민시대의 유산을 지속하게 된다. 또한, 불안정한 경제구조 등으로 인하여 계속적인 경제원조가 필요하게 되어 불평등구조는 개선되지 못하고 더욱 심화된다.

(5) 여기에 서구 중심으로 편성된 학교교육과정은 이러한 신식민주의를 강화하는 역할을 하게 된다는 것이다.

(6) 제3세계를 이해하는 이러한 시각은 일본 제국주의하에서 식민지시대를 경험한 우리나라의 경우에도 시사점이 많다.

3 재생산이론

교육과정사회학의 중요한 연구주제 중 하나는 교육과정내용과 교육과정의 선정 및 조직의 뒤에 숨겨져 있는 이데올로기 및 그 이데올로기를 떠받치고 있는 사회구조 사이의 관계를 규명하는 것이다. 이 규명은 기존 사회가 교육을 통하여 어떻게 지속될 수 있는가에 초점을 맞춘다. 즉, 세대가 바뀌어도 경제구조, 문화, 이데올로기 등의 교육을 통하여 사회가 재생산(reproduction)되는 기제를 해명하려고 한다. 세대를 관통하는 지배 메커니즘을 밝히는 것이다.

(1) 보울즈와 진티스

① 이러한 문제를 규명하는 데 있어서 **보울즈와 진티스(Bowles & Gintis)는 경제와 학교 사이의 구조적 상응관계(correspondence)**를 상정하였다.

② **경제재생산이론 또는 경제적 상응(economic correspondence)이론**이라 부르는 그들의 이론은 **학교 내의 사회관계와 자본주의 경제구조의 사회관계를 일치시켜 학교교육이 자본주의적 생산관계를 재생산**한다고 본다.

③ 학교조직의 가장 중요한 기능은 경제영역에서의 지배복종관계를 복제하는 것이다. 학교 내의 사회관계, 즉 교장과 교사, 교사와 학생, 학생과 학생 사이의 관계는 위계적인 노동분업을 그대로 본뜨고 있다.

④ 학교는 이러한 사회적 관계구조를 통해 학생들을 작업장에서의 관계와 유사한 사회관계에 적응시키려고 한다. 즉, 학교의 전반적 생활경험을 규율하는 일련의 사회관계는 학생들로 하여금 체제순응적인 인성특성, 행동성향 및 의식구조를 학습하게 함으로써 기존 경제체제에 통합시키는 역할을 한다는 것이다.

⑤ **경제재생산이론은 마르크스의 하부-상부구조 모형을 그대로 받아들여 경제구조가 학교교육을 일방적으로 결정**한다고 보았다.

⑥ 지배집단은 겉으로 드러나는 공식적인 지배의 메커니즘을 사용하지 않고도, 이념교육을 통하여 사람들의 의식구조에 작용함으로써 사회구조를 지속시켜 갈 수 있다. 학교, 지식 및 일상생활에 대한 통제는 눈에 보이는 경제적 분업과 조직에 의해서뿐만 아니라, 우리들의 삶을 받쳐주고 있는 사회의 기본원리와 의사소통방식, 특히 상식적인 사고방식과 실천에 대한 은밀한 영향력 행사를 통해서 이루어진다.

⑦ 일상생활과 사회의식 속에 깊이 스며 있는 지배집단의 의미체계와 가치체계가 바로 헤게모니(hegemony)이다. 학교의 교육과정에는 헤게모니가 깊숙이 잠재되어 있으므로, 학교는 문화적·이념적 헤게모니의 매개자로서 보이지 않는 가운데 사회를 통제한다는 것이다.

개념 +

자본주의 사회의 이데올로기적 국가장치의 한 부분으로서의 학교는 헤게모니를 유지하는 데 있어 결정적인 역할을 수행한다. 헤게모니는 단순히 물리적 힘이나 폭력에만 의존하는 것이 아니라 피지배계급으로부터 능동적 동의를 이끌어냄으로써 사회 전체에 대한 지도력을 확보하는 지배방식을 일컫는다. 국가는 지배계급의 이익을 보장해 주면서도 마치 사회 전체의 일반이익을 구현하는 것으로 가장함으로써 일반대중의 불만의 소지를 제거하여 사회 전체의 응집강화에 능동적으로 기여하는 정치적 역할을 수행하는데, 헤게모니의 획득과 유지를 위한 국가의 이러한 기능은 주로 이데올로기적 영역에서 찾아볼 수 있다.
학교는 이와 같은 이데올로기적 국가장치의 한 부분으로서 지배계급의 헤게모니를 유지시킴으로써 자본주의 사회의 응집에 기여하는 능동적인 역할을 하고 있다.
학교는 다른 이데올로기적 국가장치들과 마찬가지로 특수한 이해관계로부터 초월해 있는 것처럼 보이지만, 결국은 지배집단의 이해관계에 기초하고 있는 이데올로기를 학생들에게 주입시키는 데 기여한다. 이러한 역할은 업적주의, 부르주아 민주주의 등 학교 내에 널리 퍼져 있는 이데올로기를 통해 수행된다.

(2) 부르디외(P. Bourdieu)

① 학교는 **지배이데올로기를 정당화할 뿐만 아니라 지배계층의 문화를 통하여 사회를 재생산**한다고 주장한다.

② 문화재생산이론에서는 **학교교육을 '계급관계의 문화적 재생산'**으로 파악하고, 학교는 **지배집단의 '문화자본'을 재창조하고 정당화**하는 역할을 수행한다고 설명한다.

③ 부르디외는 **학교교육이 수행하는 사회화 기능을 일종의 재생산이라고 규정**한다.

사회적 재생산	• 사회자본 • 경제력과 권력의 세대 간 상속으로써 부모세대의 경제적 재화 및 권력구조 내의 위치가 자식 세대에 전수되는 것
문화적 재생산	• 문화자본 • 부모세대의 문화적 생활양식과 그것 때문에 학교에서 얻게 되는 학업성취 등 제반 이익이 자식세대에 전수되는 것

④ 학교는 **문화적 재생산의 역할을 통하여 지배계급이 권력과 특권을 무리 없이 다음 세대에 전수할 수 있도록 만든다**는 것이 부르디외 이론의 요점이다.

⑤ 권력과 특전을 무리 없이 대물림하여야 한다는 오랜 역사적 과제를 가장 훌륭하게 해결한 것이 현대 교육제도이다. 교육제도는 계급관계의 구조를 재생산하면서도 중립적 태도를 표방함으로써 그것이 수행하고 있는 기능을 은폐하기 때문에, 권력과 특전의 세습이 철저히 부정되는 사회에서 이보다 더 편리하면서도 말썽의 소지가 없는 제도는 없을 것이다.

제3절 문화갈등과 탈재생산이론

1 저항이론: 윌리스(Willis)

재생산이론의 한계를 극복하고자 하는 문제의식이 구체적인 이론적 작업으로 나타나기 시작한 것은 교육에 '저항(resistance)'이라는 개념이 대두되면서이다. 저항 개념을 처음으로 부각시킨 사람은 영국의 윌리스(Willis, 1981)이다. 그는 종합화된 고등학교에 다니는 일부 노동계급 학생들이 어떻게 해서 아버지와 같은 노동계급의 직업을 선택하게 되는가를 그들이 집단적으로 형성한 하위문화의 특성에 비추어 기술하였다. 그는 **재생산이론으로는 노동계급의 학생들이 왜 스스로 노동계급의 직업을 선택하는지를 설명할 수 없다**고 보았다. 그는 재생산이론에 대한 대안으로 문화적 저항이론을 제시하였다.

(1) 반학교 문화

① 관찰대상이 되었던 **노동계급 학생들은 학교의 권위와 지적 활동의 가치 및 중요성을 거부하는 독특한 반학교 문화를 형성해 나갔다.**

② 반학교 문화의 가장 기본적이고 두드러진 특징은 **'권위'에 대해 집단적·개인적으로 집요하게 저항**하는 것이다.

(2) 싸나이들

① 이러한 감정은 **'싸나이들'(lads: 이것은 반학교 문화 학생들이 스스로 붙인 이름이다)의 일상 언어에서 쉽게 드러난다.**

② '싸나이'들에게는 교사들 다음으로 '얌전이' 또는 '범생이'들이 표적이 되는데, 그것은 그 아이들이 교사의 권위에 너무 열성적으로 추종하기 때문이다. '얌전이'라는 이름은 학교에 순응하는 아이들의 수동성과 어리석음을 뜻하는 것이다.

(3) 저항

① **학교에 대한 저항은 제도와 규율로부터 자유로운 자신들만의 상징적·물리적 공간을 쟁취하기 위한 싸움과, 학교에서 중요하게 인식되는 목적, 즉 공부시키는 것을 타파**하는 데서 가장 극명하게 드러난다.

② 몇몇 '싸나이' 들은 수업시간에 자기들 마음대로 얼마든지 학교 주변을 돌아다닐 수 있는 배짱을 자랑한다. 그들은 학교가 짜놓은 일과표를 무시하고, 스스로 그리고 실질적으로 자기의 일과를 구성한다.

③ 이러한 '내 마음대로 하기' 원리는 모든 수업시간과 그 밖의 많은 다양한 활동 속에서 발휘되는데, 그중 몇 가지는 수업시간 빼먹기, 수업시간에 딴전 피우기, 엉뚱한 반에 들어가 앉아 있기, 장난거리를 찾아 복도 배회하기, 몰래 잠자기 등이다.

(4) 학교

① 반학교 문화에서는 학교를 다님으로써 얻게 되는 자격이라는 것의 가치에 대한 깊은 불신이 담겨 있는데, 그것을 얻기 위해 치러야 하는 희생이 너무 크다고 여기기 때문이다.

② 그들이 생각하는 희생이란 대단하지도 않은 졸업장을 얻어내느라 지금 '얌전이'가 된다는 것, 그것은 어느 때라도 즉시 유쾌함을 만들어 내고 누릴 수 있는 '싸나이'의 능력을 포기하는 것을 뜻한다.

③ 학교를 성실하게 다녀서 얻게 되는 그 자격은 '싸나이'들이 졸업 후 일자리를 선택하는 데 그다지 중요한 기준처럼 보이지 않는다. 학업의 '성공'과 그것에 따르는 직업서열에서의 상승이 도대체 무슨 의미가 있단 말인가?

④ 싸나이들에겐 지위상승이란 너무 먼 얘기이므로 의미가 없다. 그들에겐 남들이 말하는 '성공'이란 기껏해야 견습공 아니면 하급 사무직으로 들어가는 것인데, 그런 직업들은 일은 죽도록 시키면서 대우는 별 볼 일 없는 것들이다.

⑤ 공식적인 학교문화를 따르는 것은 순응주의적인 소인배의 짓이고, '얌전이'가 되어 작은 '성공'을 한다고 해 보았자 별것이 아니라고 그들은 생각한다.

(5) 육체노동

① '싸나이'들은 학교문화에 순응하지 않고 반학교 문화를 형성하는 것이 학교생활에서의 '실패'의 길이고, 그것은 곧 졸업 후의 사무직과 노동직의 갈림길에서 노동직으로 가게 되는 것임을 알면서도, '싸나이'의 길을 버리지 않는 것이다.

② **'싸나이'들은 스스로 육체노동직을 선택**하는 것이다. **노동현장 문화에 몸담을 수 있는 자격은 반학교 문화에서와 마찬가지로 절대로 패배자의 그것이 아니다.**

③ 그 자격에는 기술, 솜씨, 자신감 그리고 무엇보다도 어떤 살아 있는 사회적 힘을 더하는 태도 같은 것이 관련된다. 이 힘이란 생동하는 것으로, 이력서를 통해 채용하는 공식적인 제도들에 의해 보호받고 구조화되며 조직화되는 종류의 것이 아니다.

④ 반학교 문화에서 발견되는 남성상과 억척스러운 기질은 노동현장 문화에서 발견되는 주요한 주제들 중 하나이며, 그것은 곧 **남성우월주의의 한 형태**이다.

(6) 평가

① 반학교적 저항문화가 **대안적 사회질서를 창출하는 것으로 연결되지 못하고 오히려 기존 질서 안에 스스로 자리 잡고 마는 모순된 현상**을 발견하게 된다.

② 반학교적 저항문화를 형성한 학생들은 **정신노동의 우위와 경쟁적 개인주의와 같은 지배적 이데올로기를 배척하지만, 바로 그렇기 때문에 자신들의 저항이 사회변혁으로 연결될 수 있는 가능성을 차단**하고 만다.

③ 그들은 **지적인 활동을 거부함으로써 비판적 사고가 사회변화의 힘으로 작용할 수 있다는 사실을 간과**한다. 그리하여 현실에 대한 간파가 담고 있는 **변화의 가능성이 새로운 사회질서의 창출로 연결되지 못하고 중단**되고 만다.

(7) 재생산이론과의 차이점

① **학교교육에 대한 기대가 다르다.**

㉠ 재생산이론에서는 지배계급의 힘의 행사에 의해 지배이데올로기가 주입된다고 본다.

㉡ 저항이론에서는 피지배집단의 일상적인 삶의 경험 속에 지배이데올로기를 거부하고 극복할 수 있는 잠재적인 힘이 있다고 본다.

② 노동계급 학생들의 **반학교 문화는 그들의 부모가 작업장에서 형성한 문화를 근원**으로 하고 있다.

㉠ 학교공부를 거부하고 특히 지적 활동의 가치와 중요성을 거부하는 것은 **이론보다 실천**을 훨씬 중요하게 여기는 노동문화의 특성을 반영하고 있는 것이며, **남성다움에 가치**를 두어 육체노동직을 선택하는 것은 **노동문화의 남성우월주의를 반영**하고 있는 것이다.

㉡ 지배적인 이데올로기를 거부할 수 있는 잠재적 힘은 가지고 있지만, 결과적으로는 **불평등한 사회관계를 재생산하게 되는 모순적인 저항문화는 노동계급의 구체적인 삶의 경험에서 기원**하고 있다.

③ 저항이론의 중요한 공헌은 **재생산의 메커니즘이 결코 일방적인 것도 아니고, 완전한 것도 아니며, 언제나 그 안에 저항과 반대의 요소를 내포하고 있다는 사실**을 통찰해 냈다는 데 있다.

㉠ 지배는 단순히 외적인 힘이 강제된 결과만이 아니다.

㉡ 재생산이론은 학교교육의 개혁을 위해서는 기존의 불평등한 사회관계에 근본적 변화가 일어나야 한다고 주장하고 있는 점에서 비판적인 입장을 견지하고 있지만, **기존 사회관계의 안정성을 지나치게 강조한 나머지 불평등구조가 변화될 수 있는 계기 또는 조건을 포착하지 못하고 있다.**

㉢ 이에 비해 저항이론은 계급과 문화가 복합적으로 결합하는 방식에 대한 분석을 시도함으로써 **비판적·저항적 교육학을 구축할 수 있는 새로운 가능성**을 제시하였다.

2 상대적 자율이론: 번스타인

(1) 교육체제

① 위에서 언급한 이론들 가운데 초기의 것들은 **교육체제가 사회·경제적인 하부구조에 의하여 일방적으로 통제**된다는 것으로, 그러한 의미에서 **학교는 사회구조나 경제자본 혹은 문화자본을 단순 재생산함으로써 사회계급구조의 재생산을 매개해 주는 중간도구에 지나지 않음**을 직·간접적으로 시사하는 것들이었다.

② **보울즈와 진티스는 경제생산의 도구로서의 학교**를, 그리고 **부르디외는 문화적 재생산 기제로서의 학교**를 각각 상정함으로써 **학교가 가지고 있는 고유의 자율성을 간과**하였다.

③ 그러나 최근 들어 일단의 이론적 흐름들은 **학교가 가지는 내부적 저항(resistance), 상대적 자율성(relative autonomy) 및 자발성(voluntarism)**을 드러냄으로써 **학교 고유의 자율성**을 강조하고 있다.

④ **학교체제가 사회·경제적 힘으로부터 어느 정도 자율성을 갖고 있음을 보다 구조적이고 체계적으로 설명**한 사람으로 번스타인(Bernstein)을 꼽을 수 있다.

(2) 사회언어분석

① 뒤르켐 이론의 계승자인 그가 원래 의도하였던 연구의 주안점은 **교육이 어떻게 사회구조를 유지할 수 있게 하는가라는 문제, 즉 교육제도를 통하여 경제적 재생산과 문화적 재생산이 어떻게 상호 간에 영향을 주고 갈등을 일으키면서 진행되는가**를 밝히는 데 있었다.

② 그는 사회언어분석(socio-linguistic analysis)에서 출발하여 **교육과정의 조직형성과 사회적 지배원리의 관계**에 관한 연구를 거쳐 한 사회의 지배가 전수되는 기제를 밝히려고 시도하였다.

(3) 교육과정

① 그는 교육과정을 **시간의 길이와 그에 담겨 있는 내용들을 조직한 원칙**으로 정의한다.

PART 11

② 번스타인은 교육과정분석에 **"분류(classification)"와 "구조(構造, frame)"의 두 개념을 사용**한다.

분류	• 과목 간, 전공분야 간, 학과 간의 구분을 말한다. • 구분된 교육내용들 사이의 경계의 선명도를 의미한다.
구조	• 과목 또는 학과 내 조직의 문제로, 가르칠 내용과 가르치지 않을 내용의 구분이 뚜렷한 정도, 계열성(sequence)의 엄격성, 시간배정의 엄격도 등을 포함하는 개념이다. • 교육내용의 선정, 조직, 진도에 대하여 교사와 학생이 소유하고 있는 통제력의 정도를 말한다. • 구조화가 철저하면 교사나 학생의 욕구를 반영하기 어렵고, 반대로 구조화가 느슨하면 다양한 욕구를 반영시키기 용이하다.

③ 분류와 구조는 각각 강할 수도 있고 약할 수도 있다. 그러므로 다음의 조합이 가능하다.

㉠ 강한 분류, 강한 구조

㉡ 강한 분류, 약한 구조

㉢ 약한 분류, 강한 구조

㉣ 약한 분류, 약한 구조

☞ 번스타인은 여기에서 교육과정의 유형을 둘로 나누어 ㉠·㉡을 **"집합형(集合型, collection type)"**으로, ㉢·㉣을 **"통합형(統合型, integrated type)"**으로 불렀다.

④ 집합형 교육과정

㉠ 집합형 교육과정은 엄격히 구분된 과목 및 전공분야 또는 학과들로 구성되어 있어서 **과목 간, 전공분야 간, 학과 간의 상호관련이나 교류는 찾아볼 수 없다. 즉, 횡적 관계는 무시되고 종적 관계가 중시**된다.

㉡ 교육이 진행됨에 따라, 즉 상급과정으로 올라감에 따라 **점점 전문화되고, 세분화되어 학습영역이 좁아진다.**

예 심리학 또는 교육학에서 교육심리학으로 좁아지고, 다시 학습이론으로 전문화하며, 더 나아가면 스키너(Skinner) 학설로 또는 피아제(Piaget) 학설로 더 좁아진다.

㉢ 집합형 교육과정에 있어서는 학생과 교사들이 **어느 분야 또는 어느 학과에 속해 있는지가 분명하며 소속 학과에 대한 강한 충성심이 요구**된다.

㉣ **인간관계는 횡적 관계보다 종적 관계가 훨씬 중요**하며, **상하 간의 위계질서는 뚜렷하고 엄격**하다.

㉤ 타 분야와의 교류는 제한된다. 그리고 교육과정의 계획과 운영에 학생들이 참여할 기회는 극히 적다. 그러므로 교육과정에서 학생들이 자유롭게 스스로 선택하고 결정할 수 있는 여유는 거의 없다.

⑤ 통합형 교육과정

㉠ 통합형 교육과정은 집합형과 모든 점에서 대조적이다. 통합형은 **과목 및 학과 간의 구분이 뚜렷하지 않아서 횡적 교류가 많아진다.**

ⓛ 대체로 여러 개의 과목들이 어떤 상위개념이나 원칙에 따라 큰 덩어리로 조직된다.

예 • 역사, 지리, 정치, 경제가 사회생활로 통합된다. 통합된 사회생활 내에서의 역사, 지리 등의 구분은 없거나 약화된다.
• 대학에서 학과 간의 울타리가 낮아져서 강좌를 상호 개방하고, 더 나아가 생화학(biochemistry), 역사사회학 등 혼합학문(hybrid discipline)이 생겨난다.

ⓒ 자연히 단일학문보다 더 상위의 개념을 사용하고 점점 더 상위의 이론을 추구한다. 극단적인 통합형에서는 학문 그 자체의 경계가 약화되어 상식적 지식, 비상식적 지식이 뒤섞이고 실생활 문제가 교육과정에 직접 반영된다.

ⓓ 통합형에서의 인간관계는 **횡적 관계가 강화되고 중시**된다. **교사와 학생들의 재량권이 늘어나고, 교사와 교육행정가의 관계에서도 교사의 권한이 증대**된다.

ⓔ 이 현상은 **행정가, 교사, 학생 사이의 권한경계가 약화**되는 것이라고도 표현할 수 있다. 그러므로 **집합형으로부터 통합형으로의 이행은 교육과정체제 내 힘의 구조와 분포의 변화를 초래**한다.

핵심정리

강한 분류	강한 구조	집합형	• 엄격히 구분된 과목 및 전공분야 또는 학과들로 구성되어 있어서 과목 간, 전공분야 간, 학과 간의 상호관련이나 교류는 찾아볼 수 없다. • 횡적 관계는 무시되고 종적 관계가 중시된다. • 인간관계는 횡적 관계보다 종적 관계가 훨씬 중요하며, 상하 간의 위계질서는 뚜렷하고 엄격하다.
	약한 구조		
약한 분류	강한 구조	통합형	• 과목 및 학과 간의 구분이 뚜렷하지 않아서 횡적 교류가 많아진다. • 인간관계는 횡적 관계가 강화되고 중시된다. • 교사와 학생들의 재량권이 늘어나고, 교사와 교육행정가의 관계에서도 교사의 권한이 증대된다.
	약한 구조		

(4) 조직원리

① 그가 중시하는 것은 **교육내용보다도 내용의 조직원리**이다.

② 교육과정의 조직원리가 **사회질서의 기본원리를 반영**하고, **학생들에게 그 원리를 내면화**시킨다는 것이다.

③ 그에게 있어서 **교육과정은 사회적 힘의 분포와 직결되어 있을 뿐만 아니라 한 사회가 사회질서를 유지·재생산해 가는 방식의 한 표현**이기도하다. 그러므로 **교육과정분석을 통하여 사회의 특성을 밝힐 수가 있는 것**이다.

(5) 코드

① 사회부문 간 분류(classification)가 강한 시대

㉠ 교육과 생산 간의 구분이 분명하기 때문에 교육내용 및 교수활동에 관한 결정이 많은 부분 교육담당자들의 영향력 아래 이루어지게 됨으로써 **교육의 자율성이 상당히 보장**될 수 있다.

㉡ **생산과 상징통제(symbolic control)의 분업구조가 분명히 구분**되면 교육의 목적, 내용, 방법, 학교행정, 학생지도, 평가방식 등에 관한 원칙인 **'교육의 코드(codes of education)'**를 형성하고 보급하는 일이 상당한 정도로 교육담당자들의 손에 놓이게 된다.

㉢ 교육 내부의 자율적 통제력을 **'통제의 원리(principles of control)'**라고 표현하였다.

② 교육과 생산 간의 경계가 약한 시기

㉠ 교육과 생산의 관계가 밀착되었음을 암시하는 것이며, 이 경우 **교육은 흔히 자율성을 잃게 된다.**

㉡ 이런 상황에서 교육내용의 사회적 적합성은 **생산구조(혹은 생산의 코드 codes of production)**에 의해 결정되고 **교육은 사회·경제적인 하부구조에 예속**당하게 되는 것이다.

㉢ 실제 교육상황을 결정하는 힘의 본질을 설명하는 데 있어 번스타인은 외부로부터 주어지는 힘을 **'사회적 통제(social control)'**라고 표현하였다.

CHAPTER 07

시험의 기능

제1절 시험의 교육적 기능

1 버터필드

시험의 교육적 기능은 다양하다. 버터필드는 시험의 목적을 **동기유발, 진단, 성적증명, 선발** 등 네 가지로 정리하였다.

2 몽고메리

몽고메리는 시험을 "교수와 학습과정의 핵심적 부분(a vital the teaching and learning process)"이라고 규정하고, 기능을 6가지로 정리하였다.

① 자격부여	② 경쟁촉진
③ 선발	④ 목표와 유인(誘因)
⑤ 교육과정 결정	⑥ 학습성취의 확인과 미래학습의 예언

(1) 몽고메리가 정리한 이들 6가지 기능 가운데 그동안 가장 강조된 것은 마지막의 '학습성취의 확인과 미래학습의 예언' 그리고 '선발'이었다. 그 밖의 기능에 관하여는 큰 관심을 기울이지 않았다.

(2) 시험의 '경쟁촉진' 기능은 입시 위주의 한국 교육이 당면하고 있는 가장 큰 문제의 하나이다.

(3) '목표와 유인' 기능은 시험이 학습자들에게 학습목표를 지시해 줌과 동시에 그 목표에 도달하고자 하는 동기를 촉발하는 유인으로 작용함을 말한다.

① 시험문제의 범위와 수준이 학생들의 학습목표와 범위를 지시해 주는 것은 학교에서 항상 경험하는 일이다.

② 학생들은 시험에 출제되는 것 또는 출제되리라고 예상하는 것을 학습한다.

③ 교사는 교육과정에 포함된 내용을 가르치고, 그 가운데에서 시험문제를 출제한다.

④ 그러므로 교사는 자신이 가르치는 모든 것을 학생들이 학습할 것으로 기대하지만, 실제로는 그렇지 않다.

(4) 학생은 교사가 가르치는 것을 전부 학습하는 것이 아니라 시험에 출제되는 것을 학습한다. 다시 말하면, 논리적으로는 교육과정이 시험을 결정하지만 실제로는 시험이 교육과정(학생의 학습내용)을 결정한다. 이러한 시험의 기능을 **'교육과정 결정'**기능이라고 말할 수 있다.

PART 11

① 이렇게 뒤집어진 상황이 가장 뚜렷하게 나타나는 곳이 우리나라의 학교들이다.

② 시험은 가르친 내용을 평가한다고 사람들이 믿고 있지만, 사실은 시험 그 자체가 교육방법이고 교육내용인 것이다.

③ 그것도 영향력이 가장 큰 교육방법이요 교육내용이다. 미리 정해 놓은 교육과정은 피해갈 수 있어도 시험은 피해갈 수 없기 때문이다.

3 시험의 순기능

(1) 질적 수준을 유지한다.

(2) 학교 간 비교를 가능하게 한다.

(3) 각 단계별로 이수해야 할 최저 학습수준을 지시한다.

(4) 교수의 개별적 평가가 범할 수 있는 편견에서 탈피(전국적 또는 지역적 표준화시험인 경우)할 수 있다.

4 시험의 역기능

(1) 암기력을 주로 테스트한다.

(2) 교육과정의 일부분만을 다룬다.

(3) 선택적 학습과 선택적 교수를 부추긴다.

(4) 시험기간에 공부를 집중시켜 정상적 공부습관을 약화시킨다.

(5) 시험의 결과가 사회적으로나 경제적으로 중요해짐에 따라 학생들의 불안감을 조성하고, 시험에 관련된 사람의 비정상적 행위를 유발한다.

(6) 교육과정, 교수방법 등에 관한 교육개혁을 가로막는다.

제2절 시험의 사회적 기능

1 부르디외

시험은 교육적 기능뿐만 아니라 사회적 기능 또한 가지고 있다. 부르디외(Bourdieu)는 시험을 이렇게 규정한다.

개념 +

사실을 말하자면, 시험은 학문적으로 무엇이 가치가 있으며 교육제도가 선택적으로 가르치고자 하는 것이 무엇인가를 가장 극명하게 표출시키지만, 시험의 의미는 그것만이 아니다. 지식의 사회적 의미규정과 그 표현방식을 학교의 시험을 통하여 학생들에게 강요함으로써 지배문화와 지배문화의 가치관을 주입시키는 가장 효과적 도구로 시험이 이용되고 있는 것이다.

2 마르크스

(1) 마르크스는 시험의 사회적 기능을 더욱 간명하게 표현하였다.
"시험은 지식에 대한 관료적 세례이다. 즉, 세속적 지식을 성스러운 지식으로 변형시키는 공식적 의식과 같은 것이다."

(2) 이 말은 보잘것없고 의미 없는 지식일지라도 일단 시험에 출제되면, 그 지식의 품격이 격상되고 '중요한 지식'으로 존중되는 현실을 날카롭게 지적한 것이다. 반대로, 시험에 나오지 않는 지식은 중요성이 반감되고 격하된다는 사실도 암시하고 있다.

PART 11

3 사회적 기능

(1) 사회적 선발

① 학교 본위의 공교육제도가 등장하면서 아주 뚜렷해진 기능이지만, 그 이전에도 시험의 사회적 선발기능은 오랫동안 이용되어 왔다.

② 과거라는 시험제도를 통하여 지배엘리트를 충원한 것은 중국과 한국의 오랜 전통이었다.

③ 대학수학능력시험은 사회적 지위획득으로 연결되어 사회적 선발기능을 수행한다.

(2) 지식의 공식화와 위계화

① 부르디외와 마르크스가 주장하였다.

② 시험에 출제되고, 더욱이 정답으로 규정되는 지식은 그 사회가 공식적으로 인정하는 지식이다. 그리고 시험에 출제되는 지식과 그렇지 않은 지식 사이에는 자연히 위계화(位階化)가 이루어진다.

③ 대학입학시험과 같은 공식적 시험일수록 이 기능이 뚜렷하다.

(3) 사회통제

① 사회통제의 중요한 방법의 하나는 지식의 통제이다.

② 지식뿐만 아니라 규범과 가치관을 통제함으로써 사회를 효과적으로 통제할 수 있다.

③ 독재사회를 유지하기 위하여 가장 먼저 하는 일의 하나가 지식교육과 규범교육을 통제하는 일이다. 지식과 규범의 통제는 사고방식과 행동을 통제하는 지름길이기 때문이다.

(4) 기존 사회질서의 정당화와 재생산 및 문화의 형성과 변화

① 그람시의 헤게모니 및 반헤게모니에 관한 이론, 부르디외(Bourdieu, 1977) 등이 이러한 메커니즘을 설명하였다.

② 5지택1식 평가가 지배하는 교육은 자유롭게 개방적으로 사고하는 주체적 인간을 길러내지 못한다.

③ 능동적이며 자주적이기보다는 수동적이고 의존적인 자세, 지적이고 합리적인 사고보다는 독선적이고 감정적인 사고, 안정된 성격보다는 충동적 성격을 배양할 가능성이 높다.

CHAPTER
08 학력상승의 원인

제1절 학습욕구이론

1 기본입장

(1) 사람마다 가지고 있는 학습욕구를 충족하기 위하여 교육이 필요한데, 그 교육을 체계적으로 제공하는 곳이 학교이기 때문에 학교에 다닌다.

(2) 학교교육을 통하여 지적 욕구와 인격도야 욕구를 충족시킬 수 있기 때문에 기회만 주어지면 누구나 학교를 다닌다.

2 매슬로우의 동기이론

심리학자 매슬로우(Maslow, 1965)의 동기이론(motivation theory)에 따르면, 인간은 누구나 자신의 타고난 가능성과 소질을 실현하려는 욕구와, 사물의 뜻을 알고 이해하려는 욕구, 나아가 아름다움을 추구하려는 욕구를 가지고 있다. 학습에 관한 이들 세 가지 욕구는 매슬로우의 7가지 기본욕구(basic needs)에 속해 있는 것들이다. 7가지의 욕구는 다음과 같다.

(1) 기본적 욕구

① **생리적 욕구**: 인간은 생존을 위해 음식·물·공기·배설·활동·휴식·성행위와 같은 것을 필요로 한다. 생리적 욕구는 인간에게 가장 기본적인 것이기 때문에 이 가운데 어느 한 가지라도 결핍되면 인간다움을 상실한다. 생리적 욕구는 다른 어떤 욕구보다도 먼저 충족시켜야 한다.

② **안전의 욕구**: 신체의 안전과 생명을 위협하는 어떤 사태로부터 자신을 보호하려는 욕구이다. 가령, 몸을 지탱해 주던 것이 갑자기 없어졌을 때나, 너무 큰 소리, 통증 등에 대한 신체적 반응은 안전의 욕구 때문이다. 전혀 낯선 사태에 부딪쳤을 때의 정서적 반응도 안전의 욕구에서 비롯된다.

③ **소속과 애정의 욕구**: 사람은 자기가 중요하게 생각하는 개인이나 집단으로부터 인정과 애정을 받기를 갈망한다. 생리적 욕구와 안전의 욕구가 충족되면, 소속과 애정의 욕구가 가장 절실하게 등장한다. 소속과 애정의 욕구가 제대로 충족되지 않으면 부적응 상태에 빠지거나 심리적 질병을 일으키기 쉽다.

④ **자아존중의 욕구** : 유능감, 적당한 지위를 차지하려는 욕망, 타인으로부터 인정과 존경을 받고자 하는 욕망이 이에 속한다. 일을 잘 성취하여 칭찬과 상을 받으려는 욕망도 이 욕구의 표현이다. 이 욕구가 충족되면 자신감과 자부심을 갖게 되고 새로운 사태에 과감히 도전할 수 있는 힘이 길러진다.

⑤ 자아실현의 욕구: 인간은 자기의 가능성을 실현시키고자 하는 욕망이 있다. 특정 분야의 재능이 있으면 그것을 발휘하려고 애쓴다. 자기의 재능과 능력의 표현과 발휘가 저지당하면 누구나 참을 수 없는 분노와 좌절감을 느끼게 된다.

⑥ 알고 이해하려는 욕구: 인간은 사물을 알고, 설명하고, 분석하고, 체계화하고, 이해하려는 욕망이 존재한다. 자신이 살아가는 세계에 관한 지식을 획득하고 이해하려는 호기심과 지적 욕망의 충족은 그 자체로서 만족감을 가져다 준다.

⑦ 심미적 욕구: 모든 사람들에게는 완전성·질서·미 등에 대한 욕구가 있다. 이 욕구는 자아실현의 욕구, 때로는 안전의 욕구와 밀접한 관련을 가질 수도 있다.

(2) 학습욕구

① 위의 7가지 욕구들 가운데 3가지는 학습과 직결된다. 학습욕구는 인간이 생물적 및 사회적 존재로서의 생존이 확보되기만 하면 곧 충족시키고자 하는 것이다.

② 학습욕구를 이렇게 기본적인 것으로 보게 되면, 사람들은 기회만 주어지면 교육을 받으려 한다는 주장은 자연스러운 것이다.

③ 학교가 바로 그러한 욕구를 충족시켜 줄 수 있는 교육기관이기 때문에 누구나 학교에 다니기를 열망한다는 설명도 옳은 것으로 들린다.

3 학교의 팽창

(1) 인간의 학습욕구를 충족시켜 주는 기관이 학교라고 전제하면, 학교의 팽창은 인구의 증가와 경제적 여유의 증대라는 요인에서 비롯된다.

(2) 학교를 다닐 사람들이 많아지고, 그 사람들이 더 많이 학습할 수 있는 경제적 여유를 가지고 있으며, 사회적으로는 학교를 설립하고 유지할 재정이 늘어나는 것은 학교의 팽창과 긴밀한 관계가 있다.

(3) 같은 경제수준의 국가일지라도 정치이념에 따라 정부의 교육정책이 달라 학교팽창의 수준이 다를 수 있으며, 문화권에 따라서도 학교팽창의 수준이 다르다는 주장도 있다.

(4) 한국, 중국, 일본은 예로부터 교육을 높이 숭상하는 유교적 가치관의 영향을 강하게 받았기 때문에 다른 나라에 비하여 교육열이 특별히 높다는 설명이 이에 속한다.

4 평가

(1) 오늘날의 학교가 과연 학습욕구를 제대로 충족시켜 주는 기관인가에 대한 의심이 매우 크다.

(2) 이미 많은 사람들이 체험을 통하여 오늘날의 학교가 지적·인격적 학습욕구를 충족시키는 데에는 충분히 적합한 장소가 아니라고 믿고 있다.

(3) 학교가 교육기관으로서의 기능을 제대로 수행하지 못한다는 비난의 목소리가 높다. 교육학자와 교육평론가들 가운데에는 학교가 참된 의미의 교육을 제대로 해 주지 못하고 있는 것은 고사하고, 오히려 비교육적이거나 나아가 반교육적 기관으로 변질되었다고 강변하는 사람들도 있다.

(4) 현대사회의 학교는 교육기관으로서의 구실을 제대로 하지 못하고 있으므로 의무교육은 빗나간 교육제도라고 비난하는가 하면, 실버맨(Silberman, 1971) 같은 학자는 미국의 학교교육이 위기에 처해 있으므로 대수술해야 한다고 주장한다.

(5) 라이머(Reimer, 1971)는 학교가 참된 교육을 하지 못하고 있기 때문에 죽은 것이나 다름없다고 단정하고, 일리치(Illich, 1970)는 학교 위주의 사회를 벗어나야 참된 교육을 되찾을 수 있다고 역설한다.

(6) 라이머와 일리히는 학교가 교육기능을 상실하였다고 말한다. 그들에 의하면 오늘날의 학교가 가지고 있는 기능은 4가지로서 **보호, 선발, 교화, 학습**이지만, 학교는 이 가운데 앞의 세 가지에만 치중하고 마지막의 학습기능은 학교의 본질적 기능이면서도 소홀히 하고 있다. 학습욕구의 충족보다 다른 기능에 더 열심이라는 것이다. 그나마 유지하는 학습기능도 그 내용에 있어서는 불필요한 지식, 특정 집단의 이익에 봉사하는 지식으로 구성되어 있다고 비판한다.

PART 11

제2절 기술기능이론

1 기본입장

(1) 이 이론은 산업사회에서는 누구나 어떤 종류의 직업을 갖게 마련인데, 과학기술의 부단한 발달 때문에 직업기술의 수준이 계속 향상됨에 따라 사람들의 학력이 높아질 수밖에 없다는 것이다.

(2) 이러한 기술기능주의적(technical functionalistic) 설명은 슐츠(Schultz, 1977), 베커(Becker, 1964) 등의 인간자본론(human capital theory)자들의 교육과 경제성장의 관계에 관한 이론과도 일맥상통한다.

(3) 세계화시대에 국제경쟁에서 이기기 위하여 각국이 교육정책에 더욱 비중을 두는 것도 따지고 보면 이 이론에 대한 믿음에 기초해 있다(Brown, 1995).

2 학교제도와 직업

(1) 이 이론은 학교제도와 직업세계가 상호 간에 긴밀한 관계를 유지하고 있음을 강조한다.

(2) 학교는 경제체제를 지탱하는 핵심장치여서 직종수준에 알맞게 학교제도가 발달하였다는 것이다.

(3) 직업세계가 다수의 하급 노동직에서부터 소수의 상급 전문직에 이르기까지 피라미드형으로 이루어져 있듯이 학교도 초등학교에서 대학원에 이르기까지 같은 모습으로 발전하였다. 한 직종의 수준이 높아지면 그에 상응하는 교육수준도 높아질 수밖에 없다.

(4) 대장간 수준에서는 학교교육을 받지 않아도 도제훈련으로 충분하였으나, 오늘날의 선반공은 공업고등학교를 나와야 하고, 반도체기사에게는 대학교육이 필요하다. 그만큼 학력이 높아지는 것은 자연스러운 결과이다. 그러므로 고학력 사회는 고도 산업사회의 당연한 결과가 된다.

3 학자

(1) 클라크(Burton Clark)

① "우리 시대는 유능한 기술자와 전문가를 계속하여 요구하고 있는바, 이러한 인재를 양성하는 과업에 교육제도는 더욱 충실하여야 한다."

② 생산과 분배에 관한 기술의 진보로 인하여 직업세계는 날이 갈수록 복잡해지고 전문화되고 있으며, 그에 따라 요구되는 교육수준 또한 계속 상승하고 있다.

③ 노동인력이 처음에는 단순한 읽기, 쓰기, 셈하기를 할 수 있는 정도로 충분하였으나, 이제는 더 장기간의 교육을 받지 않으면 안 되게 되었다(Clark, 1962).

(2) 콜린스(Collins)

① 산업사회에 있어서 직업의 기술요건은 과학기술의 변화에 따라 끊임없이 높아진다. 이것은 두 가지 과정을 거치는데, 첫째는 낮은 수준의 기술을 필요로 하는 직업의 비율이 줄어드는 반면에 높은 수준의 기술을 필요로 하는 직업의 비율이 늘어나고, 둘째는 동일 직업 내에서도 요구되는 기술수준이 높아진다.

② 학교교육은 기술수준이 점점 높아지는 직업에 필요한 전문기술과 일반능력을 훈련시킨다.

③ 그러므로 취업을 위한 교육의 요구수준이 계속하여 높아지고, 점점 더 많은 인구가 점점 더 오랜 기간 동안 학교교육을 받게 된다. 결국 과학기술이 변화하는 한 학교교육기간은 계속 장기화되고, 학력 또한 상승하게 되어 있다는 것이다.

4 평가

(1) 직업세계 각각의 기술수준이 학교교육수준과 일치한다는 전제가 현실에서는 맞지 않는다. 직장에서 담당하고 있는 역할이 대학에서 전공하지 않는 분야의 일인 경우가 적지 않고, 직장에서 담당하고 있는 일의 수준이 학력수준에 비하여 낮은 경우도 많다.

(2) 교육과 고용의 불일치 현상은 한 사회의 직업기술수준과 학력수준은 일치한다는 기술이론의 주장을 지탱하기 어렵도록 만든다. 즉, 학력상승을 직업기술수준의 향상만으로 설명하기는 어렵다.

제3절 마르크스이론

1 기본입장

(1) 학교교육의 확대를 설명하는 또 하나의 이론은 마르크스주의자들의 상응이론(correspondence theory)이다.

(2) 상응이론에 의하면, 자본주의 경제구조와 학교교육은 상응관계에 있기 때문에 자본주의 경제의 확대에 따라 학교교육도 확대된다는 것이다.

2 보울즈와 진티스

(1) 학교제도

① 상응이론에 근거한 학교교육의 팽창에 관한 설명은 보울즈와 진티스(Bowles & Gintis, 1976)가 미국을 사례로 하여 구체적으로 발전시켰다.

② 이들은 미국 학교제도의 발달은 교육 그 자체를 위한 것이 아니고, 국민 전체를 위한 것도 아니라고 주장한다.

③ 학교제도는 자본주의 사회인 미국의 자본가계급의 이익을 위하여 자본가계급에 의하여 발전하였다는 것이다.

㉠ 흔히 미국의 교육제도는 평등주의에 입각하여 모든 사람이 타고난 가능성을 최대한으로 계발하고 실현할 수 있도록 발전하였다고 일컬어진다.

㉡ 누구나 능력에 따라 원하는 교육을 받는 가장 민주적인 교육제도로 꼽히기도 한다.

㉢ 그러나 보울즈와 진티스는 미국의 학교제도는 처음부터 자본주의 경제체제를 유지하기 위하여 고용주의 필요에 맞는 기술인력을 공급하고, 동시에 자본주의에 적합한 사회규범을 주입시키는 핵심적 장치로 출발하였다고 주장한다.

④ 미국의 초기 의무교육제도가 상류층이나 중류층의 자녀들을 위한 교육을 위해서가 아니라, 공장 노동 청소년들의 노동의 질을 높일 목적으로 공장지대의 주변지역에서 오히려 더 강력히 실시되었음을 지적하고 있다.

⑤ 공장주들은 잘 훈련된 노동인력을 쉽게 얻기 위하여 교육위원회에 의무교육의 실시를 요구하기조차 하였다는 것이다.

(2) 초등교육

① 보울즈와 진티스는 미국 교육사학자 캣츠(Michael Katz)의 연구를 자주 인용하는데, 그에 따르면 공장주들은 학교가 아동들에게 읽기, 쓰기, 셈하기 등의 지적 내용보다는 질서 지키기, 윗사람의 명령에 순종하기, 책임 다하기 등의 규범적 내용을 가르치기를 원하였고, 실제로 노동자를 채용할 때에 지식보다는 태도와 자세를 더 중요하게 고려하였다는 것이다(Katz, 1975).

② 규범적 교육을 잘 받은 노동자들은 윗사람에게 저항하지 않고 열심히 일하는 데 반하여, 지적 교육을 받은 근로자들은 말썽을 일으키고 파업에 가담하는가 하면 노동조합의 결성을 더 요구한다고 믿었기 때문이다.

③ 그러므로 미국 초기의 초등교육은 지적 내용보다 규범적 내용을 더욱 강조하였는데, 이 경향은 공장 주변의 빈민지역의 학교에서 더욱 뚜렷했다는 것이다.

(3) 종합고등학교(comprehensive high school)

① 종합고등학교는 대학진학을 위한 인문계와 직업훈련을 위한 실업계를 통합하여 한 학교에서 운영하는 제도이기 때문에 중상류층 자녀와 하류층 자녀들이 함께 공부한다.

② 종합고등학교의 진학준비계열과 직업준비계열은 정신노동과 육체노동의 위계적 질서를 학교에 반영시킨 것이기도 하다.

③ 진학계열은 중상류계층 학생들이, 직업계열은 하류계층 학생들이 주로 속하게 되므로, 계급차이에 따라 다른 가치관과 규범을 학습하는 차등적 사회화를 통하여 자본주의 사회구조에 상응하는 교육을 실시할 수 있다.

④ 학교제도는 자본주의 사회의 유지·발전에 편리하므로 미국 사회는 중등교육을 보편화하고 마침내 의무교육으로까지 발전시켰다는 것이다.

(4) 대학교육

① 고등교육에 있어서 지역사회대학(community college)을 비롯한 초급대학이 적지 않은 비중을 차지하고 있는 것은 저소득층에게 '나도 대학에 다닌다'는 생각을 심어 주면서 하급의 직업교육을 실시하기 위해서였다고 비판한다.

② 지배엘리트를 양성하는 4년제 대학은 지적 교육을 강조하지만, 2년제 대학들은 직업기술훈련에만 치중하는 것이 그 증거라는 것이다.

3 평가

(1) 보울즈와 진티스의 신마르크스이론은 미국의 학교발달만을 대상으로 삼고 있기 때문에 쉽사리 일반화하기는 어렵다.

(2) 학교교육의 확대를 긍정적으로 평가하는 경향에 일침을 가하고, 부정적 측면이 있음을 지적한 것은 이들의 공헌으로 인정되고 있다.

(3) 학교교육을 둘러싸고 벌어지는 계층 간의 이해관계가 서로 엇갈린다는 사실도 이들은 뚜렷이 지적하고 있다.

(4) 이들의 이론은 교육을 자본계급의 이익을 위한 것으로만 단정함으로써 교육의 다른 측면, 예컨대 학습자 자신의 이익 등에는 전혀 주의를 기울이지 않았다.

개념 +

기술기능이론과 신마르크스이론

기술기능이론과 신마르크스이론은 언뜻 보기에 정반대의 입장이다. 전자는 기능주의에 근거하고 있으며 후자는 이를 부정하는 갈등이론에 근거하고 있다는 점에서 더욱 그렇다. 두 이론이 학교의 확대에 관한 설명에 있어서 여러 가지 점에서 대립하고 있음은 다시 말할 필요도 없다. 그럼에도 불구하고 두 이론은 교육을 수단적 기능의 관점에서 파악하는 공통점을 지닌다. 학교는 기존 사회가 필요로 하는 것을, 또는 기존 사회가 요구하는 것을 충실히 가르친다는 것이다. 하나는 기술수준의 향상이 학교교육을 확대시킨다고 설명하고, 다른 하나는 기술수준의 향상이 학교교육을 확대시키기는 하지만 그것은 자본계급의 이익에 일치하기 때문이라고 설명한다. 결국, 누구의 이익에 봉사하느냐에 관한 문제만 아니라면 두 이론 사이에 큰 차이를 찾아내기 어렵다. "학교가 자본가의 산업이 요구하는 대로 청소년들을 도구화시키는 능률적인 문화공장(文化工場, culture factory)"이라고 보울즈와 진티스가 보고 있다는 점에서 이들도 역시 기능주의자들이라고 규정한 페더스톤(Featherstone, 1976)의 논평은 일리가 있다. 그런 의미에서 헌(Hun, 1993)은 학력상승의 설명에 있어서 두 이론 모두 성공하지 못하고 있다고 비판한다.

제4절 지위경쟁이론

1 기본입장

(1) 이 이론은 학력이 사회적 지위획득의 수단이기 때문에 사람들이 경쟁적으로 높은 학력을 취득하는 탓으로 학력이 계속하여 높아진다고 설명한다.

(2) 남보다 한 단계라도 높은 학력을 가지고 있는 것이 사회적 지위의 경쟁에서 결정적으로 유리하기 때문에 모든 사람이 높은 학력, 즉 상급학교 졸업장을 받기 위하여 온갖 노력을 기울인다는 것이다.

(3) 결과적으로 학교가 확대되지만 그래도 경쟁은 끝나지 않으므로 학교의 확대는 계속해서 상급으로 파급된다.

2 사회적 선발

현대사회에서 학력은 지위획득을 위한 합법적 사다리로 인정받고 있다. 근대 시민사회로 넘어오면서 전통적 사회구조를 지탱해 주던 신분제도가 무너지자 우선 필요해진 것이 사회적 선발을 위한 제도적 장치였다.

(1) 신분제도

① 그전까지는 신분제도 자체가 개인의 자질을 선별하는 기능을 맡고 있었으므로 사회적 선발장치의 역할은 제한적이었다. 신분이 이미 사람의 질적 수준을 말해 준다고 믿었기 때문이다.

② 전통사회에서는 각 신분계층의 질적 순수성을 보호하기 위하여 신분계층 간의 이동을 엄격히 금지하였다. 특히, 상층은 혈통의 순수성을 지키기 위하여 하층과 혈통이 섞이는 것을 절대 용납하지 않았다.

③ 상층에 있던 사람이 하층으로 전락하는 경우는 있어도 하층에서 상층으로 올라가는 경우는 허용되지 않았다. 서자가 아버지의 신분계층으로 들어갈 수 없었던 것이 그 예이다.

④ 신분제도가 사람들의 자질을 일차적으로 선별해 주기는 했지만 상층신분 내에서도 개인 간의 자질의 차이를 가려 줄 장치는 필요하였다. 왜냐하면, 양반층이라고 해서 누구나 관직에 오를 만큼 관직이 많았던 것도 아니고, 또한 관직 사이에도 우열이 있어서 일정한 선발장치는 필요했기 때문이다. 여기에 시험제도가 활용되었다.

⑤ 왕조 시대의 과거제도는 대표적인 사회적 선발장치였다. 그러나 과거제도가 족벌주의를 대치하여 하층의 유능한 인재들에게도 관료로 임용될 기회를 더러 제공하기도 했지만, 신분사회가 갖는 강한 귀족주의적 성향 때문에 제한된 범위 내에서만 기능을 발휘할 수 있었다.

(2) 귀속주의

① 귀속주의는 개인에 대한 평가를 그 자신의 능력과 실적에 비추어 내리는 업적주의와는 달리, 개인이 속해 있는 집단, 예컨대 가문, 출신 지방, 학파 등에 대한 평가를 그에게 적용하는 방식이다.

② 귀속주의가 강한 사회에서는 개인 자신의 능력보다는 그가 속해 있는 집단을 기준으로 선발하기 때문에 시험제도의 기능은 제한적이기 마련이다.

③ 전통사회와 함께 신분제도가 무너지자 사람들의 자질과 능력을 가려 줄 새로운 선발장치가 필요해졌다. 여전히 지위구조와 그에 따른 차등적 보상체제는 있었기 때문에 사회적 선발은 필요했기 때문이다.

(3) 업적주의

① 개인에 대한 평가를 그가 속해 있는 집단에 비추어서가 아니라 각 개인이 지니고 있는 자질과 능력을 근거로 평가하자는 것이다. 즉, 각자의 자질과 능력을 객관적으로 확인하여 인정하자는 것이다.

② 그러한 일을 맡아 줄 제도적 장치는 미처 마련되지 못한 상황에서 학교가 하나의 해결책으로 등장하였다.

③ 학교는 능력과 노력에 따라 성적을 매기고 진급시키는 업적주의의 효과적 장치로 보였다.

④ 모든 나라에서 학교제도는 거대한 사회적 선발장치로 이용되기 시작하였다. 만인평등의 원칙에 따라 누구나 초등학교에 취학하여 능력과 노력에 따라 진급하고 진학할 수 있게 되고, 각자가 수학한 정도에 따라 학력이 정해졌다.

⑤ 졸업장, 즉 학력증명은 개인의 능력과 노력의 수준을 나타내는 공인된 '품질증명'이 된 것이다. 적어도 그렇게 인식되었다. 결국 학교가 사회적 지위획득의 통로로 확립된 것이다.

개념 +

막스 베버(Marx Weber)

사회적으로 대접받고 높은 관직에 오르려면 과거에는 명문족보가 있어야 했지만, 이제는 학력증명이 있어야 한다. 대학졸업장을 가진 사람은 명문가에 청혼할 수 있고(회사사원이라면 당연히 사장 따님과의 결혼을 기대할 만하고) 명성 있는 단체에 회원가입을 신청할 수 있으며, 노동에 대한 품삯이 아닌 점잖은 보수를 요구할 수 있고, 승진과 아울러 노후생활 보장을 요구할 수 있으며, 더욱 중요한 것으로는 사회·경제적으로 높은 지위의 독점을 요구할 수 있다(Weber, 1946).

3 평가

① 지위경쟁이론은 학력상승, 즉 학교교육 확대를 경쟁의 결과로만 파악하려 하기 때문에 학교교육의 내용적 측면에 관하여는 관심이 낮다.

② 학교교육을 통하여 전문적 직업준비를 하고 있는 사실이나, 역시 학교교육을 통하여 지적 욕구를 전부는 아니라 해도 부분적으로 충족시키고 있는 사실을 도외시하고 있다.

③ 지위경쟁이론은 '만인의 만인에 대한 경쟁'을 전제로 하고 있으면서 경쟁의 부정적 측면만을 강조하고 경쟁의 긍정적 측면을 무시하기 때문에 학교교육의 확대는 나쁘기만 한 것으로 과장하고 있다.

④ 학교의 팽창이 교육수요자 간의 경쟁에 의하여 주도되는 측면만을 지나치게 강조하여 교육공급자, 즉 정부, 학교경영자 등의 영향력을 고려하지 않는 경향이 있다.

제5절 국민통합이론

1 기본입장

(1) 기능이론과 마르크스이론이 경제적 요인에 초점을 두어 교육팽창을 설명하고, 지위경쟁이론이 사회적 요인에 초점을 두고 설명한 데 비해 교육팽창을 정치적 요인을 중심으로 설명하려는 이론이 있다.

(2) 이 이론은 국민국가의 형성과 이에 따른 국민통합의 필요성 때문에 교육이 팽창된다고 설명한다.

(3) 이 이론에 따르면, 교육은 국민으로서의 정체성(identity)을 형성시키는 기제이다.

2 학자

(1) 벤딕스(Bendix)

① 역사적으로 볼 때 교육의 팽창과 교육에 대한 정치적 통제는 근대 국가의 성장과 밀접하게 관련되어 있다.

② 교육은 다양하고 이질적인 문화적·지역적 집단과 계급으로 구성된 국민들에게 일체성을 형성하는 제도이다.

③ 오늘날 교육은 모든 나라에서 점점 더 팽창할 뿐만 아니라 교육내용과 조직, 교사양성 등 교육의 전 과정이 국가의 통제하에 놓이게 된 것이다.

(2) 라미레즈와 루빈슨(Ramirez & Rubinson)

① 1950년에서 1970년 사이에 세계 대부분의 나라에서 공통적으로 교육이 크게 팽창하였다. 100여 개국을 대상으로 교육체제의 정치적 통합수준을 측정한 결과, 대부분의 국가에서 학교교육제도에 대한 국가통제의 정도가 높으며, 고등교육보다 초·중등교육에 대한 통제의 정도가 더 강한 것으로 드러났다.

② 교육의 정치적 통합수준은 국가가 교육을 규제하는 정도를 말하는 것으로서 교육에 대한 일반적인 책임의 수준, 교육에 대한 일반적 통제의 수준, 학생 입학을 통제하는 정도, 교육과정을 통제하는 정도, 시험을 통제하는 정도, 학생에 대한 재정의 원천, 학교에 대한 재정의 원천을 측정한 것이다.

④ 한 사회가 유지되기 위한 가장 중요한 요소는 이념적 통합인데, 18세기 이후로 시민혁명을 거치면서 새롭게 형성된 현대국가들은 적어도 서양의 기준에서 볼 때, 그 이전에 교회가 수행하던 이데올로기 통합의 기능을 담당할 새로운 사회적 제도를 필요로 했으며, 이 필요에 부응하여 등장한 것이 학교제도이다.

⑤ 보편화된 학교가 공업화가 요구하는 산업인력을 공급하는 또 하나의 기능을 수행하지 않는 것은 아니지만, 학교제도가 수립된 기원과 그것이 확장된 주요 원인은 새로이 건설한 국가의 이데올로기 통합에 있었다는 것이다.

3 평가

① 학교의 팽창에 관한 국민통합이론은 종래의 설명들이 경제적·사회적 측면에 치중하였던 것에 비하여 정치단위인 국가의 이데올로기 통합과정에서 교육제도가 수행하고 있는 정치적 기능을 새롭게 지적하였다는 데 의의가 있다.

② 이 이론이 현대국가 건설 초기의 초등교육의 의무화와 중등교육의 확대에 일정한 설명력을 갖는 것은 사실이지만, 고등교육의 팽창과 특히 과잉교육의 문제를 설명하는 데는 난점이 있다.

③ 해방 이후 남북한의 교육팽창을 예로 들면, 남북한은 각기 내부의 이데올로기 통합과 동시에 상대에 대한 이데올로기 경쟁의 수단으로 학교를 중시하였고 크게 확대시켰다. 남북한 양측이 해방 직후부터 초등학교와 중등학교를 서둘러 확대시킨 것은 학교교육의 이데올로기 기능에 크게 기대하였기 때문이다. 그러나 1970년대 이후 남한의 급속한 대학인구 폭증은 이 이론으로는 설명하기 어렵다.

중등 교원임용
변민재 교육학
인사이드 ㊭

PART

12

생활지도와 상담

PART 12

개념설계도

- **생활지도**
  - 개념과 목적
  - 영역과 원리
  - 과정

- **진로**
  - 특성요인이론
  - 성격이론
  - 사회이론
  - 발달이론
  - 사회인지이론

- **상담**
  - 정신분석적 상담
  - 개인심리학적 상담
  - 행동주의 상담
  - 인간중심 상담
  - 합리적·정서적 행동상담
  - 게슈탈트 상담
  - 의사교류분석 상담
  - 현실치료
  - 해결중심 상담

- **비행**
  - 비행의 의미와 유형
  - 비행의 원인

CHAPTER

01 생활지도

제1절 생활지도의 개념과 목적

1 생활지도의 정의

(1) 조직적 봉사활동

생활지도(Guidance)란 학생의 일상생활에서 해결하여야 할 **여러 가지 문제(교육적·가정적·사회적·직업적·신체적·정서적 문제)를 자력으로 해결할 수 있도록 도와주며 지도하기 위한 조직적 봉사활동이다.**

(2) 진정한 교육과정의 구현

① 생활지도는 교육과정, 학습지도와 독립된 영역이나 기능이라기보다는 상호 밀접한 관련을 갖고 있는 일련의 교육활동이라고 보아 통합적 부분이라고 할 수 있다.

② 학습지도는 지적 활동에 중점을 두고 생활지도는 인격완성에 역점을 두므로, 이 양자를 합침으로써 진정한 교육과정의 정신을 구현할 수 있다.

(3) 자아실현을 원조하는 봉사활동

① 박성수(1998)는 "생활지도란 인간 개개인의 인지적·정의적·신체적 특성과 잠재가능성을 바르게 이해하고 발달시켜서 개인이 교육적·직업적·사회적·심리적 발달을 가능성의 최고 수준까지 도달할 수 있도록 원조하는, 즉 **자아실현을 원조하는 봉사활동**을 가리킨다. 따라서 생활지도는 이런 봉사활동에 관한 학문적 이론과 실증적 연구의 총체로서 봉사활동의 과정과 절차를 모두 가리키며, 또한 그러한 목적을 달성하기 위해서 제공하는 모든 교육적 경험을 포함한다"고 했다.

② 세르체르(Shertzer)와 스톤(Ston)은 생활지도를 개인들이 자기 자신과 자신의 세계를 이해할 수 있도록 도와주는 과정이라고 한다.

2 생활지도의 방향

(1) 모든 학생, 모든 연령층

생활지도는 조력의 과정이다. 따라서 개인에 관심을 두고, 자신과 환경과의 관계에 이해를 돕고, **모든 학생을 대상으로 모든 연령층의 학생**을 대상으로 한다.

(2) 지도·예방·자율성

생활지도는 **처벌보다 지도를, 치료보다 예방을 앞세우고, 과학적인 근거를 기초로 하며, 자율성**을 기본원리로 한다.

(3) 자아발견과 자기발전

생활지도는 종합적인 접근이 되어야 하며, 관련 인사들의 협동적인 과업이 있어야 하고, **자아발견과 자기발전을 북돋아주고, 자율적인 지도능력**을 기본으로 삼는다.

(4) 존엄성과 개성

생활지도는 주로 **개인의 존엄성과 개성발달에 초점**을 두고, 참되고 진정한 사랑에 기초한 지도를 중시한다.

3 생활지도의 목적

생활지도는 학생이 당면한 여러 가지 문제를 스스로 해결하고 환경에 적응하도록 도와주는 것을 목적으로 한다.

(1) 전인적 발달

통합적 존재로서 인간의 전인적 발달을 촉진한다.

(2) 경험의 통합

개인의 다양한 경험을 의미 있게 통합한다.

(3) 환경에 대응

환경에 적절하게 대응할 수 있는 인간적 특성을 발달시키도록 한다.

(4) 자기에 대한 이해

자기 자신을 바르게 이해하고 자신의 여러 인간적 특성을 현명하게 활용할 수 있도록 한다.

제2절 생활지도의 영역과 원리

1 생활지도의 영역

생활지도는 학업지도를 비롯하여 직업지도, 사회성지도 등 학교생활 전반에 걸친 영역을 모두 포함한다.

(1) 학업지도

학교생활에 적응하는 데 도움을 주는 오리엔테이션, 교육정보의 제공, 전공과목, 상급학교, 특별활동의 선택 등을 위한 상담, 학습습관, 학습방법의 지도, 졸업 후의 추수지도(追隨指導) 등과 학습 부진아·우수아 지도 등이다.

(2) 직업지도

직업정보의 제공, 직업 준비교육, 직업상담, 취업알선, 졸업 후의 추수지도 등이다.

(3) 개인 적응지도

개인적 습관, 태도, 생활목표, 계획, 그 밖의 개인적 적응문제 등이다.

(4) 사회성지도

사회의 미풍, 양속, 관례에 대한 적응을 돕고 동료와의 바람직한 인간관계를 발달시키는 일 등이다.

(5) 건강지도

신체적·정신적 건강의 습관, 태도에 대한 지도 등이다.

(6) 여가지도

여가를 보다 적절하게 이용해야 되겠다는 자각과 적당한 여가활동의 선택, 여가활동의 숙련을 위한 지도 등이다.

(7) 성교육지도

사춘기 성장과 발달, 이성교재, 임신, 피임, 출산, 성병 등에 대한 지도이다.

PART 12

2 생활지도의 기본원리

생활지도가 궁극적으로는 아동이 개인의 문제를 스스로 발견하면서 해결하면서 사회생활에 적응해 나갈 수 있도록 도와주는 과정이라면, 아동이 한 인간으로서의 자아실현을 위한 가능성에 대한 깊은 신념을 가지고 임해야 한다. 이러한 입장에서 생활지도의 기본신념과 방향은 다음과 같으며, 이것이 현대 생활지도의 기본원리라 할 수 있다.

(1) 개인의 존중과 수용의 원리

① 생활지도는 기본적으로 **인간의 존엄성을 인정**하고 모든 개인이 한 인간으로서 **존중받아야 한다는 민주적 이념**에서 출발한다.

② 모든 개인은 각자의 처지에 따르는 가능성을 가지고 있으며. 그와 같은 가능성이 충분히 개발되고 신장받아야 할 권리를 가지고 있다는 관점이다.

③ 따라서 한 개인은 사회의 중요한 일원으로 수용되어야 한다. 수용이란 학생을 인간적인 존재로 인정하고 그 가치를 소중히 여겨 일방적 지시나 억압, 명령을 배제하고 인간으로 받아들이는 것이다.

④ 생활지도는 모든 개인의 가치를 수용하고 그들의 가능성과 현실을 인정하며 그들 나름의 발달을 할 수 있는 기회를 조장하여야 한다.

(2) 자율성 존중의 원리

① 생활지도는 **모든 개인이 정상적으로 발달하도록 도움을 주는 조력**의 과정이다.

② 생활지도가 조력을 제공하는 것이므로, 어떤 문제를 해결하는 것은 **본인 스스로 문제의 핵심을 파악하고 가능한 방안을 탐색하여 본인이 최종적인 결정을 내리는 것이다. 이는 자율적인 능력과 태도**를 강조하는 것이다.

(3) 적응의 원리

① 생활지도는 **개인의 생활에 대한 적응을 도와준다.**

② 적응은 자아의 수정을 통한 현실에 순응하는 소극적인 적응보다 개인의 능력과 인성형성에 있어서 능동적이고 적극적인 면을 강조한다.

③ 적응의 결여는 자신에 대한 현실적인 이해와 통찰의 부족에서 오는 것이므로, 자신에 대한 이해에 의해서 건전한 자아개념을 가지도록 지도해야 한다.

(4) 인간관계의 원리

① 생활지도는 태도와 가치관의 변화나 인성적 통정과 같은 **정의적인 학습**과 관련이 깊다.

② 이러한 **정의적인 학습은 교사와 학생 사이의 참다운 인간관계, 즉 감정이 교류하는 관계가 성립될 때 가능**해지며 학습도 촉진된다.

③ 상담에 있어서 **허용적인 분위기(rapport)** 조성이 필요한 것도 이러한 원리에 기인한 것이다.

(5) 자아실현의 원리

① 생활지도의 궁극적인 목적이 **모든 개인의 자아실현을 이루게 하는 것**이다.

② 모든 동기는 전체적인 유기체의 자아실현을 위한 필요조건이다.

3 생활지도의 실천원리

생활지도는 다음과 같은 원리에 따라 이루어져야 한다.

(1) 계속과정의 원리

① 생활지도는 일차로 만나서 끝나는 것이 아니라 **진급, 진학, 취직 및 졸업한 후**에도 계속 관심을 가져야 할 과정이다.

② 진학, 취직 및 이에 대한 정치(定置)활동, 추수지도 그리고 새로운 학교나 직장에 잘 적응할 수 있도록 사전지도(orientation) 등이 필요하다.

(2) 전인적 원리

생활지도는 개인의 특수한 생활영역이나 기능 등의 일부만을 취급하는 것이 아니고, **개인의 전체적 면**을 다루어 지도하는 것이다.

(3) 균등의 원리

① 생활지도를 문제아나 부적응아들의 문제만 해결해 주는 활동으로 잘못 이해하고 있는 경우가 많다.

② 생활지도는 **전 아동의 가능성을 최대한으로 발전**시키려고 하는 과정이다.

(4) 과학적 기초의 원리

생활지도는 아동의 올바른 이해 및 행동의 **구체적·객관적 자료에 기초**를 두고 출발해야 하는 것이다.

(5) 적극성의 원리

생활지도는 소극적인 치료도 중요하지만 **적극적인 예방지도**에 중점을 두어야 한다.

(6) 협동성의 원리

생활지도는 담임교사나 카운슬러만의 지도가 아니라 **학교 전 직원**이 협력해야 한다.

(7) 구체적 조직의 원리

생활지도 담당교사들을 중심으로 **구체적 조직**을 갖추어야 한다.

PART 12

제3절 생활지도의 과정

1 조사활동(Inventory service)

(1) 생활지도의 기초적인 단계로서 학생들을 개별적으로 이해하는 데 필요한 **기초적인 자료를 조사·수집**하는 활동이다.

(2) 조사활동의 영역으로는 **가정환경, 성적, 특별활동, 과외활동, 교외활동, 지능·적성·흥미·성격·장래희망** 등의 영역이 있다.

2 정보활동(information service)

(1) 학생들을 둘러싸고 있는 여러 가지 환경과 문제해결에 관련된 **정보를 제공해 주는 활동으로서 교육정보, 직업정보, 개인적·사회적 정보** 등의 영역이 된다.

(2) 교육정보는 **교육의 과정에 관계되는 모든 정보**를 말한다. 신입생 오리엔테이션(orientation)에서 학교, 학과, 교과, 이수학점, 장학금, 도서관 이용 등의 정보 등을 제공하는 것도 교육정보이다.

(3) 직업정보는 **직업에 관한 정보와 직업세계의 분석 및 각종 직업에 필요한 자질 및 장래성 등 직업과 관련된 일체의 정보**를 의미한다.

(4) 개인적·사회적 정보는 **개인의 인성적 적응과 사회적 적응을 하는 데 도움이 되는 일체의 정보**를 포함한다.

(5) 정보를 제공하는 방법으로는 정보제공실, 정보제공자, 학교신문, 뉴스레터, 게시판 등을 통한 정보제공, 각종 집회활동, 특별활동, 각종 오리엔테이션을 통한 정보제공 등의 방법이 있다.

3 상담활동(counseling service)

생활지도의 중핵적 활동으로 지도조언을 담당하는 상담자(counselor)와 지도조언을 받는 피상담자(내담자, counselee)와의 문제해결을 위한 역동적 활동이다. 지시적 상담, 비지시적 상담과 절충적 상담 등이 있다.

4 정치활동(定置活動, placement service)

(1) **학생의 능력, 적성, 흥미 등에 맞는 환경에 위치시키는 활동**으로서 직장의 선택, 학과의 선택, 특별활동 또는 클럽활동의 부서배치, 상급학교나 특정한 학교에 입학하는 등의 다음 단계로 옮겨가는 데 적성에 맞도록 조력을 하는 활동이다.

(2) 교과선택, 출석, 생활지도, 과외활동, 지역사회운동 등과도 관련시켜 생각할 수 있다.

(3) 정치활동은 학생에 관한 충분한 자료와 정보를 토대로 학생이 스스로 희망하는 분야를 선택할 수 있도록 조력하는 데 주안점이 있다.

5 추수활동(follow up service)

(1) **지도를 받은 학생이 어느 정도 건전하게 적응하고 개선되었는가를 알아보고, 그 결과를 환류(feedback)시켜 새로운 생활지도계획의 자료로 삼기 위해 추수활동**을 한다.

(2) 여기에는 재학생, 퇴학생, 졸업생 등이 포함이 된다.

(3) 추수활동은 전화, 면접, 관찰, 질문지, 방문지도 등을 통해서 이루어져야 한다.

(4) 추수활동의 결과는 반드시 새로운 생활지도계획에 반영되어야 한다.

CHAPTER

02 진로

진로지도이론은 그 종류가 매우 다양하고, 이론을 분류하는 체계도 학자에 따라 다소 차이가 난다.

제1절 특성요인이론

1 기본입장

(1) 특성요인이론은 **개인적 흥미나 능력이 바로 직업의 특성과 일치하기 때문에 직업을 선택**한다는 이론이다.

(2) 이 이론은 개인차 심리학과 응용심리학에 근거를 두고 있으며, 개인이 인생의 어느 특정한 시기에 직업선택과 관련된 의사결정을 할 때 도움을 줄 수 있는 이론이다.

(3) 대표적인 학자로는 파슨스(Parsons), 윌리엄슨(Williamson), 헐(Hull) 등을 꼽을 수 있다.

PART 12

2 특징

(1) 고도로 개별적이고 과학적인 방법으로 개인과 직업을 연결시켜 주는 이론으로, 과학적인 측정방법을 통해 개인의 제 특성을 식별하여 직업특성에 연결시키는 것이 핵심이다.

(2) 이러한 특성요인이론에 뿌리를 둔 진로지도와 상담전략은 개인이 가지고 있는 흥미와 적성을 심리검사 등의 객관적 수단을 통해 밝혀 내고, 각각의 직업에서 요구하는 요인이 무엇인지 직무분석을 통하여 알아낸 후, 개인의 특성에 가장 적합한 직업을 선택하도록 조언하는 것이다.

(3) 이 이론은 개인의 특성과 직업에서 필요로 하는 독특한 특징이 밀접히 연결될수록 조직의 직업적 생산성과 개인의 직업만족 가능성이 커진다는 것을 전제로 하고 있다.

3 진로지도상의 유의점

(1) 학생의 흥미·적성·가치관 등을 측정하여 자신을 이해하고 분석할 수 있도록 도와주어야 한다. 이에 따라 학생의 특성을 분석하기 위하여 학생기록부, 심리검사, 질문지, 면담기록 등 모든 가능한 자원으로부터 정보를 모으고, 개인의 강점과 약점을 확인할 수 있도록 자료를 요약·종합하여 사용해야 한다.

(2) 진로지도에서는 각각의 직업이 갖는 특성과 차이점을 이해시키고, 개인의 특성과 관련된 직업과 직무에 대한 사전학습을 도와주어야 한다.

(3) 진로지도의 과정에서 학생들에게 일과 자신의 특성을 잘 연결시킬 수 있는 의사결정능력을 길러 주어야 한다.

제2절 성격이론

1 기본입장

(1) **성격에 관한 홀랜드(Holland)의 연구는 유형론에 초점을 두고 있다. 그는 각 개인은 6가지 기본 성격유형 중의 하나와 유사하다고 주장한다.**

(2) 6가지 성격유형이 있듯이 6가지 환경유형이 있는데, 이것도 성격과 같이 확실한 속성과 특성에 따라 설명될 수 있다.

(3) 환경은 환경에 속해 있는 사람들로부터 그 특징이 나타난다. 예컨대 학교에서 근무하는 사람의 성격유형은 일반 사무실에서 근무하는 사람의 성격유형과 다르다.

2 기본가정

홀랜드의 이론은 다음과 같은 4가지 가정을 기초로 하고 있다.

(1) 대부분의 사람은 **실재적(realistic), 탐구적(investigative), 예술적(artistic), 사회적(social), 설득적(enterprising), 관습적(conventional)**인 6가지 유형 중의 하나로 분류될 수 있다.

(2) 실재적, 탐구적, 예술적, 사회적, 설득적, 관습적인 6가지 종류의 환경이 있다.

(3) 사람들은 자신의 능력과 기술을 발휘하고 태도와 가치를 표현하며 자신에게 맞는 역할을 수행할 수 있는 환경을 찾는다.

(4) 개인의 행동은 성격과 환경의 상호작용에 의해서 결정된다.

◈ Holland의 6가지 직업적 성격의 특성

직업적 성격	성격특징	선호하는 / 싫어하는 직업적 활동	대표적인 직업
실재적 유형 (realistic type)	남성적이고, 솔직하며, 성실하고, 검소하며, 지구력이 있고, 신체적으로 건강하며, 소박하고, 말이 적으며, 고집이 있고, 직선적이며, 단순하다.	분명하고, 질서정연하게 그리고 체계적으로 대상이나 연장, 기계, 동물을 조작하는 활동 내지는 신체적 기술을 좋아하는 반면, 교육적인 활동이나 치료적인 활동은 좋아하지 않는다.	기술자, 자동차 및 항공기 조종사, 정비사, 농부, 엔지니어, 전기·기계기사, 운동선수 등
탐구적 유형 (investigative type)	탐구심이 많고, 논리적·분석적·합리적이며, 정확하고, 지적 호기심이 많으며, 비판적·내성적이고, 수줍음을 잘 타며, 신중하다.	관찰적·상징적·체계적으로 물리적·생물학적·문화적 현상을 탐구하는 활동에는 흥미를 보이지만, 사회적이고 반복적인 활동에는 관심이 적다.	과학자, 생물학자, 화학자, 물리학자, 인류학자, 지질학자, 의료기술자, 의사 등
예술적 유형 (artistic type)	상상력이 풍부하고, 감수성이 강하며, 자유분방하고, 개방적이다. 또한 감정이 풍부하고, 독창적이며, 개성이 강한 반면, 협동적이지는 않다.	예술적 창조와 표현, 변화와 다양성을 좋아하고, 틀에 박힌 것을 싫어한다. 모호하고, 자유롭고, 상징적인 활동을 좋아하지만, 명쾌하고, 체계적이고, 구조화된 활동에는 흥미가 없다.	예술가, 작곡가, 음악가, 무대감독, 작가, 배우, 소설가, 미술가, 무용가, 디자이너 등
사회적 유형 (social type)	사람들과 어울리기 좋아하고, 친절하며, 이해심이 많고, 남을 잘 도와주며, 봉사적·감정적·이상주의적이다.	타인의 문제를 듣고, 이해하고, 도와주고, 치료해 주고, 봉사하는 활동에는 흥미를 보이지만, 기계·도구·물질과 함께 명쾌하고, 질서정연하고, 체계적인 활동에는 흥미가 없다.	사회복지사, 교육자, 간호사, 유치원 교사, 종교지도자, 상담가, 임상심리사, 언어치료사 등
기업적 /설득적 유형 (enterprising type)	지배적이고, 통솔력·지도력이 있으며, 말을 잘하고, 설득적·경쟁적·야심적·외향적·낙관적·열성적이다.	조직의 목적과 경제적 이익을 얻기 위해 타인을 선도·계획·통제·관리하는 일과 그 결과로서 위신·인정·권위를 얻는 활동을 좋아하지만, 관찰적·상징적·체계적 활동에는 흥미가 없다.	기업경영인, 정치가, 판사, 영업사원, 보험설계사, 판매원, 관리자, 연출가 등
관습적 유형 (conventional type)	정확하고, 빈틈이 없으며, 조심성이 있고, 세밀하며, 계획성이 있고, 변화를 좋아하지 않으며, 완고하고, 책임감이 강하다.	정해진 원칙과 계획에 따라 자료를 기록·정리·조직하는 일을 좋아하고, 체계적인 작업환경에서 사무적·계산적 능력을 발휘하는 활동을 좋아한다. 그러나 창의적·자율적이며, 모험적·비체계적인 활동은 매우 혼란을 느낀다.	공인회계사, 경제분석가, 은행원, 세무사, 경리사원, 컴퓨터 프로그래머, 안전관리사, 사서, 법무사

Holland의 육각형 모형

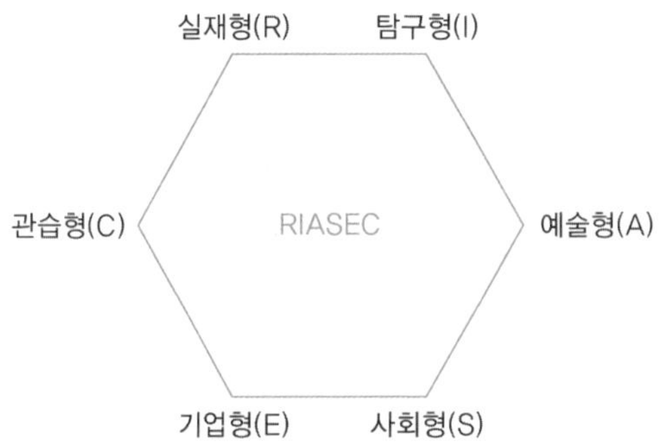

제3절 사회이론

1 기본입장

(1) 이 이론은 **개인을 둘러싼 사회·문화적 환경이 개인의 행동에 영향을 미친다는 사회학적 지식을 바탕**으로 발전되었다.

(2) 블라우(Blau), 홀링스헤드(Hollingshead), 밀러(Miller) 등에 의해서 대표되고 있으며, 기본적인 입장은 가정, 학교, 지역사회 등의 사회적 요인이 직업선택과 발달에 영향을 미친다는 것이다.

2 특징

(1) 이 이론에 따르면, 문화나 인종의 차이는 개인의 직업적 야망에 별로 큰 영향을 미치지 않는 데 반해, **개인이 속해 있는 사회계층은 지대한 영향을 미친다.**

(2) 이러한 현상은 사회계층 자체에 의한 것이 아니라 **사회계층에 따라 그 속에서 생활하고 있는 대다수 사람의 사회적 반응, 교육받은 정도, 직업적 야망, 일반 지능수준 등을 결정하는 독특한 심리적 환경**이 조성되는데, 이것이 결과적으로 직업선택 및 발달에 영향을 미치게 된다는 것이다.

(3) 저소득층 가정의 자녀들이 열망하는 직업과 그들이 실제로 가질 수 있을 거라고 예상하는 직업 간에는 상당한 차이가 나타난다.

(4) 이러한 현상은 그들의 빈약한 교육수준이나 무능력에 기인하는 수도 있지만, 보다 근본적인 이유는 **자신이 원하는 직업에 접근하는 것을 주위환경이 허용하지 않을 것이라는 생각** 때문이다. 즉, 환경을 의식해서 자신의 열망을 추구해 보지도 않고 체념해 버림으로써 충분히 발전할 수 있는 능력이 있음에도 불구하고, 자신의 능력에 비해 보잘 것 없는 일에 머물러 버리는 것이다.

(5) 그렇다고 해서 저소득층 가정의 자녀가 모두 그렇게 된다는 것은 아니다. 부모가 어떠한 가정환경을 조성하느냐에 따라 자녀의 직업적 야망의 성취 여부는 얼마든지 달라질 수 있다.

3 교육적 함의

진로지도와 상담을 전개할 때에는 다음과 같은 사회적 요인을 고려해야 한다.

(1) 가정의 사회·경제적 지위

부모의 직업, 수입, 교육 정도, 거주지, 주거양식 및 윤리적 배경

(2) 가정의 영향력

자녀에 대한 부모의 기대, 형제간의 영향, 가족의 가치관 및 개인(내담자)의 태도

(3) 학교

학업성취도, 동료 및 교사와의 관계, 학교에 대한 태도

(4) 지역사회

개인이 속한 지역사회에서 주로 하는 일, 지역사회 집단의 목적 및 가치관, 지역사회 내에서 특수한 경험을 할 수 있는 기회 또는 영향력

(5) 압력집단

교사, 동료, 친지 등의 특정 개인이나 부모가 내담자로 하여금 어느 한 직업에 가치를 두도록 영향력을 지니고 있는 정도

(6) 역할지각

자신의 다양한 역할수행에 대한 개인의 지각 및 그 사람에 대한 타인의 지각과 일치하는 정도

제4절 발달이론

1 기본입장

(1) 슈퍼(Super)의 진로발달이론은 기본적으로 직업에 관심을 갖는 개인차에 관한 심리학과 평생에 관심을 갖는 발달심리학 그리고 사회계급의 기능으로서 직업적 이동에 초점을 둔 직업사회학 및 직업경험의 조직원으로서 개인을 보는 성격이론 등의 다양한 학문을 기초로 발전되었다.

(2) 슈퍼는 개인의 **전 생애라는 공간 속에서 통합적이고 포괄적인 접근방식**으로 아동·학생·여가인(餘暇人)·일반시민·근로자·가정관리자와 같은 **생애역할과 진로성숙(career maturity)**의 경로와 같은 **성장기·탐색기·확립기·유지기·쇠퇴기를 통합하여 생애진로무지개(life-career rainbow)**를 그려 내었다.

2 특징

(1) 슈퍼의 이론에서는 진로성숙이라는 개념을 **개인의 연령수준에 적합한 발달과업의 수행준비도**로 정의하고 있다.

(2) 진로성숙은 **개인의 진로계획, 진로탐색, 진로결정의 원칙, 직업에 대한 지식 등을 평가하는 주요 영향변인**으로 보고 있다.

(3) 생애단계를 통한 발달은 부분적으로 **능력과 흥미의 자극 및 현실이해와 자아개념의 개발을 함께 도와줌으로써 지도**된다고 강조하고 있다.

3 교육적 함의

(1) **진로상담의 최종 목표를 직업선택으로 제한해서는 안 된다.** 왜냐하면 개인의 진로발달이란 전 생애 안에서 이루어지는 연속적인 과정이기 때문에 의미 있고 만족스러운 생애를 영위하기 위하여 각각의 역할수행에 필요한 책임과 의무를 정확히 인식하고 실천할 수 있는 능력을 학교체제 안에서도 학습할 수 있도록 도와야 한다.

(2) 개인의 진로성숙도를 분석하고, 그 결과를 바탕으로 진로성숙의 위약한 부분을 보완할 수 있는 구체적인 진로발달 프로그램의 개발과 적용이 요구 된다.

Super의 진로발달단계와 특징

발달단계	청소년기 (14~25세)	성인초기단계 (25~45세)	중년단계 (45~65세)	장년단계 (65세 이상)
쇠퇴기	적은 취미시간 투자	체육참여의 감소	핵심적 활동에 초점	노동시간의 감소
유지기	직업선택의 확충	직위의 안정	경쟁의 반대적 입장	즐기는 것의 유지
확립기	선택영역에서의 시작	안정된 지위로의 확립	새로운 기술의 개발	원하던 일의 수행
탐색기	많은 기회에 관한 학습	원하는 일을 위한 기회탐색	일과 관련된 새로운 문제의 파악	정년 후의 일 선택
성장기	현실적인 자아개념의 개발	연관된 사람을 통한 학습	개인의 한계를 인정	직업과 관련 없는 역할의 개발

제5절 사회인지 진로이론

1 기본입장

(1) 사회인지 진로이론은 개인의 행동(behavior)이 환경(environment)과 개인(person)요인의 상호작용에 의해 결정된다는 **반두라(Bandura)의 사회인지이론에 그 뿌리**를 두고 있다.

(2) 브라운(Brown), 렌트(Lent) 등에 의해 대표되는 사회인지 진로이론에서 개인의 직업흥미, 진로선택, 진로수행, 직업 및 삶의 만족도 등은 효능감, 결과기대, 목표로 대표되는 개인 인지적 요인, 환경적 지지와 장벽, 개인의 기질과 성, 인종 및 민족과 같은 맥락적 요인의 영향을 받는 것으로 간주된다.

2 특징

(1) 특성요인이론, 홀랜드의 성격유형이론에서 흥미, 능력 등 개인요인은 **유전과 초기 학습경험에 의해 형성되는 비교적 안정적인 특성**을 가지는 것으로 간주되는 반면, **사회인지 진로이론에서 개인의 인지적·행동적 요인은 일반적이라기보다는 구체적이며 영역특수적인 개념이다.**

(2) 예를 들어 효능감, 결과기대, 목표는 각각 특정 행동에 대한 **신념을 반영하는 인지적 측면이 강조된다.**

(3) 환경적 요인을 이론의 구조 안으로 개념화하여 상호작용을 강조한 점도 사회인지 진로이론의 특징이다.

3 교육적 함의

(1) 자존감과 같은 개인의 일반적 특징에 비하여 구체적인 특정 행동에 대한 **인지적 측면을 강조하는 효능감, 결과기대, 목표 등은 학습이 훨씬 용이하다.** 예를 들어, 학교장면에서 진로지도를 할 때 효능감 강화를 위하여 구체적으로 초점화된 접근이 더욱 효과적일 수 있으며, 효능감뿐만 아니라 결과기대와 목표 등의 인지적 요인을 고려할 필요가 있다는 것이다.

(2) 이들 개인적 요인에 영향을 주는 환경 맥락적 변인의 영향을 고려하여 포괄적 관점에서 개인의 진로지도가 가능하다는 점이다.

① 개인의 효능감, 결과기대, 목표 등은 학습경험의 영향을 받으며, 학습경험은 개인의 기질과 성, 인종 및 민족, 건강상태 등 배경 맥락적 요인의 영향을 받는다.

② 따라서 개인의 진로지도를 위하여 다양한 환경과 문화적 영향을 고려할 필요가 있을 것이다.

③ 개인적 요인에 직접 영향을 미치는 환경적 지지와 장벽 등을 고려한다면, 학교 및 지역사회에서 지지망을 형성할 수 있도록 도와야 한다.

CHAPTER
03 상담

제1절 상담이란?

1 상담의 특성

상담에 대한 정의는 인간관이나 인간의 본성에 대한 이해가 서로 다르기 때문에 학자들마다 서로 차이가 있다. 그러나 여러 학자가 제시한 상담의 정의를 볼 때 상담의 몇 가지 특성을 알 수 있다.

(1) 상담이 성립되려면 도움을 필요로 하는 내담자와 도움을 주는 상담자가 있어야 한다.

① 상담은 내담자나 상담자 중 어느 한 사람만 있어서는 성립되지 않는다.

② 상담자와 내담자가 개인 혹은 집단의 어떤 형태를 유지하건 둘 다 존재할 때 상담은 성립될 수 있다.

(2) 상담은 전문적으로 교육받고 훈련받은 상담자에 의해서 제공되는 전문적 활동이다.

① 상담관계는 일상적인 관계와는 달리 상담자가 내담자를 긍정적인 방향으로 변화시킬 책임을 가지고 수행하는 전문적 관계이다.

② 상담자는 전문적 지식과 기술을 갖추어야 한다.

(3) 상담은 상담자와 내담자의 관계에 기초를 둔 과정이다.

① 상담은 개인존중에 기초한 상담자와 내담자의 상호 협력활동이다.

② 바람직한 상담관계는 상담자와 내담자가 대등한 위치에서 상담에 임하고, 또한 서로 합의해서 상담의 목표를 설정하며 그것을 구체화하는 것이다.

(4) 상담은 의사결정과 문제해결에 관여한다.

① 상담에서 다루어지는 문제의 다양성에도 불구하고 결과적으로 상담은 의사결정과 문제해결에 직·간접적으로 관여한다.

② 내담자로 하여금 의사결정기술과 문제해결방법을 가르치는 것은 상담의 중요한 기능이다.

(5) 상담은 내담자로 하여금 새로운 행동을 학습하거나 새로운 태도를 형성하도록 하는 것이다.

① 그동안 반복적으로 해 오던 내담자의 행동은 문제를 해결하기보다는 오히려 더욱 복잡하게 할 가능성이 많다.

② 변화를 위하여 새로운 행동을 학습할 필요가 있고 새로운 가치관을 형성할 필요가 있다. 그리하여 결과적으로 내담자의 행동변화를 가져오게 된다.

(6) 상담은 내담자의 성장과 발전을 안내하고 조력한다.

① 내담자가 지니고 있는 잠재적 능력을 개발하고, 의사결정기술을 가르치며, 일상생활에서 부딪치는 다양한 문제를 스스로 다루어 나갈 수 있는 힘을 길러 줌으로써 궁극적으로 내담자의 성장과 발전을 가져오는 것이 상담의 목표이다.

② 이 과정에서 상담자는 내담자 곁에서 안내자로서 촉진적인 역할을 수행하게 된다.

2 상담의 목표

상담의 궁극적인 목표는 인간으로 하여금 자신의 잠재력을 최대한으로 발휘하도록 돕고, 일상생활에서 보다 건강하고 행복한 삶을 누릴 수 있도록 도와주는 것이라고 말할 수 있다. 그러나 상담이론이나 내담자의 발달단계 그리고 내담자가 제시하는 문제의 성격에 따라 상담의 목표는 다르게 진술될 수 있다.

(1) 행동변화의 촉진

① 상담은 내담자로 하여금 행동의 변화를 촉진하는 것이다.

② 대부분의 상담이론을 보면 내담자로 하여금 좀 더 생산적이고 만족스러운 삶을 살 수 있도록 내담자의 행동변화를 가져오는 것을 상담의 목표로 하고 있다. 즉, 사고, 감정, 행동의 변화를 가져오는 것이 상담의 목표이다.

(2) 적응기술의 증진

① 상담은 내담자로 하여금 적응기술을 증진시키는 것이다.

② 청소년 내담자들은 일반적으로 적응하는 데 여러 가지 어려움을 경험하게 된다.

③ 이들은 아직 성장과정에 있으면서 여러 가지 변화를 경험하게 된다. 즉, 신체의 변화, 정서의 변화, 인지능력의 변화 등 변화의 소용돌이 속에서 생활하고 있다.

④ 따라서 청소년들은 다른 어느 단계의 내담자들보다 적응의 문제가 심각하다.

(3) 의사결정기술의 함양

① 상담은 내담자로 하여금 의사결정기술을 함양하게 하는 것이다.

② 우리의 삶은 선택과 결정의 연속이고 합리적인 의사결정을 필요로 한다.

③ 대부분의 청소년은 합리적인 의사결정에 익숙하지 않다. 즉각적이고 충동적인 결정을 내리는 경우가 많고 따라서 문제를 야기하게 된다.

④ 상담은 가장 합리적인 의사결정과정이라고 할 수 있다. 청소년 내담자에게 합리적인 의사결정을 경험하도록 하는 것은 대단히 의미 있는 일이다.

(4) 인간관계의 개선

① 상담은 내담자로 하여금 인간관계를 원만히 하도록 하는 것이다.

② 청소년기는 또래들과 어울리고 또래들의 가치와 규범을 따르며 또래들에게 인정받기를 원하는 시기이다.
③ 그러므로 다른 어느 시기보다 친구관계, 즉 인간관계가 생활에서 중요한 역할을 하게 된다.
④ 따라서 인간관계를 원만히 할 수 있도록 하는 것은 청소년 상담의 중요한 목표가 된다.

(5) 잠재능력의 개발

① 상담은 내담자의 타고난 잠재능력을 개발하여 저마다 자기를 실현하는 사람이 되도록 돕는 것이다.
② 인간은 무한한 잠재력이 있지만 극히 일부만 활용하고 있다.
③ 상담은 내담자로 하여금 자기탐색의 기회를 갖도록 한다. 자기탐색의 과정을 거쳐서 자신의 능력과 특성을 발견할 수 있는 것이다.
④ 특히 청소년들은 아직 미숙하기 때문에 자신에 대해서 탐색할 기회가 부족하고 자신을 왜곡해서 지각하는 경우가 많다. 따라서 청소년들로 하여금 자신의 능력을 새로이 발견하고 왜곡해서 지각했던 자신의 특성을 바르게 지각하도록 도와줄 필요가 있다.

(6) 자아정체감의 확립

① 상담은 내담자로 하여금 자아정체감을 확립하도록 하는 것이다.
② 청소년기는 아동기와 성인기 사이에 있다. 이미 아동기는 지나쳤고 그렇다고 성인은 아닌 상태, 즉 성인의 역할이 유보된 상태이다.
③ 신체적인 발달과 함께 이들은 항상 자신들의 존재의의와 역할에 대해서 의문을 갖게 된다. 다시 말해서 자아정체감을 확립하려고 노력한다.
④ 자아정체감의 확립은 청소년기의 가장 중요한 발달과업이며 이를 성취하지 못하면 정체위기를 경험하여 문제상황에 빠지게 된다. 결국 청소년들이 자아정체감을 확립하도록 돕는 것은 대단히 중요하다.

(7) 긍정적 자아개념의 형성

① 상담은 내담자로 하여금 긍정적 자아개념을 형성하도록 하는 것이다.
② 긍정적 자아개념을 갖게 되면 매사에 자신감을 갖고 행동할 수 있으며 타인과도 원만한 관계를 유지할 수 있다.
③ 긍정적 자아개념은 삶을 보다 긍정적으로 바라보게 만든다. 문제행동을 보이는 많은 청소년은 일반적으로 부정적 자아개념을 지니고 있으며 자신감이 부족한 것을 볼 수 있다.
④ 청소년들을 대상으로 상담할 때에는 그들로 하여금 긍정적 자아상과 자아개념을 형성하도록 해야 한다.

(8) 건전한 가치관 확립

① 상담은 내담자로 하여금 건전한 가치관을 확립하도록 하는 것이다.

② 가치관은 개인의 사고와 행동의 기준이 된다. 개인이 올바른 가치관을 가지고 있으면 바른 행동을 할 가능성이 높고, 반대로 부정적인 가치관을 가지고 있으면 바른 행동을 기대하기 어렵다.

③ 청소년들은 특히 가치관의 혼란과 갈등을 많이 경험한다. 따라서 청소년들에게 바른 가치관을 정립하여 올바른 삶의 태도를 가지고 생활하게 하는 것은 특히 청소년들을 대상으로 상담할 때 중요한 목표가 된다.

3 상담의 유형

상담의 유형은 그 기준에 따라 다양하게 분류될 수 있다.

(1) 이론적 배경

정신분석적 상담, 행동주의적 상담, 인본주의적 상담, 인지주의적 상담 등으로 분류된다.

(2) 상담대상의 발달수준

아동상담, 청소년상담, 성인상담, 노인상담 등으로 분류된다.

(3) 상담대상의 형태

개인상담, 집단상담, 가족상담 등으로 분류된다.

(4) 상담목적

치료상담, 예방상담, 발달상담 등으로 분류된다.

(5) 상담내용

학습상담(학업상담), 진로상담, 정신건강상담, 비행상담, 물질남용 및 중독상담, 성상담, 가족문제상담, 위기상담, 목회상담 등으로 분류된다.

(6) 상담방법

대면상담, 전화상담, 우편상담(서신상담), 사이버상담(인터넷상담) 등으로 분류된다.

(7) 내담자 조력수단

놀이치료, 미술치료, 음악치료, 무용/동작치료, 원예치료, 작업치료, 독서치료(문학치료), 최면치료, 심리극/사회극 등으로 분류된다.

4 상담기법

직면	내담자가 상담 중 보인 사고, 행동, 감정에서 모순이나 불일치가 관찰될 때 이러한 모순이나 불일치를 지적하는 상담기법
명료화	정리되지 않은 생각과 감정으로 인해 문제에 포함되어 있는 혼돈과 갈등을 가려내어 의미를 설명하는 것
재진술	• 내담자의 이야기를 듣고 상담가가 자기의 표현양식으로 바꾸어 말해 주는 기법 • 내담자의 말의 내용이나 의미를 반복하거나 부연하는 것으로, 내담자가 하는 말보다 짧지만 유사한 단어를 사용하여 보다 구체적이고 명확하게 표현하는 것
해석	내담자가 자신의 말이나 상황에 대해 명확하게 의식하지 못한 것에 대해 그것이 가지는 의미를 설명해 주는 일종의 가설
반영	내담자의 감정에 대한 파악을 통해 내담자의 감정을 잠정적이지만 명확하게 표현하는 것
수용	상담자가 내담자를 있는 그대로를 받아들이고, 인격적으로 존중하고 있음을 보여주는 것
즉시성	내담자의 사고, 감정, 행동에 대한 반응으로, 상담자가 관찰한 것을 드러내는 것
요약	내담자가 표현했던 주제를 상담자가 정리하여 말로 표현하는 것

제2절 상담의 원리와 과정

1 상담의 원리

(1) 상담관계 형성의 원리

① 상담: 내담자와 상담자 간의 상담관계를 핵심으로 하여 **내담자가 자신의 문제를 보다 객관적으로 바라볼 수 있도록 하고, 나아가 그 문제를 해결함으로써 자신의 삶의 질을 보다 향상시키도록 도와주는 일련의 과정**이다.

② 상담관계: 일반적인 인간관계와 대비되는 것이다. 이는 **특정한 인간관계기술을 사용하여 내담자가 행동적, 정서적, 인지적인 면에서 스스로 성장, 변화해 나가야겠다고 결심**을 하고, 실제로 변화를 추진해 나갈 수 있도록 도와주는 **의도적이고 체계적인 관계**로 정의된다. 따라서 **상담관계를 형성**하고 발달시키는 것이 상담효과를 높이는 데 가장 중요한 변인이라 할 수 있다.

③ 공감적 이해: **내담자의 입장에서 그들의 내면세계를 이해**하는 것을 말한다.

㉠ 공감적 이해는 내담자를 정확히 이해하고 내담자와 정서적으로 연결되었을 때 그리고 상담자가 자기를 이해하고 동시에 자신과 정서적으로 연결된 것을 내담자가 느낄 수 있을 때 온전한 것이 된다. 물론 지적인 이해, 정서적 연결, 이해의 전달은 어떤 정해진 순서에 따라 일어나는 것이라기보다는 동시적으로 일어나는 것이라고 생각된다.

㉡ 상담자가 내담자와 정서적으로 연결되어 있다는 것은 내담자가 표면적으로 보여 주는 행동이나 말 이면의 감정들을 마치 자기의 감정인 것처럼 상담자가 느끼고, 그것을 고리로 하여 내담자의 경험세계를 주관적으로 경험하게 되는 과정을 의미한다.

㉢ 이때 상담자는 내담자가 미처 표현하지 못한 감정까지도 함께 느끼고, 내담자로 하여금 이 감정을 안전한 상담관계 속에서 재경험하고 표현할 수 있도록 도와줄 수 있어야 한다.

④ 무조건적 존중: 상담자는 **내담자의 행동이나 감정, 사고를 무조건적으로 존중하며, 내담자를 하나의 전체적인 인간으로 아끼고 사랑**할 수 있어야 한다.

㉠ 만일 내담자를 무조건적으로 존중할 수 없으면 내담자와 진정한 상담관계를 형성할 수 없다.

㉡ 내담자들은 일반적으로 다른 관계 속에서 많은 것을 박탈당한 사람들이다. 따라서 상담자가 그들에 대한 인간적 존중감 없이 그들을 대하게 되면 내담자는 상담자와의 관계 또한 다른 관계와 비슷한 것으로 경험하고, 이것은 경우에 따라서 치명적인 상처를 줄 수도 있다.

㉢ 내담자를 무조건적으로 존중해 주면 이제껏 가지고 있었던 방어의 벽을 허물고 안전한 상담관계 속에서 자기탐색을 활발히 하게 된다.

⑤ 신뢰성: 내담자는 상담자를 신뢰할 때 상담자에게 자신을 의뢰할 수 있다.

㉠ 상담 초기에 내담자는 보통 상담자에 대한 신뢰수준을 결정하기 위하여 끊임없이 시험해 본다. 이때 상담자가 능력 있고 솔직하며, 진지하고 숨겨진 의도를 갖고 있지 않다고 판단되면 내담자는 상담자를 신뢰하게 된다.

㉡ 일단 상담자를 신뢰하게 되면 상담관계는 공고해진다. 그러나 상담이 진행되는 과정에서도 여전히 내담자는 상담자에 대하여 신뢰 여부를 확인해 보고자 한다.

㉢ 결국 상담과정에서 '이 상담자는 나를 진심으로 생각하고, 나를 위해 최선을 다하고 있다'라는 신뢰성에 대하여 내담자가 잠시라도 의문을 가진다면 그 상담에서는 진정한 도움이 이루어지기 어렵다.

⑥ 안전성 : 내담자는 상담자와의 관계에서 안전함을 느낄 수 있어야 한다. 안전한 관계 속에서 내담자는 자기의 감정을 자유롭게 느끼고 다양한 행동대안을 탐색해 볼 수 있다.

㉠ 안전한 관계 속에서 내담자는 자기의 모습을 적나라하게 내보일 수 있다.

㉡ 내담자의 심리적 안정을 위해서는 정서적으로 상담자와 연결되고, 존중받는다는 사실을 느끼며, 상담자를 신뢰할 수 있어야 한다.

㉢ 내담자가 상담에 대한 올바른 오리엔테이션을 받음으로써 상담과정에서 어떤 행동을 하고 어떤 것을 기대해야 하는지를 확실히 알 때 내담자는 덜 불안하게 된다.

㉣ 보다 구체적인 상담내용을 구체적인 용어로 다루어 나갈 때 내담자들은 안전감을 느끼게 된다.

(2) 동기유발의 원리

① **상담관계는 한번 형성된다고 해서 그 성격이나 기능이 계속 똑같이 유지되는 것은 아니다.** 상담이 진행되는 동안 상담관계는 **계속적으로 변화**를 겪는다.

② 상담자는 상담의 효과를 높이기 위해서 가능한 한 효과적이고 치료적인 상담관계를 유지해 나가기 위하여 부단히 노력해야 한다.

③ 여러 가지 이유로 인하여 역기능적 상담관계로 빠졌을 때에도 상담자는 내담자로 하여금 **상담에 대한 적극적인 동기를 유지할 수 있도록 도와야 한다.** 그리하여 내담자 스스로 자기 변화와 성장을 희망적으로 기대하고, 나아가 여러 가지 대안적인 행동과 사고를 시도해 볼 수 있도록 해야 한다.

④ 동기유발의 방법으로는 우선 상담자는 내담자가 상담에 대해 **얼마나 분명한 목표를 가지고 있는지, 자기 성장과 발전에 대해 어떠한 느낌을 가지고 있는지 그리고 상담을 통한 변화에 대해 어떠한 생각**을 가지고 있는지를 잘 살펴야 한다.

⑤ **현실적이고 적절한 목표를 설정**하고 이를 활성화하며 가능한 한 많은 목표를 달성할 수 있도록 내담자를 동기화해야 한다.

⑥ 적절하게 도전적인 수준의 목표를 설정하고 내담자의 동기화를 돕는 과정에서 상담자는 **현실적인 한계**를 염두에 두고 있어야 한다.

(3) 지도의 원리

① 집단상담

㉠ 학교상황에서 상담자는 많은 학생을 상대해야 한다. 즉, 많은 학생을 내담자로 한꺼번에 상담해야 하는 상황이 발생할 수도 있다.

㉡ 물론 그중에서 개인적으로 상담해야만 하는 학생들도 있을 수 있으나, 많은 학생을 보다 **효율적으로 상담하기 위해서는 집단으로 상담**하는 것이 나을 때도 있다.

㉢ 집단으로 심리교육을 함으로써 한꺼번에 많은 학생을 교육하고 그들에게서 발생할 가능성이 있는 문제들을 사전에 예방할 수 있다.

② 잠재적 발달가능성

㉠ 학생들을 상담할 때에는 그들이 지니는 **잠재적 발달의 가능성을 최대한 구현**하도록 도와야 한다.

㉡ 인간은 주어진 시간과 상황에서 취할 수 있는 수많은 행동의 가능성을 지니고 있다. 현재 보이고 있는 행동은 그 많은 가능성 중에서 일부에 지나지 않는다.

㉢ 학생들이 보이고 있는 **행동과 성취에만 관심을 갖기보다는 잠재가능성에 더 큰 관심**을 가지고 학생들을 지도하고 상담해야 한다.

③ 내담자의 속성

㉠ 학교상황에서 학생들을 상담할 때에는 먼저 학생 내담자의 속성에 대하여 알아야 한다.

㉡ 그들의 **발달적 특성과 상황적 특성 등 다른 집단과 비교하여 그들만이 가지는 제반 특성을 알고 지도**할 때 그들에게 꼭 필요한 것들을 가르치고 제공할 수 있다.

㉢ 만일 그들이 어떤 사람들이고 원하는 것이 무엇인지 정확하게 파악하지 못하면 진정으로 그들을 돕는 것은 불가능할 것이다.

2 상담의 과정

(1) 제1단계: 문제의 이해와 촉진적 관계의 형성단계

내담자가 상담자를 찾아온 이유를 설명하고, 상담자와 내담자 사이에 솔직하고 신뢰할 수 있는 관계를 형성하는 시기이다.

① 내담자의 문제제시 및 상담의 필요성 인식

㉠ 내담자는 자신의 문제와 상담을 받기 위해서 찾아온 이유를 말한다.

㉡ 스스로 상담을 신청한 경우에는 다르지만, 특히 타인에 의해서 이끌려온 내담자의 경우에는 상담의 필요성을 느끼지 못하는 경우가 많다. 그러므로 문제의 배경 및 관계요인을 토의한 후 내담자가 상담과정에 적극적으로 참여하도록 돕는 것이 중요하다.

㉢ 상담자는 내담자의 문제를 이해하기 위하여 내담자의 진술에 주의하면서 **그의 비언어적 행동을 면밀히 관찰해야 한다.**

② 촉진적 관계의 형성

㉠ 상담자와 내담자 사이의 **솔직하고 신뢰할 수 있는 관계**는 상담에 있어서 필수적인 것이다.

㉡ 상담과정에서 촉진적 관계를 형성하기 위해서 상담자는 내담자를 **공감적으로 이해하고, 무조건적으로 존중하며, 상담자 스스로 솔직하고 진지한 태도**를 견지해야 한다.

㉢ 내담자가 **언어적·비언어적으로 표현하는 감정과 사고를 적극적으로 경청**하는 것이 필요하다.

㉣ 촉진적인 관계가 일단 형성되어야 문제해결을 위한 다음 단계로 진입할 수 있다.

(2) 제2단계: 목표설정과 문제해결의 노력단계

목표를 설정하고 그 목표를 달성하기 위하여 노력하는 단계이다. 이 단계에서는 상담과정의 방향과 골격을 분명히 하고, 현재의 문제행동과 바람직한 목표행동에 대한 내담자의 자각과 문제해결 과정에서의 실제적인 노력을 촉진한다.

① 목표설정과 구조화

㉠ 상담과정을 통하여 이루고 싶은 것, 번화하고 싶은 정도 등 나아갈 방향을 설정하고 이를 목표로 제시한다. 목표를 설정하지 않고 상담을 하는 것은 방향타가 없는 배를 타고 항해하는 것에 비유할 수 있다.

㉡ 상담의 목표는 상담자와 내담자 모두에게 상담에 대한 동기를 높여 준다. 그리고 상담과정에서의 현재의 위치를 알게 해 준다. 따라서 내담자가 상담의 목표를 설정하고 상담에 대하여 높은 동기를 소유함으로써 상담의 진행과정에 대한 두려움을 줄일 수 있다.

㉢ 상담의 진행과정에 대한 궁금증을 줄이고 상담의 효과를 최대한으로 높이기 위하여 상담자는 내담자에게 상담의 기본 성격, 상담자 및 내담자의 역할 한계, 바람직한 태도 등을 설명하고 인식시킨다.

㉣ 이러한 구조화는 상담의 초기 단계뿐만 아니라 그 이후에도 필요한 경우에는 반복적으로 실시할 수 있다.

② 문제해결의 노력

㉠ 문제해결의 시작은 내담자가 자신의 문제를 말하고 그것과 관련된 정서를 표현하는 것이다. 특히 부정적인 정서의 표현과 그에 따른 상담자의 공감적 이해와 무조건적 존중은 문제해결의 주요 활동 중의 하나이다.

㉡ 내담자가 제시한 문제를 다시 구체적으로 정의하고 분류하여 해결방법을 모색한다. 특히 문제의 성질을 명확히 하고 각 문제에 따른 해결방법과 절차를 결정하는 것은 대단히 중요하다.

㉢ 문제해결의 과정은 내담자가 제시한 문제의 성질이나 상담에 대한 요구 및 상담자의 이론적 입장에 따라서 달라지게 마련이다.

(3) 제3단계: 합리적 사고의 촉진 및 실천행동의 계획단계

합리적 사고를 촉진하고 실천행동을 계획하는 단계이다. 상담자는 내담자로 하여금 자기이해와 합리적 사고를 갖출 때까지 적극적으로 상담에 임하도록 도울 뿐만 아니라, 내담자의 새로운 견해나 인식이 실생활에서 실현될 수 있도록 내담자의 의사결정이나 행동계획을 돕는다.

① 자각과 합리적 사고의 촉진

㉠ 내담자에게 있어서 자신의 모습과 중요한 사람들과의 관계 그리고 과거의 주요 경험 등에 대하여 과거와는 다른 새로운 시각에서 볼 수 있게 되고, 또한 세상을 보는 시야가 넓어지는 단계이다.

㉡ 과거의 비합리적 사고로부터 보다 합리적인 사고로 변화되고, 왜곡된 관점과 정형화된 시야로부터 벗어나서 분명하고 통합된 시야를 가짐으로써 내담자는 새로운 세상을 경험하고 과거와는 다른 자유로움을 경험한다.

㉢ 이러한 경험을 반복적으로 할 수 있도록 하여 일상생활에서도 이런 경험을 할 수 있게 되는 것이 상담의 중간목표이다. 따라서 내담자는 상담의 목표에 도달하기 위해 자기이해와 합리적 사고를 갖출 때까지 적극적으로 상담에 임해야 한다.

㉣ 이 단계에서 상담자가 주의해야 할 점은 내담자가 상담을 도중에 그만두려고 하거나 직·간접적인 저항을 보일 수 있다는 점이다. 자기를 탐색하고 사고방식을 변화시키는 것이 내담자 스스로에게 쉽지 않을 뿐만 아니라 심리적으로 부담을 주는 일이기 때문이다.

② 실천행동의 계획: 이 단계에서 이루어야 할 목표는 내담자로 하여금 일상생활 속에서 실천할 수 있도록 **내담자의 구체적인 행동절차를 협의하고 세부적인 행동계획을 작성**하는 것이다.

(4) 제4단계: 평가 및 종결단계

① 그동안 상담을 통하여 성취한 것들을 평가하고 목표를 달성했다고 판단될 때 상담을 종결하는 단계이다.

② 만일 목표에 도달하지 못하였다면 그 원인을 살펴보고 상담을 지속할 수 있다. 상담을 종결할 때에는 내담자와 상담자가 서로 합의하여 내담자의 상태와 목표달성 정도 등을 고려하여 신중하게 해야 한다.

③ **내담자가 종결을 원하더라도 상담자가 보기에 아직 불충분하다고 판단될 경우에는 종결을 유보하는 것이 바람직하다.** 이때 한정된 기간 동안 상담을 권유함으로써 일상생활에서 잘 대처해 나가는지를 서로 확인해 보고 차후에 상담의 종결을 재론하는 것이 바람직하다.

제3절 상담이론

1 정신분석적 상담

(1) 기본입장

① 프로이트(Freud)가 창시한 정신분석적 상담이론에 의하면, **인간은 비합리적이고 결정론적인 존재**이다.

② 인간의 행동은 기본적으로 **어린 시절의 경험들과 심리성적인 에너지에 의해서 결정**된다.

③ 여러 가지 경험은 인간의 무의식 속에 잠재해 있게 되는데, 무의식적인 동기와 갈등이 인간의 현재 행동에 영향을 주는 중심적인 역할을 한다. 다시 말하면 인간의 행동은 기본적인 생물학적 충동과 본능을 만족시키려고 하는 욕망에 의해서 동기화된다.

④ 욕망은 성적이며 공격적인 충동으로서 비합리적인 강한 힘으로 인간의 행동을 주도한다. 또한 정신분석적 상담에서는 어린 시절의 발달상황을 대단히 중요하게 보고 있는데, 그 까닭은 뒤에 나타나는 성격적인 문제들이 그 뿌리를 찾아가 보면 결국은 **억압된 어린 시절의 여러 가지 갈등**으로부터 기인하기 때문이다.

(2) 성격발달

① 정신분석적 상담이론은 인간의 긍정적인 측면보다는 **부정적인 측면을 더욱 강조**하는 것으로 생각할 수 있다.

② 성격의 발달은 **심리성적 발달을 말하는 것으로, 정상적인 성격발달이란 심리성적 발달단계를 얼마나 성공적으로 해결하고 통합했느냐에 달려 있다.** 잘못된 성격발달은 **특정한 발달단계에서 부적절하게 해결**하였기 때문에 나타난 결과다.

③ 프로이트는 5가지 보편적인 심리성적 발달의 단계, 즉 **구강기, 항문기, 남근기, 잠복기, 생식기**를 가정하고, 이러한 단계들을 거치면서 인간의 성격이 발달해 간다고 하였다.

구강기 (Oral, 0~18개월)	• 구강기는 출생부터 18개월까지를 지칭하며, 프로이트는 이 단계를 'I get' 단계로 표현한다. • 영아는 리비도가 입으로 집중되어 입, 혀, 입술을 통해 젖을 빠는 데서 쾌감을 느끼며 유아성욕(infantile sexuality)을 충족한다. • 유아는 자아중심적이고 자신의 욕구중심적이다. 다른 대상에 대한 개념이 없어서 자기애와 자아도취가 특징적이다. • 유아는 욕구를 충분히 만족하지 못하거나 과잉충족을 하게 되면 성격적 결함을 나타내는데, 구강기 성격적 결함은 손가락 빨기, 손톱 물어뜯기, 과식과 과음, 지나친 음주, 흡연, 약물남용 등의 특성을 나타낸다. • 구강기 욕구가 적절히 충족되면 낙천적이고 먹는 것을 즐기는 성격이 된다.
항문기 (Anal, 18개월~3세)	• 항문기는 18개월부터 3세까지로 리비도의 방향이 항문으로 이동하는 'I control' 단계를 말한다. • 이 시기는 흔히 배변훈련 시기이기도 한데, 배설물을 참고 보유하거나 배출하는 데에서 쾌감을 얻는다. • 유아는 본능을 충족하고 싶지만 배변훈련자(부모)에 의해 자기 본능을 마음대로 충족할 수 없다. 따라서 자신의 욕구를 통제하는 배변훈련자에 대해 적대감이 생기고, 이러한 적대감과 부모의 사랑을 받으려고 하는 욕구 간의 갈등을 해결해야 한다. • 이때 청결, 질서, 정확함, 순종적 또는 반항적 태도를 발전시키게 된다. 부모가 대소변 가리기를 엄격하게 훈련하면 이 시기에 고착현상을 보이게 되고 성인이 되어서 항문기적 성격의 소유자가 된다. • 항문기적 성격은 어지르고 무질서하며 물건을 낭비하는 특성을 나타내거나, 지나치게 깨끗한 것과 완전한 것을 찾는 결벽성 또는 완벽주의자의 특성을 나타낸다. • 배설활동을 통해 어머니를 조종하려고 하므로 다른 사람을 지배 또는 조종하려는 성격이나 규칙, 규범에 대한 맹종형 구두쇠와 같은 인색한 성격 등의 양극적인 성격의 소유자가 된다. • 부모가 대소변 통제를 적절하게 훈련시키면 성장해서 생산적이고 창의적인 사람이 된다.
남근기 (Phallic, 3~6세)	• 남근기는 3세 이후부터 5세까지를 말하며 'I am a Man' 단계이다. • 이 시기는 아동이 성기에 관심을 가지게 되는 시기로, 아동은 순진무구하지 않다는 프로이트의 가설을 가장 단적으로 나타내는 단계이다. • 남근기에는 가족의 로맨스가 생기는데, 남아는 오이디푸스 콤플렉스(Oedipus complex)를 갖는다. 오이디푸스 콤플렉스는 남아가 자기 어머니에게 성적인 애정을 가지고 아버지를 애정의 경쟁자로 생각하여 적대감을 갖게 된다는 것이다. • 이러한 적대감 때문에 아버지에 대한 갈등이 야기되고 우세한 아버지가 자신의 성기를 제거할 것이라는 거세불안을 가지게 된다. 거세불안을 감소시키기 위해서 어머니에 대한 성적 욕망과 아버지에 대한 적대감을 억압하여 어머니의 인정을 얻게 되고, 자신과 성이 같은 아버지의 남성다움을 갖기 위해서 아버지와 동일시하게 된다.

남근기 (Phallic, 3~6세)	• 여아는 아버지에 대한 성적 애착을 갖게 되는데 이를 엘렉트라 콤플렉스(Electra complex)라 부른다. 여아는 남근이 없기 때문에 남근을 갖고 싶어 하는 남근선망을 갖는 동시에 열등감을 갖게 된다. • 남근기 갈등의 성공적 해결은 동성 부모와의 동일시를 이룩하여 남성적·여성적 성격을 형성하며 자아와 초자아를 발달시키는 것이다. 이 시기에 고착되면 남근기적 성격 소유자가 된다. • 남근기적 성격은 남성다움을 과시하거나 과장하고 야심적·공격적이며 경쟁적 관계를 조절하는 능력이 부족하다. 성인이 되어 성불능이나 불감증 등의 성적 문제를 갖게 되기도 한다.
잠재기 (Latency, 6~11세)	• 잠재기는 6세부터 사춘기가 시작되기 전 11세까지를 말한다. • 이 시기는 다른 단계에 비해서 평온한 시기로, 성적 욕구가 억압되어서 앞의 세 단계에서 가졌던 충동이나 상상, 욕구 등이 잠재되어 있다. • 사회관계를 확장하는 시기로, 이성에 대한 관심은 줄어들고 동성 친구들과 어울리게 된다. • 성적인 에너지가 지적 탐색을 통해 발휘됨으로써 실생활을 살아가는 기본적인 기술과 사회 속에서 다른 사람과 관계 맺는 것을 배운다. • 프로이트는 이 시기에 도덕성이나 심미성이 강화된다고 보았고, 이 시기가 성격발달에서는 크게 중요하지 않다고 주장하였다. • 이 시기에 고착될 경우에는 과도한 성욕의 억압에서 오는 수치감, 혐오감 등이 생길 수 있다고 하였다.
성기기 (Genital, 11세~)	• 사회성이 발달하는 사춘기에 접어들면서 잠복해 있던 성적 욕구가 활발해지기 시작한다. • 이제는 진정한 사랑의 대상을 찾아 만족을 얻기 원하므로 이성과 친밀한 관계를 형성하고, 일하는 것을 통해 사회에 기여하고자 한다. • 남근기를 원만하게 거쳐 오지 못한 경우에는 이 시기에 생기는 성적 에너지를 적절하게 처리할 수 없어서 이성과의 성숙된 사랑을 할 수 없고, 원만한 관계를 가질 수 없게 된다. • 이성에 대한 적응곤란 및 일반적인 권위에 대한 반항심이 생긴다. • 성기기까지 고착현상을 보이지 않고 원만한 발달을 이룬 사람은 세상에 대해 객관적인 시야를 갖게 되어 이타적이고 성숙한 성격의 소유자가 된다고 하였다.

④ 성격은 세 가지 구조, 즉 **원초아(id), 자아(ego), 초자아(superego)로 구성**된다. 그런데 이것은 각각 구분되기보다는 오히려 전체로서 작용하는 개인의 성격기능이다. 이 세 가지 구조는 무의식, 전의식, 의식의 세 가지 의식수준 중 하나나 둘 또는 전체에 걸쳐 존재한다.

(3) 불안

① **불안은 기본적인 갈등을 억압한 결과**로서 나타난다. 다시 말하면, 자아가 욕구충족의 과정에서 맞이하게 되는 여러 가지 압력을 적절히 처리하지 못할 때 불안이 생기고, 이것이 무의식의 수준에서 인간의 행동에 영향을 미친다.

② 개인의 **조정자(ego)가 합리적이고 직접적인 방법으로 불안을 조절할 수 없을 때 비현실적인 방법들, 즉 자아 방어기제들, 예컨대 부인, 투사, 합리화, 승화, 반동형성 외 기타 다른 여러 기제에 의존하여 조절**한다.

방어기제	내용
억압 (repression)	• 프로이트에 따르면, 억압이 다른 모든 방어기제의 기저를 이루며, 수용하기 힘든 원초적 욕구나 불쾌한 경험이 의식에 떠오르지 못하도록 무의식 속에 눌러두는 것을 뜻한다. • 억압은 의식적인 경험을 무의식적인 것으로 전환하는 것으로서 가장 일반적인 방어기제이며 불안의 원천이기도 하다. • 계속 외부로 표출되려고 하는 억압된 충동은 말실수, 농담, 꿈 등을 통하여 나타나기도 한다.
부인 (denial)	• 자신의 감각이나 사고 또는 감정을 심하게 왜곡하거나 인식하지 못함으로써 고통스러운 현실을 부정하는 것이다. • 위협적인 현실에 대하여 눈을 감는 것이므로 거부라고 표현하기도 한다. • 죽은 가족이 잠시 어디에 가 있다고 믿으면서 그의 죽음을 인정하지 않은 채 부정하는 것이다.
반동형성 (reaction formation)	• 받아들이기 어려운 심리상태와 반대되는 행동을 함으로써 불안을 회피하는 것이다. • 무의식적인 수준에서 성적 충동이 강한 사람이 지나치게 금욕적으로 되거나, 공격적 충동이 강한 사람이 평화주의자가 되거나, 음주욕구가 강한 사람이 금주운동에 참여하는 것도 반동형성의 사례가 된다.
투사 (projection)	• 위협적 충동을 다른 곳으로 그 탓을 돌림으로써 위장하는 것이다. • 예를 들어, 직장상사에게 적개심을 지닌 부하직원이 자신의 적개심을 상사에게 투사하여 그가 자신을 미워한다고 인식하는 것이다. 또한 '도둑은 다른 사람도 모두 도둑이라고 생각한다.'라는 엘살바도르의 격언은 투사를 표현한 예이다.
대치 (displacement)	• 자신의 감정이나 욕구를 위험한 사람이나 대상에게 표출하지 않고, 재조정하여 그것을 덜 위험한 대상에게 표현하여 대리적으로 충족하는 것을 말한다. • 예를 들어, 부모에게 분노를 표현하는 것이 두려운 아동은 애완동물을 발로 걷어차는 것으로 대치할 수 있다.
합리화 (rationalization)	• 자신의 행동에 대한 실제 이유를 숨기기 위하여 무의식적으로 자기를 정당화하는 설명을 만들어 내는 것이다. • 따지 못한 포도를 보고 신포도일 거라며 자기방어를 하는 이솝우화의 여우처럼 원하는 것을 얻지 못했을 경우 처음부터 그것을 원하지 않았다고 변명을 하는 것을 예로 들 수 있다. • 습관적으로 음주를 하는 사람이 '단지 친구들과 사귀기 위해서' 술을 마신다고 말하는 것을 예로 들 수 있다.
퇴행 (regression)	• 현재의 성장단계보다 더 이전의 단계로 후퇴함으로써 불안을 회피하는 것이다. • 초등학교 입학식 날 불안한 아동은 엄지손가락을 빠는 구강기적 만족으로 퇴행할 수 있다.
동일시 (identification)	• 다른 사람의 특징을 자신의 것으로 여기면서 불안을 감소시키려고 하는 것이다. • 강한 힘을 가진 아버지의 행동을 일부 따라 하면서 마치 자신이 아버지처럼 강한 힘을 가진 것으로 느끼는 어린아이의 경우이다.

지성화 (intellectualization)	• **정서적인 주제를 이성적인 주제로 전환하여 추상적으로 다룸으로써 불안을 회피**하는 것이다. • 일부러 지성적인 어휘를 과다하게 사용한다거나, 추상적이며 무미건조하게 세부 설명을 한다거나, 그다지 중요하지 않은 설명을 장황하게 한다거나 함으로써 그것에 연결된 감정적 고리를 피하거나 무마하는 것이다. • 내담자가 상당히 감정적인 과거 사건을 논리적 입장에서 내용만 차분하게 설명하는 경우가 이에 해당한다.
승화 (submission)	• **성적·공격적 충동을 사회적으로 수용될 수 있는 건설적인 목표로 전환**함으로써 불안을 해소하는 것이다. • 공격적 충동을 운동으로 표출한다든가, 성적인 충동을 그림, 음악 등 예술적 행동으로 표현하는 것을 말한다.

(4) 상담의 목표

① 정신분석적 상담이론의 경우, 어린 시절의 경험들이 무의식적 수준으로 억압되어 있고 그것이 여러 가지 행동들을 제어하며 그러한 무의식적 동기가 지속적으로 영향을 미치기 때문에, **상담의 목표는 결국 내담자가 가지고 있는 자기 행동의 무의식적 동기를 각성하여 의식수준에서 행동할 수 있는 성격으로 변화할 수 있도록 돕는 것**이다.

② 이것은 곧 지적으로 각성시킴으로써 **내담자의 기본적인 성격을 재구조화**하는 것이다. 그리하여 내담자가 다른 사람을 사랑할 수 있고 열심히 일할 수 있는 잘 적응하는 개인으로 변화할 수 있게 되는 것이다.

(5) 치료방법

① 상담자는 익명으로 남아 있으며, **내담자는 상담자에 대하여 투사**를 키워 나간다.

② 상담자가 거울의 역할을 함으로써 **내담자는 상담자에 대해서 전이현상**을 일으키게 된다.

③ 이 접근법에서 가장 강조하는 것은 **전이를 발달시키고, 그것을 다루고 해결하는 것**이다. 전이는 내담자로 하여금 과거 중요한 사람들과의 관계에서 해결하지 못한 과제를 상담자에게 귀인하도록 만든다.

④ 내담자가 과거를 재구성하고 소생시킴으로써 어린 시절의 감정과 갈등이 표면화된다. 전이는 내담자가 과거의 심한 갈등을 소생시켜 재경험하고 그것을 상담자에게 귀착시킬 때 일어난다. **전이를 다루어 나가는 것(훈습)은 내담자가 과거와 현재의 경험 사이의 유사점들을 탐구**하는 것이다. 내담자는 자신의 무의식적 심리역동에 대한 통찰을 얻고, 따라서 자아인식은 내담자의 조건에 자동적인 변화를 가져온다.

⑤ 내담자는 오랜 기간 동안 치료를 받게 되며, 갈등을 드러내기 위하여 **자유연상**을 하게 되고, 말을 함으로써 통찰을 얻게 된다. 상담자는 **과거와 연결되어 있는 현재의 행동이 무엇을 의미하는지 가르쳐 주기 위하여 해석**을 하게 된다.

⑥ 상담의 과정을 살펴보면 4단계를 거치는데 **시작단계, 전이의 발달단계, 훈습단계, 마지막으로 전이의 해결단계**이다.

⑦ 주요 기법으로는 **자유연상, 저항의 분석과 해석, 전이의 분석과 해석, 꿈의 분석과 해석** 등을 들 수 있다.

치료기법	내용
자유연상 (free association)	• 내담자로 하여금 무엇이든지 **자기 자신의 생각에 떠오르는 대로 말하도록 하는 방법이다.** • 프로이트는 자유연상을 촉진하기 위해서 환자를 긴 의자(couch)에 눕게 하고, 눈 맞춤을 피할 수 있도록 내담자의 머리맡에 앉아서 치료하기도 하였다. • 상담자는 내담자의 이야기를 경청하며 그 내용뿐만 아니라 목소리, 감정 등과 같은 다양한 반응을 자세히 관찰한다. • 상담자는 자유연상 내용을 다른 자료와 통합하여 내담자의 무의식적 갈등을 이해하고 해석하는 데 활용할 수 있다.
꿈의 분석 (analysis of dream)	• 프로이트가 "꿈은 무의식에 이르는 왕도"라고 말한 것처럼 **꿈의 분석(analysis of dream)은 내담자의 무의식적 요구를 찾아내고 내담자로 하여금 해결되지 않은 문제에 대한 통찰력을 얻게 하는 중요한 절차이다.** • 이러한 꿈을 분석할 때는 꿈의 내용이 아니라 꿈에 상징적으로 나타나 있는 동기상의 갈등에 초점을 둔다.
전이 (transference)	• 내담자가 과거에 중요한 타인에게 느꼈던 감정이나 환상을 무의식적으로 상담자에게 나타내는 것이다. • 프로이트는 초기에 전이를 상담을 방해하는 것으로 여겼지만, 이러한 전이반응 속에 내담자의 중요한 무의식적 갈등이 담겨 있다는 것을 발견하고 중요한 치료수단으로 발전시켰다. • 상담이 효과적으로 진행되려면 전이관계가 잘 형성되어야 하며, 전이분석을 통해서 내담자의 무의식적 갈등과 방어기제가 자각될 수 있다. • 상담자 역시 내담자에게 전이현상을 나타낼 수 있는데 이를 역전(countertransference)이라고 한다. 이는 내담자의 반응을 왜곡하여 받아들일 수 있기 때문에 최소화하여야 한다.
저항 (resistance)	• 상담의 발전을 저해하고 내담자가 무의식적 요구를 표출하는 것을 방해한다. • 상담자는 이러한 저항을 지적해 내어야 하며, 내담자는 만일 그가 실제로 갈등을 해결하기 원한다면 저항에 직면해야 한다.
해석 (interpretation)	• 꿈이나 자유연상, 저항, 상담관계 등에서 나타난 내담자의 행동의 의미를 상담자가 지적하고 설명하고 때로는 가르치기도 하는 것이다. • 그 목적은 자아를 새로운 자료에 동화하게 하여 더 깊은 무의식의 자료를 밝히는 과정을 촉진하는 것이다. • 상담자는 내담자에 의해서 수용되지 않는 해석은 무의미하기 때문에 내담자의 저항과 방어를 잘 다루어 가며 신중하게 해석해야 한다.

해석 (interpretation)	• 해석은 내담자가 해석할 내용에 대해 어렴풋한 인식을 하고 있을 때 해 주는 것이 바람직하며, 상담자가 제시하는 해석의 정확성보다는 내담자가 받아들일 수 있는 수용상태에 따라 해석의 효과가 달라진다. 따라서 상담자는 성급하고 무리한 해석이 역효과를 가져올 수 있음을 유념해야 한다.

2 개인심리학적 상담

(1) 아들러 치료

① **정신분석의 결정론에 대한 반작용과 인본주의적 신념**의 반영으로 **아들러(Alfred Adler)가 창시한 개인심리학(individual psychology)은 아들러 치료(Adler therapy)**라고도 불린다.

② 개인심리학이라는 명칭은 **사람은 분리할 수 없는 통합적인 존재**라는 점을 강조하기 위함이다.

③ **치료보다는 예방**을 목적으로 하여 학생, 부모와 교사를 위한 심리교육 분야에 폭넓게 활용되고 있다.

④ 아들러 상담은 개인을 재교육하고 사회를 재조성하는 데 관심을 두고 있다.

(2) 기본입장

① 아들러는 인간을 현상학적인 장 내에서 가상의 목표를 향해 움직이는 **창조적인 존재**로 보았다. 즉, 각각 인간존재의 경험은 독특하기 때문에 각자의 관점으로부터 이해되어야 한다.

② 아들러 상담에서 인간존재는 근본적으로 **사회적이고, 목표지향적이며, 창조적**이기 때문에 **개인적 실현(personal fulfillment)은 일, 우정, 사랑, 자기수용, 목적 또는 의미, 그리고 회복적 여가와 관련된 생활과업(life tasks) 완수**에 기초한다.

③ 이러한 과업수행의 기반이 유아기에 확립되긴 하지만, 이 과업들은 청소년기 동안에 더욱 중요해지기 때문에 상담자는 행동의 목표뿐만 아니라 **생활과업을 달성해 나아가는 과정을 이해**하기 위한 질문을 하기도 하고, 청소년의 인생관과 동기부여의 원천에 대해 다루기도 한다.

예 상담자는 행복, 두려움, 또래집단, 진로계획 등에 관련된 열린 질문을 사용할 수 있다.

(3) 열등감

① 사람에게는 타고난 열등감이 있으며 열등감은 어린 시절 부모의 과잉보호, 무관심 또는 왜소한 신체 등 뜻대로 되지 않는 경험 때문에 발생한다.

② 열등감은 삶에서 우월한 위치를 차지하고 **성공하기 위해 노력하는 원동력**이 되며, **열등감을 극복하고 성공적인 삶을 위한 노력은 삶의 핵심주제**가 된다.

③ 우월성의 추구가 실패하면 다른 사람에 비해 무능력하고 무가치하다는 열등 콤플렉스가 나타난다.

④ 초기 **아동기에 열등감을 극복하는 과정, 즉 개인적인 방식으로 완전성이나 우월감을 획득하면서 생활양식이 형성**된다. 대부분 **4~5세에 결정**되고 그 이후에는 거의 변하지 않으며 **삶에서 드러나는 생활양식의 표현은 어린 시절의 생활양식이 정교화된 것**이다.

(4) 가족

① 아동이 자신의 생활양식을 개발하는 데에 영향을 미치는 것으로 출생순위 및 가족구도를 들 수 있다.

② 가족은 여러 면에서 사회의 축소판으로 언급되기에 출생순위와 가족 안에서 정해진 역할은 사회와 관계 맺기, 생활양식에 영향을 미치는 것으로 볼 수 있다.

③ 부모-자녀의 관계는 사회적 관계를 맺고 협력하기 위한 선천적 능력 또는 소질을 지속적으로 개발하는 데에도 영향을 준다.

(5) 사회적 관심

① 사회적 관심은 **타인에 대한 존중, 타인과의 협력, 타인에 대한 관심, 타인과의 관계**로 특징지어진다.

② 사회적 관심이 발달한 사람은 **책임감 있고, 협력적이며, 창조적**인 사람이다.

③ 사회적 관심이 높은 사람들은 자기 자신, 타인 그리고 삶을 즐기고 좋아한다.

④ 청소년은 또래와 긍정적인 관계를 형성할 때 사회적 관심을 나타내고 경험한다.

(6) 상담과정

상담과정은 **상담관계 형성, 분석, 해석, 방향 재설정**의 4단계를 거친다.

① 상담관계 형성

㉠ 아들러는 상담에서 내담자와의 작업동맹(working alliance)을 강조하였으며, 상담은 상담자와 내담자가 평등한 관계를 맺는 것으로 시작한다.

㉡ 상담자와 내담자는 상호 합의된 목표를 성취하기 위한 적극적인 파트너가 되어 주며, 수립된 좋은 관계는 상담이 종결될 때까지 지속된다.

㉢ 상담자는 격려를 통해 내담자의 변화를 시도하며 이때 내담자의 협력이 필요하다.

② 분석: 두 번째 단계에서 상담자는 내담자의 신념과 감정, 동기와 목표를 이해하기 위해 생활양식, 가족구도와 같은 객관적인 정보를 탐색하고, 그것들이 현재 어떻게 기능하고 있는지 이해하는 데 목적을 둔다.

③ 해석

㉠ 세 번째 단계에서는 내담자의 가족구도와 초기 회상을 요약하고 해석하여 자기 이해와 통찰의 과정을 거친다.

㉡ 해석을 통해 상담자는 내담자의 거울이 되어 주고, 내담자의 그릇된 행동과 지각에 변화를 이끌어 이해와 통찰을 통해 건설적인 활동으로 옮겨 갈 수 있도록 돕는다.

㉢ 상담자의 해석과 자유로운 조언을 받아들이는 것은 선택이다.

④ 방향 재설정: 마지막으로 이전 단계에서 얻은 통찰을 바탕으로 태도, 신념, 인식 및 목표를 변화시키며 새로운 방향을 설정하고 행동으로 실행한다.

3 행동주의 상담

(1) 기본입장

① 스키너(Skinner)에 의해 시작된 행동주의 상담에서는 **인간의 행동을 학습의 결과**로 본다.

② **인간은 좋지도 나쁘지도 않은 상태로 이 세상에 태어났기 때문에 어떻게 배워 나가느냐에 따라서 인간의 행동이 결정**된다는 것이다.

③ **인간과 환경은 서로 영향**을 주기도 하고 받기도 한다.

④ 인간은 자기지도의 능력이 있다. 이 접근의 초기에는 **인간이 유전과 환경에 의해 결정된다는 결정론적 입장**이었으나 최근에는 **인간의 능동적인 면도 강조**된다. 즉, 인간은 자신의 행동을 스스로 수정할 수 있는 능력이 있다는 점이 강조되고 있다. 결국 행동주의 상담의 인간관은 기계론적이고 결정론적인 데서 인본주의적인 인간관으로 변모해 가고 있다고 볼 수 있다.

(2) 특징

① 행동주의 상담에서는 **내담자의 외현적 행동, 치료의 목표를 세분화시키는 것, 상담계획을 발전시키는 것, 상담의 결과를 객관적으로 평가**하는 것 등에 관심을 둔다.

② **비교적 일관성 있는 인간의 특성에는 관심이 적다.**

③ **학습이론의 원리**를 그 바탕으로 한다. 학습원리에 의해 어떤 행동이 나타났다가 역시 학습원리에 의해 그 행동이 사라진다. 따라서 바람직한 행동과 바람직하지 못한 행동 모두 같은 학습의 원리에 의해서 학습된다.

④ **정상적인 행동은 보상과 모방에 의해서 학습한 것**이다. 이상행동은 잘못 배운 결과이다.

⑤ 행동주의적 접근은 **과거나 미래의 행동에 관심을 갖기보다는 현재의 행동에 관심**을 둔다. 겉으로 드러난 구체적인 현재의 행동을 강조하기 때문에 **성격의 구조나 발달, 역동성보다는 행동의 변화에 더 관심**이 있다.

(3) 상담의 목적

① 상담의 목적은 **바람직하지 못한 행동을 소거시키고 보다 바람직한 행동을 학습**시키는 것이다. 이를 위해서 잘못 학습된 행동의 소거와 바람직하고 효과적인 행동의 학습에 도움이 되는 조건을 찾아내거나 조성하려 한다.

② **비현실적인 공포나 불안의 제거, 학습을 통한 행동수정이 중요한 목표였으나, 최근에는 자기지도가 강조**되고 있다.

(4) 상담자와 내담자

① **상담목표는 내담자가 결정**하며, 하나의 상담목표는 구체적인 세부단계의 목표로 나뉜다.

② **상담자는 능동적이고 지시적**이며, 내담자에게 보다 효과적인 행동을 가르치는 데 있어서는 **교사나 조련사 같이 기능**한다.

PART 12

③ **내담자도 마찬가지로 능동적이고 새로운 행동을 실험적으로 실천**해야 한다.

④ **상담자와 내담자의 관계는 기계적이고 조작적이며 비인간적인 부분이 있지만, 반면에 상호 신뢰적인 치료적 관계**는 행동수정의 과정을 실천하는 데 기초가 된다.

(5) 상담과정

① 상담의 과정은 7단계로 볼 수 있는데, 첫째는 상담관계의 형성, 둘째는 문제행동의 규명, 셋째는 현재의 상태파악, 넷째는 상담목표의 설정, 다섯째는 상담기술의 적용, 여섯째는 상담결과의 평가, 일곱째는 상담의 종결이다. 이 과정은 반복적으로 나타날 수 있다.

② 주요기술로는 **주장훈련, 체계적 둔감법, 홍수기법, 혐오기술, 강화, 대리경제체제, 조형, 시범, 역할연기, 행동연습, 사고중지, 지도하기, 인지적 행동수정** 등이 있다.

부적응행동을 감소시키는 기법

상담기법	내용
소거 (extinction)	• 부적응행동이 반복되어 나타나도록 강화하는 요인을 제거하는 것이다. • 예를 들면, 수업 중 뒤를 돌아보고 떠드는 학생은 교사가 계속 관심을 기울여 줌으로써 강화를 받을 수 있다. 따라서 학생이 이러한 행동을 했을 때 교사가 관심을 기울여 주지 않으면 서서히 그러한 행동이 감소될 수 있다.
노출법 (exposure)	• 내담자가 두려워하는 자극이나 상황에 반복적으로 노출하여 직면하게 함으로써 그러한 자극상황에 대한 불안을 감소하는 방법이다. • 노출 및 반응방지법은 문제행동을 하게 되는 자극상황에 노출하되, 문제행동을 하지 못하게 함으로써 자극상황과 문제행동의 연합을 차단하는 방법이다. • 예를 들어, 반복적인 손 씻기 행동을 하는 강박장애 환자의 경우, 더러운 자극에 노출하되 손 씻는 행동을 하지 못하게 한다. 환자는 처음에는 불안 수준이 높아지지만 시간이 지남에 따라 점차적으로 완화되어 결국에는 불안을 느끼지 않는 상태에 이르게 된다. • 처음부터 강한 불안을 유발하는 자극에 노출하는 급진적 노출법 중 하나가 홍수법(flooding)이다. 이는 내담자에게 강한 불안을 유발하는 자극에 노출하고 불안이 감소될 때까지 노출을 계속하는 방법이다. 이러한 급진적 노출법은 내담자의 불안을 높여 심한 불쾌감을 줄 수 있으므로 신중하게 사용해야 할 것이다.
체계적 둔감법 (systematic desensitization)	• 부적응적 증상을 제거하는 대표적 기법으로, 특히 공포증과 같은 불안장애의 치료에 효과적인 것으로 알려져 있다. • 체계적 둔감법은 병존할 수 없는 새로운 반응(신체적 이완)을 통해 부적응적 반응(공포반응)을 억제하는 상호억제(reciprocal inhibition)의 원리를 이용하는 기법으로, 이미 조건형성이 이루어진 부적응적 반응을 해체하는 새로운 조건형성이 이루어진다는 점에서 탈조건형성(deconditioning)이라고도 한다. • 뱀에 대한 공포를 지녔던 사람이 이와 같은 체계적 둔감법을 통해 뱀을 만지고 목에도 두를 수 있는 상태로까지 바뀔 수 있다.

◎ 적응행동을 증진시키는 기법

상담기법	내용
행동조성 (behavior shaping)	• 부적응행동에 대해서는 강화물을 제거하고, 새로운 적응행동에 대해서는 긍정적 강화를 주는 방법이다. • 예를 들어, 수업시간에 산만한 행동을 하는 학생에 대해서 교사가 관심을 주지 않고 무시하다가, 학생이 수업에 집중할 때만 칭찬을 해 주고 상을 주는 등의 방법으로 강화해 준다.
모델링 (modeling)	• 모델의 적응행동을 관찰하고 모방하게 함으로써 적응행동을 학습하게 하는 방법이다. • 특히 적응행동을 어떻게 해야 하는지 잘 모르는 사람에게 적응행동을 학습시키는 데 효과적이다. • 예를 들어, 대인관계기술이 부족한 학생에게 다른 학생이 친구에게 인사를 하고 웃는 모습으로 말을 건네는 모습을 관찰하게 하여 그와 비슷한 행동을 하도록 유도할 수 있다. 이때 본보기가 되는 사람은 호감을 줄 수 있어야 하고, 강화를 받는 모습이 함께 제시되면 효과적이다. • 내담자가 실제 장면에서 모방한 적응행동을 할 때 적절한 강화를 해 주게 되면 효과적이다.
토큰경제 (token economy)	• 토큰, 스티커 등이 일정한 개수가 모이면 실제적인 강화물로 교환하는 방법을 통해 바람직한 행동을 유도하는 것이다. • 이 방법은 조작적 조건형성을 이용한 것으로, 먼저 강화하고자 하는 표적행동을 구체적으로 정한 후 보상이 주어지는 분명한 행동규칙을 정해서 모든 구성원이 이해하고 행동하도록 한다. • 보상은 공정하고 일관성 있게 주어져야 하며, 강화물은 분명하고 실질적이며 구성원에게 의미 있는 것이어야 한다. • 예를 들어, 초등학교에서 학생들이 바람직한 행동을 할 때마다 교사가 스티커를 주고, 일정 수의 스티커가 모이면 학생들이 좋아하는 것을 할 기회를 주는 방법 등이 있다.

4 인간중심 상담

개념 ⊕

로저스의 이론은 '만약 …하면, 그러면 …이다'로 간략하게 요약할 수 있다. 만약 **상담자가 겉과 속이 일치한, 진실한 사람**이 되어 내담자와 일관성 있게 상호작용하고, 내담자를 있는 그대로 **조건 없이 수용하며 그리고 공감적으로 이해**하여 준다면, 내담자는 역할에 따른 가면을 벗어버리고, 자기 자신을 있는 그대로 수용할 수 있게 되며, 실현경향성에 따라 **충분히 기능하는 인간**으로 성장·발달하게 된다는 것이다.

(1) 기본입장: 비지시적, 내담자중심 치료

① 로저스(Rogers)에 의해서 창시된 인간중심 상담이론은 **인간을 긍정적인 시각**으로 바라본다.

② 1904년에는 **비지시적 치료(nondirective therapy)**라고 불렸으나, 1950년대에는 **내담자중심 치료**로, 1970년대에는 **인간중심 치료**로 개칭되었다.

③ 상담기술, 내담자의 문제, 혹은 상담자가 중심이 되는 접근방법이 아니고, 상담기술보다는 **인간관계**가 더 중요하고, 내담자가 가진 문제보다는 **내담자에 초점**을 맞추고, **내담자가 상담의 중심**이 되어 **자기실현경향성**을 추구하도록 상담자가 조력하는 이론이다.

④ **과거보다는 현재**를 강조하고, 고백하는 문제 그 자체보다는 사람, 즉 내담자에게 상담의 중심을 둔다.

개념 +

'지금 여기'의 즉시성

내담자가 상담자와의 관계 속에서 경험하고 있는 **'지금 여기(here and now)'에서의 즉시적인 생각과 감정은 상담에서 가장 중요한 재료이다.** 상담에서 내담자의 과거 경험을 이해하는 것도 중요하지만 상담자가 내담자의 과거 경험에 초점을 맞추는 것은 내담자로 하여금 '지금 여기'에서의 경험에 대해서 다룰 수 있는 기회를 감소시키게 된다. 따라서 효과적인 상담이 되기 위해서는 '지금 여기'에서 경험되는 생생한 체험을 다루는 즉시성이 중요하다. 상담자는 "지금 어떤 느낌이 드나요?" "당신의 말을 들으니 …한 감정이 느껴지네요."와 같이 내담자의 경험을 즉각적으로 탐색하고 자신의 경험을 즉각적으로 전달할 수 있다.

⑤ 인간을 마음껏 **기능할 수 있는 경향성**을 가진 존재로 여긴다. 인간은 자신 속에 자기를 이해할 수 있고, 자아개념의 기본적인 것을 변경시킬 수 있는 방대한 자원을 가지고 있으며, 이러한 자원은 **촉진적인 심리적 분위기만 제공되면 개발될 수 있다.**

⑥ 치료적인 관계, 즉 촉진적인 심리적 분위기 속에서 내담자는 예전에는 알아차리지 못했던 어떤 감정들을 경험하게 된다. 내담자는 자신이 지니고 있는 **가능성을 실현**시키고, 점점 무엇인가를 깨닫게 되며, **자발성을 증가시키고, 자신을 신뢰**하며, 자신의 중심을 향하여 점차로 변화한다.

⑦ 인간중심 상담이론은 **인간을 합목적적이고, 건설적이며, 현실적인 존재인 동시에 아주 신뢰할 만한 선한 존재**로 본다.

(2) 유기체와 자아

성격의 중요한 구성개념은 유기체와 자아이다.

① 유기체

㉠ 유기체는 개인의 사상, 행동 및 신체적 존재 모두를 포함하는 전체로서의 한 개인을 지칭한다.

㉡ 이러한 유기체의 주관적 경험의 세계를 현상적 장이라고 하며 이것이 개인의 실제 세계이다.

② 자아

㉠ 자아는 이러한 현상적 장에서 분화하여 발달한 것으로, 자신에게 속한 것 혹은 자기의 일부와 자신이 지각하는 다른 모든 대상 사이를 구별할 수 있게 된다.

㉡ 정신적으로 건강하다는 것은 이상적 자아와 현실적 자아가 일치하는 것을 말한다. **부적응이라는 것은 되고자 하는 것과 현재 상태와의 차이로부터 기인하며, 부적응행동의 심각성은 자아와 유기체가 경험하는 세계와의 불일치 정도에 기인한다.** 따라서 현재 상황에서 느끼는 감정과 경험이 대단히 중요하다.

(3) 상담의 목표: 충분히 기능하는 인간(fully Functioning person)

① 상담의 목표는 **내담자로 하여금 '충분히 기능하는 인간'으로 성장하도록 하는 것**이다. 충분히 기능하는 인간의 특성은 다음과 같다.

㉠ 자기 자신의 경험에 대하여 방어하지 않고 개방적이다.

㉡ 매 순간마다 충실하게 살아간다.

㉢ 자기 자신의 유기체적인 판단과 선택을 점점 더 신뢰하고, 남들의 평가나 견해에 덜 민감하다.

② 이를 위해 안전한 분위기를 제공해 주고 자신을 탐색하게 만든다.

③ 이렇게 함으로써 성장을 방해하는 요인이 무엇인지를 알게 하고, 과거에 부인하고 왜곡했던 자신을 순수하게 경험하도록 만드는 것이다.

④ 결과적으로 내담자로 하여금 **자신을 개방하고 신뢰하며 기꺼이 변화할 수 있도록 하고, 나아가서는 자발성을 증가시키고 보다 생동감 있게 살아 나갈 수 있도록 도와준다.**

⑤ 상담은 **개인 속에 잠재해 있는 능력을 해방시키는 것**으로 볼 수 있다. 그리하여 상담자는 특수문제의 해결이나 특수한 행동변화를 상담의 목적으로 설정하기보다는 오히려 **한 개인을 전체적이고 계속적인 성장의 방향으로 향하게 하는 데 그 목적이 있다**고 말할 수 있다.

⑥ 이 접근에서는 **내담자가 개인적 성장을 위해 사용할 수 있는 관계성을 어떻게 제공해 주느냐**를 크게 문제 삼는다.

(4) 상담자와 내담자

① 인간중심 상담에서 가장 중요한 것은 **상담자와 내담자의 관계**이다.

② **진실성, 존중, 공감적 이해, 수용적 태도, 허용적 태도** 이러한 모든 것을 내담자에게 전달하는 것 등 **상담자의 질적 측면이 강조**된다.

③ 상담자는 이러한 촉진적인 실제적 관계를 활용해서 **내담자가 배운 것들을 다른 관계에 전이할 수 있도록 돕는다.**

(5) 상담과정

① 이 접근에서는 상담과정을 구체적 단계로 나누기 어려우며, 상담과정에서 내담자의 책임과 주체성이 강조되고, 내담자가 주체적으로 자신의 문제해결에 대해 충분한 통찰을 얻도록 하는 내용이 포함된다.

② 로저스는 상담의 과정을 **성격의 변화가 일어나는 과정**으로 보고 그 성격변화의 과정을 **고정성으로부터 변화성으로, 경직된 구조들로부터 유동적 구조로, 그리고 고정된 상태로부터 과정으로 이어지는 연속선상에서의 변화과정이라는 개념으로 발전**시켰다.

③ 그는 내담자의 표현의 질이 어떤 특징을 갖느냐에 따라서 상담의 과정을 7단계로 구분하여 기술하고 있다.

(5) 진실성, 무조건적 긍정적 수용, 공감적 이해

① 초기에는 기술에 많은 관심이 주어졌으나 최근에는 진실성, 무조건적 긍정적 수용, 공감적 이해와 같은 상담자와 내담자의 관계가 중요시되고 있다.

② 상담자의 진실성, 무조건적 긍정적 수용, 공감적 이해 이 세 가지 태도적 자질은 내담자의 건설적인 변화를 촉진하는 요인이다.

5 합리적·정서적 행동상담(Rational Emotive Behavior Therapy: REBT)

(1) 기본입장

① 엘리스(Ellis)에 의해서 창시된 합리적·정서적 행동상담이론은 인간을 합리적이고 올바른 사고를 할 수 있을 뿐만 아니라, 비합리적이고 왜곡된 사고를 할 수도 있는 존재로 본다.

② 이러한 사고의 경향성 때문에 비합리적 사고의 피해자가 될 가능성도 있고, 비합리적 신념을 가지고 자신을 세뇌시킬 수도 있다.

③ 비현실적, 비실제적, 비합리적 사고가 부정적인 정서의 원인이라고 믿고, 그 사고방식을 합리적으로 변화시키는 데 초점을 두었다.

④ 생각을 바꾸면 감정뿐만 아니라 행동에도 변화가 온다고 주장하여 행동치료 부분을 자신의 이론에 통합하여 합리적·정서적 행동치료라고 명명하였다.

⑤ 이 이론은 인지적 영역에 중점을 둔 것으로, 엘리스는 자신의 상담과 치료경험을 통하여 정신분석의 한계점을 인식하고 인간의 사고과정 특히, 신념(belief)이 인간행동을 움직이는 가장 큰 원동력이 된다는 점에 착안하였다.

⑥ 인지적·정서적·행동적 접근이론에 기초를 둔 교육과 치료에 종합적인 접근방법이다.

(2) 신경증

① 인간의 신경증이란 비합리적 사고와 행동을 말한다.

② 성격의 발달 중 이상성격의 발달에 보다 관심이 많다. 이상성격은 타고난 경향성으로서의 생득적인 면, 사회적인 면, 심리적인 면에 기초한다.

③ 특히 비합리적 사고와 신념체제가 자신을 계속 재교화시켜서 자기파괴적이 되도록 한다. 즉, 인간의 신념체제가 정서적 문제의 원인이다.

④ 내담자에게 자신이 지니는 신념체제의 타당성을 시험하도록 도전하고, 이러한 과학적 방법을 일상생활에 적용하도록 한다.

(3) 상담의 목적

① 상담의 목적은 **내담자의 자기파괴적인 신념들을 줄이고, 내담자가 보다 합리적이고 현실적이며 관대한 신념과 인생관을 갖게 하여, 더욱 융통성 있고 생산적인 삶을 살아가도록 내담자를 돕는 것이다.** 다시 말하면 여생을 살아 나가는 동안 과학적인 방법을 활용하여 정서적인 문제, 행동적인 문제들을 해결해 나가도록 내담자를 돕는 것이다.

② 우선 무엇보다도 내담자 **자신에게 관심을 가지고 진실하도록 하며, 내담자가 자신의 삶에 대해 책임을 지고, 대부분의 자기 문제를 독자적으로 처리할 수 있는 자기지도력을 갖도록 한다.**

③ 내담자가 보다 **관용적으로 생각하고 행동할 수 있도록 하며, 보다 융통성 있게 생각하도록 한다.**

④ 우리 인간이 **불확실성의 세계**에 살고 있다는 사실을 내담자가 수용하도록 하고, 내담자가 **과학적으로 생각**할 수 있도록 한다.

⑤ 내담자가 자기 이외의 사람이나 사물 또는 생각 등 어떤 것에도 자기의 심신을 최대한 투입할 수 있도록 하며, 내담자가 자신을 수용할 수 있도록 한다.

⑥ 내담자로 하여금 사회적 관심, 모험, 비유토피아적 이념 등에 관심을 갖도록 한다.

(4) 상담자와 내담자

① 합리적·정서적 행동상담에서 **상담자는 교사처럼 기능하고 내담자는 학생처럼 기능한다.**

② **상담자와 내담자 사이에 친밀한 관계가 꼭 필요한 것은 아니다.**

③ 내담자는 자신의 문제에 대하여 통찰을 얻고 난 후 **자기를 파괴하는 행동을 변화하기 위하여 적극적으로 실천**해야만 한다.

④ 상담의 과정에서는 **내담자가 현재 경험하고 있는 것에 초점**을 둔다. 지금-여기에서의 경험과 내담자가 어릴 때 획득한 신념과 정서의 형태를 바꿀 수 있는 내담자의 현재 능력을 강조한다.

(5) ABCDEF 모델

① 합리적·정서적 행동상담이론(REBT)은 그 명칭에서도 알 수 있듯이 **인간의 인지, 정서, 행동이 상호작용하는 과정에서 인지가 핵심이 되어 정서와 행동에 영향을 미친다는 점을 강조**하고 있다.

② **합리적 이성에 근거하여 부적응적인 정서와 행동이 개선될 수 있음을 주장**하고 있으며, **비합리적 신념을 합리적 신념으로 바꿀 수 있는 다양한 인지적·정서적·행동적 기법을 내담자에 맞게 적용**한다.

③ 엘리스(Ellis)는 인간의 고통은 외부사건 자체가 아니라 그에 대한 **생각으로 인해 발생**한다는 가정에 근거하여 부적응행동을 이해하는 개념체계인 ABC 이론을 제시하였다.

④ **선행사건(A)에 대한 신념(B)이 정서적·행동적 결과(C)를 유발**한다는 설명체계를 통해 자극과 반응을 매개하는 인지적 중요성을 강조한 것이다.

⑤ ABC 분석을 통해 파악된 **비합리적 신념(B)은 논박(D)을 통해서 효과적인 것(E)으로 변화되고, 그 결과 새로운 감정(F)**이 나타나게 된다.

⑥ 이와 같이 **ABC가 부적응행동을 설명**하는 모델이라면, **DEF는 상담과정**을 보여 주는 모델이다.

구분	설명	예
A (Activating event) 선행사건	일반적으로 어떤 감정의 동요, 행동에 영향을 끼치는 것	친구와 만나기로 약속한 시간이 다 되었는데도 친구는 오지 않고 있다. 친구는 아무 연락도 없고 나는 계속 기다려야 하는 상황이다.
B (Belief system) 신념체계	어떤 사건, 행위 등과 같은 환경적 자극에 대해서 개인이 가지게 되는 태도, 신념체계, 사고방식	나는 다른 사람과 약속 시간에 1분이라도 늦는 것은 절대 있을 수 없는 일이라고 생각한다.
C (Consequence) 결과	선행사건을 경험한 뒤 개인의 신념체계를 통해 사건을 해석함으로써 생기는 정서적·행동적 결과	약속된 시간에서 5분이 지났을 뿐인데 초조해지기 시작한다. 나는 불안해하다가 결국은 화가 난다. “어째서 10분이 지났는데도 나타나지 않는 거지? 연락도 없이 말이야! 어떻게 나와의 약속에 늦을 수 있는 거지? 약속시간에 늦는 것은 정말 있을 수 없는 일이야!”
D (Dispute) 논박	자신의 외부현실에 대한 내담자의 왜곡된 사고, 신념을 논박하는 것(B의 메시지에 의문을 던짐)	“정말 1분이라도 늦으면 안 되는 걸까? 약속장소로 오는 도중에 사고가 났다거나, 성격이 느긋한 것은 아닐까?”
E (Effect) 효과	비합리적인 신념에 논박하거나 직면한 결과(D과정의 질문에 대답함)	“약속시간에 상대방이 늦는 것은 기분 좋은 일은 아니지만, 조금 늦는 것 정도야 이해할 수 있어.” “많이 늦는다면 화가 나겠지만 내가 화를 낸다고 해서 그 사람이 더 일찍 올 수 있는 것도 아니잖아.”
F (Feeling) 새로운 감정	상황에 적절한 느낌을 갖게 되는 것	나는 약속상대가 늦는 것으로 인한 심한 분노 대신 새로운 감정 ‘F’를 느낄 것이다.

(6) 상담기법

① 인지적 기법

㉠ 비합리적 신념 논박하기(disputing)

- **REBT의 가장 핵심적인 치료기법으로, 내담자의 비합리적 신념을 포착하여 논박하는 것**이다.
- 대부분의 사람은 자신의 삶에 강력한 영향을 미치는 특별한 신념을 지니고 살아가지만, 이러한 신념을 자각하지 못하거나 그 신념의 논리성, 현실성, 실용성에 대해서 의문을 제기하지 않는다. 따라서 논박하기는 내담자의 삶을 부적응적인 것으로 몰아가는 비합리적 신념을 포착하여 바꾸는 기법이다.

㉡ 이 밖의 인지적 기법에는 내담자가 상담시간 외에 개인적으로 자신의 비합리적 신념을 찾아 논박하고 합리적 신념을 찾아보는 **인지적 과제를 주는 방법, 독서나 교육적 활동** 등이 있다.

예 시청각 자료 보기, 강연이나 워크숍 참가 등)을 통해 내담자가 자기 문제에 대한 이해를 높이도록 하는 방법이 활용되고 있다.

② 정서적 기법

㉠ 합리적 정서 심상법(rational emotive imagery)

- **내담자가 문제상황에서 느낄 수 있는 적절하고 건강한 정서를 찾을 수 있도록 돕는 방법**이다.
- 상담자는 내담자에게 눈을 감게 한 후 그에게 부정적 감정을 일으킨 문제상황을 떠올리도록 한다. 내담자가 문제상황을 충분히 떠올리면 그때 느끼는 고통스러운 감정을 구체적으로 명명하게 한다.
- 다음으로, 상담자는 내담자에게 그 고통스러운 감정을 합리적인 수준의 건강한 부정적 정서로 바꾸도록 요청한다.
- 내담자가 이러한 상태에 도달하면 서서히 현실로 돌아와 눈을 뜨게 한다. 상담자는 내담자의 고통스러운 감정이 어떻게 건강한 감정으로 바뀌게 되었는지, 그 상황에서 어떤 생각을 바꾸었는지 또는 어떤 속말과 대처방법을 사용했는지 등을 탐색한다.

㉡ 합리적 역할극(rational role playing)

- 내담자가 심리적 고통을 겪었거나 그러할 것으로 예상되는 상황을 주제로 상담자와 함께 역할연기를 해 보는 방법이다.
- 상담자와 내담자는 함께 구체적인 상황을 설정하고 가공적인 시나리오를 만든 후에 서로 역할을 맡아 상황을 재연한다.
- 동일한 상황에 대해서 다양한 시나리오로 각색하여 여러 번 역할극을 할 수도 있으며, 때로는 내담자와 상담자가 서로의 역할을 바꾸어 역할극을 할 수 있다.
- 역할극이 끝나면 상담자는 내담자에게 역할을 하면서 어떤 생각과 감정이 들었는지를 질문한다.
- 이러한 역할극은 내담자가 자신의 비합리적 신념을 확인하는 기회가 될 수 있을 뿐만 아니라, 내담자에게 다양한 피드백을 해 주는 기회가 되기도 한다.

㉢ 유머(humor)

- **내담자의 비합리적 신념을 극단적으로 과장하여 우스꽝스러운 결론에 도달하게 함으로써 그 어리석음을 익살스럽게 깨닫도록 하는 방법**이다.
- 예를 들어, 상담자는 내담자에게 자신의 비합리적 신념을 노랫가락에 맞추어 부르도록 권하는 방법을 사용하기도 하는데, 이 방법은 유머를 통해서 내담자가 자신의 잘못을 가벼운 마음으로 바라보도록 도울 수 있다

PART 12

③ 행동적 기법

㉠ 수치심 깨뜨리기 연습(shame attacking exercises)

- 비도덕적이고 불법적이거나 다른 사람에게 피해를 주어서는 안 되지만 우스꽝스럽고 어리석으며 바보 같은 행동을 통해 이루어져야 한다.
- 이러한 연습을 통해서 내담자는 자신의 행동에 대한 불안과 부적절감을 덜 느끼게 될 뿐만 아니라, 타인의 인정을 받지 못하더라도 충분히 견딜 수 있다는 것을 깨닫게 된다.
- 20대 초반에 엘리스는 여성에게 다가가는 공포를 극복하기 위해 다양한 시도를 하였다. 그중 하나로, 엘리스는 브롱크스 식물원에서 한 달 동안 100여 명의 여성에게 다가가서 데이트를 신청했다. 그중 1명의 여성만이 데이트에 동의했으나 결국 그녀도 약속시간에 나타나지는 않았다고 한다. 비록 데이트에는 성공하지 못했지만 그는 이러한 경험을 통해서 수치심에서 벗어날 수 있었다. 이와 같이 상담자는 내담자에게 수치심을 극복하기 위해 모르는 사람에게 돈 빌리기, 거리에서 노래 부르기 등 다양한 행동을 많은 사람 앞에서 해보도록 권유한다.

㉡ 이 밖에도 내담자가 특정한 과제를 성공적으로 수행했을 때 보상하고, 실패했을 때 벌칙을 주는 강화와 벌칙기법, 내담자의 부족한 행동기술을 향상할 수 있도록 교육하고 훈련하는 **기술훈련(skills training)**, 겉으로 보기에 내담자가 상담을 통해 변화하고자 하는 모습과 반대로 행동해 보도록 하는 **역설적 과제(paradoxial homework)** 등과 같은 다양한 행동기법이 활용되고 있다.

6 게슈탈트(형태주의) 상담

(1) 기본입장

① **게슈탈트 상담이론은 펄스(Perls)에 의해서 창안된 것으로, 인간을 본질적으로 선하지도 악하지도 않은 존재**로 본다.

② 인간은 **전체를 추구하는 존재로서 사고, 감정, 행동을 통합**하고자 한다. 다시 말하면 인간은 신체, 정서, 사고, 감각, 지각 등 모든 부분이 서로 관련을 갖고 있는 전체로서 완성되려는 경향이 있다.

③ 게슈탈트 상담은 인간에 대한 **반결정론적 시각**을 지니는데, **인간은 어렸을 적의 영향이 현재 나타나는 어려움과 어떻게 관련되어 있는지를 깨달을 수 있는 능력**을 가지고 있는 것으로 본다.

④ 인간은 그가 속한 **환경을 떠나서는 이해될 수 없으며, 내·외적 자극에 대해 능동적으로 반응하고 그에 대해 책임을 질 수 있다.**

⑤ 인간은 **자신의 삶을 효과적으로 통제할 수 있는 능력**을 가지고 있다.

(2) 지금 여기

① 게슈탈트 치료는 "지금 여기"에서의 자각에 초점을 맞춘다.

② 과거는 이미 지나갔고 미래는 아직 오지 않았으므로 오로지 현재가 중요하다고 여기기 때문에 "지금 여기"를 강조한다.

③ 이 이론은 개인이 전적으로 자신의 감각, 사고, 지각 등을 깨달을 수 있는 잠재력을 지니고 있으므로 적절한 선택을 할 수 있는 능력을 갖추고 있으나, 어려서부터 외부에서 적절치 않은 생각과 행동을 투입해 왔기 때문에 자기통찰이 어려워진다고 가정한다.

(3) 상담의 목적

① 상담의 목적은 **내담자가 현재의 환경에의 적응을 방해하는 요인을 제거시키고, 그때그때 일어나는 전경을 보다 더 분명하게 부각시킬 수 있도록 도와주어서 자신의 삶에 대한 책임을 질 수 있는 하나의 통합된 자아형성**을 하도록 도와주는 것이다.

② 통합된 자아는 개인이 사회 혹은 환경에 맞추어 가도록 하기보다는 오히려 **그러한 환경 속에서 자신을 발견하도록 도와줌으로써 가능**하다고 본다.

③ 내담자로 하여금 **순간순간의 경험을 각성할 수 있도록 돕는 것이다.** 각성을 통해서 내담자는 자아상, 즉 외부에 의한 조정에 좌우되지 않고 자아를 조절함으로써 진실한 자기가 되며, 그리하여 그 개인은 건강한 삶을 살 수 있게 된다.

④ **현재, 여기에서의 삶을 살아가도록 돕는 것이다.** 인간은 과거나 미래에 집착해서 살게 되면 자신의 삶에 대한 책임을 운명이나 다른 사람들에게 전가시키게 된다. 그러므로 **지금-여기가 우리에게는 유일한 현실**이므로 순간순간마다 완전히 자신의 느낌에 몰두하고 그 경험에서 무엇인가 얻어 낼 수 있어야 한다.

PART 12

(4) 상담자와 내담자

① 상담자는 내담자를 위해서 해석하지는 않으나 **내담자로 하여금 그 의미를 스스로 해석할 수 있도록 도와준다.**

② 내담자는 현재의 기능을 방해하고 있는 과거로부터 해결되지 않은 어떤 문제를 알아차리고, 그리고 그것을 해결하도록 기대된다.

③ 해결되지 않은 과거의 어떤 문제를 해결하는 과정에서 내담자들은 과거의 충격적인 상황이 마치 현재 일어난 것처럼 재경험함으로써 그 해결이 가능하게 된다.

(5) 상담과정

① 게슈탈트 상담에서는 **상담자가 그 상담의 중심이 된다.** 상담과정에서 어떤 활동을 할 것이며, 누구와 또 언제 그런 활동을 할 것인가는 **대부분 상담자에 의해서 결정되고 인도된다.**

② 내담자로 하여금 순간순간 스스로의 경험에 대한 명확한 각성을 하도록 하기 위하여 상담자는 여러 가지 기술, 게임, 활동 등을 책임지고 계획하고 지도한다.

③ 게슈탈트 상담은 형태의 생성과 소멸을 방해하는 요인을 제거하는 모든 과정이 상담과정에 포함된다.

④ 주요 기술로는 **현재 중심과 각성기법, 언어적 접근기법, 비언어적 작성기법, 환상접근기법, 과거와 미래에 대한 기법, 감정에 대한 접근기법, 빈 의자 기법** 등이 있다.

7 의사교류분석 상담

(1) 기본입장

① **번(Berne)에 의해서 창시된 의사교류분석 상담이론은 인간의 모든 것은 어릴 때 결정되나 변화될 수 있다**는 입장을 취한다.

② 인간은 환경과 경험들에 의하여 과거에 이미 결정·형성되어 있는 자신의 행동양식들을 이해할 수 있고, 또 나아가서는 그러한 **행동들을 새롭게 다시 선택·결정할 수 있는 자율적 존재이다.**

③ 인간이 비록 과거에 내린 결정이나 과거의 생활양식에 의한 피해자라 할지라도, 자신이 내린 과거의 결정을 이해하고 이에 대해 다시 결정을 내림으로써 자신을 파괴하는 측면을 변화시킬 수 있다.

④ 이러한 변화는 의사교류분석 상담에서 제시하는 여러 가지 조력의 방법들을 통하여 보다 쉽게 이루어질 수 있다는 것이다.

(2) 자아

인간의 자아상태(ego state)를 어버이(Parent), 어른(Adult), 어린이(Child)의 3가지로 분류하였다. 각 자아상태는 개인의 성격을 주관하게 되는데, 자아상태가 한 인간 속에 어떤 비율로 구성되어 있느냐에 따라서 성격의 특성이 달라진다.

① 어버이 자아: 어린 시절 부모나 어른들의 말과 행동을 통해서 **학습하고 내면화한 자아상태**이다.

㉠ 어버이 자아는 다시 양육적 어버이와 훈육적 어버이로 나뉘는데, 어린 사람이나 남들을 이해, 지지, 수용, 용서, 사랑, 격려, 보호하려는 성향은 양육적 어버이라고 부른다.

㉡ 부모들이 윤리·도덕적으로 잘잘못을 따지고, 꾸짖거나 나무라거나 명령하고 금지하는 것 등을 어려서 학습하여 내면화한 자아상태를 훈육적 어버이라고 부른다.

② 어른 자아: 객관적, 현실적, 실용적, 사실적인 정보를 가능한 한 많이 보유하고, 문제해결을 위해 자료를 분석·평가하며, 바람직한 행동을 선택하는 컴퓨터와 같은 역할을 하는 **가장 원숙하고 바람직한 자아기능**이다.

③ 어린이(아동) 자아: 다시 천진이(free child), 꾀돌이(little professor), 순응하는 아이(adapted child) 등 셋으로 구분된다.

㉠ 천진이는 감정표현이 자발적이고, 장난과 재미를 좋아하는 때 묻지 않은 자유로운 자아의 기능이다.

㉡ 꾀돌이는 어린이들의 직관력, 창의력, 순발력을 발휘하게 하는 자아의 기능이다.

㉢ 순응하는 아이는 환경과 분위기를 살펴가면서 순종하고 자재하며 적응할 줄 아는 어린이 자아상태를 의미한다.

(3) 상담의 목적

① 상담의 궁극적 목적은 **자율성의 성취**라 할 수 있다.

② 자율성은 **자신의 세계에 대한 현실적 이해**와, 게임형식을 취하지 않고서도 **정서를 표현할 수 있는 능력, 그리고 다른 사람들과 사랑을 나누고 친교할 수 있는 수용능력의 회복**을 통하여 실현될 수 있다.

③ 내담자로 하여금 **이미 결정한 것을 다시금 살펴보고 현실적 이해에 근거하여 새로운 결정을 할 수 있도록 도와준다.** 이를 구체적으로 설명해 보면 부모, 어른, 어린이 자아 사이에 혼합과 배타가 없도록 자아상태를 바꾸어서 필요에 따라 모든 자아를 적절히 사용할 수 있는 능력, **특히 어른 자아를 충분히 활용할 수 있는 능력**을 갖게 한다.

④ 부적절하게 결정된 생활자세와 생활각본으로부터 해방될 수 있도록 도와주어서 **자기 긍정과 타인 긍정의 생활자세와 생산적인 새로운 생활각본을 형성**할 수 있게 한다.

(4) 상담자와 내담자

① 의사교류분석적 **상담자와 내담자는 동등한 관계이다.** 다시 말하면, 상담자의 지위에 대하여 강조하지 않는다.

② 내담자는 상담자와 계약을 하여 원하는 변화를 가져온다. 계약이 완료되면 상담은 끝나게 된다.

③ 상담자에 대한 의존과 전이는 관심의 대상이 아니다.

(5) 상담과정

① 상담은 상담자와 내담자와의 계약, 구조분석, 의사교류분석, 게임분석, 생활각본분석 등의 과정을 거친다.

② 주요 기술로는 **허용, 보호, 상담자의 잠재능력, 조작** 등이 있다. 이들 중 앞의 세 가지는 특수기술이라기보다는 오히려 상담분위기를 조정하는 데 필요한 상담자의 태도 및 자질을 말하는 것이고, 네 번째의 조작이 바로 상담기술이라고 할 수 있다.

③ 치료적 조작의 기본기술로서 8가지의 기술을 들 수 있는데 **질의, 특별 세부반응, 맞닥뜨림, 설명, 실증, 확립, 해석, 구체적 종결** 등이다.

8 현실치료

(1) 기본입장

① 1950년대 이후 글레이저(Glasser)에 의해 개발된 현실치료는 현재의 행동에 초점을 맞추고 개인적인 책임을 강조한다.

② 현실치료는 인간본성에 대한 결정론적 철학에 의존하지 않고 인간은 궁극적으로 자기 결정을 하고 자기 삶에 책임을 갖고 있다는 가정에 근거한다.

③ 인간은 자유롭고 자신의 목표를 스스로 선택하고자 하는 욕구를 지닌다. 따라서 내담자로 하여금 다른 사람의 자유를 침해하지 않고 다른 사람에게 고통을 주지 않으면서 자신의 자유를 성취할 수 있는 방법을 배우도록 하는 것이 필수적이다.

(2) 인간의 욕구

① 인간에게는 다섯 가지의 기본적 욕구, 즉 소속의 욕구, 힘의 욕구, 자유의 욕구, 즐거움의 욕구, 생존의 욕구가 있다.

㉠ 소속의 욕구: 누구에게 소속감을 느끼는 것뿐만 아니라 사랑하고 협동하는 것을 포함하며, 인간이 살아남는 데 중요한 역할을 한다.

㉡ 힘의 욕구: 자신의 삶을 효과적으로 통제할 수 있다고 지각하는 것을 말하며, 경쟁하고 성취하며 중요한 존재이고 싶어 하는 속성을 말한다.

㉢ 자유의 욕구: 자기의 행동을 스스로 선택하고자 하는 욕구이며, 이동하고 선택하는 것을 마음대로 하고 싶어 하는 속성을 의미한다.

㉣ 즐거움의 욕구: 새로운 것을 배우고 놀이를 통해 즐기고자 하는 속성을 말하며, 우리가 하지 않아도 되는 일을 자의적으로 할 때 즐거움의 욕구는 충족된다.

㉤ 생존의 욕구: 살고자 하고 생식을 통한 자기확장을 하고자 하는 속성을 의미한다.

② 인간은 이상의 5가지 기본적 욕구를 추구하고자 할 때 우선순위를 결정하는 데 있어서 끊임없이 갈등하고, 그것을 해소하려는 과정에서 충족과 좌절을 경험하게 된다.

③ 이때 인간은 내적인 욕구가 실현될 수 있도록 감각기관, 지각체계, 행동체계를 통해 자신의 환경을 통제하고 선택할 수 있다.

(3) 상담의 목표

① 현실치료의 목표는 내담자가 자신의 현재 행동을 평가하고, 만약 행동이 자신의 욕구를 충족시키지 못하고 있으면 더 효과적인 행동을 할 수 있도록 심리적인 힘을 개발할 수 있는 조건을 제공하는 것이다. 그리하여 소속감, 힘, 자유, 즐거움과 같은 욕구를 충족시켜 주는 좀 더 효율적인 방법을 찾게 하는 것이다.

② 글레이저는 상담이란 내담자가 생활의 통제를 다시 획득하고 좀 더 효율적으로 살아가는 방법을 배우도록 도와주는 것이라고 강조하였다.

(4) 상담자와 내담자

① 상담자의 역할은 실제적으로 내담자의 욕구를 성취시키는 것이다. 내담자를 현실과 맞서도록 하고, 내담자 스스로가 자신의 행동을 평가하도록 한다.

② 상담자는 선택이론을 가르치는 교사로서의 기능을 담당한다. 이때 상담자는 내담자가 스스로의 책임을 인정하도록 하며, 어떤 구실도 받아들이지 않는다.

③ 내담자의 현실을 무시하지 않고 누구에게도 책임을 전가시키는 것을 허용하지 않는다.

④ 상담자는 내담자의 갈등을 함께 공유한다. 이때 상담자는 치료적 규칙과 한계 등을 명확하게 정하고 시간 구조화를 엄격하게 한다.

⑤ 내담자를 이해하고 공감하며 인간적인 태도를 갖는 것이 중요하다.

(5) 상담절차

현실치료의 진행절차는 간략하게 W(Wants), D(Doing), E(Evaluation), P(Plan)로 표기된다.

절차	내용
Want	• 바람, 욕구와 지각의 탐색으로서 내담자에게 그들의 '바람'과 관련된 질문들을 던지는 것이다. • 상담자의 질문을 통해서 내담자는 자신의 욕구를 만족시킬 수 있는 방법을 인식하고, 정의하며, 세련되게 만든다.
Doing	• 현재 행동에 관심을 두고 과거 사건은 내담자가 현재 행동하는 데 영향을 미치는 경우에만 관심을 둔다. • 과거는 내담자가 더 나은 내일을 위한 계획을 세우는 데 도움을 줄 수 있는 경우에만 논의된다. • 현실치료는 단순히 태도나 감정만을 바꾸려는 것이 아니라, 현재의 전체 행동을 변화시키려는 것이다.
Evaluation	• 내담자가 자신의 전체 행동의 각 요소를 스스로 평가하도록 한다. • 이처럼 스스로 평가함으로써 자신이 원하는 것과 행동 사이의 거리를 스스로 돌아볼 수 있도록 도와준다.
Plan	• 상담자와 내담자의 공동 노력으로 계획이 수립되면, 그 계획이 수행되도록 실천에 대한 계약을 체결해야 한다. • 내담자를 돕는 일은 대부분 그들의 욕구를 충족시켜 줄 구체적 방법을 찾는 것이다.

(6) 상담의 기술

① 상담의 기술로는 숙련된 질문기술, 적절한 유머, 토의와 논쟁, 맞닥뜨림, 역설적 기법 등이 있다.

② 이러한 기술은 내담자와 상담자 간에 관계가 잘 형성되었을 때 사용할 수 있다. 만일 두 사람 사이에 친밀한 관계가 형성되지 않았는데 이러한 기술을 적용하면 오히려 역효과가 날 수 있다.

PART 12

9 해결중심 상담

(1) 기본입장

① 해결중심상담은 가족치료에서부터 시작한 이론으로, 지금은 부부와 가족뿐만 아니라 다양한 내담자를 대상으로 개인상담을 위해 다양한 장면에서 광범하게 활용되고 있다.

② 해결중심 상담은 인간본성에 대해 종합적인 관점을 갖지 않는다. 인간은 자신 안에 자신의 문제를 해결할 수 있는 능력과 자원을 지니고 있다는 생각을 받아들인다.

③ 그는 어느 한 사람의 작은 행동이 간혹 문제의 맥락에서 더 큰 변화를 가져오는 데 있어서 꼭 필요한 것이라고 믿었다.

④ 인간을 본질적으로 구성주의자로(constructivist) 본다. 즉, 현실은 관찰과 경험의 반영이라는 것이다.

⑤ 인간은 진정으로 변화를 원하고 그 변화는 불가피하다는 가정에 기초한다.

(2) 상담자와 내담자

① 상담자의 첫 번째 역할은 내담자가 변화의 과정에서 얼마나 적극적이고 헌신적인가를 결정하는 것이다.

② 내담자는 보통 3유형으로 나뉜다.

㉠ 방문자형: 문제가 없다고 생각하거나 상담에 참여하기를 원하지 않는 사람

㉡ 불평형: 문제를 기꺼이 논의하지만 해결책은 타인의 행동과 같이 다른 곳에 있다고 보는 사람

㉢ 고객형: 자신이 특정한 문제를 가지고 있고 그 문제를 해결하기 위해 어떤 것을 하기를 원하는 사람

③ 해결중심 상담자는 참여를 결정하는 것 외에 내담자가 자신의 자원과 강점을 발견할 수 있도록 도와주는 변화의 촉진자 역할을 수행한다.

④ 내담자들은 자원과 강점을 이미 가지고 있지만 잘 모르고 있거나 혹은 활용하지 않는 사람들이다. 따라서 상담자들은 용기를 북돋워 주고, 도전하고, 변화에 대한 기대를 갖도록 한다.

⑤ 상담자는 비난하거나 "왜?"라고 묻지 않는다. 그들은 기본적으로 내담자를 자신의 인생에 대한 전문가로 인정한다. 즉, 내담자는 자신의 삶에 있어서 하나의 전문가로 인정되는 반면, 상담자는 치료적 환경을 창조하는 데 있어서 전문성을 가진다.

(3) 상담의 목표

① 해결중심 상담의 주요 목표는 내담자로 하여금 내적 자원을 개발하고, 그들이 스트레스를 경험하는 때에 대한 예외사항을 알도록 돕는 것이다.

② 상담의 목표는 이미 예외 속에 존재하는 것, 즉 문제를 해결하는 쪽으로 지향하도록 하는 것이다. 따라서 상담회기와 내담자에게 주어지는 과제는 긍정적인 것과 현재 혹은 장래에 대한 가능성에 초점을 맞춘다.

③ 해결중심 상담은 **상담자와 내담자 간에 협동적인 과정이다.** 즉, 상담자는 내담자에게 따뜻하고 긍정적이며 수용적인 관계를 제공하고, 내담자는 이해되고 존중받는다고 느껴지는 협력적 '결합'을 발달시키려고 노력한다.

(4) 상담과정

상담자는 내담자로 하여금 문제를 경험하는 때와는 다른 예외적인 경우를 찾아보도록 격려하는 것 외에 다양한 기법들을 활용한다.

① 기적질문

㉠ 기본적으로 문제가 사라진 가설적인 상황에 집중하는 것이다.

㉡ 만약 문제가 해결되거나 더 나아진다면, 내담자가 자신의 삶이 그렇게 될 것이라는 것을 가능한 한 분명하고 명확히 기술하도록 도와주는 미래지향적인 질문이다.

② 척도화

㉠ 이것은 1점(낮음)에서 10점(높음)까지 해당하는 점수에 현재의 문제를 평가하도록 함으로써 문제가 얼마나 심각한지를 평가하기 위한 것이다.

㉡ 척도화는 내담자로 하여금 그 문제와 관련하여 어디쯤 있고, 또 목표를 달성하기 위하여 현실적으로 어떻게 해야 하는지를 이해하도록 해 준다.

㉢ 척도화의 목적은 내담자들이 확인할 수 있는 작은 목표를 세우고, 진전을 측정하며, 또 행동의 우선순위를 설정하도록 돕는다.

㉣ 척도화를 통하여 내담자의 동기와 확신을 평가한다.

③ 칭찬

㉠ 칭찬은 내담자가 가지고 있는 강점을 칭찬하기 위해 고안된 메시지로서 내담자들에게 '긍정적 사고(yes set)'를 만들어 준다.

㉡ 칭찬은 보통 내담자에게 과제를 내기 직전에 준다.

④ 그 이외에도 단서(clues)와 만능열쇠(skeleton keys) 등이 있다.

CHAPTER
04 비행

제1절 비행의 의미와 유형

1 비행의 의미

(1) 비행(delinquency)이란 다양하고 복잡한 행동들을 포함하는 용어로서 명확하게 개념이 규정되어 있지 않다.

(2) 일반적으로 법률적 기준을 벗어나는 행동뿐만 아니라 도덕적 기준, 교육적 기준, 사회적 관습을 일탈한 행위로 규정되어서 일탈행동(deviant behavior)으로 불리기도 하나, 청소년의 일탈행동에 국한하는 경향이 있다.

(3) 청소년이 물건을 훔치거나 타인에게 상해를 입히는 것과 같이 「소년법」이나 「형법」 등 실정법을 위반하는 행위뿐만 아니라(법률적 기준), 거짓말을 상습적으로 하는 것과 같이 중요한 도덕적 규범을 위반하는 행위(도덕적 기준), 학교를 무단결석하는 것과 같이 중요한 학칙을 위반하는 행위(교육적 기준), 부모에게 욕설을 하거나 가출을 하는 것과 같이 사회적으로 중시되는 윤리적 규칙을 위반하는 행위(사회적 규범과 관습) 등 다양한 범위를 포함한다.

2 비행의 유형

비행이 법률적, 도덕적, 교육적, 사회적 기준과 관습 등 다양한 기준에 의해서 정의되는 만큼 그 범위와 유형도 사회문화에 따라 달라질 수 있고 다양한 관점에서 분류될 수 있다.

(1) 비행의 빈도

단발적 비행, 단기간의 집중적이고 다양한 비행, 간헐적이지만 반복적인 비행, 지속적인 비행 등

(2) 비행의 대상

사람에 대한 범죄행위, 재물에 대한 범죄행위, 비교적 사소한 위반행위 등

(3) 비행이 일어나는 상황

현실비행과 사이버비행

(4) 비행의 단계

실험적 비행, 비행화 형성과정 비행, 습관화된 비행 등

(5) 비행자의 심리적 특성

심리적인 문제가 비교적 적거나 없고 비행하위문화의 구성원으로서 저지르는 사회적 비행과, 심리적인 문제로 인하여 나타나는 심리적 비행으로 구분

(6) 교성인이 동일한 행동을 할 때는 일탈행동으로 규정하지 않지만, 그 행동을 하는 주체의 사회적 지위에 따라 일탈행동의 범위에 포함되는 비행유형도 있다. 이러한 비행유형을 지위비행이라고 부르는데, 음주와 흡연이 대표적 예이다.

제2절 비행의 원인

1 개인특성적 원인론

(1) 특징

① 비행의 원인을 비행자 개인의 특성에서 설명하려는 관점들은 생물학적 원인 및 심리학적 원인에 관심을 둔다.

② 생물학적인 원인론은 자극을 과도하게 추구하는 기질이나 염색체 이상 등 유전적 원인이나 뇌손상, 자율신경계 손상, 낮은 지능 등에 의해 비행이 발생된다고 설명한다.

③ 비행자가 스스로 통제하기 어려운 생물학적 원인으로 설명하기 때문에 비행의 예방과 해결을 위한 교육적 시사점이 부족하다는 지적을 받는다.

(2) 프로이트(Freud)의 정신분석적 관점

① 지나치게 강하거나 지나치게 약한 초자아, 통제기능이 약한 자아 등으로 설명한다.

② 초자아가 너무 약하면 원초아의 본능적인 쾌락추구적 충동을 통제하지 못하여서 비행을 저지르게 되는 한편, 초자아가 너무 강하여서 억압된 충동과 갈등이 무의식 속에 너무 많이 쌓이면 비행을 저지르게 되기도 한다고 본다.

③ 원초아의 본능적 충동과 초자아의 이상적 기준을 적절히 중재하며 현실에 적응하게 하는 자아의 기능이 약할 때도 비행이 나타나게 된다는 것이다.

(3) 에릭슨(Erikson)의 심리사회적 관점

① 아동기 및 청소년기의 발달과업인 근면성과 자아정체성 확립이 제대로 이루어지지 않아 비행이 발생한다고 설명하기도 한다.

② 아동기의 발달과업인 근면성이란 하기 싫은 것도 해야 하면 참고 해낼 수 있으며, 하고 싶은 것이라도 하지 말아야 하는 것이면 하지 않고 참아낼 수 있는 능력을 말한다.

③ 이러한 능력이 아동기에 충분히 형성되지 못하면 아동·청소년기에 점차 많아지는 학업 및 다양한 요구에 적절히 부응하지 못하게 되어 열등감과 부정적 자아개념을 갖게 되고 비행을 저지를 수 있다는 것이다.

④ 청소년기에 자신이 어떤 사람이며 앞으로의 삶을 어떻게 영위해야 할 것인지를 분명히 규정할 수 있어야 하는데, 그러한 자아정체성을 제대로 확립하지 못하면 역할혼란과 좌절감을 겪으면서 비행을 하게 될 수 있다는 것이다.

(4) 신경증적 비행

① 아동기에 잠재적 비행의 다양한 현상을 나타내다가 청소년기에 비행의 정도가 더욱 심해지는 경우들뿐 아니라, 전반적으로 규범에 잘 동조하며 적응하는 것처럼 보이다가 급작스럽게 자신의 심리적 갈등과 어려움을 표출하는 신경증적 비행도 심리적 원인론으로 설명될 수 있다.

② 아동기 및 청소년기의 발달과업 수행이 원만히 이루어지지 않은 아동·청소년의 경우에 서서히 비행이 심해지기도 하지만, 표면적으로 드러나지 않다가 어느 순간에 급작스런 비행을 보이기도 하는 것이다.

③ 신경증적 비행은 행위자가 자신의 욕구를 정상적인 방식으로 충족시킬 수 없는 경우에 그 욕구를 표현하는 방식으로 범하게 되는 비행이다. 주로 단독으로 그리고 급작스럽게 일어나며, 상황적으로 촉발되는 경우가 많다.

④ 인간의 가장 기본적인 욕구인 타인에게 인정받고 사랑과 관심을 받고 싶은 욕구가 번번이 좌절될 때, 주변사람에게 직접 말하기 두렵거나 당혹스러운 문제를 경험할 때, 도움을 받고자 하는 요청이 되풀이해서 무시된다고 느낄 때 등에 이러한 점들을 알리고 욕구를 충족시키기 위해서 비행이라는 수단에 의지하는 것이다.

⑤ 이들은 타인의 주목을 끌 수 있는 방식으로 비행을 저지르는 경우가 많다. 자기에게 별로 필요도 없는 물건을 가게 주인이 뻔히 보는 앞에서 훔친다거나, 교사가 쉽게 볼 수 있는 곳에서 술을 마시고 창문을 깬다거나, 사랑과 친밀함을 경험하는 수단으로 성관계를 갖는다거나, 임신을 해서 다른 사람의 눈에 띄게 하는 것과 같이 무모해 보이는 행동을 하는 것이다.

⑥ 신경증적 비행은 행위자의 반사회적 성격구조에서 비롯되는 성격적 비행이나 질병 및 기질적 이상으로 인해 저지르는 기질적 비행과 구별되며, 빠른 개입을 통해 심리적 갈등과 혼란의 원인이 해소되면 정상적인 삶으로의 복귀가 비교적 수월하게 이루어질 수 있다. 그러나 신경증적 비행도 장기화·습관화되면 성격적 비행 및 기질적 비행자들이 보이는 주의집중력 결핍, 충동통제력 부족, 미래조망능력 부족, 낮은 자존감 등의 특성을 보일 수 있으므로 주의 깊게 판단하여야 한다.

2 사회환경적 원인론

(1) 기본입장

① 비행의 원인을 비행청소년이 처한 사회적 환경이나 구조적 특성으로 설명하고자 하는 관점이다.

② 비행청소년 개인이 비행문제의 원인이 아니라 주변 환경이 원인이 된다고 보는 것이다.

(2) 허쉬(Hirschi)의 사회통제이론

① 가정의 중요한 인물들과의 의미 있는 애착관계 및 학교 등 소속기관의 일상적인 활동에 적극적으로 참여하는 것, 사회의 전통적 가치 및 목표와 수단을 존중하고 수용하는 것 등 아동·청소년이 가정 및 사회기관과 가지는 유대가 사회의 법과 규범을 지키도록 통제해 주기 때문에 비행을 범하지 않도록 지켜 준다.

② 만약 청소년과 가정·학교·사회와의 유대가 약하면 가정·학교·사회가 청소년에게 긍정적 통제력을 가지지 못하게 되어 비행을 할 가능성이 높아진다는 것이다.

3 상호작용적 원인론

비행에 대한 상호작용적 원인론은 개인과 환경의 상호작용에 의해 비행이 발생한다는 관점을 제시하는데 차별접촉이론, 사회학습이론, 낙인이론 등이 대표적이다.

(1) 차별접촉이론

① 어떤 주변 인물들, 특히 또래들을 차별적으로 접촉하는지, 이런 접촉이 얼마나 오래, 강하게, 자주 이루어지는지에 따라 비행을 범하는 정도가 달라진다고 본다.

② 특정 또래집단을 차별적으로 접촉함으로써 그 집단의 하위문화 특성과 가치를 습득하고 표현하게 되는 상호작용이 일어나는 것이다.

③ 학업성취의 수월성과 규범준수를 중요하게 여기는 또래들과 차별적으로 더 많이 접촉하는 청소년은, 가출·폭력·음주 등을 일삼는 또래들과 더 많이 접촉하는 청소년에 비해 비행의 가능성이 낮아진다.

④ 비행을 범하는 또래들과 접촉이 많은 청소년은 서로 비행을 장려하고 강화하는 상호작용이 일어나기 때문에, 그러한 또래들과의 접촉을 차단하는 것이 비행을 중단하는 데 중요하다는 점을 차별접촉이론은 강조한다.

(2) 사회학습이론

① 아동청소년의 비행이 관찰학습에 의해 일어난다고 본다.

② 또래와 부모를 포함한 주변 인물들뿐만 아니라 대중매체, 만화, 인터넷, 게임 등에서 폭력·외설물·음주·흡연 등의 일탈적 행동을 관찰하고 모방학습이 일어난 결과 비행이 발생한다고 보는 것이다.

③ 동일한 행동을 관찰하더라도 모든 청소년이 그 행동을 모방학습하는 것은 아니며 개인의 태도에 따라 폭력 등 일탈적 행동에 노출되는 정도도 달라지므로 개인적 요인이 관련되는 한편, 일탈적 행동을 많이 접할수록 관찰학습이 더욱 많이 일어나게 된다는 점에서 환경적 요인도 중요하다는 것이 상호작용적 관점을 보여 준다.

(3) 낙인이론

① 청소년이 비행을 범했을 때 학교나 지역사회의 인물들이 비행청소년이라고 낙인을 찍음으로 인해 비행이 지속되고 심해진다는 관점이다.

② 교사나 지역사회 인물들이 어느 청소년을 이유 없이 비행청소년이라고 낙인찍지는 않고, 어떤 연유나 과정에 의해서 청소년이 비행을 범하는 것으로 인해 낙인찍게 되는데, 사회적 통제가 심한 집단이나 기관일수록 그러한 경향이 심하다.

③ 일단 비행청소년이라고 낙인찍히게 된 청소년은 스스로 주변의 시각을 받아들여 비행을 더 지속하게 된다. 낙인이론은 비행을 범한 청소년을 가정과 학교 및 지역사회가 배척하지 말고 수용하면서 변화를 위한 도움과 지지를 제공할 필요성을 시사한다.

MEMO

중등 교원임용
변민재 교육학
인사이드 ㉻

PART 13

평생교육

PART

13 개념설계도

- **평생교육의 개념**
  - 평생교육
  - 다양한 개념
  - 특성

- **평생교육의 발전**
  - UNESCO
  - OECD
  - EU

- **평생교육 관련 법률**
  - 평생교육법 총칙
  - 평생교육이용권
  - 평생교육사
  - 평생교육기관
  - 독학학위법
  - 학점인정

CHAPTER 01

평생교육의 개념

제1절 평생교육

1 교육의 때와 장소

(1) 교육은 학교에서만 이루어지지는 않는다. 학교 이외에 가정 또는 사회에서도 교육은 이루어진다.

(2) 교육은 청소년기에만 이루어지는 것도 아니다. 청소년기를 포함하여 유아기, 장년기, 노년기 등 인간의 일생 동안에 걸쳐서 교육은 이루어진다.

(3) **교육은 인간의 평생 동안에 걸쳐서 모든 장소**에서 이루어진다. 이것이 교육의 형태에 관한 가장 넓은 개념이며 최근에 활발히 논의되고 있는 평생교육의 개념이다.

2 학교 외 교육

(1) 평생 동안에 걸쳐서 이루어지는 교육은 크게 둘로 나눌 수 있는데, 그 하나는 학교교육이며, 다른 하나는 학교 외 교육이다. 사람에 따라서는 전자를 형식교육(formal education), 후자를 비형식교육(nonformal education)이라고도 한다.

(2) 학교교육은 유치원부터 대학원에 이르기까지 '사다리식' 제도를 유지하고 있다. 그러나 학교 외 교육은 이러한 체계를 이루고 있지 않으며 **가정교육, 사회교육**이 모두 학교 외 교육에 속한다.

(3) 학교교육에서는 비교적 **장기간에 걸쳐서 체계적**인 교육과정이 제공되지만, **학교 외 교육**은 대부분의 경우 **단기간에 걸쳐서 피교육자의 필요나 흥미를 최대한으로 반영**시키는 교육과정이 제공된다.

(4) 여기에 **무형식 학습(informal learning)환경에 의한 우발적 학습(incidental learning)**까지도 포함하는 경우도 있다.

3 개념

(1) 평생교육으로 번역되는 원어는 프랑스어의 L'éducation permanente이고, 이것이 스페인어로는 education permanente이다. 이 용어를 번역하면 영구교육 또는 항구교육이 된다.

(2) 영어로 lifelong education이라고 번역한 후부터 우리나라에서는 평생교육으로 사용되고 있고, 일본이나 중국 등의 한자권 국가에서는 각각 생애교육(生涯教育), 종생교육(終生教育)이라고 옮기고 있다.

4 정의

(1) 평생교육의 창시자인 렝그랑(Lengrand)

"평생교육은 개인의 출생부터 죽을 때까지의 생애의 걸친 교육(수직적 차원)과 개인 및 사회 전체의 교육(수평적 차원)의 통합"이라고 말함으로써 교육의 통합성과 종합적 교육체계를 강조하고 있다.

(2) 다베(Dave)

"평생교육은 개인과 집단 모두의 생활의 질을 향상시키기 위하여 개인의 평생을 통한 개인적·사회적·직업적 발달을 성취시키는 과정이다. … 평생교육은 개인적인 성장과 사회적 발전을 함께 관련시키고 있다"라고 말함으로써 '생활', '자아실현', '사회발전'의 개념을 강조하였다.

(3) 유네스코 한국위원회

평생교육이란 문자 그대로 **평생을 통한 계속적인 교육**을 의미하며, 급변하는 현대사회에 있어서 한편으로는 일정 연령층을 대상으로 하는 한정된 기간의 교육으로서의 학교교육과, 다른 한편으로는 조직화되지 못한 비효율적 상태로 방치되어 있는 **사회교육의 기능을 다 같이 개편·강화**하고, 한 사회가 가지고 있는 **교육자원을 효율화**함으로써 **교육역량의 극대화**를 지향하려는 노력을 의미한다.

(4) 김종서

평생교육은 **인간의 삶의 질 향상**이라는 이념추구를 위하여 태교에서부터 시작하여 유아교육, 아동교육, 청년교육, 성인전기교육, 성인후기교육, 노인교육을 **수직적으로 통합한 교육과정**과, 가정교육, 사회교육, 학교교육을 **수평적으로 통합한 교육**을 총칭하여 말하며, 그것은 **개인의 잠재능력의 최대한의 신장과 사회발전에 참여하는 능력의 개발**을 목적으로 한다.

제2절 다양한 개념

1 사회교육(social education)

(1) 평생교육과 가장 혼동되기 쉬운 개념이나, 양자의 개념은 엄격히 구분되어야 한다.

(2) **평생교육은 사회교육을 포섭하는 상위개념**이다.

(3) 사회교육도 광의와 협의로 볼 수 있는데, 광의에서는 학교교육을 제외한 모든 형태의 조직적인 교육활동으로 정의하고 있다. 이 정의에 따르면, 유아교육도 사회교육에 포함된다.

(4) 협의에서는 유아교육을 제외한 학교 외 교육을 말한다. 즉 "사회교육은 학교교육에 의한 교육활동을 제외한 청소년 및 성인에 대한 모든 형태의 조직적인 교육활동을 말한다"라고 정의한다.

2 비정규교육 또는 비형식교육(nonformal education)

(1) 비형식교육은 콤스(Combs)가 형식교육(formal education), 무형식교육(informal education)과 함께 분류한 교육형식 중의 하나로서 주로 **형식교육체제(주로 학교) 바깥에서 이루어지는 보다 조직적인 교육형태**를 말한다.

(2) 비형식교육은 주로 제3세계의 문제와 연결되어서 등장하며 농촌확장교육, 성인문해교육, 직업기술훈련 등과 연결되어서 나타난다.

핵심정리

형식교육	• 조직적·의도적 • 학령기 학생 중심	• 학점, 학위증, 이수증
비형식교육	• 조직적·의도적 • 평생교육시설, 박물관, 도서관, 종교단체	• 자발적, 단기간
무형식교육	• 우발적, 비조직적	• everyday learning

(3) **추가교육**(further education)

① **의무교육을 마친 연령층을 대상으로 하는 전일제 또는 시간제 교육**을 말한다.

② 여기에는 여가시간을 이용한 모든 조직적인 문화적·창조적 활동이 포함된다.

③ 국민은 누구나 희망에 따라 이 교육프로그램에 참여할 수 있다.

④ 국가 및 지방교육당국(교육위원회)은 이 모든 다양한 형태의 교육을 실시하기 위한 시설과 운영의 책임을 맡아야 한다.

⑤ 추가교육은 **의무교육을 마친 청소년에 대한 비교적 장기간에 걸친 학교 외의 조직적인 교육활동**을 말한다고 볼 수 있다.

(4) **순환교육**(recurrent education)

① 순환교육이라는 개념은 1973년 **OECD 유럽회의 때 발의**되었던 것으로서 **산업사회의 생동적인 갱신을 위한 반복적인 교육**을 뜻한다.

② 그들이 말하는 재교육이란 **학교교육을 마치고 각자 직업생활에 종사하고 있는 성인들에게 수시로 적절한 시기를 택하여 계속적인 재교육을 반복케 하는 것이 필요**하다는 견해에서 비롯된 개념이었다.

③ 이러한 교육에는 비단 기업 내 교육 또는 사내연수교육 등의 형태를 통해 실시되는 직업훈련교육뿐만 아니라, 직업인에게 일정 기간 유급휴가를 주어 대학 기타의 정규교육기관이나 연구기관 등에 파견·취학케 하는 형식의 교육프로그램도 포함된다.

④ 최근 **OECD는 이 개념을 평생학습(lifelong learning)이라는 개념으로 대체**하여 사용하는 경향이다.

⑤ 순환교육의 목표와 원칙을 들면 다음과 같다.

㉠ 학교에서 일어나는 학습과 다른 삶의 현장에서 일어나는 학습 사이의 상보성을 촉진시킨다. 그러므로 학위나 자격증은 특정 교육경력의 최종 결과들이 아니라 평생교육 과정상의 한 단계로서 이해해야 한다.

㉡ 제도교육의 구조와 교육과정을 재검토해야 한다. 예컨대 중등교육의 최종 학년 단계에서는 학생들이 이후 진로에 대해 실질적인 고민을 할 수 있는 교육과정을 제시할 수 있어야 한다.

㉢ 교육정책과 노동시장정책 간에 조정과 협조가 있어야 한다.

㉣ 초·중등교육 의무교육 제도화 및 성인의 고등교육 참여기회 확대를 위해 노력한다.

㉤ 비정규적 교육을 통해 획득된 경험의 가치를 인정하고 적절한 자격을 부여해야 한다. 또한, 정규교육을 마친 뒤에도 교육이 종결되지 않고 또 다른 교육의 장으로 연결될 수 있어야 한다.

㉥ 성인의 경우에는 자신들이 필요한 시기에 노동과 교육을 선택하여 진행시킬 수 있어야 한다.

(5) 생애진로교육(career education)

① 모든 청소년들의 직업선택을 위한 기초를 개선한다.

② 직업상의 기능획득을 촉진시켜 준다.

③ 정해진 교육의 목표달성을 충족시켜 줌과 동시에 그들의 장래에 비추어 교육을 보다 뜻깊은 것이 되게 한다.

④ 훈련기회의 폭을 넓혀 준다.

⑤ 이와 같이 생애진로교육은 **평생 동안에 걸친 학교 및 학교 외에서의 직업교육**을 말한다.

(6) 지역사회교육(community education)

① 지역사회교육은 처음에 푸에르토리코나 다른 저개발국에서 정식으로 공식용어로 사용한 것으로, **지역사회의 종합적인 생활향상을 위한 주민들의 집단적인 사회교육 과정**을 말한다.

② 지역사회교육은 종종 지역사회개발(community development), 지역사회운동(community action) 등의 개념과 함께 등장한다. 이는 지역사회교육이 지역사회의 발전을 도모하는 여러 가지 실천활동을 벌여 내는 가운데 실시되는 교육이기 때문이다.

③ 이러한 개발적 성격의 제3세계 지역사회교육과는 달리 영국에서 시작된 지역사회교육은 지역사회학교(community school)에서 유래되었다. 이는 학교가 지역사회주민의 교육적 요구를 충족시켜 주기 위하여 학교의 물적·인적 자원을 지역사회주민에게 제공하는 형태의 교육을 일컫는 것이었다.

(7) 안드라고지(Andragogy)

① **성인교육**론으로, 성인들의 학습을 돕기 위하여 **성인교육의 이론, 과정, 기법을 연구**하는 학문분야를 말한다.

② 「교육론」을 의미하는 「페다고지」(pedagogy)가 그리스 어원으로 해석하면 「아동교육」의 뜻이 되는 것에 대하여 「성인」을 의미하는 그리스어 안드로스(andros)와 「이끌다」 또는 「가르치다」를 뜻하는 아게인(agein)의 합성어로, **성인을 교육하는 활동**을 의미한다.

③ 안드라고지는 기존의 교육학이 아동의 교육학이었다는 점을 역설함으로써 성인의 교육학의 필요성과 차별성을 강조한다.

④ 아동과 성인의 차이를 뚜렷이 밝히고, 성인학습자의 학습이론과 성인학습자를 위한 교육방법을 개발하는 것이 중요한 연구과제가 된다.

개념 +

노울즈(Malcolm Knowles)의 성인학습자의 특성

- 인간이 성숙함에 따라 자아개념이 의존적인 것에서 **자기주도적**인 것으로 바뀐다.
- 학습함에 따라 **경험이 축적**된다.
- 학습준비도는 점점 더 **사회적 역할**에 대한 **발달과업을 지향**하게 된다.
- 시간에 대한 관점은 지식의 적용을 연기하는 것에서 **즉각적**인 적용으로 변하게 되고, 학습에 대한 지향성은 교과중심에서 **문제중심**으로 옮겨 간다.
- 성인은 외재적 요인보다는 **내재적 요인**에 의해 학습하려는 동기가 유발된다.

(8) 전환학습

① **메지로우(Mezirow, J.)**가 주창한 개념이다.

② 지식을 습득·축적하는 전통적 학습과는 달리 개인이 가진 많은 **기본적인 가치와 가정들이 학습을 통해 변화하는 하나의 과정**을 의미한다.

③ 학습에서 과거의 해석을 활용하여 **현재의 경험에 새롭게 의미를 부여하고 미래 행동의 지침을 획득**해 가는 과정이다.

④ 삶의 맥락에서 자신과 자신을 둘러싼 주변 환경이 가지고 있는 **비판적 성찰**을 통해 **객관적이고 주관적인 가정을 재구성**해 가는 과정이 전환학습의 중심이 된다.

⑤ 전환학습 관점의 중요한 요소들은 **비판적 성찰, 경험, 발달 등**이다.

⑥ 전환학습을 통해 전환되는 것은 **관점**이다.

⑦ 메지로우는 전환학습의 과정을 **비판적 성찰, 비판적 성찰에 의해 획득된 통찰력을 확인하기 위한 담론, 행동의 단계**로 구분하였다.

제3절 평생교육의 특성

1 렝그랑(Paul Lengrand)의 견해

렝그랑은 평생교육의 특성을 다음과 같이 설정하였다.

(1) 현재의 교육체제는 교육을 일생의 한정된 시기, 즉 청소년기에 한정시키고 있는 것에 비해 **평생교육은 전 생애에 걸친 것**으로 본다.

(2) 현재의 교육체제는 교육지식의 습득에 중심을 둔 추상적인 것임에 비해, **평생교육은 지적·정서적·심미적·직업적·정치적·신체적**인 면을 모두 다루고 있다.

(3) 현재의 교육체제는 직업교육과 일반교육, 형식교육과 비형식교육, 학교교육과 학교 외 교육 등 여러 가지 교육활동을 분리하고 있다. 그러나 평생교육은 **인격의 전체적·유기적인 발달을 고려하여 여러 가지 교육 간의 연결 내지 결합을 시도**하고 있다.

(4) 현재의 교육체제에서는 지금까지 집적된 정보를 다음 세대에 전달하는 것을 교육의 목적으로 보는 지식관을 가진 데 비해, **평생교육은 지식이나 지성이나 인격은 형성되는 것이라는 변증법적인 견해**를 가지고 있다. 따라서 평생교육에서는 **인간을 지속적으로 탐구하며 교육활동을 전개**하고 있는 시각적인 존재로 본다.

(5) 현재의 교육체제는 교육적인 규제 및 외부에서의 강제에 의해 기성의 문화가치를 습득시키는 데 중점을 두고 있다. 이에 대해 평생교육은 **한 사람 한 사람이 가지고 있는 개성이나 독자성, 자기 자신이 가진 특성에 따라 자발적·자주적으로 성장·발달**해 가는 것에 중점을 둔다.

(6) 현재의 교육체제는 교육을 문화유산을 전달하는 수단으로 보고 있는 것에 비해, 평생교육의 관점에서는 **교육을 끊임없는 자기발전의 과정으로 보며, 중요한 성장의 수단**으로 간주한다.

(7) 현재의 교육체제는 교육이 선별의 도구가 되어 있으나, 평생교육은 미숙한 시기의 1회에 한한 선별은 무익할 뿐만 아니라 유해하다고 본다. 따라서 **평생교육에서는 인간이 가지고 있는 자질을 일생에 걸쳐 발달단계에 따라 발휘**하는 것을 중요시한다.

(8) 현재의 교육체제는 교육이라는 것을 초등학교, 대학, 기술전문학교 등 임의로 분리시킨 분야에 한정하고 있다. **평생교육은 교육이라는 것을 친구관계, 가족, 직장, 교회, 정당, 노동조합, 클럽 등 사람들의 실제 생활에 관련된 여러 가지 환경이나 상황에까지 확대**시키는 것으로 생각한다.

(9) 현재의 교육체계는 도서, 강연, 학교, 대학제도 등 교육의 매체가 되는 것이나 훈련에 일정한 절차를 두고 있으나, **평생교육은 교육의 기회를 선택할 때 부여된 환경 중에서 이용 가능한 매체의 여부, 혹은 개인이나 사회의 능력에 그것이 적용될지 안 될지를 유일한 결정방법**으로 본다.

(10) 현재의 교육체제는 교육은 사회의 극히 일부의 사람, 다시 말하면 교사에 의해 행해지는 것으로 생각하고 있으나, **평생교육은 때와 상황에 따라 사회 전체가 교육의 기회를 제공**하는 것으로 본다.

2 옴멘(Van Ommen)의 견해

(1) 평생교육은 **모든 사람**을 위한 것이다.

(2) 평생교육의 목적은 **구속으로부터 해방**하는 데 있다.

(3) 평생교육의 목적은 한 사람 한 사람의 **창조성을 높이는 것**이다.

(4) 평생교육은 목표를 달성하기 위하여 **교육공학**을 활용한다.

(5) 평생교육은 **학교제도의 민주화**를 촉진한다.

(6) 평생교육은 **학습자가 있는 곳**에서 이루어진다.

(7) 평생교육은 **교육체계 전체를 조정하고 통합**하려 한다.

(8) 평생교육은 **사회행동의 동인**이 될 수 있다.

3 다베(Dave)의 견해

(1) 평생교육 개념의 의미가 기초하고 있는 3가지 기본술어는 lie, lifelong, education으로 이 세 가지 술어에 부여된 의미와 그 해석은 **평생교육의 범위와 의미를 결정**한다.

(2) 교육은 형식적인 학교교육이 끝남과 동시에 종결되는 것이 아니고 **평생을 통하여 계속되는 과정**이다.

(3) 평생교육은 성인교육에 국한되는 것이 아니라 **학령 전 교육, 초등교육, 중등교육과 그 이후의 교육을 망라하고 통합**한다. 그러므로 평생교육은 **교육을 전체**로서 보는 관점을 취한다고 할 수 있다.

(4) 평생교육은 **형식교육, 비형식교육, 계획적인 학습과 부수적인 학습**을 모두 포함한다.

(5) 가정은 평생교육의 과정을 시작함에 있어서 가장 예민하고 결정적인 역할을 한다. **가정학습은 개인의 전 생애에 걸쳐 계속**된다.

(6) **지역사회**도 또한 어린이가 그 지역사회와 교섭하기 시작하는 바로 그 시간부터 **평생교육 체제에 중요한 역할**을 하며, 전문적인 영역에 있어서나 일반적인 영역에 있어서나 일생을 통하여 그 교육적 기능을 행사한다.

(7) **학교와 대학 및 훈련센터 등의 교육기관**도 물론 중요하다. 그러나 그것은 다만, 평생교육을 위한 하나의 기관으로서 중요성을 갖는 것이다. 그러한 기관들은 사람들을 교육함에 있어서 더 이상 전매특권을 누릴 수 없으며, 사회의 다른 교육기관으로부터 더 이상 고립해서 존재할 수 없다.

(8) 평생교육은 또한 수직적 혹은 종적 차원에서의 계속성과 접합성을 추구한다.

(9) 평생교육은 그 수직적 혹은 수평적 또는 깊이의 차원에서 인생의 모든 단계에서 통합성을 추구한다.

(10) 교육의 수월성 및 형식성과는 대조적으로 평생교육은 성격상 보편성을 추구한다. 그리고 이는 교육의 민주화를 표방한다.

(11) 평생교육은 내용, 학습도구, 학습기술, 학습시간에 있어서 융통성과 다양성으로 특징지어진다.

(12) 평생교육은 학습에 있어서의 자료와 매체의 적용과 새로운 발전을 허용하는 역동적인 접근방법이다.

(13) 평생교육은 교육을 받는 유형이나 형태에 있어서 선택을 허용한다.

(14) 평생교육은 일반과 전문의 두 가지 넓은 요소를 포함한다. 이 두 가지 요소들은 서로가 완전히 다른 것이 아니라 성질상 서로 관련되고 상호작용한다.

(15) 개인이나 사회의 적응적·혁신적 기능은 평생교육을 통하여 달성된다.

(16) 평생교육은 기존 교육체제의 결점을 보완하는 교정적 기능을 한다.

(17) 평생교육의 궁극적 목적은 생활의 질을 향상·유지시키는 것이다.

(18) 평생교육을 위해서는 이른바 기회, 동기유발, 교육가능성의 3가지 중요한 전제조건이 필요하다.

(19) 조작적 수준에서 평생교육은 모든 교육의 전체 체계를 마련해 준다.

개념 +

공통된 견해

- 평생교육을 통한 계속적인 학습과 교육
- 변화하는 사회에의 적응과 생활의 질적 향상을 추구하는 교육
- 모든 교육체제와 교육적 노력의 수직적·수평적 통합
- 가정, 학교, 사회에의 적응과 생활의 질적 향상을 추구하는 교육
- 교육과정, 교수-학습방법, 학습자료의 융통성과 다양성
- 기존 교육체제에 대한 교정적 기능과 점진적인 개선 등이다.

4 우리나라에서의 견해

유네스코 한국위원회에서는 '평생교육의 기본방향'이라는 항목으로 평생교육의 특성을 다음과 같이 열거하고 있다.

(1) 모든 개인은 그가 가진 잠재적 가능성을 평생 동안 계속적으로 개발시킬 수 있는 균등한 교육기회를 가질 수 있어야 한다.

(2) 평생교육의 궁극적 목적은 **개인의 행복과 생활의 향상**을 도모함과 동시에 **사회의 공동선이나 공동 목표를 조화롭게 달성**할 수 있는 **민주복지사회의 건설**을 지향하도록 하는 것이다.

(3) 평생교육은 개인으로 하여금 **직업생활을 준비시키기 위한 과학·기술교육 또는 직업교육**과 아울러 일반적 인간가치와 심미적 가치를 전달하는 **가치교육 및 인간교육**도 조화롭게 실시하도록 하는 것이다.

(4) **민주사회의 안정과 발전을 동시에 이룩하기 위한 인간**을 기르는 일뿐만 아니라, **창의적이며 비판적인 인간**을 기르는 데도 노력을 경주하여야 한다.

(5) 일생 동안의 각 **인간발달단계에 따른 발달과업, 역할, 필요 및 문제와 밀접한 관련을 맺고 계획·실시**되어야 한다.

(6) 이와 같은 평생교육의 이념과 목적을 구현하기 위하여 **학교뿐만 아니라, 사회의 모든 교육적 자원, 수단 또는 환경을 최대한으로 동원하고 활용**해야 한다.

(7) 그러므로 평생교육의 일부로서의 **학교교육은 개인으로 하여금 일생 동안 학습하려는 동기를 자극하고, 학습하는 능력을 학습할 수 있도록 계획**되어야 한다.

(8) 이를 달성하기 위하여 형식교육뿐만 아니라 **학교 외 교육을 보다 강화, 확충 그리고 개편**토록 해야 한다.

(9) 학교는 물론 평생교육을 수행하는 여러 사회집단 혹은 조직은 보다 체계적이며 능률적으로 상호 밀접한 연계성을 갖도록 해야 한다.

CHAPTER

02 평생교육의 발전

제1절 유네스코(UNESCO)

1 배경

(1) 평생교육론의 형성은 학교 자체의 비판적 재구조화 논의와 관련이 있다. 1960년대를 기점으로 학교에 대한 급진적 비판론 및 탈학교론 등은 학교 자체에 대한 근본적 개혁을 촉발하였으며, 이러한 논의는 새로운 대중문화와 진보적 정치의식 그리고 아나키즘을 동반한 신세대의 저항 등과 맞물리면서 전통적이고 권위주의적인 학교체제에 정면으로 도전하기 시작하였다.

(2) 일리치(Illich)는 '탈학교 사회(deschooling society)'를 통해 전통적 학교교육 체제를 혁명적으로 변화시킴으로써 평생교육 체제로 전환하도록 하는 데 가장 중요한 영향력을 미쳤다.

2 유네스코

(1) 평생교육의 개념은 유네스코(UNESCO)에 의하여 발달되었다. 유네스코는 교육, 과학, 문화의 국제적인 개발과 보급을 통하여 국가 및 국민 간의 상호 이해와 협력을 증진하고, 궁극에는 세계의 평화와 인류의 번영을 성취하자는 이상을 구현하고자 국제연합의 전문기구 가운데 하나로 1946년 11월에 출범하였다.

(2) 이와 같이 출범한 유네스코 사업 중의 하나가 성인교육에 관한 것이었다. 인류의 불평등과 전쟁의 원인은 인간의 무지에서 기인되는 바가 크다고 판단한 유네스코가 성인교육의 일에 착수한 것은 너무나도 당연한 일이었다.

(3) 유네스코의 성인교육에 대한 초기 개념은 기초교육(Fundamental Education)이었다. 기초교육에 대하여 유네스코 창설의 대표적 공로자인 헉슬리(Julian Huxley)는 다음과 같이 말하고 있다. "기초교육의 제1차적 목표는 문맹퇴치이다. 세계의 어두운 지역, 즉 무지와 몽매에 허덕이는 지역에 계몽의 불을 켜 주는 것은 우리들이 총력을 기울여야 할 분야이다. 그러나 문자 해득만으로는 충분치 못하다. 해득은 과학적, 기술적 진보와 효과적인 농업과 생산적인 공업발전을 위한 선행조건일 뿐이다. 문해교육은 또한 인간의 전체 교육체계와 연결되어야 하고 일반 사회적 교육과도 관련되어야 하며 동시에 건강과 직업과 시민적 자질에도 연결되어야 한다(유네스코, 1946: 8-9)."

(4) 제1차 세계 성인교육대회

① 유네스코는 대략 10년 간격으로 성인교육의 목적과 기능을 명확히 하기 위하여 국제회의를 개최하여 왔다.

② 1949년 덴마크의 엘시노어(Elsinore)에서의 제1차 세계 성인교육대회가 개최되었는데, 참가자는 주로 북미의 노동자 교육 및 운동을 담당하고 있는 사회단체의 인사들이었다.

③ 이 회의 결과에 따라 종전에 발간된 성인교육 전문지 『Fundamental Education』을 『Fundamental and Adult Education』으로 바꾸었다.

(5) 제2차 세계 성인교육대회

① 1960년 캐나다의 몬트리올의 제2차 세계 성인교육대회는 제1차 회의와 달리 선진국과 개발도상국이 함께 참여하였다.

② 사회교육을 학교교육과의 분리가 아닌 전체 교육체제 속에서 통합되는 것으로 정의를 내렸다.

(6) 이러한 두 차례의 성인교육에 관한 국제회의는 **사회교육과 학교교육은 급속한 사회변화 속에서 분리된 것이 아닌 전체의 교육체제 속에서 통합**된 것임을 분명히 하였다.

(7) 렝그랑: 『평생교육 입문(Introduction To Life-long Education)』

① 유네스코 사무국에서 렝그랑의 평생교육 원리를 채택하여 **1970년 세계 교육의 해(International Year of Education)의 기본이념**으로 평생교육을 제창하게 되었고, 1970년 이후의 유네스코 주관 교육사업의 기본정책이 되었다.

② **렝그랑의 『평생교육 입문(Introduction To Life-long Education)』**이 1970년에 출간되어 평생교육의 개념을 전파하였다.

(8) 제3차 세계 성인교육대회

1972년 일본 동경에서의 제3차 세계 성인교육대회에서는 1960년에서 1970년 초까지의 10여년 간의 사회교육의 동향을 다음 5가지로 요약하였다.

① 가속적 산업화가 비인간화를 가져왔다.

② 산업화에 따른 청소년 문제에 대하여 사회교육이 관심을 갖게 되었다.

③ 렝그랑의 평생교육 이념에 따라 전체 교육체제의 재편성을 가져왔다.

④ 지역사회 개발과 사회교육을 재편성함에 따라 더 긴밀성을 갖게 되었다.

⑤ 사회교육의 필요성에 따른 개발의 효과로 자기 갱신을 가져왔다.

(9) 포르 보고서: 『존재하기 위한 학습(Learning to be)』

1973년에 **포르(Fauré) 등에 의하여 발표된 연구보고서 『존재하기 위한 학습(Learning to be)』**은 평생교육의 개념을 발전시키는 데 크게 공헌하였다. 주된 내용은 다음과 같다.

① 본 연구보고서는 현대 사회변동을 면밀히 검토·분석하여 사회 전반에 걸친 폭넓은 변동양상 속에서 교육의 위치를 현실적으로 밝혀 놓은 점에서 현대교육의 한계상황을 잘 지적하고 있다.

② 현대 사회변동과 교육의 현상 사이의 간격은 심각한 상태에 이르고 있다.

③ 새로운 교육의 방향을 보다 광역으로 다양화시키고, 융통성 있는 평생의 삶과 연결시켜 제시한 점은 전통적 교육형태·개념·제도의 획기적 재검토를 요구하고 있다.

④ 교육의 새로운 가능성으로서 제시한 평생교육의 성격을 **학습사회(learning society)**란 말로 집약시키고 있다.

⑤ 현대사회 속에서 소외되어 가는 인간의 문제가 평생교육의 중심과제로서 크게 제기되고 있다.

⑥ 이 보고서에서 새로운 교육의 방향과 교육개혁의 원리가 제시되고 있으나, 모든 교육이 그 전통과 기초 위에서 발전되고 개혁되어 온 만큼 평생교육도 이러한 전통적 조명에서 그 위치를 부각시키지 못한 점이 있다.

⑦ 평생교육의 이념이 실제 교육개혁에 구체화되기 위해서는 현실적으로 많은 문제에 부딪치게 될 것이다.

(10) 21세기 세계교육위원회 – 학습: 감추어진 보물(Learning: The Treasure Within)

① **유네스코 21세기 세계교육위원회가 『Learning: The Treasure Within』 보고서**를 발표하였다.

② 21세기 위원회는 이 보고서를 통하여 21세기를 준비하는 4개의 학습을 제시하였는데, 이는 **알기 위한 학습(learning to know), 행동하기 위한 학습(learning to do), 존재하기 위한 학습(learning to be) 그리고 함께 살기 위한 학습(learning to live together)**이다.

알기 위한 학습	충분하고 광범위한 일반지식을 소수의 주제까지 깊이 있게 적용할 수 있도록 조합하는 데 쓰인다. 이는 또한 학습하기 위한 학습이라고 할 수 있으며, 전 생애를 거쳐 교육의 혜택을 받을 수 있게 한다.
행동하기 위한 학습	직업기술을 습득할 뿐만 아니라 보다 넓게는 여러 상황에 대처하고 팀을 이루어 일할 수 있는 능력을 얻는 데 쓰인다.
함께 살기 위한 학습	타인을 이해하고 상호의존성을 인정하면서 이루어진다. 이는 다원주의, 상호이해, 평화의 가치를 존중하는 정신으로, 타인들과 함께 공동과업을 수행하고 갈등을 관리하는 법을 배우면서 얻어진다.
존재하기 위한 학습	개인의 인성을 보다 잘 성장시키고 항상 보다 큰 자율성, 판단력, 책임감을 가지고 행동할 수 있게 해 준다. 따라서 교육은 기억력, 추리력, 미적 감각, 체력, 의사소통기술 등 다양한 잠재력을 중요시해야 한다.

제2절 OECD

1 순환교육

(1) 신자유주의적 입장에서 OECD 등은 유네스코의 평생교육 운동과 때를 맞추어 순환교육(recurrent education)이라는 개념을 슬로건화하기 시작하였다.

(2) OECD의 순환교육은 **정규학교를 졸업하고 직업을 가진 성인들에게 직업과 관계되는 새로운 지식과 기술을 교육하는 것으로, 산업사회의 직업기술 갱신을 위한 교육**을 의미한다.

(3) OECD는 1990년대로 넘어오면서 '정규교육 시스템의 유연화'로서의 순환교육이라는 용어를 폐기하고, **본격적으로 평생학습이라는 용어를 사용**한다. 그 분기점이 된 것은 1996년에 발표된 **'모든 이를 위한 평생학습(Lifelong Learning for All)'**이라는 문건이다.

(4) OECD 순환교육의 원리는 다음과 같다.

① 진로선택을 위한 교육과정 설치
② 의무교육 이후의 교육기회 부여
③ 시간과 장소에 구애받지 않을 교육시설의 확충
④ 일과 사회적 경험의 중시
⑤ 학업과 직업의 병행을 위한 생애과정 구성
⑥ 교육에서 학습자 집단의 특성 고려
⑦ 학위나 증서보다 평생교육의 과정 지도와 인격발달을 중시
⑧ 학습휴가의 권리

2 학습사회

(1) 지식경제의 확산과 신자유주의의 물결 속에서 노동문제에 관한 핵심주제는 '어떻게 완전고용을 달성할 것인가'에서 '어떻게 고용과 해고가 반복됨에도 불구하고 여전히 고용상태를 유지할 수 있는 고용가능성(employability)을 확보할 것인가'로 전환되었다.

(2) 여기서의 중심주제는 어떻게 **'유연한 일자리'와 '유연한 고용'이 만들어 내는 사회적 불안정성과 기존의 튼튼한 사회안전망이 틈새 없이 서로 결합할 수 있는 새로운 사회체제가 가능할 것인가**라는 질문으로 나타나게 되었다. 이러한 문제에 대해 OECD가 찾아낸 대답이 바로 **'학습사회(learning society)'**였다.

PART 13

제3절 유럽연합(EU)

1 『교수와 학습: 학습사회를 향하여』

(1) 1995년 **유럽연합의 백서인 『교수와 학습: 학습사회를 향하여(Teaching and Learning: Toward the Learning Society)』**가 출간되었다.

(2) 평생학습의 중요성은 **1996년을 유럽 평생학습의 해(European Year of Lifelong Learning)로 선포**하고, 이에 대한 다양한 실천전략들을 2000년 리스본 유럽연합 정상회의에서 구체화하였다.

2 평생학습각서(Memorandum on lifelong learning)

(1) **평생학습각서(Memorandum on lifelong learning)**를 발표하여 평생학습을 보편적 교육체제로 구축하기 위한 초석을 마련하였다.

(2) 이후 유럽연합은 유럽 국가 전체의 교육과 노동훈련 시스템을 재구조화하기 위해 '유럽 평생학습 실현화 전략(Making a European Area of Lifelong Learning a Reality)'과 '평생학습 결의(resolution on lifelong learning)'를 2001년과 2002년에 잇달아 발표하면서 체계적 이정표를 마련하였다.

핵심정리

렝그랑	인간은 태어나 죽을 때까지 평생을 통해 교육받을 권리가 보장되어야 한다. 그리고 이를 위해 새로운 교육제도들이 만들어져야 한다. 이제 파편화되고 분절되어 있는 교육제도들은 인간의 종합적 발달이라는 축을 중심으로 해체되고 재구성되어야 한다.
옴멘	평생교육은 모든 사람의 모든 구속으로부터의 해방과 창조성 향상을 그 목적으로 하며, 학교제도의 민주화를 촉진함과 동시에 교육체제 전체를 조정하고 통합하려는 시도이다. 평생교육은 또한 사회행동의 동인이 될 수 있다.
다베	평생교육은 변화하는 사회에서의 적응과 생활의 질적 향상을 추구하는 교육이고, 모든 교육체제와 교육적 노력의 수직적·수평적 통합이며, 기존 교육과정, 교수-학습방법, 학습자료의 다양성과 융통성을 지향하면서 기존 교육체제의 교정과 점진적 개선을 지향한다.
포르	학습의 본질은 생명을 위한 학습, 지속적인 배움을 위한 학습, 자유롭고 비판적인 사고를 위한 학습, 세계와 인간을 사랑하기 위한 학습, 창조적 노동을 개발하기 위한 학습이다.

CHAPTER

03 평생교육 관련 법률

제1절 평생교육법 총칙

1 목적

이 법은 「헌법」과 「교육기본법」에 규정된 평생교육의 진흥에 대한 국가 및 지방자치단체의 책임과 평생교육제도와 그 운영에 관한 기본적인 사항을 정하고, 모든 국민이 평생에 걸쳐 학습하고 교육받을 수 있는 권리를 보장함으로써 모든 국민의 삶의 질 향상 및 행복추구에 이바지함을 목적으로 한다.

2 정의

(1) "평생교육"이란 학교의 정규교육과정을 제외한 **학력보완교육, 성인 문해교육, 직업능력 향상교육, 성인 진로개발역량 향상교육, 인문교양교육, 문화예술교육, 시민참여교육** 등을 포함하는 모든 형태의 조직적인 교육활동을 말한다.

개념 +

학력보완교육	모든 국민이 학교교육체제를 거치면서 세상의 다양한 지식과 기술을 배운 결과에 대해 일정한 기준과 조건으로 인증하는 평생교육체제를 의미
성인 문해교육	인간이 동물과 다르게 문자를 배우고 익히며 문명인으로 성장하는 평생교육체제를 의미
직업능력 향상교육	학교교육을 마친 사람이 직업세계에 진입하여 주어진 역할과 책무를 수행하며 새로운 삶의 가치를 창출하도록 하는 교육
인문교양교육	전 생애 동안 다양한 교양을 쌓고 소양을 개발하며 아름다운 자화상을 만들어 가도록 지원하는 교육
성인 진로개발역량 향상교육	성인이 자신에게 적합한 직업을 찾고 진로를 인식·탐색·준비·결정 및 관리할 수 있도록 진로수업·진로심리검사·진로상담·진로정보·진로체험 및 취업지원 등을 제공하는 활동
문화예술교육	사회구성원이 일터와 일상생활을 넘나들며 각자의 삶을 풍요롭게 하는 취미오락과 문화예술을 경험하고 향유하도록 지원하는 교육
시민참여교육	어엿한 한 시민이 되어 사회적 책무성과 공익적 활동을 강조하는 평생교육체제를 의미

◆ 평생교육 6진 분류표(김진화)

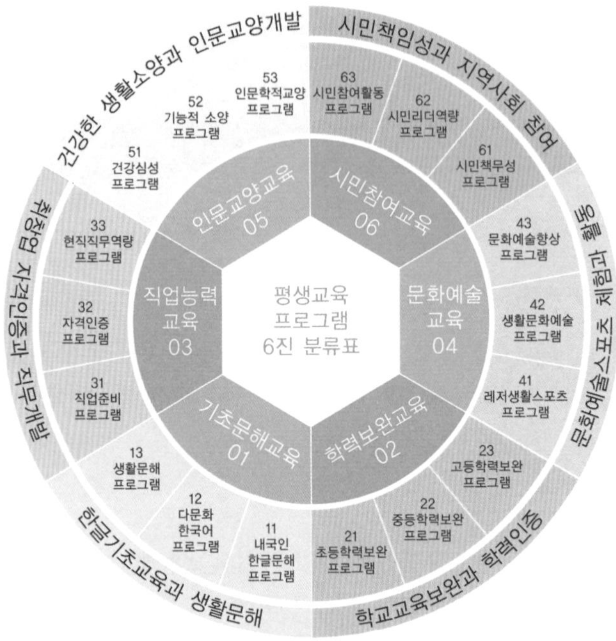

(2) **"평생교육기관"이란 다음 각 목의 어느 하나에 해당하는 시설·법인 또는 단체를 말한다.**

① 이 법에 따라 인가·등록·신고된 시설·법인 또는 단체

② **「학원의 설립·운영 및 과외교습에 관한 법률」에 따른 학원 중 학교교과교습학원을 제외**한 평생직업교육을 실시하는 학원

③ 그 밖에 다른 법령에 따라 평생교육을 주된 목적으로 하는 시설·법인 또는 단체

(3) 문자해득교육(문해교육)

일상생활을 영위하는 데 필요한 문자해득(文字解得)능력을 포함한 사회적·문화적으로 요청되는 기초생활능력 등을 갖출 수 있도록 하는 조직화된 교육프로그램을 말한다.

(4) 평생교육사업

국가 및 지방자치단체가 국민과 주민의 평생교육을 위하여 예산 또는 기금으로 조직적인 교육활동을 직·간접적으로 지원하는 사업을 말한다.

(5) 평생교육이용권

평생교육프로그램을 이용할 수 있도록 금액이 기재(전자적 또는 자기적 방법에 따른 기록을 포함한다)된 증표를 말한다.

(6) **성인 진로개발역량 향상교육**(성인 진로교육) – 2024.4.19. 시행

성인이 자신에게 적합한 직업을 찾고 진로를 인식·탐색·준비·결정 및 관리할 수 있도록 진로수업·진로심리검사·진로상담·진로정보·진로체험 및 취업지원 등을 제공하는 활동을 말한다.

3 다른 법률과의 관계 – 2024.4.19. 시행

(1) 평생교육에 관하여 다른 법률에 특별한 규정이 있는 경우를 제외하고는 이 법을 적용한다.

(2) 평생교육에 관한 법률을 제정하거나 개정할 때에는 이 법의 목적 및 이념에 부합되도록 하여야 한다.

4 평생교육의 이념

(1) 모든 국민은 **평생교육의 기회를 균등**하게 보장받는다.

(2) 평생교육은 **학습자의 자유로운 참여와 자발적인 학습**을 기초로 이루어져야 한다.

(3) 평생교육은 **정치적·개인적 편견의 선전**을 위한 방편으로 이용되어서는 아니 된다.

(4) 일정한 평생교육과정을 이수한 자에게는 그에 상응하는 **자격 및 학력인정 등 사회적 대우**를 부여하여야 한다.

5 국가 및 지방자치단체의 임무

(1) 국가 및 지방자치단체는 모든 국민에게 평생교육 기회가 부여될 수 있도록 **평생교육진흥정책과 평생교육사업을 수립·추진**하여야 한다.

(2) 국가와 지방자치단체는 **장애인이 평생교육의 기회**를 부여받을 수 있도록 장애인 평생교육에 대한 정책을 수립·시행하여야 한다.

(3) 국가와 지방자치단체는 장애인 평생교육을 체계적이고 지속적으로 실시하기 위하여 유기적인 협조체제를 구축하여야 한다.

(4) 국가 및 지방자치단체는 그 소관에 속하는 **단체·시설·사업장 등의 설치자에 대하여 평생교육의 실시를 적극 권장**하여야 한다.

(5) 국가 및 지방자치단체는 모든 국민이 여건과 수요에 적합한 평생교육을 선택하고 참여할 수 있도록 관련 정보를 제공하고 상담 등 지원 활동을 하여야 한다.

6 교육과정 등

평생교육의 교육과정·방법·시간 등에 관하여 이 법과 다른 법령에 특별한 규정이 있는 경우를 제외하고는 **평생교육을 실시하는 자가 정하되**, 학습자의 필요와 실용성을 존중하여야 한다.

7 공공시설의 이용

(1) 평생교육을 실시하는 자는 평생교육을 위하여 공공시설을 그 본래의 용도에 지장이 없는 범위 안에서 관련 법령으로 정하는 바에 따라 이용할 수 있다.
(2) 제1항의 경우 공공시설의 관리자는 특별한 사유가 없으면 그 이용을 허용하여야 한다.

8 학습휴가 및 학습비 지원

국가·지방자치단체와 공공기관의 장 또는 각종 사업의 경영자는 소속 직원의 평생학습기회를 확대하기 위하여 **유급 또는 무급의 학습휴가**를 실시하거나 **도서비·교육비·연구비 등 학습비를 지원**할 수 있다.

9 평생학습도시 – 2024.4.19. 시행

(1) 국가는 지역사회의 평생교육 활성화를 위하여 **특별자치시, 시(「제주특별자치도 설치 및 국제자유도시 조성을 위한 특별법」 제10조 제2항에 따른 행정시를 포함한다. 이하 이 조 및 제15조의2에서 같다)·군 및 자치구를 대상으로 평생학습도시를 지정 및 지원**할 수 있다. 이 경우 이미 지정된 평생학습도시에 대하여 평가를 거쳐 재지정 여부를 결정할 수 있다.
(2) 평생학습도시 간의 연계·협력 및 정보교류의 증진을 위하여 **전국평생학습도시협의회**를 둘 수 있다.
(3) **전국평생학습도시협의회의 구성·운영에 필요한 사항은 대통령령**으로 정한다.
(4) **평생학습도시의 지정, 지원 및 평가에 필요한 사항은 교육부장관**이 정한다.

10 학습계좌 – 2024.4.19. 시행

(1) 교육부장관은 **국민의 평생교육을 촉진하고 인적자원의 개발·관리를 위하여 학습계좌(국민의 개인적 학습경험을 종합적으로 집중 관리하는 제도**를 말한다)를 도입·운영할 수 있도록 노력하여야 한다.
(2) 교육부장관은 학습계좌에서 관리할 학습과정을 **대통령령**으로 정하는 바에 따라 평가인정할 수 있다.

(3) 교육부장관은 평가인정을 받은 학습과정의 이수결과를 학점이나 학력 또는 자격으로 인정할 수 있다. 이 경우 그 인정절차 및 방식 등에 필요한 사항은 대통령령으로 정한다.

(4) 교육부장관은 평가인정을 받은 학습과정을 설치 · 운영하는 평생교육기관이 다음 각 호의 어느 하나에 해당하면 그 평가인정을 취소할 수 있다. 다만, 제1호에 해당하는 경우에는 평가인정을 취소하여야 한다.

① 거짓이나 그 밖의 부정한 방법으로 평가인정을 받은 경우

② 제2항에 따라 평가인정 받은 내용을 위반하여 학습과정을 운영한 경우

③ 제2항에 따른 평가인정의 기준에 이르지 못하게 된 경우

(5) 교육부장관은 평가인정을 취소하고자 할 경우에는 대통령령으로 정하는 기간과 절차에 따라 평생교육기관의 장에게 시정을 명하여야 한다.

(6) 교육부장관은 시정명령을 하는 경우에는 평생교육기관의 장에게 시정명령을 받은 사실을 공표할 것을 명할 수 있다.

(7) 교육부장관 및 지방자치단체의 장은 평생교육이용권으로 수강한 교육이력을 학습계좌를 통해 관리할 수 있다.

(8) 교육부장관은 학습계좌의 운영을 위하여 필요한 경우에는 관계 행정기관등의 장에게 필요한 자료의 제공을 요청할 수 있다. 이 경우 자료의 제공을 요청받은 관계 행정기관등의 장은 특별한 사유가 없으면 이에 따라야 한다.

개념 +

평생학습계좌제 왜 필요할까요?

- 학습설계·관리를 통한 학습경험의 성찰 및 통찰: 전 생애의 학습경험을 성찰하고 통찰할 수 있는 도구(**평생학습이력관리시스템**)를 활용하여 **학습자 스스로 체계적인 학습설계와 관리를 할 수 있는 역량과 환경을 조성**하기 위함입니다.
- 평생교육 프로그램의 신뢰제고와 학습자의 학습선택권 다양화: 일정한 질적 수준을 담보하는 평생교육 프로그램을 국가가 평가(평가인정)하고 관리하여 평생교육 프로그램에 대한 학습자의 신뢰를 제고하고, 학습선택권의 안정성을 담보하기 위함입니다.
- 개인의 평생학습 이수결과를 사회적으로 인정 및 활용: 개인의 다양한 학습경험(평가인정 학습과정 이수, 자격, 경력, 자원봉사 등)를 평생학습계좌(이하 학습계좌)에 등록하고, 평생학습이력증명서를 발급받아 사회적(학력취득, 사회참여, 취업자료 등)으로 활용하도록 하기 위함입니다.

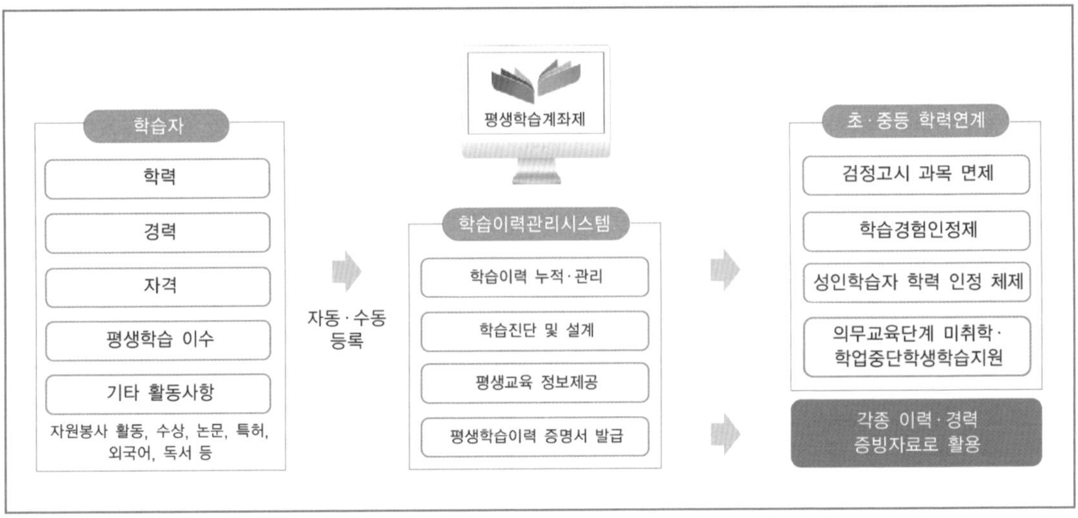

제2절 평생교육이용권

1 평생교육이용권의 발급 등

(1) 국가 및 지방자치단체는 **모든 국민에게 평생교육의 기회를 제공할 수 있도록 신청**을 받아 평생교육이용권을 발급할 수 있다.

(2) 교육부장관은 **평생교육소외계층에게 우선적으로 평생교육이용권을 발급**할 수 있도록 대통령령으로 신청자의 요건을 정할 수 있다.

(3) 국가 및 지방자치단체는 평생교육이용권의 수급자 선정 및 수급자격 유지에 관한 사항을 확인하기 위하여 가족관계 증명·국세 및 지방세 등에 관한 자료 등 대통령령으로 정하는 자료의 제공을 당사자의 동의를 받아 관계 중앙행정기관의 장 또는 지방자치단체의 장에게 요청할 수 있다. 이 경우 요청을 받은 자는 특별한 사유가 없으면 이에 따라야 한다.

(4) 국가 및 지방자치단체는 제3항에 따른 자료의 확인을 위하여 「사회보장기본법」 제37조에 따른 사회보장정보시스템을 연계하여 사용할 수 있다.

(5) 지방자치단체는 평생교육이용권의 발급, 정보시스템의 구축·운영 등 평생교육이용권 업무의 효율적 수행을 위하여 대통령령으로 정하는 바에 따라 전담기관을 지정할 수 있다.

(6) 그 밖에 평생교육이용권 발급에 필요한 사항은 대통령령으로 정한다.

2 평생교육이용권의 사용 등

(1) 평생교육이용권을 발급받은 사람(이하 이 조에서 "이용자"라 한다)은 평생교육프로그램을 제공하는 자에게 평생교육이용권을 제시하고 평생교육을 제공받을 수 있다.

(2) **평생교육이용권을 제시받은 자는 정당한 사유 없이 평생교육프로그램의 제공을 거부할 수 없다.**

(3) 누구든지 **평생교육이용권을 판매·대여하거나 부정한 방법으로 사용하여서는 아니 된다.**

(4) 국가 및 지방자치단체는 이용자가 평생교육이용권을 판매·대여하거나 부정한 방법으로 사용한 경우에는 그 평생교육이용권을 회수하거나 평생교육이용권 기재금액에 상당하는 금액의 전부 또는 일부를 환수할 수 있다.

(5) 그 밖에 평생교육이용권의 사용, 회수 및 환수 등에 필요한 사항은 대통령령으로 정한다.

제3절 평생교육사

1 평생교육사

(1) **교육부장관은 평생교육 전문인력을 양성하기 위하여 다음 각 호의 어느 하나에 해당하는 사람에게 평생교육사의 자격을 부여하며, 자격을 부여받은 사람에게는 자격증을 발급**하여야 한다.

① 「고등교육법」 제2조에 따른 **학교(이하 "대학"이라 한다) 또는 이와 같은 수준 이상의 학력이 있다고 인정되는 기관에서 교육부령으로 정하는 평생교육 관련 교과목을 일정 학점 이상 이수하고 학위를 취득**한 사람

② 「학점인정 등에 관한 법률」 제3조 제1항에 따라 **평가인정을 받은 학습과정을 운영하는 교육훈련기관(이하 "학점은행기관"이라 한다)에서 교육부령으로 정하는 평생교육 관련 교과목을 일정 학점 이상 이수하고 학위**를 취득한 사람

③ 대학을 졸업한 사람 또는 이와 같은 수준 이상의 학력이 있다고 인정되는 사람으로서 **대학** 또는 이와 같은 수준 이상의 **학력이 있다고 인정되는 기관**, 제25조에 따른 **평생교육사 양성기관**, **학점은행기관**에서 교육부령으로 정하는 평생교육 관련 교과목을 일정 학점 이상 이수한 사람

④ 그 밖에 대통령령으로 정하는 자격요건을 갖춘 사람

(2) 평생교육사는 **평생교육의 기획·진행·분석·평가 및 교수업무**를 수행한다.

(3) 다음 각 호의 어느 하나에 해당하는 사람은 평생교육사가 될 수 없다.

① 제24조의2에 따라 자격이 취소된 후 그 자격이 취소된 날부터 3년이 지나지 아니한 사람(제28조 제2항 제1호에 해당하여 자격이 취소된 경우는 제외한다)

② 제28조 제2항 제1호부터 제5호까지의 어느 하나에 해당하는 사람

(4) 평생교육사의 등급, 직무범위, 이수과정, 연수 및 자격증의 교부절차 등에 필요한 사항은 **대통령령**으로 정한다.

(5) 제1항에 따라 발급받은 자격증은 **다른 사람에게 빌려주거나 빌려서는 아니 되며, 이를 알선하여서도 아니 된다.**

(6) 교육부장관은 제1항에 따른 평생교육사의 자격증을 교부 또는 재교부 받으려는 사람에게 교육부령으로 정하는 바에 따라 수수료를 받을 수 있다.

2 평생교육사의 자격취소

교육부장관은 평생교육사가 다음 각 호의 어느 하나에 해당하는 경우에는 그 자격을 취소하여야 한다.

(1) 거짓이나 그 밖의 부정한 방법으로 평생교육사의 자격을 취득한 경우

(2) 다른 사람에게 평생교육사의 명의를 사용하게 한 경우

(3) 제24조 제3항 제2호의 결격사유에 해당하게 된 경우

(4) 제24조 제5항을 위반하여 자격증을 빌려준 경우

3 평생교육사 양성기관

교육부장관은 평생교육사의 양성과 연수에 필요한 시설·교육과정·교원 등을 고려하여 **대통령령**으로 정하는 바에 따라 **평생교육기관을 평생교육사 양성기관으로 지정**할 수 있다.

4 평생교육사의 배치 및 채용

(1) 평생교육기관에는 **평생교육사를 배치하여야 한다.**

(2) 「유아교육법」, 「초·중등교육법」 및 「고등교육법」에 따른 유치원 및 학교의 장은 평생교육프로그램 운영에 필요할 때에는 평생교육사를 채용할 수 있다.

(3) 제20조에 따른 시·도 평생교육진흥원, 제20조의 2에 따른 장애인평생교육시설 및 제21조에 따른 시·군·구 평생학습관에 평생교육사를 배치하여야 한다.

(4) 제1항부터 제3항까지의 규정에 따른 평생교육사의 배치대상기관 및 배치기준은 대통령령으로 정한다.

5 실태조사 – 2024.4.19. 시행

(1) 교육부장관은 평생교육사의 배치현황, 보수수준 및 지급실태 등에 관하여 3년마다 조사하여야 한다.

(1) 제1항에 따른 조사의 방법과 내용 등에 필요한 사항은 대통령령으로 정한다.

6 평생교육사 채용에 대한 경비보조

국가 및 지방자치단체는 제26조 제2항에 따른 평생교육 프로그램 운영 및 평생교육사 채용에 사용되는 경비 등을 보조할 수 있다.

7 등급별 자격요건

등급	자격요건
1급	평생교육사 2급 자격증을 취득한 후 평생교육 관련업무에 5년 이상 종사한 경력이 있는 자로서 국가평생교육진흥원이 운영하는 평생교육사 1급 승급과정을 이수한 자(2급 자격취득 이후 경력만 인정)
2급	1. 대학원에서 평생교육 관련과목 중 필수과목을 15학점 이상 이수하고 석사 또는 박사학위를 취득한 자 2. 대학 또는 학점은행기관에서 평생교육 관련과목을 30학점 이수하고 학위를 취득한 자 3. 대학을 졸업한 자 또는 지정양성기관·학점은행기관에서 평생교육 관련과목을 30학점 이수한 자 4. 평생교육사 3급 자격증을 보유하고 평생업무 관련업무에 3년 이상 종사한 경력이 있는 자로서 국가평생교육진흥원이나 지정양성기관이 운영하는 평생교육사 2급 승급과정을 이수한 자(3급 자격취득 이전·이후 경력 모두 인정)
3급	1. 대학 또는 학점은행기관에서 평생교육 관련과목을 21학점 이상 이수하고 학위를 취득한 자 2. 대학을 졸업한 자 또는 지정양성기관·학점은행기관에서 평생교육 관련과목을 21학점 이상 이수한 자 3. 평생교육 관련업무에 2년 이상 종사한 경력이 있는 자로서 국가평생교육진흥원이나 지정양성기관이 운영하는 평생교육사 3급 양성과정을 이수한 자 4. 평생교육 관련업무에 1년 이상 종사한 경력이 있는 공무원 및 「초·중등교육법」 제2조 제1호부터 제5호까지의 학교 또는 학력인정 평생교육시설의 교원으로서 국가평생교육진흥원이나 지정양성기관이 운영하는 평생교육사 3급 양성과정을 이수한 자

제4절 평생교육기관

1 평생교육기관의 설치자

(1) 평생교육기관의 설치자는 다양한 평생교육프로그램을 실시하여 지역사회 주민을 위한 평생교육에 기여하여야 한다.

(2) 다음 각 호의 어느 하나에 해당하는 자는 평생교육기관의 설치자가 될 수 없다.

① 피성년후견인 또는 피한정후견인

② 금고 이상의 실형을 선고받고 그 집행이 종료(집행이 종료된 것으로 보는 경우를 포함한다)되거나 집행이 면제된 날부터 3년이 지나지 아니한 자

③ 금고 이상의 형의 집행유예를 선고받고 그 유예기간 중에 있는 자

④ 법원의 판결 또는 다른 법률에 따라 자격이 정지 또는 상실된 자

⑤ 제42조에 따라 인가 또는 등록이 취소되거나 평생교육과정이 폐쇄된 후 3년이 지나지 아니한 자

⑥ 임원 중 제1호부터 제5호까지의 어느 하나에 해당하는 자가 있는 법인

(3) 평생교육기관의 설치자는 특별시·광역시·특별자치시·도·특별자치도의 조례로 정하는 바에 따라 평생교육시설의 운영과 관련하여 그 시설의 이용자에게 발생한 생명·신체상의 손해를 배상할 것을 내용으로 하는 보험가입 또는 공제사업에의 가입 등 필요한 안전조치를 하여야 한다.

(4) 평생교육기관의 설치·운영자는 학습자의 보호를 위하여 다음 각 호의 어느 하나에 해당하는 경우에는 대통령령으로 정하는 바에 따라 학습비 반환 등의 조치를 하여야 한다.

① 평생교육시설의 설치인가 또는 등록이 취소되거나 평생교육과정이 폐쇄 또는 운영정지된 경우

② 평생교육기관의 설치·운영자가 교습을 할 수 없게 된 경우

③ 학습자가 본인의 의사로 학습을 포기한 경우

④ 그 밖에 학습자 보호를 위하여 대통령령으로 정하는 경우

(5) **학력인정 평생교육시설의 설립주체는 「사립학교법」에 따른 학교법인 또는 「공익법인의 설립·운영에 관한 법률」에 따른 재단법인으로 한다.**

2 학교의 평생교육

(1) 「초·중등교육법」 및 「고등교육법」에 따른 각급학교의 장은 평생교육을 실시하는 경우 평생교육의 이념에 따라 교육과정과 방법을 수요자 관점으로 개발·시행하도록 하며, 학교를 중심으로 공동체 및 지역문화 개발에 노력하여야 한다.

(2) 각급학교의 장은 해당 학교의 교육여건을 고려하여 학생·학부모와 지역 주민의 요구에 부합하는 평생교육을 **직접 실시하거나 지방자치단체 또는 민간에 위탁하여 실시**할 수 있다. 다만, **영리를 목적으로 하는 법인 및 단체는 제외**한다.

(3) 제2항에 따른 학교의 평생교육을 실시하기 위하여 각급 학교의 교실·도서관·체육관, 그 밖의 시설을 활용하여야 한다.

(4) 제2항 및 제3항에 따라 학교의 장이 학교를 개방할 경우 개방시간 동안의 해당 시설의 관리·운영에 필요한 사항은 해당 지방자치단체의 조례로 정한다.

3 학점은행기관의 평생교육

(1) 학점은행기관의 장은 교육부장관의 평가인정을 받은 학습과정 운영을 통하여 평생교육을 실시한다.

(2) 학점은행기관의 장은 제1항에 따른 학습과정을 운영함에 있어 그 질을 유지하거나 개선하기 위하여 노력하여야 한다.

4 학교 부설 평생교육시설

(1) 각급학교의 장은 학생·학부모와 지역 주민을 대상으로 교양의 증진 또는 직업교육을 위한 평생교육시설을 설치·운영할 수 있다. 평생교육시설을 설치하는 경우 각급학교의 장은 관할청에 보고하여야 한다.

(2) 대학의 장은 대학생 또는 대학생 외의 사람을 대상으로 자격취득을 위한 직업교육과정 등 다양한 평생교육과정을 운영할 수 있다.

(3) 각급학교의 시설은 다양한 평생교육을 실시하기에 편리한 형태의 구조와 설비를 갖추어야 한다.

5 학교형태의 평생교육시설 – 2024.4.19. 시행

(1) 학교형태의 평생교육시설을 설치·운영하고자 하는 자는 대통령령으로 정하는 시설·설비를 갖추어 교육감에게 등록하여야 한다.

(2) 교육감은 제1항에 따른 학교형태의 평생교육시설 중 일정 기준 이상의 요건을 갖춘 평생교육시설에 대하여는 이를 고등학교졸업 이하의 학력이 인정되는 시설로 지정할 수 있다. 다만, 제6항에 따라 지방자치단체로부터 지원받은 보조금을 목적 외 사용, 부당집행하였을 경우에는 그 지정을 취소할 수 있다.

(3) 제2항에 따른 학력인정 평생교육시설에는 「초·중등교육법」 제19조 제1항의 교원을 둘 수 있다. 이 경우 교원의 복무·국내연수와 재교육에 관하여는 국·공립학교의 교원에 관한 규정을 준용한다.

(4) 「초·중등교육법」 제54조 제4항에 따라 전공과를 설치·운영하는 고등기술학교는 교육부장관의 인가를 받아 전문대학졸업자와 동등한 학력·학위가 인정되는 평생교육시설로 전환·운영할 수 있다. 이 경우 전공대학의 명칭을 사용할 수 있다.

(5) 제2항에 따른 학력인정 평생교육시설의 지정 및 지정취소 기준·절차, 입학자격, 교원자격 등과 제4항에 따른 평생교육시설의 인가 기준·절차, 학사관리 등의 운영 방법 등에 필요한 사항은 대통령령으로 정한다.

(6) 지방자치단체는 해당 지방자치단체의 조례로 정하는 바에 따라 예산의 범위 내에서 「초·중등교육법」 제2조의 학교에 준하여 제2항에 따른 학력인정 평생교육시설에 필요한 보조금을 교부하거나 그 밖의 지원을 할 수 있다.

(7) 제2항 또는 제4항에 따라 학력인정 평생교육시설로 지정 또는 인가를 받은 자가 그 시설을 폐쇄하고자 하는 때에는 재학생 보호방안 등 대통령령으로 정하는 사항을 갖추어 교육부장관 또는 시·도 교육감의 인가를 받아야 한다.

(8) 제2항에 따른 학력인정 평생교육시설의 재산관리, 회계 및 교원 등의 신규채용에 관한 사항은 각각 「사립학교법」 제28조, 제29조 및 제53조의2 제10항을 준용하고, 장학지도 및 학생의 학교생활기록 관리는 각각 「초·중등교육법」 제7조 및 제25조 제1항을 준용하며, 보건·위생·학습환경 등에 관한 사항은 각각 「학교보건법」 제4조, 제9조, 제9조의2 및 제12조를 준용한다. 다만, 교비회계에 속하는 예산·결산 및 회계업무는 교육부령으로 정하는 방식으로 처리하여야 한다.

6 사내대학형태의 평생교육시설 - 2024.4.19. 시행

(1) 다음 각 호의 어느 하나에 해당하는 자는 교육부장관의 인가를 받아 전문대학 또는 대학졸업자와 동등한 학력 · 학위가 인정되는 평생교육시설을 설치 · 운영하거나 「고등교육법」 제2조에 따른 학교에 위탁하여 운영할 수 있다.

① 대통령령으로 정하는 규모 이상의 사업장(공동으로 참여하는 사업장도 포함한다)의 경영자
② 「산업입지 및 개발에 관한 법률」에 따라 설립된 산업단지 입주기업의 연합체(이하 "산업단지 기업연합체"라 한다). 이 경우 산업단지 기업연합체는 제1호에서 대통령령으로 정하는 규모 이상이어야 한다.
③ 「산업발전법」 제12조 제2항에 따라 구성된 산업부문별 인적자원개발협의체(이하 "산업별 협의체"라 한다). 이 경우 산업별 협의체는 제1호에서 대통령령으로 정하는 규모 이상이어야 한다.

(2) 제1항에 따른 사내대학형태의 평생교육시설은 다음 각 호의 어느 하나에 해당하는 사람을 대상으로 한다.

① 해당 사업장 또는 산업단지 기업연합체에 속한 사업장에 고용된 종업원
② 해당 사업장 또는 산업단지 기업연합체에 속한 사업장에서 일하는 다른 업체의 종업원
③ 해당 사업장 또는 산업단지 기업연합체에 속한 사업장과 하도급 관계에 있는 업체 또는 부품·재료 공급 등을 통하여 해당 사업장 또는 산업단지 기업연합체에 속한 사업장과 협력관계에 있는 업체의 종업원
④ 해당 사업장 또는 산업단지 기업연합체에 속한 사업장과 동종 업종 또는 관련 분야에 속하는 업체의 종업원
⑤ 산업별 협의체의 해당 업종 또는 관련 분야에 속하는 업체의 종업원

(3) 제1항에 따른 사내대학형태의 평생교육시설에서의 교육에 필요한 비용은 제2항 각 호에 해당하는 사람을 고용한 고용주가 부담하는 것을 원칙으로 한다.

(4) 제1항에 따른 사내대학형태의 평생교육시설의 설치기준·학점제등 운영에 필요한 사항은 대통령령으로 정한다.

(5) 제1항에 따른 사내대학형태의 평생교육시설을 폐쇄하고자 하는 경우에는 재학생 보호방안 등 대통령령으로 정하는 사항을 갖추어 교육부장관에게 신고하여야 한다.

7 원격대학형태의 평생교육시설

(1) 누구든지 정보통신매체를 이용하여 특정 또는 불특정 다수인에게 원격교육을 실시하거나 다양한 정보를 제공하는 등의 평생교육을 실시할 수 있다.

(2) 제1항에 따라 불특정 다수인을 대상으로 학습비를 받고 교육을 실시하고자 하는 경우(「학원의 설립·운영 및 과외교습에 관한 법률」 제2조의2 제1항 제1호의 학교교과교습학원에 해당하는 경우는 제외한다)에는 대통령령으로 정하는 바에 따라 **교육감에게 신고**하여야 한다. 이를 폐쇄하고자 하는 경우에는 그 사실을 교육감에게 통보하여야 한다.

(3) 제1항에 따라 전문대학 또는 대학졸업자와 동등한 **학력·학위가 인정되는 원격대학형태의 평생교육시설을 설치**하고자 하는 경우에는 대통령령으로 정하는 바에 따라 **교육부장관의 인가**를 받아야 한다. 이를 폐쇄하고자 하는 경우에는 교육부장관에게 신고하여야 한다.

(4) 교육부장관은 제3항에 따라 인가한 원격대학형태의 평생교육시설에 대하여는 평가를 실시하고 그 결과를 공개하여야 한다.

(5) 제3항에 따른 원격대학형태의 평생교육시설의 설치기준, 학사관리 등 운영방법과 제4항에 따른 평가에 필요한 사항은 대통령령으로 정한다.

(6) 제28조 제2항 각 호의 어느 하나에 해당하는 자는 원격대학형태의 평생교육시설의 설치자가 될 수 없다.

제5절 독학에 의한 학위취득에 관한 법률(독학학위법)

1 목적

이 법은 **독학자(獨學者)에게 학사학위(學士學位) 취득의 기회를 줌으로써 평생교육의 이념을 구현하고 개인의 자아실현과 국가·사회의 발전에 이바지**하는 것을 목적으로 한다.

2 국가의 임무

국가는 독학자가 학사학위(이하 "학위"라 한다)를 취득하는 데에 필요한 편의를 제공하여야 한다.

3 시험의 실시기관 등

(1) 교육부장관은 독학자에 대한 학위취득시험(이하 "시험"이라 한다)을 실시한다.

(2) 시험의 실시에 필요한 사항은 대통령령으로 정한다.

4 응시자격

(1) 시험에 응시할 수 있는 사람은 **고등학교 졸업이나 이와 같은 수준 이상의 학력(學力)**이 있다고 인정된 사람이어야 한다.

(2) 제5조 제1항에 따른 과정별 인정시험에 관한 응시자격은 대통령령으로 정한다.

5 시험의 과정 및 과목

시험은 다음 각 호의 과정별 시험을 거쳐야 하며, 제4호의 학위취득 종합시험에 응시하려는 사람은 제1호부터 제3호까지의 각 과정별 시험을 모두 거쳐야 한다. 다만, 대통령령으로 정하는 바에 따라 일정한 학력(學歷)이나 자격이 있는 사람에 대하여는 제1호부터 제3호까지의 각 과정별 인정시험 또는 시험과목의 전부 또는 일부를 면제할 수 있다.

(1) 교양과정 인정시험

(2) 전공기초과정 인정시험

(3) 전공심화과정 인정시험

(4) 학위취득 종합시험

6 부정행위자 등에 대한 조치

(1) 교육부장관은 시험에서 부정한 행위를 한 사람이나 응시원서 등에 응시자격에 관한 사항을 거짓으로 적은 사람에 대하여는 그 시험 또는 시험과목 응시를 정지시키거나 무효로 하고, 그 처분이 있은 날부터 **3년의 범위에서 해당 시험 또는 시험과목의 응시자격을 정지**할 수 있다.

(2) 제1항에 따른 부정행위자 등에 대한 조치에 필요한 세부기준·절차 등은 대통령령으로 정한다.

7 학위수여 등

(1) 교육부장관은 「고등교육법」 제35조 제1항에도 불구하고 제5조 제1항 제4호에 따른 **학위취득 종합시험에 합격한 사람에게는 학위를 수여**한다.

(2) **국가평생교육진흥원장은 제1항에 따른 학위취득 종합시험의 합격증명, 학위증명, 그 밖에 필요한 증명서를 발급하고, 각종 증명서의 발급(발급수수료를 포함한다)에 필요한 사항**은 교육부령으로 정한다.

(3) 제1항에 따른 학위수여와 그 밖의 학사(學事)관리에 필요한 사항은 대통령령으로 정한다.

8 권한의 위임

교육부장관은 대통령령으로 정하는 바에 따라 시험실시, 학사관리, 그 밖에 독학에 의한 학위취득에 관한 업무를 그 **소속 기관의 장이나 국립학교(전문대학과 고등학교 이하의 각급학교는 제외한다)의 장에게 위임**할 수 있다.

제6절 학점인정 등에 관한 법률(학점인정법)

1 교육부장관은 평가인정을 받은 학습과정을 마친 자에게 그에 상당하는 학점을 인정한다.

2 교육부장관은 다음 각 호의 어느 하나에 해당하는 자에게 그에 상당하는 학점을 인정할 수 있다.

(1) 대통령령으로 정하는 **학교 또는 평생교육시설**에서 「고등교육법」, 「평생교육법」 또는 학칙으로 정하는 바에 따라 교육과정을 마친 자

(2) 외국이나 군사분계선 이북지역에서 **대학교육에 상응**하는 교육과정을 마친 자

(3) 「고등교육법」 제36조 제1항, 「평생교육법」 제32조 또는 제33조에 따라 **시간제로 등록**하여 수업을 받은 자

(4) 대통령령으로 정하는 **자격을 취득**하거나 그 **자격취득에 필요한 교육과정**을 마친 자

(5) 대통령령으로 정하는 **시험에 합격**하거나 그 **시험이 면제되는 교육과정**을 마친 자

(6) 「무형유산 보전 및 진흥에 관한 법률」 제17조에 따라 **국가무형유산의 보유자로 인정된 사람과 그 전수교육을 받은 사람**으로서 대통령령으로 정하는 사람

3 거짓이나 그 밖의 부정한 방법으로 제1항 또는 제2항에 따른 학점인정을 받은 경우, 교육부장관은 이를 취소할 수 있다.

4 제1항과 제2항에 따른 학점인정의 기준, 절차, 그 밖에 필요한 사항은 대통령령으로 정한다.

참고문헌

- 강선보 · 신창호(2009), 교육의 이해, 동문사
- 강진령 · 연문희(2002), 학교상담, 양서원
- 고재희(2010), 교육철학 및 교육사, 형설출판사
- 고재희(2010), 교육과정 이해와 개발, 교육과학사
- 고벽진 외(2006), 신교육사회학, 교육과학사
- 권대훈(2007), 교육심리학의 이론과 실제, 학지사
- 권성호(2006), 교육공학의 탐구, 양서원
- 김경식 외(2011), 교육사회학, 교육과학사
- 김경자(2001), 학교교육과정, 교육과학사
- 김계현 외(2021), 학교상담과 생활지도, 학지사
- 김구호 외(2006), 최신교육사회, 동문사
- 김규식 외(2019), 상담학 개론, 학지사
- 김대현 외(2015), 교육과 교육학, 학지사
- 김대현(2017), 교육과정의 이해, 학지사
- 김대현 외(2011), 교육과정 및 교육평가, 학지사
- 김무일(2014), 존 듀이 교육론의 재조명, 한국학술정보
- 김병욱(2017), 교육사회학, 학지사
- 김병희(2007), 교육철학 및 교육사, 공동체
- 김보경(2020), 학교수업설계를 위한 교육방법 및 교육공학, 학지사
- 김신일(2003), 교육사회학, 교육과학사
- 김창걸 외(2010), 교육학개론, 형설출판사
- 김아영(2015), 교육심리학, 박학사
- 김재춘(2017), 교육과정, 교육과학사
- 김재춘 외(2019), 교육과정과 교육평가, 교육과학사
- 김재춘 외(2007), 교수 · 학습활동의 이론과 실제, 교육과학사
- 김정환 외(2014), 교육철학, 박영스토리
- 김종서 외(2000), 평생교육개론, 교육과학사
- 김종서 외(2010), 최신교육학개론, 교육과학사
- 김충기(2003), 생활지도와 상담, 교육과학사
- 나동진(1999), 교육심리학: 인지적 접근, 학지사
- 나일주(2010), 교육공학 관련 이론, 교육과학사
- 나일주(2007), 현대 교육의 이해, 서울대학교출판부
- 류지헌 외(2023), 수업역량 강화를 위한 교육방법 및 교육공학, 학지사

- 목영해 외(2010), 교육의 역사와 철학, 교육과학사
- 박도순(2010), 교육평가, 교육과학사
- 박도순 · 홍후조(2004), 교육과정과 교육평가, 문음사
- 박성익 외(2021), 교육공학과 수업, 교육과학사
- 박세훈 외(2011), 중등교육실무, 교육과학사
- 박승배(2011), 교육과정학의 이해, 학지사
- 박아청(1992), 현대의 교육심리학, 학문사
- 박의수 외(2009), 교육의 역사와 철학, 동문사
- 박재문(2001), 한국교육사, 학지사
- 박창언(2019), 현대교육과정학, 학지사
- 백영균 외(2022), 스마트시대의 교육방법 및 교육공학, 학지사
- 변영계(2007), 교수학습이론의 이해, 학지사
- 서울대학교 교육연구소 편(1995), 교육학용어사전, 하우동설
- 성태제 외(2010), 최신교육학개론, 학지사
- 성태제(2014), 교육평가의 기초, 학지사
- 소경희(2018), 교육과정의 이해, 교육과학사
- 송인섭 외(2001), 교육과정과 교육평가, 양서원
- 신득렬 외(2007), 교육철학 및 교육사, 양서원
- 신명희 외(2010), 교육심리학, 학지사
- 신민희 외(2005), 신교육방법 및 교육공학, 동문사
- 신종호 외(2015), 교육심리학, 교육과학사
- 신차균 외(2006), 교육철학 및 교육사의 이해, 학지사
- 신창호(2015), 교육철학 및 교육사, 박영스토리
- 신창호(2016), 민주적 삶을 위한 교육철학, 우물이 있는 집
- 신창호(2018), 창조성과 교육철학, 박영스토리
- 신창호 외(2018), 존 듀이 교육학의 원류를 찾아서, 우물이 있는 집
- 신현석 외(2015), 학습사회의 교육행정 및 교육경영, 학지사
- 심우엽(2000), 교육심리학, 교육과학사
- 안암교육행정학연구회(2020), 학교중심의 교육행정 및 교육경영, 박영스토리
- 안병환(2003), 교육사회학, 교육과학사
- 윤정일 외(2002), 교육행정학원론, 학지사
- 이경화 외(2006), 교육심리학, 교육과학사
- 이돈희(1999), 교육정의론, 교육과학사
- 이성진(2001), 교육심리학서설, 교육과학사
- 이성호(2009), 교육과정론, 양서원
- 이종각(2005), 교육사회학총론, 동문사
- 이종재(2012), 한국교육행정론, 교육과학사

- 이해명(2000), 교육과정 이론, 교육과학사
- 임규혁(2004), 교육심리학, 학지사
- 임승권(2001), 교육의 심리학적 이해, 학지사
- 정찬기호 외(1996), 교육방법 및 교육공학, 양서원
- 조호제 외(2023), 개념기반교육과정 수업설계의 이론과 실제, 박영스토리
- 진동섭(2011), 교육행정 및 학교경영의 이해, 교육과학사
- 진영은(2003), 교육과정, 학지사
- 최호성(2008), 교육과정 및 평가: 이해와 응용, 교육과학사
- 한용진 외(2020), 근대한국 교육 개념의 변용, 학지사
- 홍기칠(2012), 교육방법 및 교육공학, 공동체
- 홍세희 외(2020), 교육평가의 기초와 이해, 박영스토리
- 홍은숙 외(2016), 교육학에의 초대, 교육과학사
- 홍은숙(1999), 지식과 교육, 교육과학사
- 홍후조(2002), 교육과정의 이해와 개발, 문음사
- 홍후조(2013), 알기쉬운 교육과정, 학지사
- 황정규(2005), 학교학습과 교육평가, 교육과학사
- 황정규 외(2022), 교육평가의 이해, 학지사
- 황정규 외(2003), 교육학개론, 교육과학사
- 황정규 외(2016), 교육평가의 이해, 학지사
- 한국교육공학회(2016), 교육공학탐구, 박영사
- Boyd(2010), 서양교육사, 이홍우 외 역, 교육과학사
- Dewey(2008), 민주주의와 교육, 이홍우 역, 교육과학사
- Egan & Kauchak(2011), 교육심리학 8판, 신종호 외 역, 학지사
- Grant Wiggins & Jay Mctighe(2008), 거꾸로 생각하는 교육과정 개발, 강현석 외 역, 학지사
- Hoy & Miskel(2003), 교육행정, 김형관 외 역, 원미사
- Jerome Bruner(2014), 브루너 교육의 문화, 강현석 · 이자현 역, 교육과학사
- Joy A, Palmer(2009), 50인의 현대 교육사상가, 조현설 외 역, 학지사
- Julie Stern 외(2023), 개념기반 교육과정과 수업, 임유나 외 역, 박영스토리
- Pinar(2013), 윌리엄 파이너와 교육과정이론, 김영천 · 정정훈 역, 아카데미프레스
- R, S, Peters(2018), 윤리학과 교육, 이홍우 · 조영태 역, 교육과학사

MEMO

MEMO

MEMO

MEMO